LOUIS XVII

SA VIE, SON AGONIE, SA MORT;

CAPTIVITÉ

DE LA FAMILLE ROYALE AU TEMPLE.

L'auteur et l'éditeur déclarent réserver leurs droits de reproduction à l'étranger.

Ce volume a été déposé au ministère de l'intérieur (direction de la librairie) en juillet 1866.

PARIS. TYPOGRAPHIE DE HENRI PLON, 8, RUE GARANCIÈRE.

Marie Thérèse Charlotte
(Madame Royale, depuis Duchesse d'Angoulême)

LOUIS XVII

SA VIE, SON AGONIE, SA MORT

CAPTIVITÉ DE LA FAMILLE ROYALE AU TEMPLE

PAR

M. A. DE BEAUCHESNE.

HUITIÈME ÉDITION
ENRICHIE D'AUTOGRAPHES, DE PORTRAITS ET DE PLANS

ET PRÉCÉDÉE D'UNE
LETTRE DE Mgr DUPANLOUP
ÉVÊQUE D'ORLÉANS.

OUVRAGE COURONNÉ PAR L'ACADÉMIE FRANÇAISE.

TOME SECOND.

PARIS
HENRI PLON, IMPRIMEUR-ÉDITEUR
10, RUE GARANCIÈRE.
—
1871
Tous droits réservés.

LOUIS XVII

LIVRE ONZIÈME.

LOUIS XVII SÉPARÉ DE SA MÈRE.

21 janvier — 3 juillet 1793.

Louis XVII proclamé roi. — Déclaration du comte de Provence. — Manifeste du prince de Condé. — Le jeune Roi reconnu par l'Angleterre, la Sardaigne, l'Espagne, l'Autriche, la Prusse et la Russie. — Sympathie et deuil des États-Unis d'Amérique. — Proclamation des chefs de la Vendée. — Décrets de la Convention. — Le Temple dans la matinée du 21 janvier. — La famille royale obtient des habits de deuil. — Lepitre et Toulan. — Mademoiselle Piou. — La Reine reprend l'éducation de son fils. — Complot d'évasion. — Jarjayes et Ricard. — Lutte des Montagnards et des Girondins. — La Reine refuse d'être sauvée sans sa famille. — Lettres. — Fuite de Dumouriez. — Tison et sa femme. — Rumeurs. — Motion de Robespierre. — Fouille au Temple. — Louis XVII malade. — Chute des Girondins. — Un nouveau plan d'évasion échoue. — Décrets. — Séparation de Marie-Antoinette et de son fils.

Bien que la révolution eût déclaré la royauté à jamais abolie, bien qu'elle eût cherché à la tuer sur un échafaud, la révolution, le 21 janvier 1793, à dix heures vingt minutes du matin, c'est-à-dire au moment où la tête de Louis XVI tomba, n'avait gagné qu'une chose aux yeux de ceux qui, méprisant les coups de la force, ne respectaient que l'autorité du droit : c'est que le roi de France s'appelait Louis XVII.

Monsieur, comte de Provence, était à Hamm, en Westphalie, lorsque, le 28 janvier, il apprit la nouvelle du régicide. Il proclama aussitôt l'avénement de son neveu, sous le nom de Louis XVII, et se déclara lui-même, en vertu des constitutions fondamentales de l'État, légalement investi du titre de régent du royaume jusqu'à la majorité du jeune Roi [1].

---

[1] Voici cette déclaration :

« Louis-Stanislas-Xavier de France, Fils de France, oncle du Roi, Régent du royaume, à tous ceux qui ces présentes lettres verront, Salut :

» Pénétré d'horreur en apprenant que les plus criminels des hommes

Sous la même date parurent deux autres actes officiels du Régent, l'un consistant en lettres patentes portant nomination

viennent de mettre le comble à leurs nombreux attentats par le plus grand des forfaits, nous avons d'abord invoqué le Ciel, pour obtenir de son assistance de surmonter les sentiments d'une douleur profonde et les mouvements de notre indignation, afin de pouvoir nous livrer à l'accomplissement des devoirs qui, dans des circonstances aussi graves, sont les premiers dans l'ordre de ceux que les lois immuables de la monarchie française nous imposent.

» Notre très-cher et très-honoré frère et souverain seigneur le Roi Louis XVIe du nom, étant mort le 21 du présent mois de janvier sous le fer parricide que les féroces usurpateurs de l'autorité souveraine en France ont porté sur son auguste personne,

» Nous déclarons que le Dauphin LOUIS-CHARLES, né le vingt-septième jour du mois de mars 1785, est ROI DE FRANCE ET DE NAVARRE, sous le nom de Louis XVII, et que, par le droit de naissance, ainsi que par les dispositions des lois fondamentales du royaume, nous sommes et serons Régent de France durant la minorité du Roi notre neveu et seigneur.

» Investi, en cette qualité, de l'exercice des droits et pouvoirs de la souveraineté et du ministère supérieur de la justice royale, nous en prenons la charge, ainsi que nous en sommes tenu pour l'acquit de nos obligations et devoirs, à l'effet de nous employer, avec l'aide de Dieu et l'assistance des bons et loyaux Français de tous les ordres du royaume, et des puissances reconnues des souverains alliés de la Couronne de France :

» 1° A la libération du Roi Louis XVII, notre neveu; 2° de la Reine, son auguste mère et tutrice; de la Princesse sa sœur, MADAME, notre très-chère nièce; de la Princesse Élisabeth, sa tante, notre très-chère sœur, tous détenus dans la plus dure captivité par les chefs des factieux; et simultanément au rétablissement de la monarchie sur les bases inaltérables de la Constitution; à la réformation des abus introduits dans le régime de l'administration publique; au rétablissement de la religion de nos pères dans la pureté de son culte et de la discipline canonique; à la réintégration de la magistrature pour le maintien de l'ordre public et la dispensation de la justice; à la réintégration des Français de tous les ordres dans l'exercice des droits légitimes, et dans la jouissance de leurs propriétés envahies et usurpées; à la sévère et exemplaire punition des crimes; au rétablissement des lois et de la paix; et enfin à l'accomplissement des engagements solennels que nous avons voulu prendre; conjointement avec notre très-cher frère CHARLES-PHILIPPE DE FRANCE, COMTE D'ARTOIS, auquel se sont unis nos très-chers neveux, petits-fils de France, Louis-Antoine, duc d'Angoulême, et Charles-Ferdinand, duc de Berry; et nos cousins Princes du sang royal, Louis-Joseph de Bourbon, prince de Condé; Louis-Henri-Joseph de Bourbon, duc de Bourbon, et Louis-Antoine-Henri de Bourbon, duc d'Enghien, par nos délibérations adressées au feu Roi notre frère, le 11 septembre 1791, et autres actes émanés de nous, dans lesquels actes nous persistons et persisterons invariablement.

» Auxquelles fins, mandons et ordonnons à tous Français et sujets du Roi d'obéir aux commandements qu'ils recevront de nous, de par le Roi; et au commandement de notre très-cher frère Charles-Philippe de France, comte

du comte d'Artois comme lieutenant général du royaume, l'autre en une lettre adressée aux réfugiés français [1].

Des milliers d'exemplaires de ces actes, imprimés à Paris par Crapart, furent répandus par toute la France.

Dans le Bocage et dans les campagnes de l'Ouest, la mort du

d'Artois, que nous avons nommé et institué lieutenant général du royaume, lorsque notredit frère et lieutenant général ordonnera de par le Roi et le Régent de France.

» Sera notre présente déclaration notifiée à qui il appartiendra, et publiée par tous les officiers du Roi, militaires ou de magistrature, à qui nous en donnerons commission et charge, pour que ladite déclaration ait toute la notoriété qu'il sera possible de lui donner en France présentement, et jusqu'à ce qu'elle soit adressée, en la forme ordinaire, aux cours du royaume, aussitôt qu'elles seront rentrées dans l'exercice de leurs juridictions, pour y être notifiée, publiée, enregistrée et exécutée.

» Donné à Hamm, en Westphalie, sous notre seing et sceau ordinaire, dont nous faisons usage pour les actes de souveraineté, jusqu'à ce que les sceaux du royaume, détruits par les factieux, aient été rétablis; et sous le contreseing des ministres d'État, les maréchaux de Broglie et de Castries.

» *Signé* : Louis-Stanislas-Xavier.

» Par le Régent de France :
» Le maréchal duc de Broglie,
» Le maréchal de Castries.

» Ce 28 janvier de l'an 1793, et du règne du Roi, le premier. »

[1] *Proclamation aux réfugiés français.*

« C'est avec les sentiments de la plus vive douleur que je vous fais part de la nouvelle perte que nous venons de faire du Roi mon frère, que les tyrans qui depuis longtemps désolent la France viennent d'immoler à leur rage impie. Cet horrible événement m'impose de nouveaux devoirs : je vais les remplir. J'ai pris le titre de Régent du royaume, que le droit de ma naissance me donne pendant la minorité du Roi Louis XVII, mon neveu, et j'ai confié au comte d'Artois celui de lieutenant général du royaume.

» Votre attachement à la religion de nos pères et au Souverain que nous pleurons aujourd'hui, me dispense de vous exhorter à redoubler de zèle et de fidélité envers notre jeune et malheureux Monarque, et d'ardeur pour venger le sang de son auguste père. Si, dans un tel malheur, il nous est possible de recevoir quelque consolation, elle nous est offerte pour venger notre Roi, replacer son fils sur le trône, et rendre à notre patrie cette antique Constitution qui seule peut faire son bonheur et sa gloire.

» Nos titres sont changés; mais notre union est et sera toujours la même, et nous allons travailler avec plus d'ardeur que jamais à remplir ce que nous devons à Dieu, à l'honneur, au Roi et à vous.

» *Signé* : Louis-Stanislas-Xavier.

» 28 janvier 1793. »

Roi produisit une consternation profonde, mêlée d'une indignation qui devait bientôt éclater par des efforts héroïques; à quelques mois de là, le 11 mai 1793, les chefs de l'armée vendéenne, La Rochejaquelein, d'Elbée, Cathelineau, écrivaient, dans une proclamation datée de Parthenay, les paroles suivantes:

« Nous, commandant les armées catholiques et royales, n'avons pris les armes que pour soutenir la religion de nos pères, pour rendre à notre auguste et légitime souverain, Louis XVII, l'éclat et la solidité de son trône et de sa couronne, et nous n'avons pour but que le bien général. »

La nouvelle du fatal événement était déjà parvenue dans la Souabe, au camp du prince de Condé. A ce sanglant défi répondirent les cris de *Vive Louis XVII!* Le chef illustre de l'armée émigrée fit célébrer dans l'église des Récollets de Villingen un service pour le repos de l'âme du Roi décapité. Il prononça lui-même une courte oraison funèbre; l'éloquence du cœur en faisait seule les frais, les larmes de l'auditoire en firent seules l'éloge. Puis, à la sortie de l'église, il proclama, devant le front de l'armée et en présence des réfugiés français, la royauté de Louis XVII[1]. Les pleurs coulaient encore, quand les cris de *Vive le Roi!* éclatèrent.

Le Régent s'était empressé de notifier la mort de Louis XVI à toutes les cours de l'Europe. Celle d'Angleterre, la première instruite du fatal événement, n'avait point attendu cet avis diplomatique pour prendre le deuil. Le jour où la nouvelle arriva à Londres, la stupeur fut générale. On ferma le théâtre royal, où devaient être représentées deux pièces demandées par le Roi et la Reine. Le marquis de Chauvelin, ambassadeur de France, reçut immédiatement ses passe-ports; il en fit usage dès le lendemain, et quitta l'Angleterre presque au moment de cet anniversaire où, par un deuil public et des expiations

---

[1] Voir aux Documents N° 1 cette proclamation, dont l'original, longtemps conservé à l'ombre, n'a été qu'en 1830 déposé aux archives nationales; c'est, je crois, la première fois que cet acte est imprimé.

solennelles, la nation anglaise proteste contre le régicide du 30 janvier 1649.

Uni par tant de liens à la maison de France, le Roi de Sardaigne fit entendre lui-même ses regrets à son peuple, et lui dit que s'il préférait adopter les lois françaises, il était prêt à déposer le sceptre et la couronne. En effet, ce prince abdiqua sur-le-champ; mais une voix unanime s'éleva, *Vive, vive notre bon Roi!* et le monarque, sacré de nouveau par les sympathies publiques, fut ramené à son palais en triomphe.

L'Espagne reçut avec la plus vive indignation la nouvelle du crime commis envers le chef de la maison de Bourbon. L'ambassadeur Bourgoing reçut l'ordre de sortir à l'instant même de Madrid; il traversa le territoire espagnol au milieu des cris de vengeance qui s'élevaient de toutes parts.

L'Autriche et la Prusse éprouvèrent la même douleur. L'Empereur ne put retenir ses larmes. La *Gazette de Berlin* du 5 février s'exprime ainsi :

« Sur l'avis reçu de l'assassinat judiciaire commis envers la personne de S. M. le Roi de France, la Cour, pour témoigner toute la douleur dont elle est pénétrée au sujet du sort si peu mérité d'un monarque *bienheureux pour l'éternité,* a pris, de son propre mouvement, le deuil pour quatre semaines. »

Après avoir porté l'affreuse nouvelle à l'Empereur d'Allemagne, le duc de Richelieu l'avait transmise à l'Impératrice de Russie. Saint-Pétersbourg ne fut pas moins ému que Vienne.

La jeune République des États-Unis, qui devait tant à Louis XVI, s'associa au deuil de l'Europe monarchique. Dès qu'un navire eut franchi les mers annonçant le crime du 21 janvier, le glas funèbre, depuis le lever du soleil jusqu'à son coucher, retentit dans toutes les paroisses de l'Union; et ce souvenir, demeuré dans la mémoire d'enfants qui sont aujourd'hui des vieillards, les a fait dernièrement réclamer, au nom de leur République, le droit qu'elle a de figurer parmi les peuples qui ont porté le deuil du Roi de France.

Un an après, des colons des Antilles françaises, réfugiés aux États-Unis, proposèrent « *aux Français de tous les âges et de tous les climats, qui honorent la vertu, servent Dieu et aiment le Roi* », de célébrer un service commémoratif de la mort de Louis XVI. Le placard qu'ils avaient publié à ce sujet se terminait par quelques mots de respectueuse sympathie pour « *le rejeton de tant de Rois, l'auguste Louis XVII* ».

Cette manifestation provoqua une « *protestation des colons patriotes de Saint-Domingue réfugiés à Philadelphie* », qui, craignant sans doute d'être compromis par leur silence, firent enregistrer leur adhésion aux actes et au gouvernement de la Convention.

Si j'ai cru devoir dire un mot de l'impression produite par le régicide, c'est qu'au fond de tous les cœurs s'éveillait la plus vive sympathie pour le fils du juste immolé ; le nom du Dauphin était dans tous les vœux. Catherine II s'empressa de reconnaître l'avénement du Roi enfant. Elle nomma le comte de Romanzow son ministre plénipotentiaire auprès du Régent de France, qui, de son côté, avait accrédité auprès d'elle le comte d'Esterhazy comme ambassadeur de Louis XVII.

La royauté de l'enfant prisonnier fut donc reconnue par presque toutes les puissances, tandis qu'elle était en France l'espérance des amis de l'ordre et le mot de ralliement de tous ceux qui conspiraient contre l'oppression républicaine. Aussi, le gouvernement de la Convention s'inquiétait-il également de l'esprit de l'intérieur et de l'attitude de l'étranger. Le 5 février, il ordonnait la suppression de tous les signes de royauté sur les monnaies de la République ; le 8, il suspendait les poursuites contre les prévenus des massacres faits dans les prisons les 2 et 3 septembre 1792 : c'était dans l'ordre : puisque la vertu devenait criminelle, le crime devait être innocent. Le 9, il ordonnait au pouvoir exécutif de faire marcher à l'ennemi tous les bataillons des départements qui se trouvaient à Paris ; le 11, il accordait une amnistie à tous les détenus pour cause d'insurrection relative aux subsistances, et le 13, il décrétait l'organisation générale des armées républicaines.

Ces mesures politiques, prises pour rallier au dedans et intimider au dehors, n'atteignaient pas toujours leur but. Le 18, Lyon s'insurgeait aux cris de *Vive le Roi!* et brûlait l'arbre de la liberté. Le 19, l'Impératrice de Russie lançait un ukase qui bannissait de ses États tous les Français qui refuseraient de signer une déclaration portant *abjuration des principes impies et séditieux introduits en France, et serment de fidélité et d'obéissance au Roi Louis XVII, à qui la couronne était échue, suivant l'ordre de succession.* Ce même ukase enjoignait à ceux qui se soumettaient à cette mesure, de s'interdire toute espèce de communication avec la France, jusqu'à ce que l'ordre et l'autorité légitime y fussent rétablis.

Les affaires se compliquaient à l'extérieur. La Convention décréta, le 24 du même mois, une levée de trois cent mille hommes.

Tandis que l'armée catholique et royale de la Vendée, l'armée de Condé, le comte de Provence et l'Europe proclamaient ainsi le fils de Louis XVI sous le nom de Louis XVII, ce jeune Prince pleurait son père dans les bras de la royale veuve, sous les verrous de la prison du Temple, vers laquelle nous sommes ramenés par notre sujet, et où tant de martyres devaient encore s'accomplir.

Après les cruels adieux du 20 janvier au soir, la Reine avait eu à peine la force de déshabiller et de coucher son enfant. Elle s'était jetée ensuite tout habillée sur son lit, où pendant la nuit, sa fille et sa sœur, couchées sur un matelas dans sa chambre, l'entendirent trembler de douleur et de froid [1].

Le lendemain, la famille royale s'était levée avant le jour. Le rappel commençait à battre dans les sections de Paris. Le tumultueux mouvement du dehors se faisait distinctement en-

---

[1] Récit de Marie-Thérèse-Charlotte.

tendre dans la tour. Une femme, une sœur, des enfants, attendaient encore une fois celui qu'il ne leur était pas donné de revoir. A six heures un quart on avait ouvert la porte, et l'on était venu prendre un livre pour la messe du Roi; ce fut une lueur d'espérance : les prisonnières crurent qu'on venait les chercher pour une dernière entrevue. Elles furent bientôt détrompées. Chaque minute semblait marquer des siècles sur l'horloge de cette prison... Un redoublement de bruit annonça le moment du départ. La parole humaine est impuissante à rendre la scène déchirante qui se passa alors : de pauvres femmes brisées, tentant un dernier effort pour obtenir une pitié stérile ; un enfant s'échappant de leurs bras, et allant, égaré, suppliant, éperdu, vers les municipaux et vers les gardes, courant de l'un à l'autre, embrassant les genoux de celui-ci, prenant la main de celui-là, et s'écriant : : « Laissez-moi passer, messieurs, laissez-moi passer. — Où veux-tu aller? — Parler au peuple, afin qu'il ne fasse pas mourir mon père! Au nom de Dieu, laissez-moi passer! »

Les geôliers furent sourds. Mais la prière de l'innocence et de la piété filiale a été entendue de Dieu. Dieu n'a pas accordé à l'enfant de sauver son père; mais dans l'expiation terrible, dans l'holocauste qui devait être fait, il eut la part la plus douloureuse, et fut jugé digne d'hériter du martyre de son père.

Vers dix heures, la Reine engagea ses enfants à prendre quelque nourriture : ils refusèrent. Peu d'instants après, on entendit des détonations d'armes à feu et des cris de joie. Madame Élisabeth, levant les yeux au ciel, s'écria : « Les monstres! les voilà contents!..... » Marie-Thérèse, à cette exclamation, jeta des cris perçants; son jeune frère fondit en larmes; la Reine, la tête baissée, l'œil hagard, resta plongée dans un froid désespoir qui ressemblait à la mort. Le crieur leur apprit bientôt plus officiellement encore que le Roi n'était plus.

Le Dauphin, depuis le matin, s'était emparé de sa mère; il

lui baisait les mains, qu'il trempait de pleurs; il essayait de la consoler par ses caresses plus que par ses paroles. « Ces larmes qui coulent, dit la mère, ne doivent plus se tarir : le supplice est pour ceux qui survivent. »

Dans l'après-midi, la Reine demanda à voir Cléry, qui était resté jusqu'au dernier moment dans la tour avec Louis XVI. Dernières paroles, derniers adieux, elle voulait tout recueillir; elle réclamait les derniers legs de son royal époux, legs précieux dont Cléry venait de faire la déclaration au conseil du Temple, et dont nous aurons à parler plus tard. Elle fit demander des habits de deuil à ce même conseil, qui répondit qu'il en référerait à la Commune. La Commune délibéra.

Lès Tison mettaient à espionner le malheur toute l'activité d'une haine inflexible. Les angoisses de cette fatale journée ne devaient point finir avec elle. A deux heures après minuit, ces trois pauvres femmes veillaient et pleuraient encore. Toutefois, afin d'obéir à la Reine, la jeune Marie-Thérèse s'était couchée, mais elle n'avait pu fermer les yeux; sa mère et sa tante, assises auprès du lit du Dauphin endormi, mêlaient leurs larmes et leurs inconsolables douleurs. Il n'y avait de paisible que le sommeil de l'enfant : l'innocence de son âge rayonnait sur ses traits. « Il a maintenant, dit la Reine, l'âge qu'avait son frère lorsqu'il mourut à Meudon : heureux ceux de notre maison qui sont partis les premiers! ils n'ont point assisté à la ruine de notre famille [1] ! »

Étonnée d'entendre parler, à une telle heure, dans la chambre de Marie-Antoinette, la femme Tison s'était levée; elle vint frapper à la porte, s'enquérant du motif de cette nocturne conversation. Son mari la suivait, après avoir réveillé les municipaux de service. La porte entr'ouverte, Madame Élisabeth leur dit avec douceur : « De grâce, laissez-nous pleurer en paix. » L'inquisition s'arrêta désarmée par cette

---

[1] L'auteur tient ce détail de Madame la Dauphine.

voix angélique, et la conspiration des larmes ne fut pas dénoncée [1].

Le lendemain matin, la Reine dit à son fils en l'embrassant : « Mon enfant, il faut penser au bon Dieu. — Maman, moi aussi, j'ai bien pensé au bon Dieu ; mais quand j'appelle le bon Dieu, c'est toujours mon père qui descend devant moi [2]. »

La faiblesse de la Reine était extrême (22 janvier) ; rien ne pouvait calmer ses angoisses. Épuisée par trois nuits d'insomnie et par ses larmes, elle ne pouvait qu'à grand'peine supporter la vue du jour. Elle regardait quelquefois ses enfants et sa sœur avec compassion ; il régnait autour d'elle un silence de mort : chacun semblait retenir son haleine, et les larmes redoublaient quand les yeux se rencontraient.

Madame Royale depuis quelques jours était indisposée ; elle avait les jambes enflées et dans un état alarmant. Le chagrin fit empirer son mal, et pendant plusieurs jours sa pauvre mère ne put obtenir aucun secours du dehors [3]. « Heureusement, a écrit Marie-Thérèse elle-même avec une simplicité touchante, le chagrin augmenta ma maladie au point de faire une diversion favorable au désespoir de ma mère. » Marie-Antoinette passa les nuits au chevet de sa fille, dirigeant, appliquant elle-même le traitement prescrit par M. Brunyer, qui enfin avait été autorisé à entrer dans la tour. La préoccupation de la mère devint une distraction à la douleur de la veuve. La nourrice

---

[1] L'auteur tient ce détail de Madame la Dauphine.
[2] *Idem.*
[3] Le bruit de cette maladie transpira dans Paris. On lit dans le *Moniteur universel* du jeudi 24 janvier 1793 :

Commune de Paris.

« Du 22. — On répand dans les lieux publics et dans les sociétés patriotiques que la fille de Louis est morte, que la femme de Louis est transférée à l'hôtel de la Force à la Conciergerie. Le conseil général m'autorise à démentir tous ces bruits. La fille de Louis n'est pas malade ; les personnes qu'un décret renferme au Temple y resteront aussi longtemps que ce décret ne sera pas rapporté.

» Réal, premier substitut. »

de Madame Royale avait en vain demandé à être admise à lui donner des soins [1].

Les vêtements de deuil furent accordés le 23 janvier [2]; dès le 27, on en apporta une partie au Temple [3]. En voyant pour la première fois ses enfants vêtus de noir, la Reine leur dit : « Mes pauvres enfants, vous c'est pour longtemps, moi c'est pour toujours [4]! » Ils fondirent en larmes : leur mère ne pleurait pas, elle avait épuisé ses larmes.

Quelles journées mornes, quelles nuits agitées s'écoulèrent ! Marie-Antoinette ne pouvait plus regarder ses enfants sans que son cœur se brisât.

Elle dit un jour à Madame Élisabeth : « Je n'ai peut-être pas dans le temps donné au Roi tous les conseils qui pouvaient le sauver, mais je le rejoindrai sur l'échafaud; oui, ma sœur, j'y monterai aussi ! »

On n'avait appris au Temple que par les crieurs le meurtre du Roi; aucun journal n'était entré dans cette prison, aucun détail n'avait été apporté par les municipaux. Les yeux pleins de larmes qui interrogeaient en silence les mandataires de la Commune n'en avaient reçu aucune réponse. On ne connaissait aucun épisode du supplice, on savait le martyr couronné, mais on ne connaissait pas tout l'éclat de sa couronne. On ignorait

[1] Commune de Paris. — Séance du vendredi 25 janvier.
La citoyenne Laurent, prenant la qualité de nourrice de *Madame Première*, demande au conseil qu'il lui soit permis de voir sa fille, qui est retenue au Temple, et offre de rester avec elle jusqu'à ce qu'il en soit autrement ordonné.
Le conseil général passe à l'ordre du jour, motivé sur ce que le conseil ne connaît personne qui s'appelle *Madame Première*.

[2] Commune de Paris. — Séance du mercredi 23 janvier 1793.
Le conseil général entend la lecture d'un arrêté du conseil du Temple, qui renvoie au conseil général à se prononcer sur deux demandes faites par Antoinette.
La première d'un habillement de deuil très-simple pour elle, sa sœur et ses enfants. Le conseil général arrête qu'il sera fait droit à cette demande.
Sur la seconde, à ce que Cléry soit placé auprès de son fils, comme il l'était primitivement, le conseil général prononce l'ajournement.

[3] Voir aux Pièces justificatives, N° 11.

[4] L'auteur tient ce détail de Madame la Dauphine.

de même les témoignages de publique sympathie qui lui étaient donnés après sa mort [1].

Enfin, reparurent au Temple deux commissaires de la Commune qui, tout autres que leurs collègues, s'étaient déjà créé par leur zèle et leur dévouement un titre à la confiance et à l'affection de la royale famille, c'étaient Lepitre et Toulan, dont nous avons eu déjà l'occasion de parler. Tous deux, dans les premières semaines de janvier, voyant la Reine livrée encore à des espérances trompeuses, avaient eu le courage de lui faire connaître tout ce dont était capable une minorité audacieuse qui ne voyait de sûreté pour elle que dans la mort du Roi; qui, soudoyant une foule d'hommes perdus de crimes, comprimait une majorité honnête, mais timide, sans chefs, sans moyens réels, et n'ayant pas même un point de ralliement.

Ces deux officiers municipaux, qu'un même dévouement avait unis, imaginèrent le moyen d'être quelquefois de service ensemble à la tour, dans l'espoir de se rendre utiles à la malheureuse Reine. Ils avaient remarqué que parmi les membres de la Commune un grand nombre n'étaient point envieux d'aller au Temple le vendredi ou le samedi soir, pour y passer le dimanche; ce jour paraissait trop précieux à des hommes occupés toute la semaine, pour vouloir sacrifier le plaisir et le repos qu'il leur procurait au soin de garder la famille royale, en restant enfermés auprès d'elle. Toulan et Lepitre furent assez heureux pour faire concevoir à leurs collègues le projet de les charger, ce jour-là, d'une mission qu'ils trouvaient si désagréable. Professeur dans l'Université de Paris, Lepitre était libre le samedi soir et le dimanche : Toulan, chef de bureau à l'administration des Biens nationaux, se faisait aisément rem-

---

[1] Une députation de la société des défenseurs de la République une et indivisible invite le conseil à faire suspendre la représentation de la pièce intitulée *la Chaste Susanne*, à laquelle les valets de la ci-devant cour se portent en foule, et applaudissent avec indécence aux allusions et sentiments inciviques qui se trouvent répandus dans cette pièce.

Le conseil général renvoie cette dénonciation au département de police.
(Séance du conseil général de la Commune, du 26 janvier 1793.)

placer. Malgré leurs objections faites pour la forme, on les désigna souvent les vendredis, et ils obéirent, à leur grande satisfaction. Ensuite, pour être certains qu'on ne les séparerait pas, Toulan avait imaginé une ruse que son camarade nous a révélée : « Nous arrivions trois, dit-il ; on faisait un égal nombre de billets, dont un seul devait porter le mot *jour,* les deux autres le mot *nuit ;* mais Toulan écrivait le mot *jour* sur tous les trois, faisait tirer notre collègue, et, quand celui-ci ouvrant le premier son billet, avait lu ce mot *jour*, nous jetions les nôtres au feu, sans les regarder, et nous allions ensemble prendre notre poste. Comme nous ne venions presque jamais avec la même personne, ce moyen nous réussit toujours.

» Nous trouvâmes la famille royale plongée dans l'affliction la plus profonde. En nous apercevant, la Reine, sa sœur et ses enfants fondirent en larmes : nous n'osions avancer. La Reine nous fit signe d'entrer dans sa chambre : « Vous ne m'avez pas trompée, nous dit-elle ; ils ont laissé périr le meilleur des rois[1]. » Toulan et Lepitre donnèrent les différents journaux qu'ils s'étaient procurés : ces papiers, qui rendaient compte de la funèbre immolation, étaient lus avec cette poignante avidité de la douleur qui veut connaître toutes les circonstances les mieux faites pour lui servir d'aliment.

Depuis la journée du 21 janvier, Marie-Antoinette, malgré l'offre qui plus d'une fois lui avait été faite, n'avait pas voulu descendre pour se promener, afin de n'avoir point à passer devant la porte de l'appartement du Roi et de n'avoir point à rencontrer dans le jardin le général Santerre, qui quelquefois venait inspecter les postes. Elle craignait de se trouver mal à l'aspect de cet homme qui était venu prendre Louis XVI pour le conduire au supplice, et avait donné le signal du roulement de tambours qui avait couvert ses dernières paroles. Elle restait obstinément dans sa chambre ; et si plus tard elle éprouva le besoin d'air pour ses enfants plus que pour elle, elle demanda

---

[1] *Quelques souvenirs et notes fidèles,* etc., déjà cités.

à monter avec eux sur le haut de la tour, dont les créneaux furent fermés avec des planches.

Les massacres de septembre et l'échafaud du 21 janvier avaient, en abaissant la puissance morale de la France, porté plus haut peut-être encore l'idée de sa force matérielle. Sa vigueur semblait multipliée par les passions qui l'animaient, semblable à cette vapeur en ébullition qui soulève les montagnes. Moins estimée par l'Europe, elle en était peut-être plus redoutée. Au Piémont, à la Prusse, à l'Empire, qui avaient commencé la lutte avec elle, se joignirent l'Espagne, la Hollande et l'Angleterre, et la France révolutionnaire fut ainsi bloquée de toutes parts comme une seule ville.

Madame de Tourzel, qui, depuis sa sortie de la Force, s'était peu éloignée de Paris, dans l'espoir de ne pas être entièrement privée des nouvelles de la famille royale, eut la satisfaction d'apprendre que mademoiselle Piou, personne d'un vrai courage, ci-devant chargée des atours de la jeune Marie-Thérèse, avait trouvé le moyen d'entrer au Temple pour porter à cette Princesse les objets nécessaires à son usage journalier. Le premier jour que cette faveur lui fut accordée, il était question à la tour de faire quelques changements aux robes de la Reine, qui avaient été mal taillées. On demanda à mademoiselle Piou si elle pouvait se charger de ce travail. Dans la pensée que la Reine verrait plus volontiers un visage qui ne lui était pas étranger, elle n'hésita pas. Elle fut employée pendant deux jours à cet ouvrage, et put assurer à madame et à mademoiselle de Tourzel que la famille royale se portait bien. « Je ne
» puis vous dire, ajouta-t-elle, tout ce que j'éprouvai en voyant
» ma chétive personne faire briller sur le visage de cette au-
» guste famille un rayon de consolation. Leurs regards m'en
» disaient plus que n'en auraient pu faire leurs paroles ; et
» Mgr le Dauphin, dont l'âge excusait les espiègleries, en pro-
» fitait pour me faire, sous l'apparence d'un jeu, toutes les
» questions que pouvait désirer la famille royale. Il courait
» tantôt à moi, tantôt à la Reine, aux deux Princesses et même

« au municipal. Chaque fois qu'il s'approchait de moi, il ne
« manquait pas de me faire une question sur les personnes qui
« intéressaient la famille royale. Il me chargea de vous em-
« brasser de sa part ainsi que mademoiselle Pauline, n'oubliant
« personne de ce qu'il aimait, et joua si bien son rôle qu'on ne
« pouvait se douter qu'il m'eût parlé[1]. »

Sans avoir perdu le Temple de vue, les dictateurs de l'anarchie étaient occupés à se disputer les lambeaux du pouvoir qu'ils avaient renversé. Ils s'inquiétaient peu des gémissements qui pouvaient sortir des tours du Temple ou du rayon d'espérance qui pouvait s'y glisser; ils savaient la garde sûre, les verrous inflexibles, et cela leur suffisait. C'est à l'ombre de cette confiance que quelques municipaux, dont nous avons eu l'occasion de parler lors du procès de Louis XVI, purent témoigner la respectueuse compassion qu'ils éprouvaient pour les infortunes royales; profondément touchés et du grand caractère de Marie-Antoinette, et de l'angélique douceur de ses enfants, ils assouplirent autant qu'il dépendait d'eux leurs rudes fonctions, afin de les rendre acceptables au malheur et innocentes aux yeux de Dieu même. Leur ton poli, leur déférence, leurs égards, formaient un contraste avec l'arrogance et la brutalité de leurs collègues. Les noms de Lebœuf, Vincent, Moelle, Jobert, doivent être conservés comme rappelant une noble sensibilité manifestée dans un temps où il était si dangereux d'être sensible.

Quant à Lepitre et à Toulan, c'était peu pour eux de concilier avec leur dure mission les sentiments d'humanité et les respects dus au malheur; ils avaient changé leur rôle d'espionnage et de barbarie en une mission de paix et de charité. Lorsque le temps vint où la Reine put s'occuper de l'objet de sa douleur, sinon avec un sentiment moins profond, du moins avec un peu plus de calme et de résignation, M. Lepitre conçut l'idée de lui offrir quelques consolations puisées à la source

---

[1] *Mémoires inédits de madame de Tourzel.*

même de ses peines : il lui présenta, le jeudi 7 février, un chant funèbre qu'il avait composé sur la mort du Roi, et que madame Cléry, qui jouait du clavecin et de la harpe, avait mis en musique[1]. Il reprit son service au Temple le 1er mars, trois semaines après avoir fait hommage de son ouvrage à la famille royale ; il en reçut la récompense qui lui allait le mieux au cœur : la Reine le fit entrer dans la chambre de Madame Élisabeth, où le jeune Prince chanta la romance, que sa sœur accompagna. « Nos larmes coulèrent, dit M. Lepitre, et nous gardâmes un morne silence. Mais qui pourra peindre le spectacle que j'avais sous les yeux : la fille de Louis à son clavecin, sa mère assise auprès d'elle, tenant son fils dans ses bras et les yeux mouillés de pleurs, dirigeant avec peine le jeu et la voix de ses enfants ; Madame Élisabeth debout à côté de sa sœur et mêlant ses soupirs aux tristes accents de son neveu[2]. »

Un des commissaires de la Commune qui vinrent, ce jour-là, relayer ceux qui devaient se retirer le soir, eut connaissance de cette petite scène ; et, le lendemain, en prenant son service

---

[1] Voici cette œuvre modeste, qui emprunte aux circonstances un touchant intérêt, et dont les paroles sont placées dans la bouche du jeune Roi :

LA PIÉTÉ FILIALE.

Eh quoi ! tu pleures, ô ma mère !
Dans tes regards fixés sur moi
Se peignent l'amour et l'effroi
J'y vois ton âme tout entière.
Des maux que ton fils a soufferts
Pourquoi te retracer l'image ?
Puisque ma mère les partage,
Puis-je me plaindre de mes fers ?

Des fers ! ô Louis ! ton courage
Les ennoblit en les portant.
Ton fils n'a plus, en cet instant,
Que tes vertus pour héritage.
Trône, palais, pouvoir, grandeur,
Tout a fui pour moi sur la terre ;
Mais je suis auprès de ma mère,
Je connais encor le bonheur.

Un jour, peut-être..... l'espérance
Doit être permise au malheur ;
Un jour, en faisant son bonheur,
Je me vengerai de la France.

Un Dieu favorable à ton fils
Bientôt calmera la tempête !
L'orage qui courbe leur tête
Ne détruira jamais les lis.

Hélas ! si du poids de nos chaînes
Le ciel daigne nous affranchir,
Nos cœurs doubleront le plaisir
Par le souvenir de nos peines.
Ton fils, plus heureux qu'aujourd'hui,
Saura, dissipant tes alarmes,
Effacer la trace des larmes
Qu'en ces lieux tu verses pour lui.

A MADAME ÉLISABETH.

Et toi, dont les soins, la tendresse,
Ont adouci tant de malheurs,
Ta récompense est dans les cœurs
Que tu formes à la sagesse.....
Ah ! souviens-toi des derniers vœux
Qu'en mourant exprima ton frère ;
Reste toujours près de ma mère,
Et ses enfants en auront deux.

[2] *Quelques souvenirs et notes fidèles*, etc., déjà cités.

près de Marie-Antoinette : « Vous avez chanté hier, lui dit-il, vous avez fait chanter vos enfants ; sans doute ce n'étaient que des romances, car vous n'avez jamais su de chansons patriotiques. Je parie même que vous seriez incapable d'exécuter l'hymne des Marseillais. » La Reine, sans répondre, se lève, va s'asseoir au piano et joue l'air de la Marseillaise. « Êtes-vous satisfait ? » dit-elle alors à l'officier municipal. Celui-ci ne lui répondant que des choses insignifiantes, « Au moins, monsieur, reprend-elle avec douceur et en se levant, vous devez louer ma complaisance[1]. »

La voix du jeune Prince avait peu d'étendue, mais elle avait un timbre charmant. La Reine se plaisait à cultiver en lui ce talent naissant, comme à lui faire continuer ses autres études. Uniquement occupée de ses enfants, elle bénissait le ciel du repos que ses ennemis lui laissaient dans l'accomplissement de sa tâche maternelle. Elle était, sous ce rapport, parfaitement secondée par Madame Élisabeth. Ces deux sœurs, disons ces deux mères, au milieu de leurs malheurs ravivés sans cesse par de nouvelles blessures, retrouvaient un peu de joie et de bonheur dans leur amour pour leurs deux enfants (quoique cet amour leur rendît plus poignant peut-être le sentiment de leurs périls) : leur fille, déjà l'âme ouverte aux regrets et aux inquiétudes, mais déjà forte, résignée, et commençant avec courage son sublime apprentissage du malheur ; et, près d'elle, son petit frère, ranimant tout de son sourire et de sa parole ! La sollicitude de la Reine et de Madame Élisabeth à l'égard de cet enfant s'étendait à tous les soins. L'espoir qu'elles avaient eu de voir Cléry reprendre son service

---

[1] Cette petite anecdote, que dans ses *Recherches historiques sur le Temple*, M. E. J. J. Barillet place au commencement du séjour de la famille royale au Temple, se trouve ici à sa date. La Reine n'avait pas de piano dans la petite tour, et on se souvient qu'elle ne commença à faire usage de celui-ci que lorsqu'il eut été réparé, le 10 décembre, par les ordres de Lepitre et Toulan.

Gomin, d'après les souvenirs qu'il avait recueillis, prétendait savoir que l'interlocuteur de la Reine en cette circonstance se nommait Alexandre-Jean-Baptiste Jon, épicier rue Saint-Denis, section de Bon-Conseil.

auprès du jeune Prince s'était évanoui[1]. Les deux institutrices suppléaient, par les ressources qu'elles avaient en elles-mêmes, à l'absence des éléments d'instruction nécessaires. Sous leur direction, l'enfant reprit toutes les leçons que son père lui donnait : l'écriture, la géographie, l'histoire, eurent leurs heures accoutumées. Ce fut la Reine qui se chargea de développer dans l'esprit de son fils les premières notions du latin. On sait que Marie-Antoinette, comme la plupart des archiduchesses d'Autriche, avait appris la langue des Césars. L'histoire en conserve un témoignage écrit de la main même de cette princesse : sur un exemplaire du plaidoyer de de Sèze, imprimé dans les derniers jours de 1792[2], et remis aux prisonnières du Temple vers la fin de janvier 1793, on lit ces mots tracés par la veuve de Louis XVI et empruntés au verset 14 du chap. XVIII de l'Évangile de saint Jean : *Oportet unum mori pro populo*[3].

Quant à l'éducation proprement dite, jamais enfant ne fut placé à meilleure école, jamais plus nobles exhortations, jamais conseils plus généreux, jamais exemples plus magnanimes. Le pardon des injures, recommandé par le père mourant, était journellement mis en pratique par les deux tutrices, toujours prêtes à excuser leurs persécuteurs et à les représenter égarés moins par le mouvement de leur cœur que par le vertige que donne la fièvre des révolutions. Dans les lectures de l'histoire de France que faisait chaque jour leur élève, elles saisissaient l'occasion d'exalter les nobles actions, les beaux exemples de clémence, d'héroïsme, et de flétrir l'injustice et la tyrannie. Plus d'une fois, les leçons des deux Princesses

---

[1] Commune de Paris. — Séance du jeudi 28 février 1793.
Le conseil général arrête que Cléry sortira du Temple dans les vingt-quatre heures ; qu'il remettra aux commissaires du Temple les effets dont il est dépositaire, et que ses appointements lui seront payés jusqu'au jour de sa sortie, qui sera consignée sur les registres de la commission.

[2] Bibliothèque de Saint-Germain en Laye. E. 2. x.

[3] Dans le texte sacré il y a *expedit*. La Reine y substitua ce que Bossuet appelle quelque part le terrible *oportet*.

éveillèrent une certaine émotion dans le cœur des commissaires, aussi surpris des observations des institutrices que de la grave attention de l'enfant à les saisir et à les appliquer. Cet enseignement moral se prolongeait jusque dans les récréations : les jeux avaient aussi leur utilité, et suggéraient souvent de salutaires réflexions.

Si les rangs des amis de la Reine et de son fils s'éclaircissaient par l'émigration, si de nobles cœurs ou de faibles esprits, que je n'ai pas à juger, crurent devoir suivre à l'étranger les Princes de la maison royale, et préférèrent les maux certains de l'exil à une mort éventuelle sur le seuil de leur propre foyer ; d'autres, mieux inspirés peut-être, restèrent, comme Pline, au pied du volcan, au risque d'être suffoqués par les flammes. Au milieu même de l'incendie, la peur ne pouvait contenir dans les âmes dévouées la sympathie pour la royauté malheureuse et déchue. Les femmes surtout, dont les élans sont si généreux, justement soulevées contre l'oppression inique, protestèrent dans l'ombre par leurs prières, et, quand il le fallut, par un cri fidèle sur l'échafaud. Les vieux sentiments de loyauté française se retrouvaient encore, comme nous l'avons pu voir, jusque dans les commissaires préposés à la surveillance du Temple. Parmi ceux-ci, l'histoire doit garder surtout le nom de Toulan, ce franc républicain, gagné à la cause royale par le spectacle de la patience et du courage de la Reine de France prisonnière. C'est lui qui conçut le projet de faire évader du Temple cette Princesse avec ses enfants. Il lui soumit son plan, dont la hardiesse plut à la Reine, qui ne voulut point, toutefois, l'adopter avant qu'il eût reçu l'approbation d'un homme grave et habile qui s'était montré digne de plusieurs missions secrètes et importantes que Louis XVI lui avait confiées : c'était le chevalier de Jarjayes, maréchal de camp, mari d'une des premières femmes de la Reine, et qui, dans l'espérance d'être utile à ses bienfaiteurs, n'avait pas voulu renoncer au séjour périlleux de Paris. Marie-Antoinette donna donc à Toulan un mot pour cet officier général, qui écouta avec confiance le fidèle messager et examina son plan avec sagesse.

Après deux longues conférences, la possibilité du succès reconnue, il devint indispensable d'admettre dans le secret de l'entreprise un second commissaire du Temple. Mais où trouver parmi les municipaux un homme dévoué et prêt au sacrifice de sa vie? On l'a deviné : ce dangereux honneur appartenait de droit à Lepitre. Dans une troisième conférence, où celui-ci fut appelé, le plan fut arrêté : M. de Jarjayes se chargea de faire confectionner des habits d'homme pour la Reine et pour Madame Élisabeth, et les deux municipaux s'engagèrent à introduire ces habits dans la tour, en les portant eux-mêmes sous la pelisse qu'ils avaient l'habitude, l'un et l'autre, de mettre par-dessus leur vêtement. Les deux Princesses devaient, à l'aide de ce déguisement, rehaussé de l'écharpe tricolore, sortir munies de cartes, telles que les avaient les commissaires et toute personne autorisée à entrer au Temple. Jusque-là, tout paraissait d'une exécution simple et facile ; mais l'évasion des deux enfants offrait des difficultés presque insurmontables. Louis XVII surtout était tellement surveillé, qu'il était presque impossible d'opérer sa délivrance. Un moyen pourtant fut trouvé : le génie du dévouement est un grand faiseur de miracles. Il y avait un brave homme du nom de Jacques, qui venait chaque matin nettoyer les quinquets et les réverbères, et, chaque soir, revenait les allumer. Il était ordinairement accompagné et aidé dans son travail par deux enfants à peu près de l'âge et de la taille des enfants de la Reine. La prudence ne permettait pas d'essayer de mettre dans la confidence cet ouvrier étranger, qui dans ses fonctions subalternes, muet et en tout fidèle à sa consigne, n'échangeait jamais deux mots avec les employés du Temple, auxquels il était resté presque entièrement inconnu. Mais voici ce qu'on imagina. Cet homme remplissait son office entre cinq et six heures; son dernier réverbère était allumé et lui-même était toujours sorti du Temple lorsque, à sept heures sonnantes, les sentinelles étaient relevées. Après son départ et le renouvellement des factionnaires, un homme accoutré comme le lampiste, passant à la faveur d'une carte d'entrée sous l'œil des premiers guichetiers, serait arrivé, sa boîte de fer-blanc au bras, à l'appartement de la Reine; et là gourmandé hautement par Toulan de n'être pas venu lui-même arranger ses quinquets, il eût reçu de la main de celui-ci les deux enfants, que ce père ouvrier était censé avoir envoyés pour faire sa besogne à sa place. Le prétendu lampiste serait sorti alors avec ses deux jeunes apprentis, et tous trois auraient gagné le coin des boulevards, où ils auraient trouvé M. de Jarjayes.

Ce plan concerté, il fallait s'adjoindre un nouveau confident digne d'entrer dans cette sainte conspiration, et de jouer le rôle important du lampiste. Toulan proposa un de ses amis, homme discret et courageux, qui fut agréé et qui accepta avec enthousiasme sa part de dévouement et de péril. Ce nouvel adepte, aussi déterminé que les chefs du complot, se nommait Ricard, et était inspecteur des domaines nationaux.

Toulan devait présider plus spécialement à toutes les dispositions de l'évasion de la tour, et Jarjayes à toutes celles de la fuite hors du territoire français. Celui-ci s'était, à cet effet, assuré de trois cabriolets, qui, à l'heure dite et au lieu convenu, se seraient trouvés attelés de vigoureux chevaux. La Reine et son fils seraient montés dans la première de ces voitures, conduite par M. de Jarjayes; Madame Royale, dans la seconde, conduite par Lepitre, et Madame Élisabeth, dans la troisième, conduite par Toulan. Ricard, une fois son office rempli, rejetant son travestissement, serait rentré chez lui, sans que personne eût pu soupçonner la part heureuse qu'il venait de prendre à un événement qui allait occuper la ville, la France et l'Europe, tandis que ses complices, forcés de brûler leurs vaisseaux, auraient atteint la frontière avec la proie conquise par leur zèle libérateur.

Tout semblait assurer le succès de l'entreprise : l'argent nécessaire, les passe-ports bien en règle, délivrés par Lepitre lui-même, président de la commission des passe-ports à la section de police, et enfin les incidents calculés de manière qu'on ne pouvait se mettre à la poursuite des prisonniers que bien des heures après leur départ.

Il avait d'abord été question de se diriger vers la Vendée, qui commençait à se soulever; mais on comprit que ce n'était là qu'un asile au milieu d'un camp, et que si l'on apportait un puissant auxiliaire à l'élan de l'armée royaliste, on lui créerait aussi des difficultés nouvelles. M. de Jarjayes se rangea à ce dernier avis, et fut, par l'entremise de Toulan, approuvé de la Reine, qui avait plus d'amour que d'ambition, et qui préférait préserver la tête que la couronne de son enfant. Il fut donc décidé qu'on gagnerait les côtes de la Normandie, qui offrait une distance moins grande et des obstacles moins multipliés. Jarjayes s'assura des moyens de passer en Angleterre; un bateau se tint à sa disposition sur un point de la côte, près du Havre. Enfin les mesures propres à déjouer les plus mauvaises chances du sort étaient prises; mais la fatalité qui précipitait vers l'abîme la vieille maison de France, devait être plus ingénieuse que les prévisions de l'homme et plus forte que tous ses efforts. Si Toulan et Jarjayes eussent été chargés de conduire la famille royale à Varennes, je ne fais nul doute qu'ils n'eussent réussi à la mettre à l'abri du danger; mais d'autres, aussi dévoués peut-être, quoique moins éclairés ou moins habiles, eurent la conduite de ce funeste voyage. C'est ainsi que tout allait depuis quelque temps pour cette famille marquée du sceau du malheur. L'entreprise qui devait la perdre s'effectuait, celle qui devait la sauver n'avait pas lieu.

Voici ce qui y mit obstacle : le 8 mars était le jour fixé pour l'évasion. Le 7, il y eut dans Paris un soulèvement presque général, excité, d'une part, par la rareté des subsistances, et, de l'autre, par les nouvelles des progrès rapides de l'étranger. Après une bataille sur la Rœhr, où ils avaient été forcés d'abandonner leurs cantonnements, les Français avaient évacué

Aix-la-Chapelle et levé le siége de Maëstricht, laissant derrière eux plus de quatre mille morts sur la place. Après un autre combat non moins sanglant, les Autrichiens avaient repris la ville de Liége. Le sang de la France, alors qu'elle est blessée à ses extrémités, lui reflue toujours au cœur. Paris s'émut, Paris s'exalta, excité, dans la double appréhension de l'invasion et de la disette, par les Montagnards, qui avaient résolu de faire massacrer, au sein même de la Convention, les Girondins et tous ceux qui opposaient de la résistance à leurs projets, et surtout à la création d'un tribunal révolutionnaire, pour juger les conspirateurs sans appel. La gravité des circonstances appelait des hommes extrêmes; les Montagnards, qui comprenaient cette situation, avaient résolu d'en profiter. Prévenus à temps, les députés menacés ne se rendirent point à la séance de la nuit du 9 au 10 mars, où ce décret fut voté. Dans la même séance, la Convention ordonnait de traduire à sa barre les généraux Steingel et Lanoue, accusés de trahison dans la déroute d'Aix-la-Chapelle. Des envoyés de la Convention nationale allaient dans les départements pour y proclamer les nouveaux dangers de la patrie. Les sections avaient déchaîné leurs agitateurs, qui, chaque jour, à chaque instant, se portaient au conseil de la Commune, et demandaient à grands cris la clôture des barrières, pour empêcher la sortie des *suspects*, c'est-à-dire de ceux qui voulaient se soustraire à des lois de sang, aux visites domiciliaires, ou au contingent imposé à la ville de Paris dans la levée de trois cent mille hommes ordonnée le 24 février. Malgré les clameurs et les menaces, le conseil se borna à suspendre la délivrance des passe-ports à l'étranger, déclarant que, jusqu'à ce que la Convention en décidât autrement, les barrières resteraient ouvertes, la loi défendant, sous peine de mort, de les fermer sans ses ordres. D'après le compte que Pache, maire de Paris, et le général Santerre rendirent ce même jour à la barre de la Convention, concernant la situation de la capitale, les portes de la ville restèrent libres.

Mais cette agitation de la rue avait éveillé la sollicitude du pouvoir, et provoqué ses surveillances. Rien ne remuait autour de lui sans que son attention inquiète se portât d'abord sur le Temple. L'entreprise de Toulan ne put donc être tentée au jour indiqué : trop de regards ennemis, trop d'oreilles jalouses veillaient aux abords et jusque dans les cours de cette prison d'État.

Les jours qui suivirent amenèrent les mêmes mouvements et offrirent les mêmes dangers. Le 12 mars le général Dumouriez, dont la conduite était aussi traitée de trahison, était dénoncé par une section de Paris[1] à la justice vengeresse de la Convention. Le 13, pour la première fois, la Vendée, qui fermentait depuis quelque temps, leva ostensiblement la tête, et jeta ce cri qui devait, en se répétant, troubler souvent le sommeil des dictateurs. Et, d'ailleurs, le tour de service au Temple de Toulan et de Lepitre ne devant plus revenir que dans quelques jours, tout projet de tentative se trouva forcément suspendu.

En arrivant le 8 à la tour, Toulan avait trouvé la famille royale assez agitée. Depuis la veille, les clameurs de la grande ville bourdonnaient autour du Temple; les prisonnières ne connaissaient pas la cause de ce tumulte, et elles craignaient d'apprendre quelque malheur auquel se trouveraient mêlés les nobles amis qui se dévouaient à leur délivrance. L'entrée de Toulan les rassura, et la joie de savoir que nul n'était compromis pour elles fut plus vive que le chagrin de voir se prolonger leur captivité. « J'aurais été désolée, lui dit la Reine, de quitter ce séjour sans en emporter quelques objets qui me sont précieux, et qui m'ont été légués par une main qui me fut chère et qui m'est sacrée. Je veux parler de l'anneau nuptial et du cachet que le Roi portait toujours, et qu'il avait chargé Cléry de me remettre avec les cheveux de ma sœur et de mes enfants[2]. » Toulan ne répondit rien; mais il savait que

---

[1] La section Poissonnière.
[2] L'alliance était un anneau d'or ouvrant et portant au dedans cette inscription : *M. A. A. A.*, 19 *aprilis* 1770, jour des fiançailles, à Vienne, de

les municipaux avaient exigé de Cléry, lorsqu'il fut rendu à la liberté, dans le courant de février, la remise des effets dont le Conseil de la Commune l'avait laissé dépositaire le 21 janvier; et que ces effets, parmi lesquels se trouvaient ceux dont parlait Marie-Antoinette, avaient été placés sous les scellés dans l'appartement du feu Roi. Le lendemain, avant sa sortie du Temple, Toulan apportait à la royale veuve les objets qu'elle avait désirés : il avait eu le temps et l'adresse d'en faire faire d'à peu près semblables et de les substituer aux premiers, qu'il avait retirés de dessous les scellés. Assurément, la Reine de France, dans tout l'éclat de sa gloire à Versailles, n'eût point été servie avec tant de zèle et d'habileté : le dévouement de cœur fait plus de prodiges que l'intérêt égoïste ou l'admiration banale du courtisan, qui répond aux reines, dans les jours de leurs prospérités, quand elles demandent quelque chose : « Si c'est possible, c'est fait; si c'est impossible, ça ce fera. »

Le système de l'intimidation se développait de toutes parts.

Marie-Antoinette, Archiduchesse d'Autriche, et de Louis-Auguste, Dauphin de France. Ce malheureux Prince avait toujours porté cet anneau à son doigt. En le quittant pour la première fois, le 21 janvier au matin, il avait chargé Cléry de le remettre à sa femme, en lui disant qu'*il s'en séparait avec peine*. Il ne s'en séparait, en effet, qu'au moment de se séparer de la vie.

Le cachet était une breloque en argent, s'ouvrant en trois parties, dont l'une portait gravé l'écusson de France, l'autre deux LL.... ⚜.... , et la troisième la tête du Dauphin casquée.

Enfin les cheveux enfermés séparément dans quatre petits papiers, étaient enveloppés ensemble d'un plus grand, sur lequel il était écrit de la main de Louis XVI : *Cheveux de ma femme, de ma sœur et de mes enfants.*

Le jeudi 14 mars, la Convention ordonnait au tribunal révolutionnaire de juger par contumace les frères de Louis XVI ; le 18 elle décrétait la démolition des châteaux des émigrés et le partage des biens nationaux. Cependant Jarjayes et Toulan ne renonçaient pas à leur généreux projet. Ils guettaient en silence, avec une incessante et inquiète attention, le moment où ils pourraient le mettre à exécution. Malheureusement, chaque jour amenait quelque événement qui ne faisait qu'apporter plus de vigilance dans la garde du Temple, et, en particulier, dans la surveillance de l'enfant royal. C'eût été imprudence, folie, pour ainsi dire, de tenter une évasion devenue presque impossible. Les vertueux conspirateurs ne se laissèrent point aveugler par le désir d'une bonne action, ils résolurent froidement de limiter leur entreprise aux bornes du possible, et concentrèrent leur pensée de délivrance sur la Reine et sur Madame Élisabeth, dont la sortie du Temple offrait des difficultés moins insurmontables. Mais comment décider ces deux mères à se séparer toutes deux de leurs enfants? La chose ne pouvait être essayée. On connaît le dévouement de Madame Élisabeth : cette belle âme était trop grande pour ne pas s'oublier elle-même en toute occasion ; c'était l'expression la plus pure de cette candeur naïve, de cette affection sainte que Raphaël a donnée à la mère de Jésus : grâce angélique, sérénité chrétienne, que l'antiquité ne soupçonna pas. Elle épuisa l'éloquence de son amour à persuader à sa sœur qu'il était de son devoir de profiter des ressources qui lui restaient encore pour échapper à ses ennemis ; elle lui fit comprendre que ses jours pouvaient être menacés, tandis que ceux de ses enfants et les siens mêmes n'étaient exposés à aucun danger. Elle osa, pour la décider, faire entendre à son oreille tous les bruits imprégnés de l'exagération populaire, mais qui cependant arrivaient au vrai lorsqu'ils exprimaient l'animosité publique excitée contre la Reine. M. de Jarjayes envoya lui-même à Marie-Antoinette ses supplications les plus vives pour l'engager à se prêter à l'exécution du nouveau projet dont Toulan lui apportait tous les détails. Dans ce nouveau plan, c'était toujours le fidèle Toulan, et lui seul cette fois, qui se chargeait de faire sortir du Temple la royale prisonnière, et de la conduire dans un lieu sûr où elle aurait rencontré Jarjayes ; celui-ci, de son côté, avait pris des mesures qui semblaient mettre cette auguste tête à l'abri de toute atteinte. Les prières si tendres de Madame Élisabeth, le zèle si chaleureux de Toulan, entraînèrent enfin la Reine : elle approuva le plan et promit de s'y conformer. Le jour fut pris, le jour arrivait... La veille au soir, la mère et la tante étaient assises auprès du lit de l'enfant endormi. Madame Royale était aussi couchée, mais la porte de sa chambre était ouverte, et la jeune Princesse, toute préoccupée de l'air triste et rêveur qu'elle avait vu toute la journée à sa mère, n'avait point encore fermé les yeux. Elle entendit ainsi les paroles que plus tard elle nous a répétées. Résolue au sacrifice qu'on lui demandait, la Reine donc était assise auprès du lit de son fils : « Dieu veuille que cet enfant soit heureux ! dit-elle. — Il le sera, ma sœur, » répondit Madame Élisabeth en montrant à la Reine la figure naïve, ouverte, douce et fière du Dauphin. « Toute jeunesse est courte comme toute joie, » murmura Marie-Antoinette avec un serrement de cœur indicible ; « on en finit avec le bonheur comme avec autre chose ! » Puis, se levant, elle marcha quelque temps dans sa chambre en disant : « Et vous-même, ma bonne sœur, quand et comment vous reverrai-je ?... C'est impossible ! c'est impossible ! » La jeune Marie-Thérèse ne comprit d'abord pas ces paroles, dont le sens lui fut expliqué plus tard. La Reine renonçait, en ce moment, à profiter de la porte que Toulan devait lui ouvrir le lendemain. Son parti était irrévocablement pris : l'amour de ses enfants était plus fort que toutes les considérations, plus fort que les prières de sa sœur, que l'instinct de sa propre conservation, que la parole donnée au dévouement de ses courageux amis. Mais, se reprochant comme un manque de foi la promesse faite à ceux-ci, et qu'elle ne voulait plus tenir, elle sentit qu'elle devait une réparation à ces âmes généreuses, décidées à s'exposer pour elle. Le lendemain, le municipal Toulan arriva, tout ému de l'idée de la grande action qu'il allait accomplir. Dès qu'il fut possible de lui parler, Marie-Antoinette lui dit : « Vous allez m'en vouloir, mais j'ai réfléchi ; il n'y a ici que danger : vaut mieux mort que remords. » Plus tard, elle lui dit encore ces paroles, dont se souvenait Toulan en montant à l'échafaud, le 30 juin 1794 : « Je mourrai malheureuse si je n'ai pu vous prouver ma gratitude.—Et moi, madame, bien malheureux, si je n'ai pu vous montrer mon dévouement. » Hélas ! pour ces deux nobles cœurs la justice fut égale : le dévouement et la gratitude obtinrent la même récompense. Il y avait dans ce temps-là un lieu où se rencontraient toutes les vertus : l'échafaud.

La Reine voulut aussi remercier M. de Jarjayes et lui expliquer les motifs de son refus. Elle lui écrivit de sa main le billet suivant, qu'elle chargea Toulan de lui remettre ; billet admirable, que M. Chauveau-Lagarde fit, le premier, connaître dans sa *Note historique sur les procès de Marie-Antoinette et de Madame Élisabeth.*

« Nous avons fait un beau rêve. Voilà tout. Mais nous y avons beaucoup gagné, en trouvant dans cette occasion une nouvelle preuve de votre entier dévouement pour moi. Ma confiance en vous est sans bornes. Vous trouverez toujours en moi du caractère et du courage ; mais l'intérêt de mon fils est le seul qui me guide. Quelque bonheur que j'eusse éprouvé à être hors d'ici, je ne peux consentir à me séparer de lui. Je ne pourrais jouir de rien sans mes enfants, et cette idée ne me laisse pas même un regret. »

La Reine, comme frappée d'une sinistre prévision, dit encore à Toulan : « D'après ce qui se passe, je puis d'un instant à l'autre me voir privée de toute communication. Voici l'alliance, le cachet et le petit paquet de cheveux de ma famille, que je dois à vous seul d'avoir recouvrés. Je vous charge de les déposer entre les mains du chevalier de Jarjayes, en le priant de les faire parvenir à Monsieur et au comte d'Artois, ainsi que des lettres que ma sœur et moi nous venons d'écrire à nos frères[1]. »

Dépositaire de ces messages vers la fin de mars, M. de Jarjayes ne put les faire parvenir à leur destination que dans les premiers jours de mai : le cachet et le paquet de cheveux à Monsieur, et l'anneau et les cheveux de Louis XVI au comte d'Artois[2].

[1] Le billet de la Reine adressé à Monsieur était ainsi conçu :

« Ayant un être fidèle sur lequel nous pouvons compter, j'en profite pour envoyer à mon frère et ami ce dépôt qui ne peut être confié qu'entre ses mains. Le porteur vous dira par quel miracle nous avons pu avoir ces précieux gages; je me réserve de vous dire moi-même un jour le nom de celui qui nous est si utile. L'impossibilité où nous avons été jusqu'à présent de pouvoir vous donner de nos nouvelles, et l'excès de nos malheurs, nous fait sentir encore plus vivement notre cruelle séparation; puisse-t-elle n'être pas longue! Je vous embrasse, en attendant, comme je vous aime, et vous savez que c'est de tout mon cœur.   » M. A. »

Au bas de ce billet, Marie-Thérèse écrivit ces deux lignes :

« Je suis chargée pour mon frère et moi de vous embrasser de tout notre cœur.   » M. T. »

Voici le billet adressé par la Reine au comte d'Artois :

« Ayant trouvé enfin le moyen de confier à notre frère un des seuls gages qui nous restent de l'être que nous chérissions et pleurons tous, j'ai cru que vous seriez bien aise d'avoir quelque chose qui vînt de lui; gardez-le en signe de l'amitié la plus tendre, avec laquelle je vous embrasse de tout mon cœur.   » M. A. »

Madame Élisabeth écrivait à Monsieur :

« Je jouis d'avance du plaisir que vous éprouverez en recevant ce gage de l'amitié et de la confiance; être réunie avec vous et vous voir heureux est tout ce que je désire : vous savez si je vous aime. Je vous embrasse de tout mon cœur.   » E. M. »

Et au comte d'Artois :

« Quel bonheur pour moi, mon cher ami, mon frère, de pouvoir, après un si long espace de temps, vous parler de tous mes sentiments! Que j'ai souffert pour vous! Un temps viendra, j'espère, où je pourrai vous embrasser, et vous dire que jamais vous ne trouverez une amie plus vraie et plus tendre que moi; vous n'en doutez pas, j'espère. »

[2] Voici comment fut remplie cette mission :

M. de Jarjayes se rendit d'abord à Turin, où le roi de Sardaigne le retint, et l'employa auprès de sa personne. C'est ce prince qui envoya lui-même à Monsieur, par un courrier extraordinaire, les dépêches de M. de Jarjayes.

Ce mois de mars qui finissait avait vu naître contre la marche du gouvernement révolutionnaire une vive opposition dont les chefs siégeaient au sein même de la Convention et à la tête des armées. Les rois qui faisaient la guerre à la France se partageaient les plus belles provinces de la Pologne; les peuples agités se levaient; les torches de la guerre civile s'allumaient dans nos départements : la plaie ouverte par le régicide du 21 janvier s'élargissait de jour en jour.

Le 1er avril, le Midi s'était laissé entraîner à l'appel de l'Ouest, et les acclamations de Beaucaire répondaient aux canons des Sables-d'Olonne. Le même jour, de nouvelles mesures de précaution étaient prises par la Commune[1]. Le 2 avril, un décret

---

Monsieur écrivit de sa main à M. de Jarjayes une lettre datée de Hamm, le 14 mai 1793, dans laquelle il lui exprime ainsi ses sentiments :

« Vous m'avez procuré le bien le plus précieux que j'aie au monde, la seule véritable consolation que j'aie éprouvée depuis nos malheurs.

» Combien leur billet et l'autre gage de leur amitié, de leur confiance, ont pénétré mon cœur des plus doux sentiments!...

» Je ne puis qu'approuver les raisons qui vous font rester en Piémont. Continuez à servir notre jeune et malheureux Roi, comme vous avez servi le frère que je pleurerai toute ma vie. »

[1] Municipalité de Paris.

Extrait du registre des délibérations du conseil général du 1er avril 1793, IIe de la République.

« Sur le réquisitoire du procureur de la Commune,

» Le conseil général arrête :

» 1° Qu'aucune personne de garde au Temple ou autrement ne pourra y dessiner quoi que ce soit; et que si quelqu'un est surpris en contravention au présent arrêté, il sera sur-le-champ mis en état d'arrestation, et amené au conseil général, faisant en cette partie les fonctions de gouverneur.

» 2° Enjoint aux commissaires du conseil de service au Temple de ne tenir aucune conversation familière avec les personnes détenues, comme aussi de ne se charger d'aucune commission pour elles.

» 3° Défenses sont pareillement faites auxdits commissaires de rien changer ou innover aux anciens règlements pour la police de l'intérieur du Temple.

» 4° Qu'aucun employé au service du Temple ne pourra entrer dans la tour.

» 5° Qu'il y aura deux commissaires auprès des prisonniers.

» 6° Que Tison ni sa femme ne pourront sortir de la tour, ni communiquer avec qui que ce soit du dehors.

» 7° Qu'aucun commissaire au Temple ne pourra envoyer ou recevoir de lettres, sans qu'elles aient été préalablement lues au conseil du Temple.

» 8° Lorsque les prisonniers se promèneront sur la plate-forme de la tour

d'accusation était lancé contre le général Paoli, commandant en Corse, et le 3, un autre décret accordait 300,000 livres à celui qui livrerait l'infâme Dumouriez, mort ou vif. Dumouriez avait espéré jouer le rôle de dictateur militaire au milieu de la crise terrible qui s'aggravait de moment en moment. Mais, deux fois vaincu, chassé de la Hollande qu'il venait de conquérir, puis de la Belgique, son armée lui échappait, et il perdait dans l'Assemblée le concours de deux partis influents, la Gironde et la Montagne, en laissant percer ouvertement la pensée d'établir une monarchie constitutionnelle au profit de la famille d'Orléans. La Convention envoya dans son camp des commissaires chargés de lui signifier l'ordre de se rendre à sa barre : c'étaient Camus, Bancal, Quinette et Lamarque, accompagnés de Beurnonville, ministre de la guerre. Dumouriez les fit arrêter et les livra aux Autrichiens. Après ce coup, il ne lui restait plus qu'à se dérober par la fuite au sort qui l'attendait; le 4 avril, il se mit à l'abri derrière les lignes autrichiennes, et le lendemain, il fut suivi des généraux Valence et d'Orléans fils, des deux Thouvenot et d'une partie des hussards de Berchigny.

La nouvelle de ces événements était à peine connue à Paris, que des décrets de la Convention faisaient doubler la garde du

ils seront toujours accompagnés de trois commissaires et du commandant du poste, qui les surveilleront scrupuleusement.

» 9° Que, conformément aux précédents arrêtés, les membres du conseil qui seront nommés pour faire le service du Temple passeront à la censure du conseil général, et sur la réclamation non motivée d'un seul membre, ils ne pourront être admis.

» 10° Enfin, que le département des travaux publics fera exécuter dans le jour de demain les travaux mentionnés dans son arrêté du 26 mars dernier.

» *Signé* : PACHE, maire.

» COULOMBEAU, secrétaire greffier.

» Pour extrait conforme,

» COULOMBEAU, secrétaire greffier.

» Copié au registre.

« YON. »

Temple[1], créaient un Comité de salut public (samedi 6 avril), et mettaient en arrestation toute la famille des Bourbons. Déjà, dès le 27 mars 1793, Robespierre avait proposé leur bannissement hors du territoire de la République, à l'exception de Marie-Antoinette, qui serait envoyée devant le tribunal révolutionnaire, et du fils de Capet, qui resterait détenu à la tour du Temple; la Convention avait passé à l'ordre du jour sur la motion de Robespierre; mais les circonstances venant à l'appuyer, elle l'adopta aussitôt en l'aggravant.

Possesseur depuis quelques jours de deux lettres qu'il avait reçues de Monsieur, comte de Provence, Santerre craignit de se compromettre en les gardant secrètes plus longtemps, et le dimanche 7, il crut devoir les envoyer à la Convention et en donner avis au conseil général de la Commune. Par ces lettres, adressées *à M. le commandant général de la force armée de Paris*, le Prince déclarait qu'il était Régent du royaume et que son neveu était Roi depuis le 21 janvier, jour où l'on avait porté une hache criminelle sur la tête de Louis XVI[2]. Ces deux

---

*Décret de la Convention nationale du 4 avril 1793,
l'an II de la République française.*

« La Convention nationale décrète que le conseil général de la Commune de Paris fera doubler sur-le-champ la garde du Temple.

» Vérifié par nous, inspecteur du bureau des procès-verbaux,
» DELEDOY.

» Collationné à l'original par nous, président et secrétaire de la Convention nationale,

» DELMAS, président.
» MELLINO, secrétaire.

» Paris, ce 5 avril 1793, an II de la République française. »

[2] Après de longues recherches, nous sommes demeuré convaincu que ces deux lettres n'étaient que la reproduction des deux actes politiques dont nous avons donné le texte pages 1 et 3, au commencement de ce livre. Des circulaires analogues étaient à cette époque répandues dans les provinces. On lit dans le *Journal des débats et des décrets*, n° 210, page 251, rendant compte de la séance de la Convention nationale du 14 avril 1793 :

« Les commissaires envoyés dans les départements de la Moselle et de la Meurthe écrivent que leur mission est presque entièrement remplie, le recrutement s'est fait avec la plus grande activité, etc.

» A leur lettre est joint un jugement du tribunal criminel, qui a fait brûler

lettres ne furent point lues à l'Assemblée en séance publique ; on redouta leur effet sur l'opinion, et on blâma Santerre d'avoir parlé de ces messages dans les circonstances difficiles où l'on se trouvait. Toutefois, quelques esprits clairvoyants ne traitèrent point de maladresse politique ce qui n'était que le calcul de la prudence et de la peur.

Les agitations qui remuaient la France et l'Europe ne troublaient point le morne intérieur de la tour du Temple, et le jeune Roi, reconnu à l'étranger et proclamé sur quelques points du territoire national, n'était qu'un triste et infortuné prisonnier, ignorant tout ce qui se faisait en son nom. Sa mère elle-même ne connaissait pas la plupart des choses qui se passaient. Sa profonde douleur n'avait d'autres diversions que les souffrances que lui causaient les cruels traitements auxquels elle était en butte de la part de ses geôliers. Toutes les angoisses se lisaient sur ses traits amaigris ; et cependant, parfois, un faible sourire montait un instant à ses lèvres à l'aspect de ses enfants, liens puissants et sacrés qui l'attachaient encore à la terre. Auprès d'elle s'épanouissait le frais visage d'une jeune fille, déjà forte comme ces vierges chrétiennes qui grandissaient dans les familles des confesseurs et des martyrs, et déjà digne d'être pour sa mère une amie ; puis elle entendait la voix naïve d'un enfant qui cherchait son cœur. Enfin, Madame Élisabeth était là, la digne sœur de Louis XVI, la mère de ses enfants, la meilleure et la plus sainte des amies, qui, portant le ciel dans son cœur et dans ses yeux, apaisait les plus vives douleurs par le baume de ses paroles, et par ses seuls regards rassérénait les âmes.

Tison et sa femme jouaient sans relâche le rôle odieux dont ils avaient l'emploi. Le Dauphin, comme s'il les eût devinés ou

---

par les mains du bourreau une déclaration du ci-devant Monsieur, se disant Régent du royaume de France, et des lettres patentes du ci-devant comte d'Artois, se qualifiant du titre de lieutenant général du royaume.

» L'Assemblée applaudit à la conduite des juges de ce tribunal criminel, et en ordonne la mention honorable. »

pénétrés, les avait pris en aversion et manifestait clairement, malgré les recommandations maternelles, les sentiments qu'il avait pour eux. Gourmandés un jour assez vertement par Vincent, municipal de service, les deux cerbères s'imaginèrent que c'étaient les dénonciations du Dauphin qui leur valaient cette réprimande. Le soir, à la sortie de Vincent, ils vinrent faire une scène chez la Reine, se répandant en récriminations contre l'enfant et lui jetant les épithètes d'*espion* et de *délateur*, qui s'appliquaient si bien à eux-mêmes. « Aucun des nôtres n'est d'un caractère à frapper les gens dans l'ombre, dit Marie-Antoinette, ni moi à le tolérer. » L'odieux ménage se retira, le trait dans la poitrine et proférant des injures contre la Reine et des malédictions contre son fils. L'enfant protestait avec énergie, avec indignation. « Ils sont en colère, lui dit avec douceur Madame Élisabeth, pardonnez-leur. » Cette dernière phrase fut entendue de Tison, qui revint sur ses pas comme un furieux : « Pardonnez-leur ! cria-t-il, ah çà, où sommes-nous ? oubliez-vous que c'est le peuple seul qui a le droit de pardonner ? Celui que vous appelez le Roi n'a pas eu de fils assez grand pour le défendre ; il n'en aura pas d'assez fort pour le venger. »

La rage de Tison ne s'arrêta pas là. Un nouveau municipal, excité par lui, monta pour réprimander les prisonnières, prétendant que les *vertueux citoyens* préposés à leur garde savaient parfaitement tout ce qu'ils avaient à faire. A dater de ce jour, pendant les conférences, Marie-Thérèse et son frère restèrent presque toujours dans la tourelle, afin que cet enfant ne commit point quelque indiscrétion involontaire. A l'exception des mesquines vexations qu'un entourage grossier leur suscitait, les détenus jouissaient d'un peu de paix et de liberté qu'ils n'avaient point connu jusqu'alors. Les agitations violentes qui avaient marqué les premiers jours de mars s'étaient apaisées ; Paris était calme, au moins à la surface ; les autorités constituées répondaient de son repos, et, dans les visites qu'il faisait journellement au Temple, Santerre s'était convaincu de la rigide sûreté de cette prison d'État et de l'inutilité d'y entretenir une garde si nombreuse. Aussi proposa-t-il au conseil de la Commune de réduire ce poste à cent hommes, plus une compagnie d'artillerie. Mais cette demande arriva dans un moment trop inopportun pour être accueillie. Il conseilla aussi de nourrir les hommes de service au corps de garde même, afin de les maintenir pendant toute la journée à leur poste, et le conseil de la Commune accorda trois livres par jour à chaque homme qui réclamerait cette indemnité, mesure qui ne fut pas exécutée[1].

Le commandant général de la force armée de Paris, loin de voir sa proposition admise, fut expressément invité à apporter de plus en plus une infatigable activité et une sévère circonspection dans le service qui lui était confié.

Les feuilles publiques n'étaient pas la seule lecture qui remuât l'opinion. Un vieux livre, assez rare, malgré les sept ou huit éditions qui ont été faites de 1498 à 1524, pendant les troubles religieux et politiques qui désolaient la France et l'Europe, sortit tout à coup de l'ombre où le gardaient quelques bibliophiles, et fut signalé comme contenant des prédictions pleines de singulières analogies avec la plupart des événements de la révolution. Ce livre bizarre, imprimé en lettres gothiques, et renfermant deux parties, l'une en latin et l'autre en français, est intitulé *Mirabilis Liber, qui prophetias revelationesque, necnon res mirandas preteritas, presentes ac futuras, aperte demonstrat*. Quelques rêveurs, lui cherchant une pieuse origine, l'attribuaient à saint Césaire, évêque d'Arles, mort en 544; d'autres, lui donnant une date moins ancienne, le supposaient l'œuvre de Jacques de Nostre-Dame, père de Michel, si connu par ses prophéties sous le nom de Nostradamus. Cette famille provençale était, comme on sait, néophyte, et se prétendait de la tribu d'Issachar, renommée par le don de la science des temps. Quoi qu'il en soit, ces prophéties, qui de-

---

[1] Les registres de la Commune de cette époque sont remplis d'arrêtés qui restent inappliqués. Les mesures de la veille sont quelquefois rapportées le lendemain, et souvent comme non avenues.

puis quelque temps étaient l'objet des conversations, attiraient à la Bibliothèque nationale les hommes au cœur crédule ou à l'esprit curieux. Accusés d'avoir, conformément aux devoirs de leur charge, communiqué au public ce volume séditieux, plusieurs conservateurs furent arrêtés et destitués. Le savant Van Praët fut obligé de se cacher : sa prodigieuse mémoire l'avait rendu suspect ; on lui supposa *nécessairement des sympathies pour des temps dont il connaissait tous les livres :* le catalogue vivant de la grande bibliothèque ne pouvait être qu'un conspirateur.

Voici quel était le passage le plus compromis et le plus compromettant de ce livre singulier : « *Juvenis captivatus qui recuperabit coronam lilii... fundatus, destruet filios Bruti....* » — « Le jeune captif qui recouvrera la couronne des lis... étant rétabli sur le trône, détruira les enfants de Brutus. » —

A ces prédictions, qu'accueillaient également l'espérance et la crainte, et que la superstition allait propageant dans le peuple, se joignirent des bruits qui ne laissaient pas aussi de tenir en éveil l'attention des jacobins : on disait que, depuis la désertion de Dumouriez, son armée ne se débandait qu'afin de tenir caché le plan de ce général ; mais qu'elle était prête à se rallier à l'improviste, aux portes mêmes de Paris, pour mettre à exécution ce plan, dont le seul but était la délivrance de Louis XVII et le rétablissement de la royauté constitutionnelle. Tout absurdes qu'ils étaient, ces propos remuaient les imaginations et ramenaient l'attention du côté du Temple. C'était désigner des victimes au bourreau. Mais, quoique l'impatience de la rue se montrât avide d'une nouvelle tragédie, bien que la section du Finistère (faubourg Saint-Marceau) fît un appel à toutes les autres sections de Paris pour demander, ensemble, à la Convention, que l'on commençât le procès de la veuve et de la sœur de Capet, et que l'on prît des mesures efficaces pour que le fils du tyran ne pût succéder à son père[1]; bien que

---

[1] « Une députation de la section du Finistère annonce qu'on a découvert à Chantilly, dans la ci-devant palais du traître Condé, deux mille deux cents

Marat appuyât de son influence ces bruyantes provocations, aucune mesure nouvelle ne fut décrétée par la Convention concernant les prisonniers du Temple. Dans une discussion animée entre les Montagnards et les Girondins, l'avantage resta à ces derniers ; et, dans un discours où perce un certain intérêt pour le fils et la fille de Louis XVI, Gensonné alla même jusqu'à demander que la municipalité de Paris fût déclarée responsable de leur sûreté. Ces paroles d'un homme qui avait voté la mort du Roi, et qui semblait compatir au malheur de ses enfants, ne devaient que rendre plus ombrageux les geôliers de la tour et le signaler lui-même d'avance aux coups de ses adversaires [1]. En effet, les ressentiments s'allumaient et les débats devenaient plus âpres entre les différentes nuances de l'opinion révolutionnaire. Un grand tumulte eut lieu, le mardi 9 avril, à la Convention, au sujet de la demande faite par la section de Bon-Conseil d'un décret d'accusation contre les députés désignés par l'opinion publique comme traîtres à la patrie. Tour à tour la Montagne hurle contre la Gironde et la Gironde contre la Montagne. Le samedi 13 avril, un décret est lancé contre Marat lui-même, accusé d'avoir prêché le massacre et le pillage, et d'avoir dit qu'il fallait un triumvirat à la France. Acquitté le 18 par le tribunal révolutionnaire, « l'ami du peuple » est couronné de chêne et porté en triomphe à la Convention, où il reprend sa place accoutumée. Robespierre et Danton se réconcilient et s'embrassent, prêts à s'étouffer plus tard. La commu-

---

marcs d'argent, et la correspondance de ce scélérat avec Marie-Antoinette et Élisabeth.

» On demande que les sections de Paris et des cantons se réunissent, à l'effet de rédiger une adresse à la Convention, tendant à ordonner l'instruction de ces trois célèbres criminels, et sur les mesures à prendre pour que, à l'avenir, le fils de Capet ne succède point à son père, en partageant ses crimes...

» Le conseil général applaudit aux sages mesures proposées par la section du Finistère, et invite la députation à la séance. »

(Séance du conseil général de la Commune du mercredi 27 mars 1793.)

[1] Gensonné fut du nombre des vingt et un Girondins envoyés à l'échafaud le 31 octobre 1793.

nauté de la haine les unissait contre les Girondins qu'ils voulaient abattre, comme on voit les loups s'unir dans les forêts pour chasser la même proie. Seulement, la proie abattue, les loups se la partagent.

Pendant ce temps-là Tison continuait à la tour son rôle d'espionnage, précurseur de son rôle de délation. Quoique habilement cachées, les trames de Toulan n'avaient point été ourdies sans que l'ombre de quelques fils eût été entrevue de cet Argus du Temple. Mais, suspect aux municipaux modérés, il n'en avait jamais reçu la moindre confidence, et c'était par instinct bien plus que par observation que le soupçon était né dans son esprit. Il avait dès lors compris que, pour mieux remplir les devoirs de sa charge, il devait se mettre à même de tout savoir, et qu'il ne pouvait arriver à ce but qu'en gagnant la confiance des commissaires : le franc scélérat devint hypocrite. Gardant sa rude nature avec les rudes surveillants que la Commune envoyait au Temple, il se faisait souple avec les inconnus, compatissant avec les honnêtes, et allait même, devant les *sensibles*, jusqu'à s'extasier sur les grâces charmantes du jeune prisonnier. Quand le fourbe crut s'être insinué dans quelques esprits, avoir pénétré dans quelques cœurs, bien qu'il n'eût encore que de vagues soupçons, il s'empressa, de concert avec sa femme, d'écrire, le vendredi 19 avril, au conseil du Temple, *que la veuve et la sœur du dernier tyran avaient gagné quelques officiers municipaux; qu'elles étaient instruites par eux de tous les événements; qu'elles en recevaient les papiers publics, et que, par leur moyen, elles entretenaient des correspondances*[1]. Pour prouver ce dernier fait, la femme

---

[1] Voici ce qui se passa au conseil général de la Commune, à l'occasion de cette dénonciation :

« Un des commissaires du Temple fait lecture d'un procès-verbal dressé au Temple, en présence du maire, du procureur de la Commune et des commissaires de service.

Ce procès-verbal contient deux déclarations faites l'une par Tison, faisant le service du Temple, et l'autre par Anne-Victoire Baudet, épouse de Tison, aussi employée au service du Temple.

Il résulte de ces déclarations que quelques membres du conseil, savoir :

Tison descendit au conseil un flambeau qu'elle avait pris dans la chambre de Madame Élisabeth, et fit remarquer aux municipaux une goutte de cire à cacheter qui était tombée sur la bobèche. En effet, le matin même, cette Princesse avait remis à Turgy, comme il le raconte lui-même [1], un billet cacheté pour l'abbé Edgeworth, son confesseur.

Dès le lendemain, Hébert s'était rendu à la Tour, non pas dans le courant de la journée, où la famille royale vivait sur un qui-vive continuel, mais le soir après dix heures, quand devait être commencée pour elle l'heure de l'intimité et de la

---

Toulan, Lepitre, Brunot, Moelle, Vincent, entrepreneur de bâtiments, et le médecin du Temple, sont suspectés d'avoir eu des conférences secrètes avec les prisonniers du Temple; de leur avoir fourni de la cire et des pains à cacheter, des crayons, du papier, et enfin d'avoir favorisé des correspondances secrètes.

Toulan et Vincent requièrent qu'à l'instant il soit nommé des commissaires pour apposer les scellés chez eux.

En conséquence, le conseil général nomme Cailleux et Jérôme pour se transporter à l'instant chez le citoyen Toulan, à l'effet d'apposer les scellés sur ses papiers.

Nomme pareillement Favanne et Souard pour se transporter à l'instant chez le citoyen Vincent, à l'effet d'apposer les scellés sur ses papiers, en exceptant ceux qui ont rapport à la commission des blessés du 10 août, dont il est chargé.

A la charge par ces quatre commissaires de requérir le juge de paix de la section sur laquelle ils se trouveront, pour les assister dans leurs opérations.

Quant aux citoyens suspects et absents, savoir : Lepitre, Moelle, Brunot et le médecin, le conseil général arrête que les administrateurs de police feront à l'instant apposer les scellés sur leurs papiers.

Et sur le réquisitoire du procureur de la Commune, le conseil général nomme Follope, Minier, Louvet et Benoît, à l'effet de se transporter sur-le-champ au Temple, pour, dans les appartements des prisonniers, faire toutes visites et recherches qu'ils jugeront convenables, comme aussi de fouiller lesdits prisonniers.

Arrête en outre que ces mêmes commissaires lèveront les scellés apposés sur l'appartement du défunt Louis Capet, pour y faire également toutes recherches nécessaires.

Hébert, substitut du procureur syndic, a été nommé avec les autres commissaires pour aller faire des recherches chez les prisonniers du Temple. »

(Séance du 20 avril 1793.)

[1] *Fragments historiques sur la captivité de la famille royale*, par Turgy; publiés par Eckard, à la suite de ses *Mémoires historiques sur Louis XVII*, troisième édition.

quiétude intérieure. En arrivant à l'improviste, il espérait sans doute les prendre en flagrant délit de menées secrètes ou de correspondance clandestine. La femme Tison, qu'on fit appeler pour fouiller les Princesses, ne trouva sur la Reine qu'un portefeuille de maroquin rouge sur lequel étaient écrites au crayon quelques adresses, et, chez Madame Élisabeth, un bâton de cire à cacheter qui avait déjà servi, avec de la poudre de buis dans le même papier. Ces découvertes, tout insignifiantes qu'elles étaient, en ayant fait espérer d'autres, l'inquisition reprit son œuvre avec ardeur. Le jeune Prince dormait: les commissaires de la Commune l'arrachèrent de son lit pour le fouiller; sa mère le prit tout transi de froid dans ses bras. On fouilla dans les matelas et jusque dans les moindres vêtements: aucun autre objet ne fut trouvé. Nous nous trompons, la peine des commissaires ne fut pas inutile: en fouillant dans les effets de Marie-Thérèse, ils firent une nouvelle découverte: « Ils me prirent, » dit Madame Royale dans le récit qu'elle a laissé de la captivité du Temple, « un sacré cœur et une prière pour la France. » Une prière pour le pays qui avait laissé mourir son père, une image du cœur d'un Dieu mort pour sauver les hommes, voilà ce que les envoyés de la révolution trouvaient chez l'orpheline du Temple. La visite, commencée à onze heures moins un quart, ne se termina qu'à deux heures après minuit [1].

[1] *Extrait du procès-verbal dressé par les commissaires nommés à l'effet de faire une perquisition exacte chez les prisonniers détenus à la tour du Temple.*

« Aujourd'hui, 20 avril 1793, à dix heures trois quarts du soir, en exécution de l'arrêté du conseil général, nous soussignés, nous sommes transportés à la tour du Temple, où, à l'heure susdite, sommes montés à l'appartement, tant de Marie-Antoinette, veuve Capet, que de ses enfants, pour commencer la visite des meubles, et la perquisition sur les personnes, comme il suit:

» D'abord, entrés dans la chambre de ladite veuve Capet, avons fouillé dans les meubles, où nous n'avons trouvé rien de suspect... Sur une table de nuit seulement, avons trouvé un petit livre intitulé: *Journée du Chrétien,* où était une image coloriée en rouge, représentant d'un côté un cœur embrasé, traversé d'une épée, et entouré d'étoiles, avec cette légende: *Cor Mariæ, ora pro nobis;* de l'autre côté, une couronne d'épines, et une croix au-dessus du cœur, avec cette légende: *Cor Jesu, miserere nobis.* Avons

Trois jours après, mardi 23 avril, les commissaires revinrent à la charge : envoyés pour lever les scellés apposés sur l'appartement de Louis XVI, ils firent de nouvelles perquisitions chez les prisonnières. Le bâton de cire qui rendait témoignage de la véracité de Tison leur laissait l'espoir de faire d'autres découvertes ; mais ils ne trouvèrent qu'un chapeau d'homme, conservé par Madame Élisabeth comme un souvenir, parce qu'il avait appartenu au Roi son frère [1].

trouvé de plus une feuille imprimée, de quatre pages, intitulée : *Consécration de la France au sacré cœur de Jésus*; elle commence par ces mots : « O Jésus-Christ ! » On y remarque les passages suivants : « Tous les cœurs » de ce royaume, depuis le cœur de notre auguste Monarque, jusqu'à celui » du plus pauvre de ses sujets, nous les réunissons par les désirs de la cha- » rité, pour vous les offrir tous ensemble... Oui, cœur de Jésus, nous vous » offrons notre patrie tout entière, et les cœurs de tous vos enfants... O Vierge » sainte ! ils sont maintenant entre vos mains ; nous vous les avons remis en » nous consacrant à vous, comme à notre protectrice et à notre mère ; au- » jourd'hui, nous vous en supplions, offrez-les au cœur de Jésus... Ah ! pré- » sentés par vous, il les recevra, il leur pardonnera, il les bénira, il les » sanctifiera, il sauvera la France tout entière, il y fera revivre la sainte » religion. Ainsi soit-il, ainsi soit-il ! »

» Dans les poches de Marie-Antoinette était un portefeuille en maroquin rouge, où nous n'avons reconnu digne de description qu'un des feuillets en peau anglaise, sur lequel était écrit au crayon ce qui suit : « Brugnier, quai de l'Horloge, n° 65 (et autres noms et demeures de différentes personnes, dont les prisonniers pouvaient avoir besoin). » Plus, dans les mêmes poches, un nécessaire roulé, et dans lequel était un porte-crayon d'acier non garni de crayon...

» Avons fait ensuite perquisition dans la chambre qu'occupe Élisabeth-Marie, sœur de feu Louis-Capet, où nous n'avons rien trouvé de suspect ; seulement avons découvert dans une cassette un bâton de cire rouge à cacheter, qui avait déjà servi, avec de la poudre de buis dans le même papier... Et environ deux heures après minuit, avons clos le présent procès-verbal, en présence desdites dames, qui ont signé avec nous.

» *Ainsi signé :* MARIE-ANTOINETTE ; ÉLISABETH-MARIE ;
BENOIT, etc., etc. »

Autre extrait du procès-verbal dressé par les mêmes commissaires, le 23 dudit mois.

« Nous, commissaires, nommés par le conseil général de la Commune de Paris à l'effet de lever les scellés apposés sur l'appartement de Louis XVI, nous sommes transportés, etc.

» Déclarons que les livres, parmi lesquels on distingue *Horace*, l'*Imitation de Jésus-Christ*, la *Constitution française* et le *Bréviaire de Paris*, ont été

Les municipaux que Tison et sa femme avaient dénoncés, Toulan, Lepitre, Brunot, Moelle et Vincent, furent suspendus de leurs fonctions, comme prévenus de respects séditieux, et suspects d'égards antirévolutionnaires envers la famille royale. La presse, dont le microscope trompeur grossissait déjà les événements, prétendait que le fils de Louis XVI était traité en roi par sa mère, par sa tante et par sa sœur; que chaque matin elles allaient le saluer, qu'il se plaçait à table avant elles, et qu'en un mot il recevait tous les honneurs qu'on rendait autrefois à la royauté.

Il est vraisemblable que ces rumeurs avaient été accréditées par les dénonciations de Jacques-Claude Bernard, écho malveillant d'une scène qui s'était passée au Temple, et dans laquelle il avait joué un rôle odieux. Voici comment Turgy raconte cette scène :

« Lorsque le jeune Roi se mettait à table, on lui donnait un

confiés à la garde du concierge, ainsi que ses meubles ; trente-trois louis, une montre en or, des boucles de souliers et de jarretières, aussi en or, les crachats et les croix de tous les ordres, ont été déposés sur le bureau du secrétaire greffier de la Commune ; ils passeront au creuset, pour ne laisser aucun signe de ralliement à la tyrannie, aucune relique à la superstition ; les cordons ont été brûlés dans la tour même.

» Nouvelles perquisitions faites chez les prisonnières, il ne s'est trouvé aucun vestige de correspondance avec le dehors, ni de connivence entre elles et les six membres du conseil inculpés dans le rapport de Tison ; seulement on a découvert dans la chambre de Madame Élisabeth, dans une cassette placée sous le lit, un chapeau de Louis. A elle demandé qui le lui avait donné, elle a répondu qu'elle le tenait de son frère, qu'il le lui avait remis lorsqu'ils habitaient ensemble la petite tour, afin, disait-il, qu'*elle conservât quelque chose de lui;* et qu'à ce titre ce chapeau lui était précieux. A elle observé qu'il n'était guère d'usage de conserver un chapeau comme un gage de tendresse, elle a persisté dans sa réponse.

» Malgré cette explication, les commissaires ajoutent qu'ils n'en sont pas moins restés convaincus qu'il fallait que le chapeau eût été rapporté à la tour, puisque, vérification faite sur les registres des achats, il était constant que Louis XVI n'en avait qu'un, lequel l'avait suivi au lieu du supplice. Ce chapeau, attestant l'existence de quelques relations avec le dehors, a été déposé dans la salle du conseil du Temple, avec promesse de le rendre à Madame Élisabeth, qui a demandé cette faveur avec les plus vives instances [*]. »

[*] Voir aux Documents, n° III, un autre rapport fait sur le même objet par l'administration de police.

siége plus élevé que les autres et garni d'un coussin. Un jour que ce siége était occupé par un municipal nommé Bernard, prêtre, qui avait été desservant de l'hospice de la Pitié, on assit l'enfant sur un siége ordinaire. Il était si bas, qu'à peine pouvait-il atteindre ce qui était sur son assiette; mais personne n'osait déranger Bernard, connu pour sa grossièreté. Tison survint : je lui fis signe, il me comprit. Il demanda au municipal de rendre à l'enfant le siège dont il se servait ordinairement, et lui en présenta un autre. Bernard refusa brusquement, en disant devant la Reine et les Princesses : *Je n'ai jamais vu donner ni table ni chaise à des prisonniers; la paille est assez bonne pour eux.* »

Hébert se porta l'accusateur de Toulan et de Lepitre, et, les journaux à la main, il soutint tout au moins leurs complaisances serviles, si ce n'était leur complicité. Les noms de ces deux hommes, coupables de compatissance et d'humanité, furent rayés de la liste des commissaires chargés de la surveillance de la tour du Temple. Des collègues d'une sévérité éprouvée les remplacèrent.

Un garde national qui, étant de service, s'était amusé à lever le plan de la tour, fut arrêté et mis au secret. Les maçons avaient reparu au Temple, ils élevaient *un mur transversal en face du ci-devant palais, avec un double guichet*[1]; ils débarrassaient les environs de la rotonde et de l'ancienne chapelle des décombres qu'y avaient laissés les maisons récemment démolies, et établissaient le long du mur d'enceinte un chemin de ronde pour faciliter la circulation des patrouilles. Le donjon reçut des abat-jour et des jalousies à toutes les fenêtres qui en manquaient[2].

Ce qui portait au comble les défiances du conseil général,

---

[1] Voir la séance du conseil général de la Commune de Paris du 26 mars 1793, et la description que nous avons tracée tome I, page 333.

[2] Arrêté du conseil du Temple, à la date du 24 avril, ordonnant que des réparations soient faites aux abat-jour de l'appartement de défunt Louis Capet et de la chambre de Madame Élisabeth.
   Signé : FINEAU, TANCHOU et ARTHUR.

c'était qu'aux rumeurs de l'opinion, aux articles dénonciateurs publiés dans les gazettes, venaient s'ajouter des témoignages plus éclatants donnés au fils de Louis XVI ; sa royauté était proclamée du haut même de l'échafaud par des hommes qui mouraient en la confessant.

Prudhomme, dans le numéro 197 des *Révolutions de Paris* (du 13 au 20 avril 1793), s'exprimait ainsi :

« Le public a confirmé par ses applaudissements le jugement du tribunal révolutionnaire contre Blanchelande[1], guillotiné lundi dernier sur la place de la Réunion, ci-devant Carrousel. Le stoïcisme du contre-révolutionnaire n'en imposa point. A la honte de l'espèce humaine, ce n'est pas d'aujourd'hui que le royalisme a eu des apôtres et des martyrs. »

Le *Courrier français*, du mardi 30 avril 1793, contenait l'article suivant :

« Boucher, dentiste, condamné par le tribunal révolutionnaire, a montré sur l'échafaud un acharnement qui ne peut être attribué qu'au fanatisme de la royauté ; après avoir entendu sa condamnation, il s'est écrié à plusieurs reprises : *Vive Louis XVII ! au diable la République !* Arrivé au lieu de son supplice, il s'est adressé aux spectateurs nombreux qui environnaient l'échafaud : « *N'est-il pas bien curieux de voir périr un homme pour avoir dit qu'il fallait un roi ! Oui, il vous en faut un ! Vive Louis XVII !* » Puis, se tournant vers le bourreau, il lui a dit : *Guillotine-moi.* C'est ainsi que ce malheureux est mort victime de son délire contre-révolutionnaire. »

L'autorité eut plus que jamais l'œil et la main sur le Temple.

---

[1] Ancien gouverneur de Saint-Domingue. Le président du tribunal révolutionnaire lui ayant demandé s'il n'avait rien à dire contre le jugement qui le condamnait à mort, Blanchelande répondit : « Je jure par Dieu, que je vais voir tout à l'heure, que je ne suis coupable d'aucun des faits que l'on m'impute. » Lorsqu'il entendit prononcer la confiscation de ses biens au profit de la République : « Elle n'aura rien, dit-il, car je n'ai rien. » Son fils, jeune homme de vingt ans, arrêté comme complice de son père dont il avait été l'aide de camp, fut condamné à mort par le même tribunal, le 20 juillet 1794.

Les précautions les plus minutieuses furent prises pour empêcher toute communication du dehors avec les prisonnières. Toute consolation s'éteignit autour d'elles.

Pour surcroît de tourment, le jeune Prince tomba malade au commencement de mai. Un officier municipal, en arrivant à la tour ce jour-là, se fit un plaisir d'apprendre à la Reine que les corps constitués de Paris venaient de prendre un arrêté pour faire une levée de douze mille citoyens destinés à marcher contre les rebelles de la Vendée. Sans être émue de cette nouvelle, Marie-Antoinette répondit avec douceur : « Si vous pouviez, monsieur, m'obtenir du conseil général de m'envoyer M. Brunyer, médecin ordinaire de mes enfants, je vous en aurais une bien vive obligation. » Le municipal transmit la demande au conseil du Temple, qui en référa au conseil général[1]. Les réclamations maternelles furent enfin entendues ; mais ce ne fut pas M. Brunyer qui fut envoyé à la tour. Le motif de la Commune pour faire un autre choix mérite d'être conservé par l'histoire : « Après avoir entendu la lecture d'une lettre des commissaires qui sont de service au Temple, et qui annoncent que le petit Capet est malade, le conseil général, dans sa séance du vendredi 10 mai 1793, arrête que le médecin ordinaire des prisons ira soigner le petit Capet, attendu que ce serait blesser l'égalité que de lui en envoyer un autre. »

M. Thierry, médecin des prisons, reçut donc l'ordre de se rendre au Temple. Thierry était environné de l'estime publique, comme homme et comme médecin. Il examina attentivement

---

[1] *Extrait du registre des délibérations du conseil général du 9 mai 1793, IIe de la République, Ier de la mort du tyran.*

« Le conseil général, délibérant sur la maladie annoncée du fils de défunt Capet, et sur la demande de Marie-Antoinette d'un médecin pour le soigner,

» Arrête que demain il entendra à ce sujet les commissaires qui sont aujourd'hui de service au Temple.

» *Signé* : Pache, maire,

» Dorat-Cubières, secrétaire-greffier adjoint.

« Pour extrait conforme :

« Coulombeau, secrétaire-greffier. »

le jeune malade, et s'empressa, à la prière de la Reine, d'aller conférer avec M. Brunyer, en qui elle avait toute confiance. Elle eut d'ailleurs beaucoup à se louer du zèle, des soins et de l'assiduité de M. Thierry. Le traitement dura plusieurs semaines, pendant lesquelles le docteur vint tous les jours à la tour, et pendant lesquelles aussi Marie-Antoinette et sa belle-sœur ne quittèrent point le chevet de leur cher enfant. Après sa convalescence, on renouvela sa garde-robe, bien négligée depuis son entrée au Temple [1].

Sa maladie, quoique sérieuse [2], n'avait point occupé le public, absorbé par le spectacle de la lutte élevée dans la Convention. Cette lutte était inévitable. Il faut toujours à une société un pouvoir dirigeant : or, ce pouvoir étant renversé, chacun s'efforçait de le relever à son profit. Les Girondins avaient pour eux la majorité numérique de l'assemblée, et certainement la faveur de la plus grande partie des départements; mais les Montagnards avaient pour eux la terrible Commune de Paris, la population révolutionnaire de cette capitale, sans compter quelques scrupules de moins et beaucoup d'audace de plus. Le fond du débat se réduisait à savoir si les Girondins tueraient régulièrement les Montagnards, ou si les Montagnards tueraient révolutionnairement les Girondins. La guillotine était l'*ultima ratio* de la politique du jour.

La lettre suivante vient confirmer cette réflexion par un horrible témoignage :

---

[1] Voir aux Documents, n° IV.

[2] Le mois suivant, les accidents reparurent. On lit dans le registre des délibérations du conseil général de la Commune, du mardi 11 juin 1793 :

« Le conseil du Temple fait part que le fils des prisonniers a une hernie et soumet la proposition faite par le médecin qui l'a visité, de le faire soigner par le citoyen Piplé (Pipelet), bandagiste.

» Le conseil général arrête que le citoyen Piplé (Pipelet), bandagiste des prisons, visitera le fils de Marie-Antoinette.

» Arrête en outre qu'il sera écrit à cet effet au bandagiste des prisons, pour qu'il se rende au Temple dans le plus court délai.

» DESTOURNELLES, vice-président.
» DORAT-CUBIÈRES, secrétaire-greffier. »

« COMMUNE DE PARIS.

» Paris, le 6 mai 1793, l'an II de la République française une et indivisible.

» (AFFAIRE PRESSÉE.)

» *Procureur de la Commune.*

» Il m'a été dénoncé, citoyens administrateurs, un abus sur lequel j'invoque à la fois votre surveillance et votre humanité.

» Après les exécutions publiques des jugements criminels, le sang des suppliciés demeure sur la place où il a été versé. Des chiens viennent s'en abreuver ; une foule d'hommes repaissent leurs regards de ce spectacle, qui porte les âmes à la férocité. Les hommes d'un naturel plus doux, mais dont la vue est faible, se plaignent d'être exposés à marcher, sans le vouloir, dans le sang humain.

» Vous sentez combien un pareil abus mérite d'être promptement réprimé. J'ai déjà fait venir devant moi l'exécuteur des jugements criminels : il m'a assuré qu'il ne méritait aucun reproche, attendu qu'aux termes de la loi il n'est chargé que de l'exécution, et nullement de ses suites.

» En conséquence, comme c'est vous qui êtes chargés de ce qui regarde la construction, réparation, etc., de la machine qui sert aux jugements des tribunaux criminels, je vous prie d'ordonner au charpentier préposé à cet effet de faire en sorte qu'immédiatement après l'exécution il ne reste aucune trace du sang qui aura été versé.

» Je me repose à cet égard sur votre amour pour *l'ordre et les bonnes mœurs.*

» CHAUMETTE.

» Au président du directoire du département de Paris. »

Dans cette démagogie sanglante, les Girondins, qui savaient mieux parler qu'agir, et qui, d'ailleurs, n'avaient pas leur armée sur le champ de bataille, devaient être vaincus. Cette défaite était dans la fatalité de leur situation. Ils n'avaient point pris la tête de Louis XVI, ils l'avaient livrée; or, quiconque recule une fois en révolution, recule toujours. Il ne restait plus qu'une chose à leur demander après la tête du Roi qu'ils avaient livrée, leur propre tête; leurs adversaires ne les firent pas longtemps attendre.

Ces débats orageux, ces agitations menaçantes, les détenues du Temple n'en furent pas instruites. Le bruit de la grande ville expirait à leur porte, aussi bien que les cris de victoire de l'armée vendéenne; elles n'étaient informées ni de l'exécution par la guillotine des généraux Miasinsky et Phil. Devaux, complices de Dumouriez, ni du départ de Santerre et de nombreux enrôlés pour l'armée de l'Ouest[1], ni de la défaite à Fontenay-le-Peuple (Fontenay-le-Comte) de l'armée républicaine par les simples et rudes habitants du Bocage, que quelques années plus tard un grand homme appelait les géants de la Vendée.

Cependant, le 31 mai, elles entendirent un si grand bruit au dehors, qu'elles s'imaginèrent que le quartier brûlait : la générale, le canon d'alarme et le tocsin ébranlaient tout Paris. A l'Abbaye, à Saint-Lazare, dans toutes les prisons d'État, les détenus poussaient des cris pitoyables, croyant déjà entendre

---

[1] Santerre avait quitté Paris le dimanche 19 mai, comme le constate le registre des séances du conseil général de la Commune. Quelques jours après, il écrivait d'Orléans la lettre suivante :

« Encore à Orléans, le 26 mai 1793, l'an II de la République.

» Citoyen maire,

» Je vous dois compte de mes observations et de mes opérations.

» La route pour un républicain est on ne peut pas plus belle; l'on y voit ces voitures qui transportaient le crime transporter la vertu. Ce ne sont plus les oppresseurs, mais bien les défenseurs de la République à qui elles servent[*].

» Lorsque l'on voit les soldats venant du Nord nus et être contents, tous, ainsi que ceux de Paris et tout le peuple vous accueillir, pour avoir eu les mêmes principes que vous et avoir servi tant soit peu sa patrie, l'on ne craint pas les disgrâces, et rien ne peut altérer vos jouissances. Comme vous voyez, j'ai vu que l'on vous mandait à la barre.

» Vous serez peut-être étonné de me savoir encore à Orléans; j'y ai organisé la troupe, et je pars ce matin. Cette ville, qui comme nous a une excellente municipalité et un vertueux maire, a aussi ses chagrins : elle n'a plus

[*] Les voitures de la cour.

LIVRE XI. — LOUIS XVII SÉPARÉ DE SA MÈRE. 49

à leur porte les égorgeurs de septembre. Madame Élisabeth interroge les municipaux; l'un d'eux se borne à lui répondre : « C'est la commission des Douze qui cause tout ce tapage. » En effet, la cité révolutionnaire était bouleversée : une commission de douze députés, chargés de rechercher les complots tramés contre la liberté, était hautement accusée d'exercer la plus inique inquisition contre les meilleurs patriotes. C'était là le thème qu'exploitaient, avec une ardeur sans égale, les meneurs de Robespierre, qui voulait arriver à la dictature par une insurrection. Plusieurs arrestations venaient d'être opérées dans le voisinage même du Temple, et mettaient en ébullition tout le quartier, criant qu'on emprisonnait les plus zélés défenseurs de la liberté. Le décret qui créait cette commission, rendu le 18 mai, cassé par un décret du 27, rétabli par un décret du 28, tant les fluctuations étaient promptes dans ces temps de crise, excita une insurrection générale qui mit sur pied toute la population anarchique, fit fermer les barrières de Paris, et lancer un *décret d'accusation contre tous les députés infidèles au mandat qu'ils avaient reçu de leurs commettants afin de s'emparer des traîtres et de décou-*

---

dans son sein les Prieur, Bourbotte et Julien; elle en a quatre qui ne communiquent qu'avec les riches et les aristocrates. Elle a à son département un Manuel.

» Elle a une société populaire excellente.

» Le citoyen Giot, de l'Arsenal, et membre de la société de Paris, a, comme moi, assisté à plusieurs séances, dans lesquelles nous avons prêché les principes républicains, et consolé un peu nos amis sur les craintes qu'ils avaient de voir l'aristocratie lever audacieusement la tête, *et se joindre aux sections de la fraternité et aux grenadiers de la garde nationale de Paris, qui doivent être insérés au bulletin.*

» Où sommes-nous donc, républicains!

» Nous partons pour joindre le corps de l'armée, et, avec des soldats comme ceux que la République a, nous pourrons réaliser le présage du président de la Commune : *Veni, vidi, vici.*

» Veuillez, citoyen maire, assurer toute la Commune de ma reconnaissance; c'est à elle que je dois le bonheur de servir ma patrie. Je serai libre et républicain, ou je mourrai content.

» Votre ami,

» SANTERRE. »

vrir les complots formés pour la perte de la République. C'est ainsi que cette journée, qui donnait la prééminence aux Montagnards, fut fertile en dénonciations contre la famille royale et contre tous les hommes soupçonnés d'être ses agents actifs ou ses partisans secrets. Hérault de Séchelles, dont un des axiomes était que *la force du peuple et la raison étaient la même chose*, applaudit naturellement à ce triomphe, et manifesta son suffrage par la révélation d'une confidence que, depuis le mois de mars, il avait reçue de Lullier, procureur général syndic du département de la Seine. En présence de Robespierre et de ses autres collègues qui travaillaient avec lui à la constitution de 1793, il déclara tenir de Lullier que, « par les rapports que sa place lui procurait, il avait été instruit de l'existence positive de complots formés dans les départements et dans la Convention même en faveur du fils de Louis XVI; que le parti contre-révolutionnaire, déjà nombreux, n'attendait que le degré de force nécessaire pour enlever du Temple l'héritier des Capets; et qu'enfin Danton, proclamé régent, devait, la constitution de 1791 à la main, montrer au peuple le jeune Roi constitutionnel entouré des représentants de la France régénérée ». On attaqua les Girondins précisément comme on avait attaqué Louis XVI : la calomnie prépara la brèche, l'insurrection l'escalada, et Pache, qui fut aux Girondins ce que Pétion avait été au Roi, laissa passer. La majorité de la Convention livra ses chefs pour se faire pardonner par la Montagne de les avoir soutenus, et, sous le canon d'Hanriot, elle rendit tous les décrets qu'on voulut lui imposer. L'épouvante qu'elle inspirait au dehors, la Convention la ressentait au dedans, courbée sous le joug des Montagnards, coalisés avec la Commune de Paris, qui disposait de la force révolutionnaire de la capitale. Ainsi fut votée l'arrestation de trente-deux membres, parmi lesquels figuraient Vergniaud, Lanjuinais, Gensonné, Pétion, Brissot, Barbaroux, Louvet, Buzot, et les ministres Lebrun et Clavière. La chute des Girondins produisit une impression profonde de terreur dans toute la France. Ils étaient, relativement à leurs adversaires, la dernière expression des idées modérées, et, depuis qu'ils n'avaient plus la royauté à renverser, ils tâchaient de rétablir quelques idées d'ordre et d'autorité nécessaires à leur situation gouvernementale. On comprit, quand ils tombèrent, que les hommes et les théories extrêmes arrivaient, et on les regretta de toute la crainte qu'inspiraient leurs héritiers. Mais le mouvement qu'ils avaient eux-mêmes précipité ne devait s'arrêter devant personne et pour personne.

Le mois de juin s'écoulait dans une agitation aussi violente que celle qui avait précédé la journée du 31 mai : les bateaux chargés pour l'approvisionnement de Paris étaient arrêtés dans leur marche ou livrés au pillage, les boutiques des marchands menacées à toute heure par la famine et le désespoir; la nuit, des gens armés couraient les rues pour enlever les malheureux désignés par Robespierre. On tremblait pour ce qu'on avait de plus cher : deux parents, deux amis ne se rencontraient plus sans s'étonner de se revoir, d'être libres et de vivre. Les amis de la Reine demeurèrent convaincus dès lors qu'il n'y avait plus de salut pour cette Princesse que dans la fuite.

Parmi les membres de la municipalité que les dénonciations n'avaient point épargnés, se trouvait Michonis, qui, non moins royaliste, mais plus habile à dissimuler que Lepitre et Toulan, avait traversé sans se compromettre les circonstances les plus difficiles, et s'était toujours justifié des soupçons élevés contre lui, plus heureux en cela que ses collègues, dont le nom avait été rayé de la liste des commissaires du Temple. De service à la tour, Michonis donna à Marie-Antoinette des renseignements sur ce qui venait de se passer, essayant de la rassurer sur les intentions des Montagnards, qui, bien que victorieux, n'oseraient point, disait-il, la mettre en jugement; et comme il ajoutait qu'elle serait probablement réclamée par l'Empereur : « Que m'importe! répondit la Reine avec une douleur calme et froide; à Vienne, je serais ce que je suis ici, ce que j'étais aux Tuileries; mon unique désir est de me réunir à mon mari, lorsque le Ciel jugera que je ne suis plus nécessaire à mes enfants. »

Peu de jours après, Michonis était entré dans un complot tendant à enlever de sa prison la malheureuse veuve. Le baron de Batz était encore le chef de cette hasardeuse entreprise. Les recherches dont il était l'objet depuis la tentative du 21 janvier n'avaient point éloigné de Paris cet intrépide serviteur d'une cause que le malheur rendait si belle, et qui exerçait en outre sur les âmes magnanimes la séduction irrésistible du péril. La lutte opiniâtre de cet homme contre le pouvoir redoutable qui opprimait la nation est une des merveilles de ce temps. Partout présent et toujours invisible, aussi habile à dresser ses embûches qu'à esquiver celles de l'ennemi, il avait à sa dévotion les agents les plus prudents, et à ses gages les espions les plus actifs. Sa parole était plus insinuante encore que sa bourse n'était persuasive; et, avec une admirable adresse, il avait gagné plusieurs membres de la Commune et de la Convention, qui, si les circonstances ne leur permirent point de lui apporter une coopération efficace, lui restèrent du moins fidèles par un inviolable silence. Conspirateur acharné, ses entreprises manquées, il les recommençait avec une nouvelle ardeur, et il restait intrépidement dans cette ville où sa tête était mise à prix. Son nom entraînait toujours de graves mesures, des perquisitions sévères. L'insaisissable conjuré avait des asiles impénétrables dans Paris et dans les environs; mais son gîte le plus habituel et peut-être le plus sûr était chez Cortey, épicier, rue de la Loi[1], recommandé par sa réputation de *civisme* aux suffrages de ses concitoyens, qui l'avaient nommé capitaine-commandant de la garde nationale de la section Lepelletier. Cortey était lié aussi avec Chrétien, qui était juré du tribunal révolutionnaire, et dont l'influence était toute-puissante dans les comités de cette section. Ce fut grâce à lui que Cortey fut compris au nombre des chefs de poste auxquels était confiée la garde du Temple, lorsqu'un détachement de leur bataillon

[1] Rue de Richelieu, au coin de la rue des Filles-Saint-Thomas.

y faisait partie de la force armée. A couvert sous la bonne renommée révolutionnaire de son hôte, et caché dans le fond de sa maison, le baron de Batz lui confia ses projets, ainsi qu'à Michonis, et prit, de concert avec eux, toutes les mesures relatives à l'exécution. Après cette ouverture, la première fois que Cortey fut de garde au Temple, Batz lui demanda de le comprendre, sous un nom supposé, dans la liste des hommes que sa compagnie fournissait à ce poste, afin qu'en s'introduisant ainsi dans la tour, il pût se faire, au préalable, une idée exacte des localités. L'officier se prêta à son désir : il l'inscrivit, sous le nom de Forget, au contrôle des hommes de service, et le fit ainsi pénétrer dans le Temple, où il monta la garde. Il fallait aussi, pour l'exécution du plan arrêté, attendre que le tour de garde de Cortey coïncidât avec le tour de service de Michonis. Le concours des deux autorités était indispensable, et plusieurs jours s'écoulèrent avant que le capitaine et le commissaire civil fussent simultanément en fonction. Batz profita de ce temps pour s'assurer, conjointement avec son hôte, d'une trentaine d'hommes de la section dont ils avaient l'un et l'autre entrevu les sentiments, apprécié le caractère ou éprouvé la discrétion. La bonhomie de Cortey séduisit les uns, la parole flatteuse de Batz entraîna les autres. Michonis, avec sa prudence habituelle, ne parut point de sa personne dans ce périlleux embauchage : il se réservait, du reste, un rôle aussi courageux en se chargeant de tout diriger dans l'intérieur de la tour.

Le jour attendu arrive : l'officier et le municipal sont ensemble de service. Cortey entre au Temple avec son détachement, dans lequel figure de Batz, sous son nom de guerre. Le chef du poste arrange le mouvement du service de la manière la plus favorable au succès de l'entreprise : vingt-huit hommes sur lesquels il peut compter seront, depuis minuit jusqu'à deux heures, de faction ou de patrouille; le commissaire civil, de son côté, prend ses mesures pour être lui-même de garde à la même heure dans l'appartement de la famille royale. Les hommes de faction dans l'escalier de la tour auront endossé par-dessus leur habit d'amples redingotes d'uniforme; Michonis leur prendra ce vêtement surabondant et en revêtira les Princesses, qui, sous ce déguisement et l'arme au bras, seront incorporées dans une patrouille au milieu de laquelle on enveloppera l'enfant-Roi. Les sentinelles de garde dans les cours, initiées au secret, se tairont si la nuit est peu noire ou les réverbères peu discrets. Cortey commandera en personne la nombreuse patrouille et lui fera ouvrir la grande porte du Temple, prérogative qui n'appartient pendant la nuit qu'au commandant du poste. Une fois dehors, le salut du Prince et de sa famille est assuré : des voitures sont disposées pour une fuite rapide, rue Charlot, où la patrouille en passant doit laisser les prisonniers ainsi que Batz, Michonis, Cortey et quelques autres qui comme eux ont brûlé leurs vaisseaux.

La journée, qui s'était passée sans aucun symptôme d'orage, semblait présager une nuit heureuse. Il était onze heures et demie. Michonis déjà depuis quelque temps était de service dans l'appartement des prisonniers, et ses collègues se reposaient ou jouaient dans la salle du conseil, à l'exception de Simon, qui depuis environ une heure était sorti de la tour. Tous les hommes qui allaient prendre leur tour de garde à minuit étaient au poste. Tout à coup Simon arrive, il entre bruyamment au corps de garde, il ordonne d'un ton brusque de faire l'appel de tous les hommes présents : « Heureusement que je te vois ici, dit-il à Cortey; sans ta présence je ne serais pas tranquille. » M. de Batz voit que tout est découvert : la pensée lui vient de brûler la cervelle à Simon et de tenter immédiatement l'évasion par la force. Maîtrisant son premier mouvement, il a vite compris que l'explosion d'une arme à feu, en causant une alerte générale, fera échouer son entreprise et aggravera forcément le sort de la famille royale : il a compris que, n'étant pas encore maître des postes de la tour et de l'escalier, les hommes mêmes qui l'environnent et sur lesquels il pouvait compter pour une complicité passive, lui feront peut-être défaut s'il s'agit d'une coopération sanglante, et, après tout, d'une mort presque certaine. Batz est demeuré impassible ; l'appel terminé, Simon est monté à la tour : il exhibe un ordre du conseil général qui enjoint à Michonis de lui remettre ses fonctions et de se rendre sur-le-champ à la Commune. Michonis écoute sans surprise, obéit sans hésitation ; il rencontre Cortey dans la première cour : « Que signifie tout cela ? lui dit-il. — Sois tranquille, lui répond tout bas le capitaine, Forget est parti. »

En effet, le chef du poste n'avait pas perdu une minute. Aussitôt que Simon lui eut tourné le dos pour monter à la tour, il avait, sous le prétexte d'un bruit entendu dans la rue voisine, lancé au dehors une patrouille de huit hommes qui n'étaient revenus que sept. Le sang-froid de Batz, la présence d'esprit de Cortey avaient sauvé la vie à tous.

Simon n'était pas resté inactif ; il avait fait une perquisition dans l'appartement des Princesses, dans les tours et dans toutes les dépendances de l'enclos ; il avait interrogé tous les préposés : ses recherches étaient restées sans résultat. Rien de suspect ne lui était apparu dans l'enceinte du Temple ; tout y était calme comme de coutume. Honteux de l'alarme inutile qu'il a causée, Simon fait après coup doubler tous les postes ; il cherche ainsi, par les précautions qu'il prend, à accréditer l'idée d'un danger auquel il ne croit plus.

Or voici ce qui s'était passé, d'après le dire de Simon. Un gendarme d'ordonnance au Temple avait trouvé le soir, vers neuf heures, gisant sur le pavé devant la grande porte, un papier sans adresse, portant sous son pli cacheté ces mots : « Michonis vous trahira cette nuit : veillez ! » Ce papier, ouvert par le gendarme, avait été remis par lui à Simon, le seul des six[1] commissaires du jour qu'il connût particulièrement. Simon s'était rendu en toute hâte avec ce billet au conseil

---

[1] Il est bon de faire remarquer ici que le nombre des municipaux envoyés au Temple varia plusieurs fois. D'abord on en envoya quatre, puis huit à l'époque du procès de Louis XVI ; six après le 21 janvier ; plus tard huit

général, qui lui avait intimé l'ordre de relever son collègue de ses fonctions et de l'inviter à se rendre sans retard à la barre de la Commune.

Docile à cet appel, Michonis eut à subir le plus minutieux interrogatoire. Il répondit à tout avec adresse, réfuta avec une bonhomie pleine d'autorité cet écrit anonyme forgé par quelque adversaire politique pour le compromettre, et représenta d'ailleurs Simon, ce qui était vrai, comme son ennemi personnel. La physionomie ouverte et l'apparente candeur du prévenu lui avaient déjà gagné l'absolution, lorsque le lendemain matin son antagoniste nocturne ayant rendu compte du résultat si stérile de sa mission, le conseil général demeura convaincu que si avec son humeur inquiète Simon était capable de rêver un complot, Michonis avec son franc caractère était incapable d'en former un.

Trompé dans son attente, Simon chercha plus haut un appréciateur de son zèle. Il informa Robespierre de l'avis écrit

encore, ensuite quatre, puis trois. Le nombre variait suivant la gravité des circonstances.

Il devint quelquefois si difficile de trouver des commissaires pour aller au Temple, qu'il fallait recourir à des mesures de rigueur pour triompher de la résistance des récalcitrants. L'amende et la dénonciation du citoyen peu zélé à sa section ne suffirent pas longtemps. Le conseil général se vit contraint de prendre la décision suivante, à la date du 12 septembre 1793 :

« Le conseil général arrête que, lorsqu'un de ses membres auquel il aura été écrit pour aller au Temple refusera ce service, deux gendarmes seront chargés de l'aller chercher pour le conduire au Temple;

» Arrête en outre que le présent sera mis sur sa lettre d'invitation. »

Cette mesure ne tarda pas à trouver son application : « Mercredi, 18 septembre 1793, le conseil arrête à l'égard de Forestier la stricte exécution de son arrêté, qui porte que, lorsqu'un membre refusera de se rendre au Temple, d'après l'invitation qui lui en aura été faite par écrit, il y sera conduit par deux gendarmes;

» Arrête en conséquence que deux gendarmes iront chercher Forestier. »

Conformément à la même décision, deux gendarmes allèrent chercher

Le municipal Soulès, le 26 septembre 1793;

Le municipal Mourette, le 3 novembre;

Le municipal Gibert, le 21 novembre;

Le municipal Follope, le 13 décembre;

Le municipal Laurent, le 21 janvier 1794, etc.

qu'il avait reçu et des avis secrets qu'il ne cessait de recevoir; il lui peignit le Temple comme un antre de conspirations quotidiennes, comme un foyer de discordes permanentes. Robespierre n'était que trop disposé à accueillir ces dénonciations; quelques membres de la Convention lui étaient chaque jour signalés comme nourrissant l'espérance de relever le drapeau de la royauté. Enfin, le bruit d'une tentative d'enlèvement circula. Ce qui fortifia cette opinion, c'est que le Comité de sûreté générale était informé que, depuis deux ou trois semaines, par différents points de la frontière, un certain nombre d'émigrés étaient rentrés en France. On se disait que des gens qui risquaient ainsi leur tête ne la risquaient pas sans un puissant motif, et l'on trouvait ce motif dans un projet formé pour la délivrance de la famille royale. Le 21 juin 1793, les comités ordonnèrent des informations rigoureuses dont Hanriot fut lui-même au Temple le principal agent : ils firent publier de nouveau le décret rendu le 23 octobre 1792 (sur la proposition d'Osselin, député de Paris), et qui condamnait à mort tout émigré convaincu d'avoir remis le pied sur le sol de la patrie, tout Français convaincu d'avoir aidé dans sa fuite ou dans son retour un émigrant ou un émigré, enfin tout citoyen convaincu d'avoir donné asile à un émigré. Le lendemain, 22 juin, fut promulgué un nouveau décret portant que tout homme trouvé muni d'un passe-port constatant qu'il avait prêté serment à Louis XVII serait traduit devant le tribunal révolutionnaire. On rattachait à cette mesure des menaces positives de contre-révolution, et les agitateurs exprimaient leur haine et leur indignation contre les traîtres et les aristocrates.

Les alarmes de la République étaient fondées, car la conspiration était partout : elle était dans les âmes chrétiennes qui regrettaient leurs temples déserts et leur Dieu proscrit; elle était dans les cœurs royalistes qui pleuraient sur la mort du Roi et sur la captivité de son fils; elle était dans l'horreur qu'inspiraient des lois sauvages; elle était dans le sang répandu qui criait vengeance, dans le sang qu'on craignait de voir répandre; elle était dans les luttes intestines des factions jalouses et rivales, et jusque dans les ombrages des ambitieux qui s'accusaient réciproquement d'esprit rétrograde afin de s'envoyer à l'échafaud.

Le nom du jeune Roi était toujours l'objet des espérances ou le prétexte des récriminations des conspirateurs royalistes ou révolutionnaires. C'était toujours pour lui ou contre lui que se tramaient tous les complots plus ou moins obscurs de cette époque. Les partis se disputaient en sens divers sa fragile existence; c'était toujours contre lui qu'étaient portées toutes les dénonciations, plus ou moins fondées, qui devaient aggraver ses infortunes. Le 30 juin, des officiers municipaux de la section du Pont-Neuf se rendirent au Comité du salut public et déposèrent qu'un projet était formé de rétablir la monarchie; qu'il était évident que ce complot avait de nombreuses ramifications dans le Midi et dans l'Ouest, et que dans chaque section de Paris plusieurs affidés travaillaient à s'emparer de la majorité, sous le prétexte de ramener l'ordre et de rassurer les gens honnêtes; que le général Dillon, d'accord avec MM. de Castellane[1], de Buchère de l'Épinois[2], et autres officiers prêts à le seconder, prendrait le commandement de l'armée des insurgés, qui, ayant encloué le canon d'alarme et envahi tous les corps de garde, devait, avec l'artillerie enlevée aux postes, se réunir sur la place de la Révolution et marcher de là en deux colonnes, l'une par les boulevards sur le Temple d'où elle enlèverait le jeune Louis, et l'autre sur la Convention où elle le ferait proclamer Roi de France, avec la régence de Marie-Antoinette pendant sa minorité. Ils ajoutèrent enfin, pour donner à leur révélation un caractère plus positif, que tous les agents armés de cette révolution formeraient la garde privilégiée du monarque et recevraient des médailles suspendues à un ruban blanc moiré.

Ces commérages de la rue devinrent des dénonciations:

[1] Ancien officier d'infanterie.
[2] Ancien officier aux dragons de la Reine et ancien porte-arquebuse du comte d'Artois.

LIVRE XI. — LOUIS XVII SÉPARÉ DE SA MÈRE.

Cambon, à la tribune de l'Assemblée, prétendit « qu'ils reposaient sur un projet réel de combattre les anarchistes, d'abattre la Montagne et de délivrer le jeune Louis XVII ». Le Comité de salut public, sans chercher à connaître autrement la vérité, arrêta, le 1er juillet 1793, que le maire de Paris demeurait chargé de prendre toutes les mesures convenables pour l'arrestation dudit Arthur Dillon et de ses complices présumés;

Qu'il serait de suite procédé à l'apposition des scellés sur leurs papiers;

Que le jeune Louis, fils de Capet, serait séparé de sa mère, et placé dans un appartement à part, le mieux défendu de tout le local du Temple[1].

Un autre arrêté du Comité de salut public, daté également du 1er juillet, portait que le fils de Capet, séparé de sa mère, serait remis dans les mains d'un instituteur, au choix du conseil général de la Commune.

Ces deux mesures, sanctionnées par la Convention, furent mises à exécution le 3 juillet.

Il était près de dix heures du soir; l'enfant royal était couché et dormait profondément. Son lit n'avait pas de rideaux; mais un châle, tendu par les soins de sa mère, empêchait la lumière d'arriver à ses paupières closes et d'altérer le calme empreint sur sa douce figure. La veillée s'était cette fois prolongée un peu plus que de coutume. La Reine et sa sœur étaient occupées à réparer les vêtements de la famille, et Marie-Thérèse, assise entre elles deux, après avoir lu quelques pages du *Dictionnaire historique*[2], venait, pour terminer la soirée, d'ouvrir la *Semaine*

---

[1] Cet arrêté est signé Cambon fils aîné, — L. B. Guyton, — Jean-Bon Saint-André, — G. Couthon, — B. Barère, — Danton.
(Archives de l'Empire, Armoire de fer, carton 13.)

[2] Demandé le 14 juin, cet ouvrage avait été mis le 23 à la disposition des prisonnières.

« Du vendredi, 14 juin 1793, l'an II de la République française.

» Sur la demande des commissaires de service au Temple, le conseil arrête que Baron, garde de la Bibliothèque, fournira sur récépissé

» Les livres ci après :

sainte, que Turgy avait trouvé le moyen de faire parvenir à Madame Élisabeth, vers la fin de mars 1793[1]. Souvent, quand la jeune fille faisait une pause, soit après un chapitre du livre d'histoire, soit après un psaume du livre de prières, soit en tournant un feuillet, sa mère relevait la tête, laissait tomber son ouvrage sur ses genoux, et, regardant du côté du lit, prêtait l'oreille au souffle paisible de son autre enfant. Ainsi s'écoulait la soirée.

Tout à coup des pas nombreux retentissent sur l'escalier. Les verrous, les cadenas s'agitent, la porte s'ouvre, six municipaux se présentent. « Nous venons, dit un d'eux, vous notifier l'ordre du Comité, portant que le fils de Capet sera séparé de sa mère et de sa famille. » A ces mots, la Reine se lève, pâle de saisissement : « M'enlever mon enfant ! s'écrie-t-elle ; non,

» *Dictionnaire historique*, 4 vol. in-8°, rel.
» Les n° I, II, III et IV des *OEuvres de Voltaire*.
» SILLANS.   CAZENAVE.   FOUCAUX.
» Nous, membres du conseil général de la Commune, de service au Temple, donnons le récépissé de quatre volumes intitulés : *Dictionnaire historique; OEuvres de Voltaire*, qui ont été transportés à la tour.
» Fait au conseil du Temple, ce 23 juin 1793, l'an II de la République française une et indivisible.
» MENNESSIER, membre du conseil général.
» DANGÉ. »

Nous croyons devoir prévenir ici nos lecteurs que plus d'une fois les préposés à la garde du Temple demandèrent, au nom des Princesses, des objets dont ils avaient eux-mêmes envie. C'est la manière la plus naturelle dont on puisse expliquer l'arrêté suivant, provoqué par Tison le dernier jour du mois précédent :

« Conseil du Temple.— Bon pour le citoyen Tison.
» Sur la demande faite par les détenues de la tour qu'elles désiraient avoir le livre ayant pour titre *Gil Blas de Santillane*,
» Le conseil a arrêté que leur demande serait accordée, et que le citoyen Tison serait autorisé à payer la somme de onze livres pour ledit livre, et le porter sur son mémoire.
» Fait au conseil le 30 mai 1793, l'an II de la République française une et indivisible.
» MENNESSIER.   DAUJON.   PARIS. »

[1] *Fragments historiques sur la captivité de la famille royale*, par Turgy, publiés par Eckard, à la suite de ses *Mémoires historiques sur Louis XVII*, troisième édition.

non, cela n'est pas possible. » Et Marie-Thérèse, tremblante, était debout à côté de sa mère, et Madame Élisabeth, les deux mains étendues sur le livre saint, écoutait, regardait, le cœur serré, mais sans verser une larme. « Messieurs, dit la Reine en domptant de toutes ses forces le frisson de fièvre qui rendait sa voix frémissante, la Commune ne peut songer à me séparer de mon fils; mes soins lui sont si nécessaires! — Le Comité a pris cet arrêté, répliqua le municipal, la Convention a ratifié la mesure, et nous devons en assurer l'exécution immédiate. — Je ne pourrai jamais me résigner à cette séparation, s'écriait la malheureuse mère; au nom du ciel, n'exigez pas de moi cette cruelle épreuve! » Et ses deux compagnes mêlaient leurs larmes et leurs prières à ses prières et à ses larmes. Toutes trois s'étaient placées devant le lit de l'enfant; elles en défendaient les abords, elles sanglotaient, elles joignaient les mains; c'étaient les plaintes les plus touchantes, les supplications les plus humbles. Cette scène eût attendri les plus insensibles, mais que pouvait-elle sur le cœur des mandataires de la Commune? « A quoi bon toutes ces criailleries? disaient-ils; on ne vous le tuera pas votre enfant. Livrez-le-nous de bon gré, ou nous saurons bien nous en rendre maîtres. » Et déjà ils employaient la force. Violemment secoué dans cette lutte, le rideau factice se détache et tombe sur la tête du jeune Prince. Il se réveille, il voit ce qui se passe; il se jette dans les bras de sa mère; il s'écrie : « Maman, maman, ne me quittez pas! » Et sa mère le pressait tremblant sur son sein, le rassurait, le défendait, se cramponnait de toutes ses forces au pilier du lit. « Ne nous battons pas contre des femmes, murmura un des commissaires qui n'avait point encore pris la parole; citoyens, faisons monter la garde. » Et déjà il se tournait vers le guichetier qui était debout devant la porte. « Ne faites pas cela, dit Madame Élisabeth, au nom du ciel, ne faites pas cela! Ce que vous exigez par la force, il faut bien que nous l'acceptions; mais donnez-nous le temps de respirer. Cet enfant a besoin de sommeil; il ne pourra dormir ailleurs. Demain matin il vous sera remis,

Laissez-le au moins passer la nuit dans cette chambre, et obtenez qu'il y soit ramené tous les soirs. » A ces mots pas de réponse. « Du moins, promettez-moi, dit Marie-Antoinette, qu'il restera dans l'enceinte de la tour, et qu'il me sera permis de le voir tous les jours, ne fût-ce qu'aux heures des repas. — Nous n'avons pas de comptes à te rendre, et il ne t'appartient pas d'interroger les intentions de la patrie. Parbleu, parce qu'on t'enlève ton enfant, te voilà bien malheureuse ! Les nôtres vont bien tous les jours se faire casser la tête par les balles des ennemis que tu attires sur nos frontières. — Mon fils est trop jeune pour pouvoir encore servir son pays, dit la Reine avec douceur ; mais j'espère qu'un jour, si Dieu le permet, il sera fier de lui consacrer sa vie. »

Cependant elle l'habillait, et bien qu'elle fût secondée par les deux Princesses, jamais toilette d'enfant ne fut plus longue. Chaque vêtement qu'on lui mettait était retourné en tous les sens, passé de main en main et mouillé de pleurs. On éloignait ainsi de quelques secondes l'instant de la séparation. Les municipaux commençaient à perdre patience.

Enfin, la Reine, ayant ramassé toutes ses forces au fond de son cœur, s'assied sur une chaise, prend son fils devant elle, pose les deux mains sur ses petites épaules, et, calme, immobile, recueillie dans sa douleur, sans verser une larme, sans pousser un soupir, elle lui dit d'une voix grave et solennelle : « Mon enfant, nous allons nous quitter. Souvenez-vous de vos devoirs quand je ne serai plus auprès de vous pour vous les rappeler. N'oubliez jamais le bon Dieu qui vous éprouve, ni votre mère qui vous aime. Soyez sage, patient et honnête, et votre père vous bénira du haut du ciel. » Elle dit, baise son fils au front, et le remet à ses geôliers. Le pauvre enfant se précipite encore vers sa mère, embrasse ses genoux, s'attache de toutes ses forces à sa robe : « Mon fils, il faut obéir, il le faut. — Allons, tu n'as plus, j'espère, de doctrine à lui faire, dit un des commissaires. Il faut avouer que tu as fièrement abusé de notre patience. — Tu pouvais te dispenser de lui faire la leçon, disait un autre en entraînant violemment le Prince hors de la chambre. — Ne vous en inquiétez plus, continua un troisième, la nation, toujours grande et généreuse, pourvoira à son éducation. » Et la porte se referma[1].

Oh! ce furent alors des larmes, des sanglots, des cris de désespoir, des grincements de dents. La pauvre mère, dans les convulsions de sa douleur, se roulait sur la couche déserte de son enfant. Elle avait un moment repris sa dignité royale en présence de ses ravisseurs, sa gravité maternelle en face de son fils qu'elle bénissait pour la dernière fois : mais cet effort suprême avait absorbé l'énergie de son caractère. Jamais désespoir ne fut plus grand. Les trois captives se regardaient,

---

[1] Nous donnons ici sans commentaire l'extrait des registres du conseil du Temple relatif à l'enlèvement du Prince. C'est au lecteur à juger ce qu'il y a d'ironie dans l'expression de cette sensibilité. Voici le procès-verbal :

« Le 3 juillet 1793, neuf heures et demie du soir, nous, commissaires de service, sommes entrés dans l'appartement de la veuve Capet, à laquelle nous avons notifié l'arrêté du Comité de salut public de la Convention nationale du 1er du présent, en l'invitant à s'y conformer. Après différentes instances, la veuve Capet s'est enfin déterminée à nous remettre son fils, qui a été conduit dans l'appartement désigné par l'arrêté du conseil de ce jour-d'hui, et mis entre les mains du citoyen Simon, qui s'en est chargé. Nous observons, au surplus, que la séparation s'est faite avec toute la sensibilité que l'on devait attendre dans cette circonstance, où les magistrats du peuple ont eu tous les égards compatibles avec la sévérité de leurs fonctions.

» *Signé* : Eudes[1], Gagnant[2], Arnaud[3], Véron[4], Cellier[5] et Devèze[6]. »

[1] Eudes (Jean-Pierre), tailleur de pierre, rue Saint-Antoine, 29, mis hors la loi par décret de la Convention du 9 thermidor an II, comme traître à la patrie, et pour avoir pris part à la révolte de la Commune.

[2] Gagnant (Jean-Nicolas-Victor), peintre, rue Richer, adjoint à l'Administration de la police, fut dans la suite accusé de modérantisme et envoyé à l'Abbaye pour vingt-quatre heures. Exclu du conseil général, il était parvenu à y rentrer, lorsqu'un arrêté du Comité de salut public l'élimina de nouveau. Devenu secrétaire de Drouet, Gagnant contribua à faciliter son évasion de l'Abbaye en 1796. Compromis dans l'affaire de Grenelle et pris les armes à la main, il fut traduit devant une commission militaire qui le condamna à mort le 10 octobre de la même année. Comme on le conduisait au supplice, il se glissa doucement en bas de la charrette et serait parvenu à s'échapper, si un cavalier, qui le poursuivit, ne l'eût mutilé à coups de sabre. Il était âgé de vingt-neuf ans.

[3] Arnaud (Bertrand), lecteur secrétaire, domicilié rue Favart, mis hors la loi, comme traître à la patrie, par décret du 9 thermidor an II, exécuté le 10.

[4] Véron (Christophe-Antoine), 42 ans, parfumeur, officier de paix, rue Denis, n° 518, section de Bonne-Nouvelle.

[5] Cellier (Vincent), défenseur officieux, rue des Francs-Bourgeois, n° 9, section Régénérée, ci-devant Beaurepaire.

[6] Devèze (Jean), 53 ans, charpentier, rue de la Pépinière, section de la République.

s'embrassaient et ne pouvaient proférer une parole. Cette séparation semblait leur annoncer pour l'enfant qu'elles perdaient tous les genres de malheur. Certes, depuis longtemps, de déchirants souvenirs et de lugubres pensées poursuivaient ces nobles débris de la maison royale; mais, réunis et comme abrités dans leur mutuelle affection, ils consolaient leur chagrin par de douces paroles; ils fortifiaient leur courage par de pieuses pensées; et cet angélique enfant, par la vivacité de son esprit, le charme de sa tendresse et les grâces de son âge, jetait sur leurs jours les plus sombres comme une auréole de joie et d'espérance : une mère espère toujours près du berceau de son enfant.

De ce moment toute illusion fut arrachée à Marie-Antoinette. Son âme de chrétienne avait accepté bien des sacrifices, sa fierté de reine avait supporté sans plainte d'amères humiliations; mais, dans ses tristes prévisions, son cœur de mère n'avait jamais admis l'idée qu'on pût la séparer de ses enfants!

LIVRE DOUZIÈME.

SIMON, INSTITUTEUR DE LOUIS XVII.
MORT DE LA REINE.

3 juillet 1793 — 19 janvier 1794.

Louis XVII remis à Simon. — Le ménage Simon. — Trois témoins. — Réclamation de l'enfant. — Sentiments de Simon. — Premier sévice. — Résistance du Dauphin. — Instruction donnée à Simon par la Convention. — Plaintes de la Reine. — Mort de Marat. — Louis XVII porte son deuil. — Promenades sur la tour. — Simon et sa femme servis par Louis XVII. — Le Prince revêtu de la carmagnole et du bonnet rouge. — La Reine et Tison. — Marie-Antoinette aperçoit son fils. — Elle est transférée à la Conciergerie. — Fête révolutionnaire. — Mot du Dauphin. — Ses chants et ses plaintes entendus de l'étage supérieur de la tour. — Le jeune Roi, malade, traité par la femme Simon. — M. Le Bœuf. — Cabaret de Maugin. — Belle parole du Dauphin à Simon. — Séance du conseil général de la Commune; lettre de Santerre. — Hébert au Temple. — Tison renfermé dans la tourelle. — Nouveaux décrets. — Affaiblissement moral et physique du Dauphin. — Témoignage obtenu de lui contre sa mère. — Sa confrontation avec sa sœur, puis avec sa tante. — Procès de la Reine. — Sa condamnation. — Sa mort. — Relation d'un témoin oculaire. — Le meurtre de la Reine apprécié par l'empereur Napoléon Ier.

Escorté de six commissaires et d'un guichetier, le jeune Roi fut conduit dans cette partie de la tour que son père avait occupée. Là, un hôte l'attendait, et semblait attendre depuis longtemps. La chambre était mal éclairée. Les municipaux s'entretinrent quelques instants avec cet homme : ils lui donnèrent des instructions à voix basse, puis ils se retirèrent. L'enfant se trouva seul en présence de Simon, dont peut-être il ne reconnut pas tout d'abord les traits ; mais l'allure dégagée, la voix rude et brève et le geste hautain de ce nouveau personnage lui révélèrent bientôt son maître.

Nos recherches nous ont mis à même de pouvoir consacrer une page à la triste biographie de Simon, page que nous tenons directement de trois personnes qui l'ont connu particulièrement, lui et sa digne compagne, et qui nous fourniront dans ce chapitre bien des détails qu'elles ont recueillis dans le temps, et presque jour par jour, de la bouche même de la femme Simon, sur ce qui se passait dans l'intérieur du Temple.

Voici, en peu de mots, le signalement de Simon : Cinquante-sept ans, taille au-dessus de la moyenne, stature robuste et carrée, teint basané, visage rude, cheveux noirs, longs et plats.

Antoine SIMON, d'après un portrait fait en 1793.

Il était cordonnier en chambre, et occupait un petit appartement au premier étage, donnant sur le derrière de cette étroite maison de la rue des Cordeliers (rue de l'École de Médecine),

LIVRE XII. — SIMON, INSTITUTEUR DE LOUIS XVII.

qui porte aujourd'hui le n° 16, et qui est placée entre l'École de Médecine et la maison à porte cochère où demeurait Marat, maison qui porte le n° 20. Longtemps même après cette époque, plus d'un orphelin de 93 n'a pu passer entre ces deux maisons sans être saisi d'horreur et de colère; tant de souvenirs se levaient sur le seuil de ces deux fatales demeures!

La femme Simon, Marie-Jeanne Aladame, avait à peu près le même âge. Elle était très-petite, très-grosse et très-laide; elle avait, comme son mari, la peau naturellement fort brune, et leur état ne la rendait pas plus blanche. Elle portait ordinairement un bonnet noué avec un ruban rouge, et un tablier bleu.

C'était une femme de la campagne, sans aucune éducation. Elle avait été fort longtemps domestique chez madame Séjan, marchande de vin, rue des Cordeliers, au coin de la rue de Touraine, qui, de son vivant, lui avait assuré une petite rente viagère [1]. Elle entra ensuite au service d'une vieille dame Fourcroy, qui demeurait dans la même maison que Simon, et qui y mourut à quatre-vingt et quelques années, léguant par testament cinquante écus à sa servante. C'est alors que, tenté sans doute par les deux héritages qu'avait faits sa voisine, Simon l'épousa. C'étaient de nouveaux mariés quand la révolution éclata [2]. La femme Simon, malgré son âge, parlait souvent de

---

[1] Madame Séjan, mère de l'organiste Séjan et de l'abbé Séjan, chapelain par quartier des rois Louis XVIII et Charles X. La femme Simon étant morte aux Incurables (femmes), rue de Sèvres, le 10 juin 1819, cette petite rente fit retour à la famille Séjan, dans la personne de madame Weiss, née Séjan.

[2] Voici l'acte de leur mariage, célébré à la paroisse Saint-Cosme; cette église était située au coin de la rue des Cordeliers et de celle de la Harpe.

« Le 20 mai 1788, après trois bans publiés en cette paroisse, sans opposition, vu les papiers requis, fiancés la veille, ont été mariés par nous, et ont reçu la bénédiction nuptiale, Antoine Simon, veuf majeur de Marie-Barbe Hoyau, maître cordonnier, et Marie-Jeanne Aladame, fille majeure de Fiacre et de Reine-Geneviève Aubert, tous deux rue des Cordeliers de cette paroisse. Nous ont certifié leur liberté et domicile, du côté de l'époux, Louis Houette, marchand corroyeur, cour du Commerce, paroisse Saint-Sulpice, et Jacques Le Roy, bourgeois de Paris, rue des Quatre-Vents, pason désir d'avoir des enfants, je devrais dire plutôt de son regret de n'en pas avoir.

Il y eut pendant la révolution deux sortes de scélérats : les uns, comme Chaumette, Danton, Hébert, privés des dons de la fortune, et auxquels tout moyen semblait bon pour arriver aux jouissances matérielles et connaître ce luxe que Sénac de Meilhan appelait l'*emploi stérile des hommes et des matières;* — les autres, tels que Pétion, les deux Robespierre, Hérault de Séchelles, menant d'abord une vie régulière, affichant une certaine dignité de mœurs, mais couvant des passions basses, inconnues, l'orgueil, l'envie, que la révolution fit éclater, et qui, entraînés par les circonstances, finirent par devenir des monstres. Simon et le boucher Legendre furent de ce dernier nombre.

On savait peu de chose sur son compte au moment où les troubles commencèrent : il n'avait même pas la réputation d'être méchant. Quelques jeunes filles du quartier, qui allaient en apprentissage chez une madame Dablemont, demeurant au troisième étage de la même maison, ne manquaient jamais, le soir en s'en allant, de chanter dans l'escalier et devant la porte de Simon la *chanson du Cordonnier,* et il ne se formalisait pas de leurs agaceries. Ce n'est pas là le seul acte de modération à signaler dans sa vie. Un citoyen de sa section, qui a laissé quelques anecdotes sur la révolution [1], raconte le fait suivant : « Informé qu'un de mes voisins, qui possédait deux pains de sucre, venait d'être arrêté et dévalisé par le comité révolution-

---

roisse Saint-Sulpice; et du côté de l'épouse, Me Jacques Séjan, avocat au parlement, prieur d'Hostung, ancien chanoine de l'église de Saint-Louis du Louvre, et professeur en l'Université de Paris, rue Saint-Jacques, paroisse Saint-Étienne du Mont, et Henri Delamare, ancien marchand épicier et ancien marguillier de cette paroisse, y demeurant rue des Cordeliers, et René Lormeau, marchand épicier, aussi de cette paroisse, rue des Cordeliers, et ont signé avec nous.

« Simon, Aladame, Leroy, Houette, J. Séjan, Delamare, Maer, Lormeau. »

[1] *Les Campagnes d'un avocat, ou Anecdotes pour servir à l'histoire de la révolution.* Paris, 1815. In-8° de 56 pages.

naire[1], je m'avisai, comme par inspiration, de me trouver coupable du crime d'*accaparement*, à raison d'une certaine quantité de tabac en poudre que je tenais en réserve. J'allai sans délai en faire la déclaration au comité révolutionnaire de la section de Marat, dont Simon était président, et j'offris d'abandonner ma provision au *peuple français*. Voici le dialogue qui eut lieu à ce sujet entre Simon et moi : « Citoyen, ton tabac est-il bon? — Tiens, citoyen président, goûte-le. — Il est, ma foi, excellent. Combien en as-tu? — Environ cent livres. — Je t'en fais mon compliment, et je te conseille de le garder pour toi : tu n'en trouverais pas de pareil au *maximum*[2]. »

La révolution vint tout changer. Devenu membre du club des Cordeliers[3], Simon y apporta une ardeur extrême. Une fois

[1] Une loi du 7 fructidor, l'an 11e, établit un comité révolutionnaire dans chaque chef-lieu de district, et dans chaque commune qui, sans être chef-lieu de district, contiendrait une population de huit mille individus. Chaque comité révolutionnaire était composé de douze membres. Les membres de ces comités pouvaient, au nombre de trois, décerner des mandats d'amener. — (Voir, pour plus de développements, à la fin du volume, Documents et Pièces justificatives, n° V.)

[2] On sait que le *maximum* était une taxe faite par un décret de la Convention de tous les objets de consommation en valeur nominale, ou plutôt idéale, de papier-monnaie, dont la dépréciation progressive tournait au préjudice des vendeurs. Il s'ensuivit une disette générale de toutes les choses nécessaires à la vie, disette que les régulateurs de la République affectaient d'attribuer à une conspiration des ennemis du peuple.

[3] Les principaux clubs étaient : le club des Feuillants, qui n'eut qu'une courte existence, sous l'Assemblée législative; celui des Jacobins, qui avait pris une puissante influence, et devint le grand régulateur de tous les mouvements révolutionnaires. Pétion et Robespierre, qui n'étaient pas membres de l'Assemblée, exerçaient sur le club des Jacobins une domination que n'avaient point les députés mêmes qui en faisaient partie. On y comptait trois partis : 1° celui de Robespierre, composé d'un ramas de fanatiques assez semblables aux *niveleurs* anglais qui dressèrent l'échafaud de Charles Ier; 2° le parti connu sous la dénomination de Cordeliers, hommes avides de bien-être et de pouvoir; ses chefs, parmi lesquels il faut en première ligne nommer Danton, étaient en même temps membres du club des Jacobins; ce parti avait à sa dévotion les pamphlétaires les plus ardents : Fréron, Camille Desmoulins, Fabre d'Églantine, Marat, en un mot, tous les écrivains qui prêchaient le pillage et l'assassinat; 3° le parti qui s'était formé dans le club des Jacobins, vers la fin de la session de l'Assemblée législative; il

couvert du bonnet rouge, le cerveau du cordonnier s'échauffait : la frénésie des passions politiques entraîne si loin les caractères, que cet homme, sans impatience à l'égard de quelques enfants taquins, et plein de tolérance envers un citoyen qui s'accusait lui-même, devint d'une rudesse et d'une violence sans égales devant le fils infortuné des Rois. Marat l'avait souvent remarqué parmi les citoyens les plus assidus à ses conférences sous les arbres de la section [1], à l'ombre desquels il instruisait le peuple. Entré en relation avec lui, il l'avait apprécié comme un *sans-culotte* solide et comme un instrument docile.

De son côté, la femme Simon avait eu l'occasion de signaler son zèle patriotique. L'église des Cordeliers, changée en caserne, avait reçu les Marseillais blessés au 10 août : la citoyenne les pansa. Dans l'occasion, elle rappela les soins qu'elle leur avait rendus, et en réclama le salaire [2].

Aussi, lorsqu'il fut question de donner un instituteur au *petit Capet*, ce fut Marat qui indiqua Simon au choix du conseil général de la Commune. Cette candidature fut appuyée par Robespierre, qui, plus d'une fois, et particulièrement dans

---

était composé des députés girondins et des auxiliaires qu'ils avaient recrutés à Paris : Brissot, Thomas Payne, Condorcet, et un tas d'autres qui, enthousiastes admirateurs de la nouvelle Constitution, avaient voué à l'exécration publique tous ceux qui oseraient y porter atteinte, et qui, après le 10 août, se vantèrent d'être venus avec la résolution de fonder la république sur les débris de la monarchie. Ils ne craignirent pas d'aller chercher des partisans et des complices dans les prisons et dans les bagnes, forçant l'Assemblée à accorder une amnistie aux assassins de la Glacière, et une ovation aux soldats rebelles de Châteauvieux.

[1] Ancien jardin des Cordeliers, dont la porte donnait en face de la rue Hautefeuille.

[2] « La citoyenne Aladame (il y a par erreur Aladaune), qui a consacré ses soins et ses facultés à soulager et guérir un grand nombre de Marseillais blessés à la journée du 10 août, réclame des secours.

» La Convention nationale renvoie à son comité des secours pour en faire un rapport prochain, et décrète qu'il sera accordé sur-le-champ à la citoyenne Aladame une somme provisoire de 200 livres. »

(Procès-verbal de la Convention nationale, imprimé par son ordre. Paris, de l'Imprimerie nationale, 1793. T. VIII, p. 204.)

l'affaire de Michonis, avait eu l'occasion de remarquer le patriotisme de Simon. Les deux parrains politiques de cet homme furent donc Robespierre et Marat. Il devait se montrer digne de ce double patronage. La femme Simon monta chez madame Dablemont et lui dit : « Je vais avoir une bonne place; on viendra me prendre en voiture, et peut-être encore mieux que cela ! » Effectivement, elle fut, ce jour-là même, portée en triomphe jusqu'à l'hôtel de ville, car les femmes avaient aussi leur ovation ; et, le surlendemain, Simon s'installait à la tour du Temple. Son traitement fut, comme celui de Tison, de 500 francs par mois; mais en le lui accordant, le conseil général de la Commune lui avait enjoint de ne jamais quitter son prisonnier, et de ne sortir, sous aucun prétexte, de la tour. La promenade même du jardin ne lui était permise que lorsqu'elle avait lieu avec son élève, à l'heure arrêtée par les municipaux. Il fut fidèle à ses engagements : l'homme convenait à la besogne, et la besogne convenait à l'homme.

Avant d'aller plus loin, nous dirons un mot des trois personnes dont les récits, religieusement recueillis, nous ont servi de fil dans ce labyrinthe inexploré jusqu'ici ; ce sont la veuve Crévassin, mademoiselle Ménager et mademoiselle Semélé.

La première était une amie de jeunesse de la femme Simon, qu'elle n'avait point perdue de vue jusqu'à sa mort, et à laquelle elle a survécu pendant de très-longues années. Dans l'abandon de la vieillesse et de la misère où je la savais, je lui ai plus d'une fois porté quelque aumône sous le toit de la maison où elle demeurait, rue des Fossés Monsieur-le-Prince, n° 24; elle me dit un jour : « Marie-Jeanne est plus heureuse que moi, elle est morte à l'hôpital. »

Mademoiselle Ménager était une servante comme la femme Simon, qu'elle connut lorsque celle-ci était en place. Elle fut longtemps au service du comte Saur, sénateur, et conserva avec Marie-Jeanne des relations très-suivies pendant et après son séjour au Temple. Elle avait une prodigieuse mémoire des dates et des faits. Elle demeurait dans la petite cour du Commerce, dans le passage de ce nom.

Mademoiselle Semélé était une de ces jeunes ouvrières qui, allant en apprentissage chez madame Dablemont, chantaient la chanson du Cordonnier en passant devant la porte de Simon. Pendant le séjour de celui-ci et de sa femme au Temple, elle ne cessa pas de visiter leur ancienne maison, où la femme Simon allait de temps en temps, dans ses jours de sortie; car elle était la bienvenue, et on cherchait à l'attirer pour avoir les nouvelles qu'elle seule pouvait donner. Mademoiselle Semélé, plus jeune que les deux autres, auxquelles elle était supérieure par l'intelligence et l'instruction, avait conservé des récits de la femme Simon des notes qui m'ont été d'une grande utilité. J'ai plusieurs fois été la voir dans le petit appartement qu'elle occupait rue Mazarine, n° 25, et pendant notre entrevue elle me donnait l'explication ou le développement de ses souvenirs écrits que je tenais à la main. Le concours de ces trois femmes m'a puissamment aidé à éclaircir, sur plusieurs points, cette phase ténébreuse de la vie du Dauphin, à distinguer le vrai du faux dans les rumeurs recueillies par les contemporains, et à compléter les documents authentiques déposés dans les registres de la Commune et dans les Archives nationales.

Il était dix heures et demie du soir quand on amena à Simon son élève. On comprend quels poignants souvenirs dut rappeler au jeune Prince l'appartement où il avait vu son père pour la dernière fois. Il ne nous est pas donné de deviner comment se passa cette première nuit, et par quelles scènes commença ce duel épouvantable entre l'enfant et le bourreau. Nous savons seulement que l'enfant pleura longtemps, qu'il resta assis pendant des heures sur une chaise dans le coin le plus profond de l'appartement, et que Simon obtint à grand'peine quelques réponses brèves aux questions impérieuses qu'il lui jetait en fumant sa pipe et en jurant.

Le lendemain matin arriva la femme Simon[1], elle venait, fidèle compagne d'un pareil homme, s'installer avec lui et l'aider dans sa charge d'instituteur : la nation, toujours grande et généreuse, ne s'opposa point à ce renfort qui s'offrait pour l'éducation libérale du fils de Capet.

Couple Simon, vous avez à remplir une grande tâche; vous avez raison de vous mettre deux à l'entreprendre. L'enfant qui vous est livré a reçu du ciel une nature si noble, et de ses excellents parents une éducation si parfaite et si pure, que vous n'êtes pas trop de deux pour tout étouffer, écraser et avilir en lui!

Le jeune Prince resta deux jours sans accepter d'autre nourriture qu'un peu de pain. Sa position nouvelle, dont il ne pouvait s'expliquer les motifs, le jetait dans un profond désespoir. Tantôt il se lamentait en silence; tantôt à travers ses grosses larmes brillait un éclair d'indignation, et des paroles de colère se faisaient jour à travers ses plaintes. « Je veux savoir, dit-il d'un ton impérieux aux municipaux, je veux savoir quelle est la loi qui vous ordonne de me séparer de ma mère et de me mettre en prison; montrez-moi cette loi, je veux la voir. »

Les officiers municipaux restaient interdits devant un enfant de neuf ans qui se débattait sous leur puissance et trouvait une parole de roi. Mais l'orateur Simon leur venait en aide, et d'un ton doctoral imposait silence à son élève : « Tais-toi, Capet, disait-il, tu n'es qu'un raisonneur. »

L'enfant captif avait toujours les yeux du côté de la porte, où l'appelait un irrésistible attrait; il savait qu'il n'en franchirait pas le seuil sans le consentement de son geôlier; mais son regard avide s'y glissait chaque fois qu'il entendait le bruit des verrous et le grincement des clefs dans les serrures. Souvent il

---

[1] Un traitement annuel de 3,000 livres lui était alloué, ainsi que l'indiquent les registres du conseil général de la Commune de Paris. — Séance du 6 juillet 1793.

« Sur la proposition d'un de ses membres, le conseil général arrête que Simon *et sa femme* resteront auprès du petit Capet avec le même traitement qu'avaient Tison et sa femme auprès de Capet père. »

demeurait immobile; puis une larme roulait le long de sa joue : un souvenir pénible, une pensée filiale avait passé par sa jeune âme.

Cependant deux jours s'étaient écoulés, pendant lesquels il avait essayé de faire acte d'indépendance et de volonté. Il se résigna enfin à se coucher de bonne grâce, et, le lendemain matin, il s'habilla de lui-même, sans que l'ordre lui en fût donné. Il ne pleurait plus, mais il ne parlait pas. « Ah çà! petit Capet, lui dit son maître, tu es donc muet? Il faudra que je t'apprenne à parler, moi, et à chanter la Carmagnole, et à crier : Vive la République! Ah! tu es muet! — Si je disais tout haut ce que je pense tout bas, dit le royal enfant, vous me prendriez pour un fou. Je me tais parce que j'aurais trop à dire. — Oh! oh! monsieur Capet aurait trop à dire! cela sent fièrement l'aristocrate; mais cela ne me convient pas, entends-tu! Tu es jeune, et l'on te pardonne; mais je ne dois pas, moi qui suis ton maître, te laisser croupir dans ton ignorance. Il faut te faire au progrès et aux idées nouvelles[1]. » Il y eut d'abord dans la manière dont le traita Simon un singulier mélange de dédain très-franc et de sévérité étudiée. Il ne voyait dans son élève qu'une créature criminelle par sa naissance et qu'un enfant sans conséquence; mais il y avait autour de cet enfant comme un reflet attrayant de sérénité, comme un parfum d'atmosphère royale, qui soulevèrent parfois contre le Prince les susceptibilités haineuses du savetier.

Oui, ce fut surtout parce que c'était un enfant d'élite, qu'on eût remarqué dans la rue et qu'on eût aimé chez l'étranger, un de ces enfants qui attirent l'attention et la tendresse : suave créature, devant laquelle la haine semblait impossible, et dont le regard, désarmant toute colère et toute cruauté, semblait devoir autour de lui faire taire toute chose, excepté la voix de l'amour. Oui, ce fut pour tout cela que Simon devint impitoyable. Sa suffisance triviale ne pouvait s'accommoder longtemps des petits airs de dignité sévère de son subordonné; et

---

[1] Détails transmis par la veuve Crévassin, amie de la femme Simon.

puis l'esprit du patriote s'arrangeait trop bien de la décadence si complète de la race souveraine, pour trouver au fond de sa vanité une parcelle de pitié pour un enfant sur lequel il croyait avoir à venger ses propres injures. Cette opinion d'ailleurs avait sa source dans un sentiment que nous appellerons la naïveté du fanatisme : les principes de Simon, ses convictions, étaient le fruit de ses *études*, et c'est dans les virulents pamphlets des coryphées de la *Montagne* qu'il avait appris la religion, la politique et la morale. Connut-il la pitié? L'humanité doit nous le faire croire; mais ce qu'il y a d'assuré, c'est qu'il la repoussa comme un crime.

Cependant, pour montrer qu'il était investi du double attribut du maître, du pouvoir qui punit et du pouvoir qui récompense, Simon, dans un moment de largesse ou de calcul, fit don à son élève d'une guimbarde, instrument favori des petits Savoyards. « Ta louve de mère et ta chienne de tante jouent du clavecin, il faut que tu les accompagnes avec la guimbarde. Quel beau tintamare que cela va faire ! » L'enfant sentit qu'il y avait une ironie dans ce cadeau; il ne voulut pas mettre une insulte dans son amusement : il repoussa la guimbarde et déclara qu'il n'en jouerait pas. Ce refus obstiné fut tout à la fois considéré comme un acte d'ingratitude et un acte de rébellion; il alluma la colère de Simon et attira au descendant de Louis XIV les premiers coups qu'il eût encore reçus.

Deux jours après, une scène à peu près semblable eut lieu : l'enfant ne céda point. Son énergie, qui n'était pas encore maîtrisée par l'épuisement physique, se redressa plus forte et plus fière devant les menaces.

Ces actes d'insubordination valaient au Prince, de la part de Simon, non-seulement les réprimandes verbales les plus injurieuses, mais encore les voies de fait les plus brutales. « Vous pouvez me punir si je vous manque, cria l'enfant; mais vous ne devez pas me battre, entendez-vous ! Vous êtes plus fort que moi. — Je suis ici pour te commander, animal ! Je dois ce que je veux, et vive la liberté, l'égalité ! »

L'enfant était déjà souffrant de ce triste séjour du Temple, les mauvais traitements, le supplice moral et physique ne tardèrent point à altérer sa santé, à épuiser ses forces.

Le dimanche 7 juillet 1793, le bruit se répand dans Paris que le complot tramé par le général Dillon, malgré l'arrestation de ce général et de ses principaux complices, a parfaitement réussi; que le fils de Louis XVI a été enlevé de la tour, qu'il a été vu sur les boulevards et qu'il a été porté en triomphe à Saint-Cloud. La foule se dirigeait vers le Temple, avide de s'assurer de la vérité. La garde du Temple, qui n'avait pas vu Louis XVII depuis qu'il avait été livré à Simon, répondait qu'effectivement il n'était plus dans la tour : le mensonge populaire, dès lors, allait croissant et s'affermissant.

Pour faire tomber ce bruit qui agitait les esprits, une nombreuse députation du Comité de sûreté générale se rendit en toute hâte au Temple, afin d'y constater officiellement la présence de l'enfant. Chabot et Drouet faisaient partie de cette députation et signalaient leur zèle par des manifestations bruyantes. A peine arrivés dans la chambre du Dauphin, ou, pour mieux dire, de Simon, ils ordonnèrent de faire descendre à l'instant même dans le jardin *le fils du tyran,* afin qu'il y fût vu de la garde montante. Réunis dans la chambre du Conseil, ils s'informèrent, à huis clos, de la manière dont Simon s'acquittait de ses fonctions et des instructions secrètes qui lui avaient été données. Ici se renouvela, à peu près, la scène qui déjà avait eu lieu le jour (le 3 juillet) où le cordonnier précepteur avait été demander ses pouvoirs à ceux qui venaient de le nommer. L'esprit simple de Simon n'avait point, tout d'abord, pénétré au fond de la pensée impitoyable des comités : il croyait sérieusement qu'il n'était question que de faire du petit Capet un bon petit citoyen, d'effacer sur son front la flétrissure de sa royale origine et d'y placer un bonnet rouge au lieu d'une couronne. Son intelligence, candidement révolutionnaire, n'avait aperçu que ce but stupide et vulgaire de transformer le fils de Tarquin en enfant de Brutus. Cependant, d'après les instructions vagues qu'il recevait, il avait fini par concevoir je ne sais quel doute sur l'avenir qu'on destinait à son élève. Avec cette allure des gens de sa sorte, il interrogea donc sans détour les intentions de ses chefs qui le visitaient, et leur adressa ces brusques questions : « *Citoyens, que décidez-vous du louveteau? Il était appris pour être insolent : je saurai le mater. Tant pis s'il en crève! je n'en réponds pas. Après tout, que veut-on? le déporter?* — Réponse : *Non.* — *Le tuer?* — *Non.* — *L'empoisonner?* — *Non.* — *Mais quoi donc?* — Réponse de même : *S'en défaire.* »

Voilà la pensée intime de la révolution, que nous verrons suivre avec persévérance pendant deux ans : pensée bien évidente, quoique voilée dans ce dialogue que nous a rapporté une note manuscrite de Sénar, qui ajoute aussitôt : *Il n'a été ni tué, ni déporté, mais on s'en est défait* [1].

Depuis qu'il était descendu au jardin, le Prince ne cessait d'appeler sa mère à grands cris ; quelques hommes de la garde essayaient de le calmer, lorsque, leur montrant Simon qui sortait de la tour avec quelques employés, il leur répondit avec indignation : « Ils ne veulent pas, ils ne peuvent pas me montrer la loi qui ordonne que je sois séparé de ma mère! » Étonné de sa fermeté autant qu'ému de sa douleur filiale, un homme de la garde questionnait l'instituteur démagogue, qui

[1] Gabriel-Jérôme Sénar (et non Sénart, comme il est écrit sur le titre même de ses Mémoires, publiés par Alexis Dumesnil, 1824), né à Châtellerault en 1760, exerçait au moment de la révolution la profession d'avocat à Tours, où il ne tarda point à obtenir une certaine popularité. Il parvint en 1793, avec l'appui de quelques conventionnels en mission dans son département, à s'introduire au comité de sûreté générale en qualité de secrétaire rédacteur. Devenu témoin ou instrument des résolutions et des actes les plus atroces, on le logea, ou plutôt on le renferma dans l'enceinte même du comité, d'où il ne sortait qu'accompagné d'un gendarme, afin qu'il ne pût communiquer ses horribles secrets. Après le 10 thermidor, il fut arrêté comme terroriste. Remis en liberté au bout d'un an, il revint à Tours, répudia publiquement sa conduite révolutionnaire, et écrivit ses *Révélations puisées dans les cartons du comité de sûreté générale*. Se sentant près de sa fin, il fit appeler ses concitoyens pour les rendre témoins de son repentir; il reçut les secours de la religion, et termina sa triste et courte carrière le 10 mars 1796.

se bornait à répondre : « Le louveteau est dur à museler; il voudrait connaître la loi comme vous; il vous demande toujours des raisons, comme si on en avait pour lui! Allons! Capet, silence! ou je vas montrer aux citoyens comment je te *travaille* quand tu le mérites. » Le malheureux captif se retournait vers les municipaux, réclamant hautement leur protection; mais l'appel énergique qu'il leur adressa ne fit que le compromettre et donner gain de cause à l'opinion de Simon.

Les commissaires de la Convention, après leur entretien avec celui-ci dans la chambre du conseil, étaient montés chez Marie-Antoinette, pendant que le précepteur rejoignait son élève au jardin. Leur visite à la Reine de France ressemblait à une perquisition de police dans un repaire de voleurs. Leurs regards scrutateurs allaient fouillant dans le dernier recoin de l'appartement et dans le moindre objet laissé à la disposition des prisonnières. Enfin, Drouet prenant la parole : « Nous sommes venus voir, dit-il, s'il ne vous manque rien ou si vous n'avez rien de trop. — Il me manque mon fils, dit la Reine. — Votre fils ne manque pas de soins : on lui a donné un précepteur patriote; et vous n'avez pas plus à vous plaindre de la manière dont on le traite que de celle dont vous êtes ici traitée vous-même. — Je ne me plains que d'une chose, monsieur, c'est de l'absence d'un enfant qui ne m'avait jamais quittée. Depuis cinq jours qu'il m'a été arraché, il ne m'a pas été permis de le voir une seule fois, et cependant il est encore malade[1], il a besoin de mes soins. Il m'est impossible de croire que la Convention ne comprenne pas la légitimité de mes plaintes. »

Pauvre mère! elle se lamentait d'avoir été cinq jours sans voir son fils! Oh! que de jours vont s'écouler jusqu'au 16 octobre, pendant lesquels elle appréhendera peut-être un redou-

[1] Nous avons sous les yeux les mémoires des médicaments fournis au Temple, pendant les mois de mai, juin et juillet, pour Marie-Antoinette, ses enfants et sa sœur, par le citoyen Robert, apothicaire autorisé par la Commune et par ordonnance du citoyen docteur Thierry.

. Et nous voyons que, pendant tout le mois de juillet, il y eut des remèdes livrés chaque jour pour le fils de Marie-Antoinette. (Pièces justificatives, n° VI.)

blement d'efforts tentés pour l'avilir, sans jamais pouvoir soupçonner à quels excès devait se porter la calomnie révolutionnaire!

De retour à la Convention, les commissaires rassurèrent leurs collègues sur les bruits qui avaient si vivement ému l'opinion publique. Drouet s'exprima ainsi : « Des malveillants ou des imbéciles se plaisent à répandre le bruit que le fils de Capet est évadé et qu'on le porte en triomphe à Saint-Cloud. Quoiqu'il connût l'impossibilité d'une telle évasion, votre comité de sûreté générale nous a nommés, Maure, Chabot, Dumont et moi, pour constater la présence des détenus. Nous nous sommes transportés au Temple, et, dans le premier appartement, nous avons trouvé le fils de Capet jouant tranquillement aux dames avec son *mentor*.

» Nous sommes montés à l'appartement des femmes, et nous y avons trouvé Marie-Antoinette, sa fille et sa sœur, jouissant d'une parfaite santé. On se plaît encore à répandre chez les nations étrangères qu'elles sont maltraitées; et, de leur aveu, fait en présence des commissaires de la Commune, rien ne manque à leur commodité[1]. »

On voit que Drouet ne parla nullement des plaintes qu'avait élevées Marie-Antoinette sur la cruelle séquestration de son fils. Les cris d'un enfant, les larmes d'une mère, cette secrète et mutuelle confidence qui montait et descendait du jardin à la tour et de la tour au jardin, ce lien d'amour et de douleur qui unissait si étroitement la veuve à l'orphelin et le fils à la mère, tout cela fut passé sous silence. L'homme de Varennes se borna à dire : « L'enfant *jouait tranquillement aux dames avec son mentor*, et rien ne manquait *à la commodité de sa mère*, de sa tante et de sa sœur. »

A dater de ce jour, le maître redoubla de sévérité envers le disciple. L'âge, l'innocence, la gentillesse du prisonnier, ne pouvaient désarmer l'inflexibilité du geôlier. Au contraire, le teint si pur de l'enfant, son œil si limpide, ses cheveux si

[1] Séance de la Convention nationale du dimanche 7 juillet 1793. (*Moniteur* du mardi 9 juillet 1793.)

beaux, sa petite main si bien faite, l'air de noblesse imprimé sur tous ses traits, la distinction de ses manières et de son esprit, tout cet ensemble de grâce et de dignité qui semblait un reflet de la royauté même, tout cela ne pouvait qu'indisposer contre lui les passions du ménage Simon. Ces dignes époux s'offensaient, par amour-propre comme par sentiment politique, d'une attitude, d'un geste, d'une parole qui étaient à la fois la critique de leurs mœurs personnelles et la tradition vivante de l'aristocratie. Leur dépit envieux, implacable comme une grande haine, leur faisait donc trouver une jouissance à faire descendre leur élève à leur niveau et à effacer dans le rejeton des Rois tout ce qui révélait sa vieille race et sa première éducation.

Les incidents qui survenaient dans les affaires publiques exerçaient aussi une grande influence sur la conduite de Simon envers l'enfant, dont il était non-seulement le gardien, mais le tuteur, le directeur et le commensal. Le 12 juillet, en apprenant la prise de la ville de Condé par l'armée autrichienne, il se précipita sur lui en s'écriant avec fureur : « Sacré louveteau, tu es *à moitié* Autrichien, tu mérites par conséquent d'être assommé *à moitié!* »

Deux jours après, le 14, la femme Simon rentra tout effarée dans l'appartement : elle venait d'apprendre la mort de Marat, assassiné la veille au soir dans son bain par une jeune femme. Simon ne pouvait croire à un tel événement. Sa stupeur était égale à sa colère et sa douleur à son indignation. Marat avait cette popularité qu'on puise non dans l'estime universelle, mais dans les vices mêmes de l'humanité. Quand l'envie souffle sur le méchant, sur le pauvre, sur le petit, le méchant se plaît au spectacle du juste immolé; le pauvre, du riche dépouillé; le petit, du grand abaissé.

Pour la première fois Simon quitta son prisonnier, qu'il laissa avec sa femme et un commissaire, et descendit un instant au corps de garde et dans la chambre du conseil, seuls ieux où, sans sortir de la tour, il pouvait recueillir des renseignements. La nouvelle était connue de tous ; elle causait une grande sensation dans la ville, mais à nul autre autant qu'au cordonnier jacobin, dont Marat avait été le protecteur, le voisin et le modèle. Simon remonta ; il était dans une exaltation qui se traduisit bientôt en jurements et en coups. Il avait profité de sa sortie pour se faire envoyer par Lefèvre du vin et de l'eau-de-vie : il en but et en fit boire à sa femme. « C'est pourtant aujourd'hui, s'écria-t-il, l'anniversaire de la prise de la Bastille ! » Puis, ne pouvant rester en repos, la tête échauffée, la figure enluminée, la pipe à la bouche, il entraîna son élève et Marie-Jeanne sur la plate-forme de la tour, où il avait besoin de respirer et de chercher dans les rumeurs de la grande cité un écho des lamentations lointaines et des confus hommages donnés à son idole expirante. « Entends-tu, Capet, tous ces bruits là-bas? ce sont les gémissements du peuple autour du lit de mort de son ami. Je comptais te faire quitter tes habits noirs dès demain, mais tu les garderas encore. Capet portera le deuil de Marat. Sacrée vipère, tu n'as pas l'air affligé : tu te réjouis donc de sa mort! » Et ce disant, il appuyait violemment la main sur la tête du Prince, et la lui refoulait dans les épaules. — « Je ne connaissais pas celui qui est mort, répondit l'enfant ; mais ne croyez pas que j'en sois bien aise. Nous ne désirons, nous, la mort de personne. — Oh! nous ne désirons, nous!... Est-ce que tu prétends nous parler comme les tyrans tes pères? — Je dis nous, au pluriel, dit l'enfant, pour ma famille et pour moi. » — Et, légèrement apaisé par cette excuse grammaticale qu'un maître doit au moins avoir l'air de comprendre devant son élève, le démagogue se promena un instant sans colère, écoutant les bruits de la ville tumultueuse et répétant plusieurs fois, avec un rire satanique, cette phrase qu'il était heureux d'avoir trouvée : « Capet portera le deuil de Marat. »

Je ne voudrais pas qu'on me reprochât d'abuser du détail et des anecdotes, des petits faits et des incidents jusqu'ici inconnus qui se passèrent en cette partie de la tour. Dans ce vaste tableau de la révolution qui a usé ou dévoré nos pères, il se trouve un petit coin où, à force d'investigations et de rencontres presque miraculeuses, j'ai eu, seul peut-être, le triste et navrant bonheur de pénétrer. Ce peu de jour qui a éclairé pour moi le duel mystérieux entre un enfant et son geôlier, je regarde comme un acte de conscience de le faire luire aux yeux du public dans toute sa vérité. Un détail peu important donne quelquefois de la vie à l'histoire : c'est par les petites circonstances qu'on s'intéresse aux grandes ; et pendant que l'immense cité, en proie à des sentiments contraires, palpite tout entière au récit de ce meurtre d'une audace antique, qui vient de révéler au monde le nom de Charlotte Corday, le lecteur me pardonnera, je l'espère, de lui avoir montré la petite scène isolée qui se passait au sommet de la tour du Temple.

Le mercredi suivant, 16 juillet, eurent lieu avec pompe les funérailles de Marat, auxquelles assistaient en corps la Convention nationale, les autorités constituées et les sociétés populaires. Dans une circonstance si solennelle, ce fut pour Simon un regret poignant de ne pouvoir quitter son poste ; il ne cessait d'envier le bonheur de sa femme, qui, bien qu'elle eût déjà vu l'*exposition de Marat* [1], pouvait encore avoir la consolation d'assister à ses obsèques. Toute la journée, il allait et venait dans son appartement comme un tigre captif. Condamné par ses devoirs à demeurer étranger à la fête funèbre, il s'y

---

[1] On sait que les restes de Marat furent exposés dans l'église des Vieux-Cordeliers, et que cet homme fut, après sa mort, l'objet d'une espèce de culte parmi les démagogues. Le monstre fut assimilé au Sauveur du monde ; des litanies furent imprimées où se lisaient ces mots : « Cœur de Jésus, priez pour nous ! Cœur de Marat, priez pour nous, » etc. Cette pièce était l'œuvre du citoyen Brochet, qui fit don d'un vase précieux pour enfermer le cœur de *l'Ami du peuple* et travailla en enthousiaste à son apothéose. Brochet était un ancien garde de la connétablie, un des membres les plus fougueux du club des Cordeliers, juré au tribunal révolutionnaire. Attaché à Robespierre, il fut mis en arrestation après le 9 thermidor, puis relâché, et réincarcéré sur la demande de sa section. Le 13 vendémiaire le rendit libre ; il s'établit alors épicier. Compris dans le sénatus-consulte de déportation rendu à la suite du 3 nivôse an IX, il fut conduit à Oleron, puis embarqué en 1804 ; il mourut dans la traversée. Il avait cinquante-deux ans.

associa du moins par la pensée et par le costume, ayant mis ce jour-là son beau bonnet rouge à cocarde et son écharpe tricolore. Enfin, sa femme arriva et les narrations suivirent, mais elles ne le réconcilièrent point avec une cérémonie dont il avait été tenu éloigné, et qui, à ses yeux, ne payait pas suffisamment la dette de la gratitude populaire; plusieurs fois dans la soirée il s'écria : « C'est bien étonnant que Marat soit déposé dans le souterrain des Cordeliers, tandis que Lepelletier est au Panthéon ! » Quelques jours après, le 22 ou le 23 juillet, en apprenant le terrible échec éprouvé le 18 par l'armée républicaine près de Saumur, Simon entra dans une colère dont les effets retombèrent violemment sur le corps meurtri de son malheureux pupille. « Ce sont tes amis qui nous égorgent ! » Et les coups redoublaient encore. L'enfant avait beau dire : « Ce n'est pas ma faute ! » l'impitoyable geôlier le prenait par les cheveux et lui secouait la tête à la disloquer. L'enfant étouffait ses plaintes, de grosses larmes lui ruisselaient le long des joues ; mais aucun cri de détresse ne lui échappait, tant il avait peur que ce cri ne retentît ailleurs dans la tour, et n'y portât une douleur aussi vive que la sienne. Oh! c'est une louange que nous ne devons pas lui épargner. La crainte d'affliger sa famille lui donna un courage héroïque ; elle lui fit vaincre sa nature : emporté par caractère, il eut la gloire de devenir patient par réflexion.

Il y avait déjà longtemps que la gaieté n'était plus dans son cœur, et que les roses de la santé avaient pâli sur ses joues ; son physique éprouvait autant de fatigue que son moral de découragement ; il dormait moins que par le passé, et il dépensait les forces de son corps et de son âme dans une lutte inégale et dans un chagrin inconsolable ; mais l'instinct du juste et du bon ne dépérissait point encore en lui.

Simon le faisait descendre tous les jours au jardin, conformément aux ordres qu'avaient prescrits, lors de leur visite, le 7 juillet, les membres du Comité de sûreté générale ; il lui arrivait aussi quelquefois de le conduire sur la tour ; mais cette dernière promenade, que le comité n'avait pas prescrite, il ne la faisait que pour son plaisir personnel, alors qu'il était fatigué de sa vie prisonnière, et qu'il était désireux de prendre l'air et de fumer en liberté. L'enfant l'y suivait, comme le chien dompté à force de coups, la tête baissée, n'osant point rencontrer les yeux de son maître, certain d'y trouver la haine et la menace.

Je n'ai point dit encore que les livres et les plumes avaient été mis de côté sous le nouveau régime représenté par Simon; mais on a compris que l'instruction ne devait plus entrer pour rien dans le nouveau mode d'éducation pratiqué par un tel instituteur. L'oisiveté à laquelle on condamnait les facultés si actives, l'intelligence si ouverte de l'enfant, devenait pour lui une source d'ennui et même de chagrin, l'inaction le livrant incessamment aux pensées les plus douloureuses et aux souvenirs les plus pénibles. Le lendemain du jour où on lui avait enlevé son fils, la Reine, informée que du moins il ne devait pas quitter la tour, avait demandé qu'on lui portât ses livres de travail, ses cahiers et ses joujoux. Ses cahiers furent jetés pêle-mêle dans un coin, ses livres servirent à allumer la pipe de Simon, et ses joujoux, cassés ou devenus incomplets, restèrent dans la poussière, à l'exception du baguenaudier, auquel le Prince pouvait s'amuser tout seul, et du ballon, que d'ordinaire il emportait au jardin; je ne parle point de la guimbarde, il n'avait jamais voulu y toucher. Avec les hymnes révolutionnaires, les refrains patriotiques, les plaisanteries sanguinaires et les beaux jurements à la mode, c'était autant qu'il en fallait pour occuper les heures d'étude et les heures de récréation du petit Capet. Le rudiment, l'écriture, l'histoire, la géographie, les Aventures de Télémaque, les Fables de la Fontaine, n'eussent pu servir qu'à la culture de l'esprit, et la culture de l'esprit qu'à l'ennoblissement du cœur.

La Reine, voilà quinze jours qu'elle n'a vu son fils, quinze jours que celui-ci n'a vu sa mère. Et la Reine ne sait pas encore dans quelles mains son enfant est tombé; elle ignore qu'on ne le lui a enlevé que pour anéantir en lui, tout à la fois, et la force physique, et la beauté morale, et la vie intellectuelle. Ses douloureuses craintes à cet égard vont bien loin, mais elles ne vont pas jusqu'à l'affreuse vérité; elle ne soupçonne pas qu'on veut amener son fils, par tous les degrés de l'opprobre, à partager non-seulement les habitudes grossières, mais les opinions démagogiques, mais les ignobles sentiments, et jusqu'aux chants régicides de ses geôliers chargés de l'abrutir en l'écrasant.

Simon, on l'a vu, se faisait servir par lui; il l'obligeait, à force de coups, à descendre aux occupations les plus viles et aux détails du ménage les plus humiliants. Pressé de lui donner une mise à l'ordre du jour, il lui ôta ses habits de deuil, auxquels il tenait doublement, car sa mère les avait touchés, et c'était sous ce costume qu'il avait passé ses derniers mois près d'elle; c'était encore un lambeau de son passé qui s'en allait, et qu'il troquait contre l'accoutrement révolutionnaire. En effet, parmi les vêtements d'été commandés par Simon pour son élève se trouvait un petit habit de drap roux, fait en forme de carmagnole, et qui, avec le pantalon de même couleur et le bonnet rouge, devait constituer l'uniforme classique des Jacobins. « Si je te fais quitter le deuil de Marat, lui dit Simon, du moins tu porteras sa livrée, c'est encore honorer sa mémoire. » Cependant, à l'uniforme complet il manquait le bonnet écarlate. Dans l'autorisation qu'il avait demandée de faire faire un vêtement de drap fin pour son élève, le maître avait oublié la coiffure; il répara cet oubli important[1]. Le bonnet arriva, et

---

[1] *Mémoire pour le petit Capet, par ordre du conseil du Temple.*
Par Bosquet, tailleur de Paris.

« An II de la République française 1793.

» Cinq aunes et demie de nankin pour veste, gilet et pantalon,
à 9 livres. . . . .   49 liv. 10 s
» Doublure de dos, manches de veste et de gilet et culotte. .   15
» Façon.   16
» Septembre, 24. — Une aune et demie de drap de Louviers,
pour redingote, à 90 liv.   120

Simon voulut à l'instant en orner la tête de son prisonnier ; mais il rencontra en cette circonstance une opposition à laquelle il ne s'attendait pas ; la résistance de l'enfant fut inébranlable et les coups n'y firent rien. Il était devenu le domestique de ses geôliers, il avait accepté mille affronts, enduré mille privations qui ne touchaient que lui ; mais il ne voulait absolument pas mettre sur sa tête la coiffure des bourreaux de son père. Simon se résigna, fatigué de crier et de battre, et désarmé par sa femme, qui lui disait : « Allons, laisse-le, Simon, il sera moins entêté une autre fois ; la raison lui viendra. » Ce n'est pas la seule fois que cette femme intervint dans les débats. Aussi avait-elle personnellement à se louer de l'enfant. Un jour, rendant compte à son ancienne maîtresse, madame Séjan, de ce qui se passait au Temple[1] : « Le petit est un bien

» Manches en soie, dos et poches	10 liv.	» s.
» Boutons	10	»
» Façon et fournitures	12	»
» Une aune et demie de drap de Louviers, pour petit habit, gilet et pantalon, et doublure des devants d'habit, à 90 liv.	135	»
» Dos, manches d'habit et poches	8	»
» Doublure du gilet	6	»
» Doublure de la culotte	8	»
» Façon	16	»
» Boutons d'habit et gilet	10	»
» Total.	415 liv.	10 s.

» Vu *bon*, et reçu par les commissaires du conseil les effets désignés audit mémoire.

» LELIÈVRE, commissaire de la Commune. »

(Archives de l'Empire, carton E, n° 6207.)

[1] L'acte suivant indique la manière dont la femme Simon sortait ordinairement du Temple :

Commune de Paris. — Conseil du Temple.

30 prairial, l'an IIe de la République (18 juin 1794.)

Ce jour s'est présenté le citoyen Lelièvre, économe, lequel a déclaré que le fils du citoyen Gagnié, chef de cuisine, est à Paris depuis environ quinze jours, de retour de l'armée, et qu'il vient journellement chez son père, sans que l'on sache s'il y fait domicile ; mais qu'il entre et sort avec une carte, le citoyen Lelièvre ignorant qui peut la lui procurer ;

A déclaré de plus que la mère ou la belle-mère du citoyen Gagnié, logeant

aimable et bien charmant enfant, dit-elle ; il me nettoie et me cire mes souliers, et il m'apporte ma chaufferette auprès de mon lit, quand je me lève. » Hélas ! vous vous rappelez pour qui étaient jadis ses attentions et ses prévenances : ce bouquet matinal, cueilli chaque jour dans le parterre de Versailles et déposé sur la toilette d'une mère, la plus charmante des femmes, la plus majestueuse des Reines, le voici remplacé par la chaufferette déposée par le royal enfant aux pieds de la savetière Simon !

Aussi, dès qu'elle eut fait sa confidence : « Mais, Marie-Jeanne, s'écria la vieille madame Séjan, vous êtes une infâme de vous laisser ainsi servir par le fils de votre Roi. »

au même endroit, au lieu de sortir par la porte ordinaire donnant sur la rue du Temple, sort assez habituellement par la porte des écuries, laquelle devrait être fermée pour tout individu ; qu'il suffit, pour se faire ouvrir cette porte des écuries, de frapper avec une pierre de grès, qui se trouve posée sur une penture de la porte à gauche, au bruit de laquelle le citoyen Piquet, portier, vient ouvrir aussitôt.

Les membres du conseil, pour s'assurer de ce fait, se sont transportés dans ladite cour, à la porte qui conduit aux écuries ; et cherchant à se faire ouvrir en frappant à la susdite porte, deux citoyennes leur ont dit : Il y a une pierre à gauche, frappez avec, et l'on vous ouvrira ; ce qu'ayant fait, ils entendirent le citoyen Piquet venir en disant : *C'est de nos gens*, lequel ouvrit ladite porte.

Étant entrés dans la cour des écuries, nous avons observé qu'il y a une porte sur la gauche, qui procure une sortie sur l'enclos du Temple, et par laquelle la mère ou belle-mère du citoyen Gagnié, ainsi que la citoyenne Simon, et d'autres personnes résidentes dans les mêmes lieux, se procurent le passage.

Avons demandé au portier pourquoi il laissait sortir par cet endroit ; a répondu qu'anciennement on avait donné des cartes aux citoyens habitant les logements des susdites cours ; mais que depuis longtemps on n'en donnait plus, et qu'il n'avait point eu d'ordre d'empêcher les habitants de sortir par ce passage.

Les membres du conseil, considérant qu'au moyen de cette issue on pouvait éluder la surveillance, et mettre en défaut les mesures employées pour la sûreté du Temple,

Arrêtent que de cet objet et autres mentionnés en la présente délibération, il sera fait part au citoyen maire et aux membres du parquet de la Commune, pour être, par qui de droit, avisé aux moyens de prévenir les inconvénients qui pourraient résulter de ces défauts et abus dans les mesures de sûreté.

LECLERC. LEGRY. LORINET.

Marie-Jeanne, chez qui le sentiment de l'intérêt était développé plus que tout autre, trouvait qu'en lui constituant une rente ses anciens maîtres avaient acheté le droit de tout lui dire. Malgré cette remontrance, elle continua à venir voir madame Séjan; seulement elle ne changea pas de conduite. Elle n'était pas féroce, mais elle était ignoble : elle ne voulait pas qu'un enfant fût battu, mais elle voulait bien qu'il fût abruti. « Laisse-le, Simon, la raison lui viendra. »

Oui, la raison lui viendra, elle lui viendra à force d'obsessions, de menaces, de tortures, et aussi, il faut le dire, à force de vin.

En attendant ce grand jour qui est proche, préparez bien son esprit et sa tête à recevoir dignement cet emblème d'une sanglante anarchie. Son esprit aimable et loyal est attaqué de toutes parts, embarrassé par les insinuations les plus perfides, troublé par les influences les plus odieuses, façonné peu à peu aux expressions les plus révoltantes, et sa tête charmante a perdu sa plus belle parure. La femme Simon vient de lui abattre cette admirable chevelure dont la douce nuance chatoyait, et dont les ondes perlées ruisselaient sur la blancheur de sa peau transparente. Ses cheveux du reste étaient bien coupables, car ils avaient été l'orgueil de sa mère, et ils étaient comme un dernier diadème qui restait à son front royal.

Au moment où le ciseau accomplissait ce sacrifice, le commissaire de service entra, suivi de Meunier et de Vandebourg, qui apportaient le dîner. Le commissaire regarda d'un œil satisfait ce qui se passait; mais le bon Meunier s'écria tout d'abord : « Oh! pourquoi donc avez-vous haché ainsi ses cheveux, qui lui allaient si bien? — Tiens, répliqua la gouvernante, ne vois-tu pas, citoyen, que nous jouons *au jeu du Roi dépouillé!* » Et tous, à l'exception de Meunier, se prirent à rire autour de l'agneau tondu, qui baissait en silence sa tête esclave et déshonorée, comme celle des ces premiers Mérovingiens que l'on tondait pour les dégrader. L'enfant demeura triste et abattu le reste du jour. Je ne sais si les railleries dont on l'accablait, si l'étrange sensation qu'il éprouvait de se sentir rasé, si le besoin même de sommeil vinrent en aide aux deux verres de mauvais vin qu'on lui fit prendre dans la soirée; quoi qu'il en soit, le malheureux, poussé à bout, se rendit enfin, et Simon célébra sa victoire en s'écriant : « Enfin, Capet, te voilà jacobin! » Et le bonnet rouge brilla sur le front du petit-fils de Louis XIV.

Le premier pas était fait. Le lendemain, la honte d'être tondu et quelques légers coups appliqués sur ses tempes nues suffirent pour lui faire accepter sa nouvelle coiffure, la seule qu'on lui eût laissée. Son sort était heureusement ignoré de sa mère. Sa pauvre mère ne cessait d'interroger geôliers, gardiens et municipaux, tous lui répondaient qu'elle ne devait pas s'inquiéter de son fils, qu'il était en bonnes mains, et qu'on en avait le plus grand soin. Ces assurances n'étaient pas faites pour tranquilliser pleinement un cœur de mère si tendre, si éprouvé, si justement ombrageux. Il fallait qu'elle vît son enfant. Elle le redemandait à tous avec des prières déchirantes. Les municipaux se bornaient à répondre que le gouvernement avait jugé la mesure nécessaire, et qu'il fallait s'y conformer. Lasse d'implorer la justice des commissaires, Marie-Antoinette s'adressa à la pitié de Tison. Que ne fait point une mère pour avoir des nouvelles de son enfant? Marie-Antoinette n'était pas encore mère, lorsque des courtisans, pour l'empêcher d'appuyer la requête d'une pauvre mère sollicitant la grâce de son fils condamné à mort pour un duel, lui représentèrent qu'elle s'était d'abord adressée à madame du Barry : « Elle a bien fait, répondit la Dauphine, rien n'humilie une mère; à sa place, j'aurais embrassé les genoux de Zamore. » Or, Zamore était un petit Indien qui portait la queue de la favorite. Maintenant que Marie-Antoinette est mère, ne vous étonnez pas que la Reine ait supplié Tison. Tison ne fut point sourd à ses plaintes. Placé comme espion auprès des Princesses, il avait à la longue été séduit par la grandeur de leur caractère et par leur résignation. Leur ennemi au début, peu s'en fallut qu'il ne devînt leur complice. Sa femme, désavouant plus que lui encore, et plus tôt que lui, tout son passé, s'était un jour précipitée aux pieds de la Reine, en s'écriant devant les municipaux et sans faire attention à leur présence : « Madame, je demande pardon à Votre Majesté, je suis cause de votre mort et de celle de Madame Élisabeth. » Les Princesses la relevèrent avec bonté et tâchèrent de la calmer ; mais la crise nerveuse à laquelle elle était en proie se prolongea. Dès lors, ce n'était plus seulement un pardon, c'étaient des soins que les Princesses lui prodiguaient. « Oui, je les plains, disait un jour la malade à Meunier ; c'est une famille généreuse que les pauvres ne remplaceront pas. Si vous pouviez comme moi les voir de près, vous diriez qu'il n'y a rien d'aussi grand sur la terre. Qui les a vues comme vous aux Tuileries n'a rien vu ; il faut les avoir vues comme moi au Temple. »

Les remords de cette pauvre femme l'avaient rendue folle[1]. Elle tomba dans d'affreuses convulsions ; on lui donna une garde[2] ; on la transporta dans une chambre du palais. Il fallait

---

[1] « Les commissaires du Temple écrivent que la citoyenne Tison a la tête aliénée, ainsi qu'il est constaté par les certificats des médecins Thierry et Soupé.

» Le conseil général, d'après les observations du maire, et le procureur de la Commune entendu, arrête :

» 1° Que la citoyenne Tison sera traitée dans l'enclos du Temple et hors de la tour ;

» 2° Qu'elle aura une garde particulière ;

» 3° Le conseil renvoie à l'administration du Temple pour désigner le local. »

(Conseil général de la Commune, séance du 29 juin 1793.)

« Le conseil du Temple fait part des mesures qu'il a prises relativement à la maladie de la citoyenne Tison.

» Le conseil général en adopte les dispositions. »

(Séance du 1er juillet 1793.)

[2] Municipalité de Paris.

Extrait du registre des délibérations du conseil du Temple.

« Et le même jour, nous nous sommes informés sur-le-champ d'une garde pour l'installer provisoirement. L'on nous a enseigné la nommée Jeanne-Charlotte Gourlet, demeurant ordinairement au Temple. Nous l'avons acceptée, lui avons demandé de prêter le serment de discrétion, et de ne com-

plusieurs hommes pour la contenir[1]. Six jours après, on la conduisit à l'Hôtel-Dieu[2]. Elle ne reparut plus au Temple. On mit auprès d'elle une femme de la police pour recueillir tout ce que, dans son délire, elle pourrait laisser échapper sur la famille royale[3].

Comme nous l'avons dit, la conversion de la femme avait été suivie de celle du mari. Espérant aussi se faire amnistier par les prisonnières, Tison essaya de racheter ses méfaits par une conduite toute nouvelle. Il se tint au courant de ce qui pouvait intéresser la Reine ; il lui donnait presque journellement des nouvelles de son fils ; mais il se gardait bien de lui apprendre les indignes traitements qu'il avait à subir, et dont lui-même, Tison, avait horreur. Il parlait de Simon sans le dépeindre et surtout sans rappeler aux Princesses que c'était ce même municipal qui avait toujours affecté devant elles et devant le Roi le langage le plus injurieux. Il leur rapportait que chaque jour l'enfant descendait au jardin, qu'il y jouait au ballon, que quelquefois même on le conduisait sur la plate-forme de la tour, qu'il avait toutes les apparences de la santé ; mais comme les royales confidentes cherchaient toujours à entrer dans des détails plus intimes de son éducation, Tison s'arrêtait prudem-

muniquer avec personne, ce qu'elle a promis et a fait à l'instant, et nous a déclaré ne savoir signer.
» Pour copie conforme,
» Mercier, Dupaumier, Quenet, Macé, commissaires.
» Vu et approuvé par le conseil général de la Commune, ce 1er juillet 1793, l'an II de la République une et indivisible.
» Donat-Cubières. »
(Archives de l'Empire, carton E, n° 6206.)

[1] Récit de Turgy.
[2] « On donne lecture d'une lettre des commissaires de service au Temple, accompagnée d'un certificat de chirurgiens et médecins, qui attestent que la citoyenne Tison, dont l'esprit est altéré, a besoin d'être transférée dans une maison particulière destinée pour le traitement de ce genre de maladie. Le conseil général arrête qu'elle sera transférée à l'Hôtel-Dieu et soignée aux frais de la Commune. »
(Conseil général de la Commune, séance du 6 juillet 1793.)
[3] Récit de Marie-Thérèse.

ment, alléguant qu'il ne pouvait savoir ce qui se passait dans l'intérieur de l'appartement. Ces renseignements si restreints et si incomplets, on comprend pourtant avec quel bonheur elles les recueillaient, avec quelle avidité elles tâchaient de les étendre. La découverte de l'ascension sur la plate-forme fit naître un espoir auquel elles se livrèrent avec délire. D'abord, on montait par un petit escalier tournant pratiqué dans la garde-robe et conduisant aux combles. Au faîte de ce petit escalier un jour de souffrance était pratiqué dans l'épaisseur de la muraille, et la Reine et Madame Élisabeth apercevaient ainsi, de tourelle à tourelle, le pauvre enfant au moment où il paraissait sur la plate-forme. C'était une vision, un éclair; on ne pouvait rien distinguer, rien juger dans cette apparition aussi fugitive que le vol d'une idée qui traverse l'imagination, et il fallait des yeux maternels pour reconnaître ainsi l'enfant. Madame Élisabeth, dans sa correspondance avec Turgy, fait mention de cette circonstance. « Dites à *Fidèle*, écrivait-elle, ma sœur a voulu que vous le sachiez, que nous voyons tous les jours le petit par la fenêtre de l'escalier de la garde-robe ; mais que cela ne vous empêche pas de nous en donner des nouvelles[1]. » Cette première mais bien insuffisante consolation donna l'idée et l'espoir d'un plus grand bonheur.

La promenade de la plate-forme se trouvait partagée, entre les prisonniers des deux étages, par des séparations en bois disposées de telle manière qu'on ne pouvait se voir qu'à travers les fentes, et de loin, mais de plus près cependant que par l'escalier de la garde-robe, et surtout un peu plus longtemps. Dès lors, la mère, la tante et la sœur n'eurent qu'une pensée, faire coïncider leur promenade sur la tour avec celle du petit, comme elles l'appelaient dans leur doux langage. « Nous montions sur la tour bien souvent, dit Madame Royale dans son récit, parce que mon frère y allait de son côté, et que le seul plaisir de ma mère était de le voir passer de loin par une petite fente. » Mais

[1] Ce billet, conservé par Turgy, a été publié dans ses *Fragments historiques sur le Temple*.

le choix de l'heure de la promenade sur la plate-forme ne dépendait pas des prisonnières : les municipaux marquaient le moment où la Reine, sa fille et sa sœur pouvaient y monter, et le caprice de Simon décidait de l'instant de la journée où l'enfant venait y prendre l'air. Il n'y avait donc qu'un hasard heureux, ou la pitié complaisante de commissaires bien disposés pour la famille royale, qui pût faire coïncider la présence des prisonnières d'un côté de la cloison qui séparait la promenade de la plate-forme avec celle de l'enfant de l'autre côté. N'importe : comme le dit Madame Royale, on montait toujours ; on n'était pas sûr que le jeune Prince viendrait, mais il pouvait venir. Que de longues heures occupées à saisir le passage de l'enfant! L'oreille collée sur la cloison de planches, les pauvres recluses, attentives et muettes, épiaient le moindre mouvement qui se faisait dans l'escalier, et l'on juge combien leur cœur battait lorsqu'elles entendaient le bruit de quelques pas. Que de fois elles furent trompées dans leur inquiète impatience! Le bruit qui retentissait dans l'escalier en spirale, c'était celui que faisaient les sentinelles placées à chaque étage, ou bien quelques municipaux ou préposés qui faisaient leur ronde. Malgré tant de tentatives demeurées infructueuses, la Reine ne se décourageait pas : l'espérance, fût-elle toujours trompée, ne se retire jamais du cœur d'une mère. Enfin, le mardi 30 juillet, il fut donné à Marie-Antoinette d'entrevoir encore son enfant, mais cette ombre de bonheur qu'elle avait si longtemps épiée, qu'elle avait si ardemment demandée au Ciel, le Ciel ne la lui accordait que pour son supplice. Oui, son enfant passa, il passa sous les yeux de sa mère, qui put poser un moment sur lui un regard interrogateur : il avait quitté le deuil de son père, il avait le bonnet rouge sur la tête, il avait près de lui cet insolent municipal qui s'était signalé près d'elle et devant Louis XVI par les plus grossières injures. La fatalité voulait aussi que Simon, qui venait d'apprendre la prise de Valenciennes par le duc d'York, fût en ce moment dans un paroxysme de colère qui s'épanchait, comme de coutume, sur le royal enfant, dont il harcelait la marche avec des jurements et des blasphèmes. Foudroyée de ce qu'elle a vu, l'infortunée Reine se jette, sans prononcer une seule parole, dans les bras de sa belle-sœur, témoin, comme elle, de ce cruel spectacle, et toutes deux entraînent la jeune Marie-Thérèse, qui accourait aussi à la cloison, et dont elles épargnèrent la sensibilité en se donnant toutes deux ensemble, et par un regard électrique, le mutuel conseil de tout lui cacher. « Il est inutile d'attendre plus longtemps, dirent-elles tout haut, il ne passera pas. » Et l'on se dirigea de l'autre côté de la plate-forme. Mais au bout de quelques minutes, les larmes avaient gagné la pauvre mère; elle se détourna pour les cacher..., et pour revenir épier son enfant. Quelque temps après, effectivement, elle le vit : il passa doucement et la tête baissée; son maître ne jurait plus; elle n'entendit aucune parole. Il y eut pour elle dans ce silence presque autant de douleur que dans les outrages de Simon. Elle resta à la même place, muette et immobile : Tison l'y trouva. A son approche, elle leva la tête qu'elle tenait penchée entre ses mains, et s'écria : « Ah! vous m'avez trompée ! — Non, Madame, je ne vous ai point trompée; tout ce que je vous ai dit est vrai; seulement, par ménagement, je ne voulais pas tout vous dire. Maintenant que je n'ai plus rien à vous cacher, je vous rapporterai fidèlement, à l'avenir, ce que j'aurai découvert. »

La Reine et Madame Élisabeth connurent dès lors le déplorable état du Dauphin; elles apprirent qu'on ne lui parlait qu'en jurant, qu'on ne lui commandait qu'en le menaçant, et qu'on voulait le contraindre à chanter des couplets obscènes ou des chansons régicides; elles apprirent aussi que l'héroïque enfant résistait encore, et que les coups n'avaient rien obtenu de lui. Ces détails ne furent point connus de Madame Royale : Madame Élisabeth recommanda bien à Tison et à tous ceux qui, par pitié, donnaient des nouvelles du jeune Prince, de ne point dévoiler à sa sœur ce que ces nouvelles pouvaient avoir d'affligeant.

Ce fut peut-être ici la phase la plus douloureuse du long

martyre de Marie-Antoinette. Sentir son enfant malade et ne pouvoir le soigner, le sentir malheureux et ne pouvoir le consoler, le sentir en de tels dangers et ne pouvoir le secourir, hélas! et sentir faiblir peut-être son âme innocente, et ne pouvoir la soutenir! Est-il pour une mère un supplice comparable à ce supplice? Il lui semblait, à toute heure, qu'on lui arrachait son enfant, et elle ne pouvait le retenir; il lui semblait qu'on le lui empoisonnait, et elle ne pouvait le défendre. « Mes pressentiments ne me trompaient pas, dit-elle à sa tendre sœur; je savais bien qu'il souffrait : il serait malheureux à cent lieues de moi que mon cœur me le dirait. Depuis deux jours, je souffrais, je m'agitais, je tremblais; c'est que les larmes que mon pauvre enfant répand loin de moi, je les sentais tomber sur mon cœur. Je n'ai plus de goût à rien; Dieu s'est retiré de nous : je n'ose plus prier. » Puis, tout à coup, se repentant de cette dernière parole : « Pardon, mon Dieu! reprit-elle en joignant les mains, et vous aussi, ma sœur, pardon! Je crois en vous comme en moi-même; mais je suis trop tourmentée pour ne pas être menacée de quelque nouveau malheur. Mon enfant, mon enfant! Je sens aux déchirements de mon cœur les défaillances du sien[1]! »

Le soir, la jeune Marie-Thérèse dit à sa tante : « Mon Dieu! comme ma mère a été triste aujourd'hui! » Madame Élisabeth chercha à la rassurer par quelques paroles. La jeune fille fit sa prière et s'endormit profondément.

Mais sa mère et sa tante veillèrent, elles veillèrent longtemps; elles allaient et venaient, elles se racontaient tout le sombre passé, pour y retrouver avec amour les pensées, les paroles et les actions de cœur de leur enfant; elles parcouraient cet humble réduit où, pendant de si longs jours, elles l'avaient vu, malgré les privations, les verrous et les injures, si vif, si léger, si affectueux et parfois si riant, travaillant, chantant et

---

[1] « Ma tante, qui s'aperçut que je pouvais avoir entendu ces paroles, vint me consoler. Je fis ma prière et m'endormis. » (Récit de Madame la duchesse d'Angoulême à madame la marquise de Sainte-Maure.)

priant! Elles se souvenaient que lorsqu'il les voyait tristes et souffrantes, le pauvre enfant savait trouver, pour les égayer et les distraire, quelques étincelles de sa gentille humeur d'autrefois. Et elles ne pouvaient plus contenir leur désespoir, et leurs larmes recommençaient à couler.

Le lendemain et le surlendemain elles remontèrent sur la tour; elles y passèrent de longues heures : rien ne parut. Oh! pourquoi cette fatale révélation leur avait-elle été faite! Marie-Antoinette ne revit point son enfant ces jours-là, et elle ne devait plus le revoir; et elle allait emporter du Temple une source nouvelle, et la plus amère, de tourments, d'inquiétudes et de larmes plus cuisantes encore que toutes celles qu'elle avait jusque-là répandues.

Une vive agitation se manifestait depuis plusieurs jours; les passions s'enflammaient de plus en plus contre les prisonniers du Temple, et venaient s'exprimer dans le sein du conseil général par des manifestations violentes. « Une députation de la société des Cordeliers ayant demandé que les membres du conseil qui faisaient le service du Temple eussent toujours le chapeau sur la tête, le conseil passa à l'ordre du jour, motivé sur ce que chacun de ses membres savait assez se respecter pour ne pas se découvrir devant des individus tels que ceux renfermés au Temple [1]. »

Le gouvernement était aux abois [2] : la disette était grande; et la peine de mort décrétée par la Convention nationale contre

---

[1] Conseil général de la Commune, séance du 19 juillet 1793.

[2] Depuis que la Convention était assemblée, le gouvernement se composait de comités, à la tête desquels nous mentionnerons seulement les deux comités dirigeants :

1. Le comité de salut public, dont étaient membres Barère, Couthon, Hérault, Saint-Just, Jean-Bon Saint-André, Prieur (de la Marne), Robert Lindet, Maximilien Robespierre, Carnot, Prieur (de la Côte-d'Or), Collot d'Herbois, Billaud-Varennes;

2. Le comité de sûreté générale, qui se composait de Guffroy, Vadier, Voulland, Panis, Lavicomterie, Moïse Bayle, David, Amar, Barbeau-Dubarran, Jagot, Louis (du Bas-Rhin), Ruhl.

Voir à la fin du volume, Documents et Pièces justificatives, n° VI, un tableau de l'*intérieur de ces comités*.

les accapareurs n'apportait aucun soulagement aux souffrances du peuple. Aux échecs éprouvés dans le Nord, la Vendée, à l'ouest, répondait par des victoires, et mettait, aux Ponts-de-Cé, l'armée républicaine en déroute complète; au midi, Lyon, toujours en lutte, bouillonnait à la veille d'une collision sanglante; et Toulon et Marseille voyaient rôder devant leurs ports la flotte menaçante de l'Angleterre. Tout semblait présager aux chefs de l'anarchie que leur pouvoir tyrannique penchait vers sa ruine. Ils sentirent la nécessité de frapper un grand coup. Le sang de Louis XVI fumait encore, mais il ne fallait pas le laisser se refroidir.

Le jeudi 1er août, Barère fit à la Convention nationale un rapport sur la conjuration de l'Europe contre la liberté française. « Le comité, dit-il, vient d'acquérir la preuve que l'Angleterre entretient dans nos villes, dans nos ports, dans nos campagnes, des agents qui sont chargés d'incendier nos magasins et nos arsenaux, et de faire assassiner les patriotes par des femmes et des prêtres réfractaires : déjà ces scélérats ont exécuté en partie leur horrible mission. Dubois-Crancé nous écrit que Pitt a fait passer à Lyon quatre millions en numéraire; et nous savons qu'une flotte de vingt-quatre vaisseaux anglais, stationnée dans l'un de nos ports du Midi, y a envoyé un vaisseau soi-disant parlementaire. »

Le rapporteur, continuant à entasser les nouvelles les plus absurdes et les plus incohérentes, pour jeter un aliment aux passions populaires, donne lecture d'une lettre découverte à Lille, écrite à un Anglais, sans signature, mais attribuée au duc d'York ou à l'un des plus intimes agents de ce prince. Celui auquel elle est adressée est qualifié de *milord*. Presque tous les personnages dont il est parlé dans cette pièce n'y sont désignés que par les lettres initiales de leurs noms, à l'exception de La Marlière, qui est nommé tout au long. Il paraît que plusieurs de nos généraux doivent être dans le complot, et qu'une branche de ce complot était d'incendier les fourrages de nos armées, le même jour, dans toutes les villes de la

République. L'auteur recommande de discréditer les assignats républicains, de refuser tous ceux qui ne portent pas l'effigie royale, de faire hausser le prix du pain, d'accaparer tous les objets de nécessité, d'acheter à tout prix la chandelle et le suif, de manière à les faire monter jusqu'à cinq livres la livre. *« Je vous prie de ne pas épargner l'argent. Nous espérons que les assassinats se feront avec prudence : des prêtres déguisés et des femmes seront les gens les plus propres à cette opération. Envoyez* 50,000 *livres à Rouen et* 50,000 *livres à Caen. »*

Barère lit ensuite quelques-unes des déclarations faites, dit-il, par Charier, chef des rebelles de la Lozère, « et qui semblent se lier avec celles de l'auteur anglais. On y voit que Bourbon (ci-devant duc) devait commander en chef dans le Midi; que les Espagnols n'ont feint d'attaquer Perpignan que pour s'assurer de Bellegarde; que la Savoie nous a attirés dans ses défilés pour nous y égorger; qu'un débarquement devait s'opérer à Cette ou dans un autre port de la Méditerranée. »

Barère cite ensuite « au tribunal des nations et de l'histoire le peuple anglais, qui se vante d'aimer la liberté, et qui veut nous empoisonner de la royauté qu'il adore avec superstition ; ce peuple auquel l'avarice conseillait tant de crimes et la politique tant de forfaits ». Il cite à ce tribunal « le gouvernement britannique, qui ne connaît que l'or pour mobile, qui a chez lui le tarif des hommes, des orateurs, des législateurs » ; il y appelle le ministre Pitt, « ce jeune esclave d'un roi en démence, cet homme qui ne s'est fait un nom que par la bassesse de ses intrigues et de ses vices... Est-ce l'oubli des crimes de l'Autrichienne, s'écrie-t-il, est-ce notre indifférence pour la famille Capet qui a abusé ainsi nos ennemis? Eh bien, il est temps d'extirper tous les rejetons de la royauté! »

Barère lut enfin une lettre qui apprenait d'une manière officielle la prise de la ville de Valenciennes, menacée depuis quelques jours par l'armée ennemie.

A la suite de ce rapport alarmiste, qui ne paraîtrait que grotesque si l'on n'apercevait pas le but que se proposait Barère, la Convention nationale adopta sans discussion plusieurs mesures importantes[1], parmi lesquelles nous reproduisons celles qui se rattachent à notre sujet. C'était encore à la peur qu'on s'était adressé pour obtenir le crime.

I. Marie-Antoinette est envoyée au tribunal extraordinaire; elle sera transférée sur-le-champ à la Conciergerie.

II. Tous les individus de la famille Capet seront déportés hors du territoire de la République, à l'exception des deux enfants de Louis Capet, et des individus de la famille qui sont sous le glaive de la loi.

III. Élisabeth Capet ne pourra être déportée qu'après le jugement de Marie-Antoinette.

IV. Les membres de la famille Capet qui sont hors le glaive de la loi seront déportés après le jugement s'ils sont absous.

V. La dépense des deux enfants de Louis Capet sera réduite à ce qui est nécessaire pour l'entretien et la nourriture de deux individus.

VI. Les tombeaux et mausolées des ci-devant rois, élevés dans l'église de Saint-Denis, dans les temples et autres lieux, dans toute l'étendue de la République, seront détruits le 10 août prochain.

La première de ces mesures fut exécutée sur-le-champ. A deux heures du matin, le 2 août, on vint éveiller les Princesses

---

[1] Au nombre de ces mesures se trouvaient celle qui ordonnait le transport par la poste de la garnison de Mayence dans la Vendée, et mettait à cet effet trois millions à la disposition du ministre de la guerre, et celle qui nommait le général Houchard au commandement des armées du Nord et des Ardennes à la place de Custines.

Houchard, qui servait sous les ordres de Custines, avait dénoncé son général en chef dans le but d'obtenir sa place, et l'avait accusé d'avoir causé la perte de Mayence. Custines porta sa tête sur l'échafaud.

Houchard, malgré d'éclatants succès, fut à son tour dénoncé par Hoche, et condamné à mort le 15 novembre 1793.

L'armée se dévorait comme la Convention.

pour lire à la Reine le décret qui ordonnait sa translation à la Conciergerie. Elle entendit la lecture de ce décret sans s'émouvoir, et sans dire une seule parole. Mais Madame Élisabeth et Madame Royale se hâtèrent de demander à suivre la Reine, ce qui leur fut refusé. Pendant tout le temps que la Reine fit le paquet de ses vêtements, les municipaux ne la quittèrent point : elle fut même obligée de s'habiller devant eux. On lui demanda ses poches, qu'elle donna; ils les fouillèrent et prirent tout ce qu'elles contenaient, quoiqu'il n'y eût rien d'important. Ils en firent un paquet pour l'envoyer au tribunal révolutionnaire, et dirent à la Reine que ce paquet serait ouvert devant elle au tribunal. Ils ne lui laissèrent qu'un mouchoir et un flacon. Elle partit après avoir embrassé sa fille, en l'engageant à conserver tout son courage, et en lui recommandant d'avoir bien soin de sa tante et de lui obéir comme à une seconde mère. Puis elle se jeta dans les bras de sa sœur et lui recommanda ses enfants. La jeune Princesse était tellement saisie, et son affliction était si profonde de se voir séparée de sa mère, qu'elle n'eut pas la force de lui répondre. Enfin, Madame Élisabeth ayant adressé quelques mots à l'oreille de la Reine, elle partit sans jeter davantage les yeux sur sa fille, dans la crainte de perdre sa fermeté. Elle fut obligée de s'arrêter au bas de la tour, parce que les municipaux voulurent faire un procès-verbal pour la décharge de sa personne. En sortant, elle se frappa la tête au guichet, faute de penser à se baisser; et comme on lui demanda si elle ne s'était pas fait de mal : « Oh non! dit-elle; rien à présent ne peut plus me faire de mal. » — Elle monta en voiture avec un municipal et deux gendarmes.

Je n'ajouterai rien à ce récit que nous a laissé Marie-Thérèse[1]; je n'essayerai même pas de peindre le regard suprême qu'arrêta Marie-Antoinette sur la porte de son fils, lorsqu'elle descendit l'escalier de la tour. Quel départ! quel moment! La pauvre mère savait qu'elle partait pour ne plus revenir; et son

---

[1] *Récit de la captivité de la famille royale au Temple.*

fils, qu'elle ne pouvait pas embrasser une dernière fois, elle savait qu'elle le laissait entre les mains de Simon!

Le jour même, vendredi 2 août, où la Reine était écrouée à la Conciergerie, Chaumette se souvint de l'enfant royal; il lui fit envoyer des joujoux, parmi lesquels figurait une petite guillotine, semblable à celle que des bateleurs, autorisés par la police de ce temps, faisaient fonctionner dans les carrefours aux dépens de quelques pauvres petits oiseaux, comme répétition du grand drame sanguinaire qui se jouait aux dépens des hommes sur les places publiques. Cette façon d'outrager un enfant en lui donnant pour jouet l'instrument du supplice de son père et de la mort que l'on préparait à sa mère était certes nouvelle; elle avait pu sourire à quelque imagination révolutionnaire, mais il se rencontra ce jour-là au Temple des commissaires qui ne la trouvèrent pas de leur goût, et l'un d'eux jeta au feu ce sinistre joujou avant qu'il parvînt à l'enfant. Ce jour-là parut aussi un décret de la Convention nationale qui mettait à la disposition du comité de salut public la somme de cinquante millions; puis un autre décret qui ordonnait aux directeurs des théâtres de Paris de faire représenter trois fois par semaine les tragédies de *Brutus,* de *Guillaume Tell* et de *Caïus Gracchus,* représentations données gratuitement au peuple et payées par le trésor national [1].

Barère avait dit, après avoir énuméré dans un panégyrique enthousiaste toutes les journées sanglantes de la révolution:

---

[1] Voici le texte de ce décret:

« Art. 1er. A compter du 4 de ce mois, et jusqu'au 1er septembre prochain, seront représentées trois fois la semaine, sur les théâtres de Paris qui seront désignés par la municipalité, les tragédies de *Brutus, Guillaume Tell, Caius Gracchus,* et autres pièces dramatiques qui retracent les heureux événements de la révolution, et les vertus des défenseurs de la liberté; l'une de ces représentations sera donnée chaque semaine aux frais de la République.

» Art. 2. Tout théâtre sur lequel seraient représentées des pièces tendant à dépraver l'esprit public et à réveiller la honteuse superstition de la royauté, sera fermé, et les directeurs arrêtés et punis suivant la rigueur des lois.

» Art. 3. La municipalité de Paris est chargée de l'exécution du présent décret. »

« Il faut que, le même jour, la République frappe l'Angleterre, l'Autriche, la Vendée, le Temple et les Bourbons. »

On voit que la mort de la Reine était déjà annoncée à la tribune publique, avant même que son procès fût entamé. Ce procès ne pouvait commencer encore ; il fallait chercher une base à l'échafaudage de cette procédure, et cette base fut trouvée. L'esprit pervers qui avait imaginé d'énerver et d'abrutir un enfant se complut et se fortifia en lui-même dans la pensée de faire de l'enfant le plus tendre l'accusateur de la plus digne mère, et d'employer ainsi l'anéantissement moral de l'un à l'assassinat juridique de l'autre. Mais Simon avait encore des combats à livrer pour en arriver là.

Le mercredi 7 août 1793, la femme de Simon alla voir la tragédie de *Brutus* [1], et elle revint ivre d'enthousiasme. Elle rendit compte à sa manière et de l'intrigue de la pièce et du jeu des acteurs. Simon trouva un grand charme et se prit à sourire au feuilleton conjugal ; mais, tout à coup, voyant que son élève détournait la tête d'un air indifférent et avec une intention apparente de ne pas écouter : « Sacré louveteau, s'écria-t-il avec colère, tu ne veux donc pas écouter la citoyenne, t'instruire et t'éclairer ! tu veux donc toujours rester un imbécile et un fils de tyran ! — Chacun a des parents qu'il doit honorer, » répondit l'enfant avec un calme angélique et un sentiment tout filial ; mais cette douceur même fit bouillonner le sang du fougueux instituteur, qui, d'un revers de main et d'un coup de pied, envoya tomber à dix pas l'enfant chrétien coupable d'honorer son père, et une grêle de sarcasmes le poursuivit jusqu'au fond de l'appartement.

---

[1] Les gazettes et les affiches du jour annonçaient ainsi le spectacle :

Mercredi 7 août 1793.

THÉATRE DE LA NATION.

Aujourd'hui. *Par et pour le peuple :* BRUTUS, tragédie de Voltaire, et LE BABILLARD, comédie en un acte, en vers, de Boissy.

On commencera à 5 heures.

Vers cette époque, le bruit courut qu'un général autrichien, le baron d'Alvenzy, s'étant rendu à Leuze, où se trouvaient les troupes qui avaient suivi Dumouriez, leur avait demandé si elles voulaient s'engager à remettre Louis XVII sur le trône ; et que, sur leur réponse affirmative, il leur avait fait prêter serment de *fidélité à l'Empereur*. On conçoit la colère patriotique qu'une telle nouvelle dut allumer dans la poitrine de Simon en présence du fils de l'*Autrichienne ;* car Simon s'en prenait toujours à son pupille des mouvements de contre-révolution qui se préparaient à l'étranger ou qui éclataient sur différents points du territoire. Le mardi 6 août, Montbrison s'étant levé aux cris de *Vive Louis XVII!* trois ou quatre jours après, une voix répondait à ce cri séditieux dans l'intérieur de la tour du Temple. « Femme, je te présente le roi de Montbrison, » disait le maître avec ironie, et en ôtant à l'enfant son bonnet républicain. « Je m'en vais te l'oindre, te le sacrer et te l'encenser ; regarde. » Et il frottait rudement la tête et les oreilles à l'enfant, lui envoyait des bouffées de sa pipe à la figure, et le poussant vers Marie-Jeanne, il s'écriait : « Allons, femme, à ton tour, présente tes compliments à Sa Majesté ! »

La Convention avait choisi l'anniversaire du 10 août pour proclamer la sanction donnée par le peuple à la nouvelle constitution de la république. Une fête solennelle, dont le peintre David était l'ordonnateur, fut célébrée, ce jour-là, à Paris, avec une pompe qui rappelait les cérémonies de l'antiquité païenne. En signe de cette vieille alliance de l'agriculture et de la législation, que la Grèce ingénieuse avait allégorisée en faisant de Cérès la législatrice des sociétés, chaque membre de la Convention portait à la main un bouquet d'épis de blé et de fruits. L'assemblée régicide, précédée de la déclaration des droits de l'homme et de l'acte constitutionnel, se transporta tout entière à cette fête, et, sur la place où le sang de Louis XVI avait coulé, et où le sang d'un grand nombre d'entre eux devait couler, elle écouta et chanta des hymnes à la liberté. Huit chevaux blancs, ornés de panaches rouges, traînaient dans un char de triomphe chargé de guirlandes et de couronnes l'urne funèbre destinée à recevoir les cendres des citoyens morts pour la cause de la France régénérée. Les parents, le front ceint de fleurs, marchaient près du char triomphal, au son d'une musique guerrière et au milieu des nuages d'encens qu'exhalaient de nombreuses cassolettes d'or. Les sociétés populaires ouvraient la marche avec leurs bannières portant l'emblème de la vigilance ; puis venaient les assemblées primaires avec leur pique, arme de la liberté contre les tyrans. Cinq fois, dans l'espace qu'il devait parcourir de la place de la Bastille au Champ de Mars, le puissant cortége a fait une pause, et chaque station a présenté des monuments qui rappelaient les principaux actes de la révolution. Vers le milieu de la longueur des boulevards, on avait érigé aux héroïnes des 5 et 6 octobre 89 un arc de triomphe dont les quatre côtés rappelaient par des inscriptions [1] les résultats de cet événement. Ces femmes figuraient elles-mêmes au milieu des monuments de *leur gloire*, assises, comme au chemin de Versailles, sur les affûts de leurs canons. La marche s'est arrêtée devant elles ; Hérault de Séchelles, président de la Convention [2], les a haranguées, leur a

---

[1] Voir l'*Almanach historique* de 1793, page 188.

[2] Lorsque, trop tard convertis, les Vergniaud, les Condorcet, les Gensonné, cherchaient à rappeler à l'ordre et aux lois une populace surexcitée par l'impunité de ses premiers excès, Hérault répondit froidement : « La force du peuple et la raison, c'est la même chose. » Il appuya avec chaleur la catastrophe du 31 mai. Adjoint au comité de salut public, il rédigea ce code de nivellement et d'anarchie qu'on appela la Constitution de 1793. En mission dans le Haut-Rhin, il y organisa la terreur. Dénoncé, peu de temps après, comme ex-noble et aristocrate, il fut dénoncé par Couthon, Robespierre ne pensant pas que le moment de le perdre fût encore arrivé. Hérault se justifia à la tribune de la Convention, et offrit sa démission de membre du comité de salut public, qui ne fut pas acceptée. Robespierre pendant deux mois se joua de lui ; mais le 19 mars 1794, il le fit jeter dans la maison d'arrêt du Luxembourg, sous un misérable prétexte, et l'enveloppa ensuite comme par hasard dans la conjuration de Danton, de Camille Desmoulins, etc., avec lesquels il fut condamné à mort. Il mourut avec un grand courage. Descendu de la charrette, il s'approcha de Danton pour lui donner un dernier adieu : « Montez donc, lui dit le farouche tribun, nos têtes auront le temps de se baiser dans le panier. »

posé à chacune une couronne de laurier sur la tête et leur a donné l'accolade fraternelle. Puis elles se sont unies au cortége, qui a repris sa marche au milieu des acclamations.

Cette fête fut la plus bruyante et la plus pompeuse peut-être qui ait mis en ébullition la grande ville révolutionnaire. Simon avait un regret fiévreux de n'en pouvoir jouir, et maudissait la rigide dignité de sa charge, qui le rendait aussi esclave que son prisonnier. Le canon, dès l'aurore, avait ébranlé les vieux échos du donjon des Templiers. Les jours de fête se lèvent de bonne heure. Le ménage Simon fut debout à l'instant, il réveilla l'enfant royal, et le somma de crier : Vive la République ! L'enfant, les yeux à peine ouverts, ne savait d'abord ce qu'on lui voulait, et ce que signifiait le bruit du canon qui arrivait à son chevet avec les injonctions de son gouverneur. Il se leva, et s'habillait en silence, quand Simon se plaçant devant lui, les bras croisés, lui répéta avec autorité : « Allons, Capet, c'est aujourd'hui un grand jour; il faut que tu cries : Vive la République ! » L'enfant ne répondit rien et continua sa toilette. « A qui ai-je donc parlé ici? demanda le maître en jurant; sacré roi de Montbrison, tu crieras : Vive la République ! ou.... » et son attitude et son geste achevèrent la phrase plus éloquemment que n'eussent pu faire ses paroles. Le Prince leva la tête, regarda son maître d'un air résolu, et lui dit avec fermeté : « Vous ferez tout ce que vous voudrez, mais je ne crierai jamais : Vive la République ! » Il a fallu que le front enfantin apparût alors comme illuminé du reflet de la puissance royale, car Simon lui-même, en le voyant si noble, et si fier, et si beau, se sentit frappé d'étonnement et presque de respect; il n'exerça en cette circonstance aucune voie de fait sur le disciple rebelle; il se borna à lui dire : « Tout le monde saura VOTRE conduite. » Effectivement, tous ceux qui habitaient le Temple, ou qui, ce jour-là, s'y trouvaient de service, connurent cet acte d'insoumission, que quelques-uns appelèrent un acte de caractère.

Simon fut rarement aussi maître de lui-même. Dès le lendemain, son humeur politique le livrait à de nouveaux emportements. Il lisait à haute voix le compte rendu de la fête de la veille, et le récit de ces merveilles le jetait dans la plus vive admiration; il exigea que son esclave écoutât debout les discours que le président de la Convention avait débités dans chaque station. L'enfant avait entendu de bonne grâce l'allocution aux émeutières avinées de Versailles, transformées en héroïnes; mais, arrivé au discours prononcé sur la place de la Révolution, et qui commence par ces phrases : « Ici, la hache de la loi a frappé le tyran. Qu'ils périssent aussi ces signes honteux d'une servitude que les despotes affectaient de reproduire sous toutes les formes à nos regards; que la flamme les dévore, qu'il n'y ait plus d'immortel que le sentiment de la vertu qui les a effacés. Justice! Vengeance! divinités tutélaires des peuples libres, attachez à jamais l'exécration du genre humain au nom du traître qui, sur un trône relevé par la générosité, a trompé la confiance d'un peuple magnanime! » l'enfant n'avait pu contenir son émotion; il avait tourné le dos à son maître, et était allé dans l'embrasure de la fenêtre cacher son visage et ses larmes. Simon l'y rejoignit, le ramena violemment par les cheveux jusqu'à la table, devant laquelle il lui ordonna, sous peine de coups, de se tenir encore debout, attentif et silencieux. L'enfant, les yeux penchés sur son mouchoir humide, sembla écouter sans faiblir et sans murmurer. Le lecteur jacobin l'observait avec une attention défiante, épiant ses mouvements à chaque expression capable de l'agiter. Il relut le dernier paragraphe de la harangue prononcée à la dernière station (le Champ de Mars), et appuya fortement sur chacun de ces mots : « *Jurons* de défendre la constitution jusqu'à la mort; la *République* est éternelle. » Malgré les provocations du maître, l'élève était resté calme et n'avait manifesté aucune mauvaise humeur; mais cette attitude tranquille et résignée déplut encore, ou ne satisfit pas complétement. « Tu entends bien, Capet, jurons de défendre la constitution jusqu'à la mort; la République est éternelle. » L'enfant ne fit aucune réponse, et ne releva point la tête, toujours penchée sur sa main et sur son mouchoir. « Sacré louveteau, s'écria Simon en courroux, tu ne voulais pas hier crier : Vive la République! mais tu le vois bien, imbécile, la République est éternelle. Allons, il faut que tu dises avec nous, la République est éternelle. » En parlant ainsi, il l'avait pris par les deux épaules, et il le secouait avec force pour lui arracher la phrase demandée. « Il n'y a rien d'éternel, » dit l'enfant, et aussitôt un bras furieux l'enleva et le jeta sur son lit avec un jurement qui fit trembler les murs de la chambre. « Laisse-le, Simon, dit la femme, il est aveugle, ce petit, il a été élevé dans les abus et dans les mensonges. » Et Simon allait et venait gesticulant, son journal à la main, et cherchant à épancher, dans l'agitation de ses membres, les bouillonnements de sa colère. Quelques instants après, il s'arrêta devant le lit du Prince qui pleurait à chaudes larmes : « C'est ta faute, si je te mène ainsi, tu l'as bien mérité. — Je me suis trompé, dit l'enfant dont les sanglots élevaient la voix; je me suis trompé : Dieu est éternel, mais il n'y a que lui [1]! »

Nous redisons ces scènes telles qu'elles nous ont été racontées, ces paroles telles qu'elles nous ont été répétées bien des fois, certain que si les bouches par lesquelles elles ont passé ont pu changer involontairement quelque chose à la forme, elles n'ont ni inventé ni altéré le fond.

Pendant que se célébraient les saturnales dans lesquelles on brûlait les attributs de la royauté, le jour même où l'on couronnait les héroïnes du 6 octobre, les héros du 10 août et de septembre, accomplissant la volonté sacrilège de la Convention, s'étaient portés vers l'antique abbaye de Saint-Denis, avaient détruit les mausolées élevés par la Religion, et jeté aux vents les cendres royales que douze siècles avaient respectées : l'œuvre de destruction ourdie contre les vivants atteignait les morts. Les sépultures étaient violées; les tombeaux étaient livrés à la spoliation et à la risée, les ossements étaient brisés par la hache, pour être balayés pêle-mêle dans un trou, comme

[1] Détails transmis par mademoiselle Ménager, qui les tenait de la femme Simon.

un amas de poussière banale. La Convention couvrit d'applaudissements le récit qui lui fut fait de ces profanations dont on avait outragé les restes révérés de Charles V, de saint Louis, de Louis XII, de Henri IV et de Louis XIV.

De son côté, Simon, qui ne perdait pas une occasion de ramener le descendant de ces grands rois au sentiment de l'égalité, trouva une joie étrange et mit un empressement cruel à lui faire connaître les outrages que la *justice nationale* avait fait subir aux dépouilles de ses ancêtres. L'enfant se mit à pleurer; il avait compris sans doute que c'était comme une seconde mort dont on avait voulu frapper ceux de sa race.

Le sacrilége accompli à Saint-Denis fut imité dans toute la France. La rage des briseurs d'images se rua partout sur les édifices sacrés; des bossages dégradés signalèrent, par leur teinte moins sombre, les mutilations apportées comme une tache, par une populace iconoclaste, au front des vieux monuments blasonnés.

Et, comme les contrastes les plus incroyables devaient se rencontrer dans cette époque de vertige et d'enthousiasme, à côté des barbares qui déchiraient aveuglément les annales de la patrie, les plus vaillants enfants de la France partaient pour en défendre le sol : dans la neige, sur la glace, sous des torrents de pluie ou de mitraille, ils marchaient pieds nus, au pas de charge, et sans pain, victorieuse armée, sympathique aux vaincus, excitant chez les nations les transports qu'elle ressentait, et commençant avec d'autant plus de facilité sa longue promenade de victoire, que les peuples croyaient qu'à l'ombre de son drapeau elle conduisait la liberté avec elle!

Madame Élisabeth et Madame Royale n'avaient pas tardé à se procurer des nouvelles de la Reine : le dévouement de M. Hue était parvenu à établir quelque communication entre la Conciergerie et la tour du Temple; il avait rencontré un auxiliaire dans une femme préposée à la garde de Marie-Antoinette, madame Richard, désignée sous le nom de *Sensible* dans la correspondance secrète de Madame Élisabeth. Cette femme,

LIVRE XII. — MORT DE LA REINE. 109

se trouvant autorisée par les administrateurs de la police à venir chercher au Temple des bouteilles d'eau de Ville-d'Avray[1] et quelques effets pour la Reine, devint le lien des deux captivités[2]. Au nombre des objets que la Reine avait demandés, figuraient ses aiguilles à tricoter et des bas qu'elle avait commencés pour son fils. Ces choses furent remises avec empressement par les Princesses. Les municipaux prétendirent qu'il était à craindre que la veuve Capet ne se servît des aiguilles pour attenter à ses jours, et que, conséquemment, ils devaient s'abstenir de les joindre à l'envoi. La malheureuse Reine fut

[1] La Reine ne buvait jamais que de l'eau, et son estomac ne pouvait supporter que l'eau de Ville-d'Avray. Pendant sa captivité au Temple, on n'avait pas cessé de lui porter chaque jour une provision d'eau venant de cette source.

[2] Municipalité de Paris. — Conseil du Temple

« Du dimanche 4 août 1793, l'an II de la République une et indivisible.

» CITOYENS COLLÈGUES,

» Le conseil, faisant droit à votre demande de ce jour, vous envoie la redingote et la jupe demandées, un jupon de dessous également en basin, plus deux paires de bas de filoselle, une paire de chaussettes, et le bas à tricoter renfermé dans une corbeille, le tout inclus dans une serviette marquée M, coton rouge.

» Il vous plaira donner un reçu desdits effets à l'ordonnance qui vous les remettra.

» Vos collègues, les commissaires composant le conseil du Temple.

» JONQUOY. FORESTIER. SÉGUY. DAUBANCOURT. FARO. »

Département de police. — Commune de Paris.

« Le 5 août 1793, l'an II de la République française une et indivisible.

» Nous, administrateurs au département de la police, après en avoir conféré avec le citoyen Fouquier-Tinville, accusateur public du tribunal révolutionnaire, invitons nos collègues les membres du conseil général de la Commune, formant le conseil du Temple, à faire porter chaque jour deux bouteilles d'eau de Ville-d'Avray à la veuve Capet, détenue à la maison de justice de la Conciergerie, et sur la provision qui vient tous les jours de cette eau au Temple.

» Nous les invitons également à envoyer à la veuve Capet trois fichus de linon pris dans la garde-robe qu'elle a au Temple, ainsi que tout ce qu'elle fera demander par la citoyenne Richard, concierge de la Conciergerie, et à faire cacheter chaque bouteille d'eau du cachet du conseil du Temple.

» BAUDRAIS. — MARINO. »

(Archives de l'Empire, carton E, n° 6206.)

trompée dans son espérance de travail; mais elle eut du moins des nouvelles de sa fille et de sa sœur [1].

Hélas! quelles consolations ces nouvelles pouvaient-elles lui apporter? Aucun changement n'avait eu lieu dans l'appartement qu'elle avait quitté au Temple, sinon qu'elle y avait laissé le vide le plus affreux et, avec les inquiétudes les plus pénibles, les pressentiments les plus sinistres. Quant à son fils, objet de ses plus chères sollicitudes, heureusement la messagère de la Conciergerie ne put rien lui en dire. Qu'aurait en effet appris la Reine qui ne dût augmenter ses alarmes? De jour en jour, Simon devenait plus cruel envers lui. Ce n'était plus cet enfant soumis qu'un geste de son père dirigeait, qu'un mot de sa mère faisait agir : c'était l'esclave en lutte continuelle avec le despote : l'esclave tendait le cou, tant qu'il n'était attaqué que dans son indépendance et dans ses goûts; mais, dès qu'il était outragé dans ses affections, il se redressait et tenait tête au despote. A cette époque, la police faisait distribuer ou vendre dans les rues des pamphlets et des chansons contre madame *Veto*, contre la *louve autrichienne*. C'était une préface au procès de la Reine. Ces écrits, qu'un calcul pervers faisait parvenir à Simon, empoisonnaient l'atmosphère de cette chambre, où la piété filiale était torturée à chaque instant, et dans la sainte mémoire d'un père mort sur l'échafaud, et dans les souvenirs adorés d'une mère absente! « Allons, Capet, lui dit un jour le maître en lui présentant des couplets infâmes contre sa mère, voici une chanson nouvelle, il faut que tu me la chantes. » De la main qui lui présentait cet écrit, l'enfant naturellement ne le prit qu'avec défiance; il y jeta les yeux, et, bien que son intelligence n'eût pas tout saisi, son cœur lui avait dit assez que ses appréhensions ne l'avaient point trompé. Il remit sur la table,

---

[1] Privée de ses aiguilles, la Reine tira les fils d'une vieille tenture, et à l'aide de deux bouts de plume, elle tricota une espèce de jarretière, que le sieur Bault, concierge de sa prison, recueillit avec soin, et qu'il confia à M. Hue pour en faire hommage à Madame Royale, qui le reçut avec un respect religieux.

(*Dernières années du règne de Louis XVI.*)

sans souffler mot, la chanson obscène, énigme pour son esprit, mais révoltante injure pour son cœur. Simon se leva avec la colère qui lui était habituelle en présence d'un refus, et, d'un ton doctoral : « J'ai cru avoir dit : Il faut que tu chantes ! — Je ne chanterai jamais pareille chanson, répondit l'enfant avec une résolution qui ne fit qu'exalter la fougue de son bilieux instituteur. — Je te déclare que je t'assomme si tu ne chantes pas. » Ce disant, il saisissait un chenet, et au mot : *Jamais!* que lançait encore pour toute réponse la filiale opiniâtreté du petit martyr, le chenet partit ; le généreux enfant eût été tué, s'il n'eût eu l'adresse d'esquiver le coup.

Tout noble cœur qui lira ces lignes sentira ce que j'ai dû souffrir en les traçant. Il ne faut pas l'oublier : les éléments de ce récit sont étayés sur des documents, hélas ! trop authentiques.

Simon a été dans la tour du Temple l'agent sincère, le représentant exact des conventionnels montagnards. Il s'était trop bien pénétré de leurs idées pour ne pas les traduire fidèlement dans tous ses actes. Après le départ de la Reine, il redoubla d'étude et de talent dans son art de dépravation. Peut-être avait-il reçu l'ordre de se mettre en mesure d'arriver prochainement aux fins que j'ai indiquées. Il changea le genre de vie de son royal pensionnaire : il le força de manger plus qu'à l'ordinaire et de boire beaucoup de vin ; il ne lui laissa faire que peu d'exercice ; il abrégea le temps de ses récréations dans le jardin et supprima totalement sa promenade sur la tour. Ce nouveau régime eut une funeste influence sur la santé et sur le moral de l'enfant : il prit de l'embonpoint et cessa de grandir. Avant d'être tombé sous la férule de Simon, il n'avait jamais bu que de l'eau ; il avait pour le vin une extrême répugnance ; la violence que cette boisson faisait à ses goûts lui causa d'abord des maux de cœur insupportables, et finit par le rendre tout à fait malade. Une forte fièvre le prit. Simon, cédant aux conseils de sa femme, ne rendit pas compte de cette indisposition au gouvernement. Marie-Jeanne, qui, comme la plupart des femmes de sa classe, prétendait avoir des recettes sûres pour les indispositions des enfants, voulut traiter le jeune Prince à sa guise : de concert avec une de ses amies, la femme Crévassin, elle alla chercher une de ces drogues inoffensives qui ordinairement ne produisent ni bon ni mauvais effet; mais ce médicament, administré mal à propos, eut une influence pernicieuse : la fièvre augmenta, et tint le malade, brûlant et toussant, quatre jours au lit. Cependant il revint à la santé; sa bonne constitution l'avait emporté sur les remèdes.

J'ai dit : il revint à la santé, c'est-à-dire aux mauvais traitements. Les excès qui l'avaient rendu malade recommencèrent dès qu'il se porta bien : ce fut la même persistance à le faire manger outre mesure, à le faire boire jusqu'à l'ivresse; et, lorsque sa raison s'obscurcissait, ce fut le même empressement à profiter de son égarement pour lui faire proférer d'horribles jurements et des chansons obscènes.

Dans ce temps-là, la peur refoulait souvent au fond des cœurs la pitié silencieuse. Les commissaires qui n'applaudissaient pas hautement à la conduite de Simon n'osaient pas du moins la désapprouver. Un grand nombre, je n'en doute pas, furent émus de compassion; mais ils avaient respiré l'air de la rue, ils avaient vu se dresser la guillotine, et ils se taisaient. Cependant, disons-le à la louange de l'humanité, il y en eut parmi eux quelques-uns qui eurent le courage de leurs sentiments, et de ce nombre fut M. Le Bœuf, qui ne chercha jamais à déguiser ses sympathies pour les infortunes dont ses fonctions municipales le rendaient témoin. Un jour, c'était le 19 août, Simon, selon sa coutume, se faisait servir à table par le jeune Prince; Simon était ivre. Mécontent de la manière dont l'enfant royal obéissait à ses ordres ou expliquait ses intentions, il faillit d'un coup de serviette lui arracher un œil. Entré sur ces entrefaites, M. Le Bœuf ouvrait la bouche pour exprimer son étonnement et son improbation; mais, ne lui laissant pas le temps de parler : « Vois, s'écria l'instituteur, vois donc, citoyen, comme le sacré louveteau est gauche au service! On en veut faire un roi, et il n'est pas bon à être domestique! Viens t'asseoir et boire avec nous; il

faut qu'il te serve aussi. Allons, viens, n'aie ni peur ni honte. »
A ces mots, M. Le Bœuf releva sa tête indignée : « Je n'ai pas
peur, moi, dit-il à Simon d'une voix ferme; n'avez-vous pas de
honte, vous ! » Et comme Simon ne comprenait pas clairement :
« Oui, je le répète, n'avez-vous pas de honte de maltraiter
ainsi un enfant? Vous outre-passez vos ordres; ce serait calomnier le gouvernement que de le croire complice de vos brutalités. »
Simon ne répondit pas, mais le trait lui resta dans le cœur. Il
savait bien, lui, que ce n'était pas calomnier le gouvernement.
Il lui porta ses plaintes. Le Bœuf fut dénoncé au conseil général[1] : il chercha à s'excuser[2]; mais, peu de jours après, le procureur de la Commune invita le conseil *à purger de son sein
tous les amis des rois et des reines, et à les faire mettre en
arrestation dès le soir même.* Il accusa *Le Bœuf de s'être conduit d'une manière basse et vile dans le service du Temple, et
de n'y avoir jamais eu le caractère républicain.* Il lui reprocha
surtout *d'avoir réprimandé le patriote Simon, chargé de l'éducation du fils Capet, et d'avoir trouvé mauvais qu'il l'élevât
comme un sans-culotte.* Le Bœuf, présent à la séance, prit la
parole pour se disculper. Il dit que, *par état*[3], il n'aimait pas
à entendre des chansons obscènes, et qu'il avait témoigné son
déplaisir au citoyen Simon, qui s'était souvent permis d'en
répéter de semblables devant le petit Capet, auquel il aurait
désiré qu'on donnât une éducation plus conforme aux bonnes
mœurs. Chaumette demanda, comme mesure générale, *qu'on
éloignât sur-le-champ tous les membres du conseil convaincus*

---

[1] « L'on a dénoncé Le Bœuf pour ce qu'il s'est plaint, étant au Temple, de l'éducation trop républicaine que l'on donnait au petit Capet, et sur ce qu'il aurait voulu que le fils du tyran fût élevé à la manière de Télémaque, qui était fils d'un roi sans-culotte. »
   (Conseil général de la Commune de Paris, séance du mercredi 28 août 1793.)

[2] « Le conseil passe à l'ordre du jour sur une lettre du citoyen Le Bœuf, relative à la dénonciation faite hier contre lui. »
   (Conseil général de la Commune de Paris, séance du jeudi 29 août 1793.)

[3] Il était maître de pension.

de modérantisme, et qu'ils fussent renvoyés par-devant leurs sections respectives, auxquelles il serait donné connaissance de l'arrêté pris à leur égard[1]. Le Bœuf et plusieurs de ses collègues, Michonis, Léger, Frémont et Macé, furent arrêtés; mais, cette fois, la prison ne s'ouvrit pas pour l'échafaud : le conseil général, à qui l'on fit apercevoir qu'il allait être décimé comme l'était la Convention, prit prudemment la défense de ses membres, qui furent acquittés.

Tison, resté avec sa fille à la tour, continua de donner à Madame Élisabeth les renseignements qu'il pouvait se procurer, et, entre autres, les détails que je viens de rapporter, et que la Princesse se refusait à croire, tant la barbarie de Simon lui semblait au-dessus des excès de la perversité humaine. Mais force lui fut de perdre ce reste d'illusions : depuis quelques jours, Simon élevait tellement la voix que ses jurements et ses blasphèmes arrivaient jusqu'à elle, et ce qu'il y avait de plus affreux, c'est que ces jurements et ces blasphèmes étaient parfois suivis des cris plaintifs d'un faible enfant. Trop assurée du sort de son neveu, la Princesse ne put même plus paraître en douter devant sa nièce, à laquelle elle avait tout caché. La pauvre sœur avait reconnu les lamentations du frère, elle avait distingué le son de sa voix, mêlée à celle du ménage Simon, dans

---

[1] Séance du conseil général de la Commune du jeudi 5 septembre 1793.

Cette séance d'épuration donna lieu à une étrange scène qui peint l'époque. Jacques-Claude Bernard, qui avait conduit Louis XVI à l'échafaud, s'accusa du crime d'avoir été prêtre. Cela donna lieu à l'incident suivant :

« Bernard prend la parole, et observe qu'il existe dans le sein du conseil un citoyen bon patriote, mais ayant la tache originelle de prêtre... Le procureur de la Commune interrompt Bernard, qui voulait parler de lui-même. Il observe que ce prêtre n'en a jamais eu les vices, qu'il a rempli les devoirs sacrés de la nature et ceux de la société, en s'unissant à une épouse et donnant des citoyens à la patrie. Il pense qu'il ne peut être regardé comme prêtre et compris dans la proscription qui enveloppe cette classe de citoyens. On demande la mention civique de la démarche de Bernard. Celui-ci, par modestie, s'oppose à cette mention. Mais Bernard étant seul de son avis, la mention civique est arrêtée. »

(Conseil général de la Commune de Paris, séance du jeudi 5 septembre 1793.)

les chants de la *Marseillaise* et de la *Carmagnole*. « Nous l'entendions tous les jours, dit-elle dans le récit de la captivité du Temple, chanter avec Simon la *Carmagnole*, et autres horreurs pareilles... La Reine heureusement ne les a pas entendues, elle était partie ; c'est un supplice dont le ciel l'a préservée. »

La douleur de la jeune fille fut profonde. Les paroles de Madame Élisabeth pouvaient seules la consoler. Qui dira jamais avec quelle abnégation, quel dévouement et quelle sollicitude Madame Élisabeth remplit auprès de sa nièce tous les devoirs que lui imposait l'absence de la plus tendre mère ! Disposée à accepter pour elle-même tous les sacrifices, avec quelle ingénieuse précaution, avec quel art délicat elle en détournait l'amertume des êtres qu'elle chérissait ! Sa persuasive tendresse, afin de les rendre supportables, adoucissait tous les maux ; sa piété, afin de les rendre méritoires, dirigeait toutes les douleurs vers le ciel. C'est à son école sacrée, sévère apprentissage d'une vie sévère, que la jeune Marie-Thérèse puisa ces leçons de force religieuse et de mâle héroïsme qui ont élevé son cœur au niveau des plus grands périls et son âme au-dessus des plus hautes infortunes.

Au chagrin de savoir l'enfant royal dans un tel état et à une telle école, devait se joindre plus tard la douleur de ne pouvoir rien apprendre sur la destinée de la Reine[1]. Tant que les inter-

---

[1] On la traitait déjà en condamnée, avant même qu'elle fût jugée ; voici le procès-verbal de la visite que lui firent les administrateurs de police pour s'emparer, au nom de la nation, de ces objets dont on ne se sépare ordinairement qu'avec la vie :

Département de police. — Commune de Paris.

« Du 10 septembre 1793, l'an IIe de la République une et indivisible.

» Nous, administrateurs au département de police, en vertu de l'injonction du comité de sûreté générale de la Convention nationale, datée d'hier, nous sommes transportés à la maison de justice de la Conciergerie, où étant parvenus à la chambre occupée par la veuve Capet, l'avons sommée au nom de la loi de nous remettre ses bagues et joyaux, ce qu'elle a fait à l'instant, consistant en un anneau d'or qui s'ouvre, dans lequel elle a déclaré qu'il y avait des cheveux, et sur lequel il y a différents chiffres ; une autre à pierre et à talisman ; une autre à pivot, émaillée, ayant une étoile d'un côté et un T

médiaires ne lui avaient pas manqué, Madame Élisabeth lui avait fait passer des nouvelles de ses enfants. Ces nouvelles, comme on le conçoit, étaient présentées de façon à calmer les inquiétudes de la malheureuse mère; Madame Élisabeth tâchait de lui envoyer une assurance qu'elle était loin d'avoir elle-même relativement au Dauphin, et contre laquelle auraient au besoin protesté les échos de la tour, car il était rare qu'un jour s'écoulât sans que tantôt la voix plaintive d'un enfant que l'on battait, tantôt les chansons révolutionnaires ou obscènes qu'on lui faisait chanter, sortissent de l'appartement de Simon.

La surveillance de la tour devenait de plus en plus sévère. Les municipaux, toujours aux aguets, y faisaient à toute heure de nouvelles perquisitions. Les prisonnières avaient longtemps

et un L de l'autre, laquelle elle a déclaré renfermer aussi des cheveux; une autre en forme de petit collier, et destinée pour le petit doigt; une montre d'or à répétition et à quantième, inventée par Bréguet, à Paris, n° 46, quai de l'Horloge, marquée R. A., ensuite A. M., avec une autre aiguille, dont nous n'avons connu l'usage, laquelle est garnie d'une chaîne en acier et à une branche, avec un cachet en or s'ouvrant, dont une partie représente un A et un M; un autre cachet en acier, portant pour empreinte deux flambeaux, et pour légende l'amour et la fidélité, et différents chiffres sur les côtés, simulant un almanach; un médaillon en or appendu à une petite chaîne, aussi d'or, servant de collier, ledit médaillon renfermant des cheveux entrelacés; un bouton à jour, qui nous a paru être d'argent.

» Lecture à elle faite du présent, a dit icelui contenir vérité, qu'elle y persiste, et a signé avec nous et les deux citoyens gendarmes de service auprès d'elle, et la citoyenne Harel, aussi de service; le citoyen Leblanc, chef du bureau central; la Bussière, secrétaire du département de police, et la citoyenne Richard, épouse du citoyen Richard, concierge de ladite maison de la Conciergerie; et après ladite lecture, nous nous sommes aperçus qu'il était dit dans le présent que la montre était à quantième, qu'au contraire elle est à secondes.

» *Signé* à la minute :

» MARIE-ANTOINETTE, DES FRENNES, GILBERT, HEUSSÉE, administrateurs, LEBLANC, LA BUSSIÈRE, RICHARD et HAREL.

» Et à l'instant, nous, administrateurs et dénommés d'autre part, nous sommes transportés au domicile du citoyen Richard, concierge, où étant parvenus, nous avons intimé l'ordre aux citoyens Des Frennes et Gilbert, gendarmes, et à la citoyenne Harel de se retirer à l'instant, avec tous les

conservé des crayons et quelques feuilles de papier cachés dans un coin sous le papier qui tapissait la chambre de la Reine, mais la nuit même où Marie-Antoinette avait été conduite à la Conciergerie, Madame Élisabeth avait tout anéanti, dans la crainte de compromettre sa belle-sœur; cela rendait d'une difficulté extrême la secrète correspondance avec Turgy. Mais que ne peut le génie de la captivité? Il n'y eut pas de murs assez élevés, il n'y eut pas de portes assez épaisses pour empêcher deux âmes affligées de se parler et de s'entendre, de la prison du Temple au cachot de la Conciergerie.

Parfois, c'étaient des demandes de la Reine, réclamant des effets qu'elle avait laissés au Temple et dont elle disait avoir

effets qui pourraient leur appartenir, de la chambre occupée par la veuve Capet, où ils ont été de garde jusqu'à présent, à quoi ils ont obéi à l'instant; et leur avons aussi enjoint de rester dans ladite maison de justice jusqu'après notre rapport fait à nos collègues; nous avons aussi enjoint au citoyen Richard, concierge, de prendre toutes les mesures et précautions envers ladite veuve Capet qu'il est d'usage et d'obligation de prendre envers ceux qui sont détenus au secret; avons pareillement enjoint au commandant du poste de la gendarmerie, appelé à cet effet, de faire poser à l'instant un factionnaire à la porte de ladite chambre de la veuve Capet, et en dehors, lequel aura pour consigne de ne laisser parler, ni communiquer, ni approcher personne de ladite porte, que le citoyen concierge et son épouse, et un autre factionnaire dans la cour, près les fenêtres de ladite chambre occupée par la veuve Capet, lequel aura pour consigne de ne laisser approcher personne à la distance de dix pas, et ne laisser parler ni communiquer qui que ce soit, sous tel prétexte que ce puisse être, laquelle consigne a été donnée à l'instant, et les factionnaires posés suivant le rapport dudit citoyen commandant du poste, et du brigadier de service à la grande réserve, laquelle consigne ledit citoyen commandant s'oblige de faire exécuter de relevée en relevée, et transmettre à celui par qui il sera remplacé.

» Lecture à eux faite du présent, ont dit icelui contenir vérité, qu'ils satisferaient au contenu, et ont signé avec nous.

» *Signé* à la minute :

» De Busne, Lecomte, Leblanc, Harel, Gilbert, des Frennes, Richard, la Bussière et Heussée, administrateurs.

» Pour copie conforme à l'original,

» N. Froidure. »

le plus pressant besoin[1]; d'autres fois c'était la correspondance cachée dont Turgy était l'intermédiaire.

Madame Élisabeth tenta un autre miracle, mais ce fut en vain, celui-là était impossible : c'était d'obtenir que Simon apportât un peu moins de brutalité dans ses manières et un peu moins de cynisme dans ses paroles. A tous les municipaux qui se succédaient au Temple et dont la physionomie et les allures n'avaient pas l'air d'exclure toute espèce de sensibilité, elle adressa ses plaintes avec prière d'intervenir auprès de l'impitoyable précepteur; presque tous trouvèrent ces plaintes injustes ou exagérées, les rejetèrent avec dédain ou n'y répondirent que par l'éloge de celui-là même contre lequel elles étaient portées; d'autres, moins fanatiques, mais malheureusement craintifs, virent clairement quelle était la conduite de Simon dans la tour, et ils n'osèrent l'improuver, sachant quel était son crédit. Un seul, du nom de Barelle[2], ne fut pas inexorable, il était

---

[1] « Citoyens collègues, Marie-Antoinette me charge de lui faire passer quatre chemises et une paire de souliers non numérotés, dont elle a un pressant besoin.

» J'espère que vous voudrez bien les faire remettre au porteur de la présente.

» Je suis avec fraternité,
» MICHONIS.

» De la Conciergerie, ce 19 août. »

(Archives de l'Empire, carton E, n° 6206.)

Commune de Paris.

« Citoyens, nos collègues, sur la demande qui nous a été faite par la veuve Capet de différents objets relatifs à des besoins de vêtements, l'administration de police vous invite à faire des recherches dans tout ce qui reste d'habillement au Temple à l'usage de la veuve Capet, afin de savoir si les articles qui lui sont nécessaires et qu'elle demande sont dans la garde-robe qui est au Temple, et, dans le cas où ils y seraient, de nous les envoyer de suite, attendu qu'il en résultera une économie.

» Nous vous envoyons ci-joint la note des objets.

» Les administrateurs de police,
» MENNESSIER, CAILLEUX.

» Le 26 septembre 1793, l'an II de la République une et indivisible. »

(Archives de l'Empire, carton E, n° 6206.)

[2] Barelle (Jean-Guillaume), maçon, rue du Faubourg-Saint-Denis, n° 17, *Au Pied de biche*, section du faubourg du Nord.

père; il écouta avec bienveillance les griefs de Madame Élisabeth, et il porta avec courage quelques observations au maître acariâtre dont il avait lui-même entendu les jurements pendant qu'il était chez les Princesses. Bien qu'elles eussent revêtu la forme de conseils polis et caressants, ces observations furent fort mal reçues; il est des tempéraments hargneux que les plus douces paroles ne font qu'irriter. Simon s'en prit à son élève et rejeta sur son caractère roide et indocile les réprimandes dont il était parfois obligé d'user. Ne vous semble-t-il pas entendre Caïn se plaignant de la brutalité d'Abel? « D'ailleurs, ajouta le maître, je sais ce que je fais et ce que j'ai à faire. A ma place *vous iriez* peut-être plus vite. » Ces paroles ont été fidèlement rapportées par la femme Simon elle-même. Étaient-elles de la part de son mari la réflexion personnelle et spontanée d'un accusé qui se défend, ou l'indiscrétion involontaire d'un complice qui se trahit? — Quoi qu'il en soit, l'intervention de Barelle n'eut d'autre effet que de rendre plus dure la captivité du jeune Louis, et plus irascible encore le farouche caractère de son gardien.

Le 26 août, la fille Tison sortait du Temple; elle demanda à voir le petit Capet. Madame Élisabeth lui avait-elle suggéré cette démarche pour tâcher d'avoir quelques renseignements sur son neveu; ou bien, au moment de s'éloigner, cette jeune fille désirait-elle dire adieu au charmant enfant que, malgré la première influence de ses parents, elle n'avait jamais pu voir sans émotion? Cette seconde hypothèse me semble plus vraisemblable. Non-seulement sa demande ne fut pas accueillie, mais elle lui valut de faire passer à l'examen le plus minutieux et sa personne et le paquet qu'elle portait à sa mère à l'Hôtel-Dieu[1]. Simon eut immédiatement connaissance de cette démarche et du refus dont elle était suivie. « Ils ont fièrement bien fait,

---

[1] Municipalité de Paris.

« Nous recommandons aux citoyens commandants de la force armée de laisser sortir la fille du citoyen Tison, avec un paquet dans une serviette, contenant des vieux souliers et un vieux paquet de gaze, lesquels nous avons vérifiés au Temple, ce 26 août 1793.

« N. Guérin, Arnaud, Lubin, Paquote, commissaires. »

s'écria-t-il en jurant, de ne pas laisser la jeune citoyenne entrer ici; elle n'a rien à y voir, rien à y faire et rien à y dire, n'est-ce pas, Capet? » ajouta-t-il en élevant la voix et en regardant son esclave de cet œil de despote qui veut être approuvé. « Ils ont bien fait, répondit l'enfant en tremblant; pourtant j'aurais eu bien des choses à lui demander. — Dis-le tout de suite, reprit Simon. — J'aurais eu à lui demander des nouvelles de ma mère, et de ma sœur, et de ma tante; il y a si longtemps que je ne les ai vues! — Bah! laisse donc là ta sacrée famille, il y a bien plus longtemps encore qu'elle nous opprime. Elle aurait encore ci quelque chose à redire si elle y descendait. Ce que tu as de mieux à faire, c'est de l'oublier, et surtout de ne plus m'en casser la tête. » Cette parole aiguë tombait sur l'enfant, froide comme l'acier du glaive; il se tut, et ses larmes filiales protestèrent seules contre des injures qui s'adressaient au sépulcre et à la prison. Il se tut, car il avait vu dans les yeux du maître les rancunes amères qu'y avaient allumées les imprudents conseils de Barelle. Le savetier-souverain venait de se révéler dans toute l'omnipotence de ses droits, comme un roi absolu blessé par l'opposition et bien décidé à ne plus laisser pénétrer la critique dans son empire.

Le vendredi 6 septembre, les commissaires de service lui apprirent que la ville de Toulon avait ouvert, le 28 août, son port aux Anglais, qu'elle avait proclamé la constitution de 1791 et la royauté de Louis XVII. Parmi ces municipaux se trouvait le sieur Binet[1], associé de Maugin, cabaretier, dont la maison, située au boulevard du Nord, n° 67, section de Bondy, était le rendez-vous de tous les buveurs patriotes des environs. Son enseigne avait d'abord porté l'effigie de *Henri IV*, avec ces mots : *Au bon Roi;* son eau-de-vie, son vin et son cidre s'étaient parfaitement vendus sous les auspices de la barbe grise et de la plume blanche. Depuis plusieurs années les traits du Béarnais avaient été modifiés, et, au-dessous de la nouvelle figure, la main du peintre avait écrit en lettres

[1] Binet (Louis-Étienne), commis à l'hôtel national des Invalides, y demeurant.

d'or : *Au grand Voltaire.* Le grand Voltaire venait depuis quelques jours d'être remplacé par *Marat, l'ami du peuple.* On voit que les citoyens Binet et Maugin marchaient avec leur siècle et ne restaient pas en arrière du progrès des idées. Ils étaient de la connaissance de Simon, qui, à l'époque de son mariage, allait quelquefois, aux jours de fête, boire avec Marie-Jeanne *Au grand Voltaire.* « Montre-nous le Roi de Toulon, s'était écrié Binet en entrant. — Tu veux dire le Roi de Montbrison? avait répondu Simon. — Non, le Roi de Toulon. — Le Roi de la Vendée, avait dit un autre municipal. — Citoyens, répliqua Simon avec autorité, du moins ce ne sera jamais le Roi de Paris. » Et de son bras étendu il semblait dévouer à toutes les malédictions la tête du jeune Prince. L'explication arriva, et les événements du Midi et de l'Ouest furent racontés dans tous leurs détails. « Il y a quelque chose pourtant dans l'air, reprit Binet; ce serait bien drôle si ce marmot devenait roi quelque part! » L'œil enfantin avait brillé d'une lueur d'espérance, mais son front rougit aussitôt, comme s'il avait eu honte de sa hardiesse.

Le maître avait envoyé l'élève s'asseoir au pied de son lit *jusqu'à nouvel ordre.* La discussion s'anima; chacun y jetait un mot joyeux, une plaisanterie sanglante, ou dirigeait un cruel lazzi vers le fils de *Louis le raccourci.*

L'enfant ne quitta point les arrêts pendant la séance, qui se prolongea longtemps et dont la conclusion fut : « La République est éternelle. » Simon, en regardant l'enfant proscrit, répéta bien haut avec une intention rancuneuse : « La République est éternelle, la République est éternelle! » Et comme Binet se retirait avec ses collègues, il ajouta : « Citoyen Binet, dis à Maugin qu'il n'aura plus besoin de changer jamais son enseigne. — Tant mieux, citoyen, répondit Binet, car c'est ennuyeux et cher d'aller chercher le peintre tous les deux ans. »

Après leur départ, Simon se promena longtemps de long en large, échangeant avec sa femme quelques phrases politiques où les appréhensions de l'avenir perçaient légèrement à travers l'enthousiasme républicain. L'enfant n'avait pas osé bouger ; sur son visage, bien que changé, on retrouvait quelques traces presque effacées de la vivacité française, mais cette vivacité n'avait plus de ressort ni d'élan. Il avait d'ailleurs compris les nouvelles apportées par les commissaires, et il savait par expérience ce qu'il avait à attendre après un pareil entretien. Il avait entendu Simon s'écrier que si jamais les Vendéens venaient jusqu'à Paris, il étoufferait le louveteau plutôt que de le leur livrer. Il restait donc coi et silencieux, craignant de provoquer par le moindre mouvement ou la moindre parole un courroux tout prêt à fondre sur lui. Simon alla le prendre par l'oreille et le ramena jusqu'à la table au milieu de l'appartement. Un instant après il lui dit : « Capet, si les Vendéens te délivraient, que me ferais-tu ? — Je vous pardonnerais, » répondit l'enfant. L'âme de Louis XVI dut tressaillir de joie en voyant son royal héritier si bien disposé à recevoir les semences de son testament, et Marie-Antoinette eût reconnu son bien-aimé enfant, si du fond de son cachot elle eût pu entendre des paroles si conformes aux sentiments qu'elle avait toujours cherché à faire naître en lui, et que, quelques jours plus tard, elle devait lui recommander encore dans une lettre suprême interrompue par le bourreau. La clémence ici-bas est un avant-goût des choses du ciel : les morts qui sont entrés dans les desseins de Dieu n'aiment pas la vengeance.

Cependant, au sein du conseil général de la Commune, le fanatisme révolutionnaire ne cessait de s'inspirer de tous les sentiments de la plus violente rancune et de la haine. Dans la séance du dimanche 15 septembre, « la section *de la Fraternité* invitait le conseil à prendre les mesures les plus sévères contre les ennemis de la chose publique ». Le conseil répondait « qu'il ne négligerait aucun moyen de mettre sous le glaive de la loi tous les aristocrates et les muscadins ». Dans la séance du lendemain, « un membre annonce que Bailly vient d'être conduit dans les prisons de la Force ; le conseil et le tribunal témoignent par de vifs applaudissements le plaisir que leur cause la détention de ce personnage. — Le général Santerre écrit que la position de son armée n'est pas aussi heureuse qu'il l'aurait désiré; que, cependant, au tocsin qui sonne, tous les républicains se lèvent, se rassemblent contre les brigands, et que bientôt les aristocrates sacerdotaux, nobiliaires et muscadins seront détruits; » les applaudissements recommencent.

Le samedi 21 septembre, Hébert se présente à la tour avec Grenard, Lelièvre, Camus et Jonquoy, officiers municipaux; il apporte un arrêté de la Commune qui ordonne de resserrer plus étroitement encore les deux Princesses et de leur retirer la personne qui les sert. « Dans toutes les maisons de détention, leur dit-il, les détenus n'ont personne pour les servir; l'exception faite pour vous offense la justice et la moralité publiques, l'égalité devant régner dans les prisons comme partout ailleurs. A l'avenir, Hanriot et le porteur d'eau auront seuls le droit d'entrer ici [1]. »

Hébert, qui, dès cette époque, préparait les éléments de l'abominable dénonciation dont nous parlerons plus loin, et que l'on espérait avec de la persévérance arracher un jour à l'abrutissement du Dauphin, pour lequel il y avait un système pratiqué chaque jour d'anéantissement physique et moral, Hé-

---

[1] Voici le compte rendu de ce qui s'était passé dans la journée au conseil général de la Commune.

« Le substitut du procureur de la Commune demande, comme mesure de sûreté et conforme à l'égalité, que demain toute la cuisine du Temple soit supprimée et tous les domestiques et valets renvoyés, et que les prisonniers qui y sont renfermés ne soient pas traités différemment que tous les détenus dans les autres maisons d'arrêt, et que, dès ce soir, il sera nommé une commission pour aller faire exécuter cet arrêté au Temple. Son réquisitoire est adopté à l'unanimité.

» Les membres nommés pour cette commission sont : Grenard, Lelièvre, Camus et Jonquoy.

» Les mêmes mesures sont prises relativement à la veuve Capet; le conseil arrête que la nourriture de ladite Capet sera réduite au simple nécessaire; que, par respect pour l'égalité, elle sera traitée comme tous les autres prisonniers indistinctement, et qu'elle n'aura d'autres domestiques que ceux qui servent les prisons, et que cet arrêté sera aussi signifié au concierge de la Conciergerie. »   (Archives de l'hôtel de ville.)

bert descendit, avec son cortége, chez Simon. On comprend que le but de sa visite concernait davantage le prisonnier que les prisonnières. Il eut un long entretien avec Simon, regarda l'enfant sans lui parler, prit congé du maître en lui disant : « *A bientôt,* » et se retira.

Aucun ordre officiel ne fut donné à cet étage, aucune consigne n'y fut changée. « *A bientôt,* » voilà le seul mot que nous ayons pu savoir de cette visite; mot d'adieu, simple et vulgaire, mais qui nous paraît en cette circonstance effroyablement significatif.

Hébert est obéi : Tison, disgracié, est refoulé dans la tourelle, où on le tient en prison; les Princesses, à l'avenir, feront leur lit et balayeront leur chambre; leur porte ne sera plus ouverte que pour laisser arriver leurs aliments; elles ne verront plus un visage humain; elles n'entendront plus une voix humaine. Le terrible visiteur qu'elles viennent de recevoir provoque des mesures pour rendre plus dur encore le régime de leur prison. Les deux arrêtés suivants sont pris par la commission du Temple :

MUNICIPALITÉ DE PARIS.

Du 22 septembre 1793, l'an IIe de la République une et indivisible.

Le Conseil, considérant que la plus grande économie doit régner et être observée, arrête ce qui suit :

1° Qu'à compter de ce jour, l'usage de la pâtisserie et de la volaille, pour toute table, sera supprimé;

2° Que les détenues n'auront à leur déjeuner qu'une sorte d'aliment;

3° Qu'à leur dîner, il ne leur sera donné qu'un potage, un bouilli et un plat quelconque. Il leur sera délivré en outre une demi-bouteille de vin ordinaire, par jour, pour chacune d'elles;

4° Au souper, elles auront deux plats.

Le second arrêté porte :

1° Qu'à compter de ce jour, il ne sera plus fourni de bougies dans l'intérieur de la tour; que les prisonniers ne seront plus éclairés qu'avec de la chandelle; qu'il ne sera brûlé de bougie qu'au bureau du Conseil;

2° Que l'argenterie, la porcelaine sera interdite, et que l'on ne servira plus que des couverts d'étain et de la faïence commune.

Les commissaires de service au Temple,

VIALLARD, ROBIN, TONNELIER, VÉRON.

Le 24 septembre, une perquisition plus sévère que toutes les précédentes était faite chez les prisonnières[1]. Le nouveau régime prescrit par les arrêtés que nous venons de transcrire avait été inauguré avec un zèle irréprochable. Toute délicatesse non-seulement était supprimée dans les repas, mais des draps d'écurie en toile jaune étaient substitués aux draps blancs, la chandelle à la bougie, l'étain à l'argenterie, la faïence à la porcelaine.

Cette recrudescence de colère ne se borne pas aux vivants, elle s'attaque à celui qui n'est plus; le conseil général décide

---

[1] « Un des commissaires nommés par le conseil général pour faire perquisition chez les prisonniers du Temple, et en retirer tous les objets de luxe, rend compte de sa mission.

» Il dit que les commissaires ont retiré et fait mettre sous les scellés les porcelaines qu'ils ont trouvées.

» Il a ajouté qu'ils ont trouvé, dans une commode appartenant à Élisabeth deux rouleaux chacun de quarante pièces d'or de la valeur de vingt-quatre livres, que ladite Élisabeth a déclaré lui avoir été donnés en dépôt par la veuve Lamballe, à l'époque du 10 août 1792, et que ces mêmes pièces avaient été confiées à la veuve Lamballe par une autre personne.

» Le conseil arrête le dépôt au trésor national des pièces d'or ci-dessus mentionnées, ainsi que des mille écus trouvés lors de la mort de Capet, ainsi que des différentes décorations qu'il portait de son vivant; et a nommé pour commissaires à cet effet les commissaires déjà nommés.

» Sur le réquisitoire du procureur de la Commune, le conseil général arrête que le lit, les habits, et tout ce qui servait au logement et au vêtement de Capet, sera, dimanche prochain, brûlé en place de Grève; les commissaires nommés à cet effet sont Grenard, Lelièvre, etc.

» LUBIN, vice-président.
» DORAT-CUBIÈRES. »

(Séance du mardi 24 septembre 1793.)

que la garde-robe de Louis XVI, placée jusque-là sous les scellés, sera brûlée sur un bûcher en place de Grève[1].

L'enfant royal ne se ressent pas encore des changements opérés dans l'intérieur de la tour ; on lui donne de gros draps jaunes, mais la nourriture provisoirement reste la même : la faveur dont jouit Simon couvre une position qui leur est commune. L'élève est exempté d'une mesure qui, en le frappant, atteindrait le maître. Celui-ci connaît les obligations que ce procédé lui impose : il comprend qu'on n'est généreux envers le jacobin qu'à la condition que le jacobin sera plus dur encore envers le Prince. C'est par ses rigueurs seules qu'il pouvait prouver qu'il n'était pas ingrat : sa reconnaissance fut excessive. Fidèle à la recommandation d'Hébert, qui avait besoin de l'abrutissement de l'enfant pour lui imposer ce qui devait être le triomphe de la scélératesse, tantôt il lui mesure avec avarice sa part de nourriture, ne lui donne que de l'eau et le dompte

---

[1] *Conseil général de la Commune de Paris.*

(Séance du lundi 30 septembre 1793.)

« Le secrétaire greffier rend compte du brûlement de la garde-robe de Capet, qui a eu lieu hier dimanche, 29 du présent.

» Le dimanche 29 septembre 1793, l'an II de la République française, le citoyen Camus, commissaire nommé à cet effet par le conseil général, ayant fait transporter au dépôt du secrétariat de la maison commune la garde-robe de feu Capet, j'ai trouvé qu'elle était enveloppée dans une toile cousue et cachetée en six endroits ; après avoir reconnu les cachets sains et entiers, j'ai fait l'ouverture du paquet, et j'ai trouvé les effets suivants, savoir :

» Un chapeau, une boîte d'écaille cassée, un petit paquet de lisières et de rubans blancs, six habits, tant de drap que de soie et de petit velours, une redingote de drap, huit vestes, tant de drap, petit velours, soie, que de lin, dix culottes idem, deux robes de chambre blanches, une camisole de satin ouatée, cinq pantalons, dix-neuf vestes blanches.

» Lesquels effets j'ai fait transporter sur la place de Grève par les garçons de bureau, après les avoir fait préalablement vérifier par les citoyens Pierre-Jacques Legrand et Étienne-Antoine Souard, commissaires, qui se sont transportés avec moi en ladite place, où j'ai trouvé un bûcher préparé, sur lequel tous les effets ont été rangés, et les commissaires y ayant mis le feu, ils ont été réduits en cendres, au désir de l'arrêté du conseil général.

» *Signé* à la minute :

» LEGRAND, SOUARD, membres de la Commune.

» COULOMBEAU, secrétaire greffier. »

par la faim, tantôt il le force à manger outre mesure et à boire beaucoup de vin et même de l'eau-de-vie, et il le tue par l'excès. Le pauvre enfant devait y succomber : un homme dans la force de l'âge n'aurait pu résister. Quoi qu'il en soit, pour ce malheureux enfant, les excès succèdent au jeûne et l'ivresse aux privations. Après avoir usé l'estomac, le maître cherche à dépraver la raison. Le Dauphin avait heureusement su se préparer de longue main à la résignation sous l'œil de ses parents; car, robuste comme elle l'était, si sa nature fût restée aussi vive et aussi fougueuse qu'à Versailles, ces combats de tous les jours, grands et petits, à coups d'épée et à coups d'épingle, l'auraient certainement rendu fou. Qu'on se figure, dans cette solitude, séparé de sa mère, de sa sœur, de sa tante, ce pauvre enfant seul vis-à-vis deux êtres comme ce Simon, comme cette Marie-Jeanne; et si l'on est surpris de quelque chose, c'est que la résistance d'un enfant de huit ans ait été si prolongée.

Sous la pression d'Hébert, tous les efforts de Simon sont plus que jamais employés à incliner cette jeune plante à des leçons corruptrices, à fausser son cœur, à empoisonner son intelligence. La révolution n'a pas assez fait en s'établissant dans le Louvre, en faisant flotter son drapeau sur nos palais déserts : il faut qu'elle implante ses idées et ses principes dans la tête et dans le cœur du petit-fils de saint Louis; il faut qu'elle introduise dans son esprit l'anarchie qui règne dans la rue; il faut qu'elle étouffe la plus généreuse nature sous la plus odieuse démoralisation; il faut que, loin de l'air et du soleil, elle étiole la plus noble fleur dans la plus fétide atmosphère; il faut enfin qu'elle se fasse un complice d'un enfant; il faut que le crime trouve un appui dans l'innocence.

Le jeune Louis était déjà bien changé. L'insouciance de son âge avait entièrement disparu; un voile de rêverie couvrait sa physionomie naguère décidée et fière, et ses grands yeux bleus se baissaient languissants et presque inanimés. L'émotion ne passait plus comme un souffle de vie sur sa physionomie, qui restait calme et impassible. Il ne se laissait plus distraire. Il n'avait pas le corps aussi vaillant que le cœur. Prêt à tout par son courage, il ne l'était point par ses forces. Comme le lis, antique et chaste emblème de la nationalité française, il portait haut sa tête charmante; mais sa tête commençait à plier sur sa tige.

Cependant le nom de sa mère lui était encore cher et sacré. Le 12 vendémiaire an II (3 octobre 1793), Simon accola à ce nom la plus injurieuse épithète et voulut que l'enfant la répétât. L'enfant se laissa battre et n'en fit rien. Aux coups, qui n'avaient pu rompre sa résistance, Simon ajouta l'ironie et le sarcasme. Ce malheureux homme n'était pas père, il ne savait pas qu'il n'y a rien de plus divin que l'amour filial et l'amour maternel, et que s'en railler, c'est se railler de Dieu même. Le cœur de la victime n'avait plus pourtant toute sa limpidité transparente; et, à son insu, les images, les souvenirs, les leçons du passé ne s'y réfléchissaient qu'en lames brisées, comme la lumière au fond d'un lac agité par la tempête et dans lequel des eaux limoneuses sont venues se jeter.

La Convention était pressée de voir s'ouvrir le procès de Marie-Antoinette; elle sentait derrière elle les impatiences de la Commune plus implacables encore.

Le 3 octobre, elle rendit le décret suivant :

« *La Convention nationale, sur la proposition d'un membre, décrète que le tribunal révolutionnaire s'occupera sans délai et sans interruption du jugement de la veuve Capet*[1].

Mais les éléments du procès manquaient; et Fouquier-Tinville lui-même, dont la conscience d'accusateur public n'était ni difficile ni scrupuleuse, répondait en ces termes au décret de la Convention[2] :

---

[1] « *Visé* par l'inspecteur; *signé* Joseph Becker; *collationné* à l'original par nous président et secrétaires de la Convention nationale.

» Paris, le 4 octobre 1793, l'an II de la République une et indivisible.

» *Signé :* L. J. Charlier, président.

» Pons (de Verdun), P. Jagot, secrétaires. »

(Archives de l'Empire, Armoire de fer.)

[2] Ce billet, dont le double fut envoyé à la Convention le 5 octobre, est conservé aux Archives nationales (Armoire de fer); il est écrit de la main de Fouquier.

« *Paris, ce 5 octobre 1793, l'an II ͤ de la République une et indivisible.*

» CITOYEN PRÉSIDENT,

» *J'ai l'honneur d'informer la Convention que le décret par elle rendu le 3 de ce mois, portant que le tribunal révolutionnaire s'occupera sans délai et sans interruption du jugement de la veuve Capet, m'a été transmis hier soir. Mais jusqu'à ce jour il ne m'a été transmis aucunes pièces relatives à MARIE-ANTOINETTE ; de sorte que, quelque désir que le tribunal ait d'exécuter les décrets de la Convention, il se trouve dans l'impossibilité d'exécuter ce décret tant qu'il n'aura pas ces pièces*[1]. »

On travaillait au Temple à combler cette lacune.

Dans la matinée du 13 vendémiaire an II (4 octobre 1793), Simon, qui, par l'entremise du citoyen Daujon, officier municipal, avait le mot d'Hébert, chef de cette intrigue, prévient Chaumette que le petit Capet se trouve disposé à répondre à toutes les questions qu'on aurait à lui faire dans l'intérêt de la justice. Le maire et le procureur de la Commune décident qu'ils se rendront eux-mêmes au Temple, accompagnés de deux membres du conseil général[2]. Avis est donné à Simon de se

---

[1] Trois jours plus tard, les membres du Comité de salut public étaient encore à la recherche des pièces qui pouvaient établir la culpabilité de la Reine.

« Paris, le 7 ͤ jour de la 2 ͤ décade du 1 ͤʳ mois, l'an II ͤ de la République française (17 vendémiaire an II, 8 octobre 1793.)

» *Les membres du comité de salut public au citoyen Rabaud-Pommier, leur collègue.*

» Nous vous invitons, citoyen notre collègue, à nous communiquer tous les renseignements relatifs à la veuve Capet que vous pourrez recueillir comme ayant été secrétaire de la commission des vingt-un, chargée de dresser l'acte d'accusation de Capet, ou à nous indiquer quel est le lieu du dépôt des pièces et papiers qui ont servi de base au travail de cette commission.

» Salut et fraternité. »

[2] « Le conseil général nomme Laurent et Friry, qui s'adjoindront au citoyen maire, au procureur de la Commune, et aux commissaires déjà nommés pour aller au Temple. » (Séance du 4 octobre 1793.)

tenir prêt pour le lendemain. Le 15 vendémiaire (6 octobre), Pache et Chaumette arrivent à la tour avec leur escorte. Tout était préparé depuis plusieurs heures pour les recevoir : Simon, qui dès la veille avait fait jeûner et souffrir la faim à sa victime, l'avait fait, ce jour-là, manger et boire outre mesure, afin qu'il ne fût plus qu'un jouet entre les mains de ses farouches visiteurs. Leur entrée dans la chambre de Simon impose d'abord au jeune Prince, dont l'ivresse, préparée avant l'heure, commençait à se passer, et dont le front perdait insensiblement la fugitive rougeur que l'eau-de-vie y avait fait éclore. L'éclair de son œil s'éteignait par degrés, et sa tête déjà se penchait froide et morne comme auparavant ; mais poursuivi, harcelé, traqué comme une pauvre gazelle épuisée de fatigue, il cède enfin ; il n'eût jamais tant résisté pour se laisser conduire au supplice. Heussée, administrateur de police, fait lecture d'un interrogatoire écrit d'avance, et, si l'on en croit une tradition contemporaine, préparé par Daujon, et dans lequel l'enfant répond comme on voulait qu'il répondît ; ensuite on le fait signer comme on voulait qu'il signât. La Commune triomphe ; elle a mis sur les lèvres du fils le poison de la calomnie avec laquelle elle veut tuer l'honneur de la mère. Cette signature toute tremblée avec laquelle on prétendait accuser la Reine, n'accuse que ceux qui ont conduit, disons mieux, qui ont égaré la main de l'enfant.

Nous dirons bientôt sur quel sujet portait l'interrogatoire au bas duquel on lisait ces caractères, autant du moins que l'histoire peut le dire. Il s'agit en effet d'un crime qui surpasse l'imagination, et qui, par sa nature étrange, conquiert presque le bénéfice de l'impunité. Ici, la sainte pudeur arrête le cri de l'indignation, avec lequel on voudrait flétrir de telles horreurs et de tels misérables ; mais pour flétrir il faudrait raconter, et on ne peut.

Hébert était survenu au milieu de la séance ; il eut la joie de voir son programme accepté, et celle de le signer avec Chaumette, son ami plus que son chef ; avec Pache, maire de

Paris ; avec Friry, Laurent et Séguy, commissaires au Temple ; avec Heussée, administrateur de police, et avec Simon.

Ceux qui étaient venus chercher au Temple des armes empoisonnées, les emportent comme un trésor au Comité de sûreté générale. Là, toujours selon la tradition dont nous avons parlé, se trouva Daujon, désireux sans doute de savoir comment avait été accueillie la pièce dont il était le rédacteur, et dans quel haut degré d'estime et de confiance cet acte de dévouement allait le placer. Il y reçut des félicitations. Un membre du comité lui dit : « Comment diable, citoyen, as-tu pu découvrir tant de choses et les préciser avec tant d'aplomb ? — Je les ai lues dans l'opinion publique, répondit Daujon ; elles sont claires comme le soleil. »

Toutefois, les ennemis de la Reine comprirent la nécessité d'appuyer de témoignages plus sérieux la déposition d'un enfant prisonnier, auquel on avait fait répondre et signer, sans savoir ce qu'il répondait et signait. Le lendemain, 16 vendémiaire an II (7 octobre 1793), Chaumette et Pache retournèrent au Temple, accompagnés de David, membre du Comité de sûreté générale, et environnés de municipaux, parmi lesquels figurait Daujon. Ils espéraient, à l'aide de questions ambiguës et captieuses, arracher à la fille et à la sœur de Louis XVI quelques mots qui, habilement interprétés, pourraient les rendre complices de toutes les calomnies accumulées contre la Reine. Parmi ces calomnies, il en est une plus absurde à la fois et plus abominable que toutes les autres, c'est celle que nous avons fait pressentir tout à l'heure. La pudeur ne peut la dire, la vertu ne saurait la comprendre, l'indignation même ne suffit pas pour en faire justice. Eh bien, c'est cette calomnie que l'imagination révolutionnaire a inventée pour attaquer Marie-Antoinette dans ce qu'il y a de plus sacré, dans son honneur d'épouse, et dans ce qu'il y a de plus pur, dans son cœur de mère. Qu'il nous suffise d'écrire, l'indignation au cœur et la rougeur au front, que l'accusation transforma la meilleure des mères en Messaline, et son angélique enfant en élève de ses débauches, en complice de ses orgies, en révélateur de ses crimes! Qu'on ne vienne donc pas nous dire que Marie-Antoinette est morte de la main du bourreau; non, la Reine de France a été tuée par la calomnie, comme, dans ses pressentiments, elle l'écrivait à sa sœur Christine. Ce n'est donc pas le bourreau qui l'a tuée : ne calomnions pas le bourreau.

C'est pour étayer de telles monstruosités, déjà signées du fils, que des témoignages allaient être demandés à la fille et à la sœur, par des hommes qui se disaient les représentants de la ville de Paris, de la justice et de la nation. Pache, Chaumette et David, arrivés à la tour, s'installent dans la salle du conseil, et ordonnent d'y faire descendre la jeune Marie-Thérèse. Cet ordre inattendu frappe de stupeur et d'effroi les deux Princesses, qui, étroitement embrassées, demandent qu'on ne les sépare point. Forcée d'obéir, la jeune orpheline descend, et Dieu seul a pu voir ce qui se passa à cette heure dans son âme et dans celle de sa tante. Pour la première fois, depuis qu'elle était enfermée dans le Temple, Madame Élisabeth se trouvait seule! Le dernier objet de ses tendres affections lui était-il enlevé sans retour? Jusqu'à présent ceux qui étaient descendus n'étaient plus remontés : le père avait rencontré en bas le bourreau, et, ce qui est bien pis encore, le fils y avait trouvé Simon. Qu'est-il réservé à la jeune fille qui vient de passer la porte fatale? L'esprit de Madame Élisabeth se perd dans les idées les plus effrayantes, dans les conjectures les plus cruelles, mais il n'est pas en elle de deviner ce qui ne s'est vu dans les annales d'aucun peuple; et, certes, elle accuserait de mensonge les échos de la tour, s'ils lui apportaient en ce moment ce qui se dit dans la salle du conseil. A peine pourra-t-elle le croire, quand elle sera condamnée à l'entendre elle-même.

Arrivée au bas de l'escalier, Madame Royale avait rencontré son frère, et elle le prenait dans ses bras quand Simon s'empressa de le lui arracher. L'enfant sortait de la salle où David avait demandé à revoir le fils de son ancien bienfaiteur, et à entendre de sa bouche qu'il reconnaissait pour exact et vrai ce qu'on lui avait fait signer la veille. L'enfant inquiet avait fait un signe affirmatif, et sur l'injonction de son maître, avait répondu : « Oui. » Sa sœur fut introduite. Pache, le premier, l'interrogea sur les prétendues intelligences de ses parents avec les princes étrangers, intelligences qu'il l'accusait d'avoir connues. Les réponses de la jeune fille furent si nettes et si fermes, que les commissaires ne poussèrent pas plus loin ces banales imputations, et que Chaumette en vint sur-le-champ aux questions qui étaient l'objet sérieux de l'interrogatoire. Marie-Thérèse écouta d'abord sans rien comprendre, puis la rougeur tout à coup lui monta au visage, et les paroles de Chaumette, devenues plus horriblement claires, et plus clairement horribles, soulevèrent d'indignation tout ce qu'il y avait de sang filial et de sang chrétien dans cette angélique enfant. Elle ne répondit d'abord que par des larmes, puis par la dénégation la plus absolue; mais Chaumette insistant avec une cynique persévérance, le mot infamie sortit de la bouche indignée de Madame Royale pour caractériser ces insinuations. « Chaumette, dit-elle dans sa relation, m'interrogea sur mille vilaines choses dont on accusait ma mère et ma tante. Je fus atterrée par une telle horreur et si indignée, que, malgré toute la peur que j'éprouvais, je ne pus m'empêcher de dire que c'était une infamie; malgré mes larmes, ils insistèrent beaucoup; il y a des choses que je n'ai pas comprises, mais ce que je comprenais était si horrible, que je pleurais d'indignation. » Le cri de la nature injuriée ne désarma point les impudiques accusateurs; ils songèrent alors à la livrer à la confrontation la plus pénible, à la contradiction la plus cruelle; ils firent rentrer le jeune Louis-Charles, rampant sous la domination absolue de son maître, et pendant près de trois heures ils firent subir à l'innocence virginale, en présence d'un frère de huit ans, le honteux supplice d'un interrogatoire qui mettait aux prises le frère et la sœur sur ce lamentable sujet. Au bas de cet interrogatoire, se trouve encore une signature tracée d'une main vacillante; elle est précédée de celle de

Madame Royale, et suivie de celle de leurs interrogateurs.

Commencée à midi, ce ne fut qu'à trois heures que finit cette scène atroce. Marie-Thérèse demanda avec chaleur à être réunie à sa mère. Chaumette lui répondit : « Cela ne se peut; retirez-vous, et ne dites rien à votre tante, que nous allons aussi faire descendre. » Et, sous l'escorte de trois municipaux, la jeune vierge rentra dans sa chaste cellule, pareille au cygne blanc qui, sali par des eaux bourbeuses, se replonge dans le cristal d'un lac tranquille.

Muette encore de terreur et d'indignation, Madame Royale se jetait à peine dans les bras de sa tante, que celle-ci lui est arrachée et la quitte sans savoir ce qui s'est passé, et ce qu'elle doit espérer ou craindre. Elle est interrogée à son tour, et ce long tissu d'infamies, dont on avait chargé la Reine, reparait sous ses yeux. Madame Élisabeth répond, comme sa nièce, à tous les mensonges par la vérité, à toutes les perfidies par la plus noble franchise, à toutes les bassesses avec l'accent du mépris. Ses formidables questionneurs voient bientôt qu'ils demanderont en vain à sa présence d'esprit la phrase équivoque qu'ils n'avaient pu obtenir de la naïveté d'une jeune fille qui n'avait pas quinze ans, et au bout d'une heure ils la congédient, lassés et honteux de n'avoir pas surpris quelques mots dont il leur serait possible d'abuser. Mais avec une étrange obstination, avant de mettre fin à leur poursuite, ils ont confronté le jeune Roi avec Madame Élisabeth, et fait rougir devant lui la vertu de sa tante, comme ils avaient fait rougir l'innocence de sa sœur. La signature du Dauphin figure encore au bas de cet interrogatoire avec celle de Madame Élisabeth.

Enfin, l'épreuve est terminée. Remontée dans sa chambre : « *Oh! mon enfant!* » s'écrie cette Princesse en tendant les bras à sa nièce. Le silence seul peut exprimer la confusion et le bouleversement qu'elles éprouvent toutes deux : la rougeur couvre leur front, leurs larmes coulent; pour la première fois leurs regards s'évitent. Elles demeurent un instant étroitement

LIVRE XII. — MORT DE LA REINE.

embrassées, puis elles tombent à genoux, offrant leur humiliation et leur douleur au Dieu des humbles et des affligés.

La sagesse divine avait suggéré à Marie-Thérèse et à sa tante des réponses qui déconcertaient le complot des pervers. Il leur fallut s'en tenir au procès-verbal fabriqué, du moins on le prétend, par Daujon et adopté par Hébert. Leur visite, toutefois, ne fut pas stérile : l'âme des pauvres captives restait troublée des images dont on avait souillé leur chaste imagination. Leurs chaînes devinrent plus lourdes. Turgy, qui avait trouvé le moyen de rester employé au service intérieur du Temple, fut renvoyé[1], et l'entrée de la tour lui fut interdite.

Voici le dernier billet de Madame Élisabeth à ce digne serviteur :

« Le 11 octobre 1793, à deux heures un quart.

» Je suis bien affligée. Ménagez-vous pour le temps où nous serons plus heureux et où nous pourrons vous récompenser.

---

[1] Déjà depuis un mois la Commune avait pris un arrêté qui expulsait du Temple Turgy, Chrétien, Marchand, et en général toutes les personnes suspectées d'incivisme.

« Lecture faite d'un arrêté du conseil du Temple, qui demande le remplacement de plusieurs individus occupés maintenant dans cette maison, et qui ont appartenu autrefois au ci-devant comte d'Artois;

» Le conseil général en confirme les dispositions; arrête en conséquence que les citoyens Piquet et sa famille, portiers, Rockentroh et sa famille, lingers, Barou, portier, Gourlet et sa femme, guichetiers, Quenel, commissionnaire, Chrétien, Marchand et Turgy, garçons servants, la citoyenne Leclerc, femme d'un gendarme, ci-devant piqueur du comte d'Artois, la femme et les enfants de Salmon, ci-devant son valet de pied, et la famille Augo au nombre de quatre personnes, ci-devant garçon d'argenterie, seront expulsés.

» Le conseil général, sur la proposition du conseil du Temple, arrête que le mur de clôture sera continué jusqu'au ci-devant palais, au-dessus des remises.

» Le conseil général nomme Beauvalet, Cresson, Courtois et Remy, à l'effet de s'occuper du remplacement des guichetiers du Temple.

» Le conseil général arrête que la citoyenne Tison sera payée en proportion de son traitement, jusqu'à sa destitution, qui datera d'aujourd'hui.

» Le conseil du Temple invite à nommer pour dimanche et lundi six commissaires au lieu de quatre, pour accompagner les fumistes qui doivent raccommoder les poêles dans les chambres des détenues.

» Le conseil général arrête cette proposition. »

(Conseil général de la Commune de Paris, séance du 14 septembre 1793.)

Emportez la consolation d'avoir servi de bons et malheureux maîtres.

» Recommandez à Fidèle (Toulan) de ne pas trop se hasarder pour nos signaux (par le cor). Si le hasard vous fait voir madame Mallemain, dites-lui de nos nouvelles, et que je pense à elle.

» Adieu, honnête homme et fidèle sujet : que le Dieu auquel vous êtes fidèle vous soutienne et vous console dans ce que vous avez à souffrir! »

M. Hue fut arrêté le 13. Il devint dès lors impossible à Madame Élisabeth de rien apprendre de ce qui se passait : intelligence au dehors, intelligence au dedans, tout lui manqua à la fois; elle n'eut plus de nouvelles de la Reine.

Ne regrettons point pour elle cette cruelle privation. Cet accroissement d'inquiétudes lui épargne un plus grand chagrin : le procès de Marie-Antoinette allait commencer. Depuis près de deux mois et demi qu'elle était enfermée dans un cachot humide de la Conciergerie, la Reine attendait son jugement. Pressentant ses derniers malheurs, elle avait cessé de vivre sans jouir du repos que procure la mort[1]. Le 14 octobre, les assises s'ouvrent. Fouquier-Tinville lit à l'accusée le libelle que dans son langage il appelle son acte d'accusation. La Reine de France répond à tout avec une héroïque sérénité. Mais Hébert se présente, et vient apporter contre la veuve Capet la calomnie qu'il a préparée dans l'interrogatoire du Temple. La royale accusée demeura dans un silence plein d'une morne majesté; mais Hébert ayant ajouté qu'il possédait une pièce authentique qui prouvait les faits qu'il alléguait, elle porta sur lui un regard qui le fit rougir et excita un mouvement dans l'assemblée. Fouquier n'osa point faire usage de cette pièce. L'effroi qu'il inspirait tous les jours, il l'éprouva lui-même ce jour-là; il craignit que ce moyen absurde et abominable d'accusation n'outrepassât son but et ne devint, par son excès même, favorable à

« Præsagio malorum jam vitâ exemptâ, nondùm tamen morte adquiescebat. » (TACIT. *Ann.* lib. XIV.)

l'accusée¹. Il fit lire simplement la pièce par le greffier, et se tournant ensuite vers Marie-Antoinette, il se borna à lui dire : « Qu'avez-vous à répondre à la déposition du témoin? » La Reine continua à garder un majestueux silence; mais plus tard, un juré ayant invité le président à lui faire observer qu'elle n'avait pas répondu sur le fait dont avait parlé le citoyen Hébert, la royale accusée foudroya d'un regard les accusateurs, les témoins et les juges. « Si je n'ai pas répondu, s'écria-t-elle, c'est que la nature se refuse à répondre à une telle inculpation faite à une mère; j'en appelle à toutes celles qui peuvent se trouver ici. » Et ce dernier cri, jeté avec une sainte et inexprimable douleur, alla remuer dans toute la salle les cœurs les plus glacés et les plus hostiles.

Robespierre était à table chez *Venua*, avec Barère, Saint-Just et Vilate, quand il apprit les détails de cette séance. Frappé de la réponse de la Reine comme d'un coup d'électricité, il cassa son assiette avec sa fourchette : « Cet imbécile d'Hébert! s'écria-t-il, ce n'est pas assez qu'elle soit réellement une Messaline, il faut qu'il en fasse encore une Agrippine et qu'il lui fournisse à son dernier moment ce triomphe d'intérêt public²! »

Le tribunal, dans ce procès inique, avait feint un respect dérisoire pour les formes en donnant à la Reine deux défenseurs nommés d'office, MM. Chauveau-Lagarde et Tronson du Coudray, et en assignant des témoins, comme si les juges dussent avoir à rechercher une évidence matérielle ou une conviction morale. Parmi ces témoins, plusieurs devaient comparaître quelques jours après comme accusés; ils auraient pu racheter leur vie en calomniant la Reine; mais, placés entre leur conscience et l'échafaud, ils surent mourir. Manuel prouva par

---

¹ « On sait aussi que Robespierre, ayant appris les détails de cette séance, accusa Hébert d'avoir fait une accusation aussi calomnieuse dans le but de provoquer le peuple à un soulèvement en faveur de cette Princesse, en appelant l'intérêt sur elle. » (DICTÉES DE NAPOLÉON Iᵉʳ.)

² VILATE, *Causes secrètes de la révolution du 9 thermidor.* — Collection Berville et Barrière, page 179.

8.

son attitude et ses réponses pleines de réserve et de convenance, qu'il y a des remords qui savent racheter des crimes. Bailly, qui, par un seul mot [1], allait bientôt obtenir une autre gloire que celle que les sciences lui avaient faite, rendit hommage à la vérité, et déclara que « *les faits contenus en l'acte d'accusation, touchant la déclaration du jeune Louis-Charles, étaient absolument faux.* » Et le comte de la Tour du Pin, ancien ministre de la guerre, interrogé par le président s'il connaissait l'accusée : « Ah ! oui, répondit-il pénétré d'une respectueuse douleur, en s'inclinant profondément devant sa Reine malheureuse, ah ! oui, j'ai l'honneur de connaître Madame. » Quelques jours après l'échafaud avait fait justice et du repentir de Manuel, et de la franchise de Bailly et du respect de la Tour du Pin.

Cependant Chauveau-Lagarde essaya de combattre par le raisonnement l'acte d'accusation dirigé contre sa royale cliente ; il fit entendre de nobles accents que les journaux de l'époque, heureusement pour sa vie, mais malheureusement pour sa gloire, n'osèrent point recueillir. Il déclara que « *dans ce procès extraordinaire, la postérité verrait que s'il y avait pour le défenseur quelque chose de difficile, ce n'était pas de trouver des réponses décisives, mais de rencontrer une seule objection sérieuse.* »

Puis, ayant détruit tous les chefs d'accusation, il finit en disant « *qu'il croyait avoir tenu l'engagement qu'il avait contracté de démontrer jusqu'à l'évidence que rien ne pouvait égaler l'apparente gravité de l'accusation, si ce n'était peut-être la ridicule nullité des preuves.* »

L'histoire ne nous a rien laissé du plaidoyer de Tronson du Coudray ; cependant elle semble en faire l'éloge en rapportant qu'il fut arrêté, ainsi que Chauveau-Lagarde, au sortir de l'audience. Sans doute, les plus grands orateurs n'eussent point arraché la Reine de France au sort qui l'attendait ; il est ce-

---

[1] Bailly fut exécuté au Champ de Mars, le 10 novembre 1793. Comme ses membres glacés par la pluie et le froid étaient agités d'un tremblement involontaire, un des témoins de son supplice lui dit : « Tu trembles, Bailly ! — Oui, répondit le vieillard avec calme, mais c'est de froid. »

pendant regrettable que, dans ce moment solennel, une voix n'ait pas protesté au nom de l'honneur français et de la justice universelle.

La fille de Marie-Thérèse ne s'était point, elle, démentie un seul moment : elle avait tout écouté avec calme, elle avait tout réfuté avec précision. Après l'audition de tous les témoins, elle avait averti le tribunal *qu'aucun d'eux n'avait articulé contre elle un seul fait positif.* Et, lorsque, après la déclaration du jury et le réquisitoire de l'accusateur public, le président lui demanda si elle avait quelque chose à ajouter : « Pour ma défense, rien, dit-elle; pour vos remords, beaucoup. J'étais reine, et vous m'avez détrônée; j'étais épouse, et vous avez massacré mon mari; j'étais mère, et vous m'avez arraché mes enfants : il ne me reste que mon sang, hâtez-vous de le répandre pour vous en abreuver. »

Les défenseurs furent invités à leur tour à déclarer s'ils avaient quelque observation à élever sur le verdict du jury. M. Chauveau-Lagarde se tut. « Rien, » répondit tristement Tronson de Coudray, comme un homme qui sent l'inutilité de tout nouvel effort en faveur d'une victime condamnée d'avance, « rien, citoyen président; la déclaration des jurés étant précise et la loi formelle, j'annonce que mon ministère à l'égard de la veuve Capet est terminé. »

Les juges et les membres du Comité de salut public prolongeaient sans mesure la durée des audiences, et c'est à peine s'ils permettaient à la Reine de prendre un peu de nourriture. Craignaient-ils qu'elle mourût avec trop de courage? Ce qu'ils avaient fait pour le fils, le tentaient-ils pour la mère? En affaiblissant ses forces physiques, espéraient-ils ébranler la fermeté de son caractère et éteindre la fierté de ses regards?

Ils ne réussirent point. En rentrant pour la dernière fois dans sa prison[1], la victime se jette toute vêtue sur son grabat et

---

[1] D'après un témoignage isolé, « la Reine ne rentra point dans la chambre qu'elle avait occupée jusqu'alors à la Conciergerie. Elle fut déposée dans un cabinet pratiqué à l'un des angles de l'avant-greffe, destiné ordinairement à

s'enveloppe les pieds avec sa couverture. Elle avait beaucoup souffert du froid. Dieu lui envoya quelques heures d'un sommeil paisible; puis elle écrivit à sa sœur cette lettre admirable où s'épanchent, avec ses larmes, ses religieuses douleurs et ses préoccupations maternelles :

« Ce 16 octobre, à quatre heures et demie du matin.

» C'est à vous, ma sœur, que j'écris pour la dernière fois. Je viens d'être condamnée, non pas à une mort honteuse, elle ne l'est que pour les criminels, mais à aller rejoindre votre frère; comme lui innocente, j'espère montrer la même fermeté que lui dans ces derniers moments. Je suis calme comme on l'est quand la conscience ne reproche rien ; j'ai un profond regret d'abandonner mes pauvres enfants; vous savez que je n'existais que pour eux; et vous, ma bonne et tendre sœur, vous qui avez, par votre amitié, tout sacrifié pour être avec nous, dans quelle position je vous laisse! J'ai appris par le plaidoyer même du procès que ma fille était séparée de vous. Hélas! la pauvre enfant, je n'ose pas lui écrire, elle ne recevrait pas ma lettre. Je ne sais même pas si celle-ci vous parviendra. Recevez pour eux deux ici ma bénédiction. J'espère qu'un jour, lorsqu'ils seront plus grands, ils pourront se réunir avec vous et jouir en entier de vos tendres soins. Qu'ils pensent tous deux à ce que je n'ai cessé de leur inspirer : que les principes et l'exécution exacte de ses devoirs sont la première base de la vie; que leur amitié et leur confiance mutuelle en feront le bonheur. Que ma fille sente qu'à l'âge qu'elle a, elle doit toujours aider son frère par les conseils que l'expérience qu'elle aura de plus que lui et son amitié pourront lui inspirer; que mon fils à son tour rende à sa sœur tous les soins, les services que l'amitié peut inspirer; qu'ils sentent enfin tous deux que,

ceux des condamnés qui ne pouvaient être livrés à la mort que le lendemain de leur jugement. Ce fut là que la Reine passa sa dernière nuit. »
(MOELLE, *Six journées passées au Temple*, p. 67. — Paris, Dentu, 1820.

dans quelque position où ils pourront se trouver, ils ne seront vraiment heureux que par leur union. Qu'ils prennent exemple de nous. Combien, dans nos malheurs, notre amitié nous a donné de consolation ! Et dans le bonheur, on jouit doublement quand on peut le partager avec un ami ; et où en trouver de plus tendre, de plus cher que dans sa propre famille ? Que mon fils n'oublie jamais les derniers mots de son père, que je lui répète expressément : « Qu'il ne cherche jamais à venger notre mort. » J'ai à vous parler d'une chose bien pénible à mon cœur : je sais combien cet enfant doit vous avoir fait de la peine ; pardonnez-lui, ma chère sœur ; pensez à l'âge qu'il a, et combien il est facile de faire dire à un enfant ce qu'on veut, et même ce qu'il ne comprend pas ; un jour viendra, j'espère, où il ne sentira que mieux tout le prix de vos bontés et de votre tendresse pour tous deux. Il me reste à vous confier encore mes dernières pensées. J'aurais voulu les écrire dès le commencement du procès ; mais, outre qu'on ne me laissait pas écrire, la marche en a été si rapide que je n'en aurais réellement pas eu le temps.

» Je meurs dans la religion catholique, apostolique et romaine, dans celle de mes pères, dans celle où j'ai été élevée, et que j'ai toujours professée, n'ayant aucune consolation spirituelle à attendre, ne sachant pas s'il existe encore ici des prêtres de cette religion ; et même le lieu où je suis les exposerait trop s'ils y entraient une fois. Je demande sincèrement pardon à Dieu de toutes les fautes que j'ai pu commettre depuis que j'existe ; j'espère que dans sa bonté il voudra bien recevoir mes derniers vœux, ainsi que ceux que je fais depuis longtemps pour qu'il veuille bien recevoir mon âme dans sa miséricorde et sa bonté. Je demande pardon à tous ceux que je connais, et à vous, ma sœur, en particulier, de toutes les peines que, sans le vouloir, j'aurais pu vous causer. Je pardonne à tous mes ennemis le mal qu'ils m'ont fait. Je dis ici adieu à mes tantes et à tous mes frères et sœurs. J'avais des amis ; l'idée d'en être séparée pour jamais et leurs peines sont un des plus grands regrets que j'emporte en mourant ; qu'ils sachent du moins que, jusqu'à mon dernier moment, j'ai pensé à eux. Adieu, ma bonne et tendre sœur ! Puisse cette lettre vous arriver ! Pensez toujours à moi. Je vous embrasse de tout mon cœur, ainsi que ces pauvres et chers enfants. Mon Dieu ! qu'il est déchirant de les quitter pour toujours ! Adieu ! adieu ! je ne vais plus m'occuper que de mes devoirs spirituels. Comme je ne suis pas libre de mes actions, on m'amènera peut-être un prêtre ; mais je proteste ici que je ne lui dirai pas un mot, et que je le traiterai comme un être absolument étranger. »

On sent à cette lecture combien la pauvre mère craignait que les paroles odieuses qu'on avait mises dans la bouche de son enfant ne tombassent sur le cœur meurtri de Madame Élisabeth, ou ne fussent aussi dirigées contre elle-même comme un moyen de calomnie.

La Reine ajoutait en s'adressant à son fils : « Que mon fils n'oublie jamais les derniers mots de son père, que je lui répète expressément : Qu'il ne songe jamais à venger notre mort ; je pardonne à tous mes ennemis le mal qu'ils m'ont fait. »

On sait qu'il existe une tradition fondée sur des témoignages sérieux, d'après laquelle la Conciergerie se serait ouverte pour recevoir un prêtre non assermenté, qui vint consoler la Reine dans ses dernières douleurs et la fortifier pour son dernier combat : l'abbé Magnin, plus tard curé de Saint-Germain l'Auxerrois, aurait été, sous le nom de M. Charles, introduit dans la Conciergerie auprès de la Reine par une de ces saintes filles dont le dévouement ne connaît pas d'obstacles.

Une attestation signée de lui est ainsi conçue : « Je certifie de plus que, dans le mois d'octobre 1793, j'ai eu le bonheur de pénétrer à la Conciergerie avec mademoiselle Fouché, d'y confesser plusieurs fois la Reine Marie-Antoinette, de lui dire la messe et de la communier [1]. »

---

[1] Cette déclaration était dans les mains du baron Hyde de Neuville, qui s'est exprimé ainsi dans une lettre écrite à l'occasion des *Girondins*, de

LIVRE XII. — MORT DE LA REINE.

Le 25 vendémiaire an II (16 octobre 1793), à cinq heures du matin, le rappel fut battu dans toutes les sections ; à sept, toute la force armée fut sur pied. Des canons furent placés à l'entrée des ponts, sur les places et dans les carrefours qui se trouvent depuis le Palais de justice jusqu'à la place de la Révolution [1].

Les abords de la Conciergerie, le grand perron du Parlement étaient garnis de curieux : on en voyait à toutes les croisées, sur les grilles, sur les balustrades, sur les corniches, et jusque sur les toits.

A onze heures, on vint prendre la Reine pour la conduire à l'échafaud. On la trouva, dit-on, avec un prêtre constitutionnel [2], introduit auprès d'elle, comme elle l'avait prévu, par les ordres de la Commune. La Reine ne lui avait pas laissé achever sa première phrase. Il avait dit : « Votre mort va expirer..... — Oui, monsieur, des fautes, mais pas un seul crime. » Après cette interruption, l'entretien s'adoucit. Comme le prêtre excitait la Reine au courage : « Ah ! monsieur, répondit-elle, il y a plusieurs années que j'en fais l'apprentissage : ce n'est pas au moment où mes maux vont finir qu'on m'en verra manquer. »

Nous avons sous les yeux la relation inédite d'un témoin

M. de Lamartine, et qu'on trouve dans les *Études critiques sur les Girondins*, par M. A. Mettement : « J'ai sur la communion de la Reine dans son cachot plus que des renseignements oraux. De précieux documents m'ont été confiés : j'ai des lettres de madame Bault, femme du concierge de la prison Dans une lettre, elle dit que l'abbé Magnin *eut le courage de pénétrer à travers mille dangers, dans la prison de cette illustre princesse, pour lui porter les consolations de la religion.* Voici comment s'exprime, dans une déclaration que j'ai également, un homme honorable, ami de M. Bault : « *Un soir que j'étais chez le sieur Bault, sur la fin de septembre ou dans les premiers jours d'octobre, je vis entrer quelqu'un ayant un air remarquable, et qui attira toute mon attention. La demoiselle Bault, qui donnait des soins à l'infortunée Reine, me dit que c'était M. Charles, confesseur et consolateur de la Reine.* » J'ai d'autres déclarations, d'autres certificats, qui constatent le même fait. »

[1] *Histoire du dernier règne de la monarchie française*, t. II, page 342.
[2] M. Girard, curé de Saint-Landry.

oculaire[1] qui, avec quelques amis royalistes comme lui et comme lui costumés de manière à ne pouvoir être suspectés, suivit la Reine, de la porte de la Conciergerie jusqu'à l'échafaud, dans le vague espoir qu'un signal serait donné et qu'on pourrait arracher la Reine aux mains des bourreaux. Voici cette intéressante et fidèle relation, à laquelle nous ne changeons rien, nous réservant seulement de la compléter par d'autres détails.

« Au moment où les portes de la voûte d'entrée de la prison s'ouvrirent, la fatale charrette était acculée à quelques pieds de distance; il y avait des détachements de toutes les sections sous les armes; celle des Gravilliers, la mienne, une des plus révolutionnaires, était formée d'un assez bon choix et près de la voiture; la foule (dans la cour) n'était pas très-compacte, on ne laissait pas approcher depuis plus d'une heure; je croyais remarquer sur les visages de tous une curiosité silencieuse et de bon augure; dans un moment aussi solennel on voit souvent ce qu'on souhaite. Je touchais presque à la roue droite de la charrette, j'avais eu le temps d'examiner et de remarquer ses détails : assez sale et crottée, pour banquette une planche, ni paille ni foin sur le plancher, un cheval blanc, fort et vigoureux, un marchepied derrière et un seul homme à figure sévère et sinistre à la tête du cheval. Un léger mouvement d'impatience commençait à se manifester; la troupe avait l'arme au bras; un officier supérieur de la garde nationale, à cheval, — c'était Grammont, de la Comédie française[2], fit un commandement. Chacun se tourne vers les portes, la grille s'ouvre, et la victime, pâle, mais toujours reine, appa-

[1] Le vicomte Charles Desfossez.
[2] Grammont était du théâtre de la Montansier. Il fut guillotiné avec son fils, avec le général Dillon, avec Chaumette, avec Lebrasse, dont nous avons parlé tome 1, page 465, et son acte de décès porte : *Nourry Grammont, ci-devant artiste du théâtre Montansier, ensuite adjudant général de l'armée révolutionnaire, âgé de quarante-deux ans, natif de la Rochelle (Charente-Inférieure), domicilié à Paris, passage des Petits-Pères section de Guillaume Tell.*

raît ; derrière elle marche le bourreau Sanson, tenant les bouts d'une grosse ficelle qui retire en arrière les coudes de la royale condamnée. Elle fait les quelques pas nécessaires pour joindre le marchepied, auquel on a ajouté une petite échelle assez large, de quatre ou cinq échelons. L'exécuteur, qui indique à la Reine où il faut mettre le pied, est suivi d'un aide ; Sanson va, de la main, soutenir la patiente ; la Reine, — c'était vraiment elle, — se retourne gravement, fait un signe négatif, et déjà elle s'est mise seule en mesure de s'asseoir ; en voulant enjamber la banquette pour se placer en face du cheval, lorsque les deux bourreaux lui désignent la position opposée qu'il faut prendre, pendant que le prêtre monte en voiture. Ces dispositions prennent du temps. L'exécuteur des hautes œuvres, — et cette circonstance me frappe, met un soin visible à laisser flotter à leur gré les cordes qu'il tient en ses mains. Il se place derrière la Reine en s'appuyant contre les écalages[1] de la charrette ; son aide est au fond, tous deux debout et le chapeau à trois cornes à la main. Sortie de la cour, la voiture marche lentement au travers d'une multitude qui se précipite sur son passage, sans cris, sans murmures, sans insultes. Ce n'est qu'à l'entrée de la rue Saint-Honoré, après un long trajet, que des clameurs se font entendre. Le prêtre parle peu ou point. J'avais eu le temps de prendre le signalement de la Reine et de son costume. Elle avait un jupon blanc dessus, un noir dessous, une espèce de camisole de nuit blanche, un ruban de faveur noir aux poignets, un fichu de mousseline uni blanc, un bonnet avec un bout de ruban noir ; les cheveux tout blancs, coupés ras autour du bonnet ; le teint pâle, un peu rouge aux pommettes, les yeux injectés de sang, les cils immobiles et roides. Ce portrait fut tracé en rentrant chez moi comme le reste de cette description. Arrivée vis-à-vis de la porte des Jacobins, — c'était alors un passage, la Reine

---

[1] On appelle ainsi, en Picardie, cette espèce d'échelons ou de treillages qui forment les parois latérales de la charrette.

n'avait point encore parlé au prêtre ; de temps à autre celui-ci appuyait la main sur le bras gauche de la victime, qui, par un mouvement, indiquait la souffrance que lui causaient les nœuds de corde qui la serraient. Il y avait sur l'arcade qui surmontait la porte du passage des Jacobins un grand écriteau portant cette inscription : *Atelier d'armes républicaines pour foudroyer les tyrans;* je supposai que la Reine ne l'avait pas lue facilement, car tout à coup elle se tourne vers le prêtre et paraît l'interroger ; il élève un instant un petit christ d'ivoire qu'il n'a pas encore quitté des yeux. Au même moment, Grammont, qui n'a pas cessé d'escorter la charrette, élève son épée, la brandit en tous sens, et se redressant sur ses étriers, crie à haute voix quelques mots que je ne puis saisir ; puis se retourne vers le char de mort en disant avec des jurements : « La voilà, l'infâme Antoinette, elle est f...., mes amis ! » Quelques vociférations avinées se font entendre. Je rentre dans la foule à un signe convenu d'un de nos amis : il fallait renoncer à tout espoir de sauver la Reine. »

Ainsi ceux qui avaient grossi la foule dans la pensée de prêter main-forte à toute tentative faite en faveur de la victime, étaient obligés de se retirer en détournant la tête pour ne pas assister à son exécution. Il ne nous reste que peu de détails à donner pour compléter cette relation douloureusement fidèle.

Louis XVI, jugé comme roi, avait été conduit en voiture à l'échafaud ; sa veuve, jugée comme simple citoyenne, est montée, on l'a dit, sur une charrette et s'est assise sur une planche. Mais la royale condamnée, vêtue de blanc comme jadis les martyres de la foi chrétienne, les mains liées derrière le dos, est allée au supplice sereine et magnanime, regardant avec calme et pitié le tumulte qui l'environnait. Les maisons étaient closes, elles étaient muettes sur son passage ; dans la rue Saint-Honoré, presque en face de l'Oratoire, un jeune enfant que soulevait sa mère s'inclina devant Marie-Antoinette, et de la main lui envoya un baiser. A ce spectacle, si nouveau pour elle, la Reine rougit d'émotion et ses yeux se remplirent de larmes [1].

La victime ne devait rencontrer d'outrages que sur les points où l'on avait d'avance aggloméré à dessein une multitude fanatisée par la haine. Ainsi, en face de Saint-Roch, un geste de Grammont fit faire halte au cortége pour que la populace amoncelée sur les degrés de l'église pût insulter la Reine à loisir [2]. Cent pas plus loin, comme on l'a vu, les vociférations se renouvelèrent devant le passage des Jacobins. C'est que la Commune de Paris n'a pas voulu qu'une Reine de France traversât sa capitale sans pompe et sans cortége; elle a envoyé à cette fête toute cette tourbe de femmes ivres, couvertes de haillons, coiffées du bonnet rouge, qu'elle enrégimente et qu'elle soudoie pour accompagner à la mort les victimes désignées par le tribunal révolutionnaire, et les poursuivre de boue et d'imprécations, poussant des hurlements et des bravos à chaque chute du couperet fatal. C'est ce troupeau de mégères qui saluaient la fille des Césars des noms de Frédégonde et de Messaline, demandant son sang pour le boire, et justifiant cet horrible nom que la Commune leur a donné de *lécheuses de guillotine*.

Celle qui était restée reine dans la prison du Temple, reine sur la couchette grossière et sur la chaise de paille et sur l'escabeau de bois de la Conciergerie, était reine encore sur la charrette qui la conduisait à l'échafaud. Une sorte de grandeur digne rayonne toujours autour d'elle. L'auguste victime contemple jusqu'au bout avec calme ce peuple abusé; pas un mouvement de haine n'altère la sérénité de son regard, qui, détaché de la terre, semble regarder plus loin et plus haut. « Hélas! dit-elle, mes maux vont bientôt finir, mais les vôtres ne font que commencer. » Arrivée sur la place où le sang de Louis XVI avait coulé, elle monte les marches de

---

[1] *Mémoires secrets, etc., sur les malheurs et la mort de la Reine de France*, par M. Lafont d'Aussonne, 1825.

[2] *Ibidem.*

l'échafaud d'un pas ferme, attache un instant les yeux sur les Tuileries avec une douloureuse émotion, prie avec ferveur, lève les yeux au ciel, et se tournant vers l'exécuteur : « Hâtez-vous, » dit-elle, et, inclinant la tête, elle reçoit le coup fatal[1].

« Si ce n'est pas un sujet de remords, a dit l'empereur Napoléon Ier, ce doit être au moins un bien grand sujet de regret pour tous les cœurs français, que le crime commis dans la personne de cette malheureuse Reine. Il y a une grande différence entre cette mort et celle de Louis XVI, quoique certes il ne méritât pas son malheur. Telle est la condition des rois, leur vie appartient à tout le monde ; il n'y a qu'eux seuls qui ne peuvent pas en disposer ; un assassinat, une conspiration, un coup de canon, ce sont là leurs chances ; César et Henri IV ont été assassinés, l'Alexandre des Grecs l'eût été s'il eût vécu plus longtemps. Mais une femme qui n'avait que des honneurs sans pouvoirs, une princesse étrangère, le plus sacré des otages, la traîner du trône à l'échafaud à travers tous les genres d'outrages, il y a là quelque chose de pire encore que le régicide ![2] »

---

[1] Voir aux Documents, n° VIII, l'inventaire qui fut fait deux ans plus tard, après la levée des scellés posés sur la commode de bois de rose à dessus de marbre blanc, qui contenait tout ce qui avait appartenu à la Reine.

[2] *Mémoires d'un ministre du trésor public* (le comte Mollien). — Paris 1845, tome III, page 123.

LIVRE TREIZIÈME.

L'OEUVRE DE SIMON S'ACHÈVE.

17 octobre 1793 — 19 janvier 1794.

Un pari. — Caractère de Simon aigri par la captivité. — Le billard. — Le municipal Barelle. — Gratitude de Louis XVII. — Le billard est démonté. — Chaumette combat les dépenses nécessitées par la garde des prisonniers du Temple. — Nouvelle perquisition faite au Temple. — Nouvelle déposition de Louis XVII. — Tison mis au secret. — La cage organisée. — La conspiration des canaris. — Premier exploit de Napoléon Bonaparte à Toulon. — Le bain de pieds de Simon. — Ennui de Simon. — Le docteur Naudin. — Offrande de Louis XVII reconnaissant. — Brutalité de Simon. — Coru, économe du Temple, rentre au conseil général de la Commune. — Simon suit son exemple. — Réflexions.

Le meurtre de la Reine resta ignoré des prisonniers du Temple. Les municipaux de service, les gardiens et les employés de la tour eurent la charitable discrétion de ne leur point donner cette nouvelle. Simon en eut connaissance, il n'en parla point non plus; il savait que la tête de Marie-Antoinette était promise au bourreau, mais il ignorait le jour où le bourreau devait la prendre. Dans la matinée du 16 octobre, il crut entendre au dehors une légère rumeur; le rappel avait battu, et un bruit confus annonçait quelque mouvement inaccoutumé dans la cité populeuse. Une impatiente curiosité le poussa sur la plate-forme, observatoire habituel d'où il cherchait toujours à saisir quelques scènes ou du moins quelques paroles du grand drame qui se jouait alors. Il y traîna son pupille, et sa femme l'y suivit. Je dois dire d'abord qu'il s'était passé, il y avait deux ou trois jours, un épisode qui ne pouvait avoir lieu que dans ce temps. Les prisons étaient tellement encombrées et le parquet de l'accusateur public tellement surchargé d'affaires criminelles, qu'il était impossible de mettre grand soin ni grand temps à constater l'identité des condamnés. Deux personnes allaient à l'échafaud pour deux autres qui portaient le même nom; ces derniers réclamèrent contre cette erreur et marchèrent au supplice. Ce fait, qui montre si bien quels étaient les tribunaux et les accusés de cette époque, avait la veille beaucoup occupé le ménage Simon, et le soir, lorsque l'enfant fut endormi, l'ex-cordonnier jacobin revenant sur cette affaire : « Du moins, dit-il, quand *la Veto* ira à la guillotine, personne ne prendra sa place, il n'y aura pas d'erreur. Il n'y en a pas deux de son nom et de sa figure. — Elle n'ira pas à la guillotine, avait répondu la femme. — Et pourquoi? — Parce qu'elle est encore belle, parce qu'elle sait parler, et qu'elle saura attendrir ses juges. — La justice est incorruptible, » avait gravement repris le sentencieux Simon, et la chose en était restée là.

Mais je ne sais comment sa femme s'était imaginé que la Reine ne serait pas mise à mort. Avait-elle le désir qu'elle fût acquittée ou l'appréhension qu'elle ne fût pas condamnée? Du moins elle ne croyait pas que la Reine monterait sur l'échafaud. Simon, lui, voyait plus clair en politique; il avait été quelque temps à même de recueillir à leur source les inspirations révolutionnaires, et il savait à quoi s'en tenir sur la destinée réservée à Marie-Antoinette. Montés sur le sommet de la tour, ils entendirent les troupes qui rentraient dans leurs quartiers. Simon reprit à mots couverts la discussion de la veille et dit à sa femme : « Je ne serais pas étonné que ce fût pour celle dont nous parlions hier soir que tout ce tapage a eu lieu. — Je suis sûre que non, dit Marie-Jeanne, on n'eût pas fait tant de cérémonie pour elle. » — Puis un pari se fit entre Simon et sa femme touchant le sang de la Reine de France; le perdant était tenu de payer et de fournir quelques petits verres d'eau-de-vie qui devaient égayer les loisirs de la soirée. Les commissaires de service arrivèrent bientôt sur la plate-forme. Simon apprit par eux que ses pressentiments étaient justes; il leur demanda à part quelques renseignements, puis s'approchant de sa femme, il lui dit : « Tu as perdu ton pari. — Quel pari? dit ingénument l'enfant royal en roulant son ballon dans l'étroit corridor qui servait de promenade. — Le pari ne te regarde pas, mais si tu es sage tu en auras ta part. » Et le soir, en effet, le fils de Marie-Antoinette portait à ses lèvres une goutte de cette eau-de-vie dont s'enivraient ses gardiens à l'occasion de la mort de sa mère.

Ces détails, — j'ai dit à quelle source je les ai puisés, — me coûtent à écrire, mais il est de mon devoir de les livrer dans toute leur hideuse naïveté, car il me semble que ce tableau d'intérieur donne, mieux que toute peinture historique, une idée exacte des mœurs intimes de la tour du Temple. Cette soirée, qui s'était prolongée entre le verre et la pipe, se termina par une petite querelle. La bile de Simon, contenue depuis quelques jours, fermenta dans cette orgie, et cette fois elle n'eut point à s'épancher sur le pauvre innocent, qui déjà s'était réfugié dans le sommeil. L'époux aviné ne s'en prit qu'à l'épouse prudente et économe qui avait modéré le payement du pari, et ce n'est que par des reproches et des injures que se traduisit la colère d'un ivrogne désappointé dans ses désirs mis en haleine et dans sa passion inassouvie. Toutefois, ses accents s'élevèrent assez haut pour que Madame Élisabeth les entendît. La Princesse s'imagina que cette rude voix, qu'elle reconnaissait, s'adressait naturellement à la victime accoutumée. Cette pensée l'occupa presque toute la nuit, et, le lendemain et le surlendemain, n'entendant plus rien, et privée de toute nouvelle, elle monta par l'escalier de la garde robe-au comble de la tourelle, et se tint en observation à la petite fenêtre dont nous avons parlé. Le second jour, son espoir se réalisa : le maître et l'élève parurent sur la plate-forme; ils s'arrêtèrent un instant de manière à être vus de la patiente spectatrice, si bien qu'elle ne put savoir si elle avait été aperçue elle-même ou si elle devait attribuer purement au hasard le regard que tous deux, à leur passage, dirigèrent de son côté.

Quelques jours avant la mort de la Reine, il s'était passé au Temple un fait qui avait encore aigri l'humeur déjà si irascible de Simon. Quoique sa colère se concentrât ordinairement sur une seule tête, sa femme pourtant n'était pas sans en souffrir. Les membres du conseil, ses collègues, n'étaient point sans s'en apercevoir eux-mêmes, bien qu'ils ne remplissent dans la tour qu'à tour de rôle les fonctions de commissaires. La femme Simon avait donc dit à ceux-ci : « Mon mari ne sait que faire. Voilà trois mois d'emprisonnement avec ce louveteau, il ne doit point sortir, il n'a pas à travailler, il ne peut jouer : il en deviendra malade, si cela dure. Il y avait un billard dans une des salles du palais du Temple quand le ci-devant Capet d'Artois y logeait. Nous vous demandons la permission de faire apporter dans la tour ce vieux billard, qu'on a relégué au garde-meuble du Temple quand le tyran est venu demeurer ici. » L'idée de la femme Simon parut ingénieuse aux municipaux, qui virent tout d'abord le parti que, dans leur désœuvrement personnel, ils pourraient en tirer pour eux-mêmes. Un d'entre eux cependant, plus circonspect, craignait que la mesure adoptée par eux ne fût désapprouvée le lendemain par leurs successeurs. « Ils en profiteront à leur tour, répliqua la femme Simon ; il faut bien que la patrie fasse quelque chose pour les citoyens qui font tout pour elle. » Ces paroles dites, la cause était gagnée. Le billard fut apporté et dressé dans une des salles de la tour, qu'on fit à cette occasion tapisser d'un papier neuf[1].

Ce billard devait devenir successivement pour l'enfant prisonnier l'occasion de courtes récréations et de souffrances nouvelles. Parmi les commissaires, il y en avait un petit nombre qui lui témoignaient quelque intérêt, et se plaisaient à jouer avec lui et à lui enseigner à pousser les billes ; un d'eux surtout, Barelle, dont nous avons déjà parlé, maçon de son métier, homme simple et sans éducation, mais d'un cœur bienveillant,

---

[1] Parmi les nombreux documents que nous avons recueillis sur le Temple, se trouve la facture du marchand de papier, avec l'indication des fournitures faites pour tapisser la salle du billard.

s'amusait à distraire l'enfant, dont la triste destinée lui faisait pitié. Ses collègues avaient fini par le plaisanter à ce sujet, et comme c'était un homme sans conséquence et dont on prisait assez peu la capacité, les membres de la commission lui disaient en le raillant dès qu'il arrivait au Temple : « Allons, Barelle, va voir ton bon ami. » Barelle ne se le faisait pas dire deux fois ; et l'enfant, sensible à des marques d'affection auxquelles il était si peu habitué, le recevait toujours avec une joie nouvelle. Barelle lui avait rendu un service inestimable : il avait obtenu quelquefois qu'on laissât entrer dans la salle du billard, où se tenait le Dauphin, la fille de la blanchisseuse du Temple quand elle apportait du linge à la tour [1]. Cette jeune enfant avait huit ans ; et c'étaient entre le petit Roi captif et la fille de la blanchisseuse de longues parties de jeu autour du billard. Que l'on y songe, depuis ses promenades chez madame de Lède, le fils de Louis XVI n'avait pas joué avec un enfant de son âge ! Aussi avait-il un véritable attachement pour le bon Barelle, qui s'occupait de lui faire plaisir quand tous ceux qui l'entouraient prenaient à tâche de lui faire de la peine. Il calculait d'avance l'époque où devait revenir ce commissaire exceptionnel, et il en prévenait Simon. Un jour, l'enfant obtint de son maître la permission de conserver un poulet pour Barelle, qui, d'après son calcul, devait revenir ce jour-là ; mais il y eut un retard, et le commissaire ne vint au Temple que deux jours après. Dès qu'il entra, le jeune Prince courut au-devant de lui et lui offrit le poulet. Barelle fit quelques difficultés pour l'accepter. Témoin de ce débat, Simon dit au municipal : « Allons, prends-le ; il y a deux jours qu'il te le garde. » En même temps il enveloppa le poulet dans une feuille de papier, et Barelle le mit dans sa poche en disant au fils de Louis XVI : « Va, mon pauvre petit, je voudrais bien pouvoir t'emporter comme cela dans mon autre poche et te tirer d'ici ! »

Hélas ! parmi tant de commissaires, il n'y avait guère que

---

[1] Voir, aux Documents n° IX, les mémoires de la femme Clouet, blanchisseuse du Temple.

Barelle qui témoignât cette affection à l'enfant; et bientôt la brutalité des autres municipaux lui fit de ce billard, qui lui avait procuré d'abord quelques distractions, une occasion de nouvelles souffrances et de nouvelles avanies.

On aurait pu espérer que ce nouveau genre de récréation, occupant les loisirs du maître et de ses collègues, deviendrait comme une trêve pendant laquelle l'esclave respirerait : ce ne fut là qu'une bien rare exception. Le plus souvent, quand il entre dans cette salle, l'enfant devient l'objet de la risée et des vexations de chacun des geôliers et des municipaux. Sous prétexte de lui montrer à jouer, tous veulent s'emparer de lui, lui faire essuyer leurs plaisanteries et leurs quolibets. Si sa douceur et les grâces qui lui restent encore parviennent à les désarmer, la municipalité, les jours suivants, est représentée au Temple par ses membres les plus brutaux. Il a beau ne se défendre et ne se plaindre que faiblement, dans la crainte de les irriter, il ne peut échapper à leurs jeux grossiers et à la fantaisie qu'ils ont de le prendre dans leurs bras, de le ballotter dans un nuage de fumée de pipe, et de se le renvoyer ainsi de distance en distance et de bras en bras pour y être secoué et suffoqué. Oui, il a tout cela à souffrir; tout petit qu'il est, il a à recevoir en plein visage les bouffées de tabac et de vin, et jusqu'aux crachats que des fumeurs ivres envoyèrent à la tête de Charles Ier avant que le bourreau la prît. Les choses en vinrent à ce point, que le citoyen La Bazanerie [1], commandant de la force armée du poste du Temple, et l'économe du Temple, Coru, étrangers à ces jeux cruels, craignant que leur responsabilité ne fût compromise par les dangers que courait le jeune prisonnier au milieu de ces orgies, crurent devoir rendre compte de ce qui se passait au conseil général de la Commune; et le billard, démonté, alla reprendre sa place dans le garde-meuble. Madame Royale, qui avait été confrontée avec son frère dans cette scène du 7 octobre que nous avons si imparfaitement décrite, savait

---

[1] Charpentier de son état, rue Fontaine-au-Roi, faubourg du Temple, et chef de bataillon de cette section.

comme sa tante que le jeune Prince était extrêmement changé ; mais les idées et les paroles de l'enfant étaient bien plus changées que sa figure, et c'est sans doute ce changement moral qui avait le plus péniblement frappé sa tante et sa sœur. Les deux Princesses étaient elles-mêmes plus à plaindre que jamais. Toutes les voix se taisaient autour d'elles, tous les visages dissimulaient. Depuis la séquestration de Tison, depuis l'arrestation de M. Hue, il n'y avait plus pour elles de sympathie au dedans ni d'intelligence au dehors. Courbées avec résignation sous la main de Dieu, elles s'abandonnaient à sa volonté, et ne s'informaient plus de ce qui se passait sur la terre. Cette prison même, où il leur était du moins permis de pleurer ensemble, elles ignoraient que, depuis la mort (également ignorée) de Marie-Antoinette, il était question de la leur enlever. Chaumette avait déjà plus d'une fois représenté cette maison d'arrêt comme un refuge spécial, exceptionnel, aristocratique, contraire au sentiment d'égalité qui présidait au système du gouvernement et au régime des prisons d'État ; mais quelques jours après la suprême torture de la Reine, il crut devoir exprimer plus officiellement ses idées à cet égard, et il fit « *sentir au conseil général de la Commune le ridicule de conserver dans la tour du Temple trois individus qui nécessitaient une surcharge de services et des dépenses excessives* [1] ». La Commune fit droit au réquisitoire de son procureur [2], et résolut de se porter en

---

[1] Voir, aux Documents n° X, le rapport de Verdier sur les comptes du Temple.

[2] Le procureur de la Commune se récrie sur les dépenses énormes que nécessite la garde des individus détenus dans la tour. Il requiert, et le conseil arrête, que, le décadi prochain, il se transportera en masse à la Convention, pour lui demander que les prisonniers du Temple soient renvoyés dans les prisons ordinaires, et traités comme les détenus ordinaires, et que ces individus soient jugés dans le plus court délai.
(Conseil général de la Commune ; séance du 26 brumaire an II, 16 novembre 1793.)

Cette résolution fut renouvelée cinq jours après :

« Le conseil général arrête que, le quintidi prochain, il se transportera en masse à la Convention, pour lui demander à être déchargé de la garde du

masse à la Convention, pour demander la translation des détenus du Temple dans les prisons ordinaires et leur asservissement au traitement uniforme de tous les prisonniers. Plus circonspect que la municipalité, le comité de salut public n'adopta point sans examen la mesure proposée : il manda Chaumette, écouta ses raisons, les combattit, et maintint dans ses priviléges cette dure prison que la Commune révolutionnaire chicanait aux enfants des rois émancipateurs des communes.

Repoussée de ce côté, la municipalité de Paris essaya de prendre sa revanche sur un autre terrain ; elle fit de nouveau les perquisitions les plus rigoureuses dans les appartements du Temple, avec l'espoir d'y découvrir quelques papiers ou quelques objets qui compromissent Madame Élisabeth ; elle n'y trouva rien qui pût servir même de prétexte à une accusation. N'importe, il n'était point d'obstacles qu'elle ne fût capable de franchir pour arriver à l'accomplissement de ses desseins, et ce fut encore au malheureux orphelin abandonné, abattu, écrasé, qu'on s'adressa, calomniant l'enfant pour calomnier et tuer la tante, descendant à des bassesses et à des manœuvres telles, que l'histoire des tyrannies humaines n'en présente point un second exemple. Mais Simon et sa femme furent cette fois bien autrement embarrassés qu'ils ne l'avaient été dans la machination ourdie et pratiquée contre la Reine. L'initiative et les conseils d'Hébert leur manquaient ; ils n'avaient pas même la rédaction de Daujon, et le procès-verbal que, seuls, ils firent dresser aux municipaux, se ressentit de l'absence de complices aussi habiles. Voici ce document, cette fois plus absurde que révoltant, daté du 5 brumaire an II (26 octobre 1793).

Temple ; et que les prisonniers qui y sont détenus soient transférés dans les prisons ordinaires, et charge Legrand de faire une pétition à cet égard.
(Séance de la Commune du 1er frimaire an II, 21 novembre 1793.)

COMMUNE DE PARIS[1].

« Le cinquième jour du deuxième mois de l'an second de la République une et indivisible, à huit heures du soir ;

» Le citoyen Simon est venu au conseil du Temple pour lui faire part d'une conversation qu'il avait eue avec le petit Capet, par laquelle un membre de la Commune paraissait avoir eu des intelligences avec sa mère. Simon ne voulant pas nommer le membre sans qu'au préalable le conseil eût reçu lui-même la déclaration du petit, alors le conseil a nommé les citoyens Foloppe et Figuet pour interroger le petit Capet ; ces deux membres sont de suite montés dans sa chambre, où étant, et en présence de la citoyenne Simon, ils ont fait rouler la conversation sur différentes choses, et l'amenant insensiblement sur les membres de la Commune, il a dit :

» Qu'un jour Simon étant de service au Temple auprès de sa mère avec Jobert, ledit Jobert avait remis ce jour-là deux billets sans que Simon fut (*sic*) aperçu ; que cette espièglerie avait fait rire beaucoup ces dames, d'autant plus qu'elles avaient trompé la vigilance de Simon, mais que lui déclarant n'avait point vu les billets, seulement que ces dames le lui avaient dit.

» Les commissaires dénommés descendus au conseil ont donné lecture de la présente déclaration ; alors Simon a dit qu'elle était conforme à celle que le petit Capet lui avait fait (*sic*) verbalement.

» Lecture faite au petit Capet de la présente déclaration, a dit qu'elle contient vérité, y persiste et a signé.

» Et avant de signer, le petit Capet a dit que sa mère craignait sa tante ; et que sa tante était celle qui exécutait mieux les complots. »

Cette signature du jeune Prince, la dernière que nous possé-

---

[1] Cette pièce est au dépôt des Archives de l'Empire, Armoire de fer.

dions de lui, a été exactement reproduite, ainsi que les quelques mots de l'écriture de Simon qui l'accompagnent.

> Louis Charle
> capet
> Simon aprouspe cei
> presente de clarauion
> aute mple

On peut mesurer, en comparant les caractères incertains et vacillants de la signature du fils de Louis XVI au bas de ce document, à son écriture dont nous avons donné un spécimen tome Ier, page 253, la décadence physique et morale dans laquelle il était tombé.

La Commune eut assez d'intelligence pour ne pas adopter sérieusement un pareil récit; elle eut assez de pudeur pour n'en pas faire usage sans le fortifier par quelques nouvelles déclarations, et le 13 frimaire suivant (3 décembre 1793), fut fabriqué un second procès-verbal, dans lequel Simon contraignit encore de paraître le plus innocent et le plus effroyable accusateur qu'on trouvera jamais dans l'histoire. Cette nouvelle pièce n'est qu'un tissu d'absurdités qu'il suffît de livrer à l'attention intelligente du public pour qu'il en fasse justice lui-même. La voici *in extenso* :

« Cejourd'hui 13 frimaire, l'an II de la République une et indivisible, nous, commissaires de la Commune, de service au Temple, sur l'avertissement à nous donné par le citoyen Simon, que *Charles Capet avait à dénoncer des faits qu'il nous importait de connaître pour le salut de la République,* nous nous sommes transportés, quatre heures de relevée, dans l'appartement dudit Charles Capet, qui nous a déclaré ce qui suit :

» Que, depuis environ quinze jours ou trois semaines, il entend les détenues frapper tous les jours consécutifs, entre six heures et neuf heures ; que, depuis avant-hier, ce bruit s'est fait un peu plus tard, et a duré plus longtemps que tous les jours précédents ; que ce bruit paraît partir de l'endroit correspondant au bûcher ; que, de plus, il connaît, à la marche qu'il distingue de ce bruit, que, pendant ce temps, les détenues quittent la place du bûcher par lui indiquée, pour se transporter dans l'embrasure de la fenêtre de leur chambre à coucher, ce qui fait présumer qu'elles cachent quelques objets dans ces embrasures ; il pense que ce pourrait être de faux assignats, mais qu'il n'en est pas sûr, et qu'elles pourraient les passer par la fenêtre pour les communiquer à quelqu'un.

» Ledit Charles nous a également déclaré que, dans le temps qu'il était avec les détenues, il a vu un morceau de bois garni d'une épingle crochue et d'un long ruban, avec lequel *il suppose que les détenues ont pu communiquer par lettres avec feu Capet.*

» Et de plus, que ledit Charles se rappelle qu'il lui a été dit que, s'il descendait avec son père, il lui fît ressouvenir de passer tous les jours, à huit heures et demie du soir, dans le passage qui conduit à la tourelle, où se trouve une fenêtre de l'appartement des détenues.

» Charles Capet nous a déclaré de plus qu'il était fortement persuadé que les détenues avaient quelques intelligences ou correspondances avec quelqu'un.

» De plus, nous a déclaré qu'il avait entendu lire dans une lettre que Cléry avait proposé à feu Capet le moyen de correspondance présumé par lui déclarant; que Capet avait répondu à Cléry que cela ne pouvait se pratiquer, et que cette réponse n'avait été faite à Cléry qu'à la fin qu'il ne se doutât pas de ladite correspondance.

» Déclare qu'il a vu les détenues fort inquiètes, parce qu'une de leurs lettres était tombée dans la cour.

» Ayant demandé au citoyen Simon s'il avait connaissance du bruit ci-dessus énoncé, il a répondu qu'ayant l'ouïe un peu dure il n'avait rien entendu; mais la citoyenne Simon, son épouse, a confirmé les dires dudit Charles Capet relativement au bruit.

» Ledit citoyen Simon nous a dit que, depuis environ huit jours, ledit Charles Capet se tourmentait pour faire sa déclaration aux membres du conseil.

» Lecture faite auxdits déclarants, ont réconnu contenir vérité, et ont signé ledit jour et an que dessus.

» *Signé* : Charles Capet, Simon, femme Simon, Remy, Séguy, Robin, Sillans. »

Ici en vérité l'invraisemblable arrive trop grossièrement à l'absurde. On prétend que *Charles Capet avait à dénoncer des faits qu'il nous importait de connaître pour le salut de la République!* c'est ce pauvre enfant de huit ans qui prend l'initiative. Il a entendu sa mère (car il la croit encore dans l'appartement au-dessus de lui), sa sœur et sa tante, frapper tous les jours entre six et neuf heures, et, les deux derniers jours, ce bruit s'est fait plus tard et a duré plus longtemps! Il a entendu pendant trois semaines ce bruit, et les gardes nationaux placés en faction à la porte de chaque étage, et les geôliers faisant leur ronde matin et soir, et Simon si habile à être instruit de tout ce qui se passe au Temple, et enfin les commissaires en permanence dans l'appartement des détenues n'ont rien entendu! Tous ces argus du Temple, si attentifs à tout voir, à tout épier, à tout dénoncer, ont tout à coup perdu les yeux, l'ouïe et la langue!

Je passe sous silence cette clairvoyance impossible d'un enfant qui devine, à la marche du bruit qui se déplace, que les prisonnières quittent la pièce du bûcher pour s'installer dans l'embrasure de la fenêtre de leur chambre à coucher, et y cacher de *faux assignats*. Quoi! il sait mieux que tout le monde dans le Temple les dispositions de chaque appartement, il sait la correspondance exacte de chaque chambre avec la chambre de l'étage supérieur! il connaît les faux assignats! il pense que sa mère, sa sœur et sa tante pourraient les passer par la fenêtre pour les communiquer à quelqu'un!

La seconde partie de ce procès-verbal est relative à la correspondance nocturne[1] que Louis XVI, pendant le temps que dura son procès, avait, de concert avec Cléry, établie avec Madame Élisabeth. Nous y remarquons cependant que *Charles Capet était* FORTEMENT PERSUADÉ *que les détenues avaient des intelligences ou correspondances avec quelqu'un.* En vérité, la dérision ici est trop forte. Une chose m'y frappe toutefois, c'est le refus fait par Simon de s'associer à sa femme et au Dauphin dans la première déposition que contient ce second procès-verbal, et qui est relative au bruit entendu dans l'appartement des Princesses. Le prétexte qu'il allègue de sa surdité pour n'avoir point connaissance de ce bruit semblerait un scrupule de conscience qui aurait le droit d'étonner chez un tel homme, si l'on n'y voyait plutôt de sa part un calcul raisonné pour donner plus de crédit à ses autres allégations, notamment à celle qui suit immédiatement, et dont l'absurdité dépasse tout, à savoir, *que depuis environ huit jours Charles Capet* SE TOURMENTAIT *pour faire sa déclaration aux membres du conseil.*

Laissons là ce factum stupide, œuvre d'un zèle aussi maladroit que fanatique, au bas duquel on retrouve dans la signature du pauvre enfant la violence matérielle visiblement faite à sa main, pour le contraindre à signer; et remarquons que le

[1] Voyez tome I, page 382.

conseil général de la Commune, si peu scrupuleux qu'il était, recula lui-même devant l'idée d'asseoir une accusation capitale sur de pareils motifs. L'enfant, abasourdi, avait signé : qui le nie, mais qui ne voit la main qui le fait signer? Sa pauvre mère, en mourant, demandait grâce pour lui à Madame Élisabeth, mais celle-ci, pas plus que la Reine, n'avait rien à pardonner.

Les rigueurs qui se manifestaient contre Madame Élisabeth s'étendaient, nous l'avons dit, sur Tison lui-même, relégué depuis le 21 septembre dans la tourelle. Amendé par la réflexion, résigné et repentant, ce malheureux acceptait sa disgrâce et supportait en silence la captivité, comme une expiation de sa conduite passée. Cependant, inquiet de sa femme et de sa fille, dont il n'avait pas de nouvelles, le 10 décembre il sollicita sa liberté. Hébert combattit sa demande, alléguant qu'on se priverait, en le relâchant, des renseignements qu'il était à même de donner sur Madame Élisabeth. Avant de statuer sur la pétition, le comité de salut public ordonna que le pétitionnaire serait soigneusement interrogé. L'interrogatoire n'ayant amené aucune charge contre la sœur de Louis XVI, le comité, loin d'accorder une grâce qui n'avait point été méritée par une délation, ordonna que Tison serait mis au secret et réduit au plus strict nécessaire. Cette nouvelle n'affligea point précisément Simon, qui regardait Tison comme un traître, mais elle l'inquiéta, ou tout au moins elle lui donna à réfléchir sur sa position personnelle. Il se demandait quelle serait sa propre récompense après avoir dépensé des mois et des années peut-être dans le rôle si dur qui lui était imposé. Bien qu'il eût confiance dans la protection de ses chefs et dans la stabilité de leur pouvoir, le spectacle général des vicissitudes si fréquentes dans ces temps d'orage, l'exemple particulier de son voisin Tison, ne laissaient pas que de le troubler. Malgré les avantages et les gros appointements qui rachetaient à ses yeux les ennuis de sa position, et qui la rendaient enviable aux yeux de ses collègues, il commençait à se dégoûter de sa vie recluse, si esclave dans le présent et si peu certaine dans l'avenir. Les incessantes obsessions, les traitements indignes exercés sur son pupille avaient déjà affaibli la santé de celui-ci d'une façon visible; mais le duel pouvait encore se prolonger des années, tant la vie est dure à user à cet âge! Simon n'apercevait pas le terme de ses travaux dans un temps assez prochain pour s'en promettre le salaire; la physionomie autrefois si riante de la victime portait bien l'empreinte d'une profonde mélancolie; son teint, si frais et si rosé, était devenu mat et jaune, la ligne si pure de ses traits s'était altérée; ses membres s'étaient allongés au delà des proportions naturelles, et son dos se voûtait insensiblement, comme courbé sous le pesant fardeau du jour. L'insomnie veillait à son chevet; la pensée qu'il avait signé un papier inconnu, et nécessairement fatal, le tourmentait peut-être comme un remords. Mais la lutte devait être encore opiniâtre et longue, d'autant que la résistance de l'enfant avait pour ainsi dire cessé. Voyant que chacune de ses actions ou de ses paroles lui attirait un blâme, ou une ironie, ou des coups, il se tenait coi; à peine osait-il répondre oui ou non à la plus simple question. Il était comme un muet, il était comme un sourd; il doutait de sa vie passée, il doutait de lui-même; il se demandait s'il n'était pas justement esclave, et si le jacobin Simon n'était pas son maître légitime. C'est ainsi que, n'ayant plus de prétexte même pour infliger des châtiments, l'instituteur, attardé dans sa marche par un bon vouloir aveugle, contrarié dans son but par une soumission mécanique, était obligé d'inventer des occasions de brutalité, et que, ne pouvant plus punir, il était réduit à assassiner.

L'infortune de cet être innocent, la dégradation de son éminente nature, ne manquèrent pas toutefois d'inspirer quelque pitié et de provoquer quelques réclamations, même dans l'enceinte du Temple. Quelques employés, entre autres Gourlet, l'un des porte-clefs, et le fidèle Meunier, qui, par le zèle qu'il apportait dans ses fonctions, avait obtenu la bienveillance du farouche démagogue, tentèrent la difficile et périlleuse entreprise de venir en aide au petit martyr. Il y avait dans le garde-meuble du Temple une cage organisée dont les ressorts mettaient en jeu un serin artificiel. L'oiseau était fixé au milieu de la cage sur un bâton, et ne quittait point sa place ; mais le rouage qui lui donnait le mouvement le faisait battre des ailes, déployer la queue, agiter la tête, et, ce qui était bien autrement merveilleux, chanter la *Marche du Roi*. Meunier et Gourlet engagèrent Simon à demander au conseil du Temple ce jouet pour le jeune prisonnier ; mais ils n'ignoraient pas que le consentement même de Simon était plus difficile à obtenir que celui des municipaux. Cependant la curiosité aidant, le maître ne repoussa point pour son élève une distraction dont il devait lui-même avoir sa part, et il fit la démarche proposée, démarche qui eut un plein succès, les commissaires de service se trouvant être ce jour-là tout à fait modérés, pour des représentants de la Commune. La cage, tirée de la poussière du garde-meuble et réparée par un horloger-mécanicien, fut apportée[1]. Le magique volatile plut extrêmement au jeune Charles, qui, au premier aspect, le prit pour un serin des Canaries ; son enthousiasme augmenta quand il vit que c'était un chef-d'œuvre de l'art ; mais son plaisir fut moins grand, si son étonnement fut plus vif ; et bientôt il ne vit plus qu'avec indifférence ce petit oiseau qu'il avait cru d'abord vivant, prisonnier et malheureux comme lui, et qui n'était que l'insensible rival du flûteur de Vaucanson. C'est qu'il ne retrouvait plus

---

[1] « *Je prie les citoyens commissaires de la trésorerie nationale de faire payer* au citoyen Bourdier, horloger-mécanicien, *la somme de* trois cents livres, montant de son mémoire réglé, pour réparations faites à une cage au Temple, en nivôse dernier, suivant ledit mémoire et l'arrêté de la somme du 22 de ce mois.

» *Laquelle somme de* trois cents livres *sera comprise dans l'état de distributions du* 1er *au* 9 *de* germinal prochain, *et l'ordonnance adressée incessamment à la trésorerie nationale.*

» A Paris, le 26 ventôse de l'an IIe de la République française une et indivisible (16 mars 1794).

» Le ministre de l'intérieur. »

(Archives de l'Empire, carton E, n° 6207.)

en lui ce caractère précieux d'une créature capable de souffrance et de plaisir, qui met en contact la vie avec la vie et qui rappelle l'homme à l'homme, suivant la belle expression de Térence.

Le bon Meunier courut les environs du Temple, cherchant des serins privés pour amuser le Dauphin (car c'était encore sous ce vieux nom royal que toute la bourgeoisie de Paris désignait par habitude le fils du Roi décapité). La voix de Meunier fut entendue dans quelques maisons qui lui avaient été indiquées et qui mirent avec le plus vif empressement leur volière à sa disposition. Il revint avec dix ou douze serins, tous plus apprivoisés et plus charmants les uns que les autres. Leur vivacité et leur gazouillement jetèrent une grande animation dans le sombre appartement où, du fond de sa cage, l'imperturbable automate récitait son éternel refrain de la *Marche du Roi*. « Ceux-ci du moins sont de vrais oiseaux ! » s'écria l'enfant avec joie, et il les prit et les baisa les uns après les autres. Dans le nombre, il en remarqua un plus privé, je dois dire plus prévenant, plus affectueux, qui, au moindre appel, venait se percher sur son doigt et paraissait recevoir ses caresses avec plaisir : l'enfant le prit en affection ; il s'en occupait beaucoup, il lui donnait à manger des grains de millet dans sa main ; et, pour mieux le suivre de l'œil lorsqu'il s'envolait vers les autres, il lui attacha à la patte une faveur rose. Mais, à un autre signalement, il lui était tout aussi facile de le reconnaître : il lui suffisait de l'appeler pour qu'il vînt à l'instant même voltiger sur sa tête, s'abattre sur son épaule, et de là se poser sur son doigt. Cette douce distraction, qu'avait acceptée et autorisée on ne sait comment la miraculeuse condescendance de Simon, hélas ! elle ne fut point de longue durée. Ce frêle échafaudage de consolation et de plaisir devait bientôt s'écrouler dans une visite d'inspection que les commissaires de service firent le 29 frimaire an II (19 décembre 1793). Au moment où ils entraient, le séditieux automate fredonnait son refrain coupable, et le favori du Prince répondait par un brillant ramage à ses chants factices. Il n'en fallait pas davantage pour dévouer à la proscription l'oiseau de bois et son complice. La faveur nouée à la patte du serin fut regardée aussi comme une aggravation du crime. « Que signifient, s'écria l'un des municipaux, ce chant factieux et ce ruban rose ornant comme une *décoration* un oiseau *privilégié?* cela sent l'aristocratie et dénote une distinction que les républicains ne sauraient tolérer. » Ce disant, il avait saisi le pauvre petit volatile, et lui avait enlevé *ses insignes*. Rejeté violemment dans le vide, le serin avait déployé ses ailes et amorti le choc que cet élan forcé lui fit recevoir contre la muraille; il tomba, mais il se releva aussitôt et se mêla, avec un chant plaintif, à la bande gazouillante. L'enfant, plein d'effroi, ne perdit point de vue son ami ailé; il jeta un cri à sa chute, mais il ne fit aucune réclamation, sachant bien qu'il ne lui restait qu'à subir cette nouvelle rigueur, dont Simon avait cette fois laissé l'initiative à ses collègues du dehors. Croira-t-on qu'un rapport fut fait sur cet amusement illicite, qu'interdirent immédiatement les mandataires de la Commune? Tous les oiseaux, vrais ou faux, furent compris dans l'arrêt de condamnation, et cette affaire fut connue dans l'enceinte du Temple sous le titre de la *conspiration des canaris :* tant il est vrai qu'il y eut dans ce temps un mélange inouï d'odieux et d'absurde. La révolution semble avoir inventé et posé les règles fondamentales des drames modernes où s'unissent le rire et les sanglots, où se marient le grotesque et l'horrible. Le despotisme le plus atroce pesait sur l'humanité. Science, noblesse, vertus, richesse, talents, jeunesse, gloire, tout était foulé aux pieds. Mais, de tous les vaincus, le plus opprimé sans contredit, c'était le bon sens. En lisant les folies de cette époque, on se sent comme étouffé par un mauvais rêve, et l'on prend en doute la vitalité de l'intelligence humaine. La grande tragédie qui se jouait mêlait à des efforts de géant des farces de baladin. Il y avait dans tout des larmes, du sang et des rires. Les irrégularités judiciaires, les fautes contre la langue, le sens commun et la morale, tout cela marchait à la suite de cette formidable Convention, qui nivelait toute chose et préparait un champ vide à l'avenir. C'était précisément ce jour-là, le 19 décembre 1793, que le jeune homme d'Ajaccio, dont la figure nous est un moment apparue dans la journée du 20 juin 1792, signalait sous les murs de Toulon les préludes de sa fortune. Paris, toujours avide de nouveautés, tournait les yeux du côté du Midi ; et, tout entier aux événements qui s'accomplissaient au soleil, ne s'informait guère comment, dans l'ombre d'une tour, le fils de Louis XVI se débattait, sans pouvoir en sortir, au milieu des fatales influences qui l'enveloppaient de toutes parts comme un invisible réseau. Il semblait que le premier coup de canon de Bonaparte devait étouffer le dernier soupir de Louis XVII.

Bien que le blâme attaché à l'introduction dans la tour de la cage organisée ne l'atteignît point directement, Simon comprit pourtant qu'il devait en revendiquer sa part, et il en conçut une irritation d'autant plus grande qu'il n'avait pas oublié la proscription du billard. Son humeur se tourna en rancune contre le malheureux enfant chargé d'acquitter toutes ses vengeances. Le lendemain de ce jour-là, il lui vint la fantaisie de prendre un bain de pieds, et il trouva beau de se faire servir à sa toilette comme il se faisait servir à table : il ordonna donc à l'enfant de lui chauffer du linge pour lui essuyer les pieds. Tremblant devant la toute-puissance du despote, le malheureux enfant obéit avec plus d'empressement que d'adresse, et laissa tomber une serviette qui faillit brûler. Le maître resta les pieds dans l'eau ; mais jetant des blasphèmes, des cris et des écumes de colère, il poursuivit de malédictions l'inhabile serviteur que son bras ne pouvait atteindre. Un instant après, croyant son courroux apaisé, le fils des Rois vint essuyer les pieds du cordonnier, imitant ainsi, sans le savoir, les Rois Très-Chrétiens qui, à l'instar du divin Maître, essuyaient les pieds des pauvres dans les évangéliques solennités du jeudi saint. Mais les pauvres se retiraient en bénissant la sublime humilité de la grandeur royale, que rehaussaient encore les dons de l'aumône; et le cordonnier envoya tomber à six pieds de distance l'enfant royal frappé de ce pied brutal que ses petites mains venaient d'essuyer! Le martyr resta comme écrasé sous le coup, mais le bourreau ne l'abandonna point : il se rua sur lui, il le frappa de la main, il le frappa du pied, il l'appela des noms les plus odieux pour lui, les plus outrageants pour son père et pour sa mère, il vomit sur lui à pleins flots tous les jurements que lui inspirait sa verve exaltée par le vin ou la fièvre politique; puis il ordonna au patient de se lever; et comme le patient avait encore un reste de vie, il fallut qu'il se levât. Je me borne à raconter.

De jour en jour le caractère de ce geôlier devenait plus intraitable : ses passions s'envenimaient dans la solitude. L'oisiveté, la réclusion, l'ennui, ajoutaient je ne sais quelle susceptibilité haineuse, quelle impatiente aigreur à ce naturel déjà si violent. En repassant ses souvenirs, il revenait sans cesse sur des incidents dont il s'exagérait la portée :

En octobre, il avait sollicité pour lui et pour sa femme la permission de se promener dans les cours et jardins du Temple, et le conseil général, auquel en avait référé le conseil du Temple, avait, en termes assez rudes, repoussé sa demande[1];

[1] Commune de Paris. — 16 octobre 1793.

« Le 25ᵉ jour du 1ᵉʳ mois de l'an II de la République française une et indivisible.

» Commission du Temple.

» *Extrait du registre des délibérations du conseil général.*

» Sur le compte rendu par le citoyen Cellier, au nom des membres du conseil de service hier au Temple, qu'ils avaient accordé au citoyen Simon et à sa femme une carte pour se promener dans les cours et jardins, accompagnés d'un membre du conseil, à la charge par chacun d'eux de la rendre, lorsqu'ils rentreraient dans la tour, mais qu'ils s'étaient réservé de soumettre leur arrêté au conseil, pour obtenir son approbation;

» Le conseil passe à l'ordre du jour motivé sur son précédent arrêté, qui ordonne que Simon n'aura pas de carte, et arrête que le présent sera envoyé dans le plus court délai à la commission du Temple.

» *Signé :* LUBIN, vice-président.

» DORAT-CUBIÈRES, secrétaire-greffier.

» Pour extrait conforme,

» METTOT, secrétaire-greffier. »

Le 12 brumaire (2 novembre), il avait exprimé le désir de se transporter à son domicile, rue Marat[1], pour chercher quelques meubles dont il avait besoin, et on ne lui avait accordé cette autorisation qu'à condition qu'il serait accompagné de deux commissaires de la Commune;

Appelé en témoignage le 27 brumaire (17 novembre), devant le tribunal révolutionnaire, on ne lui avait permis de s'y rendre que sous l'escorte également de deux municipaux;

Enfin le 7 nivôse (27 décembre), il sollicite la faveur d'assister à la fête nationale qui doit se célébrer le décadi suivant, en mémoire de la prise de Toulon; *le conseil général passe à l'ordre du jour, motivé sur ce que Simon étant au Temple, se trouve à son poste.*

Il s'imagina dès lors que son crédit baissait : il n'en était rien : c'était un homme trop digne de ses chefs et trop propre à la mission de confiance dont ils l'avaient chargé. Mais il se sentait atteint dans sa considération aux yeux des employés de la tour, aussi bien que dans les rares distractions qui étaient venues lui sourire jusque-là dans sa captivité (le billard et les serins). En même temps il devenait de plus en plus gêné dans ses mouvements. Les lois romaines, dans leur expressive concision, appelaient « l'esclave de la peine » (*servus pœnœ*) le condamné voué à une captivité qui durait autant que la vie : Simon était l'esclave de ses fonctions et le captif de sa charge. Sa position, qui avait tant chatouillé son orgueil, commençait à lui paraître moins digne d'envie, et il n'y avait plus que les assignats qui pouvaient l'y maintenir attaché.

Le régime de la tour n'était point meilleur pour sa femme : accoutumée au plus gros travail, elle s'arrangeait fort bien, d'abord, d'être servie à son tour, se figurant, comme ses compagnes, qu'il suffit de ne rien faire pour devenir grande dame; mais sa santé, que n'entretenait plus cette incessante activité de toute sa vie, languissait sous le poids d'un embonpoint excessif. Elle tomba même assez malade pour avoir besoin des

---

[1] La rue des Cordeliers fut ainsi nommée après la mort de Marat.

secours de l'art. Le respectable M. Naudin, chirurgien de l'Hôtel-Dieu, qui demeurait dans le quartier, fut appelé près d'elle le 7 nivôse an II (27 décembre 1793). Il lui prescrivit un traitement et promit de revenir le lendemain. En se retirant, il traversait la chambre où Simon se trouvait à table avec les municipaux et le royal enfant, qui, pressé de toutes parts, se refusait à chanter les couplets impies qu'on lui demandait. L'apparition du docteur réveilla en sursaut, dans l'amour-propre du maître, le sentiment de son autorité méconnue; et ce que les commissaires avaient sollicité avec prière, lui, il l'exigea avec violence. L'élève répondit comme il répondait souvent en pareille circonstance : il pleura. Simon se précipita sur lui, et, l'enlevant en l'air par les cheveux : « Sacrée vipère, s'écria-t-il, il me prend envie de t'écraser contre le mur. » M. Naudin courut à l'enfant, l'arracha des bras du geôlier en criant avec une énergique indignation : « Scélérat! que vas-tu faire? » Foudroyé par cette apostrophe, le geôlier resta muet; soyons juste, il ne la comprit pas. C'était d'abord pour plaire à ses collègues, et ensuite pour fêter l'entrée du docteur qu'il voulait que l'enfant chantât. Sa fureur n'avait donc à ses propres yeux rien que de légitime, provoquée qu'elle était par la rébellion de son élève; elle n'avait rien que de convenable, car elle attestait le regret qu'il avait de ne pouvoir être agréable à la compagnie. Quant à sa brutalité en elle-même, elle n'avait rien de nouveau : plus elle allait loin en cette circonstance, plus, aux yeux de cet homme, chez qui le sens moral n'existait pas, elle était raisonnable et bien placée. Le sentiment qui avait inspiré l'exclamation du docteur lui échappa donc totalement, tant elle était pour lui une langue étrangère. Les municipaux n'en furent point frappés eux-mêmes, et l'un d'eux se contenta de dire : « Citoyen Naudin, tu as toujours le mot pour rire. »

Le respectable docteur tint parole : il revint le lendemain visiter la malade. On conçoit qu'une autre pensée le ramenait avec intérêt à la tour. Quelles furent sa surprise et son émotion, lorsqu'au passage d'une chambre dans l'autre, le petit prisonnier l'arrêta par la main, et lui présentant deux poires qu'on lui avait données la veille pour son goûter, lui dit avec l'accent du cœur : « Hier, vous m'avez prouvé que vous vous intéressiez à moi, je vous en remercie : je n'ai que ceci pour vous en témoigner ma reconnaissance, vous me feriez bien plaisir de l'accepter ! » Le vieillard prit la main de l'enfant, il la serra dans les siennes ; il accepta avec respect le présent de la royauté indigente, et ce n'est que par une grosse larme qu'il put lui témoigner sa reconnaissance, l'émotion lui ayant ôté la parole. Mais que sont les paroles auprès d'une larme !

On voit qu'au milieu de la décadence de ses forces physiques et morales, le fils de Louis XVI avait conservé le sentiment de la gratitude. Le cœur de cet enfant était si noblement doué, que, semblable à un foyer dont la flamme vivace a peine à s'éteindre sous la cendre dont on le couvre, il se ranimait dès qu'une parole amie venait l'exciter. Jamais il n'avait oublié les recommandations de sa mère. Quelquefois même il se les rappelait dans ses rêves, et il arriva que son geôlier le surprit, au milieu d'une nuit (c'était le 14 ou le 15 janvier 1794), les mains jointes et à genoux, priant Dieu dans un songe plein de ferveur. Simon réveilla sa femme pour lui montrer ce superstitieux somnambule, qu'il se proposait de châtier d'importance. Il prit en effet une cruche d'eau qu'il lui versa sur la tête, au risque de lui causer une maladie mortelle par cette ablution glaciale dans une nuit d'hiver.

Saisi d'un frisson instantané, l'enfant s'étendit dans son lit sans jeter un cri ; mais soit que cette première sensation l'eût tout à fait réveillé, soit que l'humidité de sa couche l'eût arraché au sommeil, il se leva et chercha un refuge sur son oreiller, seule planche de salut qui fût restée sèche dans ce naufrage. Il s'y était assis en grelottant... Simon se levait et s'habillait à demi, bien que sa femme le priât de rester tranquille, et l'enfant attendait, engourdi par l'angoisse, l'issue d'une scène si menaçante pour lui.

Simon l'avait saisi par la main, et, le secouant avec violence : « Je t'apprendrai à faire tes patenôtres et à te lever la nuit comme un trappiste. » Et comme l'enfant ne comprenait pas, une colère insensée s'empara du geôlier, dont le sang s'allumait toujours à l'idée d'un obstacle, au soupçon d'une résistance. Il s'arma de son soulier à gros clous, et, dans le paroxysme de sa frénésie, il se rua sur sa victime et l'atteignait déjà au visage, lorsque de ses deux mains l'enfant arrêta son bras en lui disant : « Que vous ai-je donc fait pour vouloir me tuer ? — Te tuer, louveteau ! comme si je le voulais, comme si je l'avais jamais voulu ! Oh ! la vipère ! elle ne sait donc pas que si je la prenais une fois par le cou, elle ne crierait plus ! » Et d'un bras vigoureux, il avait renversé sur son lit, transformé en ruisseau, la victime haletante, qui s'y étendit sans plus dire un seul mot, et y resta blottie tremblante de froid et d'épouvante.

Satisfait de son triomphe, le geôlier se recoucha.

Ce triomphe était grand. A dater de cette nuit, l'élève resta plongé dans un abattement complet. Ses yeux, qui autrefois se dirigeaient sur le maître, et le suivaient anxieux, maintenant restaient baissés ; il ne cherchait plus à deviner ce qui allait se passer.

Autrefois, son regard humide lui adressait une muette prière ; aujourd'hui ce regard se détournait et restait impassible. Le captif semblait n'avoir plus ni force ni vouloir : il avait fini par accepter son sort. Il avait longtemps roidi sa volonté, mais le ressort avait fini par se briser ; il avait senti sa chaîne et s'était avoué esclave : il se tenait debout devant le juge dans l'attitude du coupable.

Le juge était dur par instinct aussi bien que par devoir. Son caractère s'était envenimé encore dans l'isolement et l'immobilité. En commençant, ce n'était qu'un homme grossier, violent, vaniteux, fanatisé par les passions révolutionnaires, et plus brutal encore que méchant ; mais il s'était perverti dans son affreuse besogne. Aussi, dans ses violences, que maintenant aucune rébellion ne provoquait, que ne justifiait aucune résistance, y avait-il un penchant machinal qui le disposait à faire incessamment acte de puissance, une irritabilité sans motif, aussi bien que le souvenir de l'odieux engagement qu'il avait contracté. Au moment où, par son obéissance et sa résignation, le malheureux enfant devait se croire à l'abri de ses atteintes, il se précipitait sur lui, réveillé tout à coup dans ses instincts cruels par une irritabilité que rien ne motivait.

Mais Dieu ne voulait pas que tout fût encore accompli.

Le 13 nivôse an II (2 janvier 1794), le corps municipal prend un arrêté qui, conformément à l'article 8, section 3, de la loi sur le gouvernement provisoire, interdit le cumul des fonctions de membre du conseil général et des emplois salariés par l'État. Simon, instituteur de Capet, et Coru, économe du Temple, se trouvent atteints par cette mesure.

Dès le lendemain, Coru se rend à l'hôtel de ville et déclare devant ses collègues qu'il renonce à sa place pour rester membre du conseil général[1]. Son désintéressement est applaudi et une mention civique lui est décernée. « Alors, dit le procès-verbal de la séance, une discussion s'élève sur la question de savoir si le citoyen Simon, membre du conseil, qui se trouve dans le cas de l'option, sera tenu d'opter malgré la mission dont il est chargé. Cette discussion se termine par l'ordre du jour motivé sur la loi qui prononce d'une manière précise sur cet objet. »

La résolution de Coru rendait la démission de Simon inévitable. Celui-ci, en effet, ne pouvait se montrer ni moins désintéressé que son collègue, ni moins désireux du témoignage d'estime qu'il avait obtenu.

Le 16 nivôse (5 janvier), il informe le conseil général qu'il résigne une position grassement rétribuée pour reprendre les fonctions gratuites auxquelles l'ont appelé les suffrages du peuple. Le conseil agit à son égard comme il avait fait envers

[1] Coru (Jacques-Pierre), âgé de soixante et un ans, était marchand grainier, et demeurait rue Saint-Antoine, n° 229, section de l'Arsenal.

Coru, en lui accordant la mention civique au procès-verbal et l'inscription de son nom sur la liste des candidats pour les missions salariées à la disposition de la Commune.

Le 19 nivôse (8 janvier), le conseil général de la Commune députe cinq de ses membres au comité de salut public, pour *lui demander son vœu sur la nomination du citoyen qui doit remplacer le citoyen Simon, gardien du petit Capet.*

Le 27 nivôse (16 janvier), ces commissaires annoncent au conseil général que *le comité de salut public regarde comme inutile la mission de Simon, et pense que les membres du conseil doivent seuls surveiller les prisonniers du Temple.*

Le conseil général arrête alors que quatre de ses membres, commissaires de garde au Temple, auront à l'avenir la surveillance immédiate des détenus à la tour du Temple.

Le 30 nivôse an II (19 janvier 1794), un grand bruit se fit entendre dans la tour; c'étaient Simon et sa femme qui déménageaient et prenaient congé de tous les employés du Temple[1]. Les adieux du maître à son élève furent ce qu'ils devaient être, une injure et un blasphème. La femme avait dit à l'enfant : « Capet, je ne sais quand je te reverrai. — Oh! le crapaud, reprit Simon, il n'est pas encore écrasé, mais il ne sortira pas de la crapaudière, quand bien même tous les capucins du ciel se mêleraient de l'en tirer. » Et en même temps, il appuyait la main sur la tête du jeune prisonnier, qui, muet et les yeux baissés, recevait immobile cette dernière malédiction de son geôlier[2].

---

[1] Marie-Jeanne Aladame, veuve d'Antoine Simon, admise à l'hospice des incurables (femmes), rue de Sèvres, 10e arrondissement, le 23 germinal an IV (12 avril 1796), sur la présentation du ministre de l'intérieur, en date du 14 du même mois (3 avril 1796), est décédée dans cet établissement le 10 juin 1819. On verra plus loin comment mourut Simon.

[2] Le lendemain, le procès-verbal de la séance de la Commune portait ce qui suit : « Un commissaire de garde au Temple annonce au conseil général que Simon et sa femme ont présenté aux commissaires de garde le petit Capet, et qu'ils les ont priés de leur en donner décharge; le conseil général arrête qu'il sera donné décharge au citoyen Simon et à sa femme de la personne du petit Capet. »

Tel fut cet homme, pendant sa courte mais si longue tyrannie. Toute l'activité de ses facultés, comprimée par la vie de réclusion qu'il menait, s'épanchait en humeur brutale sur ce malheureux enfant qu'elle mettait à la torture. C'était pour lui un passe-temps dont il se faisait une tâche, un besoin dont il se faisait un devoir. Condamné à lui donner tout son temps, il lui jetait au nom de la République des paroles emphatiques et impérieuses, ou des menaces effrayantes, ou des châtiments cruels : c'était là son office aussi bien que son plaisir. Il trouvait aussi un grand charme à lui causer quelques frayeurs ; les jours où il avait bu un peu plus que de coutume, la peur qu'il aimait à lui faire était ce qui égayait le mieux sa pesante ivresse.

Il savait qu'aux chefs qu'il servait rien ne paraissait plus doux ni plus charmant que de se venger sur l'enfant des remords que leur causait le meurtre du père ; il savait que la victime ne devait pas être tuée, mais que cependant elle devait mourir.

Il épousa donc de tout cœur cette politique qui s'était dit : On le fera végéter dans quelque coin obscur d'une prison où il mourra muet, où l'on emploiera pour me débarrasser de lui toute espèce de moyens, sauf le meurtre!... Robespierre et Marat avaient trouvé cet homme digne d'eux ; cet homme capable de s'enfermer avec un enfant en acceptant la mission de lui nuire, de l'attaquer dans sa santé pour affaiblir son intelligence, et d'affaiblir son intelligence pour l'attaquer dans son cœur ; un homme capable de s'isoler avec l'engagement pris envers des hommes et envers lui-même, et tenu envers lui-même comme envers eux, de se faire un jeu des larmes d'un enfant, un plaisir de ses chagrins, une jouissance de ses cris, un besoin de ses terreurs, un devoir de sa dégradation ; un homme capable de lui sucer le meilleur de son sang sans l'épuiser, n'achevant jamais le meurtre, mais le recommençant toujours. Oui, cet homme-là s'est trouvé pour couronner cette époque de crimes par un crime plus lâche ; bourreau soudoyé, il n'avait pas conçu ce forfait qui dépasse les plus hideux écarts du cœur humain, mais il l'exécuta pendant près de sept mois avec un zèle et un sang-froid qui étonnèrent même ceux qui l'avaient ordonné. « C'est un homme admirable de caractère, dit un jour Chaumette; il est inflexible et toujours égal dans sa conduite. » Oui, Simon fut toujours inflexible et égal dans sa conduite. Jamais homme dans aucun état n'a si bien rempli les devoirs de sa charge. D'autres vont à leur comptoir, à leur bureau, à leur faction, à leur navire, à leur charrue; lui, il allait à sa victime.

Jamais il ne quittait son poste de colère et de vengeance. Couvant d'un œil jaloux son travail incessant de corruption et de mort, il était là jour et nuit, occupé à tuer lentement une créature innocente et frêle. Après l'avoir torturée pendant tout le jour, il se couchait tranquille le soir, comme un homme qui s'est acquitté du travail de sa journée, et avec la ferme résolution de recommencer le lendemain; et, le lendemain, il essayait un autre supplice sur la même victime devenue plus faible encore, puis il se rendormait et prenait des forces pour recommencer de nouveau.

Je sais qu'en vieillissant l'histoire s'est faite indulgente, et qu'il lui suffit de voir un fanatisme convaincu dans un homme pour réclamer en sa faveur des circonstances atténuantes. Il n'est sorte de piédestaux qu'elle n'ait dressés aux Cromwell et aux Sylla. Tibère pourtant n'avait pas moins de génie que Robespierre, et je ne vois pas que Tacite l'ait réhabilité.

Quoi qu'il en soit de cette abominable extravagance de notre temps, la manie des réhabilitations n'a pas encore songé à ramasser dans l'égout ce nom de Simon, pour essayer de le laver à la face du soleil.

LIVRE QUATORZIÈME.

SOLITUDE DE LOUIS XVI
MORT DE MADAME ÉLISABETH.

30 nivôse — 9 thermidor an II (19 janvier — 27 juillet 1794).

Simon n'a pas de successeur. — La porte de Louis XVII est scellée et grillée. — Isolement absolu. — Ennui et peur. — Hébert et ses partisans guillotinés. — Danton. — Chaumette. — Adresse de la Commune de Paris à la Convention nationale. — Procès et exécution de Madame Élisabeth. — La Terreur. — Catherine Théot. — Les municipaux; visites nocturnes. — Souffrance inexprimable du jeune Roi. — Démarche de M. Le Monnier. — Tableau de la France au moment du 9 thermidor.

On a vu les tourments que le fils de Louis XVI a subis sous l'autorité de Simon; on a vu avec quelle patience il les souffrit jusqu'au moment où il ploya, pour ainsi parler, sous le poids des souffrances humaines, et où son corps brisé laissa fléchir son âme. On a vu, dans ce duel effroyable, le bourreau souvent vaincu par la victime. Cet excès de misère n'est encore qu'un commencement; tout ce que ce malheureux enfant a enduré n'est rien auprès de ce qui l'attend. Il n'a eu à combattre que les hommes : il va avoir à lutter contre l'abandon, contre le silence, contre l'ennui de la solitude et les fantômes de la peur.

Les comités décidèrent que Simon n'aurait point de successeur. C'était un homme si difficile à remplacer! Chaumette et Hébert, qui dirigeaient tout ce qui concernait le Temple, acceptèrent cette décision, qui ne laissait aucun intermédiaire entre l'autorité municipale et la tour du Temple.

Ils déclarèrent qu'ils prendraient des moyens infaillibles pour avoir la sûreté que l'absence d'un gardien permanent leur refusait, et, dès le lendemain, c'est-à-dire le 1er pluviôse an II (20 janvier 1794), ils firent restreindre à une pièce le logement du prisonnier : l'enfant fut relégué dans la chambre du fond, qui avait été celle de Cléry, et, plus tard, celle de la femme Simon pendant sa maladie. La porte de communication entre l'antichambre et cette pièce[1] fut coupée à hauteur d'appui, scellée à clous et à vis, et grillée de haut en bas avec des barreaux de fer. A la hauteur d'appui fut posée une tablette sur laquelle les barreaux, en s'écartant, formaient un guichet fermé lui-même avec d'autres barreaux mobiles que fixait un énorme cadenas. C'est par ce guichet qu'on faisait parvenir au petit Capet ses mets grossiers, et c'est sur ce rebord qu'il devait remettre ce qu'il avait à renvoyer. Le système cellulaire, dont se plaignent aujourd'hui les natures les plus fortes, avait été, on le voit, inventé par le génie révolutionnaire, qui a épuisé les ressources de la souffrance, et il avait été inventé contre un enfant. Bien que restreint, son appartement était encore vaste pour une tombe. Comment pouvait-il se plaindre ! Il avait une chambre où se promener, un lit où reposer, il avait du pain, il avait de l'eau, il avait du linge, il avait des vêtements. On ne lui donnait ni feu ni lumière; sa chambre n'était chauffée que par le tuyau d'un poêle placé dans la première pièce; elle n'était éclairée que par la lueur d'un réverbère suspendu en face des barreaux; c'est entre ces barreaux aussi que passait le tuyau du poêle.

Tout cet arrangement fut arrêté et entrepris dans la journée du 1er pluviôse; il fut achevé le soir même à la clarté des lanternes; et, soit calcul atroce, soit fatale coïncidence, le royal orphelin inaugura sa nouvelle prison le jour même où son père était monté sur l'échafaud (2 pluviôse an II, — 21 janvier 1794).

Mais il n'y avait pour lui ni date ni anniversaire; l'année, les mois, la semaine, tout était confondu dans sa pensée; le temps, semblable à un lac aux eaux dormantes et silencieuses avait cessé de couler. Les jours ne se marquaient pour lui que par les souffrances; ils ne se distinguaient plus les uns des autres, puisqu'il souffrait tous les jours.

[1] Voir le plan, tome I, page 326.

Il est présumable cependant qu'il avait vu sans effroi et les changements qu'on opérait dans sa demeure et la solitude dans laquelle on l'enfermait. Depuis que le malheur, en le séparant de sa mère, avait clos pour jamais les temps insoucieux de son enfance, le Prince n'avait pas encore éprouvé ce moment de calme. Hélas! il se crut peut-être à l'abri des hommes. Il se sentit libre enfin dans sa prison, comme au creux d'une vallée un jeune daim échappé aux chiens des chasseurs. Peut-être pensa-t-il même que son isolement n'était qu'une transition à un état plus doux, que sais-je? une amélioration due à une influence qui pouvait plus tard lui rendre sa mère et sa liberté. L'espérance vient si vite à ceux qui n'ont pas encore une longue habitude de la vie, et qui, grâce à leur âge, sont nouveaux dans le malheur!

Nous entrons dans une période de maux qu'il nous devient difficile de décrire et d'énumérer : misère terne, sombre, monotone, privée du pompeux appareil qui entoure d'ordinaire les infortunes royales.

Qui dira jamais les tortures étouffées dans ce cachot! Qui dira jamais les combats intérieurs qui se sont livrés dans cette jeune âme, et les invisibles angoisses qui ont déchiré ce cœur que Dieu avait fait si plein de courage et de mansuétude! Pendant plus de six mois (depuis le 20 janvier jusqu'au 27 juillet 1794), l'air du ciel n'est pas descendu dans cette chambre; le jour y arrivait à peine à travers les grilles et les abat-jour, dont l'épaisseur et la solidité étaient l'objet d'une surveillance incessante de la part du conseil[1]. La victime ne voyait pas

---

[1] Commune de Paris.
Extrait du registre des délibérations du conseil du Temple.

« Paris, le 2 nivôse de l'an II de la République (22 décembre 1793).

» Cejourd'hui, 2 nivôse, trois heures de relevée, se sont présentés au conseil les citoyens Lépine, Lelièvre et Langlois, de service hier au Temple, lesquels nous ont fait part de la conférence qu'ils ont eue ce matin avec le citoyen maire, sur les motifs du sursis à l'occasion de l'arrêté du conseil général, sur les abat-jour à poser dans la chambre de Simon, au second, d'où il résulte que tous les obstacles du moment sont levés, le conseil du

même la main avare qui lui faisait passer ses chétifs aliments par l'espèce de tour pratiqué dans la porte grillée, ni la main imprévoyante qui, chargée d'allumer le poêle, le laissait parfois sans feu par un froid rigoureux, et parfois, à force de l'entretenir, faisait une étuve de la prison. Il n'entendait jamais d'autre bruit que celui des verrous. Seulement, vers la fin du jour, une voix sévère lui criait de se coucher, parce qu'on ne voulait pas lui donner de lumière.

Il était obligé de balayer lui-même sa chambre, s'il voulait y conserver quelque propreté; mais malheureusement ses forces affaiblies par d'indignes traitements, par la mauvaise nourriture et par le défaut d'exercice, ne purent lui permettre de prendre longtemps ce soin.

On se fait difficilement une idée des tourments de ce pauvre petit être luttant dans l'obscurité d'une prison contre des monstres dont il ne pouvait connaître ni la force ni le nombre! Chaque soir, ne lui semblait-il pas que c'était une voix nouvelle qui lui ordonnait de se coucher? N'était-il pas là comme au milieu d'un rêve effrayant? La solitude ne pesait-elle pas sur son âme comme un poids de plomb? Privé de tout travail, de tout jeu, de tout objet qui pût l'occuper, de toute parole qui pût réveiller son oreille, combien ses journées devaient être longues! Encore avait-il, tant qu'elles duraient, une faible lueur pour éclairer son abandon. Voir, c'est vivre, c'est penser, c'est posséder, c'est se défendre. Mais le soir, le soir, quand cette apparence de vie qu'entretient un reflet de lumière cesse ; quand les ténèbres et le silence viennent séparer l'homme du

---

Temple de service aujourd'hui et le conseil d'hier réunis ont arrêté que le citoyen Coru serait à l'instant prévenu de faire venir l'ouvrier à l'effet d'exécuter l'arrêté du conseil général, et qu'il serait délivré copie du procès-verbal au citoyen Coru.

» Tonnelier, Levasseur, Lechenard. »

Cette affaire des abat-jour avait déjà occupé le conseil général et le conseil du Temple; et à la date des 14 et 15 décembre 1793, on trouve deux arrêtés tendant « à faire établir les abat-jour apposés aux fenêtres de l'appartement qu'occupent Simon et le petit Capet, tels qu'ils étaient avant qu'on en détachât une partie ».

monde extérieur et l'enfermement seul avec lui-même, oh! c'est alors, surtout pendant ces longues heures qui précédaient le sommeil, que devaient venir à lui les amères réflexions, la fièvre douloureuse des pensées, puis la peur, la peur aussi tenace que l'ombre, sombre comme la nuit, la peur avec ses vagues menaces et ses insaisissables fantômes, la peur pleine de sursauts, d'excitations, de périls! On peut croire que bien des traits alors lui ont traversé l'âme, tels peut-être que son ennemi le plus acharné n'y ajouterait pas foi.

Tandis que la pauvre petite victime se débattait, la révolution continuait, et ses acteurs se dévoraient les uns les autres. Robespierre et Danton, s'apercevant qu'Hébert et ses partisans cherchaient à élever la puissance de la Commune de Paris au-dessus de celle de la Convention, se réunirent, malgré leur antipathie mutuelle, pour perdre les ennemis communs. Hébert et les hébertistes, subitement arrêtés, furent condamnés à mort le 4 germinal an II (24 mars 1794)[1]. Les dominateurs de la

---

[1] Les actes officiels des exécutions et des décès donnent leurs noms écrits dans l'ordre suivant :
1. Jacques-René Hébert, substitut de l'agent national de la Commune de Paris, âgé de 35 ans, natif d'Alençon, département de l'Orne, domicilié à Paris, rue Neuve-de-l'Égalité.
2. Charles-Philippe Ronsin, avant la révolution homme de lettres, puis commissaire de guerre ordonnateur, adjoint au ministre de la guerre, général de l'armée révolutionnaire, âgé de 42 ans, natif de Soissons, département de l'Aisne, domicilié à Paris, boulevard Montmartre, n° 27.
3. Antoine-François Momoro, imprimeur-libraire et administrateur du département de Paris, âgé de 38 ans, natif de Besançon, département du Doubs, domicilié à Paris, rue de la Harpe, n° 71.
4. François-Nicolas Vincent, ci-devant clerc de procureur, puis membre de la Commune, et actuellement secrétaire général du département de la guerre, âgé de 27 ans, natif de Paris, y domicilié rue des Citoyennes, section de Mutius-Scévola.
5. Michel Laumur, ci-devant lieutenant-colonel de la marine et colonel d'infanterie au 6e régiment de l'armée du Nord, et général de brigade, âgé de 63 ans, natif de Paris, y domicilié, rue Croix-des-Petits-Champs, n° 42.
6. Jean-Conrad Kock, banquier, âgé de 38 ans, natif d'Ulm, en Hollande, habitant en France depuis 1787, demeurant à Passy, près Paris, et encore à Paris, rue Neuve-de-l'Égalité, n° 314.

Convention prétendaient qu'un complot avait été ourdi entre madame la comtesse de Rochechouart et Hébert pour faire évader la famille royale ; que déjà Hébert avait, pour récompense de son adhésion à ce projet, touché un million payé par les princes coalisés, et qu'un autre million lui devait être compté après le succès. Puis on assurait que, la peur ayant saisi le traître, il avait lui-même dénoncé la conspiration.

Couthon, le digne ami de Robespierre, accusa Hébert à la tribune même de la Convention : « On a tenté, dit-il, de faire parvenir au Temple, aux enfants Capet, une lettre, un paquet de cinquante louis en or ; le but de cet envoi était de faciliter l'évasion du fils de Capet ; car les conjurés ayant formé le projet d'établir un conseil de régence, la présence de l'enfant était nécessaire à l'installation du régent. Qu'ils tremblent, les

7. Pierre-Jean Proly, négociant, puis rédacteur de journal, âgé de 42 ans, natif de Bruxelles, en France depuis 1782, demeurant à Paris, rue Vivienne, n° 7.
8. François Desfieux, marchand de vin de Bordeaux, âgé de 39 ans, natif de Bordeaux, domicilié à Paris, rue des Filles-Saint-Thomas, n° 20.
9. Anacharsis Clootz (Jean-Baptiste), homme de lettres, ci-devant député à la Convention nationale, âgé de 38 ans, natif de Clèves, dans la Belgique, habitant en France depuis 27 ans, demeurant à Paris, rue de Mesnard, n° 563.
10. Jacob Peyrera, manufacturier de tabac, âgé de 51 ans, natif de Bayonne, département des Basses-Pyrénées, demeurant à Paris, rue Saint-Denis, n° 413, section Bon-Conseil.
11. Marie-Anne-Catherine Latreille, âgée de 34 ans, native de Montreuil-Belley, département de Rhône-et-Loire, demeurant à Paris depuis six mois, rue et maison Bussy, femme Questineau.
12. Jean-Antoine-Florent Armand, élève en chirurgie, âgé de 26 ans, natif de Chaylac, département de l'Ardèche, domicilié à Paris depuis un an, rue et maison Bussy.
13. Jean-Baptiste Aucard, employé au comité des recherches du département de Paris, âgé de 52 ans, natif de Grenoble, département de l'Isère, domicilié à Paris, rue des Mauvais-Garçons Saint-Germain, ci-devant coupeur de gants, journalier.
14. Frédéric-Pierre Ducroquet, ci-devant perruquier-coiffeur et parfumeur, et depuis commissaire aux accaparements, âgé de 31 ans, natif d'Amiens, département de la Somme, demeurant à Paris, rue du Paon, n° 2, section de Marat.
15. Armand-Hubert Leclerc, chef de division au bureau de la guerre, âgé de 44 ans, natif de Cany, département de la Seine-Inférieure, domicilié

scélérats qui voulaient donner un maître aux Français! leur dernière heure est sonnée, ils périront[1]. »

On le voit, la frêle et lamentable existence du petit Capet troublait encore l'existence des tyrans. Leur dictature devenait de jour en jour plus ombrageuse. Le moindre signe de pitié à l'égard des enfants de Louis XVI était regardé comme un crime. Le 7 germinal (27 mars), c'est-à-dire trois jours après l'exécution d'Hébert, il était question de renouveler la commission des sept membres du conseil général de la Commune qui étaient spécialement chargés de la surveillance du Temple. Cressend, de la section de la Fraternité, est proposé ; sa nomination est

> à Paris, rue Grange-Batelière, n° 10, et ancien archiviste du ci-devant évêché de Beauvais.
> 16. Jean-Charles Bourgeois, ci-devant menuisier, employé dans les bureaux de la guerre, et commandant de la force armée de sa section, âgé de 26 ans, natif de Paris, y demeurant, rue des Sans-Culottes, ci-devant Guisarde, section de Mutius-Scévola.
> 17. Albert Mazuel, ancien cordonnier, depuis brodeur, et après aide de camp de Bouchotte, ministre de la guerre, chef d'escadron de la cavalerie révolutionnaire, commandant temporaire de la Ville-Affranchie, âgé de 28 ans, natif de Commune-Affranchie.
> 18. Antoine Descomble, ancien garçon épicier, âgé de 29 ans, natif de Besançon, département du Doubs, domicilié à Paris, rue Sainte-Croix de la Bretonnerie, n° 21, section des Droits-de-l'Homme.
> 19. Pierre-Ulric Dubuisson, homme de lettres, nommé à différentes époques commissaire du pouvoir exécutif, âgé de 48 ans, natif de Laval, département de la Mayenne, domicilié à Paris, rue Saint-Honoré, n° 1447.
>
> Vu l'extrait du jugement du tribunal criminel révolutionnaire et du procès-verbal d'exécution, en date du 4 de ce mois.
>
> *Signé :* Wolf, commis greffier.
>
> Le 13 germinal, l'an II de la République.
>
> Claude-Antoine Deltroit, officier public.

Le *Moniteur* du 5 germinal an II dit que « la femme Questineau s'étant déclarée enceinte, a obtenu un sursis. » Nous voyons pourtant le nom de cette femme parmi ceux des victimes. Le *Moniteur* ajoute :

« Le citoyen Taboureau, de la section de Marat, est le seul des accusés qui ait été acquitté. »

C'est Laboureau qu'il faut lire. Ce Laboureau était un médecin qui fit plus tard un rapport sur ce qu'il avait vu et entendu dans la prison sur les accusés. En 1790, il avait publié un journal sous ce titre : *l'Avocat du peuple.*

[1] Séance du 26 ventôse an II (16 mars 1794).

combattue, on l'accuse d'avoir osé plaindre le sort du petit Capet, et d'avoir épié ses collègues plutôt que surveillé le prisonnier. Une telle imputation donna lieu, comme on le pense bien, à de vives discussions dont le résultat fut d'exclure Cressend du conseil et de l'envoyer immédiatement à l'administration de la police [1].

Le mois suivant, pareille exclusion eut lieu. Un autre commissaire, qui avait mérité par ses procédés que Madame Royale lui recommandât son frère, essaya de parler contre la solitude, la privation d'air et l'abandon du fils de Louis XVI; il fut aussitôt éliminé du conseil. A cette époque de liberté, l'exclusion ou la destitution d'un emploi faisait de droit passer dans la classe des *suspects;* de là il n'y avait qu'un pas à la prison, qu'un pas de la prison au tribunal révolutionnaire, et le tribunal révolutionnaire était le vestibule de l'échafaud.

Cressend et son complice ne parcoururent pas toutefois cette voie fatale; leur interrogatoire avait bien démontré que c'étaient deux hommes peu révolutionnaires, mais leurs collègues, par intérêt personnel, hésitèrent à entrer dans un système de proscriptions intérieures qui pouvaient d'un jour à l'autre atteindre les proscripteurs eux-mêmes. Les deux membres éliminés ne furent point incarcérés. L'exclusion du conseil les sauva même de la mort; car leurs anciens collègues, membres de la Commune, furent, quelque temps après, entraînés par le 9 thermidor vers cet échafaud vengeur où montèrent les oppresseurs de la France.

La mort d'Hébert avait accru le goût du sang. Les chefs de

---

[1] « Un membre fait des inculpations très-graves contre Cressend, de la section de la Fraternité, membre du conseil proposé pour aller au Temple; il dit que le citoyen Cressend s'est permis de plaindre le sort du petit Capet, et faisait un relevé de la liste des membres du conseil qui étaient de garde au Temple. Après discussion, et sur la proposition de plusieurs membres, le conseil arrête que le citoyen Cressend est exclu du sein du conseil, et qu'il sera envoyé à la police sur-le-champ, avec les pièces à l'appui, et que les scellés seront apposés sur ses papiers. »
(Conseil général de la Commune, séance du 7 germinal an II, 27 mars 1794.)

la Montagne commencèrent à s'entre-dévorer; les ambitieux ne semblaient monter au pouvoir que pour passer de plain-pied à l'échafaud. Quand on s'élève si rapidement, on ne descend pas, on tombe. Le 16 germinal an II (5 avril 1794), Danton était envoyé au supplice comme agent d'une conspiration tendant (qui le croirait?) au rétablissement de la monarchie! Robespierre lui avait donné quatorze compagnons de mort[1]; mais ce cortége suprême ne suffisait pas au grand fondateur du tribunal révolutionnaire, qui s'écria sur la charrette du bourreau : « J'entraîne Robespierre, Robespierre me suit! » Quatre mois ne s'étaient pas écoulés, et les prophétiques paroles de Danton s'étaient réalisées.

Danton est une des plus frappantes victimes de cette loi du talion que la Providence se plaît quelquefois à appliquer aux hommes :

Le 5 juillet 1793 Danton fit instituer le tribunal révolution-

[1] Voici les noms de ces quinze hommes, tels qu'ils sont écrits et rangés dans le procès-verbal de leur exécution, et dans l'acte officiel de leur décès :

1. Philippe-François-Nazaire Fabre Déglantine, ci-devant homme de lettres et député à la Convention nationale, âgé de 39 ans, natif de Carcassonne, domicilié à Paris, rue Ville-l'Évêque.
2. Joseph Launay, homme de loi et député à la Convention nationale, âgé de 39 ans, natif d'Angers, domicilié ordinairement à Anvers, et à Paris, boulevard Montmartre, n° 5.
3. François Chabot, ci-devant capucin et représentant du peuple, âgé de 37 ans, natif de Saint-Geniest, département de l'Aveyron, domicilié à Paris, rue d'Anjou, n° 19.
4. Lucie-Simplice-Camille-Benoist Desmoulins, homme de lettres, âgé de 33 ans, natif de Guise, district de Vervins, domicilié à Paris, place du Théâtre-Français.
5. Jean-François Lacroix, soldat, capitaine de milice, puis homme de loi et ex-député à la Convention nationale, âgé de 40 ans, natif de Pont-Audemer, département de l'Eure, domicilié à Paris, rue Lazare, n° 6.
6. Pierre Phelippeaux, homme de loi et député à la Convention nationale, âgé de 35 ans, natif de Ferrière, département de l'Oise, domicilié à Paris, rue de l'Échelle, n° 3.
7. Claude Bazire, commis aux Archives des états de la Bourgogne, commandant de la garde et député à la Convention nationale, âgé de 29 ans, natif de Dijon, département de la Côte-d'Or, domicilié à Paris, rue Saint-Pierre-Montmartre.
8. Marie-Jean Hérault de Séchelles, député à la Convention nationale, âgé

naire, et le 5 avril 1794 le tribunal révolutionnaire envoyait Danton à la mort.

Ce tribunal, d'après l'inique mesure que Danton avait fait adopter, pouvait imposer silence aux accusés, quand ce silence convenait aux juges; et lorsque l'accusé Danton voulut se défendre, le tribunal lui interdit la parole, conformément à la loi que Danton lui-même avait faite.

Danton avait dit quelquefois : « Tout ira bien, tant que l'on dira Robespierre et Danton : malheur à moi, si jamais l'on disait Danton et Robespierre. Dans les révolutions, s'écriait-il encore, l'autorité reste au plus scélérat. »

« Une singularité très-frappante (dit Riouffe[1]), c'est que Danton, Hébert, Chaumette et Robespierre ont été dans le même cachot. Tant de travaux, de dissimulations, d'extravagances et

de 34 ans, natif de Paris, y domicilié, rue Basse-du-Rempart, n° 14.
9. Georges-Jacques Danton, député à la Convention nationale, âgé de 34 ans, natif de Darcy-sur-Aube, département de l'Aube, domicilié à Paris, rue et section de Marat.
10. Marc-René Sahuguet Despaguac, ci-devant abbé et employé aux fournitures des haras, âgé de 41 ans, natif de Brie, département de la Corrèze, domicilié à Paris, rue de l'Université, près l'ancienne barrière.
11. Simon Kotloo Junius Frey, fournisseur à l'armée, âgé de 36 ans, natif de Bruyen, en Moravie, domicilié à Paris, rue d'Anjou Saint-Honoré, n° 19.
12. André-Marie Gusman, âgé de 41 ans, natif de Grenade, en Espagne, naturalisé Français en 1751.
13. Emmanuel Frey, âgé de 27 ans, natif de Bruyen, en Moravie, domicilié à Paris, rue d'Anjou Saint-Honoré, n° 19.
14. Jean-Frédéric Deiderinchen, avocat de la cour du roi de Danemark, âgé de 51 ans, natif de Luxembourg, pays de Holstein, en Danemark, domicilié à Paris, rue des Petits-Augustins.
15. François-Joseph Westermann, ci-devant aide de camp de Dumouriez, depuis général de division, âgé de 38 ans, natif de Motzheim, département du Bas-Rhin.

Vu l'extrait du jugement du tribunal criminel révolutionnaire et du procès-verbal d'exécution en date du 16 germinal.

Signé : LÉCRIVAIN, greffier.

Paris, le 7 floréal, l'an II de la République.

CLAUDE-ANTOINE DELTROIT, officier public.

[1] *Mémoires d'un détenu, pour servir à l'histoire de la tyrannie de Robespierre.* Paris, Anjubault, an III, page 93.

de crimes ont abouti à leur conquérir quatre pieds de terrain à la Conciergerie, et une planche à la place de la Révolution. »

La prédiction de Danton était répétée quelques jours après, le 24 germinal (13 avril), par Chaumette, que Robespierre encore envoyait à l'échafaud avec la jeune veuve de Camille Desmoulins, Arthur Dillon et quelques autres, pour lesquels on avait inventé un nouveau crime, *la conspiration des prisons* [1].

[1] Cette fournée se composait de :
1. Philibert Simon, député à la Convention nationale, natif de Rumilly (Mont-Blanc), domicilié à Paris, rue Traversière-Honoré.
2. Arthur Dillon, ci-devant général divisionnaire, âgé de 43 ans, natif de Braywick, en Angleterre, domicilié à Paris, rue Jacob, n° 38.
3. Jean-Baptiste Gobel, ci-devant évêque de Paris, âgé de 67 ans, natif de Thann, département du Haut-Rhin, domicilié à Paris, île de la Fraternité, quai de l'Égalité, n° 13.
4. Jean-Michel Beysser, général de brigade dans l'armée de l'Ouest, âgé de 40 ans, natif de Ribauviller, en Alsace, département du Haut-Rhin, domicilié ordinairement à Lorient.
5. Gaspard Chaumette, agent national de la Commune de Paris, ci-devant procureur de ladite Commune, âgé de 31 ans, natif de Nevers (Nièvre), domicilié à Paris, rue de l'Observatoire, aux Visitandines, et avant rue du Paon, section de Marat.
6. Marie-Marguerite-Françoise Goupile, âgée de 38 ans, native de Paris, y domiciliée, rue Neuve-de-l'Égalité, cour des Forges, veuve de ..... Hébert.
7. Jean-Baptiste-Ernest Bucher (de l'Épinois), commandant de la garde nationale de Mesnil-Saint-Denis, âgé de 43 ans, natif d'Amiens, département de la Somme, domicilié à Mesnil-Saint-Denis, district de Versailles, département de Seine-et-Oise.
8. Marie-Marc-Antoine Barras, ancien administrateur du district de Toulouse, âgé de 30 ans, natif de Toulouse, département de la Haute-Garonne, y domicilié.
9. Jean-Jacques Lacombe, vivant de son revenu, âgé de 33 ans, natif de Cajac (Lot), domicilié à Paris, maison garnie des Français, rue de Thionville, n° 30, section de Marat.
10. Jean-Maurice-François Lebrasse, lieutenant de gendarmerie près les tribunaux, âgé de 31 ans, natif de Rennes, département de l'Ille-et-Vilaine, domicilié à Paris, rue Jacques, n° 27.
11. Anne-Lucile-Philippe Laridon Duplessis, âgée de 23 ans, native de Paris, y domiciliée, rue du Théâtre-Français, veuve de Lucie-Simplice-Camille-Benoît Desmoulins.
12. Antoine Duret, adjudant général de l'armée des Alpes, âgé de 44 ans, natif de Roanne-en-Forez, domicilié à Montbrissey, département de la Loire, lors de son arrestation à Feure.
13. Guillaume Lassalle, officier de marine, âgé de 24 ans, natif de Boulogne-

« Les ennemis de la révolution, disaient les vainqueurs du jour, semblent renaître de leurs cendres; ils reparaissent comme le polype sous l'instrument qui le mutile. » Et cette crainte même de la royauté prouvait encore l'existence morale de la royauté; l'ombre d'un enfant enfermé entre quatre murs suffisait pour livrer les anarchistes au trouble aussi bien que la Vendée à l'espérance.

Bien que Chaumette et Hébert eussent disparu des conseils de la Commune, le Temple fut plus que jamais livré aux inves-

> sur-Mer, département du Pas-de-Calais, domicilié à Paris, maison de France, rue Neuve-de-l'Égalité.
> 14. Alexandre Nourry Grammont, officier de la cavalerie révolutionnaire, et avant employé au bureau de la guerre, âgé de 19 ans, natif de Limoges, département de la Haute-Vienne, domicilié à Paris, passage des Petits-Pères, n° 3, section de Guillaume-Tell.
> 15. Nourry Grammont, ci-devant artiste du théâtre Montansier, ensuite adjudant général de l'armée révolutionnaire, âgé de 42 ans, natif de La Rochelle (Charente-Inférieure), domicilié à Paris, passage des Petits-Pères, section de Guillaume-Tell.
> 16. Jean-Marie Lepallus, juge de la commission révolutionnaire de Feure, âgé de 26 ans, natif de Matour, district de Charonne, département de Saône-et-Loire, domicilié ordinairement à Néardor, département de Rhône-et-Loire.
> 17. Jean-François Lambert, porte-clefs de la maison d'arrêt du Luxembourg, âgé de 25 ans, natif de Boisne, département du Loiret, domicilié à Paris, rue de la Convention.
> 18. Marie-Sébastien Brumeau-Lacroix, membre du comité révolutionnaire de la section de l'Unité, âgé de 26 ans, domicilié à Paris, rue du Colombier.
> 19. Edme Rameau, prêtre, âgé de 41 ans, natif d'Auxerre, département de l'Yonne, domicilié à Paris, rue Sauveur.
> 20. Louis Guillaume-André Brossard, secrétaire du comité révolutionnaire de la ville de Périgueux, âgé de 32 ans, natif de Térasson, département de la Dordogne, demeurant à Périgueux.
> 21. Étienne Ragondet, ci-devant marchand de chevaux, commandant du bataillon de la section de la République, et inspecteur dans les charrois des armées, âgé de 46 ans, natif de Paris, demeurant à Capy, près Péronne, département de la Somme.
>
> Vu l'extrait du jugement du tribunal criminel révolutionnaire et du procès-verbal d'exécution, en date du 24 germinal.
>
> Signé : Lécrivain, greffier.
>
> Le 7 floréal, l'an II de la République.
>
> Claude-Antoine Deltroit, officier public.

tigations les plus sévères, au régime le plus rigoureux [1]. Madame Élisabeth ne pouvait plus obtenir aucune nouvelle de son neveu, Madame Royale ne prononçait plus le nom de son frère sans que le silence protestât ou que l'injure répondît. La terreur était partout. Du haut de ses échafauds, ses sanglantes

---

[1] Cette rigueur allait jusqu'au ridicule, et se manifestait chaque jour par quelques nouveaux arrêtés. Voici deux documents qui donneront une idée de ceux que nous ne citons pas :

Commune de Paris.

« Le 19 pluviôse, l'an II de la République française une et indivisible (7 février 1794).

» *Extrait du registre des délibérations du conseil général.*

» Le conseil du Temple fait part que le citoyen Langlois a apporté une bouteille du contenu d'environ demi-setier, scellée d'un cachet formé de plusieurs lettres que nous n'avons pu distinguer, et sur laquelle était une inscription portant ces mots : *Bouillon pour Marie-Thérèse.*

» Ayant interpellé ledit Langlois de dire de quel ordre il apportait ces bouillons, a dit que depuis environ quatre à cinq mois il avait toujours continué d'en apporter sans empêchement.

» Le conseil du Temple, considérant qu'aucun officier de santé n'ayant ordonné les bouillons mentionnés ci-dessus, et la fille Capet et sa tante jouissant d'une santé parfaite, ainsi que s'en est assuré le conseil cejourd'hui ;

» Considérant que ce ne peut être que par une espèce d'habitude et sans aucun besoin, que l'usage de ces bouillons a été conservé, et qu'il est en même temps de l'intérêt de la République, ainsi que du devoir des magistrats, d'arrêter toute espèce d'abus, à l'instant qu'ils viennent à leur connaissance ;

» Arrête qu'à compter de ce jour l'usage de tous remèdes qui pourraient être apportés au Temple par qui que ce soit cessera, jusqu'à ce qu'il en ait été référé au conseil général de la Commune, pour être statué par lui définitivement ce qu'il appartiendra.

» Le conseil adopte l'arrêté du conseil du Temple dans tout son contenu.

Signé : LUBIN, vice-président.

» DORAT-CUBIÈRES, secrétaire-greffier adjoint.

» Pour extrait conforme :

» DORAT-CUBIÈRES, secrétaire-greffier adjoint.

» Le secrétaire-greffier annonce au conseil qu'en exécution d'un de ses précédents arrêtés, il a acheté deux dés en ivoire pour les prisonnières du Temple. Il ajoute que demain il portera à la Monnaie le dé d'or, pour le prix en être distribué par les ordres du conseil.

» Le conseil général donne acte au secrétaire-greffier de sa déclaration. »

(Conseil général de la Commune, séance du 8 germinal an II, vendredi 28 mars 1794.)

forteresses, la minorité commandait à la nation de se taire, à la liberté de s'agenouiller, à l'humanité de se voiler et de subir des lois sauvages. Le soupçon suffisait pour remplir les prisons, le bourreau pour les vider. Les Collot d'Herbois, les Lebon, les Saint-Just, les Carrier, allèrent porter dans les grandes villes l'épouvante et la mort. La tache de sang qui est tombée sur une place de Paris s'élargit jusqu'à couvrir toute la France. La guillotine stationne sur la place publique ; son couteau infatigable descend, remonte et redescend sans cesse entre ses deux poteaux et le long de ses rainures humides. Magistrats et généraux, clergé, peuple et noblesse, citadins, campagnards, jeunes filles beaux printemps de l'année, vieillards aux confins de la vie, tous périssent moissonnés ensemble, populations de martyrs qui suivent dans leur pèlerinage un Roi et une Reine. La sublime tâche que M. de Malesherbes avait accomplie, l'échafaud venait de lui en donner le prix[1] (3 floréal an II —

---

[1] Les registres du tribunal révolutionnaire et ceux des actes mortuaires donnent, dans l'ordre suivant, les noms de ses compagnons d'infortune, parmi lesquels figurent sa fille, sa petite-fille et son petit-fils :

1. Jacques Duval Desprémenil, ex-constituant, âgé de 48 ans, natif de Pondichéry, domicilié à Mériffou, commune de La Remuée, département de Seine-Inférieure.
2. Jacques-Guillaume Thouret, ex-constituant, ex-président du tribunal de cassation, âgé de 48 ans, natif de Pont-l'Evêque, département du Calvados, domicilié à Paris, rue des Petits-Augustins, n° 21.
3. Isaac-René-Gui Lechappelier, ex-constituant, âgé de 39 ans, natif de Rennes, département de l'Ille-et-Vilaine, y domicilié, et ayant un domicile à Paris, rue Montmartre.
4. François Hell, ci-devant procureur général syndic des états d'Alsace, grand bailli de Langres et administrateur du département du Haut-Rhin, âgé de 63 ans, natif de Keseinhem, susdit département, domicilié à Paris, rue Helvétius.
5. Chrétien-Guillaume Lamoignon Malesherbes, ex-noble et ex-ministre du tyran, âgé de 72 ans, natif de Paris, domicilié à Malesherbes, département du Loiret.
6. Antoinette-Marguerite-Thérèse Lamoignon Malesherbes, native de Paris, domiciliée à Malesherbes, département du Loiret, veuve de ...... Lepelletier Rozambo.
7. Aline-Thérèse Lepelletier Rozambo, âgée de 23 ans, native de Paris, domiciliée à Malesherbes, département du Loiret, mariée à ...... Châteaubriand.

22 avril 1794). Je n'aime point à entendre dire que la France attaquée par l'Europe dut son triomphe à ses excès. Non, ce ne sont pas les massacres de septembre qui empêchaient la liberté de périr; non, ce n'est pas le bourreau qui enfantait l'héroïsme de nos armées; ne mentons pas à l'histoire, ne calomnions pas le patriotisme. Disons au contraire, pour être juste, aux dictateurs de ce temps : Les exploits de la France contre l'étranger peuvent à peine racheter vos crimes contre vos concitoyens; ses victoires se multiplient sans pouvoir répondre à vos assassinats, et son glorieux drapeau n'a pas assez de plis pour cacher toutes les hontes dont vous salissez la patrie.

Depuis la mort de la Reine, les deux augustes prisonnières ignoraient absolument comment allaient les choses au dehors de la tour du Temple. J'ai dit qu'elles ne pouvaient savoir même ce qui se passait à côté d'elles, dans la chambre du jeune orphelin; elles vivaient de leurs souvenirs, de leurs craintes, mêlées de bien peu d'espérances, mais d'une entière soumission à la volonté de Dieu. C'est à cette pieuse résignation que nous devons la belle prière que l'histoire a conservée de Madame Élisabeth. Retenue autrefois à la cour par son dévouement pour

8. Jean-Baptiste-Auguste Châteaubriand, ex-noble et ex-capitaine de cavalerie, âgé de 34 ans, natif de Saint-Malo, département de l'Ille-et-Vilaine, domicilié à Malesherbes, département du Loiret.
9. Diane-Adélaïde Rochechouart, ex-noble, âgée de 62 ans, native de Paris, y domiciliée, rue Grange-Batelière, veuve de ...... Duchatelet.
10. Béatrix Choiseul, ex-noble, âgée de 64 ans, native de Lunéville, domiciliée à Paris, rue Grange-Batelière, mariée à ...... **Grammont**.
11. Victoire Boucher Rochechouart, ex-noble, âgée de 49 ans, native de Paris, y domiciliée, rue du Mont-Blanc, veuve de ...... Pontville.
12. Louis-Pierre Mousset, charpentier et ci-devant procureur de la Commune de Donnery, âgé de 42 ans, natif de Saint-Marceau d'Orléans, département du Loiret, domicilié audit Donnery.

Vu l'extrait du jugement du tribunal criminel révolutionnaire et du procès-verbal d'exécution, en date du 3 de ce mois.

Signé : Lécrivain, greffie

Le 13 floréal de l'an II de la République.

Claude-Antoine Deltroit, officier public

son frère, elle n'y avait vécu que pour prendre sa part des tribulations et des larmes. Aujourd'hui, tout ce que la tendresse a de plus touchant, tout ce que la religion a de plus sublime, tout ce que la sensibilité a de plus consolateur, Madame Élisabeth le mettait en œuvre pour former le cœur et l'esprit de sa royale nièce, dont elle était devenue la mère de par le bourreau.

Le nouvel orage qu'elle attendait pour terminer ou changer son sort éclata bientôt.

Déjà, dès le quintidi frimaire de l'an II (25 novembre 1793), la Commune de Paris avait adressé à la Convention nationale la pétition suivante :

« Législateurs,

» Vous avez décrété l'égalité source du bonheur public ; elle s'établit sur des bases désormais inébranlables, et cependant elle est violée, cette égalité, et de la manière la plus révoltante, dans les vils restes de la tyrannie, dans les prisonniers du Temple. Pourraient-ils encore, ces restes abominables, être comptés pour quelque chose dans les circonstances actuelles, ce ne serait qu'en raison de l'intérêt que la patrie aurait d'empêcher qu'ils ne déchirassent son sein et ne renouvelassent les atrocités commises par les deux monstres qui leur ont donné le jour. Si donc tel est à leur égard le seul et unique intérêt de la République, c'est sous sa surveillance entière qu'ils doivent être placés, et ils ne sont plus, ces temps horribles où une faction liberticide, dont le glaive de la loi a fait justice, avait choisi comme moyen de vengeance, contre une Commune patriote qu'elle abhorrait, une responsabilité qui outrageait toutes les lois et qui pèse depuis plus de quinze mois sur la tête de chacun des membres de la Commune de Paris.

» La raison, la justice, l'égalité vous crient, législateurs, de faire cesser cette responsabilité.

» Et comme il est plus que temps de rendre à leurs travaux deux cent cinquante sans-culottes qu'on emploie injustement chaque jour à la garde des prisonniers du Temple, la Commune de Paris attend de votre sagesse :

» 1° Que vous enverrez au plus tôt l'infâme Élisabeth au tribunal révolutionnaire ;

» 2° Qu'à l'égard de la postérité du tyran, vous prendrez des mesures promptes pour la faire transférer dans telle prison que vous aurez choisie, pour y être renfermée avec les précautions convenables, à l'effet d'y être traitée dans le système de l'égalité et de la même manière que les autres détenus dont la République a eu besoin de s'assurer.

» Dunouy[1].   Renard[2].   Le Clerc[3].
» Legrand[4], r. de la Commune.   Dorigny[5]. »

Cette adresse avait été envoyée le jour même au Comité de sûreté générale. Elle y avait sommeillé six mois, mais les vœux qu'elle exprimait n'étaient point oubliés dans la région la plus ardente de la révolution. Le 20 floréal an II (9 mai 1794), vers sept heures du soir, *l'huissier Monet se rendit au Temple, accompagné des citoyens Fontaine, adjudant général d'artillerie de l'armée parisienne, et Saraillée, aide de camp du général Hanriot ; il présenta aux membres du conseil, Mouret, Eudes, Magendie et Godefroi, une lettre de Fouquier, accusateur public près le tribunal révolutionnaire, portant invitation de remettre entre les mains desdits susnommés la sœur de Louis Capet*[6].

La Princesse se disposait à se coucher, lorsqu'elle entendit ouvrir les verrous. Elle se hâta de passer sa robe. « Citoyenne,

---

[1] Dunouy (l'aîné) Jean-Honoré, trente-huit ans, ingénieur, quai Bernard, n° 174, section des Sans-Culottes.

[2] Renard (Pierre-Jean), citoyen, rue du Faubourg-Denis, n° 56.

[3] Leclerc (Louis), quarante-quatre ans, peintre, rue du Vertbois, n° 18, section des Gravilliers.

[4] Legrand (Pierre-Jacques), cinquante et un ans, homme de loi, rue d'Enfer, n° 5, section de la Cité.

[5] Dorigny (Louis-François), charpentier, mis hors la loi par décret de la Convention du 9 thermidor an II, comme traître à la patrie, pour avoir participé à la révolte de la Commune ; exécuté le 12.

[6] Procès-verbal de la translation d'Élisabeth-Marie Capet à la Conciergerie.

descends tout de suite, on a besoin de toi, » lui dirent d'un ton brusque ses sinistres visiteurs. « Ma nièce reste-t-elle ici? — Cela ne te regarde pas; on s'en occupera après. » Madame Élisabeth embrassa la pauvre orpheline, et, pour calmer ses inquiétudes, lui dit : « Soyez tranquille, je vais remonter. — Non, tu ne remonteras pas, répond le commissaire Eudes[1], prends ton bonnet et descends. » Elle obéit, relève Madame Royale, qui tombe dans ses bras, lui dit *d'avoir du courage et de la fermeté, d'espérer toujours en Dieu, de se servir des bons principes de religion que ses parents lui ont donnés, et d'être fidèle aux dernières recommandations de son père et de sa mère.* La tante et la nièce demeurent un instant embrassées, puis la tante, s'arrachant brusquement à cette étreinte, se dirige d'un pas rapide vers la porte extérieure, en disant encore : « Pensez à Dieu, mon enfant! »

Madame Élisabeth est partie. On la fait entrer au bas de l'escalier dans la salle du conseil; là, pendant que l'on rédige le procès-verbal de décharge du geôlier, on visite ses poches et on l'accable d'injures. Elle traverse, sous une pluie battante, le jardin et la première cour; elle monte en fiacre avec l'huissier du tribunal et les deux officiers, est conduite à la Conciergerie, interrogée par Gabriel Deliége, vice-président du tribunal révolutionnaire, et le lendemain elle paraît devant les juges, accusée de complicité dans les crimes de sa famille. Chauveau-Lagarde, nommé d'office son défenseur, fait observer qu'il n'y avait au procès ni pièces ni témoins, et que là où il n'existait aucun élément légal de conviction, il ne pouvait y avoir de conviction légale. Il termine ainsi : « Celle qui a été à la cour de France le plus parfait modèle de toutes les vertus ne peut pas être l'ennemie des Français. » A ces mots, Dumas[2], qui présidait le tribunal, se lève avec indignation et reproche violemment au défenseur de *corrompre la morale publique.* On abrège les formalités; on clôt bien vite un débat

---

[1] Guillotiné le 11 thermidor an II.
[2] René-François Dumas, mis hors la loi et guillotiné le 10 thermidor an II.

inutile, dans lequel on avait même interdit toute conférence entre le défenseur et l'accusée, et l'on prononce l'arrêt de mort. On avait associé à sa condamnation vingt-quatre personnes. Réunie à elles, Madame Élisabeth les édifie par sa touchante résignation. Dans la charrette du supplice, elle les exhorte, elle les console. A la descente du pont Neuf, dit un témoin oculaire[1], le mouchoir blanc qui couvrait la tête de la Princesse se détacha et tomba aux pieds de l'exécuteur, qui le ramassa. Dès ce moment, Madame Élisabeth, demeurant seule la tête nue au milieu de ses compagnons d'infortune, attira par là même tous les regards, et c'est ainsi que tant de personnes, qui sans ce hasard ne l'eussent peut-être point remarquée, ont pu rendre témoignage du calme et de la sérénité de ses traits. Arrivées au pied de l'échafaud, les femmes, parmi lesquelles on comptait la vénérable sœur de M. de Malesherbes (madame de Sénozan) et la veuve de M. de Montmorin[2], ancien ministre des affaires étrangères, lui demandent la permission de l'em-

---

[1] Moelle, *Six journées passées au Temple*, p. 75. — Paris, Dentu, 1820.

[2] Nous croyons devoir citer les noms de tous ceux qui ont eu la gloire de partager le martyre de Madame Élisabeth; il est juste que les victimes gardent auprès d'elle dans l'histoire la place qu'elles ont eue auprès d'elle sur l'échafaud :

1. Élisabeth-Marie-Hélène Capet, sœur de Louis Capet, âgée de 30 ans, native de Versailles, département de Seine-et-Oise, domiciliée à Paris.
2. Anne Duwaes, âgée de 55 ans, native de Keisnith, en Allemagne, domiciliée à la Montagne-du-Bon-Air, département de Seine-et-Oise, veuve de ...... Laigle, ci-devant marquis.
3. Louis-Bernardin Leneuf Sourdeval, ex-comte, âgé de 69 ans, natif de Caen, département du Calvados, domicilié à Chatou, département de Seine-et-Oise.
4. Anne-Nicole Lamoignon, âgée de 76 ans, native de Paris, y domiciliée, veuve du ci-devant marquis de Sénozan.
5. Claude-Louise-Angélique Bersin, ex-marquise, âgée de 64 ans, native de Paris, y domiciliée, femme séparée de corps et de biens de Crussol d'Amboise.
6. Georges Follope, pharmacien, ex-officier municipal de la Commune, âgé de 64 ans, natif des Écalles-Alix, près Yvetot, domicilié à Paris, rue et porte Honoré.
7. Denise Buard, âgée de 52 ans, native de Paris, y domiciliée, rue Florentin, n° 674.
8. Louis-Pierre-Marcel Letellier, dit Bullier, ci-devant employé à l'habille-

brasser, ce qu'elle leur accorde, en les encourageant avec sa bonté ordinaire. On raconte que, comme la fournée était considérable, on avait, ce jour-là, placé auprès de la guillotine une banquette pour faire asseoir les condamnés. Les victimes se levaient une à une, à l'appel de leur nom, et, en passant devant Madame Élisabeth, toutes s'inclinaient profondément avant de monter à l'échafaud. Madame Élisabeth se leva la dernière. Comme on l'attachait à la planche, le bourreau fit un geste qui mit à nu ses épaules : « Au nom du ciel, dit-elle, couvrez-moi. »

Les portes du Temple s'étaient refermées sur la jeune Marie-Thérèse, désormais condamnée à lutter seule contre la douleur

ment des troupes, âgé de 21 ans et demi, natif de Paris, y domicilié, rue Florentin, n° 674.
9. Charles Cressy Champmilon, ex-noble, et ci-devant officier de marine, âgé de 33 ans, natif de Courtoin, près Sens, département de l'Yonne, y domicilié.
10. Théodore Hall, manufacturier et négociant, âgé de 26 ans, natif de Sanzy, département de l'Yonne, y domicilié.
11. Alexandre-François Lomenie, ex-comte, et ci-devant colonel du régiment des chasseurs dit Champagne, âgé de 36 ans, natif de Marseille, domicilié à Brienne, département de l'Aube.
12. Louis-Marie-Athanase Lomenie, ex-ministre de la guerre et maire de Brienne, âgé de 64 ans, natif de Paris, domicilié à Brienne, département de l'Aube.
13. Antoine-Hugues-Calixte Montmorin, sous-lieutenant dans le 5ᵉ régiment des chasseurs à cheval, âgé de 22 ans, natif de Versailles, département de Seine-et-Oise, domicilié à Passy.
14. Jean-Baptiste Lhoste, agent et domestique de Megret de Sérilly, âgé de 47 ans, natif de Forgère, domicilié à Paris.
15. Martial Lomenie, ex-noble et coadjuteur de l'évêché du département de l'Yonne, âgé de 30 ans, natif de Marseille, domicilié à Sens.
16. Antoine-Jean-François Megret de Sérilly, ci-devant trésorier général de la guerre, et depuis cultivateur, âgé de 48 ans, natif de Paris, domicilié à Passy, près Sens.
17. Antoine-Jean-Marie Megret Detigny, ex-noble, ci-devant sous-aide-major du régiment des ci-devant gardes françaises, âgé de 46 ans, natif de Paris, domicilié à Sens.
18. Charles Lomenie, ci-devant chevalier des ordres dits de Saint-Louis et de Cincinnatus, âgé de 33 ans, natif de Marseille, domicilié à Brienne, département de l'Aube.

et l'iniquité. L'isolement commençait pour la sœur comme il avait commencé pour le frère depuis le 20 janvier 94; mais la sœur du moins voyait encore ou l'espion qui venait la surveiller, ou le guichetier qui lui apportait sa nourriture; tandis que son pauvre petit frère, retranché de tout contact avec l'humanité, comme le lépreux du moyen âge, ne connaissait pas la figure des bourreaux qui le réveillaient la nuit, ou qui, le jour, lui apportaient des aliments pour lui donner la force de souffrir encore.

Pendant que l'on guillotinait Madame Élisabeth, Madame Royale demandait aux municipaux ce qu'elle était devenue; ils lui dirent : « Elle a été prendre l'air. » Madame Royale renouvela sa demande d'être réunie à sa mère, puisqu'elle était séparée de sa tante; ils lui répondirent qu'ils en parleraient.

19. Françoise-Gabrielle Tanneffe, âgée de 50 ans, native de Chadieu, département du Puy-de-Dôme, domiciliée chez Megret Sérilly, à Passy, département de l'Yonne, veuve de Montmorin, ministre des affaires étrangères.
20. Anne-Marie-Charlotte Lomenie, âgée de 29 ans, native de Paris, domiciliée à Sens, et à Paris, rue Georges, section du Mont-Blanc, n° 18, divorcée de l'émigré Canizy.
21. Marie-Anne-Catherine Rosset, âgée de 44 ans, native de Rochefort, département de la Charente, domiciliée à Sens, mariée à Charles-Christophe Rosset Cercy, ci-devant officier de marine, émigré.
22. Élisabeth-Jacqueline Lhermitte, âgée de 65 ans, mariée au ci-devant comte Rosset, ex-noble, et ci-devant lieutenant-colonel des carabiniers et maréchal de camp, émigré.
23. Louis-Claude Lhermitte Chambertrand, ex-chanoine de la ci-devant cathédrale de Sens, ex-noble, âgé de 60 ans, natif de Sens.
24. Anne-Marie-Louise Thomas, âgée de 31 ans, native de Paris, domiciliée à Passy, département de l'Yonne, mariée à Megret Sérilly *.
25. Jean-Baptiste Dubois, domestique de Megret Detigny, âgé de 41 ans, natif de Merfy, district de Reims, département de la Marne, domicilié chez ledit Megret Detigny.

Vu l'extrait du jugement du tribunal criminel révolutionnaire et du procès-verbal d'exécution, en date du 21 floréal.

Signé : LÉCRIVAIN, greffier.

CLAUDE-ANTOINE DELTROIT, officier public.

* Le tribunal, attendu l'incertitude sur l'état d'Anne-Marie-Louise Thomas, femme Sérilly, résultant du rapport des officiers de santé du tribunal, ordonna qu'il fût sursis à l'exécution du jugement à son égard, jusqu'à ce qu'il en eût été autrement ordonné.

Le lendemain, c'est-à-dire le 22 floréal (11 mai), elle reçut la visite de Robespierre. Elle ne lui adressa pas un seul mot. Elle lui remit seulement un papier sur lequel elle avait écrit :

« Mon frère est malade. J'ai écrit à la Convention pour obtenir d'aller le soigner ; la Convention ne m'a pas encore répondu. Je réitère ma demande. » Après avoir donné ce papier, elle détourna la tête et se remit à lire.

Les catastrophes se succédaient sans relâche, le sang coulait dans toutes les cités, le deuil entrait par toutes les portes. Mais la peur étouffait les sanglots et les gémissements. Pour peindre ces jours de calamités, inouïs dans l'histoire, la voix du peuple n'a pu trouver d'autre nom que le nom de la *terreur*. Le moindre soupçon d'attachement à la monarchie suffisait pour ouvrir la prison et dresser l'échafaud. La royauté cependant avait encore des amis prêts à se dévouer pour elle ; mais je ne sais quelle fatalité s'attachait à leurs projets, toujours mal formés, ou dérangés ou trahis. M. le baron de Batz fut un des plus infatigables, des plus actifs, des plus adroits de ces vertueux conspirateurs. Ses plans comme sa personne échappaient aux investigations des comités[1]. Furieux de ne pouvoir s'en prendre à cet ennemi invisible, Robespierre s'en prit du moins à son ombre, autour de laquelle il groupa une multitude de victimes désignées à la hache du bourreau. Un rapport fut fait à la Convention par Élie Lacoste, le 26 prairial an II (14 juin 1794), au nom des comités de salut public et de sûreté générale réunis. Ce rapport aussi long qu'incohérent, et qui repose sur des données qui furent réfutées plus tard[2], livra au tribunal révolutionnaire de nombreuses victimes, étrangères les unes aux autres, différentes de relations, de rang et d'opinion, et cependant accusées par les comités d'avoir agi de com-

---

[1] Mis deux fois en état d'arrestation, il parvint toujours à s'échapper. La Restauration lui tint compte des périls qu'il avait bravés pendant la révolution ; il fut nommé maréchal de camp, et peu de temps après fut mis en retraite. Il mourut en 1822.

[2] Voyez la *Conjuration de Batz, ou la Journée des Soixante*. 1795, in-8°.

LIVRE XIV. — SOLITUDE DE LOUIS XVII.

plicité, condamnées à mort, *par amalgame et en masse*, selon les expressions de Fouquier-Tinville, et exécutées le 29 prairial an II (17 juin 1794), comme coupables d'avoir tenté le rétablissement de la royauté[1].

[1] Voici leurs noms, comme nous les fournissent les pièces officielles de leur exécution et de leur décès. Au nombre de ces cinquante-quatre victimes se trouvent trois jeunes gens de dix-sept à vingt-trois ans, et trois jeunes femmes de dix-huit à vingt ans :

1. Henry Admiral, âgé de 50 ans, natif de Auzolet, département du Puy-de-Dôme, domicilié à Paris, rue Favart, n° 4, ci-devant domestique ensuite attaché à la loterie ci-devant royale en qualité de garçon de bureau.
2. François Cardinal, instituteur et maître de pension, âgé de 40 ans, natif de Bussières, département de la Haute-Marne, domicilié à Paris, rue de Tracy, n° 7.
3. Pierre-Balthasard Roussel, âgé de 26 ans, natif de Paris, y domicilié, rue Helvétius, n° 70.
4. Marie-Suzanne Chevalier, âgée de 34 ans, native de Saint-Sauvau, département de la Vienne, domiciliée à Paris, rue Chabannais, n° 47, femme séparée depuis trois ans de ..... Lamartinière.
5. Claude l'aindavoine, âgé de 53 ans, natif de Lépine, département de la Marne, domicilié à Paris, rue Neuve-des-Petits-Champs, n° 19, concierge de la maison des ci-devant loteries.
6. Aimée-Cécile Renault, âgée de 20 ans, native de Paris, y domiciliée, rue de la Lanterne, fille de Antoine Renault et de .....
7. Antoine Renault, papetier et cartier, âgé de 62 ans, natif de Paris, y domicilié, rue de la Lanterne, section de la Cité.
8. Antoine-Jacques Renault, papetier, âgé de 31 ans, natif de Paris, y domicilié, rue de la Lanterne, fils d'Antoine Renault et de .....
9. Edme-Jeanne Renault, ex-religieuse, âgée de 60 ans, native de Paris, y domiciliée, rue Babylone, n° 698.
10. Jean-Baptiste Porteboeuf, âgé de 43 ans, natif de Thoiré, département de la Seine-Inférieure, domicilié à Paris, rue Honoré, n° 510.
11. André Saintauac, élève en chirurgie et employé à l'hôpital militaire de Choisy-sur-Seine, âgé de 22 ans, natif de Bordeaux, département de Bec-d'Ambès, domicilié audit Choisy, et précédemment à Paris, rue Quincampoix, maison garnie, ci-devant dite de la Couronne.
12. Anne-Madeleine-Lucile Parmentier, âgée de 52 ans, native de Clermont, département de l'Oise, domiciliée à Paris, rue Honoré, n° 510, mariée à Alexandre Lemoine Crécy.
13. François Lafosse, chef de la surveillance de police de Paris, âgé de 44 ans, natif de Versailles, département de Seine-et-Oise, domicilié à Paris, rue du Faubourg-du-Temple, n° 32.
14. Jean-Louis-Michel Devaux, employé, âgé de 29 ans, natif de Doulans, département de la Somme, domicilié à Paris, rue Barbe, section de Bonne-Nouvelle.

Deux jours auparavant, c'est-à-dire le 27 prairial, Va-

15. Louis-Eustache-Joseph Potier (Delille), âgé de 44 ans, natif de Lille, département du Nord, domicilié à Paris, rue Favart, imprimeur et membre du comité révolutionnaire de la section Lepelletier.
16. François-Charles Virot Sombreuil, ex-gouverneur des Invalides, âgé de 64 ans, natif de Insishain (sic), département du Haut-Rhin, domicilié à la maison nationale des Invalides.
17. Stanislas Virot Sombreuil, âgé de 26 ans, natif de Lechoisier, département de la Haute-Vienne, domicilié à Poissy, ex-capitaine de hussards et ex-capitaine de la garde nationale de Poissy.
18. Jean-Guet Henoc Rohan Rochefort, ex-noble, domicilié à Rochefort, département de la Charente-Inférieure.
19. Pierre Laval Montmorency, ex-noble, âgé de 25 ans, natif de Paris, y domicilié rue du Bac.
20. Étienne Jardin, âgé de 48 ans, natif de Versailles, département de Seine-et-Oise, domicilié à Paris, rue Cadet, directeur des transports militaires depuis la révolution, et avant piqueur du tyran.
21. Charles-Marie-Antoine Sartine, ex-maître des requêtes, âgé de 34 ans, natif de Paris, y domicilié, rue Vivienne, fils de .....
22. Barthélemy Constant, gendarme, âgé de 42 ans, natif de Grasse, département du Var, domicilié à Paris, rue du Faubourg-Martin, n° 185.
23. Joseph-Henry Burlandeux, ex-officier de paix, âgé de 39 ans, natif de Saullier, département du Var, domicilié à Paris, rue du Faubourg-Martin, n° 64.
24. Louis-Marie-François Saint-Mauris de Montbarey, ex-prince et ancien militaire, âgé de 38 ans, natif de Paris, y domicilié faubourg Honoré, n° 49.
25. Joseph-Guillaume Lescuyer, musicien, âgé de 46 ans, natif d'Antibes, département du Var, domicilié à Paris, rue Poissonnière, n° 16.
26. Achille Viart, ci-devant militaire, âgé de 51 ans, natif de ....., en Amérique, domicilié à Mariac, département de Bec-d'Ambès.
27. Jean-Louis Biret Tissot, domestique de la femme Grandmaison, âgé de 35 ans, natif de Paris, y domicilié, rue de Mesnard.
28. Théodore Jauge, banquier, âgé de 47 ans, natif de Bordeaux, département de Bec-d'Ambès, domicilié à Paris, rue du Mont-Blanc.
29. Catherine-Suzanne Vincent, âgée de 45 ans, native de Paris, y domiciliée, rue de Mesnard, mariée à ..... Gryois.
30. Françoise-Augustine Santuare, âgée de 40 ans, native de l'île Bourbon, en Afrique, domiciliée à Marefosse, département de la Seine-Inférieure, mariée à ..... Desprémenil.
31. Charles-Armand-Augustin Depont, ex-noble, âgé de 49 ans, natif de Paris, y domicilié, rue Notre-Dame-des-Champs.
32. Joseph-Victor Cortey, épicier, âgé de 37 ans, natif de Symphorien, département de la Loire, domicilié à Paris, rue de la Loi.
33. François Paumier, ci-devant marchand de bois, âgé de 39 ans, natif de Aunay, département de la Nièvre.
34. Jean-François Deshayes, âgé de 68 ans, natif de Herserange, départe-

dier avait fait encore un rapport sur l'affaire de Catherine

ment de la Moselle, domicilié à Luçon, marchand, et membre du comité de surveillance dudit lieu.
35. François-Augustin Ozanne, ex-officier de paix, âgé de 40 ans, natif d Paris, y domicilié, rue de la Vieille-Monnaie.
36. Charles-François-René Duhardaz Dauteville, ex-noble, âgé de 23 ans, natif du Mans, département de la Sarthe, domicilié à Paris, rue Basse-du-Rempart, n° 20.
37. Louis Comte, négociant, âgé de 49 ans, natif de Varennes, département de Saône-et-Loire, domicilié à Paris, rue Thomas-du-Louvre, grande maison de France.
38. Jean-Baptiste Michonis, limonadier, et ex-administrateur de police, âgé de 59 ans, natif de Paris, y domicilié.
39. Philippe-Charles-Élysée Baussaucourt, sous-lieutenant de carabiniers, âgé de 27 ans, natif de Vitry-le-Français.
40. Louis Karadec, agent de change, âgé de 45 ans, natif de Lisieux, département du Calvados, domicilié à Paris, rue du Faubourg-du-Temple.
41. Théodore Marsan, âgé de 27 ans, natif de Toulouse, département de la Haute-Garonne, domicilié à Paris, rue de Cléry, n° 95.
42. Nicolas-Joseph Égrée, brasseur, âgé de 40 ans, natif de Cateau-Cambrésis, département du Nord, domicilié à Suresnes, département de Paris.
43. Henri Menil-Simon, ci-devant capitaine de cavalerie, âgé de 53 ans, natif de Buley, département de la Nièvre, domicilié à Vigneux, département de Seine-et-Oise.
44. Jeanne-Françoise-Louise Demier Sainte-Amarante, âgée de 42 ans, native de Saintes, département de la Charente, domiciliée à Cercy, département de Seine-et-Oise.
45. Charlotte-Rose Sainte-Amarante, âgée de 19 ans, native de Paris, domiciliée à Cercy, département de la Nièvre, mariée à Sartine.
46. Louis Sainte-Amarante, âgé de 17 ans, natif de Paris, domicilié à Cercy.
47. Gabriel-Jean-Baptiste Briel, ex-prêtre, âgé de 56 ans, natif de Montier-sur-Faulx, département du Mont-Blanc, domicilié à Arcueil, et auparavant à Paris, rue Helvétius.
48. Marie Grandmaison, ci-devant Buret, ci-devant actrice des Italiens, âgée de 27 ans, native de Blois, département de Loir-et-Cher, domiciliée à Paris, rue Mesnard, n° 7.
49. Marie-Nicole Bouchard, âgée de 18 ans, native de Paris, y domiciliée, rue Mesnard, n° 7.
50. Jean-Baptiste Marino, peintre en porcelaine, administrateur de police, âgé de 37 ans, natif de Sceaux, district du bourg de l'Égalité, domicilié à Paris, rue Helvétius.
51. Nicolas-André-Marie Froidure, ex-administrateur de police, âgé de 29 ans, natif de Tours, département d'Indre-et-Loire, domicilié à Paris, rue Honoré, n° 91.
52. Antoine-Prosper Soulés, ex-administrateur de police et officier municipal âgé de 31 ans natif de Avisse, département de la Marne, domicilié à Paris, rue Taranne, n° 28.

Théot[1], dite *la Mère de Dieu*, véritable illuminée de ce temps, se disant appelée à régénérer le genre humain, et dont Villate (dans ses *Mystères de la Mère de Dieu dévoilés*) trace ainsi le portrait : « Cette mère Théot, grande, sèche, presque diaphane, comme la sibylle de Cumes... » Vadier imagina de faire de cette pauvre femme, logée dans un galetas de la maison n° 1078 de la rue Contrescarpe Saint-Jacques, section de l'Oratoire, où elle tenait ses conciliabules, l'instrument de la plus absurde et la plus atroce conspiration qu'ait inventée le génie révolutionnaire. C'est à propos de cette affaire comme de la précédente que Robespierre s'écria : « *Des conspirations chimériques pour en cacher de réelles.* » En effet, Vadier ne se proposait rien moins que de faire exterminer les prêtres dans toute la France, afin de rendre hommage au principe posé par la Convention, le 19 novembre, *que toutes les religions sont nulles et qu'il n'y a point de Dieu.* Étonné de voir transformer une vieille folle en sérieuse conspiratrice, Barère dit à Vadier : « *Ainsi, la Mère de Dieu n'enfantera pas son Verbe divin.* » Vadier répondit de même, avec une métaphore ironique : « *L'œuf que la poule couve n'aura pas de germe.* »

Hélas! cette prophétie ne devait que trop se réaliser; mais les oracles de la vieille sibylle devaient s'accomplir aussi lors qu'elle annonçait que *l'Être Suprême régirait seul l'univers, confondant l'orgueil des hommes vains et ignorants, condui-*

---

53. François Dangé, ex-administrateur de police, âgé de 47 ans, natif de Chesey, département de Cher-et-Loir, domicilié à Paris, rue de la Roquette, n° 36.
54. Marie-Maximilien-Hercule Rossay, se disant comte de Fleury, âgé de 23 ans, domicilié à Paris.

    Vu l'extrait du jugement du Tribunal révolutionnaire et du procès-verbal d'exécution, en date du 29 prairial.

    Signé : Lécrivain, greffier.

Paris, le 9 messidor an II de la République.

    Claude-Antoine Deltroit, officier public.

[1] Et non *Théos*, comme disaient ses adeptes, substituant à dessein au nom vulgaire de Théot le mot grec Théos, qui signifie la *Divinité*.

sant les armées à la victoire, aplanissant les montagnes, desséchant les mers, fortifiant les justes et les simples; ils devaient s'accomplir prochainement lorsqu'ils déclaraient que la *Convention nationale serait, comme le chêne superbe, foudroyée à son sommet.*

Au-dessus des vagues noires et mugissantes de l'océan révolutionnaire, nous n'avons point perdu de vue cette petite tête blonde naguère rayonnante de paix et d'innocence, mais aujourd'hui dépouillée de son auréole et livrée à toutes les horreurs de la captivité; car il n'a pas eu le bonheur, lui, d'être assassiné comme son père et comme sa mère. Son père et sa mère régneront encore dans l'avenir par les terribles magnificences de leurs malheurs, comme ils ont régné un instant par les splendeurs de la fortune. Leur longue agonie retentira dans les âges, l'histoire de tous les peuples s'en indignera avec une colère unanime, et leur martyre sera racheté par l'apothéose des siècles futurs.

Mais pour leur enfant point de trône, point d'éclat, point de puissance et point de bruit; pour toute misère, la misère discrète du cachot. Il ne peut parler qu'à des murs, ou à des hommes plus durs encore que les murs. Pareil aux victimes de la fatalité antique, il se débat dans son impuissance sous la colère d'un dieu ennemi. Pour lit une paillasse et un matelas inondés de ses larmes, et que ses bras affaiblis cessèrent bientôt de remuer; pour nourriture, une espèce de soupe à l'eau avec des restes de pain, et dont il recevait deux petites portions par jour, avec un morceau de bœuf, un pain et une cruche d'eau : on voit que le *louveteau* était à peu près traité comme le chien. Les commissaires de la Commune, qui chaque jour se renouvelaient et rôdaient à la porte de sa *loge*, étaient presque tous de ces natures ignobles que le vent de la révolution avait fait monter à la surface de la société. Ceux qui étaient plus stupides que méchants puisaient, ainsi qu'il arrive toujours dans les émotions populaires, une excitation et une violence qui n'étaient pas dans leur nature, et s'irritaient au bruit de leurs propres paroles. Ainsi s'explique comment, dans les temps de vertige, la populace arrive souvent, à son insu, par une exaltation progressive, à l'accomplissement des folies les plus cruelles et des crimes les plus inouïs. Quelques municipaux, surpris de l'attitude et de la résignation muette de l'enfant prisonnier, se troublaient parfois un moment dans leur rôle; mais, gourmandés sur leur faiblesse par un remords civique ou par la peur, ils recommençaient à vociférer eux-mêmes pour se donner la force d'accomplir leur mission. Comme ils voyaient dénoncer au nom de l'humanité, et égorger au nom de la fraternité, ils devaient se dire qu'il était simple et juste qu'on emprisonnât au nom de la liberté. A force de contempler les plus hardis outrages, ils apprenaient à les oser. Puis c'était le fils du tyran confié par la nation à leur surveillance, et dont ils étaient responsables corps pour corps : le conseil général avait en effet décidé que la responsabilité qui incombait naguère à Simon incomberait désormais aux commissaires de garde au Temple. Peu importait à ceux-ci la nourriture, et le sommeil, et la santé, et la vie même de l'enfant : toute leur vigilance ne s'exerçait que sur son corps, et se bornait à veiller sur sa personne, morte ou vive. Ils devaient un corps à la Convention, vivant ou mort, peu lui importait; pourvu qu'ils le lui représentassent à la fin de la journée, elle aurait reçu, sans chicaner, un cadavre. Les commissaires qui n'étaient pas cruels par nature le devenaient par peur : à la tombée de la nuit, ils se faisaient ouvrir par Gourlet ou Baron la pièce qui précédait le cachot du Prince; ils regardaient par la grille ce que faisait le malheureux enfant, et ils lui criaient de se coucher, parce qu'ils ne voulaient pas lui donner de lumière. La victime s'étendait sur son grabat, et ses surveillants se retiraient. Mais ce n'était pas là la dernière ronde des agents de la Commune : la crainte de perdre un dépôt reçu le jour même, et qu'ils devaient transmettre le lendemain, la terrible responsabilité qui pesait sur eux, les jetaient dans des inquiétudes qui livraient leur victime à des tourments continuels. Disons aussi que l'irrégularité avec laquelle les municipaux étaient relevés ajoutait au supplice du jeune prisonnier. Ce n'était, la plupart du temps, qu'à une heure avancée de la soirée que les nouveaux commissaires étaient désignés par le conseil général, de sorte qu'ils n'arrivaient au Temple qu'au milieu de la nuit. Alors les nouveaux venus avaient à constater la présence du captif pour en donner décharge à leurs devanciers. Précédés d'un porte-clefs, ils montaient ensemble au chenil du louveteau; il leur était indifférent qu'il dormît ou qu'il fût éveillé : éveillé, c'était la peur qu'on lui apportait; endormi, c'était la peur et la privation du repos tout ensemble. Une voix impitoyable l'appelait tout à coup afin de s'assurer qu'on ne l'avait pas enlevé. Si parfois, plongé dans l'oubli que donne le sommeil, il différait un instant de répondre, un bras inquiet ouvrait avec fracas le guichet du tour, et une voix terrible s'écriait : « Capet! Capet! dors-tu? où es-tu donc? race de vipère, lève-toi! » L'enfant, réveillé en sursaut, descendait du lit et arrivait tout tremblant, les pieds plus froids que le plancher humide sur lequel ils se traînaient : « Me voilà, citoyen, répondait-il d'une voix douce. — Viens ici que je te voie. — Me voici, que me voulez-vous? — Te voir, répliquait le cerbère en inclinant sa lanterne à l'entrée du tour : c'est bon, va te coucher, housse! décanille! »

Deux ou trois heures après, les énormes clefs grinçaient de nouveau bruyamment, et la porte de fer tournait encore sur ses gonds : c'était le tour de quelques commissaires attardés, qui, non moins zélés ou aussi curieux que les premiers arrivés, voulaient voir le prisonnier; ils apportaient ainsi le trouble dans un repos qui commençait à renaître, et la frayeur dans une imagination qui commençait à s'apaiser. L'enfant était encore obligé de se lever et de passer à l'inspection. Dans la visite faite en commun par les municipaux de garde et par ceux qu'ils relevaient, parfois l'entretien se prolongeait : mille questions oiseuses s'échangeaient entre les collègues, et amenaient un long interrogatoire, où l'enfant avait à subir, demi-nu, et tout trempé de la moiteur du sommeil glacée par la nuit, les paroles brutales qui lui troublaient l'esprit, les durs propos qui lui blessaient le cœur, et jusqu'aux dangereuses clartés de la lanterne, qui, dirigées sur sa pâle figure, éblouissaient à les aveugler ses pauvres yeux malades, auxquels depuis si longtemps n'était arrivé un seul rayon de soleil! Et quelquefois encore un geste menaçant, un rire satanique accompagnaient de loin, jusqu'à son misérable lit, ce frêle fantôme de roi tombé dans le dernier des opprobres, et qui n'avait pas l'âge de mourir : le bourreau n'eût pas voulu de lui.

Souvent, par négligence, on différait de lui apporter sa chétive nourriture quand il en avait le plus pressant besoin; n'importe, il ne faisait aucun reproche, il n'exprimait aucun désir. Mais alors, pressé par la faim, il mangeait quelquefois plus vite et plus que de coutume.

Cependant des jours s'étaient écoulés, et puis des jours, et puis des semaines, et puis des mois. La privation d'air, l'abandon, la solitude, avaient amaigri le corps, énervé l'esprit, desséché le cœur. Au fond des pauvres yeux, cavés par la douleur, par l'obscurité, par l'ennui, les larmes ne se faisaient plus jour. Les mains affaiblies ne soulevaient plus qu'avec peine les plats de terre commune qui contenaient ses aliments, et la cruche d'eau plus lourde qu'un garçon de cuisine apportait silencieusement chaque jour sur le rebord du guichet, avec l'injonction, sous peine de mort, de ne lier aucun entretien avec le prisonnier.

Depuis longtemps l'enfant avait cessé de balayer sa chambre; il n'essayait plus de remuer la paillasse de son lit; l'idée ne lui venait plus de soulever seulement son matelas; ses forces, d'ailleurs, ne lui auraient plus permis de le faire. Il ne pouvait renouveler ses draps qui étaient sales, et sa couverture qui tombait en lambeaux. Pendant quelque temps on lui avait donné, par le tour, du linge blanc; plus tard on ne put obtenir de lui le linge sale, et dès lors on cessa de le remplacer. Il ne pouvait réparer ses vêtements troués, ni se laver et se nettoyer. Bientôt il n'ôta plus son pantalon déchiré et sa carmagnole en loques. Le jour vint où il ne songea plus à traverser le couloir qui conduisait aux latrines placées dans la tourelle. Ses forces épuisées le condamnaient à une désolante immobilité. Quelquefois son regard se portait sur le guichet, veillant, guettant, désireux tout à la fois et craignant d'entendre une voix humaine; puis il s'abandonnait encore à cette oisiveté somnolente, pleine de secousses et de tressaillements : il s'étendait tout habillé sur son lit durci, et il s'y endormait la plus grande partie de la journée, se préparant ainsi pour la nuit cette insomnie cruelle que venaient troubler encore les visites de ses gardiens. Ses instincts comme ses forces ne suffisent plus qu'à peine à ses besoins. Des débris de sa nourriture sont répandus par terre ou restent sur son lit. Les rats et les souris infestent sa chambre; ces animaux, attirés par la mauvaise odeur, par les viandes et le pain qu'on servait au petit prisonnier, avaient fait des trous dans les encoignures du corridor communiquant à sa chambre, où ils s'étaient établis, ils avaient pullulé d'une manière effrayante et venaient partager la nourriture de la victime, qui, pour les éloigner, leur jetait une partie de son pain et des mets qu'on lui servait. Aux rats et aux souris se joignaient de grosses araignées noires, telles qu'on en voit dans les cachots; ces hôtes immondes couraient la nuit sur le lit de l'enfant, qui souvent prenant le parti de leur abandonner la place, se levait, se plaçait sur sa chaise et passait le reste de la nuit les deux coudes appuyés sur la table[1]. Partout la poussière, la malpropreté : la putridité infecte l'air de cette chambre fétide, dont la fenêtre, depuis bientôt six mois, n'a pas été ouverte; des draps humides qui ne ressemblent plus à des draps; un matelas qu'on ne peut dépeindre, et, pour surcroît d'opprobre, la vermine, que tant de saleté a engendrée, environne de toutes parts l'héritier de tant de rois, qui ne peut s'en purger ni s'en défendre! « Tout est vivant dans cette chambre, » dit un jour le jeune Caron (l'aide de cuisine) en reprenant la vaisselle et en plongeant un regard au fond de

[1] *Louis XVII*, par Simien Despréaux, 1817.

cette geôle affreuse. Oui, tout est vivant dans cette chambre, excepté celui qu'on y tue à petits coups et que l'on y assassine en détail! Ce bel enfant, tant admiré à Versailles et aux Tuileries, délicieuse créature qui flattait tant l'orgueilleux amour de sa mère qui est au ciel, regardez-le maintenant.... Il ne se reconnaîtrait pas lui-même, s'il se voyait dans un miroir; ce n'est presque plus une forme humaine; c'est quelque chose qui végète, des os et de la peau qui bougent. Il faut maintenant des ordres donnés à haute voix, il faut des menaces sévères pour réveiller de son atonie ce petit être chancelant et lui faire rapporter au guichet l'écuelle, le plat de terre et la cruche que la nation généreuse lui envoie comme à un chien dans son chenil. Épuisé par l'effort qu'exige cet acte d'obéissance, il se traîne et retourne péniblement à son grabat, où il retombe en proie aux angoisses qui le torturent et à la vermine qui le ronge. Non, jamais on n'a rêvé une misère plus nue, plus terne, plus menaçante, plus horrible.

Voilà, autant qu'on peut lire dans une histoire fermée, quelles furent les journées et les nuits de ce pauvre petit être pendant cette longue séquestration. Qui pourrait même affirmer qu'elles ne dépassèrent pas encore l'idée que nous cherchons à nous en faire? Qui sait, chose horrible à penser! s'il n'a pas plus d'une fois regretté Simon? Hélas! sa pauvre mère a vainement prié Dieu de donner à son enfant un jour de bonheur pour tant de jours de souffrances qu'elle-même a comptés. Dieu en a décidé autrement; mais la colère de Dieu est encore sa miséricorde; le fils ne sera pas longtemps séparé de sa mère; lui aussi peut dire : « J'irai à elle, mais elle ne reviendra point à moi [1]. »

Malheureux enfant! depuis qu'il a quitté sa famille, nulle voix amie ne s'est fait entendre à son oreille : nulle voix amie, ni le jour ni la nuit, n'a parlé à son chevet, s'enquérant de ses

---

[1] *Andro a lei, ma ella non ritornerà a me.*
Inscription que Byron fit mettre sur le tombeau de sa fille Allegra, morte à Bagnacavallo, en Toscane (le 22 avril 1822), à l'âge de cinq ans.

souffrances et lui donnant du courage. Oh! c'eût été une trop puissante consolation; c'est un mal trop doux que celui qui amène autour de notre lit ceux que nous aimons.

Durant ces longues nuits, pleines de terreur aussi bien que durant ce sombre crépuscule qui lui tenait lieu de jour, il n'a entendu que des bruits de verrous et des voix ennemies qui parlaient dans l'ombre. Plus d'une fois, sans doute, il s'est dressé sur son lit, et ses cheveux, ramenés en arrière par sa main tremblante, dégageaient sa joue pâle et amaigrie; la sueur ruisselait sur ses tempes; ses yeux restaient fixes; il étendait les bras comme pour repousser une attaque menaçante. Puis les fantômes disparaissant, il se recouchait le feu dans la poitrine.

La force de son âme s'usait à ce supplice. Ses ennemis espéraient-ils qu'un si long tourment amènerait le désespoir, et qu'une terreur si grande déterminerait la démence?

On doit s'imaginer aussi que parfois, sans dormir, il demeurait des heures entières accablé sous l'air épais et humide, sous l'air fétide et mortel qui pesait si lourdement sur sa poitrine; qu'il ne pleurait plus; que ses yeux taris n'avaient plus de larmes; mais que sa lèvre aride, son palais desséché imploraient en vain une goutte d'eau; qu'il essayait de se soulever sur son lit et ne pouvait y réussir; qu'avec bien de la peine et bien de la lenteur, il se traînait vers le guichet, rampant sur le carreau froid qui glaçait son corps endolori; et que plus d'une fois la force lui manqua même totalement pour arriver jusqu'à la cruche contenant l'eau qui lui était donnée... Ces tourments ignorés ne seront jamais dits : on ne saura jamais combien de douleurs ardentes cet enfant a éprouvées à l'aspect de cette cruche qu'il ne pouvait saisir, combien de jours il eût donnés pour une goutte de cette eau qui était près de lui!

Quelquefois, on se le figure aussi absorbé par son mal, mais c'était un rare bonheur. Alors, son œil hagard ne voyait plus, son oreille n'entendait plus; un engourdissement complet s'emparait de lui et lui faisait oublier jusqu'à sa soif, jusqu'à la vie! Puis son sang se reprenait à couler, la fièvre le ressaisissait, et en lui permettant de quitter sa couche et de se traîner jusqu'à la cruche remplie d'eau, elle lui rendait aussi la force de sentir ces deux grandes infortunes humaines : la misère et l'abandon.

Aussi, de jour en jour, son énergie s'en alla, son âme s'affaissa énervée par la douleur, ses membres s'engourdirent, sa respiration oppressée eut peine à se faire passage, son esprit se troubla, l'excès de ses souffrances lui en ôta en quelque sorte la conscience.

Il n'a pas la force, il n'a plus même la volonté de crier du fond de ce tombeau ouvert par la violence avant l'heure. Joie et larmes, prières et désespoir, tout est fini; il n'y a plus là qu'un corps qui se désorganise et une intelligence qui s'éteint. Il cache sa tête entre ses mains, comme s'il avait à éviter la lumière, ou à donner passage à ses sanglots. Il sent l'orage sur sa tête et l'abîme sous ses pieds; mais voilà tout. Il ne se rend plus d'autre compte des sentiments tumultueux de son âme, et ne cherche pas à savoir d'où partira la foudre qui doit le briser. Dans son anéantissement, il n'a plus même ni la pensée de mesurer ses souffrances, ni l'énergie de les supporter.

Et tout ce que je vous dis là est vrai : ces vexations, ces outrages, ces tortures ont été accumulés sur la tête d'un enfant. Je vous les dépeins non pas même tels qu'ils étaient, mais bien au-dessous de ce qu'ils étaient; car il faudrait, pour les représenter dans toute leur horreur et dans toute leur honte, il faudrait posséder à la fois le pinceau de Tacite et la verve satirique de Pétrone, ou, mieux encore, la voix gémissante de Job se lamentant sur son fumier et s'écriant : « Mon âme préfère la mort, la mort à la vie d'un cadavre, » ou disant au ver du sépulcre : « Tu es mon frère; » à la corruption : « Tu es ma mère et ma sœur. »

Peut être tant de tortures avaient-elles révolté son cœur encore plus qu'elles n'avaient épuisé son corps; peut-être même qu'à son premier effroi avait succédé comme une sorte de contentement amer; peut-être entrevoyait-il l'avenir sous de si noires couleurs qu'il remerciait instinctivement au fond du cœur le Seigneur d'abréger ses peines. Ce qu'il y a de certain, c'est qu'il ne proféra aucune plainte, et que, croisant ses deux pauvres petites mains sur sa poitrine, il semblait attendre que la Providence disposât de lui. Plus d'une fois peut-être, en se couchant sur son grabat, pensa-t-il avec bonheur qu'il ne s'en relèverait plus. Quelle révélation, ô mon Dieu! avez-vous donc faite à un enfant, à force de souffrances, pour que la pensée de la mort lui soit venue? Et quel crime avait donc commis ce pauvre innocent, pour que vous ayez tant tardé à lui envoyer ce grand libérateur que nous appelons la mort? C'est que devant votre éternité, Seigneur, tous les jours sont égaux; les heures qui s'écoulent si cruelles pour cet enfant martyr ne sont cependant pas plus longues que celles qui s'écoulent pour les enfants heureux! Ou plutôt, c'est que, par le mystère de la réversibilité des souffrances, l'innocent expie les torts du coupable; et un philosophe vraiment chrétien l'a dit avec un grand sens à ceux qui demandent pourquoi et pour qui l'innocent souffre dans ce monde : « Pour vous, si vous voulez [1]. »

Je comprends Louis XVI, son supplice de roi, son échafaud de martyr : le dogme chrétien de l'expiation m'explique le douloureux mystère de l'immolation du juste. Mais comment comprendre que l'on se plaise à persécuter lentement un enfant, à le flétrir avec persévérance, à compter ses larmes une à une, et à ne le tuer qu'à force d'humiliations et de douleurs?

Lâches et cruels que vous êtes! que ne preniez-vous un couteau pour immoler la brebis? Oh! que n'avez-vous étendu sur cette petite tête le réseau sanglant dont vous avez enveloppé sa famille? Pourquoi vous êtes-vous arrêtés dans cette ivresse de meurtre? Il valait mieux boire cette dernière goutte de sang royal que d'y mêler l'absinthe, le fiel et le poison; il valait mieux étouffer l'enfant, comme l'avaient fait déjà les émissaires de Richard III à la tour de Londres, que de dégrader et de

[1] Le comte Joseph de Maistre (*Soirées de Saint-Pétersbourg*).

souiller son intelligence par ce lent assassinat qui cherchait à tuer l'âme avant de tuer le corps. Il fallait le frapper un an, deux ans plus tôt; il fallait aider ses petits pas à monter les rudes degrés de la guillotine. Ah! si elle avait pu savoir ce que vous lui réserviez, la fille de Marie-Thérèse, selon l'exemple de sa mère, aurait demandé à prendre son enfant dans ses bras; elle aurait partagé avec lui sa dernière victoire, et l'ange de Dieu aurait préparé ensemble la couronne des martyrs et la couronne des innocents. Hélas! l'histoire a été condamnée à regretter pour Louis XVII l'échafaud maternel.

Sans connaître positivement ce qui se passait dans la tour du Temple, on sut dans le public que la santé du Dauphin déclinait à vue d'œil, et que, morne et languissant, il ne pouvait plus rester ni debout ni assis. Mais nul au dehors ne se faisait une idée de l'état exact de ce malheureux Prince, et du grabat immonde sur lequel il était obligé de rester couché. Cependant, quelques âmes compatissantes s'étaient émues. M. Le Monnier, médecin d'un grand mérite, homme d'un noble cœur [1], était venu de sa retraite de Montreuil solliciter le dangereux honneur de visiter le fils de Louis XVI, et de lui donner des soins. Les régicides méprisèrent ses propositions. Le médecin du dernier roi aurait encore pu sauver ou prolonger les jours de l'enfant royal : leurs intentions infernales auraient donc été combattues par son zèle et ses lumières, et ils étaient bien résolus à ne laisser pénétrer dans la tour un homme de l'art que lorsqu'ils pourraient l'y admettre impunément. Ils ne devaient trouver qu'il était temps de donner des soins au malade que lorsqu'ils seraient bien sûrs qu'il était trop tard.

La famine cependant ravageait la France; les passions révolutionnaires s'agitaient par les rues et hâtaient l'action mortelle de la misère. Tout était tumulte, désordre, vertige et rage.

Onze mille quatre cents aristocrates de toutes classes étaient entassés dans les palais et dans les couvents de Paris transformés en prisons.

---

[1] Mort le 21 fructidor an VII (7 septembre 1799), à l'âge de 82 ans.

LIVRE XIV. — SOLITUDE DE LOUIS XVII.

Au front de chaque maison pend un écriteau qui proclame la République une et indivisible, ou la mort. Sur chaque porte est écrite la liste des habitants de la maison, moyen de contrôle si l'on veut savoir, table de proscription si l'on veut tuer[1]. Le crime et la peur sont partout, dans les rues on évite de se reconnaître, ou si l'on s'aborde, on échange deux mots à voix basse; on marche vite, à moins qu'un crieur proclamant l'arrêt des condamnés, on ne s'arrête pour écouter le nom d'un ami, d'un parent, peut-être son propre nom.

La nuit est aussi troublée que le jour. Des arrestations se font aux flambeaux; des domestiques vous ont dénoncé aux sections, tandis que d'autres servent sans gages des maîtres restés sans fortune.

Comme si le temps manquait aux juges pour condamner, on

Voici comment, dès le 6 avril 1793, la Commune de Paris avait prescrit l'exécution de cette mesure :

« Le Conseil général, considérant la négligence que les citoyens apportent à l'exécution de la loi concernant l'affiche, à l'extérieur des maisons, des noms de tous les individus qui y habitent;

» Arrête que l'instruction suivante sera imprimée, affichée, et que les commissaires de police des sections seront tenus sous leur responsabilité de faire mettre ladite loi à exécution.

» *Instruction relative au tableau qui doit être fait de tous les citoyens habitants de Paris, et placé à l'extérieur de chaque maison, au terme du décret du 29 mars dernier.*

1° Indiquer en tête le nom du propriétaire, s'il habite la maison, ou à son défaut le principal locataire, s'il y en a un, ou du régisseur.

2° Diviser par étages de la manière suivante :

» REZ-DE-CHAUSSÉE.
N. N.
ENTRE-SOL.
PREMIER ÉTAGE, ETC.

» L'état doit présenter sans interruption toutes les personnes qui logent au même étage, et même toutes celles qui composent un ménage.

» Exemple :

A tel étage. { *Le citoyen tel, son épouse, tant d'enfants de tel sexe; ensuite les domestiques.*

» Il est nécessaire de mettre les prénoms ou noms de baptême, et les surnoms, le sexe et l'âge de chacun. Le nom principal à désigner est celui que porte ordinairement l'individu, et sous lequel il est généralement connu, et

adopte le système des jugements en masse : au Luxembourg, cent cinquante-cinq prisonniers sont partagés en trois fournées, par ordre verbal du Comité de salut public. C'est à ce sujet que Collot d'Herbois dit à Fouquier-Tinville : « Que vous restera-t-il donc quand vous aurez démoralisé le supplice [1] ? »

La guillotine, toujours debout, abat les têtes sans les compter. Le sang qui coule, loin d'étancher la soif des tyrans, semble l'irriter encore. Au milieu de tant d'immolations, la tristesse de la physionomie était devenue une trahison, et la gaieté un devoir. Dans la séance du 25 ventôse an II (15 mars 1794), Barère disait :

« Allez aujourd'hui dans les rues de Paris, vous y reconnaîtrez les aristocrates à leur mine allongée... » —

« Oui, ajoutait Couthon, en temps de révolution tous les bons citoyens doivent être physionomistes : c'est sur la physio-

---

non celui de sa famille, si ce n'est pas celui qu'on lui donne dans le public.

» On ne peut se dispenser de faire connaître l'état de chaque individu, ou de déclarer qu'il est sans état, car le titre de *citoyen* ou de *citoyenne* est une désignation trop vague, ou plutôt n'en est pas une.

» L'affiche doit être écrite lisiblement, placée au lieu le plus apparent à l'extérieur, et de manière que tout le monde puisse aisément la parcourir des yeux tout entière, sans en perdre un seul nom.

» Il ne doit être omis aucune personne ; une seule omission enfreint la loi, et expose à des peines sévères.

» Chaque fois qu'il y a du changement, il faut en faire mention dans l'affiche, soit en retranchant le nom des personnes qui ont quitté la maison, soit en ajoutant celui des nouveaux locataires et de ceux mêmes qui ne logent que momentanément.

» Toutes les contraventions seront imputées aux propriétaires ou principaux locataires, ou régisseurs, et seront punies avec sévérité ; car on ne veut pas que cette mesure de salut public reste sans exécution, ou soit éludée et tournée en dérision.

» Le Conseil général arrête que le double des tableaux d'inscription sera visé par les comités des sections ;

» Que les commissaires de police vérifieront l'exactitude desdits tableaux, et prendront les mesures nécessaires pour empêcher qu'ils ne soient enlevés ou détériorés. »

(Séance du Conseil général de la Commune de Paris du samedi 6 avril 1793.)

[1] Procès de Fouquier-Tinville, dépositions de Réal et de Thierriet-Grandpré dans l'audience du 26 germinal an III.

nomie que vous reconnaîtrez un conspirateur, le complice des traîtres mis sous la loi de la justice; ces hommes ont l'œil hagard, l'air consterné, des mines basses et patibulaires. Bons citoyens, saisissez ces traîtres, et arrêtez-les[1] ! » (Vifs applaudissements.)

Il n'y a plus de rois à jeter en holocauste au sphinx de la révolution, et la nation épouvantée se trouve face à face avec la sombre énigme de son existence. La civilisation et la barbarie se cherchent dans les ténèbres pour s'arracher leur secret : duel horrible, pareil à celui de ces deux hommes enfermés dans une cave avec des poignards, et qui ne se voyaient qu'aux éclairs de leurs yeux. — « Vous lirez ces choses un jour, nous disaient nos pères, mais vous n'y croirez pas ! »

L'intelligence politique s'était retirée dans quelques âmes méditatives qui réfléchissaient à l'écart, ou dans quelques cerveaux astucieux qui remuaient la multitude. Le reste n'avait plus de confiance en soi-même, et laissait faire, comme courbé sous la main de Dieu : tremblant et résigné, tout un peuple attendait dans une muette épouvante, pareil à ces Indiens qui lorsque le tigre apparaît se prosternent et restent immobiles jusqu'à ce que la bête rugissante ait choisi sa proie.

La patience des opprimés apparaît dans ces temps horribles comme un phénomène aussi inexplicable que la perversité des oppresseurs. Il a fallu que ceux-ci, en se divisant, travaillassent au salut de l'humanité; le crime peureux conspira contre le crime menaçant, et le 9 thermidor arriva.

[1] *Moniteur* du 26 ventôse an II, 16 mars 1794.

LIVRE QUINZIÈME.

LAURENT

NOMMÉ GARDIEN DES ENFANTS DE LOUIS XVI.

10 thermidor an II (28 juillet 1794).

Visite de Barras au Temple. — Nomination de Laurent. — Détails biographiques. — Exécution de Robespierre et de Simon. — Installation de Laurent. — Enquête réclamée par lui. — Des membres du comité de sûreté générale visitent le jeune Roi. — Son état. — Attentions de Laurent pour son prisonnier; étonnement de celui-ci. — Promenades sur la plate-forme. — Un bouquet de fleurs. — Double inquiétude de la Convention. — Laurent demande et obtient un collègue.

Le lendemain du 9 thermidor, à six heures du matin, Barras, qui avait été un des principaux acteurs de cette journée, se rendit au Temple avec plusieurs membres des comités et quelques députés de la Convention en grand costume. Nommé commandant général de la force armée qui, la veille, avait repoussé les troupes d'Hanriot et s'était emparée de Robespierre et de ses principaux agents établis dans l'Hôtel de ville, Barras venait, avec son cortége, se montrer à tous les grands postes de Paris et faire renouveler aux troupes le serment d'être fidèles à la Convention nationale. Il s'arrêta au poste du Temple, en fit doubler la garde, ordonna aux municipaux d'y rester en permanence et d'y exercer la surveillance la plus sévère.

Dans le nombreux cortége qui environnait le nouveau commandant des troupes parisiennes, se trouvait le citoyen Jean-Jacques-Christophe Laurent, membre du comité révolutionnaire de la section du Temple. « J'aurais à causer avec vous, lui dit Barras; venez me voir quand nous serons rentrés. »

Laurent fut exact au rendez-vous. « Nous avons disposé de vous sans vous consulter, lui dit le nouveau dictateur. Indépendamment des municipaux qui se relèvent de jour en jour à la

Tour du Temple et qui veillent à sa sûreté, il est bon que le gouvernement y possède un agent permanent, digne de toute sa confiance. Les comités viennent, sur ma proposition, de vous nommer gardien des enfants de l'ex-Roi ; ils comptent sur votre zèle et votre patriotisme. Demain, vous recevrez votre commission [1]. »

[1] Voici les deux arrêtés des comités de salut public et de sûreté générale qui établissent Laurent gardien des enfants du tyran, et règlent son traitement :

« *Extrait du registre des arrêtés des comités de salut public et de sûreté générale de la Convention nationale, du 11e jour du mois de thermidor, l'an II de la République française une et indivisible.*

» Les comités de salut public et de sûreté générale arrêtent que le citoyen Laurent, membre du comité révolutionnaire du Temple, est provisoirement chargé de la garde des enfants du tyran, détenus au Temple. Les deux comités réunis lui recommandent la plus exacte surveillance.

» *Signé* au registre : BILLAUD-VARENNES, B. BARÈRE, VADIER, DUBARRAN, C. A. PRIEUR, CARNOT, ROBERT LINDET, COLLOT D'HERBOIS, AMAR, LOUIS (du Bas-Rhin), VOULLAND, ÉLIE LACOSTE, MOYSE BAYLE, DAVID, LAVICOMTERIE, JAGOT et RHULH.

» Pour extrait,

» *Signé :* ÉLIE LACOSTE, VADIER, B. BARÈRE, BILLAUD-VARENNES, COLLOT D'HERBOIS et DUBARRAN.

» *Certifié* véritable et conforme à l'arrêté des comités de salut public et de sûreté générale qui est entre mes mains,

» LAURENT, chargé de la garde des enfants de Capet. »
(Archives de l'Empire, carton E, n° 6208.)

« *Comité de sûreté générale et de surveillance de la Convention nationale.*

» Du 22 vendémiaire, l'an III de la République une et indivisible.

» Le comité de sûreté générale arrête que le commissaire Laurent, chargé de la garde des enfants du tyran, sera, par la commission des administrations civiles, police et tribunaux, indemnisé et salarié par mois, sur le pied de six mille livres par an ; laquelle somme annuelle sera, par ladite commission, prise sur les fonds mis à sa disposition.

» Les représentants du peuple, membres du comité de sûreté générale,

» GOUPILLEAU (de Fontenay), BENTABOLLE, MATHIEU, LE VASSEUR (de la Meurthe), MONMAYOU, REVERCHON, CLAUZEL, BOURDON (de l'Oise), LESAGESENAUX. »
(Archives de l'Empire, carton E, n° 6208.)

Laurent était de la Martinique, où il possédait quelques terres. C'était un jeune homme de vingt-quatre ans, chaud partisan de l'égalité; il n'était pas marié; ses principes démocratiques, qui l'avaient attiré en France, l'avaient mis en évidence et recommandé à l'estime de Barras. Ses dispositions républicaines s'étaient fortifiées par la lecture de tous les pamphlets de l'époque et par son assiduité aux clubs. C'était, du reste, comme son protecteur, un homme d'esprit, instruit et de manières distinguées, mais son ardeur pour les idées nouvelles excluait toute appréciation impartiale du passé, et, dans sa sympathie pour le peuple, il méconnaissait toute grandeur qui n'en était point sortie. Il demeurait avec sa mère et deux jeunes sœurs rue de la *Folie-Méricourt*, dans un quartier qui avait à cette époque plus de jardins que de maisons. Laurent avait la passion des fleurs, et tout le temps que ne lui prenaient pas les affaires politiques, il le consacrait à sa serre et à son parterre.

A quatre heures, au moment où Barras, suivi de son escorte, terminait sa tournée, un autre cortége, bien autrement nombreux, traversait Paris, au milieu des cris de joie et des malédictions du peuple; c'était la charrette qui conduisait au bourreau Robespierre et ses séides [1], parmi lesquels figurait le

---

[1] Voici leurs noms, tels que les donnent les procès-verbaux de leur exécution et les actes de leur décès :

1. Maximilien Robespierre, âgé de 35 ans, natif d'Arras, domicilié à Paris, rue Honoré, section des Piques.
2. Georges Couthon, âgé de 38 ans, natif d'Orcet, département du Puy-de-Dôme, domicilié à Paris, cour du Manége.
3. Louis-Jean-Baptiste-Thomas Lavalette, âgé de 40 ans, natif de Paris, y domicilié, rue Honoré, n° 320.
4. François Hanriot, âgé de 35 ans, natif de Nanterre, près Paris, domicilié à Paris, rue de la Clef.
5. René-François Dumas, âgé de 37 ans, natif de Jussey, département de la Haute-Saône, domicilié à Paris, rue de Seine-Germain, maison de convenance.
6. Antoine Saint-Just, âgé de 26 ans, natif de Lisé, département de la Nièvre, domicilié à Paris, rue Caumartin, n° 3.
7. Claude-François Payan, âgé de 27 ans, natif de Saul-les-Fontaines, dé-

cordonnier Simon. Robespierre avait alors le même habit qu'il portait le jour de la fête de l'*Être suprême*, et Simon la même

partement de la Drôme, domicilié à Paris, rue de la Liberté, section de Marat.
8. Jacques-Claude Bernard, âgé de 34 ans, domicilié à Paris, rue Bernard, section de Montreuil.
9. Adrien-Nicolas Gobeau, âgé de 26 ans, natif de Vincennes, département de Paris, domicilié à Paris, rue de la Chaise, n° 530, section de la Croix-Rouge.
10. Antoine Gency, profession de tonnelier, âgé de 23 ans, natif de Reims, département de la Marne, domicilié à Paris, rue de l'Ourcine, faubourg Marcel.
11. Nicolas-Joseph Vivier, âgé de 50 ans, natif de Paris, y domicilié, rue Germain-Muséum.
12. Jean-Baptiste-Edmond Lescot-Fleuriot, profession artiste, âgé de 43 ans, natif de Bruxelles, domicilié à Paris, à la mairie.
13. Antoine Simon, cordonnier, âgé de 58 ans, natif de Troyes, département de l'Aube, domicilié à Paris, rue Marat, n° 32.
14. Denis-Étienne Laurent, âgé de 32 ans, natif de Paris, y domicilié, rue Gît-le-Cœur, n° 13.
15. Jacques-Louis-Frédéric Wouarnée, âgé de 29 ans, natif de Paris, y domicilié, rue de l'Hirondelle, n° 10.
16. Jean-Étienne Forestier, profession fondeur, âgé de 47 ans, natif de Paris, y domicilié, rue du Plâtre-Avoye.
17. Augustin-Bon-Joseph Robespierre, natif d'Arras, domicilié à Paris, rue Florentin.
18. Nicolas Guérin, profession receveur à la ville, âgé de 52 ans, natif de Beaumont-sur-Orne, département du Calvados, domicilié à Paris, rue du Faubourg-Montmartre, n° 50.
19. Jean-Baptiste-Matthieu Dhazard, profession perruquier, âgé de 36 ans, natif de Paris, y domicilié, rue Honoré, n° 101, section des Gardes-Françaises.
20. Christophe Cochefer, profession tapissier, natif de Gonesse, département de Seine-et-Oise, domicilié à Paris, rue Merry, n° 413.
21. Charles-Jacques-Matthieu Bougon, âgé de 57 ans, natif de Tourville, département du Calvados, domicilié à Paris, rue Lazare, n° 64, section du Mont-Blanc.
22. Jean-Marie Quenet, profession marchand de bois, natif de Commune-Affranchie, domicilié à Paris, rue de la Mortellerie, n° 78.

Vu l'extrait du jugement du tribunal criminel révolutionnaire et du procès-verbal d'exécution, en date du 10 de ce mois, signé Neirot, commis greffier.

TRIAL, officier public.

Le lendemain, la fournée fut plus considérable : les vainqueurs, qui avaient d'abord frappé leurs ennemis les plus redoutés, avaient eu le loisir de faire des désignations plus nombreuses et d'atteindre la plupart des membres de la

carmagnole qu'il avait au Temple dans ses fonctions d'instituteur. Une foule innombrable parcourait les rues et poursuivait

Commune qui avaient longtemps prévalu contre la Convention. Le lecteur trouvera dans ces listes les noms de plusieurs commissaires du Temple :

1. Bertrand Arnaud, âgé de 55 ans, natif de Tigne, département du Mont-Blanc, domicilié à Paris, rue Favart, n° 4.
2. Jean-Baptiste Crépin Taillebot, profession maçon, âgé de 58 ans, natif de Jouy-le-Peuple, département de Seine-et-Oise, domicilié à Paris, rue du Faubourg-du-Temple.
3. Servais-Baudouin Boullanger, profession joaillier, âgé de 38 ans, natif de Liége, domicilié à Paris, rue Honoré, n° 59.
4. Prosper Sijas, profession commis, âgé de 35 ans, natif de Vire, département du Calvados, domicilié à Paris, rue Grange-Batelière, n° 21.
5. Pierre Remy, profession tabletier, âgé de 45 ans, natif de Chaumont, département de la Haute-Marne, domicilié à Paris, rue Louis, n° 595, section de l'Indivisibilité.
6. Claude-Antoine Deltroit, profession meunier, âgé de 43 ans, natif de Pontoise, département de Seine-et-Oise, domicilié à Paris, quai de la Mégisserie, n° 21.
7. Jean-Guillaume-François Vocannu, profession mercier, âgé de 37 ans, natif de Germain-de-Montgommery, département du Calvados, domicilié à Paris, rue du Monceau.
8. Claude Bigaut, profession peintre, âgé de 40 ans, natif de Paris, y domicilié, rue des Boulangers-Victor, n° 5, section des Sans-Culottes.
9. Jean-Charles Lesire, profession cultivateur, âgé de 48 ans, natif de Rozay, département de Seine-et-Marne, domicilié à Paris, quai de l'Union, section de la Fraternité.
10. Jean-Baptiste-Emmanuel Legendre, âgé de 62 ans, natif de Paris, y domicilié, rue de la Monnaie, n° 515, section du Muséum.
11. Jean-Philippe-Victor Charlemagne, profession instituteur, âgé de 26 ans, natif de Paris, y domicilié, rue de Cléry, n° 92.
12. Pierre-Nicolas Delacour, profession notaire, âgé de 37 ans, natif de Beauvais, département de l'Oise, domicilié à Paris, rue Neuve-Eustache, section de Brutus.
13. Augustin-Germain Jobert, profession négociant, âgé de 50 ans, natif de Montigny-sur-Aube, département de la Côte-d'Or, domicilié à Paris, rue des Prêcheurs.
14. Pierre-Louis Paris, âgé de 35 ans, natif de Paris, y domicilié, rue des Carmes, n° 27, section du Panthéon.
15. Claude Jonquoy, profession tabletier, âgé de 44 ans, natif de Massiac, département du Cantal, domicilié à Paris, rue Jean-Robert, n° 15, section des Gravilliers.
16. René-Toussaint Daubancourt, profession coffretier, âgé de 53 ans, natif de Paris, y domicilié, rue des Petits-Champs, n° 23, section de la Halle aux Blés.
17. Jean-Baptiste Vincent, profession entrepreneur de bâtiments, âgé de

le tombereau fatal d'un tonnerre d'imprécations. Un homme, décemment vêtu, traverse la foule, et saisissant un des bar-

36 ans, natif de Moutier-Saint-Jean, département de la Côte-d'Or, domicilié à Paris, rue de Cléry, section de Bonne-Nouvelle.
18. Martin Wichterich, profession cordonnier, âgé de 45 ans, natif de Cologne, domicilié à Paris, rue de Lappe, section de Popincourt.
19. Pierre Henry, profession receveur de loterie, âgé de 48 ans, natif de Riz, département du Var, domicilié à Paris, rue Antoine, section de l'Indivisibilité.
20. Jean Cascnave, profession commis marchand, âgé de 38 ans, natif de Belleville, près Paris, domicilié à Paris, rue d'Orléans, section de l'Homme-Armé.
21. Jean-Louis Gibert, profession de pâtissier, âgé de 43 ans, natif de Luzancy-la-Marne, département de Seine-et-Marne, domicilié à Paris, faubourg Denis, n° 25, section du Nord.
22. Pierre Girod, profession mercier, âgé de 27 ans, natif de Paris, y domicilié, rue des Deux-Ponts, n° 10, section de la Fraternité, marié à Antoinette-Adélaïde Rominira.
23. François Pelletier, profession marchand de vins, âgé de 33 ans, natif de Cheminon, département de la Marne, domicilié à Paris, rue du Faubourg-Denis.
24. Nicolas Jérosme, profession tourneur, âgé de 44 ans, natif de Paris, y domicilié, rue Jacques-la-Boucherie, n° 213.
25. Jean-Baptiste Cochois, profession commis marchand, âgé de 53 ans, natif de Paris, y domicilié, rue de l'Égalité.
26. Jean-Léonard Sarrot, profession peintre, âgé de 31 ans, natif de Paris, y domicilié, rue du Faubourg-Franciade, n° 45.
27. René Grenard, profession fabricant de papier, âgé de 45 ans, natif de la Garenne, département de Seine-et-Oise, domicilié à Paris, rue et section des Piques.
28. Jacques Lasnier, profession homme d'affaires, âgé de 52 ans, natif de Ozouer-Laférière, département de Seine-et-Marne, domicilié à Paris, rue du Four-Germain, n° 286.
29. Marc-Martial-André Mercier, profession libraire, âgé de 43 ans, natif de Paris, y domicilié, rue Neuve-des-Capucines, n° 188, marié à Anne de By.
30. Jean-Pierre Bernard, profession homme de confiance, âgé de 38 ans, natif de la Chalade, département de la Meuse, domicilié à Paris, rue Germain-Muséum.
31. Étienne-Antoine Souars, âgé de 56 ans, natif d'Aubervilliers, dit les Vertus, district de Franciade, domicilié à Paris, rue des Vieux-Augustins, n° 32.
32. Dominique Mettot, profession agent d'affaires, âgé de 45 ans, natif de Nancy, département de la Meurthe, domicilié à Paris, à la maison commune.
33. Louis-Joseph Mercier, profession menuisier, âgé de 40 ans, natif de

reaux de la charrette, contemple quelques instants de près et en silence le hideux spectacle de Robespierre couvert de sang

Sacy-le-Grand, département de l'Oise, domicilié à Paris, rue des Trois-Pistolets, n° 14, section de l'Arsenal.
34. Jean-Jacques Baurieux, profession horloger, âgé de 45 ans, natif de Dartois, département des Bouches-du-Rhône, domicilié à Paris, rue du Faubourg-Honoré, n° 19.
35. Antoine Jametel, âgé de 54 ans, natif de Moissy, département de Seine-et-Marne, domicilié à Paris, rue de la Grande-Truanderie, n° 18, marié à Louise-Pauline Noiseux.
36. Ponce Tanchou, profession graveur, âgé de 32 ans, natif de Bourges, département du Cher, domicilié à Paris, cloître Notre-Dame, n° 42, marié à Jeanne-Louise Beliaz.
37. Marc-Louis Desvieux, âgé de 44 ans, natif de Paris, y domicilié, rue Montorgueil.
38. François-Auguste Paff, profession bonnetier, âgé de 41 ans, natif de Paris, y domicilié, rue de la Joaillerie, section des Arcis, marié à Catherine-Françoise Bourgain.
39. Jacques-Mathurin Lelièvre, profession graveur, âgé de 40 ans, natif de Paris, y domicilié, rue Martin, n° 252.
40. Louis-François Doriguy, profession charpentier, âgé de 36 ans, natif de Bruyère, département de l'Aisne, domicilié à Paris, rue Popincourt, n° 17.
41. Pierre-Alexandre Louvet, profession peintre, âgé de 33 ans, natif de Paris, y domicilié, rue des Blancs-Manteaux, n° 52, marié à Françoise Liédé.
42. Jean-Jacques Lubin, profession peintre, âgé de 29 ans, natif de Paris, y domicilié, rue de la Révolution, n° 24.
43. Jacques-Pierre Coru, profession grainier, âgé de 63 ans, natif de Noof, département de l'Orne, domicilié à Paris, rue Antoine, n° 229.
44. Pierre-Simon-Joseph Jault, profession artiste, âgé de 30 ans, natif de Reims, département de la Marne, domicilié à Paris, rue Claude, n° 371.
45. Jean-Baptiste Bergot, profession employé aux cuirs, âgé de 56 ans, natif de Paris, y domicilié, rue Française, n° 11.
46. Jacques-Nicolas Lumière, profession musicien, âgé de 45 ans, natif de Paris, y domicilié, rue Thibautodé, n° 4.
47. Jean Paquote, profession ciseleur, âgé de 48 ans, natif de Troyes, département de l'Aube, domicilié à Paris, à la ci-devant abbaye Germain, n° 1114.
48. Jacques-Nicolas Blin, écrivain expert, âgé de 63 ans, natif de Aubenton, département de l'Aisne, domicilié à Paris, rue Paul, n° 37.
49. Marie-François Langlois, profession papetier, âgé de 37 ans, natif de Paris, y domicilié, rue Jacques, n° 196.
50. Jean-Nicolas Langlois, profession serrurier, âgé de 49 ans, natif de Rouen, département de Seine-Inférieure, domicilié à Paris, rue Georges, n° 38.
51. Jacques Moine, profession commis teneur de livres, âgé de 39 ans, natif

et de fange, la mâchoire fracassée, un œil sorti de son orbite et pendant sur la joue. Cet homme n'adresse aucune injure à

de Commune-Affranchie, domicilié à Paris, Vieille rue du Temple, n° 78.
52. Jean-Baptiste Chavigny, profession commis, âgé de 55 ans, natif de Paris, y domicilié, rue du Faubourg-Montmartre, n° 42.
53. Charles Huant Desboisseaux, âgé de 39 ans, natif de Paris, y domicilié, rue de la Fraternité.
54. André Marcel, profession maçon, âgé de 53 ans, natif de Rosny, département de Seine-et-Oise, domicilié à Paris, faubourg Martin.
55. Martial Gamory, profession coiffeur, âgé de 46 ans, natif de Guéret, département de la Creuse, domicilié à Paris, rue du Coq-Honoré.
56. Pierre Haener, profession imprimeur, âgé de 52 ans, natif de Nancy, département de la Meurthe, domicilié à Paris, rue Martin, n° 34.
57. Pierre-Jacques Le Grand, profession homme d'affaires, âgé de 51 ans, natif de Paris, y domicilié, rue d'Enfer, en la Cité, n° 5.
58. Pierre-Léon Lamiral, profession fruitier, âgé de 38 ans, natif de Paris, y domicilié, rue Beauregard, section de Bonne-Nouvelle, époux de Marie Grain.
59. Jean-Pierre Eudes, profession tailleur de pierres, âgé de 31 ans, natif de Paris, y domicilié, rue des Juifs, n° 38.
60. Edme-Marguerite Lauvin, âgé de 60 ans, natif de Vezelay, département de l'Yonne, domicilié à Paris, rue Geoffroy-Lasnier, n° 23.
61. Pierre Dumez, profession ingénieur, âgé de 37 ans, natif de Laferté-sur-Ourk, département de l'Aisne, domicilié à Paris, rue de la Harpe, n° 26.
62. Denys Dumontier, profession tailleur, âgé de 51 ans, natif de Paris, y domicilié, rue de la Poterie.
63. Jean-Claude Girardin, profession éventailliste, âgé de 48 ans, natif de Paris, y domicilié, rue Transnonain, n° 28.
64. Jacques-Louis Cresson, profession ébéniste, âgé de 49 ans, natif de Paris, y domicilié, rue des Deux-Écus, n° 38.
65. François-Laurent Chatelin, profession professeur de dessin, âgé de 43 ans, natif de Nancy, département de la Meurthe, domicilié à Paris, rue Quincampoix, n° 98.
66. Joseph Alavoine, profession tailleur, âgé de 63 ans, natif de la Verrière, département de l'Oise, domicilié à Paris, Grands Piliers de la Tonnellerie.
67. Pierre-François Devaux, profession jardinier, âgé de 53 ans, natif de Goupillières, département du Calvados, domicilié à Paris, rue Plumet, section du Bonnet-Rouge, marié à Élisabeth-Charlotte Dive.
68. Claude Bénard, âgé de 28 ans, natif de Paris, y domicilié, rue Boucher.
69. Jacques Morel, profession écrivain, âgé de 55 ans, natif de Vandœuvre, département de l'Aube, domicilié à Paris, rue du Marché-aux-Poirées, n° 559.
70. Nicolas Naudin, profession menuisier, âgé de 35 ans, natif de Ville-sur-

l'agonisant, mais d'une voix calme et solennelle il lui dit :
« Oui, il est un Dieu [1] ! »

Je ne sais si Laurent se dit à lui-même ces paroles solennelles en prenant, la nuit du 11 au 12 thermidor, possession de sa charge à la tour ; mais il est certain que l'exagération de ses opinions politiques n'excluait pas chez lui tout sentiment d'humanité, et qu'il donna, comme nous allons le voir, plusieurs preuves de compassion au malheureux enfant commis à sa garde.

Laurent était arrivé le soir à la tour. Les municipaux l'avaient reçu au rez-de-chaussée dans la chambre du conseil ; ils avaient examiné ses pouvoirs et causé longtemps avec lui, et ce ne fut qu'à deux heures de la nuit qu'ils le conduisirent dans l'appartement du petit Capet. La visite à la sœur fut remise au lendemain.

Yon, département de la Moselle, domicilié à Paris, rue Charlot, n° 5.

71. Joseph Ravel, profession chirurgien, âgé de 48 ans, natif de Tarascon, département des Bouches-du-Rhône, domicilié à Paris, rue Antoine, n° 36.

  Vu l'extrait du jugement du tribunal révolutionnaire et du procès-verbal d'exécution, en date du 11 de ce mois.

  Signé : NEIROT, commis-greffier (jusqu'à Jametel, le 35° sur la liste).

  DUCRAY, commis greffier (depuis Tanchou, le 36°, jusqu'à la fin).

Le 27 thermidor, l'an II de la République.

  TRIAL, officier public.

---

[1] Ce n'est pas le seul mot que Robespierre ait pu distinguer au milieu des imprécations qui s'exhalaient de toutes les bouches. Le peuple ayant fait arrêter la charrette vis-à-vis de la maison qu'il occupait, rue Saint-Honoré, une jeune femme, bien mise, lui dit d'un air farouche, qui contrastait avec la douceur de ses traits : « Monstre, ton supplice m'enivre de joie ! Que ne peux-tu mourir mille fois pour une ! Descends aux enfers avec les malédictions de toutes les épouses et de toutes les mères ! » Elle se retira ensuite en poussant de profonds sanglots.

Cette maison de la rue Saint-Honoré, où Maximilien Robespierre occupait un modeste appartement au premier étage sur la cour, porte aujourd'hui le n° 398. Le rez-de-chaussée était loué au menuisier Duplay, dont la fille Marianne avait trouvé grâce aux yeux du député d'Arras.

Laurent venait d'être informé de la manière dont était traité le prisonnier, mais il était loin de se faire une idée exacte de l'état dans lequel il allait le trouver ; il ne supposait pas que la retraite de Simon et de sa femme eût pu aggraver sa situation. Quel fut son étonnement lorsque, arrivé à la porte d'entrée, il fut saisi par une odeur infecte qu'exhalait à travers les grilles la chambre du royal orphelin, et quel fut son effroi quand, plongeant par le guichet le regard dans le cachot, l'un des municipaux appela à grands cris Capet, et que Capet ne répondit pas ! Après plusieurs sommations, un faible oui répondit enfin, mais nul mouvement ne l'accompagna ; nulle menace ne put faire lever la victime et la faire venir au guichet, et ce fut à vingt pas de distance et à la lueur d'une chandelle dirigée sur un grabat, que les commissaires présentèrent à son nouveau gardien l'héritier de la vaillante race qui pendant huit siècles avait occupé le premier trône de l'univers. Force fut à Laurent d'accepter en cette forme la remise du fils de Louis XVI ; il comprit toutefois que sa responsabilité était engagée à faire constater l'état dans lequel on le lui laissait ; et, dès le lendemain, il s'adressa au comité de sûreté générale pour demander une enquête. La nouvelle visite qu'il avait faite, dès le matin, au prisonnier, lui avait fait sentir davantage encore la nécessité de cette démarche. En regardant par le guichet, une sainte horreur l'avait saisi et lui avait étreint le cœur : l'immobilité et le mutisme de l'enfant n'avaient point cédé à un appel bienveillant et à de douces paroles. Quoique révolutionnaire, Laurent, devant un tel spectacle, avait senti tout son être tressaillir sous l'influence d'un sentiment religieux [1].

Sa requête officielle eut son effet. Le lendemain, 13 thermidor an II (31 juillet 1794), plusieurs membres du comité de sûreté générale et quelques municipaux se rendirent ensemble à la tour pour constater l'état du prisonnier [2]. Ils l'appelèrent,

---

[1] Nous tenons ces détails de Gomin, qui les tenait de Laurent.

[2] Cet état était si fâcheux que le bruit de sa mort se répandit en Europe. Les journaux anglais l'annoncèrent, et ne rectifièrent cette nouvelle préma-

il ne répondit pas; ils ordonnèrent d'ouvrir la chambre : un des ouvriers attaqua si vigoureusement les barreaux du guichet, qu'il put bientôt y introduire la tête, et apercevant le malheureux enfant, il lui demanda pourquoi il n'avait pas répondu. L'enfant garda le silence. En peu de minutes, la porte fut enlevée : les visiteurs entrèrent. Alors apparut le spectacle le plus horrible qu'il soit donné à l'homme de concevoir; spectacle hideux que ne présenteront jamais deux fois les annales d'un peuple civilisé, et que les meurtriers mêmes de Louis XVI ne purent contempler sans une pitié douloureuse mêlée d'effroi. Dans une chambre ténébreuse d'où il ne s'exhalait qu'une odeur de mort et de corruption, sur un lit défait et sale, un enfant de neuf ans, à demi enveloppé d'un linge crasseux et d'un pantalon en-guenilles, gisait, immobile, le dos voûté, le visage hâve et ravagé par la misère, dépourvu aujourd'hui de ce rayon de vive intelligence qui l'éclairait naguère; sur ses traits si délicats, on ne voyait plus que la plus morne apathie, que l'inertie la plus sauvage et qui semblait attester la plus profonde insensibilité. Ses lèvres décolorées et ses joues creuses avaient dans leur pâleur quelque chose de vert et de blafard; ses yeux bleus eux-mêmes, agrandis par la maigreur du visage, mais dans lesquels toute flamme était éteinte, semblaient, depuis qu'ils ne reflétaient plus l'azur du ciel, avoir pris dans leur terne immobilité une teinte grise et verdâtre. Sa tête et son cou étaient rongés par des plaies purulentes ; ses jambes, ses cuisses et ses bras, grêles et anguleux, étaient démesurément allongés aux dépens du buste; ses poignets et ses genoux étaient chargés de tumeurs bleues et jaunâtres; ses pieds et ses mains, qui ne ressemblaient plus à une chair humaine, étaient armés d'ongles excessivement longs et ayant la dureté de la corne. Une

---

turée que sur de nouvelles informations venues de France. L'almanach de Saint-Domingue pour l'année commune de 1795 indiquait à l'article *France* Louis XVIII comme Roi, et Marie-Thérèse-Charlotte comme nièce du Roi, — puis on trouvait dans un *errata :* « Article France, Louis XVIII, lisez Louis XVII; Marie-Thérèse-Charlotte, nièce du Roi, lisez Sœur du Roi. »

crasse invétérée collait comme une poix sur ses petites tempes ces beaux cheveux blonds que devait toucher un jour la couronne de France, et aujourd'hui livrés à la honte de la vermine ; la vermine lui couvrait aussi le corps; la vermine et les punaises étaient entassées dans chaque pli de ses draps et de sa couverture en lambeaux, sur lesquels couraient des araignées noires. Tel était l'aspect de cette enfance exténuée, qui n'avait plus de quoi loger un cœur — cœur si noble et si aimant, — et qui s'éteignait dans l'atmosphère pestilentielle de cette chambre, auprès de laquelle l'antique écurie d'Augias eût été un lieu de propreté et un séjour digne d'envie.

Au bruit qu'avait fait la porte en s'ouvrant, l'enfant avait tressailli par un mouvement nerveux; mais il ne s'était retourné que légèrement, regardant à peine qui entrait, et frissonnant en silence comme un passereau sous l'œil du vautour. Cent questions lui furent faites, il ne répondit à aucune; il laissa errer sur ses visiteurs un regard vague, incertain, sans expression; on l'eût pris en ce moment non point pour un fou, hélas! mais pour un idiot. Étonné de trouver sur la petite table son dîner presque intact, un des commissaires lui demanda pourquoi il ne mangeait pas. Cette demande ne fut pas d'abord mieux reçue que les autres; mais comme elle fut renouvelée plusieurs fois par le plus ancien de la députation, qui s'était approché de lui, et dont il avait pu remarquer la tête grise, l'attitude convenable et l'accent paternel : « Non, je veux mourir, » dit-il enfin d'un ton tranquille et résolu, qui attestait, par l'absence même de toute émotion, des souffrances sans remède, un dégoût sans consolation et des chagrins sans espérance. Ce furent les seules paroles qu'on put lui arracher dans cette visite si cruellement mémorable, qui n'amena que quelques ordres insignifiants, dont Laurent toutefois sut tirer parti dans l'intérêt de son prisonnier.

En effet, disons-le hautement à la louange de Laurent, ses principes politiques ne lui avaient pas fait abdiquer ses sentiments d'honnête homme. Tandis que parmi les employés de la tour et parmi les nombreux municipaux qui, depuis des mois, s'étaient succédé journellement, pas un ne se fût trouvé qui ne craignît la mort plus que le crime, lui, Laurent, ne fut pas arrêté par la peur de se compromettre. Les Pilate abondent dans les révolutions; ils laissent dresser la croix au Calvaire et se lavent les mains en demandant que le sang du juste ne retombe pas sur leur tête. Servant les colères de tout pouvoir qui est debout, et désertant la cause de tout pouvoir qui est tombé, ceux-là ne font pas les révolutions, mais ils les acceptent toutes. Laurent ne fut pas de ces lâches qui voient le bien et laissent faire le mal; qui préfèrent leur vie à leur conscience, et leur repos à la vérité : il eut pitié de la victime, et il eut le courage de lui faire du bien.

Ce ne fut d'abord qu'avec beaucoup de peine, et avec le concours des députés chargés de l'enquête, qu'il obtint que Caron allât chercher de l'eau tiède pour bassiner les plaies de l'enfant. Les commissaires hésitaient à y consentir, tant on craignait encore à cette époque que la pitié ne fût dénoncée comme un crime.

La porte grillée et le guichet ne furent pas remis; on rétablit l'ancienne porte comme elle existait du temps de Simon; on diminua le nombre des abat-jour pour renouveler l'air et donner de la clarté. La chambre fut purifiée. Pendant ce temps-là on avait porté le malade dans la chambre du Roi son père, et on l'avait mis provisoirement sur un lit de fer placé à gauche en entrant. Le regard du Prince était comme mort, et il ne se rendait pas compte de ce qui se passait autour de lui. Laurent fit apporter un autre lit et y plaça l'enfant. Il le changea de linge; il lui fit prendre des bains. Il fit venir la mère Mathieu pour lui couper les cheveux et le peigner. (La mère Mathieu était une bonne grosse femme qui avait soin de la buvette du père Lefèvre.) Ce n'est pas tout : le mal qu'il avait à la tête et au cou exigeait des soins particuliers; sur la demande de Laurent, un municipal, qui était chirurgien, vint de temps en temps visiter ses plaies et les bassiner. Sa garde-robe était dans le dénûment le plus absolu ; sur la demande de Laurent, un tailleur fut autorisé à lui faire un vêtement complet. Ce vêtement était d'un drap assez fin, couleur ardoise foncée, et consistant en un pantalon, un gilet rond et une carmagnole à la matelot de la même couleur.

Ce malheureux enfant ne pouvait s'expliquer ces témoignages d'intérêt. Il avait conçu une telle peur des hommes, que, malgré la misère abominable dans laquelle il s'éteignait, il n'avait pu voir sans une sorte d'épouvante qu'on forçât la porte de sa prison, et qu'un homme eût un libre accès jusqu'à lui ; mais ce premier mouvement fut bientôt remplacé par un sentiment de surprise et même de stupeur quand il vit que cet homme venait à lui la main ouverte et l'air compatissant. « Pourquoi avez-vous soin de moi ? » lui demanda un jour l'enfant étonné de ses attentions ; et comme Laurent lui répondait par un mot bienveillant : « Je croyais que vous ne m'aimiez pas, » dit-il, et son cœur se fondit, et ses yeux roulèrent une larme qu'il chercha à cacher à son gardien.

Laurent, de son côté, avait lui-même, avant de la connaître, bien mal jugé cette nature tendre, nerveuse, impressionnable. Il apprit de jour en jour quelles angoisses avaient tari dans ce jeune cœur la source des épanchements. Il conçut tout ce qu'il avait dû endurer et souffrir pour être arrivé à cet extrême degré de noir ennui et de tristesse sauvage. Il vit tout ce qu'il y avait de caractère sous cette apparente froideur, et de sensibilité maladive sous cette écorce inerte.

Le 14 fructidor, le jour où l'explosion de la poudrière de Grenelle causa la mort de quinze cents personnes, Laurent s'empressa d'écrire au comité de sûreté générale que cet événement n'avait en aucune manière troublé la tranquillité du Temple. Il l'informait que les représentants André Dumont et Goupilleau de Fontenay avaient fait à dix heures du matin la visite de la tour ; qu'ils avaient constaté l'existence des deux enfants de Capet, et donné l'ordre au commandant de service de doubler la garde, ce qui avait été exécuté sur-le-champ, et avec le plus grand zèle, par un détachement de la section du Temple.

« J'ai été, ajoutait Laurent, autorisé par les représentants du peuple à introduire deux hommes sûrs dans l'appartement du fils de Capet, pour le nettoyer, et tâcher de faire disparaître la vermine occasionnée par la malpropreté. »

Cette opération, qui n'avait pas eu lieu depuis un mois, était devenue indispensable pour la prison comme pour le prisonnier; elle eut lieu dès le lendemain. La tête du Dauphin était extrêmement sensible, et la mère Mathieu n'y passait pas le peigne ni le chirurgien un onguent sans lui causer les plus vives douleurs. Ces douleurs étaient même quelquefois si excessives, que, quelque effort que fît l'enfant pour les étouffer, elles éclataient malgré lui par quelques plaintes sourdes et quelques monosyllabes prononcés avec l'accent le plus déchirant; et aussitôt que l'aiguillon du mal s'était émoussé, il éprouvait une sorte de chagrin et de honte d'avoir été vaincu et d'avoir laissé échapper le cri qui proclamait sa défaite. Le 15 fructidor, après avoir ainsi succombé, il rappela par un signe l'homme qui allait se retirer, et lui dit d'une voix douce : « Merci! monsieur, merci! et pardon! » en appuyant sur ce dernier mot avec un accent significatif.

L'usage adopté par Simon de ne donner au Prince d'autre nom que celui de Capet, usage auquel s'étaient conformés les municipaux et tous les préposés du Temple, fut aboli par Laurent. Celui-ci, dès son début, l'appela M. Charles, et dès lors, commissaires et gardiens l'appelèrent aussi de ce nom. Seulement les uns lui disaient Charles et le tutoyaient, les autres lui disaient *vous* et Monsieur Charles. Ces derniers, comme on le pense bien, étaient plus favorablement jugés par lui : le tutoiement lui était toujours arrivé accompagné des procédés les plus durs ou des injures les plus grossières. Observateur taciturne et plein de discernement, il savait à l'aide d'un mot se diriger dans ses sentiments et dans sa conduite à l'égard des commissaires. Bien que la chute de Robespierre eût un peu laissé respirer la France, il ne faut pas croire qu'elle fût délivrée de cette *liberté* qui lui fit quelques années plus tard tant chérir la dictature. Non, la tyrannie fut moins sanguinaire, mais elle demeura aussi ombrageuse ; les vainqueurs du 9 thermidor ne valaient guère mieux que les vaincus : c'était une guerre civile entre guillotineurs. La Convention conserva le même esprit, les mêmes haines, les mêmes frayeurs. La figure de l'enfant-Roi, comme un remords vivant, lui apparaissait menaçante du fond d'une prison. Les comités, aux abois, multipliaient les espions et les satellites. Les mêmes inquiétudes, les mêmes précautions veillaient en dehors de la tour ; seulement il y avait un peu moins de souffrance au dedans. Laurent même, à son insu, tout ardent républicain qu'il était, s'était pris, sinon d'affection, du moins d'une profonde pitié pour le fils du tyran. L'obligation où il était de le laisser, comme par le passé, dans une solitude continuelle, lui était pénible, car il savait combien cet abandon (exigé par les odieux calculs des gouvernants) était nuisible à la santé physique et morale de l'enfant. Il n'avait le droit d'entrer chez lui qu'aux heures des repas, et encore sous la surveillance constante des municipaux. Cependant il obtint quelquefois de ceux-ci la permission de le faire monter sur la tour pour l'y promener. Laurent leur représentait la mesure comme indispensable à la santé du prisonnier, et lorsqu'ils étaient d'un caractère facile ou d'un cœur bienveillant, ils ne faisaient pas attendre leur assentiment. La première fois qu'on lui accorda cette faveur, c'était un soir, Laurent prit l'enfant par le bras et le conduisit : la plate-forme de la tour, comme je l'ai dit ailleurs, formait une espèce de galerie ou de couloir qui régnait tout à l'entour, entre le toit qui venait s'y appuyer, et les créneaux dont les entre-deux garnis de jalousies empêchaient le promeneur de voir et d'être vu. La soirée était superbe. Dans un arbre du jardin un oiseau chantait au soleil qui se retirait sa plus douce chanson ; mais à quoi bon le soleil et la verdure sans la liberté? A quoi bon la liberté sans la patrie? Hélas! si le noble enfant était libre, où trouverait-il aujourd'hui à poser ses pieds? Les eaux bourbeuses des révolutions couvrent toute la terre de ses aïeux. Autour de cette prison où l'on souffre, est la ville souveraine où l'on parle de plaisirs et de guerre, d'amour et de crimes; la ville où l'on rit et où l'on tremble, la ville où l'on s'embrasse et où l'on se dénonce, la ville où l'on se divertit et où l'on guillotine! De tous les domaines de ses pères, il n'a pas même à lui ce couloir où on le promène; et il lui sera plus facile d'entrer au paradis que de sortir d'ici, car il n'y a qu'une porte ouverte pour lui à la prison, c'est la mort. De la plate-forme il ne pouvait voir que le ciel, et il ne cherchait pas à voir autre chose. Il entendait quelquefois les cris des porteurs d'eau et des marchands qui passaient dans les rues voisines; il entendait le bruit des voitures qui roulaient au loin sur le pavé; il entendait cette voix des hommes heureux et indépendants pour qui la vie est douce et qui voient le soleil quand ils veulent, toutes ces clameurs qui sortent des poitrines libres, ces gazouillements d'enfants du peuple qui passent en bas, courant à leurs plaisirs. Mais tous ces bruits venaient railler le pauvre enfant captif et dépouillé, et lui faire sentir sa misère; mais tous ces murmures sourds et confus de la grande ville lui apportaient moins de distraction que d'inquiétude. Cette vie qui s'agitait au dehors était comme une voix ennemie qui le menaçait, après avoir poursuivi son père et sa mère. Et pourtant, depuis près de deux ans, le petit prisonnier n'avait pas eu tant de bonheur! Cet air qu'il respirait ranimait dans son sein un reste de chaleur et de vie : la nature ne s'était pas faite complice de la perversité des hommes. Il fallut rentrer bientôt : je ne sais si un reflet du soleil, en touchant ce jeune cerveau malade, en avait rafraîchi les idées; si la brise du ciel, en entrant dans cette poitrine desséchée, en avait rajeuni le cœur : mais l'enfant s'arrêta en descendant devant la porte du troisième étage qu'il n'avait pas observée en montant, et, serrant fortement le bras de son conducteur, il s'appuya au mur en fixant sur cette porte le regard le plus mélancolique et en même temps le plus avide. Laurent l'entraîna pour l'arracher aux souvenirs qui lui arrivaient en foule. L'enfant se retournait toujours pour prolonger l'adieu qu'il disait à cette porte, qui, dans sa pensée sans doute, lui cachait encore sa mère : une impression pénible le suivit dans sa chambre. Son pauvre souper vint l'y trouver aussitôt, mais ce fut à peine si sa main et ses lèvres y touchèrent. Il resta muet comme toujours, son regard ne cessait d'interroger les yeux de son gardien qui disparut bientôt, le laissant avec les ennuis de sa solitude et les angoisses de sa mémoire.

J'ai parlé de son souper. La catastrophe du 9 thermidor n'avait apporté aucune modification au régime alimentaire des prisonniers; on en était toujours à observer strictement à cet égard l'arrêté du 22 septembre 1793 : un plat de légumes à déjeuner, un potage, un bouilli et un autre plat à dîner, et deux plats à souper, sans doute c'était là une nourriture suffisamment abondante; mais comment était-elle accommodée! dans quelle faïence servie! avec quel couvert fallait-il la manger! Le vœu de la *poule au pot* que formait Henri IV pour le dernier de ses sujets ne devait point se réaliser pour le dernier de ses enfants.

Malgré les soins dont il était l'objet depuis l'arrivée de Laurent, le jeune Prince demeurait d'une faiblesse extrême et d'un mutisme presque complet. Ses traits avaient encore cette expression à la fois énergique et douce qui semblait être le principal caractère de cette vieille race; mais, en le regardant longtemps, on était frappé de la molle langueur empreinte dans ses yeux et sur ses lèvres. La solitude achevait ce que les mauvais traitements avaient commencé.

Cependant Laurent obtint encore quelquefois la permission de le conduire sur la tour. Un jour qu'il l'y promenait, vers midi, avant le dîner, un régiment vint à passer avec tambours et musique. L'enfant ne savait pas, l'enfant ne savait plus ce que c'était. Il serra d'une main le bras de son gardien par un mouvement nerveux, et l'autre main se leva comme pour lui faire signe d'écouter. Les tambours avaient cessé de battre près de Sainte-Élisabeth, et la musique joua seule en passant devant le Temple : l'enfant tressaillit, sa physionomie s'anima et s'éclaircit peu à peu. Hélas! c'était la première harmonie qu'il entendait depuis des années! Mais ce bonheur fut court, et il se perdit au bout de quelques secondes dans les confuses clameurs de la ville.

Une autre fois, jouissant encore, avec son gardien et le municipal de service, d'un moment de liberté au sommet de la tour, le Prince n'attacha pas ses regards sur le ciel comme il le faisait presque constamment : il les ramena vers la terre, c'est-à-dire sur la plate-forme et sur les créneaux. Ses compagnons ne virent pas d'abord ce qu'il cherchait, tant ce qu'il cherchait était chose petite et imperceptible : c'étaient de pauvres chétives fleurettes jaunes, nées par hasard et par malheur loin de tout sol végétal, et puisant misérablement un semblant de vie dans les interstices des pierres. Il manquait à ces fleurs, étiolées comme lui et presque aussi malheureuses que lui, il manquait la terre et souvent la pluie... mais elles vivaient pourtant, elles! Le Prince les ramassait d'une main avare, essayant d'en former un faisceau, tâche difficile, tant leur tige était courte et menue. — Les fleurs! ses anciennes amours, hélas! comme lui si déchues! La musique et les fleurs, ses deux grandes joies de Versailles et des Tuileries, et dont il avait retrouvé un pâle et dernier reflet sur la tour d'une prison! Il mit une grande patience et une extrême attention à rassembler ces brins d'herbes et de fleurs, il en forma comme un bouquet qu'il emporta soigneusement quand arriva l'heure de la retraite. A mesure qu'en descendant l'escalier il approchait de l'appartement sur le seuil duquel, comme nous l'avons dit, il avait suspendu sa marche le jour de sa première promenade, il usa tout ce qui lui restait de force à ralentir le pas de son gardien et à l'arrêter tout à fait lorsqu'ils se trouvèrent en face de la porte. « Tu te trompes de porte, Charles! » cria le commissaire qui marchait derrière eux. « Je ne me trompe pas, » répondit tout bas l'enfant, emmené par son conducteur et rentrant dans sa cellule pensif et soucieux. Ce furent les seuls mots qui lui échappèrent ce jour-là. Ne croyez pas que sa petite moisson de fleurs lui devint une distraction dans sa solitude : il les avait toutes laissées tomber sur le seuil de la porte où il s'était arrêté.... Je raconte, et je ne loue pas : il est des sentiments tendres et délicats auxquels on ne peut toucher sans profanation.

Pauvre enfant! il savait que son père n'existait plus ; mais sa mère, sa tante, sa sœur, où étaient-elles? Il pouvait les croire encore près de lui.

Et pourtant, dans cette prison, il n'y a que sa sœur qui ne lui soit ni étrangère ni ennemie. Le regard et la bénédiction de sa mère, qu'il cherche, ne peuvent plus lui venir que du côté du ciel; et on lui envie le triste bonheur de recevoir au moins de sa sœur les dernières caresses que sa mère, au moment de son départ pour la Conciergerie, déposa sur le front de sa fille comme le seul héritage qu'elle eût à partager entre ses deux enfants!

L'ombre mystérieuse qui régnait autour d'eux faisait parfois douter de leur existence même. Une lettre de Laurent, adressée le 10 vendémiaire an III (1er novembre 1794) au comité de salut public, nous apprend que, d'après un rapport à lui fait par le citoyen Walnn, adjudant général de service [1], plusieurs citoyens de garde disaient qu'ils ne savaient pas s'ils gardaient des *pierres ou quelque chose.* « Ces propos, ajoute Laurent, n'ayant pas eu de suite, j'ai cru ne pas devoir leur en donner, et la garde a été descendue paisiblement. »

Les gouvernants étaient devenus de plus en plus ombrageux. Les premiers rangs avaient été nivelés par la guillotine : les hommes de second ordre apparaissaient et allaient combattre. Il est vrai que, de plus en plus nombreux, les amis de la paix publique tentaient le retour vers la monarchie. Le nom de Louis XVII était prononcé comme un espoir à l'oreille des op-

---

[1] Il demeurait rue Saint-Pierre-Pont-aux-Choux, n° 13.

primés, comme un défi à l'oreille des oppresseurs. Aussi ne parlait-on que de conspirations : le pauvre enfant conspirait peut-être aussi lui-même avec ses grilles, ses verrous et ses portes de fer ; il conspirait seul et en silence avec la résignation, avec la patience.

Les maîtres de la France, redoutant à la fois et les mouvements que ce nom royal pouvait susciter à l'intérieur et l'appui qu'il devait trouver dans les cours étrangères, le considéraient tout ensemble comme un levain permanent de discordes intestines et comme un otage qui importait essentiellement à leur sûreté. Les uns désiraient le rejeter comme un élément de troubles intérieurs, les autres le conserver comme un gage de sécurité politique. Aussi la conduite des conventionnels était-elle toujours embarrassée, et leur perplexité immense, toutes les fois qu'il s'agissait de statuer sur le sort du fils de Louis XVI.

« Et moi aussi, disait Duhem[1] dans la séance de la 2e sansculottide de l'an II de la République une et indivisible (18 septembre 1794), et moi aussi, il y a longtemps que je demande pourquoi il existe parmi nous un point de rassemblement pour l'aristocratie. Comme si un peuple qui a eu le courage de conquérir sa liberté, d'envoyer son tyran à l'échafaud, pouvait conserver encore dans son sein un rejeton héritier présomptif de la royauté! Je demande si un pareil exemple se retrouve chez aucun peuple de l'antiquité, je parle de ceux qui ont eu le même courage et la même énergie que nous? Mais c'est ici un acte de souveraineté : il faut qu'il soit profondément médité. Que les comités s'occupent donc de la question de savoir

---

[1] Duhem (Pierre-Joseph), né à Lille, en 1760, d'abord maître de quartier au collége d'Anchin, ensuite médecin, puis juge de paix, puis élu par le département du Nord à la Convention, en 1792, opina pour qu'il fût interdit à Louis XVI de se choisir un conseil, vota la mort de ce malheureux prince, et s'associa à toutes les mesures les plus exagérées de l'Assemblée. Au 31 mai 1793, il contribua à la chute des Girondins. Compris dans la proscription du 12 germinal, il fut conduit au château de Ham. L'amnistie du 4 brumaire lui ayant rendu la liberté, il redevint médecin, et fut employé dans les hôpitaux militaires. Il mourut d'une fièvre catarrhale, à Mayence, le 25 mars 1807.

si nous ne devons pas vomir loin de nous non-seulement ces rejetons, mais encore toute cette famille infernale des Capet et tous ceux qui y adhèrent. Nous avons en France pour ainsi dire deux nations, les royalistes et les républicains. Vous n'aurez point de paix, point de sécurité, tant que l'une de ces nations pourra inquiéter, tourmenter la patrie. »

La proposition de Duhem resta et devait rester sans résultat, tant la peur de garder à Paris le ferment de l'anarchie était combattue par la peur de mettre une arme puissante dans la main de l'étranger. Les meneurs des comités, affranchis de l'une et de l'autre de ces craintes, espéraient bien conjurer à la fois prochainement ces deux périls, et couvaient d'un œil avide le dépérissement graduel d'une vie que les partis envieux se disputaient au soleil, tandis qu'eux l'éteignaient à loisir et sans bruit dans les ténèbres de la prison.

Laurent faisait d'inutiles efforts pour paralyser cette pernicieuse influence; que pouvait-il? Sans cesse observé, il n'était pas même libre de suivre les élans de son bon vouloir et du sentiment réel d'intérêt que lui inspirait son jeune prisonnier.

L'excessive servitude à laquelle ses fonctions le condamnaient commençait aussi à lui devenir à charge, et ce n'était plus sans un profond ennui et sans un tendre regret qu'il pensait à son jardin désert et à son club abandonné.

Souvent déjà il s'était plaint aux commissaires de cette contrainte si assujettissante qui avait fini par vaincre Simon (Simon qui cependant n'était pas seul!) et qui finirait, certes, par l'user à la peine, si le gouvernement ne lui venait en aide et ne lui donnait un collègue pour le relayer dans son incessant travail de surveillance. Chose étonnante! l'enfant luttait encore contre cette solitude et cette immobilité qui avaient déjà vaincu deux hommes.

Le troisième jour des sans-culottides (19 septembre 1794), Laurent s'adressa de nouveau aux comités de salut public et de sûreté générale pour leur rappeler que le citoyen Barras, qui l'avait installé dans les fonctions de gardien des enfants du dernier tyran, l'avait assuré que, dès le lendemain, il lui serait donné un collègue pour partager sa surveillance.

« Depuis cette époque, ajoute-t-il, je vous ai adressé plusieurs lettres dans lesquelles je vous ai exposé la nécessité de ne pas me laisser seul chargé du dépôt qui m'est confié. Je n'ai reçu aucune réponse. Aujourd'hui que l'attention de la Convention se fixe sur le sort des enfants du tyran, qu'on parle de royalistes, et que les mesures de précaution ne sauraient être portées trop loin, je crois devoir réitérer mes instances. Je ne peux pas suffire seul aux fonctions qui me sont confiées, et je crois de l'intérêt de la chose publique que vous ne perdiez pas ma demande de vue. S'il arrivait en ce moment quelque événement, je ne pourrais pas vous en instruire moi-même. Je vous conjure donc, citoyens représentants, de m'adjoindre le plus tôt possible un ou deux collègues qui partagent ma surveillance, et répondent, conjointement avec moi, du dépôt que vous m'avez confié. »

Ce ne fut qu'au bout de cinquante jours que la requête de Laurent fut enfin accueillie. Encore dut-il cette satisfaction à une circonstance accidentelle où, placé entre la calomnie des démagogues et sa propre conscience, il eut à provoquer la justice du comité de salut public :

« Au Temple, le 1er brumaire de l'an III (22 octobre 1794).

Aux citoyens représentants du peuple composant le Comité de salut public, etc.

» CITOYENS REPRÉSENTANTS,

» Dans la séance de la section du Temple du 20 vendémiaire, trois individus de cette section dirigèrent contre moi plusieurs calomnies, auxquelles je répondis avec le langage de la vérité et le témoignage d'une conscience pure.

» Dans la séance d'hier, ces mêmes individus sont revenus à la charge, et ont fait arrêter que j'avais perdu la confiance de la section, et que le procès-verbal contenant les dénonciations serait apporté aux comités de sûreté générale et de salut public. Mes dénonciateurs se sont fait nommer commissaires eux-mêmes pour vous apporter ces pièces. — J'offre de prouver que ces inculpations sont fausses et calomnieuses; que les individus qui les ont avancées sont des êtres immoraux et tarés dans l'opinion publique, dont l'un a fait trois banqueroutes frauduleuses de cinquante mille écus, et dont l'autre a été repris de justice, il n'y a pas trois mois, pour avoir vendu à faux poids et fausses mesures. J'offre de prouver qu'eux seuls ont parlé dans la discussion qui me concernait, qu'ils ont été les dénonciateurs, les rédacteurs du procès-verbal, les provocateurs de l'arrêté, et qu'ils se sont fait nommer commissaires pour vous l'apporter.

» Je n'ai sollicité en aucune manière, citoyens représentants, l'emploi important que vous m'avez confié; il serait dur pour un citoyen honnête de le quitter d'une manière ignominieuse. Je vous demande une justice qu'il est dans vos principes d'accorder à tout citoyen : c'est de ne pas prononcer sur mon compte sans m'avoir entendu : vous écouterez ma justification et vous jugerez si elle est satisfaisante.

» LAURENT, chargé par les comités de salut public et de
» sûreté générale de la garde des enfants de Capet. »

Cette lettre, aussi bien que les explications données par Laurent, lui gagnèrent les sympathies des membres les plus honorables des comités.

LIVRE SEIZIÈME.

GOMIN ADJOINT A LAURENT.

18 brumaire an III — 9 germinal an III
(8 novembre 1794 — 29 mars 1795).

Nomination de Gomin. — Sa biographie. — Ses sentiments en entrant à la tour. — Ses premiers rapports avec Louis XVII. — Détails sur le service intérieur du Temple. — Fleurs données au Prince. — Le sentencieux Delboy. — Premières paroles de l'enfant-Roi à Gomin. — Courageux article d'un journal. — Protestation du comité de sûreté générale. — Démarches diplomatiques en faveur des prisonniers du Temple. — Délibération de la Convention sur leur sort. — Mot cruel du municipal Cazeaux. — Fermeté de caractère de l'enfant. — Sa convalescence arrêtée. — Le commissaire Leroux et le *quatorze de tyrans*. — Cartes données au jeune Roi. — Le tabletier Debierne. — La santé de l'enfant empire. — Rapport du conseil général de la Commune au comité de sûreté générale. — Commission nommée pour examiner le Prince. — Récit de Harmand (de la Meuse). — Appréciation de ce récit. — Aucune amélioration n'est apportée au régime du Temple. — Attentions affectueuses de Gomin. — Une tourterelle au Temple. — La pensée de l'enfant toujours tournée vers sa mère. — Sinistre pronostic du municipal Collot. — Laurent quitte le Temple.

Par décision du 18 brumaire an III (samedi 8 novembre 1794), « *le Comité de sûreté générale, sur la présentation de la commission de police administrative, adopte et choisit le citoyen Gomin pour être adjoint à la garde du Temple, et charge la section de police de l'appeler à son poste* [1]. Mandé, le lendemain, dans le sein de cette dernière commission, le nouvel agent apprit sa nomination, rédigée dans les termes que nous venons d'indiquer. Il voulut s'excuser; mais on lui fit comprendre qu'il n'avait pas le droit de refuser, et qu'il fallait se rendre immédiatement à son poste : « La voiture t'attend. » Gomin y monta, fort soucieux de la charge inattendue qu'on lui

---

[1] Termes de l'arrêté, qui est signé *Garnier* (de l'Aube), *Mathieu, Harmand, Bentabolle, Reubell, Barras, Monmayou* et *Reverchon*.

imposait, mais ne laissant, du reste, nulle inquiétude derrière lui; il n'avait plus ni son père ni sa mère; il n'était pas marié; il n'avait d'autre famille que des tantes, éloignées alors de Paris. Gomin était né le 17 janvier 1757[1]; il était fils d'un

GOMIN, EN 1840.

tapissier de l'île Saint-Louis. La maison où le père avait tenu son magasin et où la révolution vint chercher le fils fait face à l'église Saint-Louis et porte aujourd'hui le n° 38. Gomin ne sut d'abord à quelles influences attribuer sa nomination : il jouissait dans son quartier de la réputation d'un homme doux et tranquille, n'ayant rien qui le recommandât aux suffrages des exaltés, auxquels sa modération n'aurait pu que le rendre suspect.

[1] Il est mort à Pontoise le 17 janvier 1841.

Il apprit plus tard que M. le marquis de Fenouil, qui avait demeuré dans l'île Saint-Louis et qui le connaissait particulièrement, avait, grâce à certaines intrigues soi-disant patriotiques qu'il avait su ménager et employer avec art, contribué puissamment à une nomination qui était une garantie pour le parti royaliste.

J'entre dans ces détails, parce que je tiens beaucoup à faire connaître cet homme, auquel je dois sur cette dernière période de la vie du Dauphin un grand nombre de particularités intéressantes auxquelles il se trouve souvent mêlé. C'était un esprit droit, un caractère prudent, qui sous la réserve officielle indispensable à ses fonctions cachait un cœur loyal, timide sans doute, mais d'une exquise sensibilité. Je l'ai beaucoup connu dans les dernières années de sa vie : cet homme, qui avait vieilli au souffle des orages, avait, à quatre-vingts ans, une mémoire et une activité de trente ans. Il avait vu s'évanouir toutes ses illusions politiques, comme cela arrive presque toujours ; et à mesure qu'elles s'en allaient, les impressions de la première moitié de sa carrière revivaient avec plus de force, escortées de leurs tardifs regrets et de leurs mélancoliques souvenirs. L'immense intérêt de curiosité que j'avais mis tout d'abord à le chercher se changea bientôt en une affection vraie, lorsque je fus à même de le connaître. J'avais senti, en l'écoutant, qu'il avait beaucoup souffert, et je m'étais attaché à lui cordialement. Sa confiance m'a largement payé de mes sentiments, en me révélant tous les vieux troubles de son âme, et en mettant devant moi sa conscience à découvert.

Voici quels étaient ses combats intérieurs, ses dispositions morales au moment de sa nomination : « Forcé d'obéir, me dit-il, j'acceptai, non pas avec l'accent facile et naturel d'un cœur à l'aise, oh! non, la crainte secrète, l'inquiétude tacite, qu'il n'en résultât quelque accident pour moi, agitaient mon esprit Enfin, vous dirai-je le triste effet que produisit sur moi la vue de l'échafaud : j'eus peur, et je me soumis.

» J'avais une immense compassion pour cette famille, pour

ces enfants : je savais les vertus de l'une, l'innocence des autres, les malheurs de tous... Il s'élevait un combat dans mon âme pour essayer de me cacher que moi-même je pouvais et devais les secourir.

» Il m'était donc impossible de régler mes sentiments et mes pensées de manière à les avouer sans restriction devant Dieu et devant ma conscience.

» Mais la peur ne parvint pas toutefois à fausser mon jugement et à dénaturer mon cœur. Je fus prudent, mais je restai homme. Je serais devenu suspect, si l'on m'avait cru capable de faire le bien; mais je serais devenu un monstre à mes yeux, si je n'eusse pas eu pour des malheureux tous les égards que ne défendaient point les devoirs de ma charge.

» Pourquoi Dieu m'a-t-il donné une nature si disposée à compatir aux souffrances, et si peu de moyens pour faire le bien? L'affection que j'avais dans le cœur devenait un trésor de colère; la pitié sans la bienfaisance est un cruel tourment.

» J'ai eu des regrets, presque des remords : ils se sont accrus avec le temps, car en s'éloignant de la révolution on en a senti beaucoup plus l'odieux. Dans sa clémence, Dieu voulait que ces regrets me profitassent; il m'a donné cinquante ans à survivre à mon cher et innocent prisonnier, afin que je pusse paraître devant lui absous par la durée même de mes regrets. »

Tels sont les sentiments que j'ai lus dans le cœur ou saisis sur les lèvres du bon et sensible Gomin. Lui-même, après avoir reçu communication de toute la partie de ce travail empruntée à ses souvenirs, il m'a remercié par écrit de l'exactitude avec laquelle je les ai rapportés, et de la justice que je lui ai rendue. Et maintenant, je l'espère, le lecteur, pour qui Gomin n'est plus un inconnu, se fera une idée des mouvements intérieurs qui l'agitaient en se rendant, le dimanche 9 novembre 1794, de la section de police à la prison d'État du Temple. Il était accompagné d'un agent qui garda le silence pendant toute la route. Il se présenta avec sa nomination au commissaire, qui inscrivit son entrée sur les registres, et à Laurent, qui le reçut comme son adjoint. Il était nuit. Les deux gardiens montèrent ensemble, accompagnés du commissaire (nommé Buisson jeune), pour voir les prisonniers.

Gomin éprouvait une vive émotion en touchant pour la première fois cet escalier que le Roi avait descendu pour aller à l'échafaud, et les guichets et les portes de fer encore fermés sur ses enfants orphelins. Je ne dirai rien ici de sa première visite chez Madame Royale; les nombreux détails que je tiens de lui et de Lasne sur la captivité de cette Princesse trouveront leur place plus tard. Entré au second étage, dont la première pièce, comme je l'ai dit, servait d'antichambre, Laurent demanda à son collègue s'il avait vu autrefois le Prince Royal. « Je ne l'ai jamais vu, répondit Gomin. — En ce cas, il se passera du temps avant qu'il vous dise une parole. » Ils ouvrirent la seconde pièce, qui avait été la chambre à coucher de Cléry. Sur un lit de fer placé dans le coin à gauche, était couché le royal enfant. Au premier bruit que fit l'arrivée des visiteurs, il leva sa petite tête coiffée d'un bonnet de coton blanc. Son premier aspect était triste à fendre le cœur : son teint plombé, son air languissant, révélaient ses longues misères; il y avait sur ses traits et jusque dans son regard comme un sceau de douleur et de mort imprimé par les tortures physiques et morales qu'il avait souffertes. Après avoir jeté un coup d'œil, les gardiens se retirèrent.

Gomin s'établit avec Laurent au rez-de-chaussée. Leur chambre, comme je l'ai dit, s'appelait la salle du conseil : elle avait trois lits, l'un pour Laurent, l'autre pour Gomin, et le troisième pour le membre du comité civil que chaque section de Paris envoyait tour à tour au Temple, pour y remplir pendant vingt-quatre heures les fonctions de commissaire.

Voici de quelle manière se faisait, à cette époque, l'installation de cet officier municipal. Arrivé à midi, il recevait de celui qu'il remplaçait les instructions des comités de la Convention relatives aux devoirs à remplir pour la surveillance de chacun des prisonniers, et l'injonction de ne point laisser le frère et la sœur se rencontrer ou se promener en même temps.

Le commissaire sortant et les gardiens conduisaient le nouveau municipal pour reconnaître les prisonniers : il en était fait sur le registre du Temple une mention que signait celui qui entrait en fonction.

Toutes les clefs de la tour étaient enfermées dans une armoire de la salle du conseil. Cette armoire avait deux serrures de dimension différente, dont chaque gardien avait une clef. Ils dépendaient donc l'un de l'autre, et le porte-clefs de tous les deux.

Depuis la mort de Louis XVI, les postes du Temple ne se composaient que de cent quatre-vingt-quatorze hommes de la garde nationale et de quatorze de l'artillerie parisienne.

Afin de conserver la moitié des hommes de service, les gardiens ne donnaient jamais de cartes de sortie que pour la moitié du nombre. Personne ne pouvait entrer ni sortir sans être porteur d'une carte signée des deux préposés.

Indépendamment de la garde nationale commandée pour ce poste, il y avait quatre ou cinq gendarmes d'ordonnance. Tous les soirs, les gardiens envoyaient au comité de sûreté générale, section de la police, un bulletin de tout ce qui s'était passé pendant les vingt-quatre heures.

L'adjonction de Gomin fut très-profitable à Laurent, qui, jusqu'alors, presque aussi esclave que l'avait été Simon, avait renoncé à ses goûts et à ses habitudes : l'arrivée d'un collègue lui rendait le moyen de retourner parfois à ses fleurs et à son club ; mais elle changea, du reste, peu de chose à l'ordre établi. Le service continua à peu près comme par le passé. Tous les matins vers neuf heures, les deux gardiens et le commissaire montaient ordinairement ensemble dans la chambre du Dauphin ; Gourlet les accompagnait ; il habillait le Prince ; pendant que l'enfant déjeunait, il faisait son lit et balayait l'appartement en présence de ses chefs.

Le déjeuner, consistant en une tasse de lait ou des fruits, était apporté par Caron, garçon d'office.

La chambre faite et le déjeuner pris, on laissait le Prince seul jusqu'à l'heure du dîner, c'est-à-dire jusque vers deux heures. Les gardiens remontaient alors avec le nouveau commissaire civil. Le dîner consistait en une soupe, un petit morceau de bouilli et un plat de légumes secs, le plus ordinairement des lentilles.

Puis on laissait l'enfant seul jusqu'à huit heures du soir.

Quand le jour baissait, l'un des gardiens, le plus habituellement Gomin, montait soit avec Caron, soit avec Gourlet, pour allumer le réverbère, qui, placé dans la première pièce, éclairait, à travers un vitrage, la chambre à coucher.

A huit heures le souper.

Le souper ressemblait au dîner, moins le bouilli.

Après cela, on couchait l'enfant et on le laissait seul jusqu'au lendemain matin à neuf heures. On voit que, si le régime du Temple n'était pas sensiblement modifié, les rouages en étaient du moins très-simplifiés depuis le 9 thermidor.

Et tous les jours se succédaient ainsi. Quelques petits événements, quelques légers épisodes que nous allons rapporter d'après des notes fidèles [1], en variaient seulement la monotone et cruelle uniformité.

Gomin, comme nous l'avons dit, n'avait point désiré l'emploi qu'on lui donnait, et sa nomination était venue le surprendre : il en fut bien autrement contrarié, quand il eut vu de près dans quel état se trouvait le royal orphelin. Introduit le soir dans sa chambre, il n'avait pu, à sa première visite, se faire une idée complète de son état réel ; mais le lendemain, il en fut bouleversé. Laurent lui dit qu'il l'avait pourtant trouvé dans une position bien autrement affreuse. Gomin, maître de

---

[1] Ces notes m'ont été communiquées par Gomin, dont la mémoire, très-sûre quant au fond des choses, n'a pu commettre que de légères inexactitudes dans l'ordre chronologique.

ses actions, aurait donné sa démission; mais la peur d'être, pour cette démarche même, classé parmi les suspects, le retint dans une position où il voyait tant de mal, et où il ne pouvait faire que si peu de bien.

Quand le commissaire était un honnête homme, les gardiens en obtenaient toujours quelque petite concession favorable aux prisonniers : ils lui disaient par exemple qu'il était d'usage de les promener sur la plate-forme, ou de passer dans l'après-midi quelques instants avec le petit Capet.

C'est ainsi qu'ayant su que cet enfant avait toujours aimé les fleurs, Gomin, dès le troisième jour de son installation (le 21 brumaire an III, mardi 11 novembre 1794), profita du bon vouloir du municipal de service, du nom de Bresson[1], pour faire monter dans sa chambre quatre petits pots de fleurs qu'il avait choisis lui-même et qui étaient dans tout leur éclat. La vue des fleurs produisit sur la physionomie de l'enfant un effet magique : surpris d'un témoignage d'affection si nouveau pour lui, il pleura.

Des fleurs! il y avait si longtemps qu'il en était privé! Il tournait autour d'elles avec ivresse, il les prenait à deux mains pour en respirer les odeurs! il les dévora des yeux toutes ensemble, il les examina les unes après les autres, et après avoir longtemps cherché, il finit par en cueillir une!... Puis il regarda Gomin d'un regard profondément mélancolique : une pensée filiale lui avait traversé le cœur. Pauvre enfant! il n'y a plus de fleurs pour elle : il ne vous sera pas donné d'aller en porter une sur sa tombe!

Le 24 brumaire an III (14 novembre 1794), six jours après l'entrée de Gomin au Temple, vint un commissaire du nom de Delboy[2]. Ses allures étaient brusques, son ton tranchant. Il se fit tout ouvrir avec une exigence presque brutale; mais sous ces formes vives et hautaines se révéla bientôt une certaine élévation de sentiments qui surprit grandement les gardiens et

---

[1] Demeurant rue Montorgueil, n° 1, section du Contrat-Social.
[2] Demeurant rue de la Lune, n° 145, section de Bonne-Nouvelle.

les prisonniers. « Pourquoi ces mauvais aliments? S'ils étaient aux Tuileries, nous leur disputerions toute nourriture; mais ici en nos mains! il faut envers eux se montrer cléments : la nation est généreuse. Pourquoi ces abat-jour? Sous le règne de l'égalité, le soleil luit pour tout le monde; il faut qu'ils en aient leur part. Pourquoi les empêcher de se voir sous le règne de la fraternité? »

A cette dernière exclamation, le Prince avait ouvert de grands yeux : il épiait chaque mouvement du fougueux visiteur. « N'est-ce pas, mon garçon, que tu serais bien aise de jouer avec ta sœur? Je ne vois pas pourquoi la nation se souviendrait de ton origine, si tu l'oublies? » Puis se tournant vers Laurent et Gomin : « Ce n'est pas sa faute s'il est fils de son père... Ce n'est plus là qu'un malheureux et qu'un enfant; ainsi, ne soyez pas durs envers lui : le malheureux appartient à l'humanité, et la patrie est la mère de tous ses enfants. »

Et comme pendant le dîner on parlait d'arrestations préventives : « Il y a des gens qui ne sont pas suspects, s'écria le sentencieux commissaire, car ils ne peuvent faire que du mal; d'autres, qui sont hypocrites, qui font du mal sans faire de bruit : ils ont inventé le fusil à vent. »

Presque toute la soirée il fut absent. Le lendemain, en prenant congé des deux gardiens, il leur dit : « Comment nous rencontrer désormais? Nous suivons des routes qui ne se croisent pas : c'est égal, les bons patriotes se retrouvent toujours, les gens d'esprit changent d'opinion, les gens de cœur gardent leurs sentiments. Nous ne sommes pas septembriseurs : salut et fraternité. »

Rien ne peut donner une idée des sensations qu'excita chez les préposés du Temple l'apparition de cet étrange commissaire, qui avait du sans-culotte dans les manières, du chevaleresque dans les sentiments : espèce de bourru bienfaisant, qui avait quelque peu du cynisme de Diogène, et quelque peu de la charité de Fénelon; qui semblait respecter tout ce qui est fort aux yeux des hommes et aux yeux de Dieu; qui honorait la faiblesse comme la puissance, et le malheur comme le mérite.

Toujours aux aguets de toute occasion favorable qui s'offrait d'améliorer le sort des captifs, Gomin demanda, ce jour-là, que le réverbère qui jetait la lumière dans la chambre du Dauphin fût allumé dès la brune, chose qu'on négligeait depuis longtemps, et à laquelle l'enfant attachait beaucoup de prix. A dater de ce moment, l'éclairage eut lieu tous les jours à la tombée de la nuit.

Il était expressément défendu de laisser se rencontrer les enfants de Louis XVI. Mathieu avait signifié cette prohibition de la manière la plus formelle. Aussi on ne tint aucun compte de l'observation philanthropique du philosophe Delboy. Depuis leur séparation, le 3 juillet, et leur confrontation, le 7 octobre 1793, Madame Royale n'avait point vu une seule fois son frère. Aujourd'hui, 3 frimaire an III (23 novembre 1794), elle l'a aperçu par l'escalier au moment où elle rentrait dans sa chambre avec Laurent, et où Gomin, escorté du commissaire de service du nom d'Alavoine [1], sortait de celle du Dauphin, emmenant l'enfant se promener avec lui sur la terrasse; mais il ne lui a été donné ni de l'embrasser ni de lui parler.

L'événement avait justifié la prédiction de Laurent : Gomin, depuis son entrée au Temple, bien que des jours et des jours se fussent écoulés, n'avait pu obtenir encore une seule parole de son prisonnier. Le pauvre enfant avait eu tant à souffrir des hommes qu'il les craignait tous : son nouveau surveillant essayait de le réconcilier avec eux. Accoutumé à fouiller avec sensibilité dans les mystères de cette lamentable destinée, il ne faisait point, hélas! pour lui tout ce qu'il aurait voulu faire, mais il faisait du moins tout ce qu'il pouvait. Aussi peu à peu l'enfant le regardait d'un œil moins inquiet, et finit même par devenir assez expansif. Le premier mot qui sortit de ses lèvres fut un mot de gratitude : c'était toujours une parole de cœur

---

[1] De la section du Temple.

qui lui déliait la langue. « C'est vous qui m'avez donné des fleurs! je ne l'ai pas oublié, » lui dit-il avec un air reconnaissant et des yeux pleins de douceur.

Depuis l'arrivée de Laurent, et surtout depuis celle de Gomin, une fugitive couleur semblait remonter à ses joues et lui rendre un peu de cette souriante beauté qui étincelle sur les jeunes fronts. On eût dit que le cœur du pauvre Prince commençait à s'ouvrir à l'espérance, au moment où ses amis recommençaient d'espérer en lui.

Le *Courrier universel* du 6 frimaire an III (26 novembre 1794), journal que rédigeaient Nicolle, Bertin l'aîné et Poujade, contenait ces lignes, que reproduisirent toutes les feuilles périodiques du temps :

« Le fils de Louis XVI profitera aussi de la révolution du 9 thermidor. On sait que cet enfant avait été abandonné aux soins du cordonnier Simon, digne acolyte de Robespierre dont il a partagé le supplice. Le comité de sûreté générale, persuadé que pour être fils d'un roi on ne doit pas être dégradé au-dessous de l'humanité, vient de nommer trois commissaires, hommes probes et éclairés, pour remplacer le défunt Simon. Deux sont chargés de l'éducation de cet orphelin, le troisième doit veiller à ce qu'il ne manque pas du nécessaire comme par le passé. »

Ce courageux article, conçu dans le dessein de raviver le parti royaliste, jeta l'alarme dans le camp des gouvernants; ils lancèrent un mandat d'amener contre les trois rédacteurs du *Courrier universel*, et, dans la séance de la Convention du 12 frimaire (2 décembre), Mathieu, membre du comité de sûreté générale, lut le rapport suivant :

« Citoyens, je viens au nom du comité de sûreté générale donner le démenti le plus formel au récit calomnieux et royaliste inséré depuis plusieurs jours dans des feuilles publiques, et répété avec une sorte d'affectation au moins très-répréhensible. Le comité y est présenté comme ayant donné des instituteurs aux enfants de Capet enfermés au Temple, et porté des soins presque paternels pour assurer leur existence et leur éducation.

» Voici le journal et l'article dont les autres périodistes n'ont été que les trop dociles échos. » Puis ayant fait lecture des lignes du *Courrier universel* que nous avons rapportées, il ajouta :

« Le premier devoir du comité, pour écarter cette fable du royalisme, est de présenter à la Convention un récit simple des mesures par lui prises pour assurer le service du Temple et la garde des enfants du tyran.

» A l'époque du 9 thermidor, un nouveau gardien avait été placé au Temple par le comité de salut public. Un seul gardien a depuis paru insuffisant au comité de sûreté générale. Un citoyen, d'un républicanisme éprouvé, fut demandé à la commission de police administrative de Paris. Indiqué par elle, il fut adjoint au premier pour remplir cette fonction ; et comme, aux yeux des hommes prévenus et ombrageux, la permanence de deux individus au même poste éveille l'idée d'une séduction possible avec le temps, pour compléter et assurer d'autant mieux la détention des enfants du tyran, le comité arrêta que, chaque jour et successivement, l'un des comités civils des quarante-huit sections de Paris fournirait un membre pour remplir, pendant vingt-quatre heures, les fonctions de gardien, concurremment avec les deux nommés à poste fixe.

» Le comité a regardé cet ensemble de mesures comme nécessaire pour ôter aux récits fabuleux tout air de vraisemblance, et à la malveillance, soit active, soit calomniatrice, tout prétexte de plaintes ou d'agitations.

» Pour la partie militaire du service de ce poste, le comité de sûreté générale s'est concerté avec le comité militaire. Plusieurs représentants l'ont visité, et les deux comités se sont assurés que le service s'y faisait avec exactitude et ponctualité.

» Par cet exposé, l'on voit que le comité de sûreté générale n'a eu en vue que le matériel d'un service confié à sa surveillance; qu'il a été étranger à toute idée d'améliorer la captivité des enfants de Capet, ou de leur donner des instituteurs. Les comités et la Convention savent comment on fait tomber la tête des rois, mais ils ignorent comment on élève leurs enfants.

» Si le royalisme voulait élever la voix, il serait à l'instant anéanti. Pour en ôter la pensée aux amis de la chose publique, et prévenir les conspirations qui, trop souvent, sont le produit de la faiblesse des gouvernements, le comité doit annoncer qu'il a pris, dans cette circonstance, des mesures contre les coupables, et qu'il saura, fidèle aux principes, faire respecter les lois et le gouvernement, et empêcher qu'on ne provoque une perfide pitié sur les restes de la race de nos tyrans, sur un enfant orphelin, auquel il semble qu'on voudrait créer des destinées.

» Depuis plusieurs jours, le bruit se répandait que les assignats démonétisés reprenaient quelque crédit; on s'efforçait de leur donner une sorte de valeur dans l'opinion; nul doute que tous ces bruits, les uns relatifs aux rejetons d'une race abhorrée, les autres à des signes retirés de la circulation, ne dussent concourir au même but et s'étayer mutuellement. Ainsi, l'esprit public s'affaiblissait, des fluctuations étaient imprimées à l'opinion publique; mais, en dépit de toutes les manœuvres et de toutes les trames, le crédit national s'affermira sur les plus solides bases, la tranquillité publique sera maintenue, et le fils de Capet, ainsi que les assignats à effigie, restera démonétisé[1]. »

Aucune voix ne s'éleva, dans la Convention *devenue libre*, pour défendre deux enfants innocents et malheureux. Quelques députés proscrits au 31 mai étaient pourtant depuis longtemps revenus siéger dans la Convention; mais l'inhuma-

---

[1] *Moniteur universel* du 14 frimaire, l'an III de la République (4 décembre 1794). — Mathieu, né à Compiègne en 1764, banni de France en 1816 comme régicide, y rentra après la révolution de 1830, et se retira à Condat, près de Libourne, où il mourut subitement le 31 octobre 1833.

nité des paroles de Mathieu rencontra la complicité de leur silence.

Nous avons cru devoir transcrire dans son entier cette pièce importante, parce qu'elle nous a paru faire connaître la véritable situation du jeune Roi après le 9 thermidor. Les successeurs de Robespierre n'avaient point, comme on le voit, plus que lui l'intention d'ouvrir les portes du Temple. La révolution avait changé de guides sans changer de route. Les mêmes appréhensions tenaient constamment en éveil les nouveaux dictateurs, troublés dans leur toute-puissance par le fantôme de la royauté sous les traits d'un enfant. Tout ce qui remuait sous leur verge de fer leur semblait conspirer contre eux : chaque parole, chaque écrit, chaque mouvement qui révélait encore un peu de vie dans le corps social passait incessamment sous leur regard scrutateur. La peur retenait dans les rangs de la milice nationale des vieillards pour qui l'heure de la retraite était sonnée : parfois aussi elle y enrôlait des adolescents, incapables encore du service militaire. Une lettre des gardiens du Temple, portant la date du 1er nivôse an III (21 décembre 1794), avertit le comité de sûreté générale que le détachement de canonniers qui avait, la veille, relevé la garde du Temple, n'était composé que d'enfants sans armes et hors d'état de faire le service de l'artillerie. Le comité s'alarme d'un tel état de choses, « auquel, écrit-il dans un ordre envoyé au comité militaire, il est d'autant plus instant de remédier, que des avis particuliers apprennent que des ennemis de la tranquillité se promettent de la troubler sous peu de jours. »

Neuf jours après, Duhem dénonça à son tour, à la tribune nationale, un ouvrage qui venait de paraître sous le titre de : « *Le Spectateur français pendant le gouvernement révolutionnaire,* » et qui exprimait le désir que le peuple fût consulté individuellement sur la constitution de 1793. « De deux choses l'une, disait l'auteur, ou la majorité de la nation est pour la république, ou elle est contre. Si, comme nous le présumons, elle est en sa faveur, vous donnez à l'Europe entière la preuve bien importante que vous n'avez fait que suivre le vœu de la nation et que vous n'avez été que l'organe de sa volonté. Si elle est contre, la Convention n'aura à se reprocher qu'une erreur d'autant plus excusable que l'effervescence populaire et une idée sublime l'y auraient entraînée. Elle en acquerra plus de gloire à se départir de son opinion et à la sacrifier au vœu national, qui lui sera alors bien connu. » Duhem, qui avait appelé Louis XVI le plus grand des traîtres, et qui, à travers sa haine, envisageait la royauté du fils comme la plus grande des hontes, ne manqua pas de voir dans cet écrit un moyen adroit imaginé par un royaliste pour faire rejeter la constitution par le peuple. Sa dénonciation non-seulement conduisit devant le tribunal révolutionnaire l'auteur de la brochure[1], mais elle donna lieu dans le sein de la Convention à des débats assez animés. Lequinio, député du Morbihan, qui, en votant la mort du Roi, avait regretté que la sûreté de l'État ne permît pas de le condamner aux galères perpétuelles, s'élança à la tribune et s'écria :

« Déjà, depuis plusieurs jours, il est manifeste à tout homme que les malveillants et les intentions perfides des royalistes prennent une nouvelle action. Jamais vous n'imposerez silence aux royalistes, si vous ne leur ôtez l'espérance qui leur reste : je veux parler du dernier rejeton de la race impure du tyran, qui est au Temple. On a déjà demandé l'expulsion de cet enfant. Je demande que vos comités de gouvernement prennent des mesures et vous présentent les moyens de purger le sol de la liberté du seul vestige de royalisme qui y reste[2]. »

La demande de Lequinio fut renvoyée aux comités; l'opinion de ceux-ci, comme nous l'avons dit, était partagée sur cette grave question, que les plus habiles (est-ce là le mot dont on doit se servir?) espéraient bien résoudre avec le temps, com-

---

[1] M. de Lacroix, ancien professeur au Lycée, qui plaida lui-même sa cause avec talent et fut absous.
[2] Séance de la Convention du 8 nivôse an III (dimanche 28 décembre 1794). (*Moniteur universel* du 10 nivôse an III, 30 décembre 1794.)

plice de la mort; mais dans la séance du 19 nivôse an III (8 janvier 1795), Barras ayant fait la motion de célébrer par une fête l'anniversaire du jour *où le dernier tyran roi avait expié sur l'échafaud les crimes dont il s'était souillé,* un membre de la Convention, dont le *Moniteur* ne dit pas le nom, profita de l'entraînement que le discours de Barras avait produit dans l'Assemblée, pour demander que le lendemain de cette fête on entendît le rapport des comités sur la famille de Capet. Cette mesure fut également adoptée par acclamation.

Pendant que les partis intérieurs s'agitaient autour de la prison de l'enfant-Roi, les princes étrangers, ses alliés par le sang et ses amis par le cœur, faisaient leurs efforts pour l'arracher aux maux dont il était accablé.

L'Espagne mettait pour première condition de la paix et de la reconnaissance du gouvernement républicain la délivrance des prisonniers du Temple. Elle disait que « non-seulement Sa Majesté Catholique, mais que le Roi de Sardaigne ne consentiraient jamais à aucun rapprochement avec la République française avant d'avoir obtenu une satisfaction fondée sur les sentiments les plus forts de la nature. »

La Toscane négociait dans le même but; le comité de salut public s'en trouvait embarrassé; il s'abstenait de répondre, et prescrivait en ces termes la même réserve à ses négociateurs :

« Trop d'empressement pourrait être considéré comme une espèce d'avance; or, une grande nation n'en doit jamais faire quand elle est menacée. »

Cette hauteur vis-à-vis de l'étranger se révèle dans tous les actes de cette époque. Le gouvernement révolutionnaire, atroce et impitoyable au dedans, avait, en face de l'ennemi, quelque chose de la fierté et de la rudesse romaines. Simonin, commissaire du gouvernement, envoyé à Madrid pour traiter de l'échange des prisonniers, avait écouté et transmis au gouvernement la proposition suivante :

« Le Roi d'Espagne est disposé à traiter de la paix sur les bases suivantes : 1° l'Espagne reconnaîtra la République française ; 2° la France remettra les enfants de Louis XVI à Sa Majesté Catholique ; 3° les provinces françaises limitrophes de l'Espagne formeront un État indépendant pour le fils de Louis XVI, qu'il gouvernera comme roi de Navarre. »

Le comité de salut public prescrivit immédiatement en ces termes le rappel de cet agent : « Faites revenir sur-le-champ Simonin, il compromet la dignité du peuple français. »

La démarche maladroite du Roi d'Espagne nuisait donc au fils de Louis XVI au lieu de lui servir ; elle rangeait le sentiment de la fierté nationale du côté de la révolution, et fournissait un motif plausible à un refus cruel.

Les comités de salut public, de sûreté générale et de législation réunis, tinrent l'engagement qu'ils avaient pris d'apporter à la Convention, le 3 pluviôse an III (22 janvier 1795), l'examen de la question que Lequinio[1] avait soulevée, et Cambacérès, en leur nom, fit le rapport suivant :

« .... Jusqu'ici la prudence avait écarté la question dont il s'agit. Aujourd'hui les circonstances paraissent exiger qu'elle soit examinée, autant pour tromper des espérances criminelles ou pour déjouer des manœuvres perfides, que pour fixer irrévocablement l'opinion du peuple. Il n'y a que deux partis à prendre à l'égard des individus dont il s'agit : ou il faut les rejeter tous du territoire de la République, ou il faut les retenir en captivité. En les retenant, vous pouvez craindre qu'ils ne soient au milieu de vous une source intarissable de désordres et d'agitations.... S'ils sont bannis, au contraire, n'est-ce pas mettre entre les mains de nos ennemis un dépôt funeste, qui peut devenir un sujet éternel de haine, de vengeance et de

---

[1] Lequinio (Joseph-Marie), né à Sarzeau vers 1740, avait voté la mort de Louis XVI, en regrettant que la *sûreté de l'État ne permît pas de le condamner aux galères perpétuelles*, et assurant que si la peine de la détention obtenait la majorité, *ce ne serait qu'au bagne qu'on pourrait l'enfermer*. En 1801, ce démagogue voulut dédier au général Bonaparte son *Voyage pittoresque et physico-économique dans le Jura*, 2 vol. in-8°. Le premier Consul ne voulut pas agréer cet hommage. L'auteur changea quelques mots à la dédicace, et l'adressa au Tonnerre. Lequinio est mort avant la Restauration.

guerre? N'est-ce pas donner un centre et un point de ralliement aux lâches déserteurs de la patrie?... Si le hasard des événements ou le succès de nos armes eût remis dans vos mains le fils et l'héritier du dernier des rois, qu'auriez-vous fait de ce rejeton? L'auriez-vous rendu?... Non, sans doute. (*Non! non!* crie-t-on de toutes parts.) Un ennemi est bien moins dangereux lorsqu'il est en notre puissance que lorsqu'il passe aux mains de ceux qui soutiennent sa cause ou qui ont embrassé son parti. Supposons que l'héritier de Capet se trouve placé au milieu de nos ennemis, bientôt vous apprendrez qu'il est présent sur tous les points où nos légions auront des ennemis à combattre; lors même qu'il aura cessé d'exister, on le retrouvera partout, et cette chimère servira longtemps à nourrir les coupables espérances des Français traîtres à leur pays... La calomnie cherchera toujours à vous atteindre, soit que les restes de Capet soient bannis, ou que vous les gardiez en captivité; on pourra également dire que vous conservez les rejetons des rois pour relever le trône, ou que vous les livrez aux ennemis pour leur fournir un moyen nouveau d'attaquer la République. Suivez donc la route que vous prescrivent la sagesse et l'énergie. La sagesse vous ordonne la défiance, l'énergie veut que vous frappiez tous les ennemis de la liberté... Dites à vos concitoyens que la révolution du 9 thermidor a été faite pour affermir la République; en l'établissant sur les bases immortelles de toutes les vertus... C'est donc sur la raison autant que sur l'intérêt public qu'est fondé l'avis de vos comités. Il y a peu de danger à tenir en captivité les individus de la famille Capet; il y en a beaucoup à les expulser. L'expulsion des tyrans a presque toujours préparé leur rétablissement, et si Rome eût retenu les Tarquins, elle n'aurait pas eu à les combattre... »

L'avis du gouvernement fut adopté sans discussion. Les habiles des comités savaient que c'était la mort du Dauphin que la Convention venait de voter.

Laurent et Gomin eurent connaissance par les feuilles publiques de cette décision, qui, bien qu'elle assurât le maintien de leurs fonctions, ne leur apportait qu'une médiocre satisfaction, tous les deux ayant de quoi vivre, et tous les deux se trouvant dans une position qu'ils n'avaient point ambitionnée : l'un l'avait prise pour ne pas déplaire à Barras, l'autre pour ne pas se compromettre ; le premier l'occupait par dévouement, et le second la gardait par peur.

Les jours s'écoulaient pour eux et pour leur prisonnier sans amener aucun incident nouveau. Quelques visites domiciliaires, chose trop ordinaire pour qu'on y fît beaucoup d'attention, avaient seules rompu la monotone uniformité de leur vie. »

Le 6 pluviôse an III (dimanche 25 janvier 1795), il faisait un temps affreux ; le vent s'engouffrait avec violence dans les cheminées des étages supérieurs ; une fumée épaisse remplissait les appartements du frère et de la sœur. « Il vaut mieux qu'ils aient froid que d'être asphyxiés, » avait dit Laurent, et le feu fut éteint. Gomin avait ajouté : « Si le citoyen commissaire n'y voyait pas d'inconvénient, ne pourrions-nous faire descendre aujourd'hui le *petit* dans la chambre que nous habitons ? — Je ne m'y oppose pas, » répondit le sieur Cazeaux[1]. Et pour la première fois depuis sa détention, l'orphelin put s'asseoir ailleurs que dans sa prison ; il passa la moitié de la journée dans la salle du conseil, et dîna avec le triumvirat commis à sa garde. Les enfants et les malheureux aiment le changement : le fils des rois devait jouir à double titre de la faveur qui lui était faite de partager le repas de ses geôliers. Il y apporta d'abord la tranquille sérénité qui, dans ses infortunes, n'avait jamais cessé de l'environner comme d'une auréole. Rien ne me plaît, chez l'être qui souffre, comme cette douce fierté d'âme, cette vaillante franchise et cette inaltérable mansuétude, qui semblent un reflet anticipé de l'esprit des élus.

Le voyant ainsi, Cazeaux parla en ces termes : « Vous me disiez qu'il était bien malade ; il n'y paraît pas. Est-ce pour appeler l'intérêt sur lui que vous me l'aviez représenté comme presque agonisant ? — Agonisant, non, répondit Gomin ; mais

[1] Rue de la Boucherie, n° 1292, de la section de la Fontaine de Grenelle.

vous avez beau dire, citoyen, cet enfant ne se porte pas bien. — Il se porte comme il se porte; il y a tant d'enfants qui le valent, qui sont plus malades que lui! Il y en a tant qui meurent et qui sont plus nécessaires! » Le Dauphin détourna son front déconcerté et regarda vaguement la muraille, comme pour s'isoler de ceux avec lesquels il se trouvait. Gomin se tut; Laurent vint en aide à son collègue, dont la faiblesse lui faisait honte, et à son pauvre prisonnier, dont l'attitude calme et résignée lui faisait peine. « Il est vrai que cet enfant va un peu mieux; mais il a les genoux et les poignets fort enflés, il en souffre beaucoup; s'il ne se plaint pas, c'est qu'il a du courage et qu'il sent qu'il est homme. N'est-ce pas, Monsieur Charles? » continua-t-il en regardant l'enfant de cet œil qui semble dire : Allons, ne vous troublez pas, vous savez que je suis là, et que je vous aime.

En entendant cette expression de : *Monsieur Charles*, le vieux Cazeaux fronça son épais sourcil : « Je croyais que le mot de Monsieur n'était plus français, dit-il. — S'il est peu usité, répondit Laurent, la main du peuple ne l'a pas, je pense, rayé du dictionnaire. — Ce mot, déplacé partout, est ici plus qu'inconvenant, reprit le municipal; quel nom réservez-vous donc pour les tyrans, si vous donnez celui de Monsieur à un bambin pareil? — Je le donnais sans y attacher aucune importance, » répliqua Laurent, qui sentait l'inconvénient grave de continuer sur un tel sujet. La discussion en resta là; mais entre ces deux hommes, dont celui-ci était d'une nature élevée, et celui-là d'une intelligence vulgaire, il y avait plus qu'une querelle d'étiquette, il y avait deux principes : le girondin Laurent, plus sensuel, désirant assurer le triomphe de la liberté sans la dégager des formes d'une civilisation raffinée; le montagnard Cazeaux, inquiet de l'ombre même du passé, et demandant à la barbarie d'emporter jusqu'à l'urbanité de l'ancien régime.

Cette petite controverse avait lieu au commencement du dîner. Ce dîner était le meilleur qui eût passé sous les yeux du prisonnier depuis le changement de nourriture appliqué à la tour du Temple comme aux autres maisons d'arrêt. Il en prenait tranquillement sa part avec appétit avant la virulente sortie du municipal; mais, dès ce moment, malgré l'air encourageant de Laurent et de Gomin, il assista inactif au repas de ses maîtres et refusa tout ce qu'on lui présenta. Une frangipane argentée d'une poudre de sucre, rare friandise dont il était privé depuis si longtemps, le trouva froid et insensible; il affecta même de n'y faire aucune attention. Tantôt il grignotait du bout des dents une petite croûte de pain; tantôt, appuyé sur le fond de sa chaise, il laissait errer ses regards indifférents sur les meubles ou vers les fenêtres. Le commissaire remarqua son petit manége. « Si c'est par bouderie qu'il ne prend rien, dit-il, comment souffrez-vous cela, citoyens? Puisqu'il ne mange rien ici, on aurait pu le laisser avaler sa fumée là-haut. »

Les gardiens voulurent excuser le jeune convive, qui ne mangeait jamais beaucoup. « Du moins il faut qu'il boive, reprit Cazeaux, et qu'il boive à la santé de la République. » Et, disant ces mots, il versa du vin pur dans le verre de l'enfant. Soin inutile! Celui-ci ne daigna regarder ni son échanson ni son verre. « On a dit que Simon le rudoyait parfois : je le crois bien ; si votre Monsieur Charles était avec lui ce qu'il est en cette circonstance, poursuivit Cazeaux, il faut l'avouer, citoyens, il n'y a pas de patience qui pût tenir contre une humeur aussi flegmatique. Comment lui passez-vous de tels caprices? »

Le repas s'acheva. Le verre de l'enfant était resté plein; mais gardiens et commissaire avaient vidé les bouteilles. Ce dernier, légèrement calmé par la satisfaction de son appétit et les charmes enivrants du café et de l'eau-de-vie, avait cessé de diriger ses attaques contre le petit Capet. Mais, pour être plus sûrs de l'y dérober tout à fait, les gardiens jugèrent à propos de le faire remonter dans sa chambre, où il n'y avait plus ni feu ni fumée. Le bon Gomin avait mis en réserve un morceau de frangipane, qu'il lui laissa sur sa table en se retirant.

Le lendemain, ce fragment de gâteau était encore dans son entier ; et le gardien faisant à l'enfant un bienveillant reproche de n'y avoir pas touché : « Je l'aurais accepté de vous avec grand plaisir, dit-il ; mais cet homme avait découpé cette pâtisserie, elle provenait de son dîner, et je ne veux rien de lui, pas plus cela que son vin ! » Ces détails, je les tiens de la bouche même de Gomin, et je les transmets tels que je les ai reçus. Avant de dire que c'est faire descendre ce récit jusqu'aux enfantillages, on se souviendra qu'il s'agit d'un enfant qui pendant six mois avait subi l'effroyable tyrannie de Simon, pendant sept mois une solitude plus effroyable encore que cette tyrannie, et qui, au bout de ses souffrances, retrouvait encore de l'indignation pour ressentir un affront, de la fermeté pour le repousser.

Le passage de ce commissaire démagogue avait du reste laissé une trace profonde dans l'imagination du Prince ; et, deux jours après, Gomin fut péniblement surpris de l'entendre répéter tout bas cette phrase : *Il y en a tant qui meurent et qui sont plus nécessaires!* — Le malheureux petit être avait-il vu dans ces paroles une sorte d'anathème et de fatale prophétie ? Ce qu'il y a de certain, c'est qu'à dater de ce jour, quelques accès de fièvre lui reprirent, sa convalescence sembla arrêtée, l'enflure de ses poignets et de ses genoux augmenta. Frappés de cette disposition rachitique, ses gardiens craignirent qu'il ne se nouât : ils sollicitèrent l'autorisation de le conduire au jardin pour y prendre un peu d'exercice ; ils ne purent l'obtenir.

Ils ne négligeaient rien de ce qui pouvait faire du bien à leur prisonnier ; mais il fallait avant tout que la bonne volonté des municipaux répondît à la leur : encore craignaient-ils les dénonciations dont quelques employés subalternes les avaient plus d'une fois menacés. Ils n'osaient donc rien prendre sur eux isolément, et ils ne montraient quelque peu de hardiesse dans leurs soins que lorsqu'ils s'étaient au moins assurés de la complicité du commissaire.

Pour arracher l'enfant à une solitude fatale à son âme comme à son corps, ils le firent quelquefois descendre dans la salle du conseil, où il pouvait du moins trouver un peu de distraction. Il fut facile de voir, à l'air préoccupé et craintif qu'il y apporta la première fois que cette faveur lui fut accordée de nouveau, que le souvenir de Cazeaux vivait encore dans son imagination. Plein de sympathie pour ses gardiens, et surtout pour Gomin, auquel il livrait maintenant volontiers la confidence de ses peines, rien ne pouvait vaincre son ombrageuse répugnance pour tous les visiteurs du dehors, qu'ils vinssent au nom de la Convention ou au nom de la municipalité. Mandataires du peuple souverain ou mandataires de la Commune, leur abord lui causait déjà de vives appréhensions, et leur voix, grossière, ou seulement impérieuse, le remplissait de terreur. Jamais ils n'obtinrent un mot de lui. Quelques-uns, plus d'une fois, employèrent la prière pour lui arracher une réponse : il les regardait d'un œil fixe et ne répondait pas. D'autres souvent eurent recours à la menace.... Oh! pour ceux-là, il n'avait même pas un regard : sa tête, baissée ou détournée, n'avait pour eux que la manifestation tacite de l'indifférence ou du mépris. Que de fois ils se retirèrent en jurant contre ce lionceau qui, tout blessé qu'il était et abattu, gardait encore du moins le sentiment de ce sang royal qui coulait de toutes ses plaies!

Je comprends et j'honore les hommes qui embrassèrent la révolution dans la seule vue du bien public, qui voulurent la garder pure de tout excès, et qui, sous la hache même du bourreau, croyaient encore au triomphe de la liberté : j'estime la conviction et le courage qui m'apparaissent dans l'histoire comme la compensation de l'injustice et de la cruauté. Des philosophes ont pu se tromper de bonne foi : mais comment appeler les misérables qu'ils eurent à leur suite (non pas certes à leurs gages) et dont l'instinct stupide ou féroce dénaturait leurs principes en voulant les interpréter? C'est que la philosophie, seule et en divorce avec la religion, n'est pas un frein pour les passions de la masse, et que ses plus belles maximes deviennent dangereuses, brutales et sanguinaires, lorsqu'elles sont traduites dans la rue par la populace.

Le 5 ventôse an III (23 février 1795), apparut à la tour un commissaire civil, homme replet, le cou très-court et le teint fort coloré; il avait nom Leroux[1] : c'était un terroriste arriéré, qui vivait dans le regret de l'incorruptible Robespierre et dans l'espérance de voir *le boyau du dernier prêtre serrer le cou du dernier roi.* Aussitôt installé, il demanda à faire une revue complète de tout l'édifice du Temple. « J'y suis venu une fois alors que le tyran vivait encore, mais je n'ai rien pu voir en détail, et je veux savoir quelle mine les roitelets plumés font dans leur cage. » On le conduisit jusqu'au sommet de la tour; et, en descendant, on le fit entrer d'abord dans l'appartement de Madame Royale. La Princesse était occupée à coudre : elle ne quitta point son ouvrage, sur lequel ses yeux restèrent fixés. — « Est-ce qu'on ne se lève pas ici devant le peuple? » s'écria Leroux. La brusque question du mandataire de la Commune n'altéra point l'attitude calme et digne de la jeune fille, qui, immobile sur son siége, continua son œuvre en silence. Leroux chercha à se dédommager sur les meubles, qu'il affecta de soumettre au plus minutieux examen. Marie-Thérèse ne fit aucune attention à tout ce manége inquisitorial, ce qui dépita le susceptible démocrate, qui murmura en se retirant : « Elle est fière comme l'Autrichienne! »

Entré chez le Dauphin, il n'est sorte d'épithètes injurieuses qu'il n'employât en parlant de lui et de ses parents. L'expression de *fils du tyran* revenait surtout à chaque instant sur ses lèvres, et avec une dureté qui fit même rompre le silence au pauvre Gomin : « C'est le fils du tyran, si vous voulez, dit-il, mais il est malade et malheureux. — Malade! répondit Leroux, qu'est-ce que cela fait? Voyez le mal! Est-ce que les fils des tyrans ne sont pas malades comme tout le monde? Malheureux, dites-vous? quant à cela, citoyens, ne dirait-on pas qu'il ne l'a pas mérité? — Il ne l'a pas mérité par lui-

---

[1] Rue Vieille-Monnoye, n° 21, section des Lombards.

même, dit Laurent; il porte la peine de sa naissance; mais soyons justes, son origine n'est pas sa faute. — Vous avez les mœurs fièrement relâchées, vous autres, pour des républicains! Ah! ce n'est pas sa faute d'être né exprès pour dévorer les sueurs et le sang du peuple! Il n'en résulte pas moins que les monstres doivent être étouffés au berceau. Laissons donc faire la révolution, et il n'y aura bientôt ni pauvreté, ni deuil, ni esclavage sur la terre! »

On se tut, mais Gomin répondait au fond de son cœur : « Et pourtant, quand je vois un pauvre dans la rue, je me dis : C'est la révolution qui lui a mis ces haillons sur le dos; quand je vois un enfant en deuil, je me dis : C'est la révolution qui l'a fait orphelin; quand je vois une église en ruines, je me dis : C'est la révolution qui en a chassé Dieu! » —

« On est bien dans ce fauteuil, dit le gros Leroux, qui, fatigué de son exploration, s'était emparé du meuble le plus large de l'appartement. — Voulez-vous que nous restions ici? dit alors Laurent, empressé de faire une proposition qui, acceptée, serait une distraction pour le détenu. — Très-volontiers, mais il nous faut du vin et des cartes. »

Cartes et vin furent apportés : les cartes servirent à jouer au piquet, et le vin à boire à la mort des tyrans. A la fin de chaque partie, la libation recommençait. Chaque fois que Leroux avait à compter les rois : « *Trois tyrans, quatorze de tyrans* ou *congrès de tyrans*, disait-il, c'est le seul jeu où les tyrans valent quelque chose. » Puis, en poursuivant son insipide plaisanterie, il appelait la dame LA CITOYENNE et le valet LE COURTISAN. Le pauvre Gomin n'avait pas demandé que l'on restât dans la chambre du Prince, tant il redoutait pour son malade les allures et les propos du commissaire jacobin; mais il vit avec plaisir que non-seulement l'enfant avait fini par s'accoutumer aux sottes expressions du joueur démagogue, mais encore qu'il prêtait une attention soutenue à la partie, portant tous ses vœux du côté de ses gardiens. Toutes ces petites figures enluminées qui passaient sous leurs doigts semblaient lui offrir de l'intérêt, et Gomin se promit de lui procurer à lui-même cet élément de distraction.

Cependant les parties perdues et les libations gagnées avaient peu à peu exalté la mauvaise humeur de Leroux : il était de ces esprits hargneux et sauvages que le vin et la mauvaise fortune rendent colères et intraitables : le débordement de sa bile éteignit le peu de raison dont il était doué ; il se leva, il jura, il tempêta, il déchira les cartes, et buvant, buvant encore, buvant toujours, il fit entendre les hurlements les plus cyniques qui eussent encore troublé les échos du Temple. L'enfant regardait de tous ses yeux et tremblait de tous ses membres. Enfin, les gardiens parvinrent à entraîner le clubiste chancelant dans la salle du conseil, où il put à loisir cuver son vin et oublier les disgrâces du sort.

Qu'on me pardonne encore une fois de représenter les choses telles qu'elles étaient, et de les montrer dans leur ignoble nudité. Ces détails sont tristes, ils sont vulgaires, ils sont honteux ; mais comment les taire ou les modifier ? On rapetisse la statue quand on veut élever le piédestal.

Le calme était rentré dans la chambre du Dauphin : il n'est pas jusqu'aux débris de cartes qui n'eussent été enlevés, afin que l'orage ne laissât dans la solitude aucune trace de son passage.

Mais le lendemain, après le départ de Leroux, l'enfant royal trouva sur sa table deux grands jeux de cartes, tout neufs, que la pieuse attention de Gomin y avait placés furtivement au moment de la visite du nouveau commissaire.

Les gardiens virent du reste bientôt qu'ils n'avaient point à se défier de ce municipal, qui, au contraire, les dédommagea amplement des cruelles bouffonneries de son prédécesseur. Il se nommait Debierne[1]. C'était un excellent homme, qui montra, tout d'abord, beaucoup d'intérêt au Prince. Non-seulement il se prêta à la promenade sur la plate-forme, mais il demanda lui-même à passer une grande partie de la journée chez le

---

[1] Tabletier, demeurant rue des Arcis, à l'enseigne de la *Pucelle d'Orléans*.

prisonnier. Gomin ne s'était jamais trouvé aussi à l'aise avec aucun membre des comités civils; sa timidité habituelle fit place à la confiance, et il hasarda quelques mots, qui, acceptés avidement par Debierne, amenèrent un épanchement réciproque et une mutuelle sympathie. Ils ne se séparèrent pas le lendemain sans se promettre de se revoir.

En effet, quatre jours après, Debierne revint au Temple. Informé qu'une personne le demandait, Gomin alla le recevoir chez l'économe Liénard, où les gardiens, en pareille circonstance, trouvaient une chambre pour causer. Debierne apportait, avec une rayonnante figure, différents petits jouets pour le Prince, entre autres un baguenaudier et un bilboquet d'ivoire.

Il apportait aussi de bonnes nouvelles, qui faisaient espérer à Gomin qu'il y aurait un mouvement prochain, et que le Prince passerait dans la Vendée. « Les affaires vont bien, lui dit Debierne; les Vendéens, qui manquaient d'argent, viennent de faire graver des *Bons* payables au Trésor royal après la

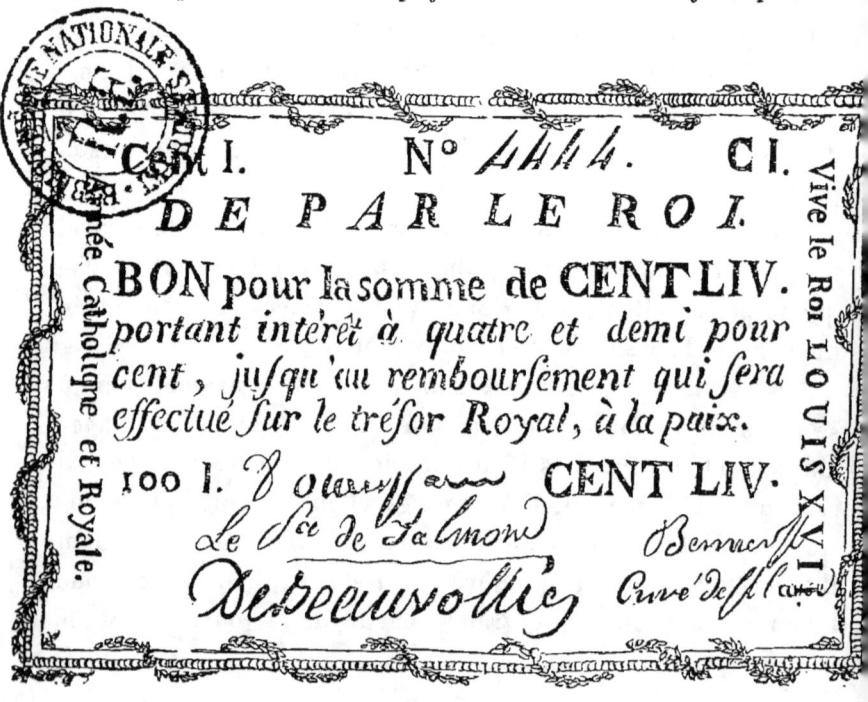

paix[1]. Encore un peu de temps, et ceux-là vaudront mieux que les assignats. » Le bon cœur de Gomin s'ouvrait à cette espérance avec une vive joie mêlée d'une terreur non moins vive.

Ce n'était pas assez de créer du papier-monnaie; la Vendée imagina d'utiliser les assignats tombés en ses mains. Lequinio et Laignelot, représentants du peuple, dénoncèrent ce fait à la Convention, et en fournirent la preuve, en lui envoyant un assignat républicain de 10 livres, sur le revers duquel était apposée cette inscription monarchique :

AU NOM DU ROY.

Bon pour 10" suivant le règlement
du 2 aoust 1793.

THOMAS.

Par le conseil supérieur,

BARRÉ,

secrétaire du bureau des dépêches[2].

Debierne n'était pas la seule personne qui, du dehors de la tour, entretenait des relations avec Gomin. Le marquis de Fenouil avait pour confident un nommé Doisy (son valet de chambre peut-être), qui, de temps à autre, sous le manteau d'une vieille connaissance, venait voir ce brave homme, moins encore pour lui donner des nouvelles de la Vendée que pour lui demander des renseignements sur l'état du jeune Roi.

---

[1] Dans la nomenclature des monnaies royales de France, on trouve, entre Louis XVI et Napoléon, la mention suivante :

« Louis XVII (1793-1795).

» Les monuments monétaires que l'on peut rattacher au règne de Louis XVII sont des assignats de 100, 400, 500 et 1500 livres, émis par les chefs des armées catholiques et royales de Vendée, ainsi que des bons de la même origine, remboursables au trésor royal. »

(*Nouveau Manuel de numismatique*, de Barthélemy, page 75, publié par Roret.)

[2] Archives de l'Empire, C. 11, 735.

Cet état était devenu très-affligeant. Depuis le jour de la visite de Cazeaux, 6 pluviôse (25 janvier), l'enfant paraissait plongé dans la plus noire tristesse : une morne atonie s'était emparée de lui. On avait grand'peine à l'arracher du coin du feu et à le décider à monter sur la tour. Ses forces mêmes ne lui permettaient guère de marcher, et plus d'une fois Laurent et Gomin le portèrent dans leurs bras. Le mal fit en peu de jours des progrès effrayants que le bruit public exagéra en les répandant : on alla jusqu'à dire que *le petit Capet était mort dès il y a trois semaines; qu'on l'avait trouvé dans son lit couvert de vilenies, et qu'on avait lieu de croire qu'il avait été empoisonné*[1]. Un chirurgien municipal, chargé de visiter le jeune malade, fit son rapport au conseil de la Commune, et celui-ci crut de son devoir d'en avertir l'autorité suprême. Des commissaires civils se rendirent en effet, le 8 ventôse (26 février), au comité de sûreté générale, annonçant « *le danger imminent que couraient les jours du prisonnier* ». Interrogés sur la nature de ce danger, ces officiers municipaux répondirent que le petit Capet avait des tumeurs à toutes les articulations, et particulièrement aux genoux; qu'il était impossible de lui arracher une parole, et que, toujours assis ou couché, il se refusait à toute espèce d'exercice.

Interrogés sur l'époque d'où dataient ce silence opiniâtre et cette immobilité systématique, ils dirent que c'était depuis le 6 octobre 1793, ce jour de honteuse mémoire où Simon avait fait signer au fils de Marie-Antoinette l'horrible interrogatoire inspiré par Hébert et rédigé, dit-on, par Daujon. Cela n'était pas rigoureusement exact. Le malheureux enfant eut peut-être des regrets, voire même des remords, d'avoir signé un écrit qui dépassait son intelligence, et qu'à travers ses justes défiances il pouvait regarder comme un acte inquiétant; mais si pourtant, dès cette époque, sa physionomie était devenue plus sérieuse, son maintien plus triste et plus sombre, ses réponses

[1] Lettre de J. Ch. Laveaux au comité de sûreté générale, le 1er ventôse an III (19 février 1795).

plus réservées et plus brèves, il n'avait pas du moins perdu toute parole; et ce n'est, comme nous l'avons dit, qu'après le règne de Simon et sous l'oppression solitaire et cachée des municipaux, que la victime, révoltée de tant d'outrages, avait résolu de ne plus rien demander et de ne plus rien répondre.

Quoi qu'il en soit, après avoir écouté les mandataires de la municipalité, le Comité de sûreté générale désigna Jean-Baptiste Harmand (de la Meuse), un de ses membres, qui avait dans ses attributions la section de police de Paris, pour aller au Temple, avec deux de ses collègues, s'assurer de la vérité et faire un rapport détaillé sur tout ce qui concernait le fils du dernier Roi. Cette démarche eut lieu le lendemain 9 ventôse (vendredi 27 février).

En reproduisant ici le récit que Harmand nous a laissé de sa visite au Temple, nous ferons observer que la rédaction n'en fut donnée qu'en 1814[1], après le retour des Bourbons. Le conventionnel Harmand avait, dans le procès de Louis XVI, voté pour le bannissement immédiat; c'était un homme honnête, ennemi de la violence, et qui, pendant les mauvais jours de sa vie politique, n'avait pas fait de mal, et avait souvent réussi à faire le bien : je ne doute pas que les sentiments qu'il exprime dans son récit ne fussent réellement au fond de son cœur; mais nous savons par Gomin, témoin de la visite du 27 février 1795, que le député Harmand (qui avait moins d'audace et partant moins d'influence que ses deux compagnons) a peu parlé dans cette entrevue, et que presque toutes les questions qu'il met dans sa propre bouche ont été adressées au jeune prisonnier par Mathieu, auteur du rapport fait à la Convention le 2 décembre précédent, et qui plus d'une fois déjà, comme nous l'avons vu, était venu donner des ordres à cette prison d'État, placée en quelque sorte sous sa surveillance plus spéciale.

[1] Sous ce titre : *Anecdotes relatives à quelques personnes et à plusieurs événements remarquables de la révolution*, réimprimé en 1820, après la mort de l'auteur.

Du reste, il est facile de reconnaître, au compte que rend Harmand des attentions et des prévenances qu'il dit avoir eues pour *le fils unique de son Roi, son Roi lui-même*, que son langage, entaché d'exagération, n'a nullement la couleur du temps, et que ses sentiments de 1814 ont déteint sur son récit de 1795. Cette précaution prise, entrons avec lui au Temple :

« Mon cœur y volait, dit-il ; mais comme je n'ai pas voté la mort du Roi et que les préventions attachées à l'opinion contraire prévalaient alors, je délibérai ; et les connaissances locales ne me permettant pas de douter que si, à mon retour du Temple, je faisais un rapport favorable aux illustres prisonniers, je serais écouté avec une prévention nuisible pour eux et moi, et n'étant pas capable d'en faire un contraire, je demandai qu'on m'adjoignît quelques membres du comité.

» On nomma MM. Mathieu et Reverchon, tous deux membres aussi du comité, et j'espère que ce que je vais en dire ne les offensera pas.

» Une préoccupation dont je n'ai pas été le maître ne m'a pas permis de garder la date précise de notre visite au Temple ; mais voici les faits :

» Nous arrivâmes à la porte sous l'affreux verrou de laquelle était enfermé le fils innocent, le fils unique de notre Roi, notre Roi lui-même.

» La clef tourne avec bruit dans la serrure, et la porte ouverte nous offre une petite antichambre fort propre, sans autre meuble qu'un poêle de faïence qui communiquait dans la pièce voisine par une ouverture dans le mur de séparation, et que l'on ne pouvait allumer que par cette antichambre. Les commissaires nous dirent que cette précaution avait été prise pour ne pas laisser de feu à la discrétion d'un enfant.

» Cette autre pièce était la chambre du Prince et dans laquelle était son lit ; elle était fermée en dehors : il fallut encore l'ouvrir. Ce mouvement de clefs et de verrous porte à l'âme un noir d'autant plus pénible que la réflexion ne fait qu'y ajouter au lieu de le dissiper.

» Le Prince était assis auprès d'une petite table carrée sur laquelle étaient éparses beaucoup de cartes à jouer; quelques-unes étaient pliées en forme de boîtes et de caisses, d'autres élevées en château. Il était occupé de ces cartes lorsque nous entrâmes, et il ne quitta pas son jeu.

» Il était couvert d'un habit neuf à la matelot, d'un drap couleur ardoise; sa tête était nue, la chambre propre et bien éclairée. Le lit se composait d'une couchette en bois, sans rideaux; le coucher et le linge nous parurent beaux et bons. Ce lit était derrière la porte, à gauche en entrant; plus loin, du même côté, était un autre bois de lit sans coucher, placé au pied du premier; une porte fermée entre les deux communiquait à une autre pièce que nous n'avons pas vue.

» Les commissaires nous dirent que ce lit[1] avait été celui d'un savetier nommé Simon, que la municipalité de Paris, avant la mort de Robespierre, avait établi dans la chambre du jeune Prince pour le servir et le garder. On sait assez avec quelle atroce barbarie ce monstre s'est acquitté de ces deux fonctions.

» On sait que ce scélérat se jouait cruellement du sommeil de son prisonnier; que, sans égard pour son âge, pour lequel le sommeil est un besoin si impérieux, il l'appelait à diverses reprises pendant la nuit, en lui criant : « Capet!... Capet!... » Le Prince répondait : « Me voilà, citoyen... — Approche que je te touche, » répliquait le tigre. L'agneau approchait... L'exécrable bourreau sortait une jambe du lit, et, d'un coup de pied lancé partout où il pouvait atteindre, il étendait sa victime par terre en lui criant : « Va te coucher, louveteau! » O ciel! et la vengeance divine se bornerait à la vie que ce monstre a perdue avec Robespierre!

» Ceci a déjà été écrit; mais je le rapporte parce que les

---

[1] « Il y avait longtemps que ce lit avait été enlevé; je ne l'ai jamais vu. Laurent et d'autres employés dirent aux puissants visiteurs qu'effectivement Simon couchait dans la même chambre que le Prince, et leur montrèrent la place que son lit avait occupée. Voilà tout. » — GOMIN.

commissaires nous en firent un récit dont le souvenir me fait frissonner chaque fois que j'y pense. Après ces affreux préliminaires, je m'approchai du Prince. Nos mouvements ne semblaient faire aucune impression sur lui. Je lui dis que le gouvernement, instruit trop tard du mauvais état de sa santé et du refus qu'il faisait de prendre de l'exercice et de répondre aux questions qu'on lui adressait à cet égard, ainsi qu'aux propositions qu'on lui avait faites d'employer quelques remèdes et de recevoir la visite d'un médecin, nous avait envoyés près de lui pour nous assurer de tous ces faits et lui renouveler nous-mêmes, en son nom, toutes ces propositions; que nous désirions qu'elles lui fussent agréables; mais que nous nous permettrions d'y ajouter le conseil, et le reproche même, s'il persistait à garder le silence et à ne vouloir point prendre d'exercice; que nous étions autorisés à lui procurer les moyens d'étendre ses promenades et à lui offrir les objets de distraction et de délassement qu'il pourrait désirer, et que je le priais de vouloir bien me répondre si cela lui convenait.

» Pendant que je lui adressais cette petite harangue, il me regardait fixement sans changer de position et il m'écoutait avec l'apparence de la plus grande attention, mais pas un mot de réponse.

» Alors je repris mes propositions comme si j'eusse pensé qu'il ne m'avait pas entendu, et je les lui particularisai à peu près de cette manière :

« Je me suis peut-être mal expliqué, ou peut-être ne m'avez-vous pas entendu, Monsieur; mais j'ai l'honneur de vous demander si vous désirez un cheval, un chien, des oiseaux, des joujoux de quelque espèce que ce soit, un ou plusieurs compagnons de votre âge, que nous vous présenterons avant de les installer près de vous [1]. Voulez-vous dans ce moment descendre dans le jardin ou monter sur les tours? désirez-vous des bonbons, des gâteaux? etc., etc. » J'épuisai en vain toute la nomenclature des choses qu'on peut désirer à cet âge; je n'en

---

[1] « Pas un mot de cela n'a été dit. » — GOMIN.

reçus pas un mot de réponse, pas même un signe ou un geste, quoiqu'il eût la tête tournée vers moi, et qu'il me regardât avec une fixité étonnante, qui exprimait la plus grande indifférence.

» Alors je me permis de prendre un ton un peu plus prononcé, et j'osai lui dire : « Monsieur, tant d'opiniâtreté à votre âge est un défaut que rien ne peut excuser; elle est d'autant plus étonnante, que notre visite, comme vous le voyez, a pour objet d'apporter quelque adoucissement à votre situation, des soins et des secours à votre santé. Comment voulez-vous qu'on y parvienne, si vous refusez toujours de répondre et de dire ce qui vous convient? Est-il une autre manière de vous le proposer? ayez la bonté de nous le dire, nous nous y conformerons. » Toujours le même regard fixe et la même attention, mais pas un seul mot.

» Je repris : « Si votre refus de parler, Monsieur, ne compromettait que vous, nous attendrions, non sans peine, mais avec plus de résignation, qu'il vous plût de rompre le silence, parce que nous devons en conjecturer que votre situation vous déplaît moins sans doute que nous ne le pensions, puisque vous ne voulez pas en sortir; mais vous ne vous appartenez pas; tous ceux qui vous entourent sont responsables de votre personne et de votre état, voulez-vous les compromettre? voulez-vous nous compromettre nous-mêmes? car quelle réponse pourrons-nous faire au gouvernement dont nous ne sommes que les organes? Ayez la bonté de me répondre, je vous en supplie, ou bien nous finirons par vous l'ordonner. » Pas un mot, et toujours la même fixité.

» J'étais au désespoir et mes collègues aussi; ce regard, surtout, avait un tel caractère de résignation et d'indifférence, qu'il semblait nous dire : Que m'importe, achevez votre victime!

» Je le répète, je n'en pouvais plus; mon cœur se gonflait, et je fus prêt à céder aux larmes de la plus amère douleur; mais quelques pas que je fis dans la chambre me remirent, et me confirmèrent dans l'idée d'essayer l'effet du commandement, ce que je tentai en effet, en me plaçant tout près et à la droite du Prince, et en lui disant : « Monsieur, ayez la complaisance de me donner la main. » Il me la présenta, et je sentis, en prolongeant mon mouvement jusque sous l'aisselle, une tumeur au poignet et une au coude, comme des nodus; il paraît que ces tumeurs n'étaient pas douloureuses, car le Prince ne le témoigna pas. « L'autre main, Monsieur. » Il la présenta aussi; il n'y avait rien. « Permettez, Monsieur, que je touche aussi vos jambes et vos genoux. » Il se leva. Je trouvai les mêmes grosseurs aux deux genoux, sous le jarret.

» Placé ainsi, le jeune Prince avait le maintien du rachitisme et d'un défaut de conformation; ses jambes et ses cuisses étaient longues et menues, les bras de même, le buste très-court, la poitrine élevée, les épaules hautes et resserrées, la tête très-belle dans tous ses détails, le teint clair mais sans couleurs, les cheveux longs et beaux, bien tenus, châtain clair. « Maintenant, Monsieur, ayez la complaisance de marcher. » Il le fit aussitôt, en allant vers la porte qui séparait les deux lits[1], et il revint s'asseoir sur-le-champ. « Pensez-vous, Monsieur, que ce soit là de l'exercice, et ne voyez-vous pas, au contraire, que cette apathie seule est la cause de votre mal et des accidents dont vous êtes menacé? Ayez la bonté d'en croire notre expérience et notre zèle. Vous ne pouvez espérer de rétablir votre santé qu'en déférant à nos demandes et à nos conseils; nous vous enverrons un médecin, et nous espérons que vous voudrez bien lui répondre. Faites-nous signe au moins que cela ne vous déplaira pas. » Pas un signe, pas un mot. « Monsieur, ayez la bonté de marcher encore et un peu plus longtemps. » Silence et refus. Il resta sur son siége, les coudes appuyés sur la table; ses traits ne changèrent pas un seul instant, pas la moindre émotion apparente, pas le moindre étonnement dans les yeux, comme si nous n'eussions pas été là, et comme si je n'eusse rien dit. Mes collègues ne parlaient pas. Nous nous regardions

---

[1] « Comme je l'ai dit, il n'y avait plus qu'un lit dans sa chambre. » — GOMIN.

d'étonnement, et nous allions nous communiquer nos réflexions, lorsqu'on apporta le dîner du Prince.

» Nouvelle scène de douleur; il faut l'avoir vue et éprouvée pour s'en faire une idée : une écuelle de terre rouge contenait un potage noir, couvert de quelques lentilles; dans une assiette de la même espèce était un petit morceau de bouilli, noir aussi et retiré, et dont la qualité était assez marquée par ces attributs; une seconde assiette, dont le fond était rempli de lentilles, et une troisième dans laquelle étaient six châtaignes, plutôt brûlées que rôties; un couvert d'étain, point de couteau, point de vin. Les commissaires nous dirent que c'était l'ordre du conseil de la Commune.

» Tel était le dîner du fils de Louis XVI, de l'héritier de soixante-six rois! tel était le traitement fait à l'innocence. Eh! qui pourrait tenir à ce spectacle et à ce souvenir du fils d'un roi, d'un roi lui-même, d'un innocent enfin, forcé par la violence à se nourrir comme le plus malheureux de ses sujets?

» Pendant que l'illustre prisonnier faisait cet indigne repas, mes collègues et moi nous exprimâmes par nos regards, aux commissaires de la municipalité, notre étonnement et notre indignation; et pour leur épargner en présence du Prince les reproches qu'ils méritaient, je leur fis signe de sortir dans l'antichambre. Là nous nous expliquâmes comme nous sentions; ils nous répétèrent que c'était l'ordre de la municipalité, et que c'était encore pis avant eux.

» Dans l'antichambre, nous ordonnâmes que cet exécrable ordre de choses serait changé à l'avenir, et que l'on commencerait à l'instant même à ajouter à son dîner quelques friandises, et surtout du fruit. Je voulus qu'on lui procurât du raisin, qui était rare alors. L'ordre ayant été donné pour cela, nous rentrâmes. Le Prince avait tout mangé. Je lui demandai s'il était content de son dîner : point de réponse; s'il désirait du fruit : point de réponse; s'il aimait le raisin : point de réponse. Un instant après, le raisin arriva; on le plaça sur la table, et il le mangea sans rien dire. « En désirez-vous encore? » Point de réponse¹.

» Il ne nous fut plus permis de douter, alors, que toutes les tentatives de notre part pour en obtenir une réponse seraient inutiles : je lui fis part de notre détermination, et je lui dis qu'elle était d'autant plus pénible pour nous, que nous ne pouvions attribuer son silence à notre égard qu'au malheur de lui avoir déplu; que nous proposerions, en conséquence, au gouvernement de lui envoyer des commissaires qui lui seraient plus agréables. Même regard; mais point de réponse. « Voulez-vous bien, Monsieur, que nous nous retirions? » Point de réponse.

» Cela dit, nous sortîmes; la première porte étant fermée, nous restâmes un quart d'heure dans l'antichambre à nous interroger mutuellement sur ce que nous venions de voir et d'entendre, et à nous communiquer nos réflexions et les observations que chacun de nous avait faites à cet égard, ainsi que sur le moral et le physique du jeune Prince.

» D'après le récit que je viens de faire, récit exact et dont j'ai plutôt abrégé qu'étendu les détails, tout le monde peut faire et fera sans doute les mêmes réflexions et les mêmes observations que nous; ainsi, je ne les répéterai pas. J'ai dit les motifs auxquels les commissaires attribuaient le silence opiniâtre du Prince. Je leur demandai dans l'antichambre si ce silence datait réellement du jour où la plus barbare violence lui avait été faite pour signer l'odieuse et absurde déposition... Ils renouvelèrent leur assertion à cet égard².

» Après avoir présenté cette anecdote à l'éternelle douleur des âmes sensibles, je la livre aux observateurs de la nature. Est-il possible qu'à l'âge de neuf ans, un enfant puisse former

---

¹ « On parla de fruits pour son dessert, mais on ne demanda pas de raisin, et il n'en fut point apporté. On n'en eût d'ailleurs, à cette époque, probablement point trouvé dans le quartier. » — GOMIN.

² « Nous n'aurions pu rien affirmer à cet égard, Laurent n'étant entré au Temple que neuf mois après la scène du 7 octobre 1793, et moi quatre mois après Laurent. » — GOMIN.

une telle détermination et y persévérer? C'est ce qui n'est pas vraisemblable sans doute; mais je réponds à ceux qui douteraient ou qui nieraient, par un fait et par des témoignages que j'indique et auxquels on peut recourir.

» Quoi qu'il en soit, avant de sortir de l'antichambre du Prince, mes collègues et moi nous convînmes que, pour l'honneur de la nation qui l'ignorait, pour celui de la Convention, qui, à la vérité, l'ignorait aussi, mais dont le devoir était d'en être instruite, pour celui de la coupable municipalité de Paris elle-même, qui savait tout et qui causait tous ces maux, nous convînmes que nous nous bornerions à ordonner des mesures provisoires qui furent prises sur-le-champ, et que nous ne ferions pas de rapport en public, mais en comité secret dans le comité seulement; ce qui fut fait ainsi. »

Dans ce compte rendu d'une visite faite par un républicain au fils du tyran, les sentiments paraissent ceux d'un royaliste et les formes celles d'un courtisan. Le lecteur aura fait la part des temps et des lieux, et aura senti tout ce qu'il devait y avoir d'exagéré et même de tronqué dans cet acte de la révolution rédigé pour la légitimité[1]. Mais telle qu'elle est, cette pièce nous a paru offrir un trop haut intérêt pour ne pas être rapportée dans son entier. Le fond de la situation du Prince s'y révèle sous cette enluminure royaliste qui va presque jusqu'à fleurde-liser la Convention. Indépendamment des erreurs indiquées par Gomin, il en est une plus importante qu'il est de notre devoir de signaler encore avec l'autorité de ce respectable témoin,

[1] Harmand (Jean-Baptiste), désigné comme conventionnel sous le nom de Harmand de la Meuse, né à Souilly (Meuse) le 10 novembre 1751, avait, dans le procès de Louis XVI, voté pour le bannissement immédiat; puis, revenant vers une opinion extrême, se prononça contre le sursis. Après la chute de Robespierre, il se rangea avec zèle du parti thermidorien. Ce fut alors qu'il fut nommé membre du comité de sûreté générale. Il manifesta depuis cette époque un grand esprit de modération, notamment pendant sa mission en Alsace. S'étant montré favorable à la révolution du 18 brumaire, il fut nommé préfet du Haut-Rhin, peu de temps après consul à Saint-Ander, puis consul général à Dantzig; mais il ne se rendit ni à l'un ni à l'autre poste, et demeura résolûment à Paris, où, s'étant, par son obstination, fermé sa carrière, il fut bientôt à bout de ressources. Il y mourut le 24 février 1816.

c'est que les députés de la Convention n'ordonnèrent point que *cet exécrable ordre de choses fût changé à l'avenir.* Malgré les prétendues marques de bienveillance prodiguées au prisonnier, son sort ne fut point sensiblement amélioré ; on ajouta quelquefois un plat de dessert à ses repas, mais le régime général de la prison resta le même.

Quant au silence opiniâtre gardé par le Prince dans cette visite, à laquelle le narrateur a voulu donner une trop grande portée, et qui en définitive n'amena aucun résultat, nous avons déjà eu l'occasion d'expliquer notre pensée à ce sujet. Mais si nous avons cru devoir combattre le motif ancien et unique auquel ce récit attribue et fait remonter l'inflexible détermination du jeune prisonnier, nous devons dire aussi qu'il est probable que cette réunion de commissaires de la Convention et de la Commune lui rappelait de tristes scènes, peut-être celle où on avait abusé de quelques mots arrachés à son ignorance pour les aiguiser en poignard et les tourner contre sa mère. Ces bienveillantes attentions, ces douces prévenances de ses ennemis, devaient réveiller dans son esprit le souvenir des fruits et des liqueurs que Simon lui avait prodigués afin d'obtenir cette signature que Daujon désirait pour donner de l'éclat à son œuvre, et Hébert du crédit à son infamie, en la faisant endosser par l'innocence d'un enfant.

L'infortuné, nous l'avons dit, n'avait jamais vu sans répugnance et sans frayeur les membres de la Convention et de la Commune, à l'exception de quelques-uns qui depuis longtemps n'avaient plus accès près de lui. Convaincu par une longue expérience qu'on lui avait fait payer au centuple le peu de consolation qu'on lui avait offert jusqu'à ce jour, il se défiait naturellement des promesses enjôleuses des visiteurs. Son air d'indifférence et de dédain semblait leur dire : Vous me faites mourir depuis deux ans, que m'importent aujourd'hui vos caresses ! *achevez votre victime!* De tout le récit de M. Harmand (de la Meuse), c'est cette dernière appréciation qui est la plus vraie.

J'ignore ce qui se passa dans le comité secret où la Convention écouta le rapport de sa commission envoyée au Temple, rapport assurément rédigé dans d'autres termes que celui que nous venons de lire; mais aucune disposition favorable n'en fut la suite, aucun ordre généreux ne fut donné, aucun médecin ne fut délégué, aucun remède ne fut employé, et le jeune malade, privé de tout secours, s'achemina vers la tombe. M. Harmand déclara plus tard qu'envoyé en mission peu de jours après sa visite à la tour, il n'avait pu suivre l'exécution des mesures qu'il avait prescrites pour l'amélioration du sort de l'*enfant-Roi*, mais s'il avait ouvertement manifesté ses bienveillants désirs à cet égard, il est bien naturel que le comité l'ait éloigné de Paris à cette époque. La mort du fils de Louis XVI était résolue. Quand bien même il n'eût point été le représentant légitime de la royauté, je doute que cet enfant eût, après tant d'infortunes, trouvé grâce aux yeux de ses ennemis; il entrait dans les principes de la tyrannie révolutionnaire de sacrifier sans examen ceux qu'elle avait opprimés sans justice.

Plein encore d'espérances et d'illusions, Gomin essaya de multiplier autour du Dauphin non pas les plaisirs, hélas! ce mot était à jamais retranché de cette misérable vie, mais les distractions et les délassements. Sa pitié pour les victimes s'était bientôt changée en affection, et cette affection, toujours contrainte, grandissait toujours parmi les luttes muettes du cœur.

Il allait parfois chercher dans la bibliothèque du Temple un ouvrage qui pût intéresser l'enfant, et il le lui présentait ouvert : « Je prie Monsieur de vouloir bien lire. » Et l'enfant commençait à la page indiquée, de la meilleure grâce du monde. Son isolement, ses chagrins, la privation de tout livre, de toute étude, ne lui avaient point fait oublier ce qu'il avait appris. Il lisait avec beaucoup de netteté et de correction, en tenant le livre à distance, sur ses genoux ou sur la table. C'était ordinairement un volume des *Contes moraux* de Marmontel, ou des *Veillées du château*, ou de l'*Histoire de France*. Quelles amères réflexions devait suggérer à ce malheureux enfant cette dernière lecture, qui lui retraçait la grandeur de son pays et de sa race, si longtemps unis dans une destinée commune!

Mais un jour, je ne sais dans quel conte de Marmontel, il rencontra une anecdote qui captiva au plus haut point son attention et son intérêt. Il lut avidement jusqu'au bout toute l'histoire, qui, sombre d'abord, se terminait, comme cela arrive, par la délivrance et la félicité du héros.

L'enfant faisait-il un retour sur sa propre destinée? Tant de douleurs, placées au seuil de la vie, lui faisaient-elles espérer que lui aussi, héros d'une lamentable histoire, verrait à son tour des temps meilleurs?

Déjà oublieux de sa propre infortune en présence de ce bonheur imaginaire, le pauvre petit lecteur se prit à sourire un instant à travers ses pleurs, comme une matinée d'avril mêlée de pluie et de soleil. Dans ces rares moments de satisfaction, ses traits avaient encore une douceur et une grâce angéliques; un peu de bonheur lui aurait rendu toute la beauté de l'enfance.

Quelques jours s'écoulèrent; le 17 ventôse an III (samedi 7 mars), le brave Debierne revint voir son complice du Temple, et lui dit : « J'ai encore un joujou à vous donner, regardez un peu ici. » Et en disant cela, il entr'ouvrit son habit croisé sur sa poitrine, et une charmante petite tourterelle avança la tête. Gomin fut moins reconnaissant qu'inquiet de cette attention nouvelle, plus compromettante que la première, et qui pouvait créer des embarras avec un commissaire mal disposé. Celui du jour ne lui inspirant aucune confiance, il prit le parti de garder jusqu'au lendemain, dans la salle du conseil, le mélancolique oiseau, et d'attendre un moment propice pour le faire parvenir à sa destination. La figure et les manières du nouveau municipal lui ayant effectivement le lendemain rendu un peu d'assurance, Gomin, à l'heure du dîner, monta la tourterelle et la plaça dans la tourelle. Le prince s'en occupa peu. Il avait naguère beaucoup aimé les oiseaux, mais depuis que son affection pour le serin qu'on lui avait donné du temps de Simon lui avait attiré une scène fort pénible, ce goût s'était éteint ; d'ailleurs la diminution graduelle de ses forces faisait succéder chez lui, à un caractère vif et actif, l'indifférence et l'apathie. La tourterelle ne vécut pas. Gomin ne la regretta point : elle aurait pu le rendre suspect.

Un jour, le 25 ventôse (dimanche 15 mars), ce timide et généreux surveillant, reconduisant jusque dans la seconde cour Debierne qui se retirait, rencontra Liénard, et la conversation s'engagea sur les prisonniers. La présence de Debierne et le souvenir des réflexions de Delboy relatives à la nourriture des enfants de Louis XVI enhardirent Gomin à dire à l'économe : « Nous sommes sous le règne de l'égalité ; pourquoi n'ont-ils pas le même dîner que nous ? » Liénard lui répondit sans émettre d'avis personnel : « Il y a un règlement, il faut bien que je le suive ; j'ai ma consigne comme un soldat. — Vous avez raison, » lui répliqua Gomin, qui avait peur de son ombre, et qui s'étonnait d'avoir osé toucher à une telle question. Debierne, voyant son trouble, lui vint en aide, et ajouta comme lui, mais avec un autre courage : « Vous avez raison, citoyen Liénard, la discipline militaire d'abord et avant tout. Qu'est-ce que la conscience auprès d'un règlement ? » Puis, s'en allant avec Gomin : « Je ne puis supporter, disait-il, ces gens qui ont toujours le règlement à la bouche, et qui obéissent à ce que des hommes ont mis sur le papier, au lieu d'obéir à ce que Dieu a mis dans le cœur. Tenez, parlez-moi de votre ancien curé du Temple, du temps où il y avait encore un bon Dieu et des églises : celui-là ne crut pas avoir assez fait d'obéir au règlement, il obéit à la règle, et rétracta le serment civil qu'il avait prêté [1]. »

---

[1] Debierne faisait allusion au curé du Temple, nommé La Quesnoi, qui, après avoir prêté le serment à la constitution civile du clergé, se rétracta par la lettre suivante, écrite à Bailly, maire de Paris :

« Monsieur le Maire,

» Égaré par l'amour de la paix, par le désir de rester au milieu d'un troupeau qui m'est cher, et pour lequel je conserverai jusqu'au tombeau le plus

Debierne revint souvent au Temple, sous le prétexte de voir Gomin, son parent supposé. Celui-ci, à ce titre, le faisait entrer à la tour dans la salle du conseil. Le dévouement de ce brave homme est resté inconnu : l'affection la plus vraie et la plus profonde n'est pas toujours celle qui fait le plus de bruit et d'étalage.

Les gardiens et le commissaire, je l'ai dit, ne se sentaient tranquilles et sûrs d'eux-mêmes que lorsqu'ils prenaient des mesures en commun. C'était surtout là, sous le contrôle incessant d'une malveillance ombrageuse, que l'union faisait la force. Le commissaire s'absentait quelquefois ; Laurent lui-même sortait presque tous les soirs, le plus souvent pour aller au club ; quand les choses avaient été convenues ainsi, le timide Gomin se sentait assez autorisé à suivre l'élan de son bon cœur ; il s'installait auprès de l'enfant, et lui tenait compagnie jusqu'au souper. Le plus habituellement, il jouait aux dames avec lui ; le pauvre petit n'y entendait rien, mais son bienveillant adversaire s'arrangeait toujours de manière à le faire gagner. Une autre fois, on faisait honneur au baguenaudier de Debierne, ou à son élégant bilboquet, rétive et pointilleuse mécanique, à laquelle ne suffisait ni le désir sans adresse du jeune Prince, ni l'adresse sans expérience du professeur.

tendre attachement, j'ai eu le malheur de m'écarter des vrais principes qui auraient dû me diriger, en prêtant dimanche, 9 de ce mois, le serment qui nous avait été ordonné. Je suis toujours animé de ce même amour de la paix, des mêmes sentiments de tendresse et d'attachement pour mon troupeau, et s'il était nécessaire pour le prouver, je donnerais avec plaisir jusqu'à la dernière goutte de mon sang. Le sacrifice de la conscience et de la religion est le seul qu'il n'est jamais permis de faire. Rendu à moi-même, je rougis de ma faute ; j'en fais l'aveu authentique, et je n'hésite pas de me réunir aux premiers pasteurs de l'Église, dont je n'aurais pas dû me séparer. J'ai en conséquence l'honneur de vous annoncer, monsieur, que *je viens aujourd'hui de rétracter solennellement en chaire le serment que j'avais prononcé*, et qui n'est que trop démenti par les cris de ma conscience.

» *Signé :* La Quesnoi. »

« Je certifie la présente copie conforme à son original déposé dans mes bureaux, ce 3 février 1791.

» Bailly. »

(Archives de l'Hôtel de ville.)

Ou bien encore, si les forces de l'enfant lui permettaient cette distraction, on montait dans le comble de la grande tour, et, dans cette vaste salle dont le milieu était libre, on faisait une partie de volant. A ce jeu, le jeune invalide se défendait parfaitement; son coup d'œil était sûr, sa main prompte; il avait toujours la main gauche appuyée sur la hanche et tenant son pantalon, tandis que la main droite était armée de la raquette.

Un soir, le 22 ventôse an III (jeudi 12 mars 1795), se trouvant seul avec lui (Laurent et le commissaire étant au club), Gomin, toujours bon quand il n'était pas contraint, s'assit auprès du Prince et lui proposa une lecture ou une partie de dames. L'enfant, reconnaissant, le regarda profondément, essayant de lire dans ses yeux jusqu'où sa bonté pour lui pourrait aller; et, se sentant sans doute encouragé par son air affectueux, il se leva et se dirigea doucement vers la porte, sans cesser de tenir attaché sur son gardien un regard tout à la fois interrogateur et suppliant. « Vous savez bien que cela ne se peut pas, » dit celui-ci, inquiet de la pensée qui venait au jeune prisonnier, et malheureux de ne pouvoir l'écouter. — « Je veux *la* revoir une fois, dit le pauvre enfant, laissez-moi la revoir avant de mourir, je vous en prie ! » Le cœur de Gomin se serra douloureusement; il prit le Dauphin par le bras et le reconduisit à sa place; l'enfant se jeta sur son lit, ou plutôt il y tomba presque sans connaissance et y resta sans mouvement. Il paraît que, séduit et ramené à l'espérance par les procédés de son nouveau gardien, il se sentait autorisé à croire qu'un jour, étant avec lui seul à seul, il pourrait tout demander à son bon vouloir; et ce soir-là, il avait jugé l'occasion favorable pour exécuter le plan arrêté depuis peut-être bien des jours au fond de son cœur. Son désappointement fut d'autant plus vif, son chagrin d'autant plus amer, que l'idée qu'il s'était faite de Gomin lui garantissait la réussite de sa conspiration filiale. Le pauvre surveillant, tout effaré, ne sut d'abord que devenir, son prisonnier étant étendu sans mouvement et sans couleur. Enfin, il sentit son cœur battre, il vit ses yeux se rouvrir : le sentiment lui revenait avec la vie, et avec le sentiment la douleur. « Ce n'est pas ma faute si je vous fais de la peine, lui disait tout bas son complice, qui ne voulait l'être ni trop ni ouvertement ; ce n'est pas ma faute, mon devoir me le défend : dites-moi que vous me pardonnez. » L'âme de l'enfant s'exhala tout entière en cris de détresse. « Monsieur Charles, ne pleurez pas ainsi, on vous entendrait!... » Il se tut aussitôt, et comme Gomin lui disait encore de lui pardonner, une grosse larme roula silencieusement sur sa joue. Il étendit sa petite main sur l'épaule de son gardien, qui, courbé sur son lit, pressait son autre main dans les siennes. « Vous savez bien que la porte est close, et quand même elle serait ouverte, vous ne voudriez pas la franchir en pensant que vous me feriez condamner à mort. » Et l'enfant secoua lentement la tête en rouvrant des yeux où s'imprégnait l'expression d'une mélancolie résignée.

Cette tristesse sereine, cette douleur calme, cette courageuse patience avaient gagné le cœur de Gomin, comme elles avaient, à la longue, captivé l'affection des Tison et des Toulan : la sympathie naît chez tous ceux qui abordent les Bourbons dans le malheur.

Mais que pouvait-on espérer de ces municipaux qui, arrivés à la tour avec les préventions et les haines les plus invétérées, ne faisaient que passer rapidement dans ce sanctuaire de la douleur? Leur nature révolutionnaire, loin de s'y amender en ces quelques heures, les portait au contraire à exercer avec hauteur l'autorité d'un jour dont ils étaient revêtus. Presque tous tranchaient du tribun et même du consul. Il en vint un le 3 germinal an III (lundi 23 mars 1795), du nom de Collot, qui se posa en prophète, et qui, examinant profondément les yeux du Dauphin, dit d'un air doctoral : « Cet enfant n'a pas six décades à vivre. » Et comme Gomin et Laurent s'alarmaient de ces paroles, à cause de l'effet désastreux qu'elles pouvaient produire sur le moral du malade, il reprit immédiatement et avec une atroce intention : « Je vous dis, citoyens, qu'il sera imbécile et idiot avant six décades, s'il n'est pas crevé! »

A cette fatale imprécation, que lui laissait pour adieu le municipal, le regard de l'enfant resta doux, et ses lèvres exprimèrent un sourire plus poignant que les regrets et plus sombre que le désespoir.

La voix de Gomin redoubla de douceur en lui parlant ce jour-là. S'étant trouvé seul un moment avec lui dans la soirée, il tâcha d'effacer la fatale impression qu'avait laissée dans son esprit la triste entrevue du matin. L'enfant, en l'écoutant, semblait vouloir contenir une émotion dont il n'était pas le maître : une larme brilla dans ses yeux, et de son cœur trop plein s'échappèrent ces paroles avec un soupir angélique : « Je n'ai pourtant fait de mal à personne ! »

Obligé de le quitter à la tombée de la nuit, le pauvre Gomin se retira l'âme saignante et l'imagination effrayée de la funeste prophétie de Collot. Quoi! cette jeune intelligence serait étiolée? ce jeune cœur serait rétréci? Quoi! de ce délicieux enfant il ne resterait que la partie la plus grossière, et comme l'argile du vase dont le parfum s'est évaporé! Non, tout ne périra pas, et le parfum est resté dans l'urne funèbre !

Laurent quitta le Temple le 9 germinal an III (dimanche 29 mars 1795). Il se retirait non point devant une destitution, mais sur sa demande personnelle : il venait de perdre sa mère, et des intérêts de famille réclamaient sa présence et ses soins. La nouvelle de sa retraite causa une sorte de sensation au Temple, où il était estimé de tous. Une certaine hostilité s'y était manifestée depuis quelque temps contre Lefèvre, et son départ, désiré par ses détracteurs, leur rendait plus pénible le départ inattendu de Laurent. Déjà plus d'une fois, des personnes, la plupart de la police, avaient désapprouvé la présence d'un restaurateur dans la première enceinte du Temple. Gomin, cependant, parvint à leur persuader qu'il était plus avantageux que nuisible de le conserver; que beaucoup de gardes nationaux qui eussent été boire et manger au dehors se procuraient là ce dont ils avaient besoin, et qu'ainsi le poste se trouvait moins dégarni. L'opposition se calma.

Laurent [1] prit donc congé de son collègue et du jeune Prince, qui lui serra la main et le vit partir avec une profonde tristesse.

Laurent commençait à lui pardonner d'être fils de roi, et l'enfant à pardonner à Laurent d'être l'agent de ses ennemis. Le geôlier et le prisonnier se cherchaient, et leurs cœurs déjà se rencontraient lorsqu'ils se séparèrent.

En 1796, Laurent accompagna à Saint-Domingue, en la double qualité de secrétaire et d'ami, Georges-Pierre Leblanc, commissaire délégué par le gouvernement français aux Iles sous le Vent. De là, il fut dépêché officiellement pour solliciter des secours pécuniaires près de Victor Hugues, commissaire du gouvernement aux Iles du Vent, retourna à Saint-Domingue, et revint en janvier 1797 en France sur la frégate *la Sémillante*, avec Leblanc, qui était fort malade et qu'il ne voulut pas abandonner. Les germes contagieux emportés de la colonie se développèrent à bord; *la Sémillante* perdit vingt-quatre hommes, parmi lesquels le commissaire du Directoire Leblanc.

Nous retrouvons, en 1800, notre ancien garde du Temple accompagnant à Cayenne, comme secrétaire particulier, Victor Hugues, qui allait y remplir les fonctions de commissaire du gouvernement. Laurent y reprit ses occupations de colon, forma une plantation en société avec deux de ses amis, et y mourut sept ans après [*].

Voici l'acte de son décès, dont nous devons la communication à l'obligeance de M. P. Margry, conservateur des archives du ministère de la marine :

« Cejourd'hui, vingt-deux août mil huit cent sept, onze heures du matin.

» Sont comparus au greffe du tribunal de première instance du département de la Guyane française, devant moi, Louis André, greffier dudit tribunal, faisant fonction d'officier de l'état civil, par ordre de monsieur le commissaire de Sa Majesté Impériale et Royale, officier de la Légion d'honneur, commandant en chef à la Guyane française, en l'absence de M. Paguenaut, titulaire, messieurs Jean Troquereau, capitaine aide de camp de M. le commissaire, et Jean-Charles-Achille Servoisier, secrétaire particulier de mond. sieur le commissaire de Sa Majesté, domiciliés en cette ville, palais du gouvernement. — Le 1er âgé de 32 ans, et le second âgé de 22, lesquels m'ont déclaré que monsieur Jean-Jacques-Christophe Laurent, sous-commissaire de marine, secrétaire particulier de M. le commissaire de Sa Majesté, commandant en chef en cette colonie, âgé de trente-sept ans, natif de l'isle Martinique, est décédé cejourd'hui à dix heures et demie du matin au palais du gouvernement. D'après cette déclaration, je me suis à l'instant transporté au palais du gouvernement en la chambre où est décédé M. Jean-Jacques-Christophe Laurent, et m'étant assuré de son décès, j'ai de suite dressé le présent acte par triplicata, que mesdits sieurs Troquereau et Servoisier ont signé avec moi, après lecture. A Cayenne, les jours, mois et an ci-dessus. »

---

[*] Nous avons puisé ces détails dans des papiers à nous confiés par M. Senes, gendre de M. Victor Hugues.

LIVRE DIX-SEPTIÈME.

LASNE ADJOINT A GOMIN.

11 germinal an III — (mardi 31 mars 1795).

Nomination de Lasne. — Sa biographie. — Son installation au Temple. — Première visite à Louis XVII. — Ordre donné à Gourlet. — Bonne entente de Lasne et Gomin. — Leurs soins et leurs attentions pour le petit prisonnier. — Premières paroles du Dauphin à Lasne. — Promenades sur la plate-forme. — Musique. — Conversation. — Le jeu de dominos de Palloy. — L'épée de Louis XVII. — Progrès toujours croissant de la maladie.

Le 11 germinal (mardi 31 mars 1795), arriva à la tour le citoyen Étienne Lasne, nouveau préposé à la garde du Temple et successeur de Laurent. Il avait appris sa nomination par un message de la police; comme il ne s'était pas rendu sur-le-champ à un appel qui était un ordre, deux gendarmes étaient allés le prendre à son domicile, rue Culture-Sainte-Catherine, et l'avaient conduit immédiatement à son poste. Lasne était peintre en bâtiments : ancien garde-française, il avait, en 1789, endossé l'uniforme de garde national. Sa profession l'avait fait connaître dans son quartier, et il dut à son titre d'artiste aussi bien qu'à ses antécédents militaires d'être nommé, en 1791, capitaine des grenadiers du bataillon du Petit-Saint-Antoine. C'était un honnête homme, qui n'avait peut-être pas le cœur de Gomin, mais qui avait plus de caractère. Les influences révolutionnaires avaient fait nommer Lasne, comme les influences royalistes avaient fait nommer Gomin; mais l'un et l'autre appartenaient au parti modéré. Lasne avait été arrêté le

9 thermidor par la Commune rebelle, et mis en liberté par un ordre de la Convention nationale [1].

LASNE, EN 1795.

Avide de connaître tous ceux qui pouvaient me donner des renseignements sur cette vie si douloureuse et si ignorée, à laquelle j'avais fait vœu d'élever un modeste et pieux monu-

---

[1] *Extrait du procès-verbal de la Convention nationale du neuvième jour de thermidor, l'an deuxième de la République française une et indivisible.*

« La Convention nationale, sur la pétition de la section des Droits de l'Homme, convertie en motion par un membre, décrète que le citoyen Lasne, commandant la force armée, et un autre citoyen de ladite section, et le citoyen Ilot, lieutenant de gendarmerie, incarcérés par un ordre arbitraire de la

ment dans l'histoire, j'ai recherché Lasne comme j'ai recherché Gomin, comme j'ai voulu voir et entendre les trois pauvres femmes par les souvenirs desquelles je pouvais pénétrer dans l'intérieur du ménage de Simon, et retrouver ainsi les traces presque effacées d'un des plus lamentables épisodes des annales du Temple.

Ce fut le jeudi 16 février 1837 que je vis Lasne pour la première fois ; et la pensée que j'allais me trouver en présence de celui qui avait donné les derniers soins au fils de Louis XVI, et l'avait tenu agonisant entre ses bras, me remplissait l'âme de mélancoliques émotions. Ce fut Lasne lui-même qui vint m'ouvrir : je le devinai à son âge, à sa tenue, à tout son extérieur grave et sévère comme celui d'un homme jadis mêlé à de grands et tristes événements qui lui ont laissé d'ineffaçables souvenirs. Les portraits de la famille royale, plusieurs portraits de Louis XVII décoraient la pièce où il me reçut. Lasne était un homme de cinq pieds sept pouces environ, maigre, se tenant fort droit, comme les anciens militaires, d'une figure ouverte, s'exprimant avec facilité et un peu d'emphase ; il était à cette époque dans sa quatre-vingtième année, et très-vert pour ce grand âge. Ce ne fut que peu à peu que j'obtins la confiance de ce dernier et solennel témoin des souffrances du Temple. Je le trouvai sobre de paroles dans nos premières entrevues, et je fus moi-même sobre de questions. Lorsque, après des relations plus longues, il vit que ce n'était pas une vaine et froide curiosité qui m'avait amené chez lui, mais un culte pieux pour le

---

municipalité rebelle, seront mis en liberté ; charge les deux comités de salut public et de sûreté générale de l'exécution du présent décret, qui ne sera point imprimé.

» *Visé* par l'inspecteur,

» S. E. MONNEL.

» *Collationné* à l'original par nous, secrétaire de la Convention nationale, à Paris, le 11 thermidor, l'an II de la République une et indivisible.

» BAR.

» LE VANNEUR (de la Meurthe), secrétaire. »

noble enfant qu'il avait aimé et vu mourir, son cœur s'ouvrit tout entier.

Le mercredi 6 septembre 1837, comme je me rendais chez Lasne, qui venait d'être malade, je le rencontrai profitant d'un rayon de soleil pour se promener sur le quai de l'Ile-Saint-Louis, où il habitait. Il m'assigna rendez-vous pour le lendemain, en me disant : « Venez de bonne heure, nous nous enfermerons, et je vous communiquerai sur le Temple tous les renseignements qui pourront vous intéresser. A qui donner ma confiance, si ce n'est à vous ? » Il tint fidèlement sa parole, et, soit dans cette première conversation, soit dans les entrevues qui suivirent, il évoqua pour moi ses souvenirs et me raconta des détails que lui seul pouvait m'apprendre.

Un jour je lui apportai mon album, et le priai d'y écrire de sa main l'attestation de la mort du fils de Louis XVI, ce qu'il fit [1].

A cette époque, il reçut la visite de Gomin, son vieux collègue de la tour du Temple, qu'il n'avait pas revu depuis vingt ans, et qu'il croyait mort. La Providence, qui avait mis sur ma route un précieux témoin de l'agonie du Dauphin, m'en envoyait un second avec lequel je devais avoir des liens encore plus étroits et des relations plus utiles pour l'œuvre que j'avais entreprise.

La vie de Lasne offre quelques particularités qui ne sont pas sans intérêt. En voici un fragment que j'ai écrit en quelque sorte sous sa dictée :

« Je suis né le 19 septembre 1757, à Dampierre-sur-Doubs, paroisse Saint-Pierre, juridiction de Besançon. Mon père était adjudant au régiment de la Marche. Je vins fort jeune à Paris, et j'entrai, à douze ans, au dépôt du régiment des gardes françaises, dont l'hôtel occupait l'emplacement de la rue du Helder et de la Chaussée-d'Antin, sur le boulevard des Italiens, en face du pavillon de Hanovre. J'entrai, quelques années après, dans les grenadiers de la compagnie de Fourche, sous le nom

[1] Nous en donnons à cette page un *fac-simile*.

de Carette, qui est celui de ma mère. Le maréchal de Biron, notre colonel, craignant sans doute que mon nom de Lasne ne m'attirât quelques méchantes plaisanteries qui m'eussent contraint de dégaîner mal à propos, m'avait fait inscrire au contrôle sous la dénomination d'Étienne Lasne, dit Carette. Les quolibets, comme on sait, n'épargnaient pas les gardes-françaises : les uns les appelaient des *pierrots,* à cause de leurs gros boutons qui ressemblaient à ceux des *paillasses* du boulevard ; d'autres les nommaient les *canards du Mein,* depuis qu'ils avaient été repoussés à une affaire sur le Mein, et forcés de se jeter dans cette rivière.

» Je n'ai jamais été loin de Paris qu'une seule fois, c'était en 1778. J'avais vingt et un ans. Le marquis de la Moussaye, mon lieutenant, me choisit pour l'accompagner dans un de ses voyages en Bretagne. Il m'avait laissé quelque argent pour payer ses dettes criardes à Paris ; cela fait, je me mis en route pour le rejoindre. Arrivé à deux lieues de Lamballe, je rencontrai un carrosse à la livrée de la famille de la Moussaye ; le cocher me demanda si j'appartenais à M. le marquis, et me dit qu'en ce cas je n'avais qu'à suivre la voiture, et que j'arriverais au château. Je venais de faire cent lieues à pied, et de bon cœur ; mais ces deux dernières lieues, dont il était si simple et si facile de m'épargner la fatigue en me faisant monter derrière la voiture, me furent plus pénibles que tout le reste de la route. Je conservai longtemps rancune à ce maudit cocher de ses dures paroles jetées au front suant d'un pauvre voyageur. Pour surcroît de guignon, quand j'arrivai à la grille du château, le concierge me barra le passage, et me dit qu'il avait ordre de ne point me laisser entrer. J'eus beau me réclamer de M. le marquis, m'autoriser de ses ordres, tout fut inutile, et le cerbère me parut encore moins gracieux que l'automédon. Je m'assis sur une borne, l'esprit livré à mille conjectures désagréables, et j'attendis avec anxiété que le ciel m'envoyât mon lieutenant pour me relever de cette malencontreuse faction. Enfin je le vis paraître ; il était vêtu en chasseur ; il se montra fort aise de me revoir, mais il me dit que sa mère ne voulait pas que j'entrasse au château. « Tu vas aller à la ville, me dit-il ; tu trouveras à t'y loger à ton gré, et je te donnerai vingt sous par jour. — Non pas, mon lieutenant ; je ne vous ai point accompagné à ces conditions ; ce n'est pas pour vous être à charge que notre sergent-major Berlier m'a donné un congé. Si je vous suis inutile ici, je m'en retourne à Paris. » M. de la Moussaye insista tellement qu'il me fallut céder. Je logeai à Lamballe chez un M. Delacroix. C'était le bon temps alors. Pour douze sous par jour j'eus un logement convenable et une nourriture excellente ; et, comme l'on pense bien, je ne retins pas à mon profit l'excédant des vingt sous que voulait m'octroyer la munificence de mon chef. Je dus d'ailleurs à sa protection d'utiliser dans cette province mon petit talent de peintre, que réclamèrent bientôt plusieurs de ses amis dans leurs châteaux enfumés. M. de la Provoté, son oncle, me confia la restauration de sa maison, dont les boiseries gluantes avaient été peintes à l'huile d'olive par un Raphaël du pays. Madame de la Mirandais m'appela ensuite, et la vogue s'attacha tellement à mes pinceaux, que je ne pus suffire seul aux demandes qui m'arrivaient de toutes parts. Je fus obligé de prendre un jeune gars de l'endroit pour broyer mes couleurs.

» Tous les dimanches à onze heures (et les vieillards de Lamballe se rappelleront cela encore) je servais la messe en uniforme. J'étais assez bien sous les armes à vingt ans ; on peut dire cela quand on en a quatre-vingts, surtout lorsque votre bonne mine et votre bonne tournure vous ont attiré plus de désagréments que d'avantages. Deux messieurs de la ville (ils s'appelaient Rétif, et l'un d'eux était militaire) ne voyaient pas sans dépit qu'un garde-française, debout près du maître-autel, attirât pendant l'office l'attention des belles dames de la ville, et leur mauvaise humeur ne tarda pas à se manifester. Sortant un soir d'hiver de chez M. Blanchandin, qui demeurait à la porte du Maltrait, je les rencontrai tous les deux à peu de distance de mon logis ; ils s'arrêtèrent tout à coup, et fixèrent sur moi des yeux qui semblaient me narguer. Je m'étais arrêté de mon côté, comme pour attendre les paroles hostiles que leur attitude semblait m'annoncer. « Quand vous m'aurez assez regardé, leur dis-je, peut-être me parlerez-vous. » Ils approchèrent, j'approchai. « On prétend que vous êtes grenadier, me dit l'un d'eux ; mais c'est une plaisanterie, sans doute ; les militaires ne servent pas la messe. — Si vous êtes capucin, me dit l'autre, reprenez votre froc ; et si vous êtes grenadier, je vous arracherai vos grenades. » On devine la fièvre qui me monta à la tête, et quelles paroles amères l'indignation me dicta. L'un d'eux leva son bâton : « Êtes-vous des assassins ou d'honnêtes gens ? m'écriai-je. Un assassin peut attaquer ainsi, mais un honnête homme donne à son adversaire le temps de prendre une épée : je vous demande cinq minutes pour aller chercher la mienne. » Je cours chez moi, je m'arme et je reviens. L'un des Rétif, grenadier au régiment du Roi, était allé de son côté quérir son épée, mais il fut très-long à revenir. « Je drogue à Paris, mais non pas à Lamballe, dis-je à son frère, et je n'attendrai pas davantage. » Je pris rendez-vous pour le lendemain matin, à six heures, près du château, et je rentrai chez moi. A peine avais-je touché ma porte, que j'entendis derrière moi la voix de mon adversaire ; mais je ne revins pas sur mes pas, et la réflexion calme de la nuit me fit approuver ma conduite, et me féliciter même d'un retard qui avait empêché un duel sans témoins et dans les ténèbres.

» J'avoue que je ne dormis pas ; j'étais debout avec le jour, et j'arrivai avant l'heure au lieu du rendez-vous. Il y a près de là une chapelle : j'y entrai, et dans une courte prière je donnai mon âme à Dieu.

» Je vis bientôt apparaître MM. Rétif ; ils me proposèrent pour champ clos un petit espace, creusé en forme d'entonnoir, dont le fond offrait, il est vrai, un terrain plat et uni, mais tellement resserré qu'il était difficile d'y avoir ses coudées franches. Je ne sais quel sot amour-propre de jeune homme me fit accepter un tel champ de bataille ; il avait bien l'avantage de cacher les deux adversaires aux regards indiscrets, mais il avait le petit inconvénient de livrer l'un d'eux à une mort presque certaine.

» Nous étions au mois de janvier : il gelait à pierre fendre ; une neige épaisse et durcie couvrait la terre, et rendait difficiles les abords du trou où nous devions nous battre. Rétif y descend le premier ; il s'était, selon l'usage, dépouillé de son habit et de sa chemise, et présentait au vent glacial qui soufflait la poitrine et les bras nus. Il avait sur le corps trois ou quatre cicatrices, et il semblait les montrer avec orgueil. Je l'avais suivi dans le bas-fond, et, pour ôter mon habit plus facilement, j'avais planté mon épée devant moi dans la neige. Bien que je ne manquasse pas de courage, que je fusse élève de M. Languedoc, sergent au régiment des gardes, et que j'eusse soutenu un défi avec le maître d'armes du régiment de Schomberg, j'avoue franchement que je n'étais pas très-rassuré : le lieu et le manque de témoins m'inquiétaient, mais il n'y avait plus à reculer, et je ne songeai qu'à sortir de mon mieux du guêpier où j'étais tombé. Je retire mon épée de terre, la pointe se casse : je ne m'en aperçois pas, et je me mets en garde. Nous nous battons quelques minutes ; le frère de mon adversaire, qui du haut de l'entonnoir observait la lutte, s'écrie tout à coup : « Mon frère, prends garde, son épée est cassée. » Le combat cesse ; je demande dix minutes pour faire aiguiser ma pointe. Mais le premier feu des Rétif était jeté ; la température pouvait bien aussi l'avoir éteint, et ils en vinrent bientôt à des excuses. Nous fûmes dès lors bons amis, et mon pompon reparut en paix et dans tout son éclat à la grand'messe du dimanche. M. le marquis sut l'affaire, et pour réparer l'échec de mon épée, il voulut m'offrir la sienne. Mais je n'en eus plus besoin pendant mon séjour en Bretagne. Mon voyage finit beaucoup mieux qu'il n'avait commencé, et je revins à Paris le gousset garni comme il ne l'avait jamais été.

» Excepté à cette époque, unique dans ma vie, je n'ai guère perdu de vue les tours de Notre-Dame, et vous voyez, Monsieur, que j'ai fini par me loger encore plus près d'elles, et en quelque sorte sous leur ombre. J'ai demeuré trente ans rue Culture-Sainte-Catherine, n° 7, dans une des trois maisons de madame Lamy, puis dix-huit ans rue des Carmes, n° 34, et me voici rue Regrattière, n° 14, à mon troisième établissement, qui sera le dernier. J'ai acheté cette maison le 2 juin 1829.

» J'ai quitté les gardes-françaises le 11 mai 1782, après la revue du Roi à la plaine des Sablons, jour où l'on ne parlait que de l'exécution de Desrues, rompu vif en place de Grève. J'avais dix-sept ans de service, pendant lesquels j'ai successivement habité le dépôt, la caserne de la rue Verte, celle de la Pépinière, puis enfin celle de l'Estrapade, où j'ai eu mon congé. Mon sergent-major me voulait du bien : il me proposa de me renvoyer au dépôt, en me disant que je serais nommé sergent ; mais j'avais hâte d'être bourgeois et de reprendre mes pinceaux.

» Quand vint 89, je fus obligé de prendre l'uniforme de garde national ; ma profession de peintre en bâtiments m'avait fait connaître dans mon quartier ; on savait aussi que j'étais un ancien militaire, et les suffrages de mes concitoyens m'élevèrent, en 91, au grade de capitaine des grenadiers du bataillon du Petit-Saint-Antoine.

» J'ai été blessé, le 20 juin, aux Tuileries, sur la terrasse du bord de l'eau, où stationnait mon bataillon. J'eus plusieurs fois, vers cette époque, l'occasion de voir M. le Dauphin, et je ne me doutais guère assurément que ce jeune et malheureux prince mourrait un jour entre mes bras.

» Je n'ai plus rien à vous dire sur mon séjour au Temple, et sur la longue agonie dont j'ai été témoin. Tout ce que vous avez écrit sur mes souvenirs concernant Sa Majesté Louis XVII[1] est de la plus scrupuleuse exactitude.

» Mais ma charge ne finit pas avec lui. Sa sœur vivait encore ; elle vivait, pleine de force et de courage. Madame Royale était debout tous les jours dès cinq heures du matin ; elle était

---

[1] En parlant du Dauphin, Lasne ne disait jamais que Sa Majesté.

habillée, elle était coiffée, sa chambre était balayée, son lit était fait, comme si elle avait eu des bras pour la servir. Elle était admirable de résignation et de volonté.

» Je n'entrais jamais chez elle sans frapper.

» Bientôt elle fut échangée et elle partit. Je restai encore quinze ou vingt jours au Temple pour rendre mes comptes à M. Benezech, ministre de l'intérieur. Je lui remis tout ce qui appartenait à la tour du Temple, et tout ce que la famille royale y avait laissé. Il y vint lui-même un jour.

» Je rentrai chez moi, et je repris ma brosse, espérant que je n'aurais plus à la quitter; mais, quelque temps plus tard, on vint me dire qu'il fallait revenir au Temple; que j'allais avoir à y garder des prisonniers, entre autres sir Sidney Smith, son secrétaire Wright et son domestique, lequel était un bon gentilhomme français, qui parlait anglais et hollandais en perfection, et qui joua admirablement son emploi de valet.

» Je vous ai dit, Monsieur, tout ce que mes souvenirs fidèles me retracent; il est sans doute bien des particularités intéressantes qui m'échappent en ce moment; mais le peu que je vous donne a du moins le mérite de la vérité. On a tenté près de moi bien des séductions pour me la faire méconnaître, mais jamais je ne servirai de marchepied à un imposteur. Ce n'est pas à mon âge que l'on doit se vendre, car on pourrait bien n'avoir pas le temps de se racheter [1]. »

Lasne, conduit, comme je l'ai dit, à son poste du Temple par la force armée, fut reçu et installé à la tour par son collègue et par le sieur Lacroix (jardinier), commissaire civil de service, qui, dans la soirée même, le conduisirent chez le frère et la sœur captifs. Le maintien sévère de Lasne fit croire à ceux-ci que c'était un ennemi de plus que la municipalité ou les comités leur envoyaient; mais, avec le temps, ils durent revenir sur son compte.

Quoique Lasne eût en commun avec Gomin la surveillance

---

[1] Lasne est mort, le 17 avril 1841, âgé de quatre-vingt-quatre ans, dans sa maison, rue Le Regrattier, n° 14, à Paris.

des enfants de Louis XVI, il s'occupa peut-être davantage du Dauphin, et Gomin plus spécialement de Madame Royale. Aussi la Princesse eut-elle toujours une préférence marquée pour Gomin, qu'elle demanda pour l'accompagner à la frontière lors de sa délivrance, et qu'elle fit nommer, en 1814, concierge au château de Meudon.

Le nouveau gardien fut effrayé de l'état dans lequel il trouva le Dauphin. Il avait plusieurs fois, étant de garde aux Tuileries, aperçu le royal enfant dans son petit jardin et sur la terrasse du bord de l'eau. « Je le reconnus parfaitement, me dit-il ; sa tête n'était point changée : elle était toujours belle et telle que je l'avais remarquée dans un temps meilleur ; mais son teint était mat et sans couleur, ses épaules étaient hautes, sa poitrine resserrée, ses jambes, ses bras menus et frêles ; de larges tumeurs couvraient son genou droit et son poignet gauche. »

Le lendemain de son entrée au Temple, le 12 germinal (mercredi 1er avril), Lasne voulut prendre possession de sa charge en prouvant au Prince qu'il venait à lui comme un serviteur bien plus que comme un geôlier. Gomin lui laissa donc le soin quotidien de peigner l'enfant, de le laver et de brosser ses vêtements. Bien qu'effarouché au premier abord, l'enfant se prêta cependant aux soins de l'inconnu et l'examina attentivement sans répondre un seul mot à ses questions.

Ce jour-là, à l'heure du dîner, Gourlet montait avec Lasne dans la tour, et faisait, selon l'usage établi, du bruit avec ses grosses clefs en les tournant dans les serrures, et en agitant les verrous. L'esprit ponctuel mais bienveillant de Lasne n'accepta pas ce vacarme capable de tourmenter une tête affaiblie et une imagination malade. « Pourquoi, dit-il à Gourlet, en sortant de la chambre de Madame Royale, affectez-vous de faire tant de tapage? Vous devez concevoir quelle impression cela doit produire sur l'âme de ces enfants. — Citoyen, répondit le porte-clefs, plusieurs commissaires m'ont ordonné de le faire ; d'autres comme vous ont trouvé que c'était inutile, ce qui me fait penser que c'est indifférent. — Je ne suis pas venu ici, dit le gardien, pour être l'instrument de la terreur; je vous invite à faire moins de bruit à l'avenir, et à mettre de l'huile et du suif à ces gonds et à ces serrures. Je ne comprends pas non plus la nécessité de fermer ces trois portes; celle de fer est inutile. »

Le guichetier se conforma aux ordres de Lasne; mais, dès le lendemain, 13 germinal (jeudi 2 avril), en se retirant de l'appartement, le commissaire de service (nommé Lemétayer, rue Honoré, 138) lui demanda pourquoi il négligeait de fermer à clef toutes les portes. « Le citoyen Lasne, répondit-il, m'a dit d'agir ainsi. — Ces portes, reprit le citoyen Lemétayer, sont là pour être fermées; il faut se conformer aux intentions de la Commune, aux ordres de la Convention. N'oubliez plus de fermer tous les verrous comme par le passé. » Lasne, qui était présent, se tut; il avait senti que toute insistance serait intempestive, et ne ferait que le compromettre.

Ce nouveau gardien ne tarda pas à s'apercevoir que la race des punaises, malgré la guerre acharnée que Laurent lui avait faite, n'avait pas tout entière émigré de la tour. Tous les lits furent de nouveau démontés et lessivés; leurs vieux rideaux de damas vert furent nettoyés et raccommodés [1].

Les deux gardiens ne pouvaient rien contre la volonté des commissaires; mais ils s'arrangèrent entre eux pour se donner mutuellement le plus de liberté possible. Ainsi, l'usage établi pour la garde des clefs, qui rendait les deux gardiens dépendants l'un de l'autre, fut supprimé. Malgré leur différence d'humeur et de caractère, ou peut-être à cause de cette différence même, les deux collègues vivaient dans la plus parfaite

---

[1] Nous avons trouvé la note informe de l'ouvrier qui fit ce travail; la voici avec son orthographe.

« Memoir pour le service dans les toure du Temple ce cinq foreale l'an 3me de la Repu. (24 avril 1795.)

» Savoir,

» Avoir dé montée quatre lit à colonne et les avoir netoyer, à caussse des punais, et remonter en place deux lit, pour Charles Cabel et sa sœur, les autre pour les commissair plus raccommodes les rideaux de damas vert... 36. »

harmonie. La mutuelle estime qu'ils se portaient leur rendait leur charge plus douce et leur permettait plus d'indépendance; la discipline intérieure en devenait aussi moins sévère; ils s'entendaient mutuellement pour se relayer et se ménager tour à tour quelque loisir. Seulement ils agissaient toujours collectivement dans les démarches officielles, et rédigeaient ensemble le bulletin que chaque soir ils envoyaient au comité de sûreté générale. « Je signais le premier, m'a dit Gomin, et le nom de Lasne venait toujours comme adjectif à mon nom. »

Ils se réunissaient souvent aussi pour faire un peu de musique. Il y avait longtemps que sommeillait le violon de Gomin; les chansons de Lasne le réveillèrent, et très-souvent le ténor et son accompagnateur égayèrent les tristes solitudes de la tour. Malgré la faiblesse de leur talent, c'était chose nouvelle et bien douce pour le prisonnier que d'entendre parfois chez lui-même quelques sons d'une chétive musique.

Le pauvre Gomin jouait médiocrement du violon, mais il connaissait à merveille l'histoire de son art. Il avait retenu quelques noms d'artistes et quelques mots techniques, et avec leur appui, il se posait en connaisseur. Je me souviens de l'enthousiasme avec lequel il me parla un jour de Corelli. Il m'apprit comment ce grand maître avait donné au violon, et partant au violoncelle, une perfection qu'obtinrent bien plus tard le hautbois et le basson. Il savait par cœur la vie de Handel, de ce Handel qui toucha d'une manière nouvelle et l'orgue immuable de nos églises, et le clavecin progressif de nos salons. On eût certes écouté avec plaisir le rhéteur, si, à chaque membre de phrase, l'artiste n'eût levé son archet.

Quoi qu'il en soit, les bienveillantes intentions des deux artistes étaient reçues avec une vive gratitude par le Prince malade; tous deux étaient compatissants, tous deux lui faisaient un peu de bien, tous deux avec leur talent, Lasne avec son caractère, et Gomin avec son cœur.

Malgré toutes ses attentions, depuis trois semaines qu'il était au Temple, Lasne n'avait pu tirer une seule parole du Dauphin. L'enfant, grave et triste en sa présence, acceptait ses soins sans paraître les apprécier. Le nouveau venu était traité comme l'avait été Laurent, comme l'avait été Gomin; mais nous avons vu que le silence du royal enfant n'était que relatif; dans ses tortures, il avait retrouvé la voix pour dire à Simon qu'il lui pardonnerait; il l'avait retrouvée dans sa reconnaissance pour remercier le docteur Naudin de sa protection; il l'avait retrouvée à la longue devant les attentions de Laurent, devant les soins de Gomin; il la retrouva enfin devant les bons offices de Lasne, que, contre son habitude, il tutoya et traita avec familiarité.

Lasne devint dès lors fort assidu auprès de lui. Dès le matin, entre huit et neuf heures, il montait chez lui avec le commissaire de service, et dans presque tout le cours de la journée, il ne le quittait guère que pour les repas. Après le souper, selon l'ordre établi, il le couchait, et se retirait jusqu'au lendemain.

Il ne négligeait rien pour lui procurer quelque distraction; il le promenait souvent sur la plate-forme pendant une heure ou deux, selon le temps. L'enfant le tenait par le bras gauche; il marchait avec peine et en boitant; Lasne le soutenait de son mieux, et le pauvre enfant lui exprimait sa reconnaissance par un regard, par un mot, par un geste.

Quand le temps était mauvais, le gardien jouait aux cartes avec le Dauphin, ou cherchait dans sa mémoire quelques anecdotes empruntées au Royal-Dauphin ou à l'histoire de la famille royale. Ces souvenirs qui jetaient à l'enfant un reflet de sa vie passée étaient les bienvenus; s'ils ne calmaient pas ses souffrances, ils les lui faisaient un moment oublier. Mais comme un jour Lasne discourait sur la révolution et sur la belle devise de la liberté, l'enfant, avec un sourire maladif où il y avait un peu de gaieté nuancée de malice, montra de la main les murs que l'architecte Palloy, devenu le patriote Palloy, avait bâtis ou exhaussés pour fortifier la prison du Temple, après avoir démoli la Bastille.

Un geste que Lasne fut obligé de traduire, ce fut tout ce que la conduite de Palloy inspira à l'enfant; mais il ne se lassait pas d'entendre parler de ce petit régiment qu'il avait tant aimé. Un dernier éclair de joie illumina ses yeux languissants quand Lasne lui dit, en sa qualité de vieux soldat, que ce régiment manœuvrait comme une troupe d'élite, et qu'un peu plus tard le colonel aurait été digne du régiment. A ces mots l'enfant releva la tête, en jetant un regard oblique comme pour s'assurer qu'il ne pouvait être entendu de personne : « M'as-tu vu, lui dit-il, avec mon épée? » C'étaient les dernières gouttes du sang héroïque que l'enfant avait reçu de ses aïeux, qui, refluant vers son cœur déjà près de cesser de battre, y faisaient naître ce sentiment et mettaient dans sa bouche ces paroles qui allèrent remuer le cœur militaire de Lasne. Il se souvint en effet d'avoir vu aux Tuileries le Dauphin avec sa petite épée; et sa réponse sur ce point satisfit l'enfant, inquiet cependant de savoir ce qu'elle était devenue. Lasne pensait qu'elle devait avoir été brisée ou perdue dans la journée du 10 août. Lasne se trompait, l'épée n'était point perdue. La couronne de Louis XVII,

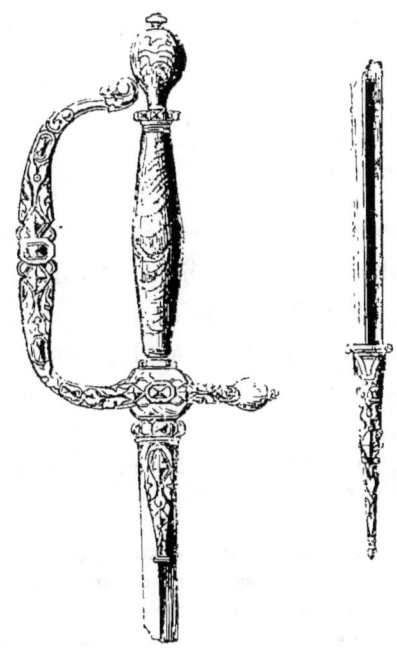

car elle ne fut pas de ce monde, n'a point été portée à Saint-Denis, comme celle de ses aïeux[1]; mais son épée existe encore. Longtemps déposée au cabinet des médailles de la Bibliothèque royale, elle fut, en 1848, envoyée au musée d'artillerie; puis, en 1859, placée au musée des souverains, au Louvre[2], où on peut la voir, avec sa poignée d'agate et sa garde d'argent incrustée d'émeraudes, reposant dans un fourreau de galuchat richement orné, et portant cette simple inscription : Épée du fils de Louis XVI. Roi sans couronne, mort sans tombeau... Que reste-t-il, par une dernière dérision de la fortune, du fils des Rois forts, qui ne combattit jamais que Simon et le vainquit par la patience? une épée!

Quand la conversation fatiguait l'enfant malade, le gardien lui chantait quelques airs pour l'égayer. Le refrain de l'opéra de *Richard Cœur-de-Lion* le faisait toujours rire :

> *Et zig et zoc,*
> *Et fric et froc,*
> *Quand les bœufs vont deux à deux*
> *Le labourage en va mieux.*

Sa physionomie s'épanouissait lorsque le chanteur entonnait ce couplet de Sedaine :

> *O Richard, ô mon roi,*
> *L'univers t'abandonne,*
> *Etc., etc. . . . .*

Mais lorsque Lasne passait à une chanson révolutionnaire, il ne paraissait plus écouter, ou bien il levait les épaules, et une petite moue remplaçait le sourire.

Une chose digne de remarque, et dont nous avons donné plus d'une preuve, c'est que dans la captivité, exténué, mou-

---

[1] Il était d'habitude, quand les Rois de France mouraient, que leur couronne fût portée à l'abbaye de Saint-Denis, et déposée dans le trésor de l'église.

[2] On y voyait déjà figurer un petit canon d'ivoire et d'or que l'on dit avoir appartenu au Dauphin; mais on ne sait sur quel témoignage s'appuie cette assertion : les recherches que j'ai faites à cet égard me portent à croire que c'est à son frère, mort à Meudon en 1789, que ce jouet a appartenu.

rant, le descendant de Henri IV gardait le sentiment de son origine et de son droit royal. Ce droit, bien que brisé, toujours menaçant, apparaissait comme l'épée de Damoclès aux yeux de ses oppresseurs.

Le temps marchait; le mal qui consumait l'enfant, et dont les progrès avaient d'abord été lents, quoique continus, prenait des allures plus rapides. La constitution de Louis XVII, minée par ses longues souffrances, ne résistait plus que faiblement aux atteintes de plus en plus vives de la maladie. La crise approchait.

LIVRE DIX-HUITIÈME.

DERNIERS JOURS, AGONIE ET MORT.

15 floréal an III — (4 mai 1795).
22 prairial an III — (10 juin 1795).

Avis de Gomin et de Lasne au comité de sûreté générale. — Desault désigné pour soigner l'enfant. — Sa première visite, ses ordonnances. — Le Dauphin refuse les médicaments ; instances de Lasne. — Le nom de Louis XVII partout prononcé. — Inquiétudes politiques de la Convention. — La Pologne. — Symptômes alarmants dans l'état du Dauphin. — Dernières promenades sur la plate-forme. — Les oiseaux de la tour du Temple. — Marie-Thérèse demande à soigner son frère. — Sollicitation de M. Hue. — Reconnaissance du Dauphin envers M. Desault. — Inutilité du traitement. — M. Bellanger crayonne le portrait du Prince. — Mort de Desault ; bruit répandu sur cette mort. — MM. Pelletan et Dumangin le remplacent. — Leur opinion sur l'état de l'enfant. — Remontrances de M. Pelletan à un municipal. — Paroles de Louis XVII. — On transporte le malade dans la petite tour. — Observations du municipal Hébert. — Entretien de l'enfant avec Gomin. — Dernière nuit. — Matinée du 20 prairial (8 juin). — Extase. — Dernières paroles. — Mort. — La nouvelle portée au comité de sûreté générale. — Douleur de Gomin. — Visite des membres du comité. — La garde du Temple appelée dans la chambre mortuaire. — Autopsie : procès-verbal. — Rapport à la Convention. — La nouvelle répandue dans Paris. — Acte de décès. — Ensevelissement du Dauphin. — Convoi et funérailles. — Acte d'inhumation.

Gomin et Lasne jugèrent nécessaire de prévenir le gouvernement de l'état déplorable de leur prisonnier. Ils écrivirent sur le registre : *Le petit Capet est indisposé.* On ne tint aucun compte de cet avertissement, qui fut renouvelé le lendemain en termes plus positifs : *Le petit Capet est dangereusement malade.* Aucune voix du dehors ne répondit encore. « Il faut frapper plus fort, » se dirent les gardiens ; et au *dangereusement malade,* ils ajoutèrent : *Il y a crainte pour ses jours.*

Enfin, le 17 floréal an III (mercredi 6 mai 1795), trois

jours après le premier avis, ils reçurent communication d'une décision qui appelait M. Desault à donner les soins de son art au malade [1]. M. Desault arriva bientôt. Après avoir transcrit sa nomination sur le registre, il fut introduit près du Prince : il examina longtemps et très-attentivement ce malheureux enfant, le questionna sans pouvoir en obtenir de réponses, n'exprima aucune opinion sur son état devant les commissaires, et se borna à ordonner des décoctions de houblon à prendre par cuillerées de demi-heure en demi-heure, depuis six heures du matin jusqu'à huit heures du soir; ce qui faisait la valeur d'une demi-bouteille par jour.

M. Desault ne garda pas le même silence hors de la tour : il ne dissimula pas qu'on avait trop tardé à l'envoyer auprès du malade. Il le jugeait atteint du germe de cette affection scrofuleuse dont son frère était mort à Meudon, mais cette maladie avait à peine empreint son sceau sur sa constitution ; elle ne

---

[1] CONVENTION NATIONALE.
Le Comité de sûreté générale.

« Du 17 floréal, l'an III de la République une et indivisible (6 mai 1795).

» Le Comité de sûreté générale, instruit par les rapports des gardiens de l'enfant Capet qu'il éprouve une indisposition et des infirmités qui paraissent prendre un caractère grave, arrête que le premier officier de santé de l'hospice de l'Humanité se transportera auprès du malade pour le visiter et lui administrer les remèdes nécessaires ; il ne pourra faire ses visites qu'en présence de ses gardiens.

» Les représentants du peuple composant le Comité de sûreté générale,

» PÉMARTIN, AUGUIS, MATHIEU, MONTMAYOU, KERVELEGAN, GUYOMAR, SEVESTRE, PERRIN et CALÈS. »

Nous trouvons à la même date l'arrêté suivant :

« Du 17 floréal, l'an III de la République une et indivisible (6 mai 1795).

» La commission des secours publics aura l'administration économique de la maison du Temple, ainsi que celle de toutes les autres maisons d'arrêt de ce genre.

» Le présent arrêté sera adressé tant à la commission des secours publics qu'à celle des administrations civiles, police et tribunaux.

» PIERRET, COURTOIS, BERGOEIN, AUGUIS, MONTMAYOU, KERVELEGAN, MATHIEU, YSABEAU, et CHÉNIER. »

s'y manifestait avec aucun symptôme violent, ni rebelle ophthalmie, ni vastes ulcères, ni gonflements articulaires chroniques. Le vrai mal dont se mourait cet enfant, vieux avant le temps, et dont la taille était voûtée, la peau terreuse et la marche chancelante, c'était l'épuisement, c'était le marasme parvenu à un point qui ne laissait guère d'espoir de salut. Desault osa proposer à l'autorité de faire immédiatement transporter le Prince à la campagne; il espérait que le bon air, un traitement assidu, des soins constants pourraient parvenir à lui rendre un peu de vie. Les comités, comme on le pense bien, ne firent aucune attention à ces propositions.

Desault revint le lendemain à neuf heures. Il examina de nouveau le malade, ne changea rien aux prescriptions de la veille; seulement il ordonna, de plus, des frictions d'alcali volatil sur les tumeurs. Comme il se retirait, Gomin lui demanda s'il ne faudrait pas essayer de promener l'enfant dans le jardin : « Et comment? dit M. Desault, chaque mouvement lui cause une douleur. Certainement il a besoin d'air, mais c'est l'air de la campagne qu'il lui faut ! » Les frictions ordonnées furent faites par Lasne. Louis-Charles n'y mettait pas obstacle, et d'ailleurs il n'eût point eu la force de s'y opposer; mais il fut moins facile de lui faire accepter la potion ordonnée la veille, et dont il n'avait pas voulu encore goûter. Soit par dégoût de la vie, soit dans la crainte du poison, il demeurait insensible à toutes les instances que ses gardiens faisaient pour le décider. Le premier jour son refus était resté inébranlable. Gomin eut beau, à trois reprises différentes, boire devant lui un verre de cette potion, cet exemple ne le persuada pas, et on n'en obtint rien. Le second jour, Lasne renouvela ses sollicitations : « Monsieur sait bien que je ne veux que le bien de sa santé, et il m'afflige profondément en repoussant ainsi ce qui peut y contribuer. Je le supplie en grâce de ne me point faire ce chagrin. » Et comme en disant ces mots Lasne recommençait à goûter la potion dans un verre, l'enfant lui prit des mains la cuillerée qu'il lui présentait : « Tu as donc juré que

N° 784

BON DE

Cinquante LIVRES

Remboursable sur

le Trésor Royal

Dafour

Sell Labranche

DIEU ET LE ROI

je le boirais? s'écria-t-il avec impatience, eh bien ! donne, je vais le boire. » Depuis ce moment, il se conforma avec docilité à ce qu'on exigea.

La République victorieuse avait repoussé l'étranger : des succès prodigieux remportés par nos armées avaient chassé l'ennemi loin de nos frontières. Mais bien que la mort de Robespierre eût mis un terme à la terreur, l'agitation révolutionnaire continuait. La Vendée inquiétait le sommeil des dictateurs. Quelques membres modérés de la Convention, dont les mains étaient pures du sang de Louis XVI, furent chargés d'entamer des négociations avec les chefs de l'armée catholique et royale. Charette, au bout de ses ressources, manquant des munitions de guerre les plus nécessaires, accepta avec empressement les ouvertures des comités de la Convention. On conclut un armistice dont les articles publiés portaient que les Vendéens auraient le libre exercice du culte catholique, la mainlevée des séquestres qui avaient été mis sur les biens des insurgés, et que le gouvernement de la République rembourserait deux millions de francs de bons, la plupart à l'effigie de Louis XVII, mis en circulation par les chefs de l'armée royale [1].

On assura même que plusieurs clauses restées secrètes traitaient de la remise du jeune Roi aux armées de la Vendée et de la Bretagne, et du rétablissement du culte catholique dans toute la France. On devine avec quelle vivacité ces propositions furent combattues dans les comités. On cria de toutes parts à la contre-révolution. L'insurrection du 1er prairial an III (20 mai 1795) fut organisée; elle poussa des émeutiers armés jusque dans le sein de la Convention, et demanda, par leur voix, *du pain et la Constitution de* 1793. La faction qui avait écrasé Robespierre gardait, sous le masque de la modération, la même ambition jalouse, le même despotisme ombrageux.

[1] Nous donnons ici la reproduction parfaitement exacte d'un de ces bons, que possède la Bibliothèque impériale du Louvre.

Mieux éclairée sur la véritable situation des Vendéens et des Chouans, elle ne s'engagea point à leur remettre l'héritier de la couronne, et n'eut, quoi qu'on en ait dit, aucune relation sérieuse avec le baron de Cormatin, major général de l'armée catholique et royale de Bretagne, chargé de venir chercher à Paris les enfants de Louis XVI. Bien plus, afin d'occuper les esprits et de créer une diversion aux espérances qui déjà suivaient le fantôme de la Royauté du côté de l'Ouest, cette faction souveraine imagina et fit répéter par la plume de Mercier, et de quelques autres journalistes ou députés, la nouvelle de la prochaine nomination du Dauphin au trône de Pologne. Cette nouvelle, jetée au public avec des détails piquants, rendue plus vraisemblable par les nombreux courriers échangés, disait-on, entre les cours de Vienne, de Saint-Pétersbourg et de Berlin, trouva mille échos dans les gazettes de l'Europe, et se propagea avec la rapidité de l'éclair. Et déjà l'on croyait voir s'élancer de la tour du Temple le fils des vieux Rois très-chrétiens, annonçant au monde politique l'empire des Jagellons reconstruit, avec toutes les garanties de force et d'avenir, sur la base nouvelle de l'hérédité, et apportant aux peuples la pacification générale.

Ces bruits contradictoires qui mêlaient tantôt la Vendée, tantôt la Pologne, aux destinées du jeune Prince, étaient l'objet des conversations ; journellement apportés au Temple par les commissaires civils et la garde nationale de service, ils donnaient lieu aux plus étranges interprétations, aux opinions les plus diverses, parmi lesquelles figurait celle de l'évasion de l'orphelin royal de la tour. Un jour le commandant du poste demanda à voir le petit Capet. « La garde nationale garde le Temple, dit-il, et je veux savoir qui nous gardons. » Lasne, Gomin et le commissaire ignoraient quel intérêt cachaient les paroles de cet officier ; ils n'accueillirent point sa réclamation : ils n'avaient point d'ordre pour le faire.

Une autre fois (le 6 prairial an III, lundi 25 mai 1795), le sieur Huyot, entrepreneur de bâtiments, commissaire de service[1], dit en arrivant à la tour : « Je viens faire ma cour au Roi de Pologne. » Le ton ironique de ce singulier courtisan dérida la figure austère de Lasne. « S'il est Roi de Pologne, dit-il, je ne comprends pas alors pourquoi les Vendéens se battent. — On ne le comprend que de reste, c'est la cause de leurs foyers et de leurs autels, de leur patrie et de leur Dieu! Mais c'est la cause anticonventionnelle, antirépublicaine : il n'y a pas de traité possible avec elle. »

Cependant, tandis qu'on le désignait comme le drapeau vivant des ennemis de la République; tandis que, dans les provinces, la renommée le plaçait sur le trône de Louis XVI, ou l'exilait sur le trône de Sobieski, la misère et la souffrance clouaient le rejeton des Rois de France sur le grabat d'une prison.

Les progrès de la maladie se manifestaient par des symptômes alarmants : la faiblesse du Prince était extrême; ses gardiens pouvaient à peine le traîner jusqu'au sommet de la tour : la marche blessait ses pieds endoloris; à chaque pas il s'arrêtait pour serrer le bras de Lasne à deux mains sur sa poitrine, comme s'il eût senti son cœur défaillir.

Enfin il devint si souffreteux qu'il ne lui fut plus possible de marcher : son gardien le portait tantôt sur la plate-forme et tantôt dans la petite tour adhérente à la grande, où la famille royale avait d'abord demeuré. Mais la faible amélioration qu'apportait à sa santé le changement d'air compensait à peine le mal que la fatigue lui causait.

Sur le créneau de la plate-forme le plus rapproché de la tourelle du nord, la pluie avait creusé, avec la persévérance des siècles, une espèce de petit bassin. L'eau s'y conservait pendant plusieurs jours; et comme pendant le printemps de 1795 il y eut des orages assez fréquents, cette petite nappe d'eau ne cessa point d'être entretenue. Chaque fois que l'enfant était conduit sur la plate-forme, il pouvait apercevoir une bande de moineaux qui venaient boire à ce réservoir et s'y

[1] De la section Bonne-Nouvelle.

baigner. Ils s'envolaient d'abord à son approche; mais l'habitude de le voir presque tous les jours se promener paisiblement avait fini par les rendre plus familiers, et ils ne secouaient leur plumage qu'au moment où il arrivait tout près d'eux. C'étaient toujours les mêmes : il les reconnaissait; et peut-être étaient-ils, comme lui, habitants de cette antique demeure. Il les appelait ses oiseaux. Son premier mouvement, lorsqu'on ouvrait la porte de la terrasse, était de regarder de ce côté, et toujours les moineaux étaient là. Quand le Prince passait, ils prenaient un instant leur vol en tournoyant, puis ils redescendaient aussitôt qu'il était passé. L'enfant, appuyé fortement ou plutôt suspendu au bras gauche de son gardien et adossé contre le mur, restait longtemps immobile à regarder ses oiseaux; il les voyait aller, venir, tremper leur petit bec dans l'eau, y plonger leur gorge, leurs ailes, puis agiter leurs plumes et prendre leur essor; et le pauvre enfant malade serrait le bras de son guide avec un tressaillement qui semblait lui dire : Hélas! je n'en puis faire autant! Ses oiseaux revenaient encore, et le Prince voulait les voir d'un peu plus près. Toujours à l'aide de son guide, il faisait quelques pas, et quelques pas encore, et il arrivait enfin si proche, qu'en allongeant le bras il eût pu les toucher. C'était là sa plus grande distraction. De cette plate-forme qui, resserrée entre la rampe crénelée et le toit de la grosse tour, ressemblait à un couloir étroit, il ne pouvait apercevoir que le ciel; et l'on comprend que ces petits êtres ne devaient point lui être indifférents : il aimait tant leur gazouillement et il devait tant envier leurs ailes!

A mesure que la position de son frère devenait plus critique, Madame Royale sentait qu'elle l'aimait davantage. On eût dit qu'elle devinait ses dangers : elle ne cessait de questionner gardiens et commissaires, sans pouvoir rien obtenir d'eux, sinon de vagues paroles qui, prononcées pour la rassurer, ne faisaient que l'alarmer davantage. Ses demandes de voir et de soigner son frère étaient toujours repoussées.

Instruit de la position critique du Dauphin, M. Hue sollicitait lui-même avec instance, auprès du comité de sûreté générale, la faveur de s'enfermer dans la tour avec l'enfant de son ancien maître; mais l'homme qui avait la gloire d'être nommé dans le testament royal ne put obtenir la consolation de fermer les yeux du fils du martyr. On repoussa sa demande sous prétexte que ses soins étaient inutiles, que M. Desault visitait l'enfant tous les jours et que les commissaires du Temple ne le quittaient pas.

Hélas! que pouvait M. Desault, qui réclamait pour son malade un peu d'air sans pouvoir l'obtenir? que pouvaient les commissaires, dont les mieux intentionnés, n'ayant que des fonctions d'un jour et se trouvant d'ailleurs condamnés à subir les injonctions des comités, n'avaient point qualité pour autoriser une mesure d'une utilité durable? — Je ne parle point des gardiens, c'étaient des gens honnêtes, assurément, mais leur bon vouloir, leur zèle compatissant étaient à chaque instant entravés par la crainte de devenir suspects et d'être incarcérés. — Quoique renouvelés tous les mois, les membres du comité de sûreté générale ne sortaient point des limites où s'étaient maintenus leurs devanciers, et adoptaient le système que Mathieu avait proclamé à la tribune de la Convention, de rester *étrangers à toute idée d'améliorer la captivité des enfants de Capet.*

Aussi ce stérile traitement, ordonné pour l'acquit de sa conscience par M. Desault, durait depuis quinze jours sans amener un grand bien : les frictions faisaient souvent plus d'effet sur la peau des gardiens que sur celle du malade. Cependant une amélioration morale s'opérait dans l'esprit du royal enfant; il était sensible au vif intérêt que lui montrait son médecin, toujours assidu à venir le visiter chaque matin sur les neuf heures; il semblait heureux des soins qu'il lui apportait, et il finit par s'abandonner à lui avec toute confiance. La reconnaissance lui délia la langue : les brutalités et les outrages n'avaient pu lui arracher une plainte, les bons traitements lui rendirent la parole; il n'avait point eu de voix pour maudire, il en eut une pour remercier. M. Desault prolongeait sa visite autant que ses occupations le lui permettaient, ou plutôt autant que les commissaires de la municipalité le toléraient. Lorsque ceux-ci annonçaient la fin de la visite, l'enfant, ne voulant pas s'adresser à eux pour la prolonger, retenait M. Desault par le pan de son habit. La sympathie secrète qui unissait le vieux médecin et le jeune malade se trahissait d'elle-même : celui-ci l'exprimait assez par son regard, par ses gestes, par son obéissance; celui-là par ses soins, par ses prévenances et même par ses inquiétudes. Le prisonnier, sans doute, pensait à son médecin comme à un sauveur, et le médecin au prisonnier comme à un condamné. Deux fois, en sortant du Temple, le bon et sensible Desault fut obligé de rentrer chez lui, tant lui avait fait mal le spectacle douloureux de cet enfant abandonné qu'il ne pouvait soigner, qu'il ne pouvait guérir, et qui cependant semblait crier vers lui ! L'enfant l'appelait par ses vœux, le malade l'attirait par ses souffrances, et le vieillard, et le médecin, ne pouvait lui répondre que par ses larmes !

Le 10 prairial (29 mai), M. Desault vint à neuf heures comme de coutume; l'état du malade était le même : rien ne fut changé au traitement.

Le 11 prairial (30 mai), le sieur Breuillard, commissaire de service qui connaissait Desault, lui dit en redescendant l'escalier après la visite : « C'est un enfant perdu, n'est-ce pas? — Je le crains, mais il y a peut-être dans le monde des gens qui l'espèrent, » répondit M. Desault. Dernières paroles que le docteur ait prononcées dans la tour du Temple, et qui, bien que proférées à voix basse, ont été entendues de Gomin, qui marchait derrière Breuillard.

Le 12 prairial (31 mai), le commissaire de service, à son arrivée à neuf heures, dit qu'il attendrait le médecin dans la chambre même de l'enfant, où il se fit introduire. Ce commissaire était M. Bélanger, architecte, peintre et ancien dessinateur du cabinet de *Monsieur*, demeurant Faubourg-Poissonnière, n° 21. C'était un honnête homme ; l'infortune de ses bienfaiteurs, hélas! dans ces tristes temps c'était presque une exception, n'avait point tari le dévouement dans son cœur. M. Desault ne vint pas. M. Bélanger, qui avait apporté un carton rempli de ses croquis, demanda au Prince s'il aimait le dessin, et, sans attendre une réponse, qui du reste n'arriva pas, l'artiste ouvrit son portefeuille et le mit sous les yeux de l'enfant. Celui-ci le feuilleta d'abord avec indifférence, puis avec intérêt, s'arrêta longtemps à chaque page, et quand il eut fini, il recommença.

Ce long examen semblait apporter quelque soulagement à ses souffrances et quelques distractions au chagrin que lui causait l'absence de son médecin. L'auteur eut souvent à lui donner des explications sur les différents sujets de sa collection. L'enfant avait d'abord gardé le silence, mais peu à peu il écouta M. Bélanger avec une attention plus marquée et finit même par répondre à ses questions. En reprenant le carton de ses mains, M. Bélanger lui dit : « J'aurais bien désiré, Monsieur, emporter un croquis de plus, mais je ne veux pas le faire si cela vous contrarie. — Quel croquis? dit le Dauphin. — Celui de vos traits ; cela me ferait bien plaisir, si cela ne vous faisait pas de peine. — Cela vous fera plaisir ! » dit l'enfant, et le plus gracieux sourire compléta sa phrase et l'approbation muette qu'il donnait aux désirs de l'artiste.

M. Bélanger traça au crayon le profil de l'enfant-Roi, et c'est d'après ce profil que quelques jours après M. Beaumont, sculpteur, et vingt ans après la Manufacture royale de porcelaine de Sèvres, ont exécuté le buste de Louis XVII[1].

Le 13 prairial (1er juin), M. Desault ne vint point encore. Les gardiens s'étonnaient de son absence, et le pauvre petit malade s'en attristait.

Le commissaire de service (M. Benoist, Faubourg-Denis, 4) émit l'opinion qu'il serait convenable d'envoyer chez le médecin pour s'enquérir du motif d'une absence aussi prolongée.

[1] Bélanger (François-Joseph), né à Paris en 1744, est mort le 1er mai 1818.

Gomin et Lasne n'avaient point osé déférer encore à cet avis, lorsque le lendemain M. Bidault (rue de Bondy, 17), qui relevait M. Benoist, entendant à son arrivée prononcer le nom de M. Desault, dit aussitôt : « Ne l'attendez plus : il est mort hier[1]. »

Cette mort presque subite et dans une pareille circonstance ouvrit un vaste champ aux conjectures ; il en est une qui doit étonner par sa hardiesse, parlons plus juste, par son infamie : on osa dire que M. Desault, après avoir administré un poison lent à son malade, avait été empoisonné lui-même par ceux qui avaient commandé le crime.

La vie si noble de M. Desault le protége sans doute assez contre une telle calomnie ; mais s'il était besoin de joindre une preuve matérielle à toutes les garanties morales, je dirais que

---

[1] Le *Moniteur* du 16 prairial an III (4 juin 1795 vieux style) lui consacra cet article nécrologique :

« La France, l'Europe entière vient de perdre le citoyen Desault, officier de santé en chef de l'hospice de l'Humanité, le premier dans la pratique comme dans l'enseignement de l'art qu'il a professé. Son nom est depuis longtemps célèbre dans tous les pays du monde où la chirurgie est en honneur ; son nom ne périra point.

» Son pays lui doit d'immenses travaux et de nombreux élèves. En ce moment, la République n'a pas une armée dont les plus habiles officiers de santé ne soient les élèves de Desault.

» Telle fut la supériorité de ce grand chirurgien, que la postérité, qui commence, hélas ! trop tôt pour lui, le nommera sans doute un grand homme.

» Desault fut un excellent citoyen ; nos derniers tyrans l'avaient persécuté[*]. Leurs derniers complices ont causé sa mort. La journée du 1er prairial a déterminé la crise désespérée qui l'a précipité, à 49 ans, dans le tombeau.

» Un de ses amis a inscrit, à l'heure même des funérailles, ces vers au pied de son buste :

« Portes du temple de Mémoire,
Ouvrez-vous ! il l'a mérité.
Il vécut assez pour sa gloire,
Et trop peu pour l'humanité. »

[*] Pour comprendre cette allusion faite aux persécutions subies par Desault, il faut savoir que, sur la dénonciation de Chaumette, l'illustre médecin avait été arrêté le 28 mai 1793. Au bout de trois jours il fut rendu à la liberté, sur les plaintes de ses malades et les réclamations de ses élèves. Depuis sa détention il avait conservé un fond de tristesse qui s'était augmenté avec les calamités révolutionnaires. Dans la nuit du 29 mai 1795, il fut atteint d'une fièvre ataxique, qui l'enleva le 1er juin, à peine âgé de 51 ans. B.

l'existence même de Lasne et de Gomin est une protestation contre un pareil mensonge; car je déclare tenir de leur bouche que le Prince n'a rien pris dont ils n'aient l'un ou l'autre goûté avant lui. D'autres inventeurs n'ont pas craint de dire que M. Desault n'avait point reconnu dans le pauvre petit rachitique de la tour du Temple cet enfant plein de force et de grâce qu'il avait admiré plus d'une fois dans des temps meilleurs et dans un autre séjour; et que c'était pour avoir manifesté l'intention d'éclairer le gouvernement sur cette substitution que le docteur avait été empoisonné. Cette supposition est tout aussi vraie que la première. M. Desault, qui avait été médecin des Enfants de France, n'a jamais douté que son jeune malade ne fût le Dauphin. Non-seulement il le reconnut tout d'abord à ses traits, mais il lui eût été impossible de lui donner des soins pendant huit jours sans acquérir la plus intime conviction de son identité.

A propos de ce bruit d'empoisonnement qui courut sur la mort presque subite de M. Desault, un de ses jeunes élèves, qui en est devenu le plus célèbre, Bichat s'écria : « Quel est l'homme illustre dont la mort n'a pas été le sujet des fausses conjectures du public, toujours empressé d'y trouver quelque chose d'extraordinaire? Heureux celui dont ces conjectures honorent la mémoire[1] ! »

Les romanciers ont beau jeu avec les morts. Après avoir interprété, selon leur intérêt, la fin imprévue de M. Desault, ils ont cherché à fortifier l'échafaudage de leurs inventions en l'étayant de la mort subite de M. Choppart, qui, disaient-ils, succéda au célèbre médecin dans le traitement du royal prisonnier. Eh bien, M. Choppart n'a jamais paru à la tour du Temple, et ce n'est pas chez lui que les médicaments fournis aux prisonniers étaient préparés, mais bien chez M. Robert, et plus tard chez M. Baccoffe, pharmacien, demeurant presque en face du Temple.

On n'a trouvé dans les papiers de M. Desault aucune note

[1] Bonneville, *Portraits des personnages célèbres de la Révolution*, t. III.

sur les visites qu'il avait faites au Prince. Depuis le 31 mai, veille de sa mort, jusqu'au 5 juin, c'est-à-dire pendant six jours, aucuns soins du dehors ne sont arrivés au prisonnier, et l'on a vu quels étaient ceux qu'il pouvait attendre du dedans. Ses pauvres gardiens n'avaient à lui offrir que ceux d'une pitié stérile, soumise au contrôle permanent d'un commissaire presque toujours ombrageux ou timide.

Enfin, le 17 prairial an III (vendredi 5 juin 1795), M. Pelletan, chirurgien en chef du grand hospice de l'Humanité, fut chargé par le comité de sûreté générale de continuer le traitement du fils de Capet[1].

M. Pelletan se rendit à la tour le 5 dans l'après-midi.

« Je trouvai, dit-il, l'enfant en si fâcheux état, que je demandai instamment qu'il me fût adjoint une autre personne de l'art pour me soulager d'un fardeau que je ne voulais pas porter seul[2]. »

Un calcul systématique avait déjoué d'avance toutes les ressources de la science, tous les instincts de la pitié, tous les soins de l'intérêt : on n'avait ouvert la porte aux médecins que lorsque le mal était sans remède.

Comme une jeune plante privée d'air, et dont un insecte invisible ronge les tendres racines, le pauvre enfant penchait sa tête languissante. Toutefois, l'excès de sa misère n'avait pas épuisé sa résignation. Sous ses paupières caves, sur ses joues amaigries, on ne voyait aucun signe de ressentiment; il souffrait sans murmurer, il s'éteignait sans se plaindre : la plante

---

[1] La nomination de M. Pelletan par le comité de sûreté générale eut lieu sur la proposition de la commission des secours, formulée en ces termes :

« Paris, le 15 prairial an III de la République une et indivisible.

» La République venant de perdre le célèbre chirurgien Desault, et la maladie dont est attaqué Capet exigeant d'être suivie, et des soins journaliers, la commission vous invite à pourvoir au remplacement du citoyen Desault. Elle proposera au comité le citoyen Pelletan, connu par ses talents, et chargé de la démonstration à l'École de santé.

» Salut et fraternité.
» DERXICAN. »

[2] Lettre de M. Pelletan à M. Dumangin, mai 1817.

se mourait courbée sur sa tige, mais gardant ses doux parfums, sinon ses douces couleurs.

Sous les étreintes brûlantes du mal qui troublait ses sens, qui enchaînait à la fois et déchirait ses membres, souvent il levait les yeux vers le ciel, comme s'il eût voulu dire : « Seigneur, que votre volonté s'accomplisse ! »

Je ne cherche point à faire répandre quelques larmes sur sa fin qui approche : je sais trop que c'est chose commune que la mort à tout âge, et que ce n'est pas sans raison que le monde a donné au cerceuil et au berceau de l'homme la même forme et la même matière. Mais ce qui n'est pas dans la règle ordinaire, c'est ce duel calculé entre la vie et la mort, c'est cette lutte établie entre l'enfance et les tortures. L'enfance est si vivace, qu'il a fallu deux ans pour en dessécher la séve : la persévérance du crime est enfin parvenue à briser tous les ressorts, à tarir toutes les sources de la vie. De tous les forfaits inventés par le génie révolutionnaire, sans nul doute celui-ci est le plus grand. Robespierre n'a fait qu'imiter Cromwell : la Convention a copié le long Parlement, et l'échafaud de Louis XVI se dresse en face de celui de Charles Ier. Mais les rapprochements de l'histoire s'arrêtent là : Richard III s'est borné, en Angleterre, à étouffer les enfants des rois. Qu'il y a loin du meurtre de la tour de Londres à la tragédie de la tour du Temple ! que l'assassinat des fils d'Édouard était chose simple et banale auprès du lent supplice du fils de Louis XVI ! et que Simon fait regretter Tyrrel !

Le médecin envoyé pour la forme à l'enfant mourant, comme un avocat donné d'office à un criminel jugé d'avance, osa toutefois apporter au fils des Rois le zèle qu'il aurait eu pour le dernier enfant du peuple. Il alla même jusqu'à blâmer les commissaires de la municipalité de n'avoir point fait enlever les abat-jour qui obstruaient les fenêtres, ainsi que les énormes verrous dont le bruit n'avait cessé de rappeler à la victime et son abandon d'orphelin et sa destinée de prisonnier. Ce bruit, qui lui avait toujours causé un frisson involontaire, le troublait

encore dans le funèbre dénoûment des suprêmes tortures.
M. Pelletan dit avec force à M. Thory, municipal de service :
« Si vous ne faites pas disparaître immédiatement ces verrous
et ces abat-jour, du moins vous ne pouvez vous opposer à ce
que nous transportions cet enfant dans une autre chambre,
car nous sommes, je le suppose, envoyés ici pour le soigner. »
Le Prince, ému de ces paroles prononcées avec feu, fit signe
au médecin d'approcher. « Parlez plus bas, je vous en prie,
dit-il, j'ai peur qu'elles ne vous entendent là-haut, et je serais
bien fâché qu'elles apprissent que je suis malade, car cela leur
ferait beaucoup de peine. » Soit que ce commissaire se trouvât
disposé de cœur à cette concession, soit qu'il y fût amené par
l'autorité d'une voix généreuse, il se prêta sans opposition à la
demande du médecin, et l'on se disposa à transporter le prisonnier dans la pièce de la petite tour qui avait autrefois servi
de salon à M. Berthélemy. L'enfant suivait, d'un air à la fois
soupçonneux et content, les petits préparatifs de ce déménagement. Ce fut Gomin qui le porta à bras-le-corps, la main droite
de l'enfant passée sur son épaule. Le pauvre petit souffrit
beaucoup dans le trajet, et rien ne le dédommageait encore de
ce surcroît de douleur, car son œil ne percevait d'abord qu'une
vague sensation de radieuse lumière ; tous les objets se mêlaient autour de lui, brouillant leurs lignes confuses. Mais un
instant après, il fut bien récompensé de cette aggravation momentanée de souffrances : il se trouva dans une chambre aérée,
avec une grande fenêtre sans barreaux et sans abat-jour, ornée
de grands rideaux blancs qui laissaient voir le ciel et le soleil :
le ciel et le soleil ! le gai soleil de juin entrant par la fenêtre
ouverte, quel spectacle pour un enfant si longtemps enfoui dans
un cachot [1] !

Peu à peu l'air frais toucha sa tête brûlante et arriva dans

[1] Le pâté de la tour du Temple était entièrement isolé, mais, de ce côté-là, appelé côté de la petite tour, la vue tombait sur des cours et sur la chapelle ; dans une de ces cours était un poste que l'on nommait le poste de la chapelle, et qui était fourni pendant la captivité du fils comme pendant celle du père.

sa poitrine desséchée : l'expression de ses traits changea ; il n'y eut plus de soupçon dans sa physionomie, et un éclair de vie illumina son visage. Il ouvrit de grands yeux pour contempler sa nouvelle demeure, puis un instant après, il reposa sur Gomin un regard plein de reconnaissance : il faut être mort de douleur pendant deux ans pour savoir combien il est doux de vivre !

M. Pelletan n'avait rien changé au traitement prescrit par M. Desault, et qui se bornait à des frictions et à une tisane de houblon ; tout ce qu'il avait pu faire, c'était d'avoir obtenu un peu d'air pour son malade et un peu de jour pour ses yeux presque éteints. Il n'avait rien à demander pour lui à la science des hommes, il ne put que lui donner un rayon de soleil pour seul et dernier consolateur !

Et encore ce bienfait lui fut-il une consolation ? Avec l'air et le soleil lui revint un peu de vie, et avec la vie la pensée ! la pensée, qui devait lui rendre ses souffrances plus cruelles et la vérité plus amère ; la pensée, qui revenait avec tant de souvenirs et tant d'appréhension !

Depuis huit heures du soir jusqu'à huit heures du matin, l'enfant, comme de coutume et selon les règles prescrites, était demeuré seul.

Le 6 juin, Lasne monta le premier dans sa chambre, il lui fit une friction sur le genou droit et sur le poignet gauche, et lui donna une cuillerée de tisane qu'il prit sans opposition. Le voyant si bien disposé et le croyant réellement mieux, Lasne le leva. A huit heures et demie Pelletan arriva, lui tâta le pouls, examina ses tumeurs et ne prescrivit rien de nouveau ; il dit seulement à l'enfant : « Êtes-vous content d'être dans cette chambre ? — Oh ! oui, bien content ! » répondit le Dauphin d'une voix faible et avec un sourire triste et doux qui serra le cœur de ceux auxquels il s'adressait.

Vers deux heures Gomin monta avec le dîner et le nouveau commissaire civil du nom d'Hébert. L'enfant, soulevé de son oreiller, prit un peu de soupe, et, comme fatigué de cet effort, il s'allongea de nouveau, après avoir mis sur son lit quelques cerises que de temps en temps sa main défaillante allait chercher et portait à ses lèvres. Le citoyen Hébert (il n'était pas indigne de son homonyme) s'adressant à Gomin : « Ah çà ! citoyen, tu me montreras l'ordre que tu as reçu de déménager le louveteau ! — Nous n'avons pas d'ordre écrit, répondit le gardien ; mais le médecin que tu verras demain matin te dira que nous n'avons agi que d'après son ordre. — Depuis quand, reprit Hébert d'une voix haute, les carabins gouvernent-ils la République ? Il faut, entends-tu bien, que tu fasses demander l'ordre au comité. » En entendant tomber cette rude menace, l'enfant abandonna ses cerises et retira sa main, qu'il plongea lentement dans le lit. Le bonheur d'avoir une chambre bien éclairée et un peu d'air était trop grand pour ne pas être mêlé d'inquiétude.

La nuit revint, la nuit morne et taciturne, qui laissait le craintif agonisant en proie à ses pensées cruelles, à ses douleurs solitaires. Qui sait ce qu'il a souffert durant cette longue nuit où des mains avides et des voix haineuses semblaient venir lui disputer la couche sur laquelle il s'éteignait !

Le lendemain, M. Pelletan apprit que le gouvernement avait accueilli la demande qu'il avait faite d'être secondé par un collègue dans la triste mission qui lui avait été confiée. M. Dumangin, premier médecin de l'hôpital de l'Unité, se présenta chez lui dans la matinée du 9 prairial (dimanche 7 juin), avec la lettre d'avis émanée du comité de sûreté publique. Ils se transportèrent ensemble immédiatement à la tour.

Ils apprirent en arrivant que l'enfant, dont la faiblesse était extrême, avait, après les frictions et la potion ordinaire, subi un évanouissement qui avait fait craindre sa fin prochaine. Cependant il était un peu remis quand les médecins montèrent, vers neuf heures, accompagnés d'Hébert, qui resta muet et comme gêné pendant la visite. Désarmés devant un épuisement toujours croissant, ils reconnurent qu'il ne restait plus d'espoir de raviver une existence usée par de si longues tortures, tous les secours de leur art devant désormais se borner à adoucir la dernière phase de cette lamentable agonie. Ils exprimèrent un vif étonnement de l'abandon dans lequel on le laissait pendant la nuit et une partie de la journée. Comme les gardiens leur répondirent qu'ils suivaient une consigne rigoureusement imposée, les médecins insistèrent, dans le bulletin, sur la nécessité de donner au petit Capet une garde-malade[1]. Le comité de sûreté générale prit, en date du lendemain, un arrêté pour autoriser les médecins à placer une personne de leur choix auprès du lit de souffrance de l'enfant[2]. Cette permission vint bien tard, si tard, que le même jour le comité de sûreté générale dut prendre un autre arrêté qui, comme on le verra, annulait la première mesure, devenue, hélas! inutile[3].

Les médecins permirent un verre d'eau sucrée, si l'enfant, dont le gosier était brûlant, demandait encore à boire, et ils se retirèrent avec le sentiment d'une douloureuse impuissance. L'avis de M. Pelletan fut que le jeune Prince ne passerait pas le lendemain; M. Dumangin croyait le terme un peu plus éloigné.

Il fut convenu entre eux que, le lendemain matin, le docteur Pelletan reviendrait visiter le malade à huit heures, et M. Dumangin à onze heures.

Les médecins avaient à peine franchi le seuil de la porte, que la langue d'Hébert se délia par cette brusque apostrophe : « Dites donc, citoyens, Marat était le médecin des gardes du corps du Capet d'Artois, il n'en était pas moins l'ami du peuple. »

Remonté le soir à l'heure du souper, Gomin fut bien agréablement surpris de trouver le malade un peu mieux : son teint lui parut plus clair, son œil plus vif, sa voix plus forte. « C'est vous, dit-il tout d'abord à son gardien avec un mou-

---

[1] Voir aux Pièces justificatives, n° XII (article 5 de l'*État des pièces tendant à constater que le cœur de S. M. Louis XVII a été réellement conservé*, etc.).
[2] *Idem*, article 6.
[3] *Idem*, article 7.

vement qui ressemblait à de la joie. — Enfin vous souffrez moins? lui dit Gomin. — Moins, dit l'enfant. — C'est à cette chambre que vous le devez. Ici du moins l'air circule en pleine liberté, la lumière y pénètre; les médecins viennent vous voir, et vous devez être un peu consolé. » Il regarda le surveillant d'un œil plein d'amertume. Cet œil, si pur il y a un instant, se voila, puis il brilla tout à coup d'un éclat nouveau : une grosse larme avait roulé sur sa joue. Gomin lui demanda ce qu'il avait. « Toujours seul! avait-il répondu. Ma mère est restée dans l'autre tour! »

On le voit, tout ce que son cœur avait encore de chaleur et de tendresse, ce malheureux enfant le donnait à sa mère absente. Cet amour filial avait survécu à tout; cet amour était fort comme sa volonté, il était profond comme son âme. L'amour, c'est l'Écriture qui l'a dit, est plus fort que la mort. Aux heures où la réflexion dominait le sentiment de ses souffrances, toute autre pensée s'effaçait en lui, et son cœur si éprouvé se refermait doucement sur l'image adorée de sa mère.

Gomin reprit : « C'est vrai, vous êtes seul, et c'est bien triste; mais vous n'avez pas ici, comme on a ailleurs, le spectacle de tant de méchants hommes et l'exemple de tant de mauvaises actions. — Oh! j'en vois assez, murmura-t-il; mais (ajouta-t-il d'une voix adoucie en arrêtant les yeux sur son gardien et en appuyant la main sur son bras) je vois aussi de braves gens, et ils m'empêchent d'en vouloir à ceux qui ne le sont pas. »

Gomin lui dit alors : « N ***[1], que vous avez vu souvent ici comme commissaire, a été arrêté, et il est maintenant en prison. — J'en suis fâché, dit le Prince. Est-ce ici? — Non, ailleurs, à la Force, dans le quartier Saint-Antoine. » Une âme ordinaire se serait crue vengée : lui, il eut la magnanimité de plaindre son persécuteur. Il fit une longue pause et répéta avec réflexion : « J'en suis bien fâché; car, voyez-vous, il est plus

---

[1] Malgré tous ses efforts, Gomin, qui se rappelait parfaitement le fait, n'a pu se souvenir du nom du municipal. Les registres des écrous ne nous ont point fourni non plus ce renseignement.

malheureux que nous : il mérite son malheur. » Ces paroles, d'une si grande simplicité et d'une si haute sagesse, doivent étonner sans doute dans la bouche d'un enfant qui n'avait guère que dix ans ! elles sont telles pourtant qu'elles ont été prononcées ; et ce ne furent pas seulement les mots qui frappèrent le plus l'interlocuteur, ce fut l'accent vrai, simple, pénétrant, avec lequel ils furent dits : tant il est vrai qu'il y a une sorte de précocité que donne la douleur, ou, pour parler un langage plus chrétien, une sorte d'inspiration que Dieu envoie à ceux qui souffrent et qui vont mourir.

La nuit vint, nuit suprême, que les règlements le condamnaient encore à passer dans la solitude, côte à côte avec la souffrance, sa vieille compagne, mais cette fois du moins avec la mort à son chevet. Ce fut encore Lasne qui, le lundi 8 juin, entra le premier dans sa chambre, entre huit et neuf heures. Gomin nous a avoué qu'il n'osait plus, depuis plusieurs jours, y monter le premier, dans l'appréhension de trouver le sacrifice accompli.

Les médecins arrivèrent, chacun à l'heure convenue. L'enfant était levé quand Pelletan vint le voir à huit heures. Lasne le croyait mieux depuis la veille, mais le bulletin du médecin ne lui fit que trop comprendre qu'il se trompait. L'entrevue fut courte. Se sentant de la pesanteur dans les jambes, le jeune malade demanda bientôt lui-même à se coucher.

Il était au lit quand Dumangin entra, vers onze heures. L'enfant le reçut avec cette douceur inaltérable qu'il conservait au milieu de ses souffrances, et à laquelle ce médecin a rendu témoignage[1].

Les deux bulletins, partis du Temple à onze heures, dénonçaient des symptômes effrayants pour la vie du malade.

M. Dumangin s'étant retiré, Gomin remplaça Lasne dans la chambre du Dauphin : il s'assit auprès de son lit et ne lui parla point, de peur de le fatiguer.

---

[1] Lettre de M. Dumangin à M. Pelletan ; Saint-Prix, 1er mai 1817.

Le prince n'entamait jamais la conversation, et par conséquent il ne dit rien non plus; mais il arrêta sur son gardien un œil profondément mélancolique. « Que je suis malheureux de vous voir souffrir comme cela! lui dit Gomin. — Consolez-vous, lui dit l'enfant, je ne souffrirai pas toujours. » Gomin se mit à genoux pour être plus près de lui. L'enfant lui prit la main et la porta à ses lèvres. Le cœur religieux de Gomin se fondit en une prière ardente, une de ces prières que la douleur arrache à l'homme et que l'amour envoie à Dieu. L'enfant ne quitta pas la main fidèle qui lui restait; il éleva un regard vers le ciel, pendant que Gomin priait pour lui.

Vous écouterez sans doute avec émotion les dernières paroles du mourant; car vous avez connu celles de son père, qui du haut de l'échafaud envoyait le pardon à ses assassins. Vous avez connu celles de sa mère, de cette reine héroïque qui, impatiente de quitter la terre où elle avait tant souffert, priait le bourreau de se dépêcher. Vous avez connu celles de sa tante, de cette vierge chrétienne qui, d'un œil suppliant, lorsqu'on lui enlevait son vêtement pour mieux la frapper, demandait au nom de la pudeur qu'on lui couvrît le sein. Et maintenant oserai-je vous répéter les paroles suprêmes de l'orphelin? Ceux qui recueillirent son dernier souffle me les ont rapportées, et je viens fidèlement les inscrire dans le martyrologe royal.

Gomin, voyant l'enfant calme, immobile, muet, lui dit : « J'espère que vous ne souffrez pas dans ce moment? — Oh! si, je souffre encore, mais beaucoup moins : la musique est si belle! »

Or, on ne faisait aucune musique ni dans la tour ni dans les environs; aucun bruit du dehors n'arrivait en ce moment à cette chambre où le jeune martyr s'éteignait. Gomin étonné lui dit : « De quel côté entendez-vous cette musique? — De là-haut! — Y a-t-il longtemps? — Depuis que vous êtes à genoux. Est-ce que vous n'avez pas entendu? Écoutez! écoutez! » Et l'enfant souleva par un mouvement nerveux sa main défaillante, en ouvrant ses grands yeux illuminés par l'extase. Son pauvre gardien ne voulant pas détruire cette douce et suprême illusion, se prit à écouter aussi avec le pieux désir d'entendre ce qui ne pouvait être entendu.

Après quelques instants d'attention, l'enfant tressaillit de nouveau, ses yeux étincelèrent, et il s'écria dans un transport indicible : « Au milieu de toutes les voix, j'ai reconnu celle de ma mère ! »

Ce nom tombé des lèvres de l'orphelin semblait lui enlever toute douleur. Son regard s'éclaira de ce rayonnement serein que donne la certitude de la délivrance ou de la victoire. Captivé par un spectacle invisible, l'oreille ouverte au bruit lointain d'un de ces concerts que l'oreille humaine n'a pas entendus, il sentait éclore dans sa jeune âme toute une existence nouvelle.

Un instant après, l'éclat de ce regard s'était éteint, et un froid découragement était empreint sur son visage. Gomin suivait d'un œil inquiet tous les mouvements du malade. Sa respiration n'était pas plus pénible, seulement sa prunelle errait lentement et distraite, ramenant de temps en temps un regard vers la fenêtre... Gomin lui demanda ce qui l'occupait de ce côté. L'enfant regarda son gardien quelques instants, et, bien que la même question lui eût été faite de nouveau, il ne parut pas l'avoir comprise et il n'y répondit point.

Lasne remontait pour remplacer Gomin : celui-ci sortit le cœur serré, mais non pas plus inquiet que la veille ; car il ne prévoyait pas encore une fin prochaine. Lasne s'assit auprès du lit ; le Prince le regarda longtemps d'un œil fixe et rêveur. Comme il fit un léger mouvement, Lasne lui demanda comment il se trouvait et ce qu'il désirait. L'enfant lui dit : « Crois-tu que ma sœur ait pu entendre la musique ? Comme cela lui aurait fait du bien ! » Lasne ne put répondre. Le regard plein d'angoisse du mourant s'élançait perçant et avide vers la fenêtre. Une exclamation de bonheur s'échappa de ses lèvres ; puis, regardant son gardien : « J'ai une chose à te dire.... » Lasne lui prit la main ; la petite tête du prisonnier se pencha sur la poitrine du gardien, qui écouta, mais en vain. Tout était dit. Dieu avait épargné au jeune martyr l'heure du dernier râle; Dieu avait gardé pour lui seul la confidence de sa dernière pensée. Lasne mit la main sur le cœur de l'enfant : le cœur de Louis XVII avait cessé de battre. Il était deux heures et un quart après midi.

Gomin et Damont, commissaire de service [1], prévenus par Lasne, montèrent immédiatement dans la chambre funèbre. On enleva de cette chambre provisoire le pauvre petit cadavre et on le transporta dans celle où depuis deux ans il n'avait cessé de souffrir. Il fallait que de ce royal appartement d'où le père était parti pour l'échafaud, le fils partît pour le cimetière. On arrangea les dépouilles de celui-ci sur son lit de mort, et on ouvrit les portes de l'appartement, portes fermées depuis que la révolution s'était emparée d'un enfant plein de force, de grâce, de vie et de santé!

Cachant sous une froide contenance l'émotion qu'il ressentait, Gomin se rendit au comité de sûreté générale; il y vit M. Gauthier, un de ses membres, qui lui dit : « Vous avez bien fait de vous charger vous-même et promptement de ce message; mais, malgré votre diligence, il arrive trop tard : la séance est levée. Le rapport n'en peut être fait aujourd'hui à la Convention nationale. Gardez la nouvelle secrète jusqu'à demain et jusqu'à ce que j'aie pris des mesures convenables. Je vais envoyer au Temple M. Bourguignon, l'un des secrétaires du comité de sûreté générale, pour s'assurer lui-même de la vérité de votre déclaration. »

M. Bourguignon effectivement suivit de près Gomin à la tour : il constata l'événement, renouvela la recommandation de garder le secret et de continuer le service comme à l'ordinaire.

A huit heures du soir, on avait, comme de coutume, préparé le souper du petit Capet. Caron l'avait apporté, et Gomin feignit de le monter lui-même. Mais il monta sans le souper,

---

[1] Demeurant rue du Faubourg-Martin, n° 217, section du Nord.

seul en proie à la plus profonde affliction. Cette affliction, contenue pendant cinq heures devant le public, se fit jour enfin par des larmes quand il se trouva seul en présence du corps inanimé de Louis XVII. Jamais ce spectacle ne s'effaça de sa mémoire; il y vivait encore quand je connus ce bon vieillard dans les dernières années de sa vie. Il me disait à quatre-vingts ans : « J'ai eu le courage de remonter l'escalier et de rentrer dans la chambre. Après avoir refermé la porte derrière moi et m'être assuré que j'étais seul, j'ai soulevé le linceul : pauvre enfant! vous n'auriez pas cru qu'il était mort; son visage avait pris un air tranquille, presque content; ses yeux s'étaient rouverts; on eût dit qu'ils nous regardaient encore.

» Le voilà donc en repos après tant de misères! Pourquoi n'ai-je point passé avec lui plus d'heures dans sa prison? Il me semble que j'ai eu tort de n'avoir pas eu plus de courage.

» Une heure s'écoula pendant laquelle, haletant, les yeux fixes, sans voix, je demeurai près de ses dépouilles. Cette heure-là devait avoir une grande influence sur toute ma vie. Une voix avait parlé en mon cœur, à laquelle j'avais promis d'être honnête homme.

» Je suffoquais.... Je songeai à monter sur la plate-forme pour respirer. Je voulus franchir deux à deux les degrés de l'escalier; je ne pus. Je n'avais cependant plus à mon bras le malade que j'y traînais les jours précédents; mais mes forces étaient brisées. Que cette terrasse me parut large ce soir-là! J'approchai du petit bassin; l'eau était tarie et les oiseaux s'étaient envolés.

» Me croirez-vous, monsieur, si je vous dis que je m'avisai, là, je ne sais comment, de penser aux oiseaux qu'on fait envoler de l'église de Reims pendant le sacre des rois? Je me dis donc que c'étaient là aussi les oiseaux d'un sacre, et que l'enfant venait d'être couronné! »

Le 21 prairial (9 juin), à huit heures du matin, quatre membres du comité de sûreté générale vinrent à la tour pour vérifier le décès du Prince. Introduits dans la chambre funèbre par

Lasne et Damont, ils affectèrent la plus grande indifférence : « L'événement (répétèrent-ils plusieurs fois) n'a aucune importance; le commissaire de police de la section viendra recevoir la déclaration du décès; il le constatera et procédera à l'inhumation sans aucune cérémonie. Le comité va donner des ordres en conséquence. »

Comme ils se retiraient, quelques officiers de la garde du Temple demandèrent à être admis à voir les restes du petit Capet. Damont ayant fait observer que le poste ne laisserait point sortir la bière sans exiger l'ouverture, les députés décidèrent qu'à midi les officiers et sous-officiers de la garde descendante et de la garde montante seraient tous invités à venir constater la mort de l'enfant.

Le citoyen Darlot, commissaire civil [1] qui devait relever le citoyen Damont, arriva bientôt pour prendre son service : il fut suivi des sieurs Bigot et Bouquet, ses collègues, qui ne devaient remplir leur rôle de commissaires que les jours suivants, et qui avaient été convoqués extraordinairement; leur camarade Damont, maintenu de service à la tour par ordre du 20 prairial (8 juin), ne se retira point à leur arrivée : il resta présent à la visite qu'il avait provoquée; et ayant réuni tous les officiers et sous-officiers du poste dans la chambre où le corps était exposé, il leur demanda s'ils reconnaissaient ce corps pour être celui de l'ex-Dauphin, fils du dernier Roi des Français. Tous ceux qui avaient vu le jeune Prince aux Tuileries ou au Temple, et c'était le plus grand nombre, attestèrent que c'était bien le corps du fils de Louis XVI. Descendu dans la chambre du conseil, Darlot y rédigea le procès-verbal de cette attestation, qui fut signé d'une vingtaine de personnes. Dans ce nombre figurent les citoyens :

Bourgeois, commandant, de la section de la Fidélité;
Lucas, adjudant, idem;
Ratreaux, capitaine, idem;
Séguin, lieutenant, des Droits de l'homme;

---
[1] Rue Michel-Peltier, n° 235, section du Temple.

Normand, sous-lieutenant, de l'Homme armé;

Vuillaume, sergent, des Arcis;

Damont,
Darlot, } commissaires civils ci-dessus nommés;

Bigot, idem, des Droits de l'homme;

Bouquet, idem, de la Fidélité.

Ce procès-verbal fut inséré dans le journal-registre de la tour du Temple, qui plus tard fut déposé au ministère de l'intérieur [1].

Pendant cette visite arrivèrent à la porte extérieure du Temple les chirurgiens chargés de faire l'autopsie; c'étaient Dumangin, médecin en chef de l'hospice de l'Unité; Pelletan, chirurgien en chef du grand hospice de l'Humanité; Jeanroy, professeur aux écoles de médecine de Paris; et Lassus, professeur de médecine légale à l'École de santé de Paris. Ces deux derniers avaient été choisis par Dumangin et Pelletan, à cause des rapports qu'avaient eus, M. Lassus avec Mesdames de France, et M. Jeanroy avec la maison de Lorraine [2], ce qui donnait une autorité toute particulière à leur signature. Gomin les reçut dans la chambre du conseil et les y retint jusqu'à ce que la garde nationale, en descendant du deuxième étage, fût venue signer le procès-verbal de Darlot; cela fait, Lasne, Darlot et Bouquet remontèrent immédiatement avec les chirurgiens et les introduisirent dans l'appartement de Louis XVII, qu'ils examinèrent d'abord sur son lit mortuaire; mais M. Jeanroy ayant

---

[1] « Le ministre de l'intérieur déclare que le citoyen Lasne, gardien du Temple, lui a remis quatre registres sur l'un desquels sont deux bandes de scellés d'un carton où sont des papiers, le tout relatif à la détention des ci-devant Roi et Reine, d'Élisabeth, des fils et fille desdits ci-devant Roi et Reine, plus un petit paquet cacheté, de tout quoi il décharge ledit citoyen Lasne.

» Plus, il lui a remis deux cachets sur cuivre, l'un de l'ancienne municipalité, et l'autre des commissaires gardiens du Temple.

» Paris, le 19 germinal an IV de la République française, etc.

» BENEZECH.

» CHAMPAGNEUX, chef de la première division. »

[2] Lettre de M. Dumangin à M. Pelletan, déjà citée.

fait observer que le demi-jour de cette chambre était peu favorable à l'accomplissement de leur mission, les commissaires dressèrent dans la première chambre, près de la fenêtre, une table sur laquelle le cadavre ayant été apporté, les chirurgiens commencèrent la triste opération pour laquelle ils étaient réunis [1].

---

[1] En voici le procès-verbal :

« *Procès-verbal de l'ouverture du corps du fils de défunt Louis Capet, dressé à la tour du Temple, à onze heures du matin, ce 21 prairial*[*].

» Nous soussignés, Jean-Baptiste-Eugénie Dumangin, médecin en chef de l'hospice de l'Unité, et Philippe-Jean Pelletan, chirurgien en chef du grand hospice de l'Humanité, accompagnés des citoyens Nicolas Jeanroy, professeur aux écoles de médecine de Paris, et Pierre Lassus, professeur de médecine légale à l'École de santé de Paris, que nous nous sommes adjoints en vertu d'un arrêté du comité de sûreté générale de la Convention nationale, daté d'hier, et signé Bergoing, président; Courtois, Gauthier, Pierre Guyomard; à l'effet de procéder ensemble à l'ouverture du corps du fils de défunt Louis Capet, en constater l'état, avons agi ainsi qu'il suit :

» Arrivés tous les quatre à onze heures du matin à la porte extérieure du Temple, nous y avons été reçus par les commissaires, qui nous ont introduits dans la tour. Parvenus au deuxième étage, dans un appartement, dans la seconde pièce duquel nous avons trouvé dans un lit le corps mort d'un enfant qui nous a paru âgé d'environ dix ans, que les commissaires nous ont dit être celui du fils de défunt Louis Capet, et que deux d'entre nous ont reconnu pour être l'enfant auquel ils donnaient des soins depuis quelques jours. Les susdits commissaires nous ont déclaré que cet enfant était décédé la veille, vers trois heures de relevée; sur quoi nous avons cherché à vérifier les signes de la mort, que nous avons trouvés caractérisés par la pâleur universelle, le froid de toute l'habitude du corps, la roideur des membres, les yeux ternes, les taches violettes ordinaires à la peau d'un cadavre, et surtout par une putréfaction commencée au ventre, au scrotum et au dedans des cuisses.

» Nous avons remarqué, avant de procéder à l'ouverture du corps, une maigreur générale qui est celle du marasme; le ventre était extrêmement tendu et météorisé. Au côté interne du genou droit, nous avons remarqué une tumeur sans changement de couleur à la peau, et une autre tumeur moins volumineuse sur l'os radius, près le poignet du côté gauche. La tumeur du genou contenait environ deux onces d'une matière grisâtre, puriforme et lymphatique, située entre le périoste et les muscles; celle du poignet renfermait une matière de même nature, mais plus épaisse.

» A l'ouverture du ventre, il s'est écoulé plus d'une pinte de sérosité purulente, jaunâtre et très-fétide; les intestins étaient météorisés, pâles, adhérents les uns aux autres, ainsi qu'aux parois de cette cavité; ils étaient

[*] La date de l'année ne se trouve dans aucun endroit de ce procès-verbal.

LIVRE XVIII. — AGONIE ET MORT.

Pendant que ces choses se passaient au Temple, Achille Sévestre, député d'Ille-et-Vilaine, qui avait voté la mort de Louis XVI et qui (le 13 avril 1794) avait dit en parlant du Dauphin : *Cet enfant ne sera jamais majeur*, faisait, au nom du comité de sûreté générale, le rapport suivant à la Convention :

parsemés d'une grande quantité de tubercules de diverses grosseurs, et qui ont présenté à leur ouverture la même matière que celle contenue dans les dépôts extérieurs du genou et du poignet.

» Les intestins, ouverts dans toute leur longueur, étaient très-sains intérieurement, et ne contenaient qu'une très-petite quantité de matière bilieuse. L'estomac nous a présenté le même état; il était adhérent à toutes les parties environnantes, pâle au dehors, parsemé de petits tubercules lymphatiques, semblables à ceux de la surface des intestins; sa membrane interne était saine, ainsi que le pylore et l'œsophage; le foie était adhérent par sa convexité au diaphragme, et par sa concavité aux viscères qu'il recouvre; sa substance était saine, son volume ordinaire, la vésicule du fiel médiocrement remplie d'une bile de couleur vert foncé. La rate, le pancréas, les reins et la vessie étaient sains; l'épiploon et le mésentère dépourvus de graisse, étaient remplis de tubercules lymphatiques semblables à ceux dont il a été parlé. De pareilles tumeurs étaient disséminées dans l'épaisseur du péritoine, recouvrant la face intérieure du diaphragme; ce muscle était sain.

» Les poumons adhéraient par toute leur surface à la plèvre, au diaphragme et au péricarde; leur substance était saine et sans tubercules; il y en avait seulement quelques-uns aux environs de la trachée-artère et de l'œsophage. Le péricarde contenait la quantité ordinaire de sérosité; le cœur était pâle, mais dans l'état naturel.

» Le cerveau et ses dépendances étaient dans leur plus parfaite intégrité[*].

» Tous les désordres dont nous venons de donner le détail sont évidemment l'effet d'un vice scrofuleux existant depuis longtemps, et auquel on doit attribuer la mort de l'enfant.

» Le présent procès-verbal a été fait et clos à Paris, au lieu susdit, par les soussignés, à quatre heures et demie de relevée, les jour et an que dessus.

» J. B. E. DUMANGIN, P. J. PELLETAN, P. LASSUS, N. JEANROY. »

Ce procès-verbal fut complété en 1817 par M. Pelletan, qui fit la déclaration suivante :

« Je soussigné, chevalier de l'ordre royal de la Légion d'honneur, membre de l'Académie royale des sciences, professeur de la Faculté de médecine, certifie de plus, qu'après avoir scié le crâne en travers, au niveau des orbites, pour faire l'anatomie du cerveau dans l'ouverture du corps du fils de

---

[*] Le vieux M. Jeanroy, m'a dit Lasne, assura que, depuis plus de quarante ans qu'il exerçait son art, il n'avait point encore vu le cerveau aussi développé dans un enfant de cet âge, et que, selon toutes les apparences, Louis XVII eût été un homme d'un grand caractère. B.

« Citoyens, depuis quelque temps le fils de Capet était incommodé par une enflure au genou droit et au poignet gauche; le 15 floréal, les douleurs augmentèrent, le malade perdit l'appétit, et la fièvre survint. Le fameux Desault, officier de santé, fut nommé pour le voir et pour le traiter; ses talents et sa probité nous répondaient que rien ne manquerait aux soins qui sont dus à l'humanité.

» Cependant la maladie prenait des caractères très-graves. Le 16 de ce mois, Desault mourut; le comité nomma pour le remplacer le citoyen Pelletan, officier de santé très-connu, et le citoyen Dumangin, premier médecin de l'hospice de Santé, qui lui fut adjoint. Leur bulletin d'hier à onze heures du matin annonçait des symptômes inquiétants pour la vie du malade, et à deux heures un quart après midi nous avons reçu la nouvelle de la mort du fils de Capet.

» Le comité de sûreté générale m'a chargé de vous en informer. Tout est constaté. Voici les procès-verbaux qui demeureront déposés dans vos archives [1]. »

La Convention nationale écouta cette déclaration avec les apparences de l'indifférence. Il entrait dans sa politique de ne point sonner avec fracas la dernière heure du Prince, bien qu'elle fût le résultat désiré d'un plan longtemps suivi.

Revenons à la tour. L'autopsie terminée, les hommes de

Louis XVI, qui m'avait été ordonnée, j'ai remis la calotte du crâne en place, et l'ai couverte de quatre lambeaux de peau que j'en avais séparés et que j'ai cousus ensemble; qu'enfin j'ai enveloppé toute la tête d'un linge ou mouchoir, ou peut-être d'un bonnet de coton fixé au-dessous du menton ou de la nuque, comme il se pratique en pareil cas. On retrouvera cet appareil, s'il est vrai que la pourriture ne l'ait pas détruit; mais certainement la calotte du crâne existera encore enveloppée des débris de ces linges ou bonnet de coton.

» *Signé :* Pelletan.

» Paris, 17 août 1817*. »

[1] Séance du 21 prairial, *Moniteur universel* du 23 prairial an III (11 juin 1795.)

* M. Pelletan déclara plus tard avoir mis à part le cœur du Dauphin dans l'opération de l'autopsie, et l'avoir emporté, afin de pouvoir offrir à la famille royale cette triste et funèbre relique de l'enfant-Roi. (Voir aux Documents, n° XII, la polémique qui s'engagea à ce sujet.)

l'art s'étaient retirés ; il était près de cinq heures. La nouvelle de la mort annoncée à la Convention s'était déjà répandue dans Paris. Quelques groupes se formaient aux abords du Temple, aux portes des maisons du quartier. On s'entretenait de cet événement, quelques fanatiques avec joie, mais la masse du peuple avec pitié, avec attendrissement, se rappelant la beauté, la gentillesse et le cœur généreux du jeune Prince. Une pauvre femme apparut dans la rue Saint-Martin, pâle, échevelée, tenant à la main quelques débris de fleurs fanées[1] et marchant à grands pas en poussant des gémissements. Escortée bientôt de quelques enfants qui la prenaient pour une femme ivre, elle arriva par la rue Phélippeaux à la porte du Temple, d'où la sentinelle la repoussa. Ses cris et ses sanglots attirèrent le portier Darques et un gendarme d'ordonnance qui demandèrent à cette infortunée ce qu'elle voulait. « Je veux le revoir, disait-elle, je veux revoir le cher enfant qui m'a fait asseoir dans son petit jardin des Tuileries. » Et comme Darques lui disait que personne ne pouvait entrer : « On peut toujours arriver jusqu'aux morts, s'écriait-elle en sanglotant. Je veux placer dans son cercueil les fleurs qu'il m'a données ! » Entraînée par quelques personnes compatissantes, la pauvre femme disparut.

« Ne pouvant supporter l'idée d'une perte qui m'était si sensible, écrit madame de Tourzel, et conservant quelque doute sur sa réalité, je voulus m'assurer positivement s'il fallait abandonner tout espoir. Je connaissais depuis mon enfance le médecin Jeanroy, vieillard de plus de quatre-vingts ans, d'une probité peu commune, et profondément attaché à la famille royale. Pouvant compter sur la vérité de son témoignage comme sur le mien propre, je le fis prier de passer chez moi. Sa réputation l'avait fait choisir par les membres de la Convention pour fortifier par l'apposition de sa signature (au bas du pro-

---

[1] Sur la poitrine d'un vieil officier de marine fusillé à Quiberon, on trouva un médaillon dans lequel était aussi une rose séchée et presque réduite en poussière ; sur le revers on lisait : *Donné par Monseigneur le Dauphin, à Paris, le 1er août* 1790.

cès-verbal de l'autopsie) la preuve que le jeune Roi n'avait point été empoisonné. Ce brave homme avait d'abord refusé la proposition qui lui avait été faite de se rendre au Temple pour constater les causes de sa mort, les avertissant que s'il apercevait la moindre trace de poison, il en ferait mention, au risque même de sa vie. « Vous êtes précisément l'homme qu'il nous est essentiel d'avoir, lui dirent-ils, et c'est par cette raison que nous vous avons préféré à tout autre. »

» Je demandai à Jeanroy s'il l'avait bien connu avant son entrée au Temple; il me dit qu'il l'avait vu rarement, et ajouta, les larmes aux yeux, que la figure de cet enfant, dont les ombres de la mort n'avaient point altéré les traits, était si belle et si intéressante, qu'elle était toujours présente à sa pensée, et qu'il reconnaîtrait parfaitement le jeune Prince si on lui en montrait un portrait. Je lui en fis voir un frappant que j'avais heureusement conservé. « On ne peut s'y méprendre, dit-il, fondant en larmes, c'est lui-même, et on ne peut le méconnaître. »

» Ce témoignage fut encore fortifié par celui de Pelletan, qui, appelé chez moi en consultation, quelques années après la mort de Jeanroy, fut frappé de la ressemblance d'un buste qu'il trouva sur ma cheminée et celle de ce cher petit Prince, et, quoiqu'il n'eût aucun signe qui pût le faire reconnaître, il s'écria en le voyant : « C'est le Dauphin, et qu'il est ressemblant ! » et répéta le propos de Jeanroy : « Les ombres de la mort n'avaient point altéré la beauté de ses traits. » Il m'était impossible de former le plus léger doute sur le témoignage de deux personnes aussi recommandables, et il ne me restait plus qu'à pleurer mon cher petit Prince. »

La nouvelle de sa mort se répandit en France et bientôt à l'étranger[1].

---

[1] Dès qu'elle parvint à Vérone, Monsieur, comte de Provence, qui résidait dans cette ville, adressa la lettre suivante au roi de Sardaigne :

« Monsieur mon frère, cousin et beau-père, je viens d'apprendre avec la plus vive douleur la perte que j'ai faite de mon très-honoré seigneur et neveu Louis XVII, mort le 8 de ce mois.

» L'amitié dont Votre Majesté m'a toujours donné des marques m'engage

Une seule personne ne la sut pas, et c'était dans l'intérieur de la tour; il était réservé à Madame Royale d'apprendre en même temps la mort de sa mère, de sa tante et de son frère ! Celui-ci gisait inanimé à deux pas d'elle, dans la chambre même au-dessous de la sienne, et sa sœur l'ignorait !

A huit heures du soir, Gomin, qui depuis la veille au matin n'avait point vu la Princesse, entra chez elle avec Darlot et avec Caron portant le souper. Madame, comme toujours, était assise sur le canapé adossé à la fenêtre; elle écrivait, elle avait un livre ouvert sous les yeux; ce livre, c'était un volume du théâtre de Voltaire, et ce qu'elle copiait, c'était la tragédie de *Zaïre*. Je possède les deux premiers actes de cette tragédie écrits, sous les verrous du Temple, de la main de la jeune

à lui communiquer avec empressement la peine que je ressens, et à lui notifier mon avénement à un trône ensanglanté par les malheurs de ma famille et que j'espère relever avec l'aide de Dieu et de mes puissants alliés.

» Je suis, Monsieur mon frère, cousin et beau-père,

» De Votre Majesté

» le bon frère, cousin et gendre,

» Louis.

» A Vérone, le 24 juin 1795.

» Pour le Roy,

» le baron DE FLACHELANDEN. »

Minute de la réponse du Roi à la lettre confidentielle de Monsieur sur son avénement au trône de France par la mort de Louis XVII :

« Le 25 juin 1795.

» Mon très-cher Fils,

» J'ai reçu par le comte de Vintimille hier les deux lettres que vous m'avez écrites pour me participer le triste événement de la mort de l'infortuné Louis XVII, votre neveu, et votre avénement à la couronne de vos pères. Je m'empresse de répondre ici avec la confidence ordinaire à celle de votre main, où, dans la qualité d'un fils que je chéris et chérirai toujours bien cordialement, vous m'annoncez vos intentions et vos désirs à l'égard de ma chère fille votre épouse.

» En approuvant sur ce point vos idées, je suis très-charmé de pouvoir, en les secondant, vous donner à tous les deux un témoignage de ma tendresse et de ma sincère amitié. Je la verrai avec plaisir rester auprès de moi, continuant sous le même titre d'être traitée comme mes autres enfants, ainsi que vous le désirez.

» Quant à l'autre lettre de cérémonie, si je pouvais ne suivre que les im-

Marie-Thérèse. Comment lire sans émotion ces vers retracés par une pareille main, dans un tel lieu et dans un jour semblable?

> . . . .
> *Ma fille, tendre objet de mes dernières peines,*
> *Songe au moins, songe au sang qui coule dans tes veines;*
> *C'est le sang de vingt rois, tous chrétiens comme moi,*
> *C'est le sang des martyrs!* . . . .

Madame n'adressa point la parole aux commissaires, dont la tenue en apparence froide et réservée ne trahissait aucune émotion; pour plus de sûreté, le bon Gomin, ce jour-là, avait évité de rencontrer ses regards.

Le 22 prairial (mercredi 10 juin), à six heures du soir, le citoyen Dusser, commissaire de police, accompagné des citoyens Arnoult et Goddet, commissaires civils de la section du Temple, se présenta à la tour pour procéder, conformément à un arrêté du comité de sûreté générale, à la constatation du décès du petit Capet et à l'inhumation de ses restes. Ils montèrent avec les gardiens au second étage de la tour. Un rayon de soleil

---

pulsions de mon cœur et de mes principes, je ne différerais pas un instant d'y répondre, comme le Roi de Sardaigne devrait le faire au Roi de France, dont la qualité est si légitimement passée à votre personne; mais vous comprendrez tout comme moi que dans votre position et la mienne, sans risque de nous compromettre tous les deux, je ne puis ni ne dois me prononcer ouvertement sur cet objet avant que d'être instruit des intentions des principales puissances avec lesquelles je suis allié pour une cause qui est aussi la vôtre.

» Vous agréerez donc, mon très-cher Fils, que je me réserve à m'expliquer en forme par écrit, lorsque les éclaircissements que j'attends là-dessus me seront parvenus. Je me suis au reste empressé de permettre, comme vous le souhaitez, à M. de Précy, de se rendre auprès de vous, pour les motifs que vous m'indiquez, et si vous avez quelques projets où je puisse vous seconder, vous aurez un canal sûr par son retour à me les faire communiquer.

» Soyez enfin persuadé, mon très-cher Fils, de mon vif intérêt pour tout ce qui regarde votre personne et le bien du royaume où la divine Providence vient de vous appeler. Mes sentiments pour vous ne peuvent changer, non plus que la sincérité de l'attachement et de la tendresse paternelle avec laquelle je vous embrasse du plus profond de mon cœur. »

(Archives du royaume de Sardaigne.)

Acte de Décès de LOUIS XVII.

364 Du *Vingt quatre Prairial* de l'an *trois* de la République
Acte de Décès de *Louis Charles Capet du Vingt de ce mois trois heures après midy* profession âge de *dix ans deux mois* natif de *Versailles département de Seine et Oise* domicilié à *Paris aux tours du temple Section du temple, fils de Louis Capet, dernier Roy des français, et de Marie Antoinette Josèphe Jeanne d'Autriche.*
Sur la déclaration faite à la Maison Commune, par *Etienne Lasne* âgé de *trente neuf* ans, profession *gardien du temple* domicilié à *Paris Section des droits de l'homme* N° *48* le déclarant a dit être *voisin* et par *Rémy Bigot* âgé de *cinquante sept* ans, profession *employé* domi à *Paris Vieille rue du temple* N° *61* le déclarant a dit être *ami*

Vu le Certificat de *Dussert* — Commissaire *de police* — de ladite Section
Vingt deux de ce mois Officier Public. *Pierre Jacques Robin*

364

Du *Vingt quatre*

Acte de Décès de *Louis midy* pr
natif de *Versailles depa:*
Section du temple, o
Josephe Jeanne Dautriche

Sur la déclaration faite à la
âge de *trente neuf*
Section des droits de l'hom

âge de *cinquante sept*
à *Paris Vieille rue du*
le déclarant a dit être *ami*

Vu le Certificat de *Du*
Vingt deux de ce mois

[signature]
command.
s.on des droits de l'

glissait par la fenêtre et éclairait, sur un bois de lit sans matelas, le drap taché de sang qui recouvrait les restes du petit-fils de Louis XIV. Ce drap enlevé, la victime apparut portant les traces que les hommes de l'art avaient laissées de leur passage : le scalpel de la science avait mutilé ce corps déjà défiguré par les tortures ; mais il avait respecté ce visage pâle et amaigri sur lequel, à l'expression de la douleur, avait succédé un caractère indicible de calme ; ses yeux, qu'aucune main de la terre n'avait fermés, s'étaient clos d'eux-mêmes ; ou plutôt on eût dit que, depuis que les hommes avaient quitté le chevet du lit fatal, un ange était venu souffler sur cette petite tête, qui, si jeune et si frêle, avait porté la couronne d'épines de sa famille.

La déclaration du décès fut rédigée : cette pièce était restée jusqu'à ce jour tellement ignorée qu'on a pu en nier l'existence[1]. Nous reproduisons ici l'acte mortuaire, enregistré deux jours plus tard.

Après avoir signé cet acte dans la chambre voisine, les commissaires se rapprochèrent encore du lit funèbre. Je ne sais quels sentiments avait éveillés dans leur âme un spectacle si extraordinairement triste ; mais longtemps ils le contemplèrent muets et immobiles. Enfin, rompant ce long silence : « Est-ce que tout n'est pas prêt ? demanda l'un d'eux. Que fait l'homme qui a été envoyé ? — J'attends, » répondit une grosse voix dans l'ombre ; c'était celle de l'employé aux inhumations, qui, debout près de la porte, tenait un cercueil sous le bras. « Approche et dépêchons. » Et l'homme des funérailles posa ses voliges sur le carreau. Il prit le corps de l'orphelin royal et le mit nu dans la bière, car celui qui avait été bercé dans la pourpre n'avait pas un linceul pour être enseveli. « Tiens, voici pour lui mettre sous la tête, » dit le plus jeune des commissaires en donnant son mouchoir ; ses collègues le regardèrent d'un œil équivoque, étonnés de sa faiblesse, peut-être de son audace, et de sa piété pour les morts. Cet exemple

---

[1] Nous l'avons retrouvée aux Archives de l'Hôtel de ville, dans le registre des commissaires de police, section du Temple, n° 23.

encouragea les bonnes dispositions de Lasne : il s'empressa d'aller chercher un drap de lit qui servit de linceul à ce dernier Roi de la monarchie. Et quatre clous scellèrent les planches de sapin : le bruit du marteau sur le cercueil d'un enfant ébranla le sol de la vieille salle, et fit aux échos de la tour féodale retrouver leur voix endormie.

La bière fut descendue dans la première cour, posée sur des tréteaux et recouverte d'un drap noir. En quittant le seuil de la chambre déserte où s'étaient éteintes tant de souffrances inconnues, le pauvre Gomin dit à Gourlet, qui marchait derrière tous les autres : « Tu n'as plus besoin de fermer la porte de fer. » Il avait raison : le prisonnier était libre; la prison allait rester morne et silencieuse; la perversité humaine avait accompli son œuvre et s'était retirée.

Il était sept heures lorsque le commissaire de police ordonna la levée du corps et le départ pour le cimetière. On était aux plus longs jours de l'année; l'inhumation n'eut donc pas lieu en cachette et la nuit, comme quelques narrateurs mal informés l'ont dit ou écrit : elle eut lieu en plein jour; elle avait attiré un grand concours de monde devant la porte du palais du Temple. Un des municipaux voulait faire sortir le cercueil secrètement par la porte qui donnait dans l'enclos du côté de la chapelle; mais le commissaire de police Dusser, plus spécialement chargé de diriger la cérémonie, sut, à la satisfaction de Lasne et de Gomin, s'opposer à cette mesure peu convenable, et le cortége sortit par la grande porte. La foule qui s'y pressait était contenue et alignée derrière un ruban tricolore que tenaient, de distance en distance, les gendarmes d'ordonnance de service au Temple. La commisération et la tristesse étaient peintes sur toutes les figures. Un petit détachement de troupe de ligne de la garnison de Paris, que l'autorité avait envoyé, attendait le convoi à sa sortie pour lui servir d'escorte. On se mit en marche. La bière recouverte du drap mortuaire fut portée à bras sur un brancard par quatre hommes qui se relevaient deux à deux par intervalles; elle était précédée de six à huit hommes commandés par un sergent. Derrière marchaient Lasne et les commissaires civils déjà nommés : les citoyens J. Garnier, chef de brigade de la section de Montreuil; Pierre Vallon, capitaine de la même section; Damont, de service le jour de la mort, le 20 prairial; Darlot, idem, le 21; Guérin, le 22, et Bigot qui devait l'être le lendemain. Parmi eux se trouvaient aussi Goddet, Biart et Arnoult, que la section du Temple avait adjoints à Dusser pour constater le décès et surveiller l'inhumation. Puis venaient encore six à huit hommes et un caporal. On prit les rues de la *Corderie*, de *Bretagne*, du *Pont-aux-Choux*, de *Saint-Sébastien*, de *Popincourt*, de *Basfroid*, et on entra au *cimetière Sainte-Marguerite* par la rue *Saint-Bernard*. La foule escorta longtemps le convoi; un grand nombre de personnes le suivirent même jusqu'au cimetière. Ces quelques soldats autour d'un petit cercueil attiraient l'attention publique et provoquaient des questions tout le long de la route. Il se fit surtout un mouvement d'intérêt marqué dans un groupe considérable qui s'était formé au coin du boulevard et de la rue du Pont-aux-Choux, et qui, en grande partie, était composé de femmes. Les noms de petit Capet, et surtout de Dauphin, circulaient de bouche en bouche avec des exclamations de pitié et d'attendrissement. Plus loin, dans la rue Popincourt, quelques enfants du peuple se découvrirent en signe de respect et de sympathie devant ce cercueil qui contenait un enfant mort plus pauvre qu'ils ne devaient vivre eux-mêmes.

Le convoi entra dans le cimetière Sainte-Marguerite, non par l'église, comme le rapportent quelques narrations, mais par la vieille porte de ce cimetière. L'inhumation se fit dans le coin, à gauche, à huit ou neuf pieds du mur d'enceinte, et à égale distance d'une petite maison qui a servi depuis de classe à l'école chrétienne. La fosse fut comblée; aucun tertre n'en indiqua la place; le sol remué reprit son niveau, et toute trace d'inhumation disparut. C'est alors seulement que se retirèrent les commissaires de la police et de la municipalité. Il était près de neuf heures; il faisait jour encore. L'air était pur, et l'auréole de vapeur lumineuse qui couronnait cette belle soirée semblait prolonger les adieux du soleil.

Deux factionnaires furent placés, l'un dans le cimetière, l'autre à la porte d'entrée, afin que personne ne vînt enlever le corps de Louis XVII. Cette précaution fut prise pendant deux ou trois nuits.

Au retour du cimetière, les personnes qui avaient présidé à cette triste cérémonie dressèrent l'acte d'inhumation de ce pauvre petit Prince. En voici la minute, que possèdent les archives de la préfecture de police : « L'an troisième de la République française, le vingt-deux prairial, sept heures du soir, nous Dominique Goddet et Nicolas-Laurent Arnoult, commissaires civils de la section du Temple, en exécution de l'arrêté du comité de sûreté générale de la Convention nationale en date de ce jour, dont la teneur suit :

« Du vingt-deux prairial, l'an trois de la République française. Le comité de sûreté générale arreste que le comité civil de la section du Temple se concertera avec les commissaires de garde au Temple pour faire donner la sépulture au fils de Louis Capet dans le lieu, suivant les formes ordinaires, en présence de nombre de témoins déterminé par la loi, et encore de deux membres du comité civil de laditte section du Temple.

» Les représentants du peuple, membres du comité de sûreté générale signés; ainsi signé, Boudin, Pémartin, Courtois, C.-Alex. Isabeau, Piene, J. F. Rovere, Bergoing, Président, Pierre Guyomar, Sevestre, J. B. Genevois.

» En conséquence et pour l'exécution de la loi du 20 sept. 1792, nous avons requis le citoyen Pierre Dusser, commissaire de police de notre section, à l'effet de se transporter avec nous à la tour du Temple, pour y constater le décès du fils de Capet, où étant, les citoyens Lasne et Gomin, commissaires de garde au Temple, et le citoyen Étienne-Joseph Guérin, commissaire civil de la section de l'Homme armé, de service cejourd'huy à la tour, nous ont représenté un cadavre du sexe masculin, de l'âge de dix ans, gissant sur un lit, lequel a été reconnu pour être celui de Louis-Charles Capet, et nous avons reçu la déclaration desdits citoyens Lasne et Gomin qualifiés des autres parts, au registre des décès déposé ès mains dudit commissaire de police.

» Nous avons de suite fait déposer dans une bierre le corps dudit enfant de Capet, et accompagné des citoyens Jacques Garnier, chef de brigade de la section de Montreuil, demeurant grande rue du faux bourg Antoine, n° 109, Pierre Vallon, capitaine de la même section, demeurant porte Antoine, n° 4, et Lasne, commissaire de garde au Temple, nous avons conduit ce corps au cimetière Sainte-Marguerite, rue Bernard, faux bourg Antoine, lieu ordinaire des inhumations de notre arrondissement, où il a été déposé dans une fosse qui a été recouverte en notre présence : le calme et la tranquillité ont régné sur notre marche.

» De tout ce que dessus, nous avons fait et dressé le présent procès-verbal, heure de dix du soir, lesdits jour, mois et an que dessus, et avons signé :

» LASNE. VALLON. GARNIER, chef de brigade.

» GODDET, commissaire. ARNOULT, commissaire. DUSSER, commissaire de police.

» GOMIN. GUÉRIN, commissaire civil de la section de l'Homme armé, de service au Temple. »

LIVRE DIX-NEUVIÈME.

LE CIMETIÈRE DE SAINTE-MARGUERITE.

Vendredi 10 mars 1837.

Emplacement de la sépulture du Dauphin; discussions à ce sujet. — Lettre de l'abbé Raynaud. — Lois des 17 et 18 janvier 1816. — Ordonnance royale. — Lettre du ministre de la police générale. — Lettre du préfet de police. — Déposition de la veuve Bétrancourt. — Mémoires du comte d'Andigné. — Déposition du jardinier du Luxembourg. — Conflit d'opinions; doute : l'ordonnance royale reste inexécutée. — L'archiviste Peuchet. — Probabilités. — Pèlerinage au cimetière de Sainte-Marguerite. — Réflexions.

Nous avons pendant vingt ans fait des recherches sur tout ce qui est relatif à la vie et à la mort du Dauphin fils de Louis XVI. La Providence avait bien voulu conserver la vie à deux vieillards qui nous ont éclairé dans nos investigations, et nous ont donné, en quelque sorte heure par heure, les bulletins de son agonie; maintenant, nous voudrions pouvoir indiquer avec précision la terre qui recouvre sa dépouille mortelle. Malheureusement, les lumières qui nous avaient guidé dans la tour du Temple nous abandonnent dans le cimetière. Presque tous les témoignages acceptés comme vrais jusqu'à ce jour portent que les restes du Prince furent inhumés dans la fosse commune. Cependant Lasne nous a toujours affirmé le contraire avec la vivacité d'un honnête homme qui a bien vu ce qu'il a vu, et qui se sent le droit de rectifier une assertion erronée. Il nous a donc certifié que c'est dans une fosse particulière que la bière de Louis-Charles fut descendue, à huit ou neuf pieds, comme nous l'avons dit, du mur d'enceinte et de la maison de l'école.

Quoi qu'il en soit, l'emplacement de la sépulture reste désigné d'une manière précise. Mais cette sépulture a-t-elle toujours gardé le dépôt qui lui a été confié? c'est là une question qu'il nous est impossible de résoudre avec certitude.

Dans cette perplexité, nous devons nous borner à mettre sous les yeux du lecteur les divers renseignements que nous avons réunis sur ce sujet, et dans l'ordre où nous les avons recueillis.

Le premier acte qui, pour nous, vint contredire la déclaration de Lasne touchant la sépulture particulière, fut cette lettre que nous adressa, en 1837, l'abbé Raynaud, vicaire de Sainte-Marguerite depuis 1803 :

« Vous me faites l'honneur de me demander des renseignements sur l'inhumation de Louis XVII dans le cimetière Sainte-Marguerite. Nommé en 1803 vicaire de cette paroisse, que je n'ai jamais quittée depuis, j'y ai connu dès lors Pierre Bétrancourt, dit Valentin, fossoyeur depuis vingt à trente ans, et le nommé Decouflet, qui a été longtemps bedeau aux Quinze-Vingts. Les détails que je vous transmets m'ont été donnés par ces deux personnes, dont la probité et les sentiments religieux rendaient le témoignage digne de foi. Ils m'ont déclaré tous les deux que le Dauphin avait été inhumé dans la fosse commune[1]; que, pendant une ou deux nuits, le cimetière avait été gardé par la police et la force armée; mais que, la troisième nuit, débarrassés de leur surveillance, ils avaient recherché la bière et l'avaient reconnue facilement à une marque qu'ils avaient faite avec de la craie[2]; mais que, pour s'en assurer davantage, ils avaient soulevé une des planches du cercueil mal cloué, et avaient vu la tête d'un enfant dont le

---

[1] L'abbé Raynaud se trompe en faisant de Decouflet le compagnon de travail de Valentin. On verra plus tard que Decouflet ne prit aucune part à l'inhumation, et qu'il n'en fut pas même témoin.

[2] La veuve Decouflet nous a dit que, dans le but de retrouver plus facilement le cercueil, Valentin avait *peut-être* laissé quelque distance entre les bières qui précédaient et celles qui suivirent. (Ne serait-ce pas cette précaution qui aura fait croire à une fosse particulière?)

crâne avait été ouvert[1]; qu'ils avaient creusé une autre fosse sous la porte du cimetière donnant dans la chapelle de Saint-Vincent de Paul, et y avaient enfoui la bière du jeune Prince, après avoir formé sur la planche supérieure de cette bière une croix de Malte avec des lattes.

» Je répète que j'ai beaucoup connu ces deux personnes, pendant bien des années, et que je n'ai jamais douté de l'entière vérité de leurs récits; ils me les faisaient d'ailleurs à une époque où ils ne pouvaient avoir aucun intérêt à le faire.

» Decouflet, bedeau des Quinze-Vingts, est mort le 4 octobre 1824. Je me souviens que sept ou huit ans auparavant, lorsqu'il fut question de fouilles dans le cimetière, le bon curé des Quinze-Vingts, M. Quinet, mort il y a quelques années curé de Saint-Ambroise, fit appeler Decouflet, et lui dit d'un ton grave et solennel : « Ah çà, Decouflet, il ne s'agit pas de plaisanter; fais attention au témoignage que tu dois rendre, car on te jetterait dans un cul de basse-fosse si tu ne disais pas la vérité.

» — Il y a vingt ans que je la dis, monsieur le curé, et les recherches que l'on va faire le prouveront. »

» Quant à Valentin, il est mort avant la Restauration[2]; mais il était si persuadé qu'un temps viendrait où l'on rechercherait les restes de l'enfant royal, que quelques heures avant sa mort il disait à sa femme : « Un jour on te fera du bien, et tu seras heureuse; quand on aura retrouvé le Dauphin, on me récompensera en toi. »

» Voilà, Monsieur, les renseignements que j'ai recueillis à

---

[1] J'ai fait observer à la veuve Decouflet, qu'après l'autopsie la tête de l'enfant avait été couverte de bandelettes qui descendaient sous le menton, et qu'ainsi il n'avait point été possible de voir que le crâne avait été ouvert. « Oh! monsieur, me répondit-elle, le linge devait être taché; d'ailleurs, Valentin l'a *peut-être* soulevé. »
On le voit, la veuve Decouflet disait toujours *peut-être*; elle n'avait rien su que par Decouflet, qui n'avait rien appris que par Valentin.

[2] Le 4 juin 1809, a été présenté à l'église Sainte-Marguerite le corps de Pierre Bétrancourt, âgé de soixante-deux ans, rue Saint-Bernard, n° 37.

leur source ; je vous les transmets avec empressement, parce qu'ils vous intéressent ; mais je vous les transmets aussi avec confiance, parce qu'ils sont à mes yeux l'expression irréfragable de la vérité.

» Quant à la mesure qui empêcha dans le temps les recherches ordonnées par Louis XVIII, le motif ne m'en est pas bien connu. C'était, je crois, en mars ou avril 1816 ; M. Decazes, ministre de la police, avait chargé M. Anglès, préfet de police, de faire faire une enquête pour découvrir les restes du jeune Roi. Le jour avait été pris pour cette cérémonie, et indiqué à M. Dubois, curé de Sainte-Marguerite. Nous étions tous à l'heure dite avec aubes, surplis, étole et la croix en tête, attendant le délégué du ministre de la police qui devait présider à cette enquête. Il n'arriva point. Au bout de quelques heures d'attente, nous reçûmes une dépêche de M. Anglès annonçant qu'il y avait lieu de différer cette opération. Cet ordre nous chagrina. Le pauvre Decouflet fut lui-même bien désappointé, car il avait touché au moment de voir ses assertions vérifiées et son zèle récompensé. Il paraît que quelques témoins de l'inhumation n'étaient pas bien d'accord sur la place où elle avait eu lieu, et ce n'est peut-être qu'à leurs contradictions qu'il faut imputer la décision qui annula les effets de l'ordonnance royale. Mais personne ne pouvait être à cet égard mieux instruit que Valentin et Decouflet, qui n'avaient pas quitté les lieux, et leur témoignage aurait dû être écouté.

» RAYNAUD, *vicaire.*

» Paris, 7 novembre 1837. »

Antérieurement à l'ordonnance royale dont parle M. Raynaud, les deux chambres, sur la proposition de Chateaubriand, avaient, les 17 et 18 janvier 1816, inscrit dans une loi relative aux expiations du 21 janvier un article ainsi conçu :

« *Il sera également élevé un monument, au nom et aux frais de la nation, à la mémoire de* Louis XVII, *de la reine* Marie-Antoinette *et de Madame* Élisabeth[1]. »

C'est en exécution de cette loi que le roi Louis XVIII ordonna, au mois de février 1816, que l'on rechercherait les dépouilles mortelles du roi son neveu. Peu de jours après, le ministre de la police générale écrivait à M. Anglès, préfet de police :

[1] En conséquence deux ordonnances royales, datées des 19 janvier et 14 février 1816, prescrivirent l'achèvement de l'église de la Madeleine, au faubourg Saint-Honoré, pour y placer les monuments expiatoires votés par les chambres. Lemot, l'un de nos plus célèbres sculpteurs, fut chargé de l'exécution du mausolée de Louis XVII.

Le 8 juin suivant, anniversaire de la mort de ce Prince, Tiolier, graveur général des monnaies, présenta à Louis XVIII et à la famille royale deux médailles frappées à l'hôtel de Paris, et consacrées à la mémoire du royal enfant. Au champ de chacune d'elles est l'effigie du jeune Roi avec cette inscription : LUDOV. XVII. D. G. FRANC. ET NAV. REX. Sur le revers de l'une est la date funèbre qui le fit orphelin et roi : XXI JANUARII. MDCCLXXXXIII, accostée d'une palme de martyr et d'un cyprès ; le revers de l'autre médaille représente un lis brisé par l'orage avec cette légende : CECIDIT UT FLOS, et avec cet exergue : VIII. JUNII MDCCXCV.

Quelques biographes ont fait mention d'une inscription composée par M. Belloc pour le mausolée de Louis XVII. Donnons-lui ici la place qu'elle attend encore sur le monument qui n'a point été exécuté :

Memoriæ. et cineribvs
LUDOVICI. XVII
qvem
parentibvs. sanctissimis
infando. fvnere. orbatvm
nvllas. non. ærvmnas. perpessvm
in. ipso. fere. vitæ. limine. mors. svstvlit
die. VIII. jvnii. an. M. DCC. LXXXXV
Vixit. annis. x. mensibvs. II. diebvs. XII
Ludovicvs. XVIII
fecit
fratris. filio. dvlcissimo
ac. svpra. ætatis. modvm. pientissimo
Salve. anima. innocens
qvæ. cev. avrevm. Galliæ. sidvs
beato spatiaris polo
volens. hanc. patriam. domvmque. Borbonidvm
placido. lvmine. intvetor.

« Paris, le 1er mars 1816.

» Monsieur le comte,

» Sa Majesté a déterminé, par son ordonnance du 14 février, l'emplacement que devra occuper le monument religieux qui doit être élevé à la mémoire de Louis XVII.

» Il importe actuellement, et j'ai déjà appelé votre attention sur cet objet, de découvrir les précieux restes de cette illustre victime de la Révolution. On sait que le jeune Roi a été enterré dans le cimetière de Sainte-Marguerite, au faubourg Saint-Antoine, en présence de deux commissaires civils et du commissaire de police de la section du Temple, le 8 juin 1795.

» Le jeune Roi devra être déposé à Saint-Denis.

» Je vous invite à me rendre compte des mesures précises que vous avez prescrites pour parvenir à ce but, et du résultat qu'elles auront obtenu.

» Il sera essentiel, si déjà l'on n'a eu cette précaution, d'appeler les commissaires et les autres personnes qui ont dû assister à l'inhumation.

» Agréez,

» *Le ministre de la police générale,*

» Cte DECAZES. »

Le préfet de police répondait au ministre :

« Paris, le 1er juin 1816.

» Monsieur le comte,

» A la réception de la lettre de Votre Excellence, j'ai désigné deux commissaires de police, les sieurs Petit et Simon, pour prendre d'abord auprès du sieur Dusser, ancien commissaire de police de la section du Temple, qui en cette qualité avait dû assister à l'enterrement du jeune monarque, tous les renseignements qu'il pourrait donner à ce sujet.

» Il est résulté des renseignements que les commissaires en

obtinrent, que le sieur Voisin, vieillard âgé aujourd'hui de soixante-quinze ans et retiré à l'hospice de Bicêtre, était, à l'époque de la mort de Louis XVII, conducteur des convois de la paroisse Sainte-Marguerite, dans le cimetière de laquelle le Prince fut enterré, et qu'on pourrait conséquemment obtenir de lui des renseignements sur le lieu même de l'inhumation.

» Les sieurs Simon et Petit ont interrogé cet homme, et ont tiré de lui plusieurs détails qui les ont mis sur la voie d'établir un système d'informations positives. Il leur a assuré qu'il avait creusé, dans la matinée du jour de cette triste cérémonie, une fosse particulière, où le corps du Roi fut déposé; rendu au cimetière avec les commissaires Simon et Petit, il leur a tracé une étendue de terrain, dans l'enceinte de laquelle doit se trouver, selon lui, à six pieds de profondeur, le cercueil du Roi, fait en bois blanc, et ayant à la tête et aux pieds un D écrit par lui avec du charbon.

» Les commissaires ont vu aussi le sieur Bureau, concierge du même cimetière depuis vingt-huit ans; il a affirmé que Voisin lui avait demandé dans la matinée du 12 juin 1795 une bière pour une jeune fille, et qu'il sut, pendant la journée, qu'elle était pour le Prince qu'on appelait alors le Dauphin. Il a prétendu que Voisin n'avait pas creusé de fosse particulière, et que le procès-verbal d'inhumation dans la fosse commune fut dressé dans la maison curiale.

» Poursuivant leur enquête, les commissaires ont su de M. le curé actuel de Sainte-Marguerite qu'un fossoyeur, nommé Bétrancourt, dit Valentin, dont l'épouse vit encore, avait retiré le corps du jeune Prince de la fosse commune et l'avait enterré dans un lieu particulier.

» On s'est informé auprès de la veuve de cet homme si elle pourrait donner des renseignements sur le lieu précis de la sépulture, en confirmant ce que M. le curé avait dit; elle indiqua un ami de défunt son mari, nommé Decouflet, bedeau de la paroisse des Quinze-Vingts, à qui on s'est adressé, et qui a déclaré que Bétrancourt, dit Valentin, en creusant une fosse dans le cimetière de Sainte-Marguerite, en 1802, lui fit remarquer un lieu près du pilastre à gauche de l'église, d'où il enleva environ deux pieds de terre ; il découvrit une pierre du mur de fondation de l'église sur laquelle était une croix ; Bétrancourt ajouta qu'on y ferait un jour un monument ; car il y a, disait-il, ci-dessous, le cercueil du Dauphin.

» De tous les renseignements obtenus de ces différentes personnes et consignés dans le procès-verbal qui en a été dressé par les commissaires, il résulte que le 24 prairial an III (12 juin 1795)[1], la dépouille mortelle de Sa Majesté Louis XVII, renfermée dans une bière de bois blanc de quatre pieds et demi de longueur, a été apportée du Temple au cimetière de Sainte-Marguerite, vers neuf heures du soir, et déposée dans la grande fosse commune ; qu'un procès-verbal de cette cérémonie a été dressé dans la maison curiale par le sieur Gille, alors commissaire de police ; qu'il paraît vraisemblable que le corps a été retiré de la fosse commune ; que cette opération a été exécutée en secret, et pendant la même nuit ou la suivante par Voisin ou Valentin ; que si c'est par ce dernier, le lieu où reposent les cendres du jeune Roi est au-dessous du pilastre gauche de la porte de l'église, en entrant par le cimetière ; que si c'est par le premier, la fosse particulière peut être retrouvée dans l'enceinte que Voisin a désignée à la gauche de la croix élevée dans le milieu du cimetière, en tournant le dos à l'église.

» Les commissaires qui ont fait l'enquête penchent à croire que si les restes précieux du jeune Roi ne sont pas restés confondus avec ceux des autres morts, ils doivent se trouver dans

---

[1] C'est le 22 prairial (10 juin) que l'inhumation eut lieu, et non le 8 juin, comme le disait tout à l'heure la lettre du ministre de la police, ou le 24 prairial, comme l'affirme ici le préfet de police. A des récits contradictoires se mêlent, même dans des pièces officielles, des erreurs de date. Ajoutons que le nom du sieur Gille, commissaire de police, qui figure en la présente pièce, ne se trouve ni dans la déclaration du décès de Louis XVII, ni dans l'acte mortuaire, ni dans l'acte d'inhumation. Ce n'est pas sans peine qu'on arrive à la vérité.

l'endroit désigné par la veuve Bétrancourt, ou Valentin, et par le sieur Decouflet.

» Telles sont les mesures que j'ai prises pour remplir les intentions de Votre Excellence et répondre au désir de Sa Majesté ; tel est l'état des recherches et le résultat qu'elles ont produit pour parvenir à retrouver les dépouilles mortelles du jeune et infortuné Roi Louis XVII[1].

» Je prie Votre Excellence d'agréer, etc.

» *Le ministre d'État, préfet de police,*

» Cte ANGLÈS. »

[1] Quoique cette lettre du préfet de police résume parfaitement les renseignements que lui avaient fournis ses commissaires, nous croyons devoir donner ici leur rapport tout entier, afin de n'enlever à ce procès funèbre aucune des pièces qui le concernent :

« *Réponse au sujet des précieux restes de Louis XVII*

» *A Son Excellence le ministre d'État, préfet de police.*

» Monseigneur,

» Par sa lettre du 8 de ce mois, Votre Excellence nous a chargés de procéder, auprès des sieurs Dusser, ex-commissaire de police, Voisin et autres, à une information qui pût conduire à retrouver les cendres du jeune et infortuné Roi Louis XVII, mort au Temple en 1795.

» Honorés d'une mission aussi importante, nous n'avons rien négligé pour la remplir avec succès ; mais nous n'osons nous flatter que nos découvertes parviennent à satisfaire la juste impatience de tous les bons Français.

» Pour suivre la marche que Votre Excellence nous a tracée, nous nous sommes d'abord transportés auprès de M. Dusser, ancien commissaire de police de la section du Temple, qui avait dirigé l'inhumation ; nous avons ensuite recherché la demeure des sieurs Biard et Goddet, commissaires civils de la même section, qui l'avaient assisté ; enfin nous avons interrogé le nommé Voisin, qui, en sa qualité de conducteur des convois, avait été chargé du matériel de cette fatale cérémonie.

» M. Dusser prétend avoir répandu sur la pompe funèbre plus d'éclat qu'il ne convenait à sa propre sûreté, et avoir, contre les dispositions de l'autorité supérieure, ordonné l'ouverture d'une fosse particulière ; mais il affirme en même temps qu'il ne pourrait nullement indiquer, même à peu près, le lieu où elle fut creusée. Comment accorder un tel manque de mémoire avec les sentiments dont M. Dusser a dû être pénétré, en remplissant à l'égard de son Roi un devoir qui, suivant lui, pouvait mettre sa vie en danger ?

» Voisin, vieillard de soixante-quinze ans, retiré à l'hospice de Bicêtre, a déclaré que ce fut lui qui fit sortir le cortège par la grande porte du Temple, et non par la petite, comme on le voulait ; qu'arrivé au cimetière de Sainte-

LIVRE XIX. — LE CIMETIÈRE.

La déposition de la veuve Bétrancourt, dont le rapport fait mention, est reproduite *in extenso* dans un travail de l'archiviste Peuchet, intitulé : *Recherches pour l'exhumation du corps de Louis XVII.* (Voyez les *Mémoires de tous*, t. II, p. 341.)

« On l'enterra à la brune ; il ne faisait pas encore tout à fait nuit. Il y avait très-peu de monde ; je pus facilement m'approcher : je vis le cercueil comme je vous vois ; on le mit dans la fosse commune, qui était alors la fosse de tout le

Marguerite, le corps fut mis par lui dans une fosse particulière qu'il avait creusée lui-même dans la matinée ; et, transporté au cimetière, il nous a tracé une étendue de terrain d'environ dix pieds de long sur douze de large, dans l'enceinte de laquelle doit se trouver, selon lui, à six pieds de profondeur, le cercueil du jeune Roi, fait en bois blanc, et ayant à la tête et aux pieds un D écrit par lui avec du charbon.

» Le concierge du cimetière, le sieur Bureau, qui occupe cette place depuis vingt-huit ans, a affirmé que Voisin était venu dans la matinée du 12 juin 1795 lui demander une bière pour une jeune fille ; qu'il lui en fournit une de quatre pieds et demi ; que, pendant la journée, il eut lieu de s'assurer qu'elle était destinée à recevoir le jeune Prince qu'on appelait alors le Dauphin ; que le cortége arriva le soir, vers les neuf heures ; qu'il le fit passer par l'église ; qu'on alla déposer le corps dans la fosse commune ; qu'il en fut lui-même témoin ; qu'il n'y avait alors aucune fosse particulière, et qu'il était même expressément défendu d'en ouvrir à cette époque ; que le procès-verbal d'inhumation fut rédigé de suite dans la maison curiale par le sieur Gille, alors commissaire de police de la section de Montreuil, et signé tant de M. Dusser que d'autres fonctionnaires civils et militaires.

» Il s'est élevé dans le cimetière, en notre présence, un débat assez animé entre Voisin et ledit sieur Bureau. Tous deux y ont mis beaucoup de chaleur, le premier soutenant avoir creusé la fosse particulière au lieu qu'il désignait, l'autre niant qu'il l'eût faite, ni même qu'il eût pu la faire.

» Nous avons terminé ce débat en éloignant Voisin, et nous sommes allés avec le sieur Bureau chez M. le curé de Sainte-Marguerite, qui, suivant le concierge, avait reçu des renseignements sur un lieu particulier du cimetière où avait été déposé le corps de Louis XVII, après avoir été retiré secrètement de la fosse commune.

» M. le curé nous a dit avoir recueilli sur cette affaire des notions dont il avait entretenu le Roi, madame la duchesse d'Angoulême et madame la marquise de Tourzel, et nous a laissé entrevoir qu'un fossoyeur, surnommé Valentin, mort depuis quelques années, avait retiré le corps du jeune Prince de la fosse commune, et l'avait enterré dans un lieu particulier qu'il espérait connaître, et qu'il attendait des ordres supérieurs pour faire de ces données l'usage qui sera jugé convenable.

» Nous n'avons pas dû négliger ce renseignement, et nous avons entendu la veuve du fossoyeur Pierre Bétrancourt, surnommé Valentin, fermement

monde : les petits comme les grands, les pauvres comme les riches, tous y allaient, parce que, soi-disant, *tout le monde était égaux.* Le lendemain, comme j'étendais de bon matin du linge dans le cimetière, mon mari, qui travaillait à la tranchée, me fit signe d'aller auprès de lui. J'y allai, et aussitôt il me dit de descendre avec lui dans la fosse ; et enfonçant sa pelle à plusieurs endroits dans le lit de terre dont la bière était censée couverte, il me montra que dessous il n'y avait plus rien. Et

attaché à la cause des Bourbons, discret, courageux, et capable de s'être exposé pour ne pas laisser le jeune Prince outrageusement confondu avec les autres morts

» Suivant la déclaration de la veuve Bétrancourt, son mari lui avait confié que, la nuit même de l'inhumation ou la suivante (elle n'est pas sûre de laquelle), il retira le corps du jeune Monarque, et le déposa dans une fosse creusée partie dans le mur de fondation, partie dans le cimetière, à la gauche de la porte de l'église, du côté de l'autel de la communion, mais que son mari ne lui avait pas montré au juste l'endroit; qu'il n'y avait qu'un seul homme auquel il l'eût indiqué, et que cet homme était un nommé Decouflet, bedeau de la paroisse des Quinze-Vingts.

» Nous nous sommes transportés auprès du sieur Decouflet, et l'avons invité à se rendre avec nous dans le cimetière de Sainte-Marguerite. Là, il nous a déclaré avoir été autrefois portier de l'abbaye Saint-Antoine; que son attachement pour la famille des Bourbons et ses occupations l'avaient lié d'amitié avec feu Bétrancourt; que, se trouvant un jour avec lui dans le cimetière, en mars 1802, tandis qu'il travaillait à la fosse de feu le sieur Colin, maître de pension à Picpus, son ami creusa environ deux pieds en terre, auprès de cette fosse, le long du pilastre gauche de la porte de l'église, en entrant par le cimetière, qu'il mit à découvert une pierre du mur de fondation d'à peu près un pied et demi en tous sens, et lui fit remarquer à la surface une croix de deux à trois pouces, paraissant avoir été faite avec un marteau; qu'il lui dit ensuite : « Tu vois cet endroit? On y fera quelque jour un monument, car il y a ici dessous un cercueil du Dauphin. » Il ajouta qu'il l'avait retiré de la fosse commune, et l'avait placé dans ce lieu. Le sieur Decouflet ne se rappelle pas bien si ç'avait été la nuit même de l'inhumation ou la nuit suivante; que son ami lui recommanda de n'en rien dire à personne pour leur propre sûreté, et qu'il n'en a parlé que depuis la rentrée de S. M. Louis XVIII.

» Il résulte de nos informations consignées dans les procès-verbaux ci-joints que, le 24 prairial an III (12 juin 1795), la dépouille mortelle de S. M. Louis XVII, renfermée dans une bière en bois blanc de quatre pieds de longueur, a été apportée du Temple au cimetière de Sainte-Marguerite, vers neuf heures du soir, et déposée dans la grande fosse commune; qu'un procès-verbal de cette cérémonie a été dressé dans la maison curiale par le sieur Gille, alors commissaire de police de la section de Montreuil, conjointement

comme je regardais sans y prendre trop d'attention, il me dit :
« Ah bien, tu n'es guère curieuse, pour une femme ! tu ne
me demandes pas seulement ce qu'elle est devenue, cette
bière. » Sur quoi je lui répondais que je ne me mêlais pas de
politique, et que si j'avais su qu'il me dérangeât pour si peu
de chose, je serais bien restée à étendre mon linge. Il me dit
là-dessus que je ne serais jamais qu'une bête ; et je retournai
à mon ouvrage, pendant qu'il continua de se croiser les bras,

avec M. Dusser et d'autres fonctionnaires ; qu'il paraît vraisemblable que le corps a été retiré de la fosse commune ; que cette opération a été exécutée en secret et pendant la même nuit ou la suivante ; que feu Bétrancourt ou Voisin ont rendu au jeune Monarque ce dernier service d'un sujet respectueux ; que si c'est Bétrancourt, le lieu consacré à recevoir les cendres de Louis XVII est au-dessous du pilastre gauche de l'église, en entrant par le cimetière ; que si c'est Voisin, la fosse particulière peut être retrouvée dans l'enceinte qu'il a désignée à gauche de la croix élevée au milieu du cimetière, en tournant le dos à l'église ; que, néanmoins, il est plus que probable que la fosse a été faite par Bétrancourt ; que l'opinion de cet homme et son dévouement pour la famille des Bourbons a pu le porter à cet acte généreux ; que M. Dusser n'a guère pu, dans les circonstances où il exerçait, se permettre d'agir ouvertement et en présence d'un grand nombre de personnes, de faire déposer le corps du jeune Monarque dans une fosse séparée ; que si cette opération eût eu lieu comme il l'affirme, et publiquement, il y aurait eu assez de témoins qui, depuis deux ans, se seraient réunis pour constater une chose aussi désirable.

» Nous penchons à croire que si les restes du jeune Roi ne sont pas confondus avec ceux des autres morts, ils doivent se retrouver dans l'endroit désigné par le sieur Decouflet et la veuve Bétrancourt. Si, cependant, on n'en découvrait aucune trace dans ce dernier lieu, les assertions de Voisin devraient alors être vérifiées.

» Les sieurs Biard et Goddet n'ont pu être consultés : le premier est mort dans son domicile, rue Charlot ; le second, dont le fils tient un café, rue de Rivoli, est retiré à Loret, près Pacy-sur-Eure.

» Telles sont, Monseigneur, les notions auxquelles nous ont conduits nos démarches multipliées depuis la réception de vos ordres.

» Si nous n'avons pas réussi à faire preuve d'un parfait discernement, il nous suffira d'avoir pu faire éclater notre empressement à vous plaire, et notre dévouement envers l'auguste famille des Bourbons.

» Nous avons l'honneur d'être, etc.

» Les commissaires de police des quartiers
de l'Hôtel de ville et du Temple,

» SIMON, PETIT.

» Paris, le 15 mars 1816. »

appuyé sur sa pelle, comme quelqu'un qui pense. A peu de temps de là, il revint encore sur le propos de cette bière, en me disant que le corps avait été retiré de la fosse commune la nuit même de l'enterrement, et qu'il avait été placé dans une fosse creusée d'un bout dans le mur de fondation, et de l'autre dans le cimetière, à la gauche de la porte de l'église, du côté de l'autel de la communion. Il n'aurait tenu qu'à moi de savoir l'endroit au juste, mon mari m'y aurait menée, si j'avais voulu ; mais je ne m'en étais jamais intéressée, vu que ça ne me regardait pas ; si bien qu'à l'heure qu'il est, je ne puis que répéter ce qu'il m'a dit. »

Comme le prouvent le rapport du comte Anglès, le procès-verbal dont il contient la substance, et le récit de la veuve Bétrancourt, les témoins mêmes de l'inhumation du mois de juin 1795 n'étaient plus d'accord au mois de mars 1816. Voisin et Dusser[1] prétendaient, comme Lasne, qu'une sépulture

---

[1] Le sieur Dusser revendiqua, à l'époque de la Restauration, le souvenir de la conduite qu'il avait tenue dans cette circonstance. Nous croyons devoir reproduire la pétition qu'il adressa, en novembre 1814, au gouvernement royal ; on y trouvera quelques détails sur les funérailles du Dauphin ; mais nous ferons remarquer qu'il faut lire avec précaution cette pièce, qui n'est pas sans analogie avec le rapport d'Harmand (de la Meuse). Dusser avait un commissariat de police à obtenir, et les préoccupations du pétitionnaire exercent sur le récit du témoin officiel des obsèques du Prince une influence rétroactive. Voici cet acte

« Archives de l'hôtel de ville. — Carton des demandes de places de commissaires de police.

» *Extrait d'un Mémoire de M. Dusser, pour être compris dans l'organisation des commissaires de police. Novembre 1814.*

» *Obsèques.*

» Le 24 prairial an III, je fus requis par le Comité de sûreté générale de me transporter à la tour du Temple pour constater le décès de la jeune et innocente victime qui venait d'y expirer. Je fus également requis de surveiller son inhumation au cimetière de Sainte-Marguerite, faubourg Saint-Antoine.

» Cette cérémonie funèbre avait attiré un grand concours de monde devant la porte du palais du Temple, et l'on voulait faire sortir secrètement et sans cérémonie le corps de ce malheureux enfant par une petite porte qui donnait dans l'enclos du Temple. Moi seul me rendis opposant à cette mesure peu

particulière avait été choisie ; Bureau, Valentin et tous les autres témoins indiquaient la fosse commune.

Ce n'est pas tout. Quelques voix s'étaient élevées, disant que le convoi et les obsèques de Louis XVII dans le cimetière de Sainte-Marguerite n'avaient été que simulés, et que ses restes étaient enfouis au pied même de la tour où s'était accomplie sa déplorable destinée.

Le général comte d'Andigné, prisonnier au Temple au mois de juin 1801, a, dans des Mémoires inédits, exprimé cette opinion. Après avoir parlé d'un nouveau fossé creusé pour établir un second mur d'enceinte, du côté du nord et de l'est, dans l'enclos du Temple, il rapporte ce qui suit : « Les terres extraites de ce fossé étaient jetées négligemment des deux côtés de la tranchée, en sorte que la cour aride, seule promenade qui nous fût permise, semblait réellement environnée de décombres. Autant pour s'occuper que pour embellir leur prison, plusieurs détenus imaginèrent de convertir en jardin les terres du fossé qui avaient été jetées de notre côté, et Faucon-

---

décente; le cortége sortit donc par la grande porte. La commisération et la tristesse du public, qu'on aurait voulu éviter, étaient peintes sur toutes les figures ; mais l'ordre, ainsi que je l'avais prévu, ne fut point troublé.

» Arrivé au lieu de la sépulture, je pris sur moi d'ordonner que le corps de cet enfant serait inhumé *dans une fosse séparée*, et non dans la fosse commune; et cet ordre fut exécuté en présence des sieurs Biard et Goddet, membres du comité civil de la section du Temple, qui étaient animés des mêmes sentiments que moi.

» Dès le soir, je fus mandé au comité de sûreté générale pour rendre compte de ma conduite. La plupart des membres de ce comité étaient furieux contre moi. Il fut proposé les mesures les plus sévères, c'est-à-dire l'arrestation comme *royaliste*, et ma traduction devant le Tribunal révolutionnaire ; mais, heureusement, Louis (du Bas-Rhin), que je connaissais, ayant pris ma défense et calmé ses collègues, je fus renvoyé à mon poste, avec injonction de me conduire tout autrement à l'avenir, sous peine d'être rigoureusement puni. »

Pierre Dusser, commissaire de police de la division du Temple, sixième arrondissement municipal de la ville de Paris, fut, en cette qualité, appelé à constater la mort de Pichegru, au Temple, en 1804. Il était, à cette époque, âgé de 43 ans, et demeurait boulevard du Temple, n° 50

nier, concierge du Temple, approuva leur projet. D'après cela, nous nous partageâmes les terrains et nous nous mîmes sur-le-champ à l'œuvre. La terre mise à notre disposition était mauvaise; pour l'améliorer, nous pelâmes les gazons de la cour et nous cherchâmes de la bonne terre dans tous les lieux où nous pûmes en trouver. Un détenu crut en apercevoir de convenable dans le fond du fossé; il creusa pour la retirer, et ne fut pas médiocrement étonné d'apercevoir le corps d'un grand enfant qui avait été enterré dans de la chaux vive.

» Un corps isolé, enseveli dans ce lieu et avec des précautions aussi inusitées, nous donna à penser que nous avions trouvé les restes de monseigneur le Dauphin, mort dans la tour du Temple; les chairs étaient entièrement détruites, il ne restait plus que le squelette. Un de nous en détacha un petit os, qu'il désira conserver comme une relique. Le corps fut recouvert respectueusement, et nous évitâmes d'en approcher davantage. Fauconnier se trouvait près de là au moment où j'allai visiter le squelette. « C'est là nécessairement, monsieur, lui dis-je, le corps de Monseigneur le Dauphin. » Il parut un peu embarrassé de ma question, mais me répondit sans hésiter : « Oui, monsieur. »

» J'ai souvent regretté que l'on n'ait pas fait constater par une enquête le fait que je rapporte ici, et que tous mes compagnons de prison ont connu comme moi. Sous la Restauration, j'en parlai au cardinal de La Fare, archevêque de Sens. Il me répondit que Madame la Dauphine était persuadée que son malheureux frère n'était pas mort au Temple, et qu'ainsi nous ne pourrions que renouveler ses douleurs sans la convaincre. Malheureusement le temps qui s'écoule rend de jour en jour la vérité plus difficile à constater [1]... Pour éclairer autant qu'il

---

[1] On remarquera que Fauconnier, arrivé au Temple plusieurs années après la mort du Dauphin (le 15 floréal an VI, 4 mai 1798), n'était pas plus en position que son interlocuteur de résoudre la question. Quant aux paroles du cardinal de La Fare, elles seraient en opposition directe avec les convictions bien connues et invariables de Madame la Dauphine.

dépendait de moi un fait qui un jour peut importer à l'histoire, je me suis rendu le 3 juin 1840 au Temple, accompagné de M. Lambert, ancien juge au tribunal de première instance de la Seine, et de M. l'abbé Just, aujourd'hui grand vicaire de monseigneur de Rouen, alors aumônier de la maison. Madame la supérieure et quatre ou cinq de ces dames assistèrent à nos recherches... Je me souviens parfaitement que le corps de Monseigneur le Dauphin, dont je n'ai reconnu la position qu'au simple coup d'œil en 1801, doit se trouver à cinq pieds de profondeur à peu près et à environ dix ou douze pieds du mur de l'est, et quarante ou cinquante pieds de celui du nord, dans un terrain creusé pour l'ensevelir et plus tard ouvert par une tranchée destinée à établir un fondement, ce qui doit laisser des traces faciles à suivre. Malheureusement un espace de cinquante et quelques pieds de côté a été détaché de l'ancienne enceinte dans l'angle qui approche de la rotonde, et l'on a placé dans cet espace un corps de garde de pompiers et un cabaret; en sorte que si je ne me suis pas trompé en estimant à cinquante pieds environ la distance à laquelle les restes de Monseigneur le Dauphin sont du mur du nord, ils se trouveraient sous les bâtiments...

» J'ai relaté ces observations dans une déclaration signée de moi et de tous les assistants comme témoins, et que j'ai déposée entre les mains de madame la supérieure. »

Une autre déposition vint encore à la traverse, troublant, du moins en apparence et d'une manière étrange, toutes les précédentes assertions. Le 11 juin 1816, le sieur Louis-Antoine Charpentier, jardinier en chef du palais du Luxembourg, se rendit, sur l'invitation qui lui en fut faite, à la préfecture de police, et y fit la déclaration suivante :

« Le 25 prairial an III, vers cinq heures après midi, quelqu'un se présenta chez moi de la part du comité révolutionnaire de la section du Luxembourg, et m'enjoignit de me rendre de suite au comité, ce que je fis. Là un membre me donna l'ordre de revenir le même jour, à dix heures du soir, avec deux de mes ouvriers munis d'une pioche et d'une pelle[1]. A l'heure prescrite, nous étions tous trois au comité, où après avoir attendu jusqu'à onze heures, un membre, revêtu de son écharpe, sans entrer dans aucune explication, nous fit monter avec lui dans un fiacre qui nous conduisit jusqu'à l'extrémité de la rue du Jardin des Plantes. Il nous fit alors descendre et l'accompagner à pied jusqu'au cimetière de Clamart, en continuant d'observer le plus profond silence. Ici je crois devoir faire remarquer que cette démarche paraissait enveloppée d'un mystère impénétrable. La voiture avec laquelle nous étions partis du comité n'était précédée ni suivie d'aucune escorte.

» Arrivés au cimetière (il était alors onze heures et demie), celui sous la direction de qui nous avions marché fit d'abord retirer un homme qui nous avait ouvert la porte et qui paraissait logé dans l'intérieur. Pour nous, je veux dire les deux ouvriers et moi, il nous fit ensuite avancer à droite de l'entrée, à une distance de huit à dix pieds seulement. Alors il nous dit que nous devions nous mettre en devoir de creuser, à la place où nous nous trouvions, une fosse large de trois pieds et qui en eût six en longueur comme en profondeur. Nous nous conformâmes à cette injonction, du moins quant à la largeur ; mais deux ouvriers ne pouvant travailler ensemble dans un espace de six pieds, nous dûmes donner à la fosse une extension de huit pour la longueur. Enfin nous étions parvenus à une profondeur d'environ six à huit pieds, lorsque nous entendîmes arriver une voiture. Dans le même instant on nous fit cesser le travail, on ouvrit la porte du cimetière, et nous vîmes sortir de la voiture trois autres membres du comité révolutionnaire, revêtus de leur écharpe comme celui avec qui nous étions venus.

---

[1] Les deux ouvriers étaient terrassiers, savoir :

1° Le nommé Charles, âgé de 50 à 60 ans, demeurant au Gros-Caillou ;
2° Le nommé Le Roux, âgé de 55 à 56 ans, demeurant rue Mouffetard.

Le sieur Charpentier ne les a jamais connus d'une manière plus précise ni plus circonstanciée sous aucun rapport.

(Tiré des archives de la Préfecture de police.)

Chacun de nous put y remarquer en même temps un cercueil large de huit à dix pouces environ, et long de quatre pieds et demi, que les membres du comité, avec l'aide du cocher, prirent eux-mêmes le soin de descendre et de déposer à l'entrée du cimetière, après quoi l'on nous fit sortir moi et mes ouvriers.

» Cependant un moment après, nous fûmes introduits de nouveau, et nous eûmes lieu de remarquer que, dans l'intervalle, le cercueil avait été déposé dans la fosse, puis recouvert d'environ cinq à six pouces de terre. Alors nous fûmes chargés de combler la fosse, et quand cette opération fut terminée, de marcher tous trois sur la superficie pour fouler la terre de toutes nos forces. Nous conclûmes de cette disposition que le but était de faire disparaître, dans cet endroit, du moins autant que possible, la trace d'une terre fraîchement remuée.

» Tout étant ainsi consommé pour ce qui nous regardait, on nous fit la recommandation la plus positive de garder le secret sur l'opération à laquelle nous avions concouru. On nous dit même à ce sujet que l'on saurait retrouver celui de nous qui aurait commis la moindre indiscrétion. Enfin, on remit un assignat de dix francs à chacun de mes ouvriers; quant à moi, on me promit une récompense que je me gardai bien d'aller chercher par toute raison, mais surtout après avoir entendu l'un des quatre membres du comité se permettre de dire même en riant : « *Le petit Capet aura bien du chemin à faire pour aller retrouver sa famille.* »

» Interpellé sur la question de savoir s'il n'a pas reconnu antérieurement l'importance et l'intérêt d'une déclaration relative à un événement qui touche de si près la famille royale des Bourbons, et s'il n'a pas déjà fait quelque démarche dans ce but, le sieur Charpentier a répondu qu'il en a parlé, vers le mois de décembre 1814, à madame la marquise de Soucy, qui devait en entretenir Son Altesse Royale madame la duchesse d'Angoulême; mais que depuis il n'a entendu parler de rien; que, postérieurement au mois de janvier 1815, il fut conduit par madame la comtesse Dernault [1] auprès d'un ecclésiastique, alors secrétaire particulier du ministre de l'intérieur, qui, nonobstant la déclaration du sieur Charpentier, parut plus fortement pénétré de l'opinion que le corps du jeune Louis XVII avait été inhumé à la paroisse Sainte-Marguerite. Néanmoins, le secrétaire particulier annonça qu'il appellerait l'attention du ministre sur cet objet. Le sieur Charpentier ignore ce qui peut avoir été fait en conséquence, et il assure que, pour lui, il n'a rien appris sur la suite qui aurait été donnée de ce côté à sa démarche.

» En foi de quoi il a signé la présente déclaration, en certifiant qu'elle est en tout point conforme à la plus exacte vérité.

» CHARPENTIER. »

D'autres témoignages arrivèrent, les uns favorables au récit de la veuve Bétrancourt et de Decouflet [2], les autres n'acceptant

---

[1] Madame Dernault demeurait alors rue Neuve-Sainte-Geneviève.

[2] Citons encore un fragment de lettre qui nous paraît empreint d'un certain caractère de vérité :

« *A Son Excellence Monseigneur le comte de Cazes, ministre secrétaire d'État au département de la police générale.*

« MONSEIGNEUR,

« Le 9 janvier 1804 (soit l'an XII de la République, le 18 nivôse), je faisais poser une pierre sur la tombe de mon père, au cimetière de Sainte-Marguerite.

« Le fossoyeur habituel s'approcha de moi. Je liai conversation avec lui, d'abord sur le peu d'étendue de ce cimetière eu égard à la quantité de corps qu'on y déposait, ensuite sur les vicissitudes humaines. Cet homme me déclara avec assurance que le Dauphin (ce fut son propre terme) y avait été inhumé obscurément, que son corps, d'abord déposé dans une fosse commune, en avait été retiré nuitamment, et replacé ensuite séparément à peu de distance de l'endroit où nous nous trouvions en ce moment.

» Ce récit doubla mon intérêt et mon attention ; je le questionnai sur le lieu même où il croyait que le corps de Sa Majesté avait été placé ; il me le montra avec la pelle qu'il tenait à la main. C'était sur ma gauche, à dix-huit ou vingt pas de la tombe de mon père, c'est-à-dire dans l'ouest plein, puisque je faisais face au nord.

» Non content de cette explication, je le menai sur le terrain qu'il m'indiquait, et là il m'affirma de nouveau que, dans une circonférence de vingt-

LIVRE XIX. — LE CIMETIÈRE.

aucune idée de substitution. La lutte recommença entre les sieurs Bureau et Dusser, celui-ci ayant pour lui la voix de Voisin et de Lasne, et celui-là l'irrécusable appui d'un règlement inflexible. Devant tant de rapports contradictoires, le doute avait grandi, l'autorité se troubla, et les recherches n'eurent pas lieu.

Depuis, l'archiviste Peuchet a essayé d'établir une concordance qui n'est pas complétement dénuée de vraisemblance entre les deux principales versions, celle de Valentin Bétrancourt et celle de Charpentier : « S. M. Louis XVIII, dit-il, n'était

cinq à trente pieds, ce saint dépôt devait se retrouver, les pieds tournés vers le nord.

» Suivant ce fossoyeur, la fosse commune où le corps avait séjourné plusieurs jours avait une direction du nord au sud, et longeait le mur du fond du cimetière, à gauche de la porte d'entrée, dont elle n'était éloignée que d'environ trente pas.

» Suivant lui encore, il est certain que la personne qui fut chargée de cette mutation (et j'ai soupçonné que c'était lui-même, parce qu'il mettait beaucoup de réserve dans sa conversation, ne me connaissant pas), l'avait fait secrètement, et, pour n'en donner aucun soupçon, avait pris la précaution de retrancher de la fosse nouvelle et particulière ce monticule de terre qu'on remarque ordinairement sur toutes les autres, car elle était au niveau du terrain dans toute sa superficie.

» Cet homme, dont je n'ai jamais su le nom, donnait à sa narration un caractère de vérité qui m'a vivement séduit.

» C'est dans la ferme croyance où je suis que le corps de ce malheureux Prince doit se retrouver dans le lieu que j'indique, que je désire obtenir de Votre Excellence la permission d'entrer dans le cimetière de l'église de Sainte-Marguerite, et, si le temps a respecté la tombe de mon père, je me fais fort, en me plaçant comme j'étais le jour où le fossoyeur me fit ses confidences, d'indiquer pertinemment le même endroit que lui-même m'a indiqué.

» J'ai l'honneur, etc.

» PINON DUCLOS DE VALMER,
» Chevalier de la Légion d'honneur, rue Buffaut, n° 12.

» Paris, 20 juin 1816. »

A cette lettre est joint ce mot administratif :

« Le ministre de la police générale a l'honneur de transmettre à monsieur le préfet de police une lettre d'un sieur Pinon Duclos de Valmer, relative au lieu où seraient ensevelis les restes du jeune et malheureux Louis XVII. Il est invité à utiliser ce document, s'il le croit utile.

» Ce 20 juin 1816. »

TOME II.

rien moins que certaine que ce fussent bien les restes de **Louis XVI, de Marie-Antoinette et de Madame Élisabeth** qui avaient été retrouvés et transportés à Saint-Denis... Plusieurs fois on lui avait insinué qu'elle avait été trompée, et que la fausseté de ces reliques résultait de preuves anatomiques incontestables. Elle craignait que sa piété familiale ne l'eût rendue le jouet de quelque mystification, et plusieurs rapports faits, soit à la police du château, soit à la police générale, l'entretenaient dans cette crainte, fort légitime dans un moment où l'opinion ennemie des Bourbons commençait de déverser le ridicule sur les royales exhumations.

» Ce fut cette crainte, plus que le vague des informations, qui empêcha de donner suite à l'exécution des ordres pour la recherche de la sépulture de Louis XVII. Dans le doute sur la réalité d'une première découverte, Louis XVIII n'a pas voulu s'exposer à impatroniser un intrus dans les tombeaux de son auguste race... Ainsi, le lieu où fut inhumé le jeune Louis XVII est, jusqu'à ce jour, resté enveloppé de ténèbres; seulement, je le répète, l'opinion la plus vraisemblable et la mieux fondée, *c'est que le corps fut porté au cimetière de Sainte-Marguerite, qu'il y resta un ou deux jours, ou dans la fosse commune, ou dans une fosse particulière; et qu'ensuite le gouvernement d'alors, c'est-à-dire, d'après ses attributions, le comité de sûreté générale, donna des ordres et prit des mesures pour le faire ôter du cimetière de Sainte-Marguerite, et porter à celui de Clamart*[1]. »

Nous n'avons ni à justifier ni à blâmer le gouvernement de la Restauration de la décision qui annula les effets de l'ordonnance royale. Les contradictions inquiétaient sa confiance, sans doute; mais peut-être ne devaient-elles point entraver son zèle et l'empêcher de remplir un devoir. Je crois qu'il aurait obtenu des résultats satisfaisants, soit en suivant les indications données par Voisin, soit plutôt en écoutant les déclarations que

---

[1] Peuchet, *Recherches pour l'exhumation du corps de Louis XVII; Mémoires de tous*, t. II, page 356.

PLAN DU CIMETIÈRE ET DE L'ÉGLISE SAINTE-MARGUERITE.

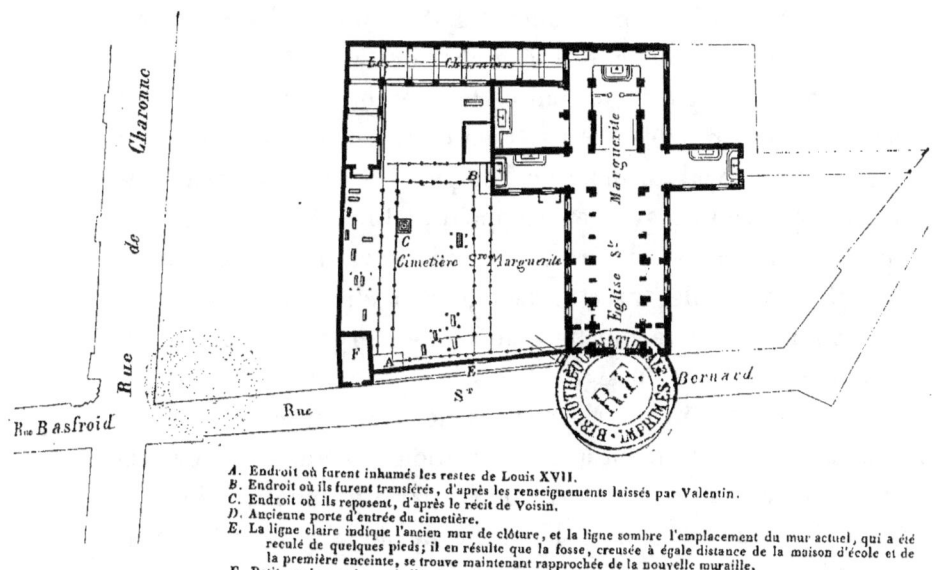

A. Endroit où furent inhumés les restes de Louis XVII.
B. Endroit où ils furent transférés, d'après les renseignements laissés par Valentin.
C. Endroit où ils reposent, d'après le récit de Voisin.
D. Ancienne porte d'entrée du cimetière.
E. La ligne claire indique l'ancien mur de clôture, et la ligne sombre l'emplacement du mur actuel, qui a été reculé de quelques pieds; il en résulte que la fosse, creusée à égale distance de la maison d'école et de la première enceinte, se trouve maintenant rapprochée de la nouvelle muraille.
F. Petite maison qui servait d'école.

Valentin avait faites en présence de la mort, et que Decouflet renouvelait devant l'autorité qu'il acceptait avec joie pour juge de son témoignage; soit enfin en tenant compte des dépositions de Charpentier, qui pouvaient être exactes. La scène mystérieuse de Clamart, placée dans son récit à la date du 25 prairial, ne dément point la cérémonie officielle de Sainte-Marguerite qui avait eu lieu trois jours auparavant, c'est-à-dire le 22 du même mois. Ces deux actes successifs n'ont rien d'inconciliable. En adoptant cette explication, on comprend que le pouvoir révolutionnaire aurait fait exhumer les restes du Dauphin pour dérouter les recherches de l'avenir.

On le voit, il y a ici un fait certain, à côté d'autres faits qui ne sont que probables. Aussi bien qu'il est évident pour moi que l'enfant royal est mort au Temple, il m'est également démontré que son cadavre, enveloppé d'un linceul, a été mis dans une bière; que cette bière n'a été ni rouverte ni changée, et que c'est bien elle, avec la dépouille qu'elle contenait, qui a été inhumée dans le cimetière de Sainte-Marguerite, et dans le lieu que nous avons désigné. Tous les témoignages s'accordent sur cet emplacement primitif; ils ne commencent à se combattre que relativement à la translation effectuée par Bétrancourt ou Voisin et à celle racontée par Charpentier. Le plan ci-contre aidera à suivre la partie de notre récit relative au cimetière de Sainte-Marguerite.

Voilà tout ce que j'ai pu apprendre touchant l'inhumation de Louis-Charles de France.

Peu d'habitants du centre de Paris connaissent l'église et le cimetière de Sainte-Marguerite. Avant de m'être occupé du drame qui fait l'objet de ce livre, j'ignorais même qu'il y eût à Paris une paroisse qui portât ce nom. La première fois que je la visitai, le vendredi 10 mars 1837, désireux de voir la place où furent enfouis les restes de la dernière victime royale, c'était, je m'en souviens, un de ces beaux jours de l'année nouvelle qui semblent rapporter à la nature sa couronne de jeunesse et de joie. L'élégante population de la ville sortait de ses chauds appartements d'hiver, et s'épanouissait le long des boulevards sous la naissante influence du soleil. Les jeunes têtes de nos salons, longtemps fatiguées par l'éclat des lustres, venaient chercher dans une atmosphère nouvelle cette fraîche auréole de leur printemps, compromise et presque fanée par les veilles et les plaisirs. La pensée triste qui m'entraînait me fit passer rapidement au milieu de ces oisifs du monde, de ces heureux du siècle, qui, dans leur promenade joyeuse, ne se doutaient guère qu'ils coudoyaient un homme qui accomplissait un funèbre pèlerinage; les objets que je contemplais étaient en moi-même. Depuis la rue du Temple jusqu'à l'église de Sainte-Marguerite, je suivis fidèlement à pied la route que le convoi avait suivie. Profondément pénétré de mon sujet, je me représentais cette dernière cérémonie telle que le vieux Lasne me l'avait racontée; et toute cette histoire de dix ans se déroulait encore sous mes yeux, cette vie si courte et si longue, ce chemin si rapide et si dur depuis Versailles, jusqu'à ce cimetière ignoré. J'arrivai devant l'église; je reconnus les lieux tels qu'ils m'avaient été dépeints; je vis à gauche le mur de l'enclos funéraire et la porte par laquelle le convoi était entré. Mais, arrivé à cette porte, qui depuis de longues années ne s'ouvre plus, même pour les morts, je fus obligé de prendre une autre route, et j'entrai dans l'église. Je ne saurais dire l'émotion que j'éprouvais; ma tête se courba et mes genoux se plièrent comme à mon insu. Quand je me relevai et que je regardai autour de moi, je vis que j'étais seul dans la pieuse enceinte. Les arbres que j'apercevais à travers les vitraux m'indiquaient bien le champ des sépultures; mais je ne savais, pour y pénétrer, à qui je devais m'adresser, lorsqu'en tournant à gauche dans la chapelle de Saint-Vincent de Paul, j'aperçus une petite porte qui, à mon grand étonnement, n'était point fermée à clef. Me voici dans le cimetière; je foule ce gazon qui a recouvert tant de têtes et tant de corps séparés par le couperet des échafauds; je vais droit à la place qui m'avait été indiquée, et là, debout, les mains jointes sur mon bâton, les

LIVRE XIX. — LE CIMETIÈRE.   365

yeux attachés à la terre, je reste abîmé dans la rêverie la plus profonde. Oh! le langage glacé de la philosophie ne saurait analyser ce charme mystérieux et sacré qui nous attache à un triste souvenir, nous fait nous complaire dans de douloureuses sensations, et nous rend chers les moindres circonstances, les moindres détails qui tiennent aux affections de l'âme. J'étais immobile... Un homme du peuple, déjà avancé en âge, ouvrit la porte des charniers et vint à moi : « C'est ici, n'est-ce pas? » lui dis-je en frappant avec ma canne le gazon sous mes pieds ; et lui, ne comprenant rien à ces paroles ni à ma présence dans ce lieu, me demanda ce que je voulais. « De pieuses intentions m'ont amené ici, lui répondis-je, j'accomplis un devoir de cœur. — C'est donc, Monsieur, un devoir qui vient de bien loin, me dit-il d'un air incrédule, car à votre âge vous ne pouvez avoir que votre grand-père dans ce cimetière. Le monument le plus récent qui s'y trouve est plus ancien que vous. — La personne dont le souvenir m'a conduit ici, lui répondis-je, n'a jamais eu de monument ; les méchants n'ont point voulu qu'elle eût un nom dans ce lieu même!... » Cet homme me comprit alors, l'expression de ses traits changea tout à coup ; il ôta son chapeau, me regarda d'un air respectueux, et me dit : « Oui, Monsieur, c'est bien là la place où repose Louis XVII, roi de France. Je vous demande pardon de ne vous avoir point deviné plus tôt ; mais, depuis plus de trente ans que je suis attaché à la fabrique de la paroisse, je n'ai vu personne venir ici conduit par le sentiment qui vous y amène. »

Entré en confidence sympathique avec ce vieillard, je lui parlai de la conduite des deux fossoyeurs ; mais il n'avait entendu sur ce sujet que de vagues allégations, il ne semblait pas croire à la translation du cercueil d'un lieu à l'autre, et toujours il me ramena vers le coin de terre où il m'avait abordé, et il me répéta : « C'est là, c'est bien là ! »

Prince, triste et cher objet de cet ouvrage, vous savez avec quel amour religieux, avec quelle consciencieuse fidélité j'ai recueilli les souvenirs presque effacés de vos tortures et de votre mort. Je veux achever mon œuvre en élevant une simple pierre à la place où vous avez été enseveli. Nos enfants ne passeront pas devant cette pierre sans donner une larme à votre mémoire. S'il ne m'a pas été permis de faire plus, vous me le pardonnerez, car j'ai souvent crié : Où sont les restes oubliés du fils de Louis XVI? La terre qui les a reçus en a-t-elle, à l'heure présente, dévoré jusqu'au dernier ossement? Là, à côté de vous, ont été jetées des victimes inconnues, obscurs martyrs de l'honneur, de la naissance, de la foi ou de la richesse; morts sans bruit comme ils avaient vécu, avec simplicité et sans ostentation. Le temps a-t-il tout broyé? le temps a-t-il mêlé votre poussière à la poussière de cette génération pieuse et héroïque, ensevelie sous une herbe épaisse?

Rien ne trouble plus amèrement le cœur que l'aspect d'un cimetière abandonné. Hélas! à peine, dans le tourbillon où nous sommes, faisons-nous attention au nombre de ceux qui tombent à nos côtés; à plus forte raison foulons-nous avec indifférence ceux qui sont tombés avant nous. Il n'y a guère que cinquante ans que ce cimetière est fermé aux morts, et les vivants n'en connaissent plus la route. Les joies mondaines poussent sur les regrets comme le gazon sur les tombes. Il n'y a plus une trace de pied humain à travers cette herbe, plus un petit sentier qui conduise à une tombe aimée. Quelques arbres sont restés debout, parce qu'ils étaient jeunes, et qu'un coup de hache n'apporterait pas encore grand profit à leur maître. Là-bas, dans ce coin, les générations des trépassés se succédaient rapidement; car, dans ce monde étroit, on se dispute la place au delà même de la vie, et l'on exproprie la mort au profit de la mort.

Que de fois dans ce champ clos funèbre, au milieu des tombes en ruines et des arbustes sans culture et déjà étouffés sous les orties et les ronces, que de fois j'ai jeté cette interrogation terrible et trop connue : « Capet, où es-tu? lève-toi! » Et j'allais, triste et rêveur, de l'une à l'autre de ces tombes que les fossoyeurs assurent avoir creusées; et ma pensée recueillait

des dépouilles royales que je conduisais en grande pompe à
Saint-Denis! Puis la triste réalité m'accablait, et je me prenais
à regretter cette ordonnance royale rendue par une sorte de
pudeur et restée stérile par une sorte d'indifférence. Les hommes qui gouvernaient à cette époque n'ont pas compris assez
la suprême consolation qu'ils devaient à la sœur du Dauphin.
La sainte fille de Louis XVI, aussi fidèle au malheur que le
malheur lui a été fidèle, n'a pu, en présence de renseignements
insuffisants ou contradictoires, venir apporter sur le terrain
qui a dévoré les restes fraternels une de ces prières et une de
ces larmes qu'elle avait pour tous les malheureux.

Il semble qu'il y ait eu en France unanimité d'oubli pour ce
cimetière. Et pourtant, royauté de treize siècles, qui commençâtes à Reims, c'est ici que vous avez fini! C'est ici que le plus
jeune de vos rejetons est retourné en poussière, à cette époque
où l'on chassait votre poussière de vos tombes. Mais vos tombes, restées vides ou brisées, attestent encore votre passage,
et l'on peut lire vos actions dans l'histoire ou visiter à Saint-
Denis le simulacre de vos cercueils. Rien n'est resté de cet enfant; roi, il n'a pas laissé un acte; mort, il n'a pas gardé une
pierre. En l'arrêtant si vite dans la vie, Dieu n'a pas voulu justifier en lui le nom de roi, mais il lui a donné les plus dures
adversités qui puissent illustrer le nom d'un enfant. S'il a fallu
à d'autres des triomphes et des conquêtes pour obtenir une
immortalité dans l'histoire, cet enfant aurait acquis la sienne
en souffrant comme un martyr : il lui suffit de sa naissance et
de sa mort. Oui, je ne doute pas que ses infortunes ne lui fassent un jour une place dans nos annales[1], alors qu'elles auront
été redites par une voix plus écoutée que la mienne. Toutefois
il m'a semblé qu'en me faisant entrer dans les mystères de
cette longue agonie, la Providence m'imposait la sainte obligation d'en recueillir tous les souvenirs. Dieu donne souvent
une mission au plus chétif et au plus faible.

[1] Voir à la fin du volume, n° X, l'ode si belle et si pure qu'un grand poëte
a, de nos jours, consacrée à la mémoire de Louis XVII.

LIVRE VINGTIÈME.

MARIE-THÉRÈSE SORT DU TEMPLE.

Récit de Gomin sur la fille de Louis XVI. — Réclamations et pétitions pour la mise en liberté de Marie-Thérèse; revirement dans l'opinion publique. — On améliore le sort de la Princesse. — Négociation de l'Autriche pour obtenir la remise de Madame Royale. — Délibération dans le sein de la Convention. — Loi rendue. — Notes échangées. — Madame de Chanterenne au Temple. — La Princesse apprend la mort de tous ses parents. — Promenades au jardin. — La chèvre du Temple. — Témoignages de sympathie; M. et madame Hue. — Journée de Madame au Temple. — Mesdames de Tourzel. — Madame de Mackau. — Contre-coup du 13 vendémiaire au Temple. — Condamnation à mort de Lemaître. — Interrogatoire de Marie-Thérèse. — Ordres sévères. — Les négociations avec l'Autriche se poursuivent. — M. Carletti. — Arrêté du Directoire exécutif au sujet de l'échange de Marie-Thérèse contre les prisonniers de l'Autriche. — M. Benezech au Temple. — Le Directoire décide que Madame voyagera incognito. — Préparatifs du départ. — Conversation de M. Benezech avec M. Hue. — Madame sort du Temple. — Madame de Soucy; M. Méchain et Gomin. — Itinéraire de Marie-Thérèse écrit par elle-même. — Madame à Huningue. — L'hôtel du Corbeau. — Dernières négociations. — M. Bacher et le baron de Degelmann. — Adieux de Madame à Huningue; ses paroles en quittant la France. — M. Reber. — Le prince de Gavre. — L'échange. — Passage de Marie-Thérèse à Basle. — Son arrivée à Vienne. — Présents de l'Empereur aux autorités suisses. — Présents de Madame Royale à Gomin.

Après la mort de Madame Élisabeth, Marie-Thérèse continua d'occuper, au troisième étage de la tour, l'appartement qui avait été celui de sa mère et de sa tante. Rien n'avait été changé à sa chambre, dont nous avons donné la description tome Ier, pages 241 à 242.

« Le soir de mon arrivée au Temple, m'a dit Gomin, Laurent me conduisit voir les prisonniers. Je ne dirai pas ce que j'éprouvai en montant pour la première fois cet escalier coupé par tant de guichets. Arrivé au second étage, devant une porte de fer : « Ici est le frère, me dit Laurent : c'était l'appartement de leur père. » Après cette visite, nous montâmes au troisième,

et nous nous trouvâmes également devant une porte de fer :
« Ici est la sœur : c'était l'appartement de leur mère. » Nous
entrâmes. Madame était assise sur le canapé adossé à la fenêtre, et paraissait occupée de couture ou de broderie. Elle ne
leva pas les yeux. Laurent me présenta comme son collègue :
elle ne répondit pas un mot.

» Je saluai profondément en me retirant, et j'ai su depuis
que cette dérogation aux usages du lieu m'avait fait tout d'abord
remarquer par la Princesse. Les jours suivants, lorsque je la
revis, je me tins vis-à-vis d'elle dans un respectueux silence, et
je ne sache pas lui avoir jamais adressé le premier la parole.
Pendant les deux ou trois premiers jours de mon installation,
elle ne me parla pas non plus ; mais je crus voir qu'elle m'examinait avec attention ; et témoin, plus tard, de la merveilleuse
aptitude qu'elle a montrée à deviner les sentiments politiques
de certains commissaires, je ne doute pas que son regard n'ait
pénétré vite dans mon cœur et n'y ait surpris mes sentiments.
Une démarche que je hasardai me concilia tout à fait ses
bonnes grâces. Comme je sortais toujours le dernier de son appartement, ayant pris l'habitude de fermer moi-même la porte,
je remis un matin, pendant que Laurent et le commissaire
civil étaient déjà sur l'escalier et avaient le dos tourné, je remis
à Madame du papier et un crayon, en la priant de m'écrire ce
qu'elle désirait. Elle me répondit la première fois : — Des
chemises et des allumettes.

» Par ce moyen je parvins à lui rendre quelques services.
Les temps devenus moins rigoureux, le crayon devint moins
indispensable. La Princesse ne me parlait point devant les
commissaires, de crainte de me rendre suspect ; mais lorsque
je me retirais après eux, elle se mettait rapidement derrière la
porte et me disait quelques mots. C'est ainsi que j'appris
qu'elle n'avait plus ni bas ni chaussures ; Laurent et moi nous
ne nous en étions pas aperçus, Madame ayant toujours soin de
tenir sa robe baissée de manière à cacher ses pieds. L'occasion
de pourvoir à ce dénûment me parut favorable le jour même :

nous avions pour commissaire civil un homme dont j'avais déjà remarqué les sentiments honnêtes ; c'était Armand (limonadier, tenant sur le boulevard du Temple le café qui portait son nom). Nous nous entendîmes avec lui, mon collègue et moi, pour adresser notre requête au comité de sûreté générale. On fit droit à notre double demande : un paquet contenant une douzaine de paires de bas nous fut envoyé, et une personne vint avec une corbeille remplie de chaussures de chez le cordonnier dont le magasin était situé près de Sainte-Élisabeth ; Madame en choisit une paire ; à ma prière, elle en prit une seconde. Plus tard, lorsque Lasne me fut adjoint, nous eûmes un peu plus de liberté. Il nous fut permis de montrer plus d'égards et de déférence à la Princesse ; mais on comprend tout ce que notre rôle exigeait de réserve et de prudence ; nos bonnes dispositions étaient forcément subordonnées aux sentiments que nous supposions aux commissaires. Parmi eux se rencontraient de braves gens, mais aussi des hommes d'un cynisme odieux, qui se permettaient de tutoyer la Princesse et de lui adresser des paroles grossières.

» Madame m'a raconté que l'un d'eux lui avait demandé : « As-tu de l'eau ? — Je n'en sais rien. — Et qui doit le savoir ? Vas-y voir. » Madame habituellement ne répondait pas : elle était toujours à sa place, calme et silencieuse, et souvent son air imposant arrêta l'injure sur les lèvres des municipaux. Quelques-uns d'entre eux profitaient de tous les incidents pour aggraver sa situation. C'est ainsi qu'un jour ils décidèrent qu'on lui retirerait le briquet à l'aide duquel elle se procurait deux choses si précieuses pour un captif, le feu et la lumière[1].

---

[1] « Commune de Paris.

» Ce 1er thermidor an II de la République une, indivisible et impérissable (19 juillet 1794).

» Cejourd'hui, 1er thermidor, nous, membres de la Commune de garde au Temple, nous étant aperçus que dans l'un des poêles qui sont dans l'appartement occupé par la fille du tyran il y avait un feu très-considérable, lui avons

» Un de ses souvenirs les plus pénibles, c'était celui des rondes nocturnes que les commissaires faisaient dans la tour. Le bruit sinistre des verrous, les voix menaçantes qui exigeaient qu'au milieu de la nuit la porte de sa chambre s'ouvrît, lui avaient laissé de douloureuses impressions. Ce fut après une de ces visites que, n'ayant aucune oreille amie à laquelle elle pût confier ses sentiments, elle les exprima dans des vers qui n'ont qu'un mérite, celui de montrer quelle sérénité exempte de toute amertume la jeune captive conservait au milieu de ses épreuves.

» Madame ne savait rien des événements qui lui avaient enlevé la plus chère partie de sa famille. Le jeune frère dont les derniers soupirs n'étaient point parvenus jusqu'à elle était souvent l'objet de ses questions. Les réponses vagues qu'elle recevait n'étaient point faites pour la rassurer entièrement. « Pourvu qu'on en fasse un honnête homme, dit-elle un jour, c'est tout ce que je demande. »

» Du reste la santé de Madame n'avait pas souffert de sa longue captivité. Son physique, comme son âme, s'était développé sous le souffle du malheur. Sa taille était avantageuse; ses traits, extrêmement délicats dans l'enfance, avaient pris un beau caractère : ses yeux étaient grands; ses cheveux, de

demandé la raison; elle nous a répondu que, ayant eu besoin de se laver les pieds, elle avait allumé ce feu pour faire chauffer de l'eau à cet effet; à elle observé qu'une chaise avait été brûlée, étant trop près de ce poêle, nous a répondu que c'était d'ancienne date; à elle demandé par quel moyen elle allumait ce feu, nous a répondu : « D'une boîte à briquet et de tout ce qui » la compose. »

» D'après ce dire, nous avons cru sage de lui retirer lesdits ustensiles, provisoirement, et qu'il en sera référé sur-le-champ au citoyen agent national, pour par lui être statué ce qu'il conviendra, et si ladite boîte lui sera remise ou non.

» En conséquence invitons le citoyen agent national à prononcer de suite, s'il se peut, et de nous faire parvenir le résultat de sa décision dans la journée.

» Les membres du conseil du Temple,

» SIMON, LELIÈVRE, LECLERC. »

(Archives de l'hôtel de ville.)

blonds qu'ils avaient été, étaient devenus châtains. Quoique les femmes, comme les hommes, fussent alors *à la Titus*, elle les avait conservés longs; elle les portait sans poudre et noués par derrière. Sa mise était une robe de soie puce, seul vêtement qu'elle possédât; sa coiffure, un fichu attaché par un nœud sur le devant et formant rosette. Ce négligé était rehaussé par l'éclat d'une jeunesse dans sa fleur, à laquelle le malheur donnait un air de gravité inexprimable. »

Ces paroles de Gomin suppléent au modeste silence que la fille de Louis XVI aimait à garder sur elle-même. « Madame Royale, dit très-bien le marquis de Pastoret [1], a écrit en quelques pages les souvenirs de sa captivité, et ces quelques pages égalent tout ce qu'il y a de pieux et de touchant dans les actes de l'Église. Orpheline déjà, déjà peut-être dévouée à la mort, elle ne dit des autres que ce qu'elle ne peut taire; elle excuse ou néglige tout ce qui se rapporte à elle, et si quelquefois l'indignation de son cœur parle plus haut que sa volonté même, c'est quand il s'agit des misères de sa mère ou du mortel dépérissement dont son frère fut victime. Cet admirable écrit, nous devons bien le rappeler, elle avait seize ans quand elle le traça d'une main timide, à l'insu de ses geôliers, sans feu, sans lumière, presque sans sommeil. »

Harmand (de la Meuse) raconte que, lors de la visite qu'il fit au Temple le 9 ventôse an III (27 février 1795), il trouva Madame assise en un fauteuil dans l'embrasure d'une fenêtre élevée de plusieurs pieds au-dessus de sa tête. La Princesse tricotait : ses mains paraissaient enflées par le froid. « Madame, lui dit-il, pourquoi, par le froid excessif qu'il fait, êtes-vous si éloignée de votre feu? — C'est que je ne vois pas clair auprès de la cheminée. — Mais, Madame, en faisant un grand feu, la chambre au moins serait chauffée, et vous éprouveriez moins de froid sous cette croisée. — On ne me donne pas de bois [2]. » L'envoyé du comité de sûreté générale ajoute qu'ayant

---

[1] *Notice sur Marie-Thérèse de France*, Vaton, 1852.
[2] La pénurie de bois que révèle ici la parole de Madame avait été plus

touché un fort beau piano à queue placé dans l'angle de la chambre, à côté du lit, il dit à Madame que ce piano ne lui paraissait pas d'accord, et que, si elle le désirait, il enverrait quelqu'un pour l'accorder. « Non, Monsieur, ce piano n'est pas à moi, c'est celui de la Reine. Je n'y ai pas touché, et je n'y toucherai pas. — Êtes-vous contente de votre lit? — Oui. — Et du linge, Madame? — Il y a plusieurs semaines qu'on ne m'en a donné [1]. »

Déjà, quelque temps avant la mort de Louis XVII, des réclamations s'étaient élevées en faveur du fils et de la fille de Louis XVI. *Un mot pour deux individus auxquels personne ne pense et auxquels il faut penser une fois,* tel était le titre d'une brochure [2] que recherchaient avidement les cœurs généreux.

Charette, comme nous l'avons dit, avait signé, le 17 janvier, dans le petit château de la Jaunaie, près de Nantes, un traité dont les clauses secrètes stipulaient la remise entre ses mains du jeune Roi et de la Princesse sa sœur. Le gouvernement républicain avait feint d'acquiescer à ces conditions, en demandant seulement que la remise des enfants de Louis XVI ne fût effectuée que le 13 juin 1795!...

---

d'une fois l'objet d'une réclamation officielle de la part de ses gardiens. Une lettre de Laurent et de Gomin, à la date du 5 nivôse an III (25 décembre 1794), expose au comité de sûreté générale que la consommation de bois nécessaire pour le Temple est d'une voie par jour; que l'économe chargé de l'entretien de la maison leur a déclaré le jour même qu'il se trouve à la veille de manquer de bois, parce qu'il éprouve les plus grandes difficultés pour s'en procurer; que deux cent cinquante hommes de garde, répandus dans sept corps de garde différents, occasionneraient peut-être quelque mouvement, s'ils se trouvaient privés de feu dans une saison aussi rude, etc.

Le comité de sûreté générale, par un arrêté du même jour, décide que « la commission de commerce et approvisionnement pourvoirait sans délai au service courant pour l'approvisionnement en bois de la maison du Temple ».

Le mois suivant, 11 pluviôse (30 janvier 1795), la même réclamation fut adressée par Laurent, Gomin et le commissaire civil Bertault, au comité de sûreté générale, qui prit un arrêté semblable.

[1] *Anecdotes relatives à quelques personnes et à plusieurs événements remarquables de la Révolution.* Ouvrage déjà cité, page 269.

[2] Avec cette épigraphe : *Miseris succurrere disco.* A Paris, l'an III de l'ère républicaine; signé G. P. (Petitain).

Le traité de la Jaunaie ne pouvait être et n'avait été qu'une trêve dont s'était jouée la déloyauté du gouvernement révolutionnaire.

La presse revendiqua l'honneur de reprendre l'œuvre inachevée de Charette. MM. de Beaulieu et Michaud (celui-ci sous le nom de M. d'Albins) avaient publié quelques écrits sur les traitements auxquels les malheureux enfants de Louis XVI étaient en butte, et ces écrits, répandus partout, avaient produit une douloureuse impression. Ces honorables écrivains firent un nouvel appel au sentiment public en faveur de ce qui restait encore du sang de Louis XVI; l'un, dans un *Mémoire adressé à la nation*[1], et l'autre dans une brochure intitulée *Opinion d'un Français*[2], excitèrent de nombreuses sympathies auxquelles la fin si lamentable de Louis XVII ajoutait un intérêt puissant. La réaction qui se faisait dans l'opinion publique se manifesta par un acte important : le 30 prairial an III (18 juin 1795), dix jours après la mort du Dauphin, une députation de la ville d'Orléans vint à la barre de la Convention réclamer la mise en liberté de Marie-Thérèse-Charlotte de Bourbon[3].

---

[1] Pour Marie-Thérèse de Bourbon, fille de Louis XVI. Paris, 1795.

[2] Sur la détention de Marie-Thérèse de Bourbon, fille de Louis XVI, ci-devant roi des Français. Paris, 1795.

[3] Voici le texte de cette pétition :

« CITOYENS REPRÉSENTANTS,

» Tandis que vous avez rompu les fers de tant de malheureux, victimes d'une politique ombrageuse et cruelle, une jeune infortunée, condamnée aux larmes, privée de toute consolation, de tout appui, réduite à déplorer ce qu'elle avait de plus cher, la fille de Louis XVI languit encore au fond d'une horrible prison. Orpheline si jeune encore, si jeune encore abreuvée de tant d'amertume, de tant de deuil, qu'elle a bien douloureusement expié le malheur d'une si auguste naissance! Hélas! qui ne prendrait pitié de tant de maux, de tant d'infortunes, de son innocence, de sa jeunesse!

» Maintenant que, sans craindre le poignard des assassins et la hache des bourreaux, on peut enfin ici faire entendre la voix de l'humanité, nous venons solliciter son élargissement et sa translation auprès de ses parents; car qui d'entre vous voudrait la condamner à habiter des lieux encore fumants du sang de sa famille? La justice, l'humanité, ne réclament-elles pas sa déli-

Les paroles prononcées par cette députation trouvaient de nombreux échos : l'opinion à Paris leur prêta un concours décisif. Le 25 prairial an III (13 juin 1795), le Comité de sûreté générale arrête que les commissaires préposés à la garde des enfants de Louis Capet lui feront passer incessamment l'état de tous les objets qui pourraient être nécessaires à la fille de Louis Capet pour son vêtement et son entretien, ainsi que leurs observations sur la nourriture qui lui est fournie, pour y être ensuite pourvu, s'il y a lieu.

Un autre arrêté, ayant même date, porte 1° qu'il sera placé auprès de la fille de Louis Capet une femme pour lui servir de compagnie; 2° que la commission administrative de police lui présentera sous vingt-quatre heures le nom de trois femmes recommandables par leurs vertus morales et républicaines, pour être, par le Comité, désigné une d'elles; 3° enfin qu'après cette désignation, les commissaires attachés à la garde du Temple recevront cette citoyenne dans ladite maison et lui procureront un libre et entier accès auprès de la fille de Louis Capet.

La commission administrative répondit que, malgré toute la diligence qu'elle y mettrait, il lui serait impossible de satisfaire au vœu de l'arrêté avant le 28 du même mois. Les renseignements qu'elle fournit sur les trois concurrentes fixèrent le choix du comité de sûreté générale sur « la citoyenne Madeleine-Élisabeth-Renée-Hilaire La Rochette, femme du citoyen Bocquet de Chanterenne, demeurant à Paris, rue des Rosiers, n° 24,

---

vrance? Et que pourrait objecter la défiance la plus inquiète, la plus soupçonneuse?

» Venez, entourez tous cette enceinte; formez un cortége pieux, vous, Français sensibles, et vous tous qui reçûtes des bienfaits de cette famille infortunée; venez, mêlons nos larmes, élevons nos mains suppliantes, et réclamons la liberté de cette jeune innocente; nos voix seront entendues; vous allez la prononcer, citoyens représentants, et l'Europe applaudira à cette résolution, et ce jour sera pour nous, pour la France entière, un jour d'allégresse et de joie.

» Rozier père, Singèle, Tremblat, Filiatre, Lefèvre, Cujautre, Porcher, Vallet, Gibbon, Costé, Potier de Mersan. »

section des Droits de l'Homme[1]. « L'arrêté qui la désigne pour servir de compagnie à la fille de Louis Capet ajoute « qu'il lui sera fourni la nourriture et le logement; qu'il sera pourvu à son indemnité par un arrêté du comité de sûreté générale, et qu'elle ne sortira du Temple que pour affaires indispensables[2] ».

---

[1] *Renseignements sur la citoyenne Hillaire La Rochette, femme du citoyen Bocquet de Chanterenne.*

» La citoyenne Madeleine-Élisabeth-Renée-Hillaire La Rochette est âgée d'environ 30 ans.

» Son père occupe une place administrative au service de la République à Paris.

» Le citoyen Bocquet Chanterenne, son mari, demeurant rue des Rosiers, n° 24, section des Droits de l'Homme, est chargé en chef d'un détail de confiance à la commission administrative de police.

» Elle a été élevée avec soin et avec succès dans une aisance modérée.

» Ses mœurs sont douces et honnêtes; son extérieur est décent.

» Quoique ayant habité longtemps la campagne, elle n'est point déplacée à la ville : ses sociétés, sans être très-brillantes, ont toujours été choisies.

» Elle parle bien le français, l'écrit avec facilité et correctement. Elle sait aussi l'italien et un peu d'anglais.

» L'étude des langues, de l'histoire, de la géographie, la musique, le dessin, les travaux amusants et utiles de son sexe, ont été les occupations de sa vie.

» Sa commune, qu'elle n'a quittée que depuis peu de mois, est celle de Couilly, près de Meaux. Elle y était remarquée par sa popularité, et jamais l'on n'a douté de son civisme. »

---

[2] Voici le texte de l'arrêté :

« *Convention nationale.*

» Comité de sûreté générale. — Section de la police de Paris.

» Le 2 messidor de l'an III, etc.

» Le comité de sûreté générale, vu les renseignements qui lui ont été fournis par la commission administrative de la police en exécution de son arrêté du 25 prairial, portant qu'il sera placé auprès de la fille de Louis Capet une femme pour lui servir de compagnie, et que la commission administrative de police lui présentera le nom de trois femmes recommandables par leurs vertus morales et républicaines, pour être par le comité désigné une d'elles;

» Arrête que la citoyenne Madeleine-Élisabeth-Renée-Hillaire La Rochette, femme du citoyen Bocquet de Chanterenne, demeurant à Paris, rue des Rosiers, n° 24, section des Droits de l'Homme, est nommée pour servir de compagnie à la fille de Louis Capet. Il lui sera fourni la nourriture et le loge-

LIVRE XX. — MARIE-THÉRÈSE.

On le voit, la pitié publique avait élevé la voix assez haut pour qu'elle arrivât au pouvoir : elle fut entendue aussi dans l'enceinte du Temple. Se sentant secondés au dehors, les gardiens de la tour adressèrent au comité de sûreté générale différents rapports réclamant pour la fille de Louis Capet une nourriture meilleure, des vêtements plus convenables, et quelques livres indiqués par elle-même. Ce comité, par décision du 2 messidor an III (20 juin 1795), chargea la *commission des secours publics* de faire droit à ces différentes requêtes, et, de plus, de lui rendre compte tous les mois de ce qu'elle aurait fait en exécution du présent arrêté[1]. Instruit de cette décision, Liénard fit une note de tous les objets réclamés pour le service

---

ment, et il sera pourvu à son indemnité par un arrêté du comité de sûreté générale. Elle ne sortira du Temple que pour affaires indispensables. Le présent arrêté sera adressé tant à ladite citoyenne Hillaire La Rochette qu'aux commissaires gardiens du Temple, qui en donneront communication aux différentes commissions exécutives qu'il pourrait concerner pour son exécution

» Les représentants du peuple, membres du comité de sûreté générale,

» *Signé* : Boudin, Gauthier, Génevois, Ysabeau, Rovère, Bergoing et Lomont.

» Pour copie conforme :

» *Signé* : Houdeyer, secrétaire général. »

« Liberté. — Égalité.

» *La commission des secours publics.*

» Du 2 messidor de l'an III de la République française une et indivisible (20 juin 1795).

» Le comité de sûreté générale,

» Vu les différents rapports faits par les commissaires préposés à la garde du Temple sur les objets dont la fille de Louis Capet pourrait avoir besoin :

» Le comité de sûreté générale arrête que la commission des secours demeure chargée de procurer à la fille de Louis Capet les objets qu'elle a demandés pour sa nourriture et son entretien, et il lui sera également fourni des livres pour son usage.

» La même commission rendra compte tous les mois de ce qu'elle aura fait en exécution du présent arrêté et de ceux relatifs aux personnes détenues au Temple.

» Les représentants du peuple, membres du comité de sûreté générale,

» Boudin, J. F. Rovère, L. B. Génevois, C. Alex. Ysabeau, Bergoing, Lomont.

» Houdeyer, secrétaire général. »

de Marie-Thérèse, et s'empressa de la porter à la *commission des secours*. Cette note ne fut trouvée ni assez détaillée ni assez complète; et elle n'était pas d'ailleurs signée des commissaires préposés à la garde du Temple[1]. « La lettre que nous reçûmes à ce sujet le 5 messidor (23 juin 1795), de M. Dernicau, président de cette commission, parut, me dit Gomin, nous indiquer, aussi bien que les paroles rapportées par Liénard, que nous pouvions nous permettre de donner quelque étendue à nos réclamations. Il était de notre devoir de consulter la Princesse; mais comme elle mettait toujours la plus grande réserve dans l'expression de ses désirs, nous crûmes pouvoir doubler le nombre des objets qu'elle demandait pour sa toilette. Sa satisfaction et son étonnement furent grands quand elle vit qu'on lui accordait au delà de ses espérances et, sans doute, de ses désirs[2]. La propreté, sinon le luxe, venait habiter sa demeure. »

[1] « Liberté. — Égalité.

» Paris, le 5 messidor de l'an III de la République française une et indivisible (23 juin 1795).

» *La commission des secours publics aux citoyens commissaires du Temple.*

» Le comité de sûreté générale, par son arrêté du 2 de ce mois, vient de nous charger, citoyens, de procurer à la fille de Louis Capet les objets que vous avez demandés pour elle au comité.

» Le citoyen Liénard nous a remis ce matin une note de ces objets, mais non revêtue de vos signatures. Nous vous invitons à nous adresser un état détaillé des objets d'habillement, nourriture et livres que vous croirez devoir être fournis, afin que nous nous occupions sur-le-champ de les mettre à votre disposition.

» Cet état, aussi signé de vous, citoyens, nous est nécessaire pour mettre à exécution l'arrêté du comité de sûreté, qui ne contient aucun détail.

» Salut et fraternité,

» DERNICAU. »

[2] « Voici la note des objets apportés au Temple :

Deux déshabillés de taffetas de couleur;

Deux déshabillés de pékin et cotonnade, avec taffetas de Florence pour doublure;

Six paires de bas de soie de couleur;

Six paires de souliers;

Deux douzaines de chemises de toile de Hollande superfine;

LIVRE XX. — MARIE-THÉRÈSE.

La garde du Temple fut réduite à quelques hommes, et les comités civils des sections de Paris furent dispensés d'y envoyer chaque jour un de leurs membres [1]. Madame de Chanterenne ayant représenté aux gardiens que la fille de Louis XVI étant indisposée, il était nécessaire, pour sa santé, qu'elle prît l'air

Une robe de soie verte et une robe de linon.
Outre les objets en neuf, nous fîmes réparer tout ce qui pouvait l'être, et notamment six redingotes de basin blanc, que Madame portait le matin.

» Gomin. »

Ce n'est pas tout encore : on s'occupa de son instruction et de son amusement, comme le prouve le document suivant :

« *Bureau des hospices civils de Paris.*

» Liberté. — Égalité.

» Paris, le 15 thermidor de l'an III de la République française une et indivisible.

» La *commission des secours publics* reconnaît avoir reçu du citoyen Dambreville, conservateur du dépôt littéraire, rue Marc, maison Montmorency, l'*Histoire de France*, de Velly, et les *Mondes*, de Fontenelle, mis à sa disposition par la commission de l'instruction publique, pour l'usage de la fille de feu Louis Capet.

» Dernicau. »

On ajouta à cet envoi du papier, des crayons, de l'encre de Chine et des pinceaux.

« *Section de police.*

» Du 3 messidor an III (21 juin 1795).

» Vu la lettre de la commission administrative de police en date du 2 de ce mois, dans laquelle elle demande que les comités civils soient dispensés d'envoyer chaque jour un de leurs membres au Temple : 1° parce que ce service est très-onéreux; 2° parce qu'il les détourne de leurs occupations; 3° parce que le décès du fils de Louis Capet paraît rendre cette précaution moins utile;

» Le comité de sûreté générale arrête que les dispositions des articles 3 et 4 de son arrêté du 7 brumaire dernier, qui appelle chaque jour un membre des comités civils des sections de Paris à la garde du Temple, demeure rapporté.

» La commission administrative de police transmettra le présent arrêté aux comités civils de chaque section.

» Les représentants du peuple, etc. :

» Gauthier, Boudin, Pierre Guyomar, Courtois, Marie-Joseph Chénier, Lomont, Montmayou, Pierret et Bergoing. »

dans l'enceinte où est située la tour, Gomin et Lasne, en transmettant cette réclamation aux membres du comité de sûreté générale, eurent soin de leur faire observer qu'il n'y avait plus de sentinelles dans cette enceinte, où eux-mêmes se tenaient continuellement, et qu'elle était entourée de murs de trente-six pieds de haut. Cette requête fut accueillie.

Madame Hue, qui ignorait la nomination de madame de Chanterenne, sollicitait auprès du comité de sûreté générale l'autorisation d'entrer au Temple [1]. Cet honneur ne pouvait lui

---

[1] Ces deux lettres, retrouvées par nous, en font foi :

« *Aux citoyens représentants du peuple composant le comité de sûreté générale de la Convention nationale.*

» Citoyens,

» Instruite d'un arrêté pris au comité de sûreté générale par lequel il a été dit qu'une citoyenne serait placée auprès de *Marie-Thérèse-Charlotte de Bourbon*, détenue dans la tour du Temple, la citoyenne Victoire-Madeleine-Henriette Hutin, âgée de 34 ans, native de Saint-Dizier, département de la Haute-Marne, épouse de François Hue, natif de Fontainebleau, demeurant ensemble à Paris, quai de l'Égalité, n° 6, isle de la Fraternité, précédemment attaché au service de Louis XVI et de sa famille, qu'il a suivi au Temple où il a été enfermé avec eux, la ditte citoyenne demande à être nommée par vous pour donner ses soins à Marie-Thérèse-Charlotte Bourbon.

La citoyenne Hue n'a rien à redouter des informations que vous prendrés ur ses mœurs. Épouse et mère, elle en remplit fidèlement tous les devoirs.

« 7 messidor l'an III de la République françoise (25 juin 1795).

» V. M. H. Hutin Hue,

» Isle de la Fraternité, quai de l'Égalité, n° 6. »

« *Au citoyen Bergoing, président du comité de sûreté générale.*

» Citoyen,

» Je viens pour la quatrième fois vous demander réponse à l'adresse que j'ai présentée au comité pour être placée auprès de Marie-Thérèse-Charlotte Bourbon. Je sens que beaucoup d'affaires peuvent vous empêcher de vous occuper de ma pétition ; mais mon impatience redouble par le retard, et par l'idée accablante que cette jeune et malheureuse personne languit de plus en plus par le défaut de soins et des consolations qu'elle recevroit d'une personne qui seroit admise à partager et à soulager sa solitude et ses douleurs.

» Hue.

» Salut et fraternité.

« Décadi 10 messidor, l'an III de la République française (28 juin 1795). »

être accordé; rendons-lui l'hommage qui dépend de nous, en faisant connaître un acte de dévouement, sympathique à tout le monde, mais qui, sous un tel nom, n'étonnera personne.

L'Autriche avait entamé des négociations avec le gouvernement de la Convention pour obtenir que Madame, qui avait des liens de famille si étroits avec la maison impériale, lui fût remise. Le ministère autrichien proposait une somme de deux millions pour sa rançon. Cette offre fut rejetée par les comités de *salut public* et de *sûreté générale,* qui, d'une part, pour n'avoir pas l'air d'obéir complétement à l'opinion publique, et, de l'autre, pour conserver un caractère révolutionnaire à la mesure vers laquelle ils se sentaient poussés, crurent devoir mettre une tout autre condition à l'élargissement de Marie-Thérèse-Charlotte. Le 12 messidor an III (30 juin 1795), Treilhard, au nom de ces comités, s'exprima ainsi à la tribune de la Convention :

« Les triomphes du peuple français, l'espoir de tous les hommes éclairés, l'opinion du monde entier, sanctionnent la République... il serait insensé de douter de son affermissement. Le moment est donc venu où il peut convenir de fixer vos regards sur la fille du dernier Roi des Français... Un devoir impérieux, la sûreté de l'État, vous prescrivit la réclusion de cette famille. Aujourd'hui vous êtes trop forts pour que cette mesure de rigueur soit encore indispensable... Vos comités vous proposent de faire servir un acte d'humanité à la réparation d'une grande injustice. La plus odieuse et la plus noire des trahisons a livré des représentants du peuple et un ministre de la République à une puissance ennemie; cette même puissance, par la violation du droit des nations, a fait arrêter des citoyens revêtus du caractère le plus sacré, celui d'ambassadeurs... Dans cet échange, nous nous désistons d'un droit pour faire cesser une injustice... Ce sera au gouvernement de Vienne à bien réfléchir sur ces considérations; il optera entre son attachement aux liens du sang et le désir de prolonger une vengeance odieuse et inutile.

» Nous n'avons pas pensé que cet objet dût devenir celui d'une négociation; il suffira que vous vous expliquiez, et les généraux français seront chargés de transmettre votre déclaration aux généraux des armées autrichiennes[1]. »

Un projet de décret, conforme à ce discours, fut présenté par le rapporteur, et adopté séance tenante[2].

Pichegru, chef de l'armée du Haut-Rhin, fut chargé de communiquer au général autrichien Stein une proposition d'échange jusque-là sans exemple dans les annales de la diplomatie. L'Empereur, qui dans d'autres temps l'aurait regardée comme inadmissible, l'accueillit par affection pour sa jeune

---

[1] *Moniteur* du 15 messidor an III (3 juillet 1795).

[2] En voici le texte :

« *Loi portant que la fille du dernier Roi des Français sera remise à l'Autriche, à l'instant où les représentants du peuple et autres détenus par ordre de ce gouvernement seront rendus à la liberté.*

» 12 messidor an III (30 juin 1795) de la République une et indivisible.

» La Convention nationale, après avoir entendu le rapport de ses comités de salut public et de sûreté générale, déclare qu'au même instant où les cinq représentants du peuple, le ministre, les ambassadeurs français, les principaux détenus livrés au prince de Cobourg par Dumouriez, le maître de poste Drouet, fait prisonnier sur les frontières de Flandre, et les ambassadeurs Maret et Sémonville, arrêtés en Italie par les Autrichiens, et les personnes de leur suite livrées à l'Autriche, ou arrêtées et détenues par ses ordres, seront rendus à la liberté et parvenus aux limites du territoire de la République, la fille du dernier Roi des Français sera remise à la personne que le gouvernement autrichien déléguera pour la recevoir, et que les autres membres de la famille des Bourbons actuellement détenus en France pourront aussi sortir du territoire de la République.

» La Convention nationale charge le comité de salut public de prendre toutes les mesures qu'il trouvera convenables pour la notification et l'exécution du présent décret.

» La Convention nationale décrète que le rapport sera imprimé, distribué et inséré en entier au *Bulletin*.

» *Visé et signé :* ENJUBAULT.

Collationné et signé : » J. B. LOUVET (du Loiret), président.

» MARIETTE, J. DELECLOI, secrétaires. »

cousine, en y ajoutant l'offre d'étendre l'échange aux prisonniers de guerre des deux pays[1].

Les premières ouvertures de cette négociation se firent à Basle, au mois d'août; la marche en fut longue et embarrassée.

Pendant toute la durée de la Convention, la loi du 12 messidor demeura sans exécution. Il était réservé au gouvernement

---

[1] Cette note était ainsi conçue :

« Mon Conseil aulique de guerre m'a rendu compte de votre rapport du 15 de ce mois, et de la pièce qui a été remise au général Stein par le général Pichegru, relativement à la Princesse Marie-Thérèse, fille de Louis XVI, ma cousine, et aux Princesses de la famille des Bourbons. Dans toute autre circonstance, les conditions dont on veut faire dépendre la liberté des membres de cette famille infortunée qui sont restés en France auraient dû être regardées comme entièrement inadmissibles; mais, puisqu'il n'est que trop vrai qu'au milieu des violentes catastrophes qui se succèdent les unes aux autres dans la révolution française, je ne dois consulter que ma tendre affection pour ma cousine et mon intérêt pour les Princes et Princesses de la famille des Bourbons, et ne songer qu'aux dangers dont ils n'ont cessé d'être environnés, mon intention est que vous fassiez connaître au général français que je veux bien accéder, quant au fond, à la proposition qui m'a été faite.

» Mais il est une autre proposition que je juge à propos de lier à celle que renferme la pièce remise au général Stein. Elle a pour objet l'échange respectif de nombreux prisonniers de guerre, dont, nonobstant mes demandes réitérées, on a toujours opiniâtrément refusé de s'occuper.

» Quelques soins que, malgré le traitement peu favorable de mes soldats prisonniers en France, j'aie ordonné de prendre des prisonniers français dans mes États; quoiqu'ils soient placés dans des provinces où les vivres sont abondants, qu'on les paye exactement en numéraire, et qu'on leur donne tous les secours de la religion, de l'humanité, et tous ceux qui sont dus à l'infortune, ils n'en éprouvent pas moins une foule de maux qui sont inséparables de leur état, et auxquels se joint encore cette idée qu'ils sont abandonnés dans des climats éloignés par ceux pour lesquels ils ont combattu, qu'ils ne reverront plus leurs familles, qu'on les punit pour les malheurs et les hasards des combats, et que la qualité de prisonniers, regardée jusqu'ici comme un titre de plus pour réclamer l'intérêt de ceux à qui l'on s'est sacrifié, semble n'être à leur égard qu'un motif d'ingratitude.

» Je ne veux pas qu'on puisse m'imputer cet oubli du droit des gens, qui perpétue la détention de tant de malheureuses victimes de la guerre, et, à plus forte raison, dois-je rechercher tous les moyens de rendre à la liberté mes fidèles soldats, prisonniers dans un pays où chacun sent qu'ils doivent forcément partager tous les fléaux dont ses propres habitants n'ont pu se garantir.

» Vous me rendrez compte sans délai de la réponse qui vous parviendra à

qui lui succéda, en vertu de la nouvelle constitution qui instituait le Directoire et les deux conseils, de conduire cette affaire à son dénoûment.

Cependant, les témoignages de sympathie publique se multipliaient en faveur de Marie-Thérèse. La commune de Dreux avait suivi l'élan de la ville d'Orléans, en envoyant à la Convention nationale des commissaires chargés de réclamer la liberté de la prisonnière du Temple. Si ces différentes démarches n'aboutirent point à un résultat immédiat, elles eurent du

ce sujet, pour régler ensuite plus particulièrement les détails d'exécution relatifs à la proposition transmise par le général Pichegru, et qui, je pense, ne pourront donner lieu à aucune difficulté. »

Cette note de l'Empereur fut transmise par le général Clairfayt à Pichegru. Celui-ci la fit passer aux comités du gouvernement, qui, après en avoir délibéré, chargèrent l'un d'eux de prendre l'arrêté suivant :

« Le comité de salut public de la Convention nationale, vu la lettre du général Pichegru, commandant en chef de l'armée de Moselle-et-Rhin, en date du 23 de ce mois, relative à l'exécution du décret de la Convention nationale du 12 messidor dernier concernant les cinq représentants du peuple, le ministre, les ambassadeurs français et les personnes de leur suite livrés à l'Autriche ou arrêtés et détenus par son ordre, arrête ce qui suit :

» Article Ier.

» Le citoyen Bacher, premier secrétaire interprète de l'ambassade de la République française en Suisse, est nommé commissaire à l'effet de négocier l'échange des militaires au service de la République française faits prisonniers de guerre par les troupes autrichiennes, contre les militaires au service de la maison d'Autriche faits prisonniers de guerre par les troupes de la République française.

» Article II.

» Le citoyen Bacher se conformera dans cette négociation aux dispositions des lois relatives aux cartels d'échange des prisonniers de guerre.

» Article III.

» Il stipulera formellement, comme condition préliminaire, et *sine quâ non*, que les cinq représentants du peuple, le ministre, les ambassadeurs français et les personnes de leur suite livrés à l'Autriche ou arrêtés et détenus par ses ordres, seront sur-le-champ rendus à la liberté, et remis à Basle, à la charge que le gouvernement français fera au même instant remettre à Basle la fille du dernier Roi des Français, à la personne que le gouvernement autrichien déléguera pour la recevoir, et que les autres membres de la famille des Bourbons actuellement détenus en France pourront aussi sortir du territoire de la République ; le tout en conformité du décret de la Convention du 12 messidor dernier. »

moins pour effet d'adoucir le sort de la jeune orpheline. Déjà depuis quelque temps on permettait à ses gardiens de la laisser descendre dans le jardin. Gomin lui fit hommage d'un petit chien que Laurent lui avait laissé. « C'était, me raconta-t-il, un faux épagneul, roux et de fort laide figure; son nom était aussi vulgaire que toute sa personne : il s'appelait *Coco;* mais sa douceur et son naturel affectionné rachetaient toutes ses disgrâces, et Coco eut le privilége de distraire quelquefois sa maîtresse de ses cruels souvenirs. Il lui tenait compagnie dans sa solitude, et il la suivait au jardin. La captivité de Madame n'avait plus rien de sévère.

La Princesse avait trouvé dans madame de Chanterenne une compagne pleine d'une respectueuse sympathie pour ses malheurs, et d'un sincère dévouement pour sa personne. Marie-Thérèse avait connu la mort de son père, mais elle ignorait le sort de sa mère et de sa tante; elle croyait son frère encore malade. Madame de Chanterenne se chargea de la douloureuse mission de lui faire connaître toute l'étendue de ses malheurs. Les cruelles incertitudes, les doutes affreux, les soupçons terribles allaient cesser dans le cœur de la pauvre jeune fille, qui, jusqu'alors, avait interrogé vainement tous ceux qu'elle avait vus. Elle avait enfin rencontré une femme compatissante qui venait lui dire toute la vérité. « Madame n'a plus de parents! — Et mon frère? — Plus de frère! — Et ma tante? — Plus de tante! — Eh quoi! Élisabeth aussi? qu'ont-ils pu lui reprocher? » Quelques détails furent donnés au milieu des larmes et des sanglots. Madame apprit ainsi d'un seul coup le martyre de tous les siens. Toutes les plaies de son cœur ne furent plus qu'une seule plaie; toutes ses douleurs se réunirent dans une seule douleur. L'histoire du Temple se résuma dans son âme, et le dernier cri de la Passion lui échappa : « *Tout est consommé!* »

Marie-Thérèse savait maintenant qu'elle était seule sur la terre. Celle qui venait d'avoir le courage de lui apprendre son isolement se croyait récompensée par l'honneur de partager sa captivité et ses peines. Une douloureuse confidence est un lien. Madame de Chanterenne fit tout au monde pour rendre ses soins agréables à la jeune Princesse. Elle sut lui plaire par sa conversation, la distraire par ses talents, la toucher par son affection.

Le 3 thermidor an III (21 juillet 1795), le général Menou représenta que la garde de cinquante hommes ordonnée chaque jour au Temple était beaucoup trop nombreuse, et que quinze hommes suffisaient pour le service de cette maison. Le comité de sûreté générale prit, le jour même, un arrêté conforme à cet avis, et en confia l'exécution au général Menou.

Le 10 thermidor (28 juillet), c'est-à-dire cinq semaines après son entrée au Temple, madame de Chanterenne adressa la lettre suivante au comité de sûreté générale :

« Citoyens représentants,

» J'ai différé jusqu'à présent à correspondre avec vous, pour acquérir, par le temps, les moyens de vous donner des notions justes de ma conduite avec la fille de Louis Capet, près de laquelle le comité m'a placée. Dès les premiers instants de mon séjour ici je me suis flattée du succès de mes soins, aujourd'hui j'ose assurer qu'il passe mes espérances, je le dois à l'heureux naturel de ma compagne. Pour peu que je la seconde, je n'ai qu'à applaudir : les vertus les plus estimables ont chez elle devancé l'âge ; ses qualités aimables et ses talents ne demandent qu'à être développés et exercés ; elle joint à une touchante sensibilité de cœur la fermeté et l'énergie de l'âme : une politesse douce et franche, quelquefois même un peu de gaieté, ont pris la place de l'extérieur sérieux et contraint dont elle s'était fait habitude. Elle ne manque de rien de ce qui peut lui être utile ; la vigilante attention de ses gardiens pourvoit à tout. Sa santé est parfaite depuis qu'elle prend plus d'exercice, et que des occupations variées la distraient de pensées tristes ; enfin, citoyens représentants, je n'ai qu'à me louer du poste que j'occupe, et à vous remercier de m'avoir mise à portée de vous donner des preuves de mon zèle à répondre à la confiance dont vous m'avez honorée.

» Vous avez vu, citoyens représentants, par l'un des derniers rapports des commissaires du Temple, que je suis sortie avant-hier quelques heures pour mes affaires. Je continuerai à ne m'absenter que rarement, étant surtout jalouse de répondre à vos vues et intentions.

» Salut et fraternité,

» Hilaire Chanterenne. »

Les sentiments que madame de Chanterenne avait apportés au Temple y devinrent contagieux. En ouvrant les portes de la fatale enceinte, madame de Chanterenne y avait fait pénétrer l'air de justice et de bienveillance qui circulait déjà dans les rues, et tout le monde le respira. Quand Lasne et Gomin faisaient à la porte de Marie-Thérèse un tour de clef pour la fermer, ils en faisaient deux pour l'ouvrir, et Madame pouvait descendre. Pendant les deux derniers mois elle put se promener librement dans le jardin. Il y avait un arbre sur lequel les gardiens mettaient tantôt des poires, tantôt des abricots, tantôt des pêches. « Voici un arbre de bon rapport, dit un jour la Princesse à Gomin. Faites bien mes compliments au jardinier. » Les commissaires municipaux eux-mêmes ne se présentaient devant la fille de Louis XVI que le chapeau à la main. Émue d'un tel changement, Marie-Thérèse remit un matin à sa compagne des vers qu'elle venait d'écrire. Bien qu'ils fussent plus particulièrement adressés à madame de Chanterenne, chacun en prit sa part au Temple : ils furent sur toutes les lèvres, ils demeurèrent dans toutes les mémoires. Lasne, dans ses vieux jours, me les a lui-même dictés, sans aucune omission, avant que, par testament, Gomin m'en eût légué le manuscrit original qu'il avait obtenu de la Princesse :

Dans ce triste séjour d'horreur,
La vertu qui plaît à mon cœur
Me paraissait toujours bannie;
Le ciel a retenu ma vie

Trop souvent prête à s'exhaler
Par les pleurs qu'il voyait couler.
Il finit d'être inexorable
A cette vertu douce, aimable;

Il fait qu'enfin je peux la voir
Triompher d'un triste devoir ;
Elle apaise et calme mon âme,
L'échauffe de sa douce flamme,
Et me console en ce séjour
Par la clarté d'un nouveau jour.
Elle fuyait loin de ma vue,
Ce moment-ci me l'a rendue.
Le ciel m'en fait maintenant jouir.
Tout ici me la fait sentir.
Chaque chose me la rappelle,
Je n'y vois plus de cœur rebelle ;
Enfin elle vit près de moi.
Tout en reçoit la douce loi.
Faudra-t-il donc que je la nomme,

Cette vertu qui pare l'homme,
Qui console les malheureux,
Qui change l'horreur de ces lieux,
Qui revient dans cette contrée,
Pour être à jamais adorée ;
Qui près de moi dans ces moments
Revient adoucir mes tourments ?
Elle vit dans la tour du Temple ;
Tout à l'envi suit son exemple ;
Sensibilité, c'est son nom.
Elle règne dans ma prison,
De mon cœur elle fait le charme ;
Il ne voit plus aucune alarme
Depuis qu'il ne voit près de lui
Qu'âmes sensibles pour appui.

Marie-Thérèse avait trouvé dans madame de Chanterenne une compagne d'une vive sensibilité plutôt que d'un ferme caractère ; Madame la traita avec d'autant plus d'égards qu'elle se sentait la plus forte. En effet, la nouvelle habitante du Temple était délicate au physique comme au moral : elle eut plusieurs attaques de nerfs ; on vit souvent Madame la soutenir par le bras dans les promenades qu'elles faisaient ensemble dans le jardin. Près d'elles on apercevait souvent une jolie chèvre jaspée, vive comme une gazelle, qui, par ses bonds, sa pétulance et ses caprices, animait la solitude du jardin ; c'était un présent de madame de Chanterenne. Le gentil petit animal, dont Lasne et Gomin voulurent également prendre soin, éleva une sorte de rivalité entre les deux gardiens. La chèvre était très-familière avec Gomin ; elle venait à lui, et lui témoignait son attachement, tandis qu'elle poursuivait Lasne et cherchait à le frapper de toutes les forces de son front. Celui-ci s'en amusa d'abord, mais il en conçut quelque dépit lorsqu'il vit que Madame avait remarqué les instincts et les antipathies de la chèvre. « Il prit dès lors, me dit Gomin, le pauvre animal en horreur, et c'est en vain que Liénard et moi nous le plaisantâmes à ce sujet. « Vous faites semblant d'être irrité, lui dit un jour Liénard ; mais il n'en est rien. C'est une fable ; je vous assure que si La Fontaine vivait encore, il en ferait une nouvelle à votre intention, intitulée *la Chèvre et l'Ane*[1]. »

Dès que la nouvelle se fut répandue que Marie-Thérèse se promenait librement dans le jardin, M. Hue s'empressa de louer une chambre dans la *Rotonde*, cette maison voisine de la tour, dont nous avons parlé dans la description du Temple, et qui, de tous les édifices d'alentour, était le point le plus rapproché qui dominât l'enclos. Des fenêtres de cette chambre, située au plus haut étage, on pouvait voir Madame Royale et être vu d'elle. C'était dans cette mansarde que le fidèle serviteur du Roi montait chaque jour, par l'escalier n° 4, pour apercevoir la fille de son maître. Madame Hue, qui était très-bonne musicienne, s'y rendait aussi avec madame Duguerre, artiste de Louvois, qu'elle accompagnait sur la harpe, à l'heure des promenades de la Princesse[2].

---

[1] On publia à cette époque une *Romance sur le chien et la chèvre élevés par Marie-Thérèse dans le Temple*. Des trois couplets de cette pièce, entachée du mauvais goût du temps, il n'est guère que le dernier qui mérite d'être cité :

« Vous qui toujours éloignés d'elle,
Sur son sort n'avez point gémi,
Ingrats, voyez son chien fidèle,
Et rougissez de votre oubli ;
Il a partagé sa misère ;
Dans ses fers il l'a su charmer.
Oui, c'est ainsi qu'on peut lui plaire,
Et voilà comme on doit l'aimer. »

Cette romance se trouve, page 42, dans les *Adieux de Marie-Thérèse-Charlotte de Bourbon; Almanach pour l'année* 1796, *etc.*, par M. d'Albins (Michaud), à Basle, chez Tournesen, libraire, 1796 (Paris, Gueffier), in-18. — Imprimé secrètement et devenu rare.

[2] Entre autres romances, Madame pouvait entendre assez distinctement ce couplet, qui lui annonçait sa prochaine délivrance :

« Calme-toi, jeune infortunée ;
Bientôt ces portes vont s'ouvrir ;
Bientôt, de tes fers délivrée,
D'un ciel pur tu pourras jouir.
Mais en quittant ce lieu funeste,
Où régna le deuil et l'effroi,
Soutiens-toi, du moins, qu'il y reste
Des cœurs toujours dignes de toi ! »

Ces vers sont de M. Lepitre, officier municipal, auteur de la romance *la Piété filiale*, que nous avons donnée dans ce volume, page 16.

Ces témoignages de sympathie tendaient à se propager. Le 24 thermidor an III (11 août 1795), les gardiens du Temple écrivirent au comité de sûreté générale :

« Citoyens représentants,

» Nous avons observé, aujourd'hui, que des croisées de la **rue de la Corderie**, qui ont vue sur le jardin, on a chanté une **romance**; ayant cru nous apercevoir que l'on répétait cette romance à la vue de la jeune détenue, nous avons dirigé sa promenade d'un autre côté.

» Salut et fraternité.

» Gomin, Lasne. »

Quatre jours après (le 28 thermidor, 15 août), jour de la fête de Marie-Thérèse, la musique de la mansarde de la Rotonde ne pouvait manquer de se faire entendre. Madame parut dans le jardin et s'y promena longtemps, afin de témoigner à ses amis combien elle était sensible à la marque d'intérêt qu'ils lui donnaient. Mais ses larmes coulèrent aux souvenirs que cet anniversaire lui rappelait. « Je marchais, me dit Gomin, à une certaine distance derrière elle et derrière madame de Chanterenne, et je saisissais peu leur conversation; mais en nous croisant, à un détour du jardin, je vis Madame essuyer ses yeux. La musique et surtout la présence de Madame avaient éveillé l'attention du voisinage, bien des personnes se mettaient aux fenêtres de la rue de la Corderie. Cette particularité fut portée aux oreilles du comité de sûreté générale; le surlendemain j'y fus mandé. « On donne des concerts! — Citoyens, c'est une actrice qui répète ses rôles. — L'affaire en resta là. »

Le gouvernement avait fait aussi prévenir indirectement M. Hue qu'il excusait l'hommage rendu au malheur, mais qu'il fallait mettre un terme à cette manifestation. Le 25 août, comme au jour de l'Assomption, Madame descendit au jardin;

elle pensait sans doute que la démonstration qui avait eu lieu le jour de Notre-Dame se renouvellerait le jour de la Saint-Louis, mais le concert n'eut point lieu. Elle en parut inquiète. Craignant qu'elle ne l'attribuât à quelque événement fâcheux, Lasne lui fit dire par madame de Chanterenne que rien d'alarmant ne s'était passé, mais que les circonstances et les ordres du comité de sûreté générale n'avaient pas permis qu'on lui donnât un concert ce jour-là. Malgré ce contre-temps, les visites de M. Hue à la Rotonde n'en étaient pas moins fréquentes. Il indiqua à Madame, par un de ces signaux autrefois convenus et qu'elle se rappela, qu'il était chargé d'une lettre pour elle ; cette lettre était de Louis XVIII. M. Hue la fit parvenir dans la tour ; Marie-Thérèse lui envoya sa réponse, qu'il transmit au Roi.

A cette époque, une femme, âgée de trente-cinq à quarante ans, présumée fille légitimée de Louis-François de Bourbon-Conti, prince du sang, se présenta au Temple pour voir Madame, dont elle se disait cousine : elle était munie de l'autorisation officielle du comité de sûreté générale, dans lequel acte elle figurait sous le nom de Stéphanie-Louise de Bourbon, et les portes de la tour lui furent ouvertes [1]. Marie-Thérèse ne

---

[1] Du 30 thermidor an III (17 août 1795) :

» Le comité de sûreté générale autorise les gardiens concierges du Temple à laisser communiquer Stéphanie-Louise de Bourbon avec Marie-Thérèse-Charlotte de Bourbon, sa cousine, tous les jours, en présence de la personne de confiance donnée à la dernière.

» Les membres du comité de sûreté générale.

» *Signé* : Kervelegan, Bergoing, G. F. Rovère, Perrin, J. Mariette Bailleul, Calès, Pierre Guyomar, Lomont, Pierret, Bailly.

» Reçu l'original, » Pour copie conforme,

» Stéphanie-Louise de Bourbon. » Bourguignon. »

Cette autorisation avait été plus d'une fois sollicitée par la même personne. Le 4 messidor précédent (22 juin), elle avait demandé à partager le sort de sa cousine.

Le 2 thermidor (20 juillet), elle avait écrit aux membres du comité de

l'avait jamais vue, et, tout en recevant une personne qu'elle pouvait croire, en effet, lui appartenir par les liens du sang, elle mit dans ses courts entretiens avec elle la réserve qu'elle conservait habituellement avec tous ceux qu'elle ne connaissait pas.

Depuis l'arrivée de madame de Chanterenne, Madame fut

sûreté générale pour obtenir la permission de voir sa cousine, en présence de telles personnes qu'il leur plairait de nommer.

Le 24 du même mois, elle recommença ses démarches jusque-là demeurées sans succès :

« *Au comité de sûreté générale.*

» Je viens vous renouveler ma demande, pour obtenir la permission de voir ma cousine Marie-Thérèse-Charlotte, fille de Louis XVI. Je suis informée que des personnes étrangères ont obtenu cette faveur; j'ose me flatter citoyens représentants, qu'elle ne me sera pas refusée, lorsque vous daignerez vous rappeler tout ce qui peut me mériter cet acte de justice.

» STÉPHANIE-LOUISE DE BOURBON,
» Rue Gît-le-Cœur, n° 15.

» Paris, le 24 thermidor, 3ᵉ année. »

« CITOYEN PRÉSIDENT,

» Je viens vous prier de vouloir bien mettre sous les yeux des membres du comité de sûreté générale ma courte pétition; j'ose me flatter que la justice que je réclame me sera accordée; je n'ai cessé de la solliciter depuis que j'ai recouvré ma liberté; et si je ne l'ai pas obtenue, ce n'est que par des motifs qui me sont étrangers. Maintenant que les circonstances n'empêchent pas des personnes étrangères de la voir, je pense que rien ne s'oppose à mon désir. Accordez-moi votre suffrage, et soyez persuadé, citoyen président, que ce service sera éternellement gravé dans mon cœur.

» Salut et fraternité.
» STÉPHANIE-LOUISE DE BOURBON,
» Rue Gît-le-Cœur, n° 15.

» Paris, le 24 thermidor, 3ᵉ année (11 août 1795). »

La personne qui avait mis tant de persévérance à obtenir son entrée au Temple raconte en ces termes son entrevue avec Madame : « Elle brodait, dit-elle, assise sous un arbre. L'émotion réciproque produit d'abord une scène muette; je cherche des paroles, il ne m'échappe que des soupirs. Enfin, je dis avec une voix étouffée que j'avais été assez malheureuse pour ne pas obtenir de partager et d'adoucir sa captivité; que tous mes instants, depuis bien longtemps, avaient été employés à chercher les moyens de remplir ce

non pas plus occupée que par le passé (car la jeune Princesse ne restait jamais oisive), mais ses occupations furent plus variées et ses chagrins plus distraits, sinon moins présents. Elle passait habituellement la matinée à écrire; dans l'après-midi elle lisait, brodait, dessinait. Outre les livres qui lui avaient été fournis, elle en demanda plusieurs autres que l'on mit à

devoir sacré pour mon cœur. « Vous avez éprouvé bien des malheurs », me dit-elle. « Madame, je ne m'occupe que des vôtres. » Madame, à ces mots, se jette dans mes bras, et les plus affectueuses étreintes nous tiennent enchaînées l'une à l'autre; elle m'ordonne de m'asseoir à côté d'elle. Madame de Chanterenne était tout près de nous, ce qui mit dans notre entretien de la réserve et de la contrainte. Il y avait de longs repos dans notre conversation. Je lui annonce qu'on s'occupe de sa destinée, qu'un avenir moins malheureux va s'ouvrir pour elle. « Ah! mon sort ne changera jamais », dit-elle en me prenant la main. « L'Europe entière », répondis-je, « a les yeux fixés sur » Madame, et j'aurai bientôt le bonheur de lui annoncer que ses fers sont » brisés. » (Je la serrais dans mes bras, je la couvrais de baisers.) J'ajoute que je fais auprès de la Convention les plus vives instances pour obtenir de la suivre; que, si Madame veut bien y consentir, je ne la quitterai jamais; que ce devoir si doux à remplir m'est imposé par mon attachement bien plus encore que par ma surintendance.

» Je crus voir dans les embrassements de Madame le consentement le plus flatteur. Deux heures sonnent, on lui annonce son dîner; nous nous séparons, et elle remonte à la tour. »

(*Mémoires historiques de Stéphanie-Louise de Bourbon-Conti*, écrits par elle-même. Paris, chez l'auteur, rue Cassette, n° 914. Floréal an VI. — T. II, p. 289 et suiv.)

Ce ne fut pas tout : Stéphanie-Louise (nous lui donnerons tout à l'heure son vrai nom) feignit de se croire autorisée par Marie-Thérèse à ne pas séparer sa destinée de la sienne.

Voici la lettre qu'elle écrivit au comité de sûreté générale, et qui, comme cela devait être, demeura sans résultat :

« Citoyen président,

» Je dois à vos bons offices la satisfaction de voir et d'embrasser tous les jours Marie-Thérèse, fille de Louis XVI, ma cousine; nous nous sommes juré un attachement éternel, et que nous ne nous séparerons jamais. Je viens d'apprendre que son sort est décidé et qu'enfin elle va bientôt sortir de sa prison. Je passe la majorité de mon temps auprès d'elle, ce qui me prive d'avoir l'honneur de conférer avec vous relativement à nos affaires; mais je me flatte, représentant, que vous me continuerez vos bons services, en consommant à mon égard l'ouvrage que vous avez commencé. Les personnes qui me continuent leurs bons offices au comité de salut public m'ont fait dire que le moment est venu où il faudrait que les membres du comité de sûreté générale parlassent de mon départ, pour accompagner ma cousine Mariesa disposition, les ouvrages de Racine et de Boileau, les lettres de madame de Sévigné et de madame de Maintenon. Ensevelie sous les débris du trône, elle voulait voir encore quelque chose des beaux siècles de la monarchie ; elle se retirait dans le passé pour trouver un horizon de prospérité et de grandeur. Hélas ! ses illusions finissaient avec sa lecture. Quelquefois elle des-

Thérèse, en rendant compte à un membre ou deux de la pureté de mon personnel. Vous savez que j'ai fourni à cet égard toute la satisfaction que le comité de sûreté générale a exigée (le certificat de ma section), et que ma conduite est digne d'être citée. Et que c'est à toutes ces considérations que l'entrée du Temple m'a été accordée. Veuillez de grâce vous occuper de cette affaire, vous accomplirez les vœux les plus ardents ; ceux de ma cousine et les miens ne font qu'un ; et, puisque nos sentiments sont communs, ceux de la reconnaissance seront les mêmes.

» Salut et fraternité.

» STÉPHANIE-LOUISE DE BOURBON.

« 9 fructidor, 3ᵉ année (26 août 1795). »

L'origine de cette mystérieuse personne a occupé quelques biographes. Les uns ont voulu qu'elle fût fille du prince de Conti et de la duchesse de Mazarin, ainsi que semblait l'indiquer le nom (qu'elle avait pris) de comtesse de Mont-Cair-Zain, qui n'est que l'anagramme de Conti et Mazarin ; ils ont prétendu que reconnue par son père, légitimée par Louis XV, elle avait été victime d'un complot ourdi par madame de Mazarin et le comte de la Marche (depuis prince de Conti). Les autres, et ces derniers sont tout à fait dans le vrai, n'ont vu en elle qu'une intrigante, née à Paris le 30 juin 1756, baptisée sous les noms d'Anne-Louise-Françoise, fille d'une dame Delorme, dont elle troubla la vie par l'excentricité de son caractère. Mariée à dix-huit ans à M. Billet, procureur au bailliage de Lons-le-Saulnier, la jeune Delorme fut aussi rebelle épouse qu'elle avait été fille insoumise. Ayant perdu sa mère en 1778, elle conçut le projet de se donner une origine illustre. Retirée en 1786 au couvent des Visitandines de Gray, elle écrivait à une de ses amies à Lons-le-Saulnier : « J'ai fait une découverte précieuse. Je suis réellement née du sang des Bourbons. Ne m'écrivez plus sous d'autre nom que celui que je signe : Comtesse de Mont-Cair-Zain. » En 1794, elle prend un passe-port sous le nom de Stéphanie-Louise de Bourbon, puis elle obtient un divorce auquel son mari ne met point obstacle. En floréal an III (avril 1795), elle sollicite une pension provisoire sur les biens de son prétendu père, et elle est mise en possession d'une maison d'émigré, rue Cassette. En floréal an VI (avril 1798), elle publie ses *Mémoires historiques*, dans lesquels elle arrange sa vie aventureuse, avec le concours de la plume de J. Corentin-Royou. Ce tissu d'intrigues eut sa fin toute naturelle, et la prétendue Stéphanie-Louise de Bourbon mourut en 1825 dans l'oubli et la misère.

cendait au jardin le crayon à la main, pour tracer l'image de la tour où elle avait tant souffert. Soir et matin elle faisait sa prière. C'étaient là tous les actes de piété auxquels elle pût se livrer dans sa prison. Elle paraissait très-sensible à l'attachement qu'on ne cessait de lui témoigner et au bien-être qui succédait pour elle à tant de privations. « Madame, m'a raconté Gomin, avait paru si heureuse de quitter la vieille robe de soie puce qui la couvrait à peine, et qu'elle ne cessait de raccommoder depuis le régime de Robespierre! Maintenant sa mise était très-convenable : le matin, dans sa chambre, elle était en redingote de basin blanc; toute la journée en robe de nankin; le dimanche, elle se mettait en robe de linon, et toutes les fêtes solennelles elle se parait d'une robe de soie verte. Sa belle chevelure, si abondante que les femmes à la mode de l'époque prétendaient qu'elle portait perruque, flottait, comme par le passé, dans un aimable négligé, retenue avec grâce par un ruban, et quelquefois par un fichu attaché sur le devant de la tête. »

Cependant madame de Tourzel s'occupait d'une négociation moins importante que celle dont nous avons parlé plus haut, mais qui l'intéressait bien vivement; il s'agissait d'obtenir pour elle et pour sa fille la permission de voir Madame Royale. Elle adressa, à cet effet, une demande au comité de sûreté générale, en la recommandant à la bienveillance de Gauthier (de l'Ain), un de ses membres, qu'elle connaissait[1]. Une décision de

---

[1] Nous avons retrouvé une lettre que madame de Tourzel écrivit de sa main à Gauthier, en cette circonstance :

« CITOYEN,

» Permettez que, comme membre du comité de sûreté générale ayant le département de la police, je m'adresse à vous pour vous prier, dans le cas où la pétition que j'ai présentée pour être avec Pauline, ma fille, auprès de la fille de Louis XVI au Temple, aurait le bonheur d'être accueillie, de vouloir bien me faire parvenir l'arrêté du comité de sûreté générale à *Abondant, par Dreux, département d'Eure-et-Loir*, où des affaires indispensables m'obligent d'aller passer une quinzaine de jours. Je vous en aurai une véritable obligation.

» CROY, veuve TOURZEL.

ce comité, en date du 16 fructidor (mercredi 2 septembre 1795), leur accorda cette faveur trois fois par décade. L'ampliation de cet arrêté leur fut remise le lendemain dans la matinée. « Je demandai à Gauthier (de l'Ain), raconte madame de Tourzel dans ses Mémoires inédits, si Madame avait connaissance de toutes les pertes qu'elle avait faites. Il me dit n'en savoir rien, et nous eûmes tout le long du chemin, depuis le comité (qui se tenait à l'hôtel de Brionne) jusqu'au Temple, l'inquiétude d'avoir peut-être à lui apprendre qu'elle avait perdu ce qu'elle avait de plus cher au monde.

» En arrivant au Temple, je remis ma permission aux deux gardiens de Madame, et je demandai à voir madame de Chanterenne en particulier. Elle me dit que Madame était instruite de tous ses malheurs, et qu'elle nous attendait. La Princesse vint à notre rencontre, nous embrassa tendrement et nous conduisit dans sa chambre, où nous confondîmes nos larmes sur tous les objets de ses regrets. Elle ne cessa de nous en parler, et nous fit le récit le plus déchirant du moment où elle se sépara du Roi son père, dont elle était si tendrement aimée...

» A son entrée au Temple, nous avions laissé Madame faible et délicate, et en la revoyant après trois ans de malheurs sans exemple, nous fûmes bien étonnées de la trouver belle, grande, forte et douée de cet air de noblesse qui fait le caractère de sa figure. Nous fûmes frappées, Pauline et moi, de retrouver en elle des traits du Roi, de la Reine et même de Madame Élisabeth. Le ciel, qui la destinait à être le modèle de ce courage qui, sans rien ôter à la sensibilité, rend cependant capable de grandes actions, ne permit pas qu'elle succombât sous le poids de tant de malheurs. Madame en parlait avec une douceur angélique, et nous ne lui vîmes jamais un seul sentiment d'aigreur contre les auteurs de tous ses maux. Digne fille de Louis XVI, elle plaignait les Français, et ne cessait d'aimer ce pays où elle était si malheureuse. Sur ce que je lui disais que je désirais sa sortie de France pour la voir délivrée de son affreuse captivité, elle me répondit avec l'accent de la douleur :

J'éprouve encore de la consolation en habitant un pays où reposent les cendres de ce que j'ai de plus cher au monde. Puis elle ajouta, fondant en larmes et du ton le plus déchirant : *J'aurais été plus heureuse de partager le sort de mes parents que d'être condamnée à les pleurer...*

» Madame nous parla avec attendrissement du jeune Roi son frère, et des mauvais traitements qu'il essuyait journellement. Le barbare Simon le maltraitait pour l'obliger à chanter *la Carmagnole* et d'autres chansons détestables, de manière que les Princesses pussent l'entendre. Quoique le jeune Roi eût le vin en horreur, Simon le forçait d'en boire quand il voulait l'enivrer. C'est ce qui lui arriva le jour où il lui fit dire, devant Madame et Madame Élisabeth[1], les horreurs dont il fut question dans le procès de notre malheureuse Reine. A la fin de cette scène atroce, le malheureux petit Prince, commençant à se désenivrer, s'approcha de sa sœur et lui prit la main pour la baiser. L'affreux Simon, qui s'en aperçut, lui envia cette légère consolation, et l'emporta sur-le-champ, laissant les Princesses dans la consternation de ce dont elles venaient d'être témoins.

» Je ne pus m'empêcher de demander à Madame comment, avec tant de sensibilité et dans une si affreuse solitude, elle avait pu supporter tant de malheurs.

» Rien de si touchant que sa réponse, que je ne puis m'empêcher de transcrire : *Sans la religion c'eût été impossible : elle fut mon unique ressource, et me procura les seules consolations dont mon cœur pût être susceptible. J'avais conservé les livres de piété de ma tante Élisabeth, je les lisais, je repassais ses avis dans mon esprit, je cherchais à ne pas m'en écarter et à les suivre exactement. En m'embrassant pour la dernière fois, et m'excitant au courage et à la résignation, elle me recommanda positivement de demander que l'on mît une femme*

---

[1] Madame de Tourzel commet ici une erreur : dans la scène du 16 vendémiaire an II (7 octobre 1793), que nous avons racontée page 132 de ce volume, le jeune prince fut confronté avec sa sœur, mais non avec sa tante.

auprès de moi. Quoique je préférasse infiniment ma solitude à la campagne que l'on m'eût donnée alors, mon respect pour les volontés de ma tante ne me permit pas d'hésiter. On me refusa ; et j'avoue que j'en fus bien aise. Ma tante ne prévoyait que trop le malheur auquel j'étais destinée, et m'avait accoutumée à me servir seule et à n'avoir besoin de personne. Elle avait arrangé ma vie de manière à en employer toutes les heures. Le soin de ma chambre, la prière, la lecture, le travail, tout était classé. Elle m'avait habituée à faire mon lit seule, à me coiffer, me lacer, m'habiller, et n'avait, de plus, rien négligé de ce qui pouvait entretenir ma santé. Elle me faisait jeter de l'eau pour rafraîchir l'air de ma chambre, et avait exigé, en outre, que je marchasse avec une grande vitesse pendant une heure, la montre à la main, afin de remplacer l'exercice qui me manquait.

» Ces détails, si intéressants à tenir de la bouche même de Madame, nous faisaient fondre en larmes. Nous admirions le courage de Madame Élisabeth, et cette prévoyance qui s'étendait à tout ce qui pouvait être utile à Madame. Cette sainte Princesse fut la consolation de son auguste famille, et nommément de la Reine, qui, moins pieuse qu'elle en entrant au Temple, eut le bonheur d'imiter cet ange de vertu. Non contente de s'occuper de ce qui lui était cher, elle employa encore ses derniers moments à préparer à paraître devant Dieu les personnes condamnées à partager son sort, et exerça la charité la plus héroïque, jusqu'à l'instant où elle alla recevoir les récompenses promises à une vertu aussi éclatante et aussi éprouvée que l'avait été celle de cette vertueuse et sainte Princesse...

» Madame, depuis sa séparation de sa tante, passa près de quinze mois seule, livrée à sa douleur et aux plus tristes réflexions, n'ayant d'autres livres de lecture que les Voyages de La Harpe, qu'elle lut et relut plusieurs fois ; manquant de tout, ne demandant rien, et raccommodant elle-même jusqu'à ses bas et ses souliers. Elle fut visitée quelquefois par les commissaires de la Convention. Ses réponses furent si courtes et si laconiques, qu'ils ne prolongeaient pas leurs visites. Il semblait que le ciel eût imprimé sur elle le sceau de sa protection, car ils éprouvaient tous un sentiment de respect dont aucun ne s'écarta un seul instant.

» Malgré tout son courage, Madame nous avoua qu'elle était si fatiguée de sa profonde solitude qu'elle se disait à elle-même : Si l'on finit par mettre auprès de moi une personne qui ne soit pas un monstre, je sens que je ne pourrai m'empêcher de l'aimer.....

» Je demandai un jour à Madame si elle n'avait jamais été malade pendant le temps de sa profonde solitude. « Ma personne m'occupait si peu, répondit-elle, que j'y ai fait peu d'attention. » Ce fut alors qu'elle nous raconta un évanouissement qu'elle avait un jour éprouvé, en ajoutant des réflexions si touchantes sur le peu de cas qu'elle faisait de la vie, qu'on ne pouvait l'entendre sans être profondément ému.....

» Madame nous offrit un jour de nous mener dans l'appartement du Roi : elle y entra suivie de Pauline, avec un saint respect. La perte du jeune Roi était encore si récente, que je ne me sentis pas le courage de revoir un lieu où il avait tant souffert, et je priai Madame de me permettre de ne pas l'y accompagner. Il n'en fut pas de même des appartements de la petite tour, et je fus bien aise de n'avoir pas eu la même faiblesse. Après avoir revu les lieux que Pauline et moi avions quittés avec tant de regret, Madame nous mena à la bibliothèque, et nous y passâmes l'après-midi. Elle se mit à causer avec Pauline, et me dit : « Si vous avez la curiosité de feuilleter le registre qui est sur cette table, vous y verrez le compte rendu par les commissaires depuis notre entrée au Temple. » Je ne me fis pas prier, et je me mis sur-le-champ à feuilleter et à examiner ce registre. J'y vis, jour par jour, les comptes rendus à la Convention sur les augustes prisonniers, et ils ne me confirmèrent que trop qu'on ne pouvait raisonnablement conserver le plus léger espoir sur la vie du jeune Roi. Comme je craignais que le temps ne me manquât, je ne m'attachai d'abord qu'à examiner ce qui regardait ce prince ; j'y vis tous les progrès de sa maladie, les détails de ses derniers moments, et même ceux qui concernaient sa sépulture. Quand j'eus fini cette triste lecture, et que je commençai à reprendre ce qui concernait la famille royale, Gomin entra dans la bibliothèque, et, me voyant le registre entre les mains, il s'emporta violemment, me reprocha très-aigrement l'imprudence de ma conduite, et me menaça de s'en plaindre. Madame, avec sa bonté ordinaire, s'avoua coupable de m'avoir donné le registre, et lui dit qu'il lui ferait de la peine de pousser la chose plus loin. La peur de se compromettre lui tournait la tête, et il appela son confrère Lasne pour savoir s'il pouvait accéder à ce que Madame désirait. Lasne lui conseilla de ne rien faire qui pût lui causer de la peine, et de se contenter de me faire promettre de ne dire à personne que j'eusse vu le registre, et rien de ce qu'il pouvait contenir.

» Je n'ai jamais conçu comment Gomin avait été si affligé de me voir lire au registre, qui n'était qu'à son avantage, puisqu'il prouvait évidemment qu'il n'avait rien négligé pour procurer au jeune Prince les secours qui lui ont été si constamment refusés. »

Madame la baronne de Mackau ayant appris l'autorisation que mesdames de Tourzel avaient obtenue d'entrer au Temple, se livra à l'espoir que pareille faveur ne serait peut-être pas refusée à elle-même, ancienne sous-gouvernante de Madame. Elle écrivit la lettre que nous copions textuellement :

« *La citoyenne Mackau aux représentants du peuple composant le comité de sûreté générale.*

» Citoyens,

» Tant que la destinée des enfants retenus au Temple était liée à la politique, j'ai commandé le silence aux sentiments qu'inspirent les soins de l'éducation ; actuellement que la Convention paraît très-disposée à adoucir le sort de l'enfant qui reste, en mettant auprès d'elle des personnes capables de contribuer à sa consolation, je crois devoir mettre sous les yeux du comité les titres que j'ai près d'elle; je l'ai élevée depuis le moment de sa naissance; vers l'âge de sept ans elle a été confiée particulièrement à moi, et à ma belle-sœur, la citoyenne Soucy, pour sa première éducation, l'une et l'autre en qualité de sous-gouvernante; mais au commencement de 1789, elle m'a été remise entre les mains uniquement, sous l'unique dépendance des auteurs de ses jours, et n'ayant de compte à rendre qu'à eux de tout ce qui intéressait son éducation, sa santé, et ne la quittant pas d'un moment, ce qui a duré jusqu'au 10 août, époque de notre séparation. J'ose croire que personne n'est plus sûr des vœux de l'orpheline pour notre réunion, d'après l'attachement que mes soins et ma tendresse lui avaient inspiré pour moi; et plus à même de répondre par ce sentiment aux vœux de l'humanité à cet égard; plus fondée aussi à inspirer confiance par une conduite et une résignation qui ne s'est pas démentie un seul instant au milieu de l'indigence où j'ai été réduite et des dangers que j'ai courus, laquelle conduite m'a mérité (j'ai lieu de croire) les égards même des comités révolutionnaires.

» Laissée à Paris lors du voyage de Varennes (que j'ignorais parfaitement), et au moment d'être massacrée à cette époque, je n'ai dû la vie qu'au zèle et à l'activité de la garde nationale du quartier Saint-Jacques, où je m'étais retirée; exposée au même danger le 3 septembre à la Force, où j'ai été jugée et sauvée par le peuple, il ne manque à ma vie que de consacrer encore de mes derniers instants à une enfant qui a été le principe et la cause innocente de mes maux et de mes pertes. J'ai été fort incommodée, mais j'espère être en état, sous peu de jours, d'aller savoir la réponse et les ordres du comité.

» Salut et fraternité.

» A Vitry-sur-Seine, 18 messidor, l'an IIIe de la République.

» Veuve Mackau. »

Le baron de Mackau, muni de cette lettre, mit tout en œuvre pour procurer à sa mère une faveur qu'il savait devoir lui être si précieuse. Il s'adressa à ce sujet à Rewbell, l'un des cinq directeurs, et son compatriote, qui se prêta volontiers à favoriser la réalisation de ses désirs. M. de Mackau se hâta de remettre à sa mère l'autorisation écrite qu'il venait de recevoir (le 24 fructidor an III, 10 septembre 1795), et, sans explication aucune, lui laissa le plaisir de la lire. « Mon fils, s'écriat-elle en l'embrassant avec attendrissement, mon fils, je suis heureuse et je vous le dois ! » Sans perdre de temps, elle se rend au Temple. Madame, prévenue de son arrivée, cède à l'impatience de la voir, et se trouve dans ses bras avant qu'elle ait franchi la cour. « Madame de Mackau, m'a dit Gomin, qui était fort âgée, et dont une détention très-longue avait considérablement altéré la santé, paraissait souffrante et avait de la peine à se soutenir. Elle veut s'excuser de n'avoir pu arriver jusqu'à la tour avant que la Princesse en fût descendue. — Comment, s'écrie Madame avec l'accent du cœur, comment aurais-je pu différer d'une seconde le plaisir de vous embrasser ? — C'est juste, répond madame de Mackau avec un sourire reconnaissant ; Madame a descendu les marches bien plus vite que je n'aurais pu les monter. — Il y a trois ans un mois et un jour que je n'ai eu le bonheur de vous voir ! s'écrie encore la Princesse en embrassant sa gouvernante ; puis elle prend son bras, le passe dans le sien avec une grâce affectueuse, et l'aide ainsi à marcher. Madame de Mackau avait à la main un grand chapeau blanc, elle veut s'en servir pour se garantir du soleil, qui l'incommode beaucoup ; Madame s'empare de ce chapeau, l'élève en l'air de la main qu'elle a libre, et le tient en opposition au soleil, afin que madame de Mackau n'en souffre pas. — Madame est trop bonne pour moi, dit madame de Mackau. — Vous avez été pour moi bien meilleure, répond Madame ; je ne pourrai jamais vous rendre qu'une faible partie des soins que vous avez eus pour moi dans mon enfance !

» En parlant ainsi, on avait déjà fait quelques pas ; resté en

arrière avec Lasne, et nous tenant par respect à quelque
distance, je ne pus en entendre davantage. Madame conduit la
respectable visiteuse au fond du jardin et l'y fait asseoir sur
une chaise; mais soit que madame de Mackau se trouve indisposée et ne puisse rester au grand air, soit que les témoins
qui se trouvent, quoique éloignés, à cette première entrevue,
gênent les épanchements de confiance que Madame veut avoir
avec sa gouvernante, nous la voyons, quelques minutes après,
quitter le jardin et monter avec elle dans son appartement. »

Ce fut là que Marie-Thérèse se révéla à madame de Mackau
telle qu'elle était. Le malheur n'avait pu effacer en elle les
signes de grandeur dont le ciel l'avait douée. Avec quel
bonheur, avec quel orgueil la vieille gouvernante se plut à
répéter à ses enfants tout ce qu'elle avait trouvé de dignité
majestueuse dans la fille des rois, tout ce qu'elle avait trouvé
de touchante amitié dans son élève! Venue à la tour du
Temple pour consoler une enfant, elle y avait rencontré une
femme forte; venue pour lui prêcher la résignation, elle en
reçut l'exemple. « Pleurons, mais non sur mes parents, dit la
royale orpheline; leur tâche est achevée, ils en ont touché le
prix; on ne leur ôtera pas la couronne que Dieu lui-même leur
a mise maintenant sur la tête. Prions, non pour eux, mais
pour ceux qui les ont fait périr. Quant à moi, ces années si
dures ne m'auront point été inutiles; j'ai eu le temps de
réfléchir devant Dieu et avec moi-même. Je suis plus forte
contre le mal. Je suis loin de confondre la nation française
avec ceux qui m'ont enlevé tout ce que j'aimais le plus au
monde. Sans doute je serais charmée de quitter la prison, mais
je préférerais la plus petite maison en France aux honneurs
qui attendent partout ailleurs une princesse aussi malheureuse
que moi. »

On le voit : les longues injustices des hommes n'avaient
point aigri le cœur de Marie-Thérèse; le malheur et la médi-
tation avaient, au contraire, imprimé à son caractère cette
élévation calme et sereine que le sort devait éprouver encore,

et souvent, et longtemps, et toujours, mais que jamais il ne devait atteindre ni troubler.

Mesdames de Tourzel et madame de Mackau, tour à tour, revirent la Princesse trois fois par décade, c'est-à-dire tous les trois ou quatre jours. Elles venaient ordinairement au Temple vers midi, et ne se retiraient qu'à sept ou huit heures. Indépendamment de madame de Chanterenne, Madame eut ainsi des amies à dîner à sa table six fois au moins par décade. C'est dans un de ces entretiens, qui se succédèrent régulièrement pendant près de deux mois, que madame de Mackau eut l'occasion d'apprécier la piété filiale de Marie-Thérèse. Le bruit se répandait alors, et semblait s'accréditer, que Madame devait se rendre bientôt à Vienne pour épouser l'archiduc Charles. Madame de Mackau lui dit : « Si cette mesure politique doit contribuer à ramener Madame en France, je veux m'en réjouir. — Ah! lui répondit la jeune fille, je ne connais de mesures politiques que les dernières volontés de mes parents : je n'épouserai jamais que le duc d'Angoulême. »

Marie-Thérèse-Charlotte reçut aussi la visite de sa nourrice, madame Laurent, qui plus d'une fois avait sollicité l'autorisation de venir lui donner des soins au Temple.

Madame Fréminville[1], qui avait élevé son enfance, ne cessa, pendant de longs mois, de solliciter le même bonheur[2].

---

[1] On a vu, t. I, p. 37, en quels termes la Reine s'exprimait sur le compte de cette *personne d'un vrai mérite* et qui justifia sa confiance.

[2] « *Aux représentants composant le comité de sûreté générale.*

» Citoyens représentants,

» Attachée depuis sa naissance à la fille de Louis Capet, uniquement occupée d'abord des soins de son enfance, puis de son éducation, j'ai vécu dans la retraite, au milieu du monde, quoique très-jeune alors, partageant tout mon temps entre elle et mes trois filles. Je vous demande avec confiance une permission de voir cette jeune personne, persuadée qu'on peut attendre d'un gouvernement juste tous les adoucissements au malheur, et sûre que ce sera une grande consolation pour elle de revoir une personne qui, tendrement attachée à elle, le sent encore plus depuis ses malheurs. Si ma demande ne vous paraissait pas susceptible d'être accordée en ce moment, j'aurais toujours eu la satisfaction de profiter de la liberté de manifester des sentiments d'une

Madame de Chanterenne, qui savait que les douleurs humaines se ravivent souvent à la vue des personnes chères qu'on a connues dans les jours heureux, et qui était déjà autorisée à craindre que, sous les apparences de l'affection, des sentiments moins désintéressés n'amenassent au Temple d'autres personnes, ne voulut ni encourager la Princesse à recevoir de nouvelles visites, ni conseiller au gouvernement de les permettre. Elle écrivit au comité :

« Au Temple, le 5e jour supplémentaire, l'an 3e de la République (21 septembre 1795).

» Citoyens représentants,

» Marie-Thérèse-Charlotte a reçu la citoyenne Mackau, admise auprès d'elle d'après la permission du comité, avec les démonstrations de la joie la plus vive; celle que cette aimable femme a témoignée de son côté ne laisse pas d'équivoque sur son tendre attachement pour son intéressante élève.

généreuse sensibilité. Je vous prie d'observer que, de toutes les personnes qui ont donné leurs soins à l'enfance et à la jeunesse de la fille de Louis Capet, aucune ne s'est trouvée comme moi par sa place et les circonstances dans le cas de ne la pas quitter pendant treize ans et par conséquent d'en être autant aimée.

» Fréminville,
« Rue de la Michaudière, n° 8. »

« *Au citoyen Gauthier, membre du comité de sûreté générale.*

» Citoyen représentant,

» Je continue de m'adresser à vous plutôt qu'au comité réuni pour obtenir la permission que je sollicite depuis trois mois d'entrer au Temple. Vous avez lu plusieurs fois les motifs que j'ai pour la demander et l'obtenir ; je persiste à croire et à espérer que, loin de vous y opposer, vous me la ferez accorder, parce que c'est une chose parfaitement juste, et que, du moment que le comité a pu en donner une seule, j'ai dû en espérer. Comme les pétitions que j'ai présentées à ce sujet ne sont sûrement plus sous vos yeux, je joins ici mon adresse. Soyez bien persuadé, citoyen, que je n'oublierai jamais le service que vous pouvez me rendre dans cette occasion.

» Salut.
» Fréminville,
» Rue des Quatre-Fils, n° 27, au Marais. »

Cette jeune détenue paraît sensible, citoyens représentants, aux adoucissements qu'on apporte à sa situation, par la facilité qui lui est procurée de voir et d'entretenir des personnes qui lui sont chères; son cœur est maintenant satisfait à cet égard, elle m'en a fait l'aveu en m'assurant que la présence de toute autre personne que celles qu'elle voit, lui serait à peu près indifférente. Je pense donc qu'il serait à propos d'éviter de renouveler sans objet l'occasion de ces scènes d'attendrissement, qui pourraient nuire à la santé de Marie-Thérèse, ou tout au moins produire le fâcheux effet de détruire peu à peu le calme et la sérénité que nos soins avaient obtenus de sa raison et de son courage. Je m'en rapporte néanmoins, citoyens représentants, à votre sagesse pour prendre ou non en considération cette simple réflexion, que, d'après mes propres observations, j'ai cru devoir vous présenter. Je ne doute pas que votre décision ne soit conforme aux vues de bienfaisance et d'humanité qui vous dirigent, et dont Marie-Thérèse-Charlotte est bien digne d'être l'objet. Je ne me lasse pas de vous répéter que cette jeune infortunée désire vivement la fin de sa captivité, dont les bontés du gouvernement semblent lui permettre l'espoir. Son affection pour moi répond toujours au tendre intérêt que j'ai pour elle et qu'il est difficile de ne pas éprouver quand on la connaît.

» Salut et fraternité,

» Hilaire CHANTERENNE. »

Cependant les concerts avaient repris leur cours dans les mansardes de la Rotonde. Une dénonciation fut faite en ces termes:

« Il y a environ quatre mois qu'on donne de temps à autre des concerts dans la Rotonde du Temple, en montant par l'escalier n° 4 aux mansardes du quatrième.

» Ce logement était occupé par de braves gens que l'on a très-largement payés pour le céder.

» Depuis deux décades ces concerts prétextés se répètent beaucoup plus souvent dans ce lieu; ce sont des femmes trèsélégantes et des hommes à nattes retroussées qui s'y rendent pour contempler à loisir la fille Capet, qui de son côté ne manque pas d'aller se promener dans le jardin du Temple aussitôt qu'elle est instruite que l'assemblée royaliste est complète.

» C'est alors que ces partisans de la défunte cour lui adressent par signes toutes les protestations de dévouement et de respect pour sa personne royale.

» Le lieu du concert ne se trouvant pas assez spacieux pour contenir toute cette illustre compagnie, elle se rend aussi en grand nombre dans une maison rue Beaujolais, n° 12, dont les croisées ont également vue sur le jardin du Temple ; et là, comme aux mansardes de la Rotonde, se répètent publiquement les mêmes gestes, signaux et marques d'attachement à la fille de Marie-Antoinette, qui, dit-on, y répond quelquefois avec un peu de fierté et de hauteur ; mais sa dame d'honneur a soin de réparer obligeamment ce qui pourrait paraître dédaigneux de la part de la *princesse*.

» Le 1ᵉʳ vendémiaire, il y eut concert vers les cinq heures du soir, heure à laquelle il commence ordinairement ; ce fut un cours d'adorations et de télégraphie jusqu'à la fin du jour.

» On a cru y remarquer des personnes attachées à divers spectacles ; et, depuis l'époque citée, les voitures, qui étaient presque inconnues dans ce quartier, y roulent fréquemment.

» On compte par approximation une centaine de personnes qui se rendent à la fois dans les endroits ci-dessus désignés ; elles sont successivement et continuellement relevées par d'autres.

» Leblanc,
» rue Mêlée, n° 79. »

Le gouvernement, cette fois, intervint, et il fallut dire adieu aux chansons et à la musique.

Le 11 brumaire an IV (2 novembre 1795), Gomin et Lasne informèrent le comité de sûreté générale « qu'il existait dans une armoire de la petite tourelle quelques effets provenant de défunt Louis Capet, et le prièrent de les autoriser à en retirer toutes les choses qui pourraient être mises à l'usage de la fille de Louis Capet, et de leur accorder ce qui ne pouvait lui être utile, ainsi que la petite garde-robe du fils de Louis Capet. Nous croyons, ajoutaient-ils, pouvoir réclamer de votre justice, citoyens représentants, cette petite gratification, en vous exposant que l'un de nous, placé depuis un an à ce poste, n'a touché que les premiers jours de ce mois les appointements que le comité lui a accordés; que l'autre a essuyé une maladie qu'il a gagnée en soignant le petit Capet, et dont il n'est pas encore entièrement rétabli; que nous n'avons reçu aucune des augmentations ni indemnités accordées aux fonctionnaires publics. »

Quelques jours après, sur des explications reçues de Lasne, la demande des gardiens fut prise en considération[1].

Depuis le 8 septembre, les négociations commencées à Basle avaient pris un cours régulier, grâce à la médiation que M. le *bourguemaître*[2] Bourcard, chef de la régence de l'État de Basle, s'était empressé d'offrir à M. le baron de Degelman, ministre plénipotentiaire de l'empereur d'Autriche, et à M. Bacher, premier secrétaire de l'ambassade de la République française. Ces deux diplomates, qui, à cause de l'état de guerre, ne pouvaient établir entre eux de relations directes, trouvèrent

---

[1] « Paris, 2 frimaire an IV (23 novembre 1795.)

» *Le ministre de l'intérieur au bureau central du canton de Paris.*

» D'après les éclaircissements qui m'ont été donnés, citoyens, par le C. Lasne, l'un des commissaires préposés à la garde du Temple, puisque la fille Capet a disposé en partant en faveur des employés près d'elle et de son frère des hardes et effets de tous deux, ainsi que de ceux de son père, il convient ou que vous donniez à ces commissaires une décharge des états qu'ils ont fournis de ces objets, ou que vous annuliez ces états; cette observation ne s'applique point aux états des objets qui sont sous les scellés; ces relevés doivent rester intacts. »

[2] C'était ainsi que l'on nommait, dans les actes diplomatiques, le chef de a Régence de Basle. L'usage d'y franciser les titres et les noms mêmes, dans es rapports officiels avec l'étranger, était tel, que le nom des Burckhard (ces illustres patriciens de Basle) s'y rencontre toujours avec cette orthographe française de *Bourcard*, que nous lui conservons dans ce récit.

dans M. Bourcard l'intermédiaire le plus zélé et le plus conciliant.

Tout semblait conspirer à la délivrance de Marie-Thérèse-Charlotte, lorsque plusieurs circonstances fatales vinrent remettre en question un acte de justice consenti de toutes parts, et dont il ne s'agissait plus que de régler le mode d'exécution. La Convention fut sérieusement menacée. Sur les quarante-huit sections qui composaient la garde nationale de Paris, cinq seulement voulaient la République : ce qui n'était pas rigoureusement vouloir le régime conventionnel. Le 13 vendémiaire an IV (5 octobre 1795), les quarante-trois autres sections s'étaient soulevées et réunies en assemblées armées et délibérantes; le canon se chargea de les comprimer et d'apprendre le nom de Bonaparte à tous les échos de la France. « Au moment, me dit Gomin, où, d'après les ordres de Barras, le dictateur de l'avenir mitraillait le peuple sur les marches de Saint-Roch et dans la rue du Dauphin, mon service me fit entrer dans l'appartement de Madame. Je la trouvai tout en larmes. « Je pleure sur le sang que l'on verse en ce moment, » me dit-elle. »

L'enthousiasme des conventionnels pour celui qui venait de les sauver fut d'autant plus vif que leur frayeur avait été grande : dans les transports de leur reconnaissance, ils le proclamèrent général de division, et lui donnèrent le commandement de l'armée de l'intérieur. Avant de se dissoudre, la Convention décréta que les deux tiers de ses membres feraient partie des deux conseils, et qu'elle s'en réservait le choix. La nouvelle constitution fut établie, et le gouvernement directorial s'installa le 13 brumaire an IV (4 novembre 1795) dans le palais du Luxembourg.

Les changements qui s'opèrent dans les hautes régions du pouvoir sont toujours une menace pour les positions secondaires : Gomin craignit qu'on ne devinât ses sympathies royalistes; Madame craignait elle-même qu'on ne lui enlevât un gardien dont elle avait eu toujours à se louer. Elle ne cacha point son inquiétude à Gomin, qui se fit un devoir de prévenir une fâcheuse éventualité : il s'adressa à quelques protecteurs dont l'appui ne lui fit pas défaut [1].

Cependant quelques agents royalistes qui avaient pris part à l'insurrection avaient été arrêtés. De ce nombre était Lemaître, qui, condamné à mort le 17 brumaire an IV (8 novembre 1795), refusa de faire aucune révélation et mourut avec un grand courage. Ses coaccusés furent condamnés les uns à la déportation, les autres à quelques années de détention. Cette affaire avait donné lieu à de vives discussions dans la Convention nationale, parce que plusieurs députés étaient désignés dans la correspondance de Lemaître comme disposés à servir le parti monarchique. Cette désignation, il est vrai, n'avait eu d'autre résultat que d'empêcher Cambacérès d'être nommé directeur; mais tous ces bruits de conspiration royaliste firent rétrograder le pouvoir exécutif vers le système de rigueur dont il s'était départi envers Madame depuis la mort de Louis XVII.

Le 17 brumaire an IV (8 novembre 1795), les gardiens du Temple furent mandés au sein du comité de sûreté générale [2].

---

[1] *Égalité.*   RÉPUBLIQUE FRANÇAISE.   *Liberté.*
Guerre aux partisans de la Terreur.   Guerre aux partisans des émigrés et de la royauté.

Convention nationale.

COMITÉ DE SURETÉ GÉNÉRALE.

Section de la police de Paris.

« Du 1er brumaire, l'an IV de la République française une et indivisible.

» Nous, représentants du peuple, membres du comité de sûreté générale, section de la police, certifions que le citoyen Jean-Baptiste Gomin, commissaire à la garde du Temple, s'est acquitté des fonctions qui lui ont été confiées par le comité, avec zèle, intelligence et probité, et qu'il ne cesse de mériter d'être continué dans l'exercice de ses fonctions.

» Les représentants du peuple, membres du comité de sûreté générale,

« GAUTHIER, P. M. DELAUNAI. »

Nota. On remarquera l'intitulé de cette pièce : la Fraternité a disparu, et dans les deux épigraphes mises en regard l'une de l'autre, le Directoire, inaugurant sa politique à deux tranchants, déclare à la fois la *guerre aux partisans de la Terreur* et *aux partisans de la royauté.*

[2] *Registre-journal de la tour du Temple* du 17 brumaire.

Étienne Lasne s'y rendit sur-le-champ ; il y trouva des questionneurs inquiets et des avertisseurs sévères.

Le 19 brumaire (10 novembre), le citoyen Leroy, agent de la commission de police, porteur d'un ordre du ministre de l'intérieur, se présenta au Temple pour recevoir les déclarations de *Charlotte Capet et de la citoyenne Bocquet de Chanterenne, conformément à l'arrêté du Directoire exécutif, en date de la veille* [1].

L'interrogatoire de la Princesse et de sa compagne eut lieu dans la salle du conseil, en présence des commissaires du Temple [2] ; l'envoyé du nouveau pouvoir put emporter la conviction que les deux prisonnières étaient demeurées parfaitement étrangères au mouvement qui venait d'agiter la ville [3].

Néanmoins, le 21 brumaire, les deux gardiens du Temple

---

[1] *Registre-journal de la tour du Temple*, du 19 brumaire.
[2] *Ibidem.*
[3] Le lendemain, 20 brumaire (11 novembre), la visite d'un inspecteur de la Commune faillit causer une sorte d'alerte dans la première cour. Le citoyen Soulas, premier commis du dépôt des voitures appartenant à la République, vint examiner les remises du palais du Temple, afin de connaître le nombre de voitures qu'elles pourraient recevoir[*]. Le vieux portier Darque, qui avait connu Soulas, et qui ne l'avait pas vu depuis dix-huit mois, était persuadé, d'après certain récit qui lui avait été fait, que cet employé avait été guillotiné. Quel fut son saisissement, lorsque, vers trois heures, par un temps sombre de novembre, apparut à la fenêtre de sa loge la tête de l'infortuné Soulas, pâle et blême (car il relevait de maladie), et le cou serré d'une large cravate rouge ! Le vieillard jeta un cri perçant, et sa main tira violemment le cordon d'une sonnette qui, par un carillon précipité, annonçait dans l'intérieur de la tour la visite d'une autorité supérieure. Gomin accourut : il aperçut Liénard et Meunier et quelques gardes nationaux qui s'étaient empressés aux cris du portier ; mais celui-ci était déjà revenu de son effroi, et il se mit à rire comme les autres, quand il vit Gomin aborder le fantôme et lui serrer la main.

Lasne, qui n'aimait point Darque, fut enchanté de l'aventure. Dans le premier moment, il dit à Gomin : « Nous allons coucher le vieil imbécile dans notre procès-verbal ; ce sera bien drôle. — Ce serait bien méchant, répondit son collègue, et de plus bien ridicule, d'autant plus que, se trouvant dans notre journal, il nous faudrait le répéter dans notre lettre du jour à l'autorité, et c'est précisément aujourd'hui la première fois que nous avons à correspondre avec le citoyen Benezech, ministre de l'intérieur[**]. »

[*] *Registre-journal de la tour du Temple* du 20 brumaire.
[**] *Ibidem.*

reçurent l'ordre de ne plus laisser sortir la citoyenne Chanterenne ni entrer les citoyennes Tourzel : toute communication de la tour avec le dehors devait immédiatement cesser [1].

[1] « Commission de police administrative de Paris.

» *Aux commissaires préposés à la garde du Temple.*

» Citoyens,

» Nous vous adressons ci-joint copie de deux ordres du Directoire exécutif relatifs aux citoyennes Bocquet-Chanterenne et Tourzel, en date du 20 brumaire présent mois. Vous voudrez bien vous y conformer exactement, et nous en accuser la réception par le porteur.

» Salut et fraternité.

» Les commissaires administrateurs,

« HANNOCQUE-GUÉRIN. »

« Commission de police administrative de Paris.

» *Extrait du registre des délibérations du Directoire exécutif.*

» Le 20 brumaire an IV de la République une et indivisible.

» Le Directoire exécutif ordonne que, à compter de ce jour, la citoyenne Bocquet-Chanterenne, placée près de Charlotte Capet dans la tour du Temple, ne pourra sortir du Temple ni communiquer avec personne du dehors. En conséquence, il est défendu aux commissaires préposés à la garde de cette maison d'y introduire aucune personne, et d'en laisser sortir la citoyenne Bocquet-Chanterenne.

» Le ministre de l'intérieur est chargé de l'exécution du présent arrêté.

» REWBELL, président.

» P. BARRAS, secrétaire.

» Renvoyé à la commission de police pour être exécuté.

» Paris, ce 21 brumaire an IV de la République.

» Le ministre de l'intérieur,

» BÉNÉZECH.

» Pour copie conforme,

» Les commissaires administrateurs,

» HANNOCQUE-GUÉRIN. »

« Commission de police administrative de Paris.

» *Extrait des registres des délibérations du Directoire exécutif.*

» Le 20 brumaire an IV de la République une et indivisible.

» Le Directoire exécutif annule la permission accordée à la citoyenne Tourzel et à sa fille de voir trois fois par décade Charlotte Capet, détenue

Plusieurs prétextes politiques avaient dicté ces mesures. Madame de Tourzel, disait-on, désirait vivement le mariage de la jeune Marie-Thérèse avec l'archiduc Charles : elle était soupçonnée de favoriser sur ce point les vœux de l'Autriche; on voulait écarter du Temple son influence. Ces motifs n'étaient pas sérieux.

Quoi qu'il en soit, les ordres donnés furent strictement exécutés. Cette rigueur inattendue, qui brisait tout rapport de madame de Chanterenne avec sa famille, la jeta dans un si grand trouble, que Marie-Thérèse, craignant pour sa santé, exigea qu'elle réclamât le maintien des conditions sous le bénéfice desquelles elle était entrée au Temple [1].

---

au Temple ; en conséquence, il est défendu aux commissaires préposés à la garde du Temple d'y introduire lesdites citoyennes Tourzel.

» Le ministre de l'intérieur est chargé de l'exécution du présent arrêté.

» REWBELL, président.
» P. BARRAS, secrétaire. »

Plus bas est écrit :

« Renvoyé à la commission de police administrative pour être exécuté.
» Paris, ce 21 brumaire an IV de la République.

» BENEZECH, ministre de l'intérieur.

» Pour copie conforme,
» Les commissaires administrateurs,
» HANNOCQUE-GUÉRIN. »

[1] Voici les termes de cette réclamation :

« Citoyen ministre,

» Une âme innocente souffre ordinairement avec patience et courage les rigueurs qui peuvent effrayer celles qui sont coupables : telle est ma situation ; mais je ne puis dissimuler que mon cœur ne soit douloureusement blessé de la privation que m'impose le gouvernement en me défendant de voir aucune personne, même de ma famille ; c'est la seule jouissance que je me sois permise (et l'on sait si j'en ai abusé) depuis que par obéissance au gouvernement je me suis consacrée à une solitude volontaire ; elle n'a eu pour moi rien de pénible jusqu'alors ; je ne pouvais supposer, d'après l'exactitude de ma conduite dans le poste qui m'a été confié, que ma liberté pût jamais être compromise sous aucuns rapports. Cependant cette liberté, bien si précieux, surtout pour les âmes honnêtes et sensibles, reçoit déjà des atteintes cruelles : je ne puis voir mes parents ! L'idée qu'ils seront livrés aux plus mortelles inquiétudes sur ma position, sans que j'aie aucun moyen de les rassurer, me poursuit sans cesse et empoisonne chaque instant de mon exis-

Quant à madame de Tourzel, on avait agi envers elle avec plus de sévérité. « Le 8 novembre, dit-elle, la force armée, accompagnée de deux commissaires de police, arriva chez moi à huit heures du matin avec ordre de m'arrêter ; et, ne m'y trouvant point, les deux commissaires s'établirent dans ma chambre jusqu'à mon retour. J'étais sortie de bonne heure, et je rentrais tranquillement pour déjeuner, lorsque la femme de notre suisse m'avertit de ce qui se passait.

tence. N'est-il point de palliatif à cet état violent ? Serait-il contraire à la justice d'y apporter quelque adoucissement ? Dois-je enfin me croire prisonnière ? et pour quel crime le serais-je ?....

» Le gouvernement a sans doute ses raisons pour prendre des mesures de sûreté ; je les respecte, et ne m'en plaindrais pas, si j'en souffrais seule.

» Veuillez, citoyen ministre, prendre en considération les motifs de ma réclamation ; la justice, l'humanité, l'assurance de protéger l'innocence, tout vous y invite. Je demande au gouvernement, je le supplie de m'accorder la permission de voir de temps en temps une seule personne de ma famille, soit ma mère, soit l'une de mes sœurs, quelques minutes seulement, en présence des citoyens commissaires du Temple, ou avec telle autre précaution qui sera jugée nécessaire. Je ne crains pas que mes actions soient éclairées, puisqu'elles ne peuvent être dirigées que par des intentions pures et droites. Puisse cette vérité être bientôt reconnue ! c'est le seul vœu que je me permette de former dans ce moment le plus pénible de ma vie.

» J'attends de vos bontés, citoyen ministre, justice et protection ; je suis digne de l'une, et j'ai des droits incontestables à l'autre.

» Salut et respect.

» HILAIRE BOCQUET-CHANTERENNE. »

Les commissaires du Temple firent passer au ministre de l'intérieur la lettre de madame de Chanterenne [*]. Marie-Thérèse, de plus en plus préoccupée de l'état nerveux dans lequel elle la voyait, pria Gomin de faire part de ses inquiétudes au gouvernement. Les commissaires terminèrent ainsi le rapport du jour qu'ils adressaient au ministre de l'intérieur : « La citoyenne Chanterenne, affligée de l'incertitude de sa situation, vous supplie, citoyen ministre, d'avoir égard à sa lettre d'hier ; elle attend de votre bonté un mot de réponse [**]. »

Le ministre ne répondit point par écrit, mais il fit rassurer secrètement madame de Chanterenne, qui se calma, et attendit sans défiance l'avenir meilleur et prochain qui était annoncé. Elle rendit justice au caractère de M. Benezech, et ne craignit pas de s'adresser à lui dans une autre occasion [***]. »

[*] *Journal-registre de la tour du Temple*, rapport du 22 brumaire an IV.
[**] *Ibidem*, du 23 brumaire.
[***] *Ibidem*, du 28 brumaire.

« Je rebroussai chemin, et j'allai chez mon homme d'affaires, qui demeurait rue des Baigneurs, pour me donner le temps de réfléchir sur ce qu'exigeait ma position. Je savais qu'on avait arrêté la personne qui avait la correspondance du Roi, laquelle avait dans ses papiers une lettre que j'écrivais à Sa Majesté en lui en envoyant une de Madame. J'avais de plus chez moi le manuscrit de M. Hue, qui avait insisté pour que je prisse le temps de le lire. Tout cela me tourmentait et me rendait incertaine sur le parti que je devais prendre, lorsque madame de Charost, à qui j'avais trouvé le moyen de faire savoir l'endroit où j'étais retirée, me fit dire qu'elle avait mis le manuscrit en sûreté. Rassurée sur ce point, et ne voulant pas qu'on pût dire que je m'étais cachée dans le moment où j'avais l'espoir d'accompagner Madame, je revins chez moi, au risque de ce qui pouvait arriver. Dès que je fus rentrée, les commissaires de police firent l'inventaire de mes papiers. Je dînai parfaitement tranquille avant de me rendre à l'hôtel de Brionne, où se tenait le comité de salut public, qui ne s'ouvrait qu'à six heures. Mes deux filles, de Charost et Pauline, me suivirent à ce comité. On nous fit attendre une grande heure dans la pièce qui précédait celle où l'on devait m'interroger; on ne manqua pas de donner les détails de la mort du pauvre Lemaître, condamné pour correspondance avec la maison de Bourbon, et d'ajouter que dorénavant on userait de la plus grande sévérité envers les royalistes, et même envers les dames à chapeau. On me fit subir un interrogatoire de plus de deux heures; on me conduisit à onze heures du soir au collège des Quatre-Nations, dont on avait fait une prison, et je restai trois jours au secret. On me mena alors chez le sieur Violette, juge de paix. Ce fut là que j'appris qu'on n'avait pas eu plus d'égards pour Madame que pour moi, et que c'était sur la conformité de ses réponses avec les miennes dans l'interrogatoire qu'on lui avait fait subir, que j'étais remise en liberté. La conséquence, et peut-être le motif de cette nouvelle persécution, fut de m'empêcher de suivre Madame à Vienne, et d'avoir un prétexte de faire dire à l'Empereur que je n'avais pu l'y accompagner, étant sous le coup d'une accusation. »

Les événements de Paris n'avaient point suspendu l'affaire entamée à Basle par les négociateurs de la France et de l'Autriche. Les deux diplomates avaient signé, le 8 octobre, des engagements réciproques qui semblaient devoir rendre la solution prochaine. L'Autriche, à qui l'on attribuait plus que jamais l'intention de marier l'archiduc Charles à Madame Royale, et de faire revivre, par cette union, les droits qu'elle croyait peut-être avoir encore sur l'Alsace et sur la Lorraine, avait déjà rapproché des frontières de France les prisonniers compris dans l'échange. Depuis le 18 novembre, M. Bacher était instruit par le baron de Degelmann que ces prisonniers étaient arrivés à Fribourg en Brisgau, et pouvaient, au premier signal, se rendre le jour même à Richen, village situé sur le territoire baslois, lieu choisi pour leur remise au négociateur français. Celui-ci attendait d'heure en heure l'annonce du départ de Madame, et cette nouvelle n'arrivait point. C'est qu'aux difficultés suscitées par le mouvement de vendémiaire avaient succédé certains obstacles apportés par la conduite maladroite du ministre du grand-duc de Toscane, le premier prince qui eût reconnu la République française. Ce ministre, le comte Carletti, qui, depuis plusieurs mois, était accrédité à Paris et n'avait jamais fait la moindre démarche en faveur de la liberté de Madame, se souvint qu'elle était au Temple lorsque le bruit s'était déjà répandu de son prochain départ. Alors seulement il demanda la permission de voir une Princesse qui tenait à sa cour par les liens de la parenté. Sa démarche n'étant pas accueillie, il la renouvela. Ses instances, aussi gauches que vives, éveillèrent la défiance du Directoire, et M. Carletti reçut ses passe-ports [1].

---

[1] Les rieurs saluèrent son départ de quelques couplets de vaudeville, sur l'air de *Povero Calpigi* :

« Je suis né natif de Florence,
Je fus six mois ministre en France;

Cependant le mouvement qui entraînait l'opinion publique et qui, vraisemblablement, sans les coups d'État du 13 vendémiaire, et plus tard du 18 fructidor, aurait abouti à la restauration de la monarchie, se faisait sentir de toutes parts d'une manière si impérieuse, qu'il atteignait à leur insu les chefs mêmes du gouvernement républicain. Voici dans quels termes le Directoire exécutif autorisa le départ de la prisonnière du Temple.

Extrait du registre du Directoire exécutif, du 6ᵉ jour du mois de frimaire, l'an IV de la République française, une et indivisible (27 novembre 1795).

« Le Directoire exécutif arrête que les ministres de l'intérieur et des relations extérieures sont chargés de prendre les mesures nécessaires pour accélérer l'échange de la fille du dernier Roi contre les citoyens Camus, Quinette et autres députés ou agents de la République; de nommer, pour accompagner jusqu'à Basle la fille du dernier Roi, un officier de gendar-

Mais déjà m'en voilà parti.
Povero caro Carletti!

» J'avais l'humeur républicaine,
Et je m'accommodais sans peine
De tout ce qu'on faisait ici.
Povero caro Carletti!

» Jadis Actéon sur Diane
Osa porter un œil profane :
Par des chiens il fut assailli.
Povero caro Carletti!

» A cette jeune prisonnière
Mon cœur ne s'intéressait guère ;
Je n'y songeais pas jusqu'ici.
Povero caro Carletti!

» Tout à coup il me vient en tête
D'être tant soit peu plus honnête :
Comme Actéon je suis puni.
Povero caro Carletti!

Ainsi, après le drame, on avait eu la petite comédie. L'imprudence et la maladresse d'un pauvre diplomate furent jugées comme elles devaient l'être ; mais ce fut assez pour retarder de quelques jours la délivrance de Madame Royale.

merie décent et convenable à cette fonction; de lui donner, pour l'accompagner, celles des personnes attachées à son éducation qu'elle aime davantage.

» Pour expédition conforme :

» Rewbell, président.

» Par le Directoire exécutif :

» Lagarde, secrétaire général.

» Le ministre de l'intérieur :

» Benezech. »

M. Benezech, ministre de l'intérieur, mit autant d'empressement à exécuter cet ordre qu'il avait mis de zèle à le provoquer. Dès le lendemain, 7 frimaire an IV (28 novembre 1795), il se présenta lui-même au Temple pour apprendre à Marie-Thérèse la nouvelle de sa délivrance, et lui demander quelles étaient les dames qu'elle désirait pour l'accompagner. Madame lui indiqua tout d'abord la baronne de Mackau, et s'informa si les personnes qu'elle emmènerait pourraient, sans inconvénient, rester auprès d'elle à la cour de Vienne. « Certainement, lui dit M. Benezech, si l'Empereur le permet : l'obstacle ne viendra pas du gouvernement français. » Encouragée par les paroles bienveillantes du ministre : « Je voudrais bien, ajouta Marie-Thérèse, emmener aussi madame de Tourzel, qui était gouvernante de mon frère, et madame de Sérent, qui était dame d'atours de ma tante. — J'espère, répondit M. Benezech, que l'exécution des désirs de Madame ne rencontrera pas de difficulté. Je vais les faire connaître au Directoire et aux personnes qu'elle a nommées. Ce n'est pas tout; il est quelques autres dispositions qui dépendent plus spécialement de mon ministère, et mon intention est qu'elles soient prises à votre gré : je veux parler des objets de toilette que vous devez emporter. J'enverrai aujourd'hui ou demain deux personnes pour vous consulter à cet égard [1]. Elles se

---

[1] *Registre-journal de la tour du Temple* du 8 frimaire.

conformeront à vos ordres. Je m'occuperai moi-même ensuite des préparatifs de votre départ. »

M. Benezech laissa Madame touchée des égards qu'il lui avait montrés. Le lendemain, 8 frimaire an IV (29 novembre 1795), deux membres de la commission administrative de police se présentaient au Temple, porteurs du laissez-passer ci-joint, écrit de la main même du ministre [1] :

« Paris, le 7 frimaire an IV de la République une et indivisible.

» *Le ministre de l'intérieur*

» Autorise les commissaires à la garde du Temple à laisser entrer les citoyens Guérin et Houdeyer, membres de la commission administrative de police, et à les laisser conférer avec la fille de Louis XVI, détenue dans la tour du Temple.

» Benezech. »

La Princesse fut très-sobre dans les demandes d'habillements et de joyaux qu'on la priait de faire. Habituée depuis longtemps à la simplicité la plus sévère, elle paraissait ne consentir qu'avec une modestie craintive à la confection de l'élégant trousseau que le gouvernement révolutionnaire venait lui proposer. On lui avait longtemps refusé le nécessaire, et maintenant on lui offrait le superflu. Celle qui avait tant de deuils à porter se serait reproché d'accepter des parures. Tout en faisant des remercîments pleins de dignité aux envoyés du pouvoir, elle se borna à indiquer quelques objets en linge et en étoffes, et quelques chaussures dont elle avait besoin. Les administrateurs de la police lui répétèrent qu'elle pouvait donner beaucoup plus d'étendue à ses demandes ; ils l'invitèrent à faire, à cet égard, connaître sans restriction ses intentions et ses désirs aux commissaires gardiens du Temple, qui dresseraient un état auquel il serait fait droit ; et ils se retirèrent.

Lasne et Gomin s'occupèrent de cette note. Ils firent observer

[1] *Registre-journal de la tour du Temple* du 8 frimaire.

à Madame que, devenue libre et devant se rendre à la cour d'Autriche, elle allait avoir besoin de parures dignes de son rang. Ce fut en vain. « Si l'on me permet, répondit-elle, d'emporter quelques souvenirs qui me rappellent ce rang, que l'on me remette quelques objets qui ont appartenu à ma mère et à moi, et qui nous ont été enlevés peu de jours après notre arrivée à la tour : c'est tout ce que je demande. »

Les deux gardiens dressèrent ensemble la liste des objets qui *étaient ou qui pouvaient être mis à l'usage de Marie-Thérèse-Charlotte* [1], et ils l'adressèrent aux commissaires administrateurs de la police. Mais là s'arrêtait la ligne de leur devoir. Comment prendre sur eux de donner au pouvoir un renseignement qui aurait eu l'air d'un conseil? Ils ne l'osèrent pas. Gomin chercha un moyen de mettre le ministre sur la voie dans laquelle il n'osait entrer lui-même. Il y avait dans la salle basse de la tour une commode sur laquelle les scellés avaient été apposés à une époque déjà éloignée. Laurent avait dit à son collègue que cette commode contenait des diamants, des bijoux, des chiffons qui avaient appartenu à la famille royale. Gomin avait gardé pour lui cette confidence. Il jugea que le moment était venu de parler de cette commode, espérant que naturellement l'ouverture en serait ordonnée, et que, si le dire de Laurent se réalisait, il viendrait probablement à la pensée du ministre de rendre à Madame les précieux souvenirs qu'elle réclamait.

Voici donc dans quels termes le bon gardien formula ce jour-là le rapport quotidien que son camarade et lui adressaient au ministre de l'intérieur :

« Du 10 frimaire an IV (1ᵉʳ décembre 1795).

» *Au citoyen ministre de l'intérieur.*

» Sur la demande que nous ont faite les membres de la commission administrative de police, lors de leur visite au Temple,

[1] *Registre-journal de la tour du Temple* du 10 frimaire an IV.

le 8 du présent, nous leur avons fourni aujourd'hui les états des objets qui sont ou qui peuvent être mis à l'usage de Marie-Thérèse-Charlotte.

» Il est dans la salle basse de la tour une commode sur laquelle sont apposés des scellés; nous ignorons ce qu'elle renferme; nous croyons qu'il est de notre devoir de vous faire connaître ce fait.

» Nous n'avons rien autre chose à vous annoncer; la surveillance est exacte.

» Salut et respect. »

La naïve intrigue de Gomin réussit sur ce point.

Le ministre, par l'entremise des administrateurs de police, demanda des explications [1]; il apprit d'eux, et sur les rapports des gardiens du Temple, que la commode en question avait été descendue dans la salle basse de la tour le 24 brumaire an II (14 novembre 1793), et que les scellés y avaient été apposés par les membres de la Commune de service au Temple ce jour-là [2]. Les citoyens Hannocque-Guérin, commissaire administrateur de la police, et Baron, juge de paix de la section du Mail, vinrent au Temple, sur les ordres du ministre, procéder à la levée des scellés et à la vérification des objets que renfermait le meuble [3].

Cette levée de scellés fut connue au dehors et donna lieu à des bruits étranges et ridicules. Pour les apaiser, le citoyen François, inspecteur des domaines nationaux, vint quelques jours après (le 9 frimaire) vérifier les scellés apposés dans l'ancien palais du Temple. Il constata que la commission administrative de police n'avait point empiété sur les attributions de la commission des domaines [4].

---

[1] *Registre-journal de la tour du Temple* du 12 frimaire.
[2] *Ibidem.*
[3] *Ibidem*, 14 frimaire.
Un procès-verbal fut dressé de cet inventaire; nous le donnons aux Documents, n° VII.
[4] *Registre-journal de la tour du Temple* du 19 frimaire.

Gomin avait obtenu la levée des scellés ; son succès n'alla pas plus loin. « L'inventaire, m'a-t-il dit, comprenait plusieurs choses dont la possession eût fait grand plaisir à Madame ; je ne crois pas que M. Benezech ait pu les lui faire remettre. On m'a assuré que sa bienveillante pensée trouvait une vive opposition dans le sein du Directoire, divisé d'opinions et de volontés. »

Malgré les entraves qu'il rencontrait, le ministre de l'intérieur n'en poursuivit pas moins son dessein de faire confectionner pour Marie-Thérèse un trousseau digne d'elle. Trouvant aussi de la résistance de ce côté dans la personne même de la prisonnière, il résolut de se passer de son consentement, et fit demander aux commissaires du Temple le nom et l'adresse des couturières en robes et en linge de *la personne confiée à leur garde* [1]. Ce n'est pas sans peine que les deux commissaires parvinrent à se procurer ces adresses [2].

La citoyenne Clouet, couturière en linge, rue de Lille, n° 670 [3].

La citoyenne Garnier, couturière en robes, boulevard de Babylone, n° 730 [4].

Benezech fit venir chez lui ces ouvrières, leur donna lui-même ses instructions, leur recommandant le zèle le plus soigneux et la plus prompte exactitude. Elles n'avaient pas besoin de cette exhortation ; il avait suffi de leur apprendre pour qui elles avaient à travailler.

Cinq jours et cinq nuits furent employés par leurs magasins à confectionner le trousseau destiné par la République à la fille du dernier Roi.

---

[1] *Registre-journal de la tour du Temple* du 16 frimaire

[2] *Ibidem*, 17 frimaire.

[3] La citoyenne Clouet était la même dont la petite fille jouait avec Louis XVII. On trouvera aux Documents, n° XIII, un mémoire qui prouve qu'elle était à la fois blanchisseuse et couturière de Marie-Thérèse.

[4] Mademoiselle Garnier était la couturière en titre de Marie-Thérèse ; mais pendant sa détention, la commission du Temple en avait choisi une autre. Document XIV.

Benezech ne s'en tint pas là : il fit appel à l'amour-propre du Directoire; il représenta qu'il était de l'honneur du nouveau gouvernement de prouver à l'Europe que non-seulement il ne suivait pas les traces sanglantes du passé, mais qu'il savait allier à la sévère intelligence de ses devoirs les égards dus à l'unique et dernière fille de ceux qui pendant tant de siècles avaient gouverné le pays. Il osa demander de faire traverser la France à la jeune Marie-Thérèse dans une calèche attelée de huit chevaux, et de la laisser accompagner de toutes les personnes qu'elle avait indiquées elle-même pour sa suite.

On comprend l'effet que durent produire la hardiesse et la nouveauté de cette proposition; cependant, après le premier moment de surprise, l'idée de Benezech fut discutée sérieusement : l'étrangeté même de la mesure intéressait. Les uns voulaient y voir non-seulement un témoignage des sentiments généreux du nouveau pouvoir, mais encore une preuve de l'affermissement incontesté de la République; les autres, vieux politiques, craignaient que le spectacle d'un dernier reflet de royauté ne ranimât quelque part l'instinct monarchique du peuple, ou ne provoquât l'opposition révolutionnaire, indignée de la réaction gouvernementale. Il y avait, selon eux, imprudence égale à exalter la fibre royaliste et à porter un défi au sentiment républicain; leur opinion prévalut, mais elle se montra conciliante : le Directoire décida que Madame voyagerait incognito jusqu'à la frontière; mais il permit qu'on la fît précéder à Basle par une superbe voiture attelée de huit chevaux; il fut arrêté que ce serait aussi dans cette ville que lui serait remis le riche trousseau ordonné pour elle par le ministre de l'intérieur. La République, comme on le voit, s'humanisait : elle consentait, avec une grâce inaccoutumée, à voir celle qui ne pouvait être que prisonnière sur son territoire, redevenir princesse en touchant le sol étranger : elle mettait une sorte de fatuité à prouver à l'Autriche qu'elle n'avait pas perdu toutes les traditions de savoir-vivre et de courtoisie. Mais d'un autre côté, la République ne voulait pas avoir l'air de favoriser les vues matrimoniales de la politique autrichienne, et elle décida que madame de Tourzel n'accompagnerait pas la jeune Marie-Thérèse.

Benezech informa verbalement la Princesse du nouvel ordre pris pour son départ. Madame ne devait plus emmener qu'une femme avec elle, ce qui était une sorte d'interdiction pour mesdames de Tourzel, car la mère et la fille ne s'étaient jamais séparées, et la présence de l'une aurait fait sentir à Madame l'absence de l'autre.

L'Autriche avait demandé que ces dames accompagnassent Marie-Thérèse. Le baron de Degelmann s'exprimait ainsi dans une note remise, dès le 7 octobre, à M. Bacher :

« On comprend qu'une aussi jeune Princesse ne peut se trouver pendant un long voyage sans une compagne qu'elle connaisse déjà, et qui ait sa confiance. L'on conçoit de même que cette compagne doit convenir là où elle se rend. Les vertus de madame de Tourzel, sa conduite généralement estimée, la rendront agréable à la cour de Vienne de préférence à toute autre dame qui n'y serait pas connue. Faciles pour la reddition de plusieurs prisonniers d'État et de ceux qui ont partagé leur détention, nous pouvons espérer qu'on ne le sera pas moins en France sur un choix qui se présente si bien de lui-même, que l'opinion de beaucoup de monde l'a devancé. »

Ce désir de l'Autriche avait d'abord été accueilli; nous venons d'indiquer le motif qui le fit rejeter, et l'on verra plus tard comment M. Bacher expliqua ce changement.

Madame s'était persuadé, d'après les bonnes paroles mêmes du ministre, qu'il lui serait possible d'emmener mesdames de Tourzel, de Mackau et de Sérent, et ce n'était pas sans un vif regret qu'elle renonçait à cet espoir. « Cette nouvelle, dit-elle à Benezech, m'afflige d'autant plus, que j'avais à faire une autre réclamation analogue, et qui sans doute ne sera pas mieux accueillie : les preuves d'attachement que MM. Hue et Turgy ont données aux miens me font cependant un devoir de vous prier de leur permettre de m'accompagner. — La question a été décidée relativement à ces dames, répondit le ministre, et relativement aux personnes qui monteront dans votre voiture : ces personnes doivent être une de vos dames, l'un des commissaires préposés à votre garde, et un officier de gendarmerie, chargé de faire observer autour de vous le plus grand incognito. Je ne puis rien changer à cette décision ; mais je vous promets que si cela dépend de moi, MM. Hue et Turgy seront du voyage ou vous suivront de près. Maintenant il nous reste à convenir du choix des trois personnes qui doivent vous accompagner, c'est-à-dire de la dame, du commissaire et de l'officier : je vous prie de les désigner vous-même. — Merci, monsieur, s'écria Madame, mon choix est tout fait : c'est madame de Mackau, c'est Gomin, c'est M. Méchain [1] ! »

Le ministre fit prévenir immédiatement ces trois personnes. M. Méchain fut flatté ; Gomin fut heureux ; quant à madame de Mackau, elle était au lit, attaquée d'une maladie fort grave et fort dangereuse à son âge. Elle rassembla toutes ses forces pour témoigner à son élève la vivacité de ses regrets, et la supplier d'avoir pour agréable que madame de Soucy, sa fille, eût l'honneur de la remplacer pour l'accompagner. Madame accepta. Madame de Soucy ne calcula ni la fatigue d'une longue route, dans l'état déplorable de santé où les malheurs et le chagrin l'avaient réduite, ni l'éloignement où elle allait être de sa famille, hélas ! et de sa mère mourante, qui avait besoin de ses soins : maison, amis, patrie, elle quittait tout pour Madame ; la pensée qu'elle pouvait lui être utile l'empêchait de mesurer la grandeur du sacrifice ; elle demanda seulement à la Princesse la permission d'emmener un de ses enfants.

Les préparatifs du départ, confiés par M. Benezech à M. Cadet-Devaux, se firent dans le secret qu'exigeait la prudence. La riche voiture destinée à la Princesse ne fut pas expédiée à Basle : le ministre avait été informé sans doute qu'elle ne serait point acceptée par les commissaires de l'Au-

---

[1] Capitaine de gendarmerie, dont on avait fait un grand éloge à Madame.

triche. Ce fut alors qu'au lieu d'envoyer le trousseau à Basle on songea à en charger M. Hue.

« Madame Royale, lui dit le ministre, désire que vous la suiviez à Vienne, ainsi que Turgy [1]. Turgy est malade en ce moment et dans l'impossibilité de partir. Voici pour vous un arrêté en bonne forme, qui vous autorise à accompagner Madame Royale, et même à rester auprès d'elle, sans que, pour raison de ce voyage, on puisse vous appliquer les lois des émigrés. Je suis heureux de pouvoir faire cela pour vous et pour Madame Royale. Il n'a pas dépendu de moi que l'heure de sa liberté n'ait sonné plus tôt. »

Et comme M. Hue écoutait d'un air étonné les paroles que le ministre de la République proférait avec attendrissement sur le sort de la fille de Louis XVI, qu'il n'appelait que du nom de Madame Royale : « Ce nouveau costume, lui dit M. Benezech, n'est que mon masque. Je vais même vous révéler une de mes plus secrètes pensées : la France ne recouvrera sa tranquillité que le jour où elle reprendra son antique gouvernement. Ainsi donc, lorsque vous le pourrez, sans me compromettre, mettez aux pieds du Roi l'offre de mes services ; assurez Sa Majesté de tout mon zèle à soigner les intérêts de sa couronne. »

Enfin le jour de la délivrance approchait. Il restait au ministre de l'intérieur à s'entendre avec Marie-Thérèse et avec ses gardiens relativement à sa sortie. Il leur écrivit de sa main dans la matinée du 25 frimaire (16 décembre) :

« Je vous préviens, citoyens, que j'irai voir ce soir, à cinq heures, la prisonnière du Temple ; je vous charge de l'en prévenir ; mais je désire conférer avec vous avant d'entrer dans son logement [2]. »

Toutes les dispositions du départ furent arrêtées dans cette entrevue pour le surlendemain, à onze heures et demie du soir.

---

[1] Ce ne fut que plusieurs mois plus tard, et après bien des difficultés, que Turgy parvint à obtenir un passe-port. Plus heureux, Cléry rejoignit Madame à Vienne quelques jours après son arrivée.

[2] *Registre-journal de la tour du Temple* du 25 frimaire.

Le 26 frimaire, Madame fait elle-même les préparatifs de son voyage. Elle choisit le linge et les vêtements qu'elle veut emporter, en petite quantité, et laisse tout le reste pour être distribué aux employés du Temple. Elle paraît ensuite dans le jardin avec la robe dont elle se pare dans les jours de solennité : elle salue toutes les personnes qui, des fenêtres voisines, lui ont tant de fois montré leurs sympathies.

Le 27 frimaire an IV (18 décembre 1795), à onze heures du soir, Benezech sort de son hôtel, en voiture, donnant l'ordre de le conduire rue Meslay ; là, il met pied à terre, et, seul avec un homme dévoué, il se rend au Temple ; il frappe doucement deux coups à la porte extérieure. A ce signal convenu, Lasne et le commissaire civil, qui attendaient, entr'ouvrent la porte et reconnaissent le ministre. Celui-ci tire de sa poche un papier qu'il remet à Lasne en lui disant : « Voici pour votre responsabilité. » C'était l'ampliation de l'arrêté du 6 frimaire (que nous avons donné page 417), ampliation qu'il vient de transcrire lui-même avant de quitter son hôtel et qu'il a fait suivre de cette déclaration :

« En exécution de l'arrêté du Directoire exécutif dont copie est ci-dessus, le ministre de l'intérieur déclare que les citoyens Gomin et Lasne, commissaires préposés à la garde du Temple, lui ont remis *Marie-Thérèse-Charlotte,* fille du dernier Roi, jouissant d'une parfaite santé ; laquelle remise a été faite aujourd'hui à onze heures du soir ; déclarant que lesdits commissaires sont bien et dûment déchargés de la garde de ladite *Marie-Thérèse-Charlotte.*

» Benezech.

» Paris, ce 27 frimaire an IV de la République une et indivisible. »

Lasne s'est hâté de prévenir la Princesse et Gomin, qui attendaient dans la salle du conseil. Les portes de la tour s'ouvrent : Madame dit adieu à madame de Chanterenne. On traverse les cours. Aucune des personnes qui habitent le Temple ne se montre sur le passage de Marie-Thérèse et ne prend congé d'elle. Une sentinelle est sous les armes ; mais elle a le mot d'ordre : le poste reste tranquille et muet ; l'officier seul s'avance et salue. La porte de la rue s'entr'ouvre. La nuit est sombre, les abords du Temple silencieux. M. Benezech offre le bras à la Princesse ; Gomin et le valet de chambre du ministre suivent portant un paquet et un sac de nuit. Marie-Thérèse se retourne et prolonge un triste regard sur le Temple : ses yeux se remplissent de larmes. M. Benezech essaye de lui dire quelques mots d'une bienveillante sympathie. « Je suis touchée de vos soins et de vos égards, lui dit la Princesse ; mais, à l'heure même où je vous dois ma liberté, comment ne point penser à ceux qui ont franchi ce seuil avant moi? Voilà trois ans quatre mois et cinq jours que ces portes se sont fermées sur ma famille et sur moi : j'en sors aujourd'hui la dernière et la plus malheureuse ! »

On arrive à la rue Meslay, où la voiture du ministre attendait. Madame accepte l'offre d'y monter; le ministre y prend place, Gomin aussi. Le carrosse fait plusieurs tours, et arrive enfin rue de Bondy, derrière l'Opéra (aujourd'hui le théâtre de la Porte-Saint-Martin), où stationne la berline de voyage. Cette voiture renferme deux personnes, madame de Soucy et un officier de gendarmerie. Madame remercie cordialement Benezech des sentiments qu'il lui a témoignés, et se place dans la berline; madame de Soucy s'assied dans le fond auprès d'elle, et, sur le devant, M. Méchain et Gomin. Le ministre remet à celui-ci sa commission [1]; l'officier avait déjà la

---

[1] « Liberté. — Égalité.

» Le ministre de l'intérieur commet le citoyen Gomin, l'un des commissaires à la garde du Temple, à l'effet d'accompagner jusqu'à Basle Marie-Thérèse-Charlotte, aujourd'hui détenue au Temple. Il se conformera en tout aux instructions qui lui seront données par le citoyen Méchain, chargé de la conduite de Marie-Thérèse-Charlotte et de son échange.

» Paris, le 27 frimaire an IV de la République une et indivisible.

» Le ministre de l'intérieur,
» BENEZECH.

» L. S.   L. S. »

sienne[1]. Un dernier mot sort de la berline et s'adresse au ministre : « Adieu, monsieur ! » La voiture part. Ému et satisfait de la bonne action à laquelle il vient de présider, Benezech remonte dans son carrosse et regarde sa montre : il était minuit.

Depuis qu'il était question du départ prochain de Madame, Meunier et Baron avaient fait des démarches pour accompagner la Princesse, qui désirait aussi les emmener, mais qui craignait de voir naître des obstacles à leur départ de Paris et à leur séjour à l'étranger. M. Benezech avait dit : « Je me charge de lever les difficultés du départ, mais je ne puis répondre du bon vouloir de l'Autriche avec laquelle nous sommes en guerre. »

A midi et demi, Lasne reçut au Temple, par ordonnance, le billet suivant : « J'attends Baron et Meunier ; envoyez-les sur-le-champ chez moi : tout est prêt pour le départ[2].

» *Signé :* Benezech. »

Une heure après, une berline sortait du ministère de l'intérieur ; elle contenait M. Hue, le jeune fils de madame de Soucy, Meunier, Baron et une femme de chambre. Coco, le petit chien de Madame, n'était point parti avec sa maîtresse : on avait craint ses aboiements et ses joyeux ébats au moment du départ, au milieu de la nuit, et on l'avait enfermé ; mais il ne fut pas oublié, et trouva place dans cette seconde voiture.

Madame Royale voyageait sous le nom de Sophie. Le plus strict incognito lui avait été recommandé ainsi qu'à sa gouvernante, et l'officier chargé de sa conduite veillait à ce qu'il fût

---

[1] Les instructions données au citoyen Méchain étaient *de conduire à Huningue deux femmes et un homme ; l'une de ces femmes devait passer pour sa fille, l'autre pour son épouse, l'homme pour son serviteur de confiance. Il avait ordre de veiller à ce qu'aucun étranger ne leur parlât en particulier : il devait surtout s'occuper de la plus jeune des deux femmes, désignée sous le nom de Sophie, et veiller sur tout ce qui pourrait intéresser sa santé.*

[2] *Registre-journal de la tour du Temple* du 28 frimaire au IV.

observé. Malgré toutes les précautions, la ressemblance de la jeune Princesse avec le Roi son père et avec la Reine sa mère trahit plus d'une fois son incognito. Bien des regards attendris, bien des yeux humides se rencontrèrent sur son passage, que l'absence des chevaux retarda quelquefois; car le même Carletti, dont la maladresse avait déjà été préjudiciable à la liberté de Madame, devait encore, involontairement, se retrouver sur son chemin pour entraver sa marche. Parti de Paris quelques heures avant elle, il lui enlevait, sans le savoir, les chevaux, peu nombreux dans certaines localités, et dont elle était obligée d'attendre le retour.

Mais c'est Marie-Thérèse qui va elle-même nous faire la narration de son voyage; le lecteur trouvera d'abord, à cette page, l'itinéraire tracé de sa main, poste par poste.

Voici maintenant le récit simple à la fois et circonstancié que, le lendemain de son arrivée à Huningue, Madame écrivit de son voyage :

« Je suis sortie du Temple le 18 décembre à onze heures et demie du soir, sans être aperçue de personne. A la porte de la rue, j'ai trouvé M. Benezech. La rue du Temple était déserte; il n'y avait que l'homme attaché à M. Benezech. Il m'a donné le bras, et nous avons été à pied jusqu'à la rue Meslay. Là, nous avons rencontré sa voiture, où je suis montée avec lui et M. Gomin. Nous avons fait plusieurs tours dans les rues, et enfin nous sommes arrivés sur les boulevards, devant l'Opéra, où nous trouvâmes la voiture de poste avec madame de Soucy et M. Méchain, officier de gendarmerie. J'y suis montée avec M. Gomin. M. Benezech nous a laissés. Aux portes de Paris on nous a demandé nos passe-ports. A Charenton, la première poste, on n'a pas voulu d'assignats, les postillons ont voulu absolument être payés en argent. Il n'est rien arrivé le reste de la nuit. A neuf heures du matin nous sommes descendus à Guignes pour déjeuner. On ne m'a pas reconnue, et nous sommes repartis à dix heures. Nous eûmes des chevaux assez facilement. Sur les deux heures, j'ai été reconnue à la poste de

Provins. Il y a eu du monde qui s'est assemblé près de la voiture. Nous sommes partis. Mais un officier de dragons nous a suivis à cheval à Nogent-sur-Seine, la poste d'après. J'ai été reconnue par la femme d'auberge ; nous étions descendus, elle me traita avec beaucoup de respect. La cour et la rue se remplirent de monde ; nous remontâmes en voiture ; on s'attendrit en me voyant, et on me donna mille bénédictions. Nous allâmes de là à Gray, où la maîtresse nous dit que le courrier de l'ambassadeur, M. Carletti, lui avait dit que je devais passer par là, et que j'avais deux voitures. Nous arrivâmes à Gray à onze heures ; nous y soupâmes et nous y couchâmes. Nous en partîmes le lendemain 20 décembre à six heures du matin. A la poste d'après Troyes, nous eûmes de la difficulté à avoir des chevaux à cause de M. Carletti, qui les avait tous pris. Toute la journée ce fut de même : M. Carletti nous devançait et avait tous les chevaux. Enfin le soir nous arrivâmes à Vandœuvre à huit heures du soir, où il était. M. Méchain alla trouver la municipalité et montra l'ordre du gouvernement qui l'autorisait à prendre des chevaux. Nous soupâmes et nous partîmes à onze heures du soir. Nous eûmes assez facilement des chevaux durant la nuit. A neuf heures du matin, le 21, nous arrivâmes à Chaumont, où nous descendîmes pour déjeuner. On me reconnut, et la chambre fut bientôt environnée d'une grande quantité de monde qui voulait me voir, mais avec bonne intention. M. Méchain fit venir la gendarmerie, qui n'y fit rien ; la municipalité, étant venue, assura que nous pouvions partir, et calma le tumulte. Cependant, jusqu'à la voiture, je fus entourée d'une grande quantité de monde qui me donna mille bénédictions. Nous repartîmes ; nous arrivâmes à onze heures du soir à Fay-Billot, souvent retardés par le manque de chevaux et les mauvais chemins. Nous n'en trouvâmes point à cette poste, et nous fûmes obligés d'y rester jusqu'à six heures du matin. Nous en partîmes et arrivâmes le soir à Vesoul, à huit heures du soir n'ayant pu faire que dix lieues dans la journée, faute de chevaux. De là, nous allâmes à Ronchamp, à quatre heures du soir, où nous ne trouvâmes point de chevaux ; nous y fûmes arrêtés deux heures. A Frahier, poste d'après, pas plus de chevaux ; enfin il en vint au bout de deux heures. Nous arrivâmes le soir à onze heures à Béfort. Nous en repartîmes le lendemain, 24 décembre, à six heures du matin. Nous éprouvâmes encore beaucoup de difficultés dans le chemin. Enfin nous arrivâmes à Huningue à la nuit tombante, le 24 décembre. »

Depuis longtemps tout était prêt à Basle pour la conclusion de l'échange, et, dans une récente conférence, les deux diplomates chargés de cette affaire en avaient arrêté les dernières dispositions, de concert avec M. le *bourguemaître* Bourcard, et de façon à enlever à cette mesure tout appareil blessant ou douloureux pour la dignité ou pour le cœur de Madame. M. Reber, négociant distingué de Basle, avait accueilli avec empressement la demande qui lui avait été faite en secret de sa maison de campagne, située à une petite distance de la porte Saint-Jean. Ce lieu convenable, sur le territoire neutre et sur la route même de Huningue, était choisi pour la remise de la Princesse, et toutes les précautions étaient prises pour écarter les regards importuns [1]. Il avait été également arrêté qu'aussitôt la nouvelle reçue de l'arrivée de Madame à Huningue, les prisonniers de l'Autriche seraient amenés de Fribourg au village de Riehen, chef-lieu d'un bailliage du même nom, appartenant à la République de Basle, sur la rive droite du Rhin.

Le prince de Gavre, commissaire de l'Empereur d'Autriche, était arrivé à Basle le 20 novembre, et, comme M. Bacher et le baron de Degelmann, il ne cessait d'avoir l'oreille ouverte du côté de la France.

Enfin, dans la matinée du vendredi 25 décembre, aussitôt

---

[1] Ces détails, et tous ceux que nous donnons sur cet épisode de l'arrivée de Madame à Huningue et de son passage à Basle, ont été recueillis par nous sur les lieux, ou puisés dans la correspondance diplomatique engagée entre les deux gouvernements.

LIVRE XX. — MARIE-THÉRÈSE.

que les portes de la ville furent ouvertes, ils furent prévenus de l'arrivée de Madame à Huningue [1].

M. de Degelmann envoya aussitôt l'ordre à Fribourg de transporter les prisonniers de l'Autriche à Riehen.

A six heures du soir, MM. Bacher, de Degelmann et Legrand, *baillif* de Riehen, étaient réunis dans le cabinet du bourguemaître en régence. Ils discutèrent ensemble les mesures à prendre pour prévenir toute espèce d'accidents et de malentendus [2].

---

[1] M. de Degelmann écrivit sur-le-champ au bourguemaître :

« J'ai l'honneur d'apprendre à Votre Excellence que la Princesse, fille de Louis XVI, est arrivée à Huningue hier soir, et que la remise se fera demain au soir à six heures.

» Je réclame l'entremise obligeante de Votre Excellence, pour qu'elle veuille bien prévenir M. Reber, afin qu'il ait la bonté de faire tenir demain sa maison de campagne ouverte et chauffée à l'heure que je viens d'indiquer.

» M. Bacher désire d'avoir chez Votre Excellence, en sa présence et en celle de M. le baillif de Riehen, une conversation avec moi, ce soir, à six heures. Votre Excellence permettrait-elle que cette conversation ait lieu, et voudrait-elle avoir la bonté d'y inviter M. le baillif?

» Accoutumé à la bonté de Votre Excellence, je réclame d'avance sa complaisance indulgente, sachant que je serai dans le cas de l'importuner beaucoup aujourd'hui et demain.

» Je puis lui dire confidentiellement que, selon toutes les apparences, nous prendrons, en tournant la ville, la route de Kaiseraugst, que M. de Neumann va reconnaître.

» J'ai l'honneur, etc.

» Basle, vendredi 25 décembre. »

[2] Les principales questions qui furent agitées dans cette conférence se résument dans la lettre suivante, adressée le lendemain matin par M. Bacher à M. Bourcard :

« Vous m'avez offert, monsieur le bourguemaître, si obligeamment vos bons offices et la continuation de vos bons soins pour terminer heureusement la négociation de l'échange majeur qui s'est entamé sous vos auspices, et qui a été conduit de part et d'autre d'une manière si satisfaisante, que je m'eflatte que vous ne désapprouverez pas une observation qui vous paraîtra fondée, comme une précaution nécessaire et convenable du moins, si elle est jugée d'ailleurs comme surabondante et même inutile. Voilà de quoi il s'agit :

» On ne pourra guère revenir de Riehen qu'entre huit et neuf heures du soir; on traverse un petit bois; comme il y aura des effets précieux, des émigrés ou d'autres personnes travesties pourraient se mettre en embuscade pour insulter les passants et faire peut-être pis. Il vous paraîtra peut-être qu'il convient de prévenir M. le colonel d'Orell de la nécessité de faire faire

Dans la journée du lendemain, M. Bacher se rendit à Richen pour constater l'arrivée, le nombre et l'identité des prisonniers que l'Autriche devait rendre à la France. Descendus devant la maison baillivale, au nombre de vingt et une personnes, y compris les domestiques, ils furent remis par le commandant de l'escorte autrichienne entre les mains de M. Legrand, conseiller d'État et baillif du lieu, autorisé à les recevoir sous la sauvegarde de la neutralité helvétique. Ce magistrat en fit l'appel nominal en présence de M. Bacher, qui, s'étant assuré de l'identité de leurs personnes, repartit en toute hâte.

Revenons à Huningue.

Madame était descendue à l'auberge du Corbeau, et s'était installée au second étage dans l'appartement n° 10, moins fatiguée par six jours de voyage que touchée des hommages silencieux d'attendrissement et de respect qu'elle avait rencontrés sur sa route. Un instant après son arrivée, elle écrivit à

des patrouilles, tant du côté de la Wise que du côté du Hömli, pour empêcher toute espièglerie de la part des émigrés. Il faudrait peut-être aussi un poste dans le petit bois, sur la route qui conduit de Basle à Richen.

» Vous jugez, monsieur le bourguemaître, combien il serait fâcheux pour M. le baron de Degelmann et pour moi, et surtout pour l'État de Basle, qu'il pût arriver quelque événement désagréable. Comme il s'agit de l'inviolabilité du territoire helvétique, et d'éviter qu'on ne commette aucune indécence ou chose déplacée, j'ai recours, monsieur le bourguemaître, à vos bons offices et à ceux de M. le grand tribun, votre collègue, pour que, conjointement avec M. le colonel d'Orell, vous vouliez bien nous rendre l'office d'amitié et de bon voisinage que je vous demande, qui consiste à faire faire des patrouilles depuis cinq heures jusqu'à huit heures et demie du soir au plus tard.

» Je vous demande, monsieur le bourguemaître, mille excuses. Tout le monde sait à Basle que les voyageurs arriveront cette après-midi à Richen et ce soir à Basle. Leurs logements sont arrêtés aux Trois-Rois.

» Excusez la hâte.

» Salut et inviolable amitié.

» BACHER.

» Samedi matin, 26 décembre (il y a par erreur lundi). »

son oncle Louis XVIII, pour lui rendre compte de sa sortie du Temple et de son arrivée aux frontières.

HÔTEL DU CORBEAU, A HUNINGUE.

Vers dix heures du soir, comme elle terminait sa lettre, M. Hue arriva. C'était la première fois qu'elle le revoyait depuis le 2 septembre 1792 : quand M. Hue avait quitté le Temple, Marie-Thérèse avait encore toute sa famille. Elle lui fit le plus cordial accueil, lui témoignant moins encore le plaisir de le revoir que l'estime et la reconnaissance que son caractère et sa conduite lui avaient inspirées. Le petit chien Coco était entré dans la chambre de Madame avec M. Hue; peu s'en fallut, quand il revit sa maîtresse, qu'il ne mourût de joie comme le chien d'Ulysse.

Marie-Thérèse chargea le bon serviteur de sa famille de faire parvenir sa lettre à Louis XVIII.

M. Hue rapporte que ce ne fut pas la seule fois qu'il reçut pareille commission, et que, dans une de ces occasions, Madame, pour lui donner une preuve de sa confiance, l'avait invité à lire la lettre dont elle le chargeait. Fidèle aux traditions ineffables de clémence et d'amour qu'elle avait reçues de toute sa famille, la jeune Princesse disait dans cette lettre à son oncle, en lui parlant des meurtriers de ses parents : « C'est celle dont ils ont fait mourir le père, la mère et la tante, qui, à genoux, vous demande et leur grâce et la paix ! »

On n'ignorait pas à l'hôtel du Corbeau quelle était la jeune voyageuse qui venait y loger sous le nom de Sophie. Le propriétaire de cette auberge, François-Joseph *Schuldz*, mit tout en œuvre pour la bien recevoir ; et sa femme, malgré un état de grossesse avancée qui paralysait quelque peu son activité, attachait un grand honneur à préparer elle-même le souper de Madame Royale, lorsque Meunier arriva et revendiqua les priviléges de sa charge.

Le 25 décembre, dans la matinée, dès qu'elle sut que Madame était levée, l'hôtelière monta à sa porte pour s'informer de ses nouvelles. Elle était accompagnée de deux beaux enfants de neuf à dix ans, bien proprement vêtus, et portant chacun un petit bouquet ramassé à grand'peine dans cette arrière-saison. Madame ayant témoigné le désir de les recevoir, madame de Soucy les fit entrer. « Ce sont vos enfants? dit la Princesse en s'adressant à madame Schuldz. — La petite fille[1] est à moi, répondit l'hôtesse ; le petit garçon est un orphelin, pupille de mon mari et élevé par nous[2] : il nous appartient donc aussi. » S'étant arrêtés sur le jeune orphelin, les yeux de Marie-Thérèse se remplirent de larmes. Frappée de la ressemblance de cet enfant avec son frère, elle n'avait pu cacher son émotion. Elle chercha une diversion à son trouble, s'approcha de la petite fille, lui prit la main et la questionna. Ravie de ses réponses naïves : « Que diriez-vous, dit-elle à madame Schuldz, si je vous priais de me laisser emmener cette enfant? — Hier au soir et ce matin, répondit l'hôtesse, j'ai prié Dieu d'accom-

---

[1] Marie Schuldz, femme du colonel Prévost de Saint-Cyr, tué le 27 septembre 1820 par un capitaine de son régiment, à Perpignan.

[2] Conrad Haffner, devenu plus tard capitaine en Algérie, est mort à Strasbourg le 29 mars 1837.

plir tous vos vœux : aurais-je la force de résister à celui-ci...,
si vous le formiez? — Je ne dois pas le former, repartit la Princesse ; il est trop cruel d'être séparée de ses parents ! » L'effort
que Madame venait de tenter pour échapper à ses souvenirs
l'y ramenait encore malgré elle. Prenant alors les fleurs de la
main des deux enfants : « Je vous remercie, leur dit-elle, je
vous verrai encore avant mon départ ; vous viendrez me dire
adieu, n'est-ce pas ? »

Dans la journée, M. Méchain reçut une lettre de M. Bacher
qui le priait d'informer Marie-Thérèse-Charlotte que le lendemain entre quatre et cinq heures il viendrait la prendre
pour la conduire auprès du prince de Gavre et du baron de
Degelmann, chargés de la recevoir au nom de Sa Majesté
Impériale. M. Méchain répondit qu'il venait de communiquer
cet avis à Marie-Thérèse-Charlotte, et qu'elle était prête à
s'y conformer. A ce billet, Gomin en joignit un autre ; c'était
la prière de faire prendre à la poste de Basle les lettres à son
adresse. La Princesse et madame de Soucy espéraient recevoir
presque chaque jour des nouvelles de madame de Mackau,
qu'elles avaient laissée fort souffrante, et il avait été convenu
que ces lettres porteraient l'adresse du citoyen Gomin.
M. Bacher rendit avec empressement le service qu'on lui
demandait [1].

L'arrivée des deux voitures de poste dans cette petite ville
de Huningue était, déjà depuis le matin, l'entretien des nouvellistes de l'endroit. Le bruit de l'arrivée de Madame se
répandit si promptement, que l'hôtel du Corbeau fut, pendant
tout le jour, environné de monde. L'ordre fut donné de tenir la
porte fermée ; la Princesse fut invitée à ne pas ouvrir les

---

[1] « Je ferai chercher, citoyen, vos lettres à la poste de Basle, de même
que celles qui pourront arriver. Disposez de moi, et comptez sur tout mon
empressement à vous être de quelque utilité dans tout ce qui pourra dépendre
de moi.

» Salut et fraternité.
» BACHER.

» Le 4 nivôse an IV. »

fenêtres. Dans la journée elle écrivit à madame de Tourzel, fit avec ses crayons le dessin de sa chambre, et avec sa plume le récit de son voyage, que nous avons rapporté. Cependant plus d'une fois elle alla à la fenêtre, et en souleva légèrement les rideaux. La consigne imposée pour la sécurité de l'hôtel était nécessaire : parmi le peuple, généralement sympathique, circulaient quelques malveillants. Deux gendarmes suffirent pour interdire l'entrée de la maison. Une femme, toutefois, trompa leur surveillance : madame Spindler, femme d'un capitaine du génie, afin de voir la Princesse, prit l'accoutrement d'une servante, et monta une cruche d'eau dans sa chambre.

CHAMBRE DE MARIE-THÉRÈSE A HUNINGUE.

Gomin, en prodiguant ses soins à Madame, était navré de cette pensée qu'il la servait pour la dernière fois. L'émotion qu'il avait au cœur se manifestait trop sur son visage pour que Madame ne l'aperçût pas. « Je vous remercie, lui dit-elle, de toute la peine que vous vous êtes donnée pour moi dans ce voyage. — Hélas ! Madame, répondit Gomin en pleurant, le voilà fini ! — Je vous en laisserai un souvenir, lui dit la Princesse avec une profonde sensibilité, et j'en conserverai un éternellement. »

Ce mot de Madame se trouva expliqué le lendemain.

Les habitants de Huningue étaient de bonne heure dans la rue : on croyait dans la ville que Madame devait partir dans la matinée. Cette erreur alimenta pendant de longues heures la curiosité des spectateurs, qui finit pourtant par se lasser : dans le milieu de la journée les abords de l'hôtel demeurèrent assez libres.

A quatre heures et demie du soir, l'arrivée de la voiture de l'ambassadeur de la République française ramena la foule devant l'hôtel du Corbeau ; de cette voiture descendit M. Bacher, qui, comme nous l'avons indiqué, revenait de Riehen.

Le peuple racontait que le carrosse et les chevaux envoyés par le Directoire[1] pour conduire Madame à la cour de Vienne n'avaient point été acceptés par les commissaires de l'Empereur, qui avait tenu à honneur de pourvoir dignement au voyage de sa cousine. Le bon sens populaire comprenait cet acte de convenance, et quelques instants plus tard on ne fut pas étonné d'apprendre que la fille de Louis XVI avait de même refusé le trousseau que le gouvernement révolutionnaire lui avait fait préparer.

Le moment du départ de Huningue fut marqué par quelques scènes touchantes. Les deux enfants dont nous avons parlé étaient venus prendre congé de Madame. L'hôtesse, qui les accompagnait, avait peine à cacher son attendrissement. La Princesse lui fit cadeau d'un fichu qu'elle avait porté ; elle donna un autre fichu à la petite Marie, et deux mouchoirs au jeune Conrad. La mère Schuldz se mit alors à fondre en larmes. « Allons, bonne mère, ne pleurez pas ainsi, lui dit Marie-Thérèse ; ménagez-vous, c'est un devoir. Quand vous serez calme, je vous demanderai quelque chose. » L'espoir de rendre un service à Madame apaisa par enchantement la bonne hôtelière ; mais ses larmes coulèrent de nouveau quand Madame

[1] Nous avons dit plus haut que ni voiture ni chevaux n'avaient été envoyés.

lui dit : « Si vous avez encore une fille, je vous demande qu'elle porte mon nom[1]. »

Madame Schuldz et les deux enfants se retiraient de l'appartement de Madame lorsque M. Bacher arriva. L'attitude et les paroles du diplomate républicain furent pleines de convenance et de respect. Madame lui présenta les personnes qui l'avaient accompagnée et qui désiraient la suivre jusqu'à Vienne. « Mon pouvoir, malheureusement, est nul à cet égard, répondit M. Bacher; les commissaires de la cour impériale ne mettront certainement pas d'obstacle à vos désirs; mais j'ignore si toutes les personnes que vous emmènerez seront autorisées à rester à Vienne. Quant à madame, ajouta-t-il en regardant madame de Soucy, il est évident que les difficultés ne s'élèveront point pour elle. » On verra plus tard que M. Bacher se trompait.

En ce moment le maître de l'hôtellerie, qui venait d'apprendre le bonheur de sa femme, entra dans la chambre, et, sans s'intimider de la présence du secrétaire de l'ambassade, de l'officier de gendarmerie et de toutes les personnes qui entouraient la Princesse, il se jeta à ses pieds en lui demandant sa bénédiction. Madame lui donna sa main à baiser. Les yeux de cet homme rayonnaient d'enthousiasme; la fille de Louis XVI, avec ses dix-sept ans, était déjà par lui regardée comme une sainte : sa jeunesse, éprouvée par de si rudes souffrances, était devenue vénérable, et le martyre de ses parents semblait lui avoir mis une auréole sur la tête.

Alors apercevant Gomin qui, avec sa réserve habituelle, se tenait à distance, Madame alla vers lui, et tirant d'un petit

---

[1] Venue au monde peu de temps après, cette fille s'appela Marie-Thérèse-Charlotte Schuldz. C'est aujourd'hui madame Sartory. Son père, F. J. Schuldz, est mort en avril 1828. Sa veuve, qui attachait un grand prix à sa maison, à cause des souvenirs que le passage de la fille de Louis XVI y avait laissés, avait recommandé à ses enfants de ne pas la quitter. Les circonstances ont été plus fortes que leur volonté. Mais les sentiments de la famille sont encore les mêmes aujourd'hui. On y conserve avec un respect religieux les traditions de cette époque, et le portrait de Madame, avec l'inscription placée au bas par le père Schuldz : « J'ai logé ici, à l'hôtel du Corbeau, n° 10, du 24 au 26 décembre 1795. »

portefeuille un papier plié en quatre, elle le lui remit : « Je ne sais, lui dit-elle, si à Basle je pourrai vous parler encore, et je veux à présent acquitter ma promesse. Adieu, ne pleurez pas, et ayez toujours confiance en Dieu ! »

Tout est prêt. On descend. M. Méchain précède la Princesse, et donne quelques ordres aux gendarmes au pied de l'escalier ; M. Bacher marche auprès de Madame, et derrière elle madame de Soucy et son fils, MM. Hue et Gomin, suivis de Meunier, de Baron et d'une femme de chambre. Madame Schuldz et les autres personnes de l'hôtel essayent d'obtenir un dernier regard de la fille de Louis XVI. Arrivée à la voiture qui va lui faire franchir la frontière, Madame se retourne : l'amour du pays, si intimement mêlé dans son cœur au sentiment de la gloire et de la grandeur de sa famille, domine le souvenir de toutes ses infortunes, et ses yeux se remplissent de larmes. « Je quitte la France avec regret, dit-elle à ceux qui l'entourent ; je ne cesserai jamais de la regarder comme ma patrie. »

Ces paroles furent entendues de M. Bacher, car ce jour-là même il écrivait dans ses dépêches à son gouvernement :

« *Je viens de voir la fille du dernier Roi des Français ; elle manifeste le plus vif regret de se voir au moment de quitter la France ; les honneurs qui l'attendent à la cour d'Autriche la touchent bien moins que le regret de la patrie.* »

Dans une autre lettre adressée au ministre des relations extérieures, à la date du 7 nivôse an IV (28 décembre 1795), il disait : « La voyageuse a demandé à la citoyenne Soucy quel était le sort qui l'attendait à Vienne. La citoyenne Soucy a répondu qu'elle épouserait peut-être un archiduc. Elle lui répondit avec ingénuité : Vous n'y pensez pas ; ne savez-vous donc pas que nous sommes en guerre? La citoyenne Soucy répondit : Mais vous seriez peut-être un ange de paix. — A cette condition-là, répliqua-t-elle, je ferais ce sacrifice à ma patrie. »

Madame, madame de Soucy, MM. Bacher et Méchain montent dans la première voiture, les autres personnes se placent dans la seconde. On part, la Princesse promène un long regard plein de tristesse sur l'horizon qui se déploie devant elle. L'heure est arrivée où doit se faire cet échange devenu le prix de sa liberté.

Il avait été résolu qu'on lui en épargnerait du moins le douloureux spectacle.

A cinq heures du soir (une heure après M. Bacher), le prince de Gavre, avec six voitures, sortait de Basle par la porte Saint-Paul, pour se rendre à la campagne de M. Reber.

MAISON DE M. REBER, PRÈS BASLE.

La porte, déjà fermée depuis une heure, lui fut ouverte. En même temps le baron de Degelmann sortait par la porte Saint-Jean. Le commissaire de police Zaslin et cinq hommes de la maréchaussée s'étaient rendus ensemble sur les lieux indiqués pour empêcher tout désordre, ainsi que l'aide-major Kolb, qui devait accompagner à cheval le carrosse de la Princesse jusqu'à la frontière. On avait d'ailleurs pris la précaution, pour éviter la foule, de fermer les portes une demi-heure plus tôt que de coutume, de sorte qu'il se trouvait à peine sur la route de Huningue une vingtaine de spectateurs qui avaient trouvé le moyen de sortir à temps de la ville.

A l'exception des gens initiés forcément à la confidence, personne ne savait le lieu de la remise ; M. Reber l'avait laissé ignorer à toute sa famille. Malgré cela, M. Stehelin, un de ses gendres, ne put s'empêcher de courir à la campagne de son beau-père lorsqu'il devina que l'échange devait y avoir lieu. Il se fit introduire et fut un des spectateurs.

Depuis une demi-heure environ, les représentants de l'Autriche occupaient la maison de M. Reber, lorsque la voiture de Marie-Thérèse s'arrêta devant la grille : quoique la porte fût ouverte, les chevaux n'y entrèrent point ; la Princesse traversa à pied l'allée humide[1], donnant le bras à M. Bacher. Les envoyés autrichiens, qui l'attendaient au seuil de la maison, l'introduisirent dans le salon : le prince de Gavre lui adressa un compliment relatif aux circonstances, auquel elle répondit avec autant de grâce que de présence d'esprit.

SALON OU EUT LIEU L'ÉCHANGE.

Immédiatement après fut donné à M. Bacher un récépissé formulé en ces termes :

« Je soussigné, en vertu des ordres de S. M. l'Empereur,

[1] Rapport fait à M. le bourguemaître Bourcard.

déclare avoir reçu de M. Bacher, commissaire français, délégué à cet effet, la Princesse Marie-Thérèse, fille de Louis XVI.

» Le Prince de Gavre. »

Muni de cet acte, M. Bacher remonta en voiture, entra en ville par la porte Saint-Jean, qui lui fut ouverte, et se rendit en toute hâte à Riehen pour y délivrer les prisonniers détenus encore chez le baillif.

Une collation attendait Madame à la campagne de M. Reber : une table élégamment servie était préparée dans le salon. La Princesse ne prit qu'un verre d'eau rougie ; mais, soit prévoyance d'une assez longue nuit à passer en route, soit crainte de désobliger par un refus absolu de toute chose, elle fit empaqueter un pain blanc, qui fut mis dans la voiture.

La chambre qui fait suite au salon, à gauche, avait été réservée pour le service particulier de Madame. Elle y entra pour s'y faire essuyer les pieds. M. Hue demanda la permission de lui parler : « J'ai été chargé, lui dit-il, par le ministre de l'intérieur, de remettre à Madame, sur le territoire neutre de Basle, deux malles contenant un trousseau destiné à Son Altesse Royale. Madame veut-elle que je les ouvre ? — Non, répondit la Princesse ; remettez-les à mes conducteurs (MM. Méchain et Gomin), en les priant de remercier de ma part M. Benezech : je suis touchée de son attention, mais je ne puis accepter ses offres. »

M. Hue exécuta cet ordre à l'instant même[1].

---

[1] *État des objets contenus dans les deux malles qui devaient servir de trousseau à la fille du dernier Roi des Français.*

4 douzaines de chemises.
2 douzaines de mouchoirs de toile.
2 douzaines de mouchoirs de batiste.
3 peignoirs de toile garnis de mousseline brodée.
3 peignoirs de batiste garnis de mousseline brodée.
2 douzaines de serviettes de toilette.
6 douzaines de serviettes de garde-robe.
6 jupons de futaine.
6 jupons de dessus de basin anglais garnis de mousseline brodée.

Madame, rentrant au salon, se mit à la disposition du prince de Gavre, salua M. le baron de Degelmann, dit adieu à

12 paires de poches garnies de mousseline brodée.
12 pelotes de côté garnies.
6 pelotes de toilette.
12 bonnets de nuit garnis de dentelle.
12 serre-tête.
12 bonnets de linon brodé garnis de dentelle.
6 fichus de linon garnis de dentelle.
12 fichus doubles de linon cinq quarts.
1 mantelet de linon brodé et garni de point.
1 mantelet de linon brodé garni d'angleterre.
2 mantelets de linon garnis.
2 mantelets de mousseline brodée garnis.
12 fichus de nuit de batiste garnis.
4 douzaines de tours de gorge de dentelle.
2 douzaines de frottoirs de futaine.
2 douzaines de frottoirs de mousseline.
1 ajustement d'angleterre.
1 ajustement de point.
1 robe d'organdi brodée en or.
1 robe de linon brodée en blanc.
4 pièces de mousseline brodée.
2 pièces de linon de batiste unie
2 pièces de percale pour quatre robes du matin.
1 pièce de basin anglais pour deux autres robes du matin.
1 robe de velours rose.
1 robe de satin blanc et la doublure de taffetas.
1 robe de moire satinée.
2 jupons blancs de taffetas d'Italie.
1 jupon de taffetas rose d'Italie.
1 pièce de mousseline unie pour le dessus et le dessous de six camisoles.
1 pièce de mousseline brodée pour garnir lesdites camisoles.
Basin anglais pour faire six corsets, et la doublure desdits.
12 paires de bas de soie blancs.
2 douzaines de paires de bas de fil.
2 douzaines de paires de chaussons tricotés.
12 garnitures de ruban.
1 redingote de taffetas ouatée.
1 manchon.
1 chat.
Sur le dos était écrit :
» Baron, homme de confiance.
» Meunier, cuisinier.
» Le C. Gomin.
» Lasne.

» Nous, Jacques-Justin-Théobald Bacher, commissaire, chargé par le gou-

M. Méchain et à Gomin, et monta avec madame de Soucy et M. de Gavre dans un carrosse impérial attelé de six chevaux.

Il était environ sept heures. Le temps était froid et beau. La lune brillait de tout son éclat. Le cortége ne devait point

vernement de la remise de la fille du dernier Roi des Français à la frontière du canton de Basle, certifions que les deux malles qui devaient former son trousseau ayant été déposées, le 5 nivôse de l'an IV, jour de son passage à Basle, par M. le baron de Degelmann, ministre plénipotentiaire de la cour de Vienne, entre les mains de M. le bourguemaître Bourcard pour nous les faire passer, nous l'avons prié, en sa qualité de magistrat et chef d'un État neutre, de vouloir bien en être le dépositaire à l'ultérieure disposition du ministère de la République française ; que lesdites malles sont, en conséquence, demeurées dans ce dépôt neutre jusqu'au 7 germinal de l'an V, jour auquel elles ont été délivrées, en notre présence, dans le même état qu'elles avaient été reçues, à M. Rodolph Preywerck, directeur de la diligence de Basle, à la réquisition du ministre de l'intérieur, pour être renvoyées à Paris.

» Certifions, en outre, que les deux malles dont il est question doivent renfermer les effets détaillés ci-dessus, d'après la déclaration qui en a été faite et la liste originale qui en a été fournie par M. le baron de Degelmann, lors de leur remise, sans cependant qu'elles aient été ouvertes pour vérifier leur contenu.

» BACHER.

» A Basle, le 7 germinal de l'an V de la République française une et indivisible. »

Note écrite sous la dictée de M. le bourguemaître Bourcard :

« Les malles en question furent déposées chez le bourguemaître Bourcard, dans la même minute que la Princesse traversa la ville de Basle, consignées à remettre de suite à M. le commissaire Bacher, ce qui fut aussi de suite communiqué audit M. Bacher, lequel insista à les laisser déposées dans le lieu de neutralité où elles furent remises, jusqu'à ce qu'il aurait reçu la demandée disposition ultérieure de la République française.

» La liste du contenu desdites malles accompagna cette remise, et elles restèrent sans aucune vérification jusqu'au moment où elles furent délivrées dans l'état primitif de réception, par ordre du ministre de l'intérieur, et par l'entremise de M. Bacher, à M. Rodolph Preywerck, directeur de la diligence de Basle pour Paris. »

» Reçu de S. E. M. le bourguemaître Bourcard deux malles appartenant à la République française, retirées par ordre du ministre de l'intérieur et de ceux de l'administration des postes et messageries, suivant la notification qui en a été faite pareillement à M. Bacher.

» JEAN-RODOLPH PREYWERCK.

» Basle, 25 mars 1797. »

d'abord traverser la ville, mais longer les murs en dehors, passer le Birsig, le pont de la Birse, et prendre par Augst et Rheinfeld; mais les pluies continuelles avaient tellement gonflé le Birsig, que, d'après l'avis de M. de Neumann[1], on renonça à ce projet.

La porte de Saint-Jean s'ouvrit, et le carrosse impérial entra dans la ville, suivi de cinq autres carrosses à six et à quatre chevaux. Dans les rues les curieux se tinrent assez à l'écart; mais au pont du Rhin la foule commença à grossir et à s'approcher. Quelques indiscrets s'attachaient aux roues, d'autres dirigeaient leurs lanternes de façon à éclairer l'intérieur des voitures; mais ce n'étaient là que des exceptions : le trajet ne fut entravé nulle part. L'aide-major Kolb était à cheval à la portière de la Princesse. Un commissaire de police se tenait à deux pas. Conformément à la requête de M. Bacher, on faisait des patrouilles devant le petit Basle et sur la route de Riehen.

Parmi les curieux qui entouraient la voiture figurait M. Fesch, archidiacre d'Ajaccio, réfugié à Basle depuis la terreur. Il avait laissé à Marseille, dans une position gênée, la famille de sa sœur, madame Lætitia Bonaparte, et était venu chercher pour lui-même quelques ressources dans une ville dont sa propre famille était originaire, et où il comptait encore des amis.

Ces amis et lui se réunissaient habituellement dans la librairie occupant le rez-de-chaussée de la maison qui fait, en face de l'hôtel de la Cigogne, l'encoignure du Firmark et de Storchegasse. Mais, ce soir-là, l'oncle du jeune général Bonaparte avait quitté ses compagnons de lecture et de philosophie; il était allé sur le pont du Rhin pour voir passer le dernier reflet de la dynastie bourbonienne, ne se doutant guère assurément qu'il appartenait lui-même à la dynastie qui allait venir.

A la sortie de la ville, Kolb se mit à la tête d'un détachement de troupes suisses, commandé pour servir d'escorte à Madame jusqu'aux frontières; S. A. R. alla coucher à Laufenbourg,

---

[1] Voyez la lettre de Degelmann citée en note, page 433.

l'une des quatre villes forestières[1] de l'Autriche antérieure, à sept lieues de Basle, où l'attendait la suite que l'Empereur lui avait destinée.

Le lendemain matin, pour la première fois depuis le mois d'août 1792, elle entrait dans une église; pour la première fois elle assistait à la sainte messe célébrée en mémoire de ses parents, et c'était sur la terre étrangère !

Il était sept heures un quart lorsque M. Bacher, muni d'une décharge qui certifiait la remise de la Princesse aux commissaires autrichiens, revint à Riehen. Il présenta cet acte au bailli, qui s'empressa de déclarer aux prisonniers français qu'ils étaient entièrement libres. Les cris de *Vive la République!* se firent entendre. Les voix de Camus et de Drouet dominaient toutes les autres.

Tous se rendirent ce même soir à Basle, où ils arrivèrent à neuf heures. Un détachement de dragons suisses, qui avait accompagné M. Bacher à Riehen, leur servit d'escorte jusqu'à l'entrée de la ville. Les officiers autrichiens qui les avaient amenés de Fribourg les suivirent volontairement jusqu'à Basle; ils descendirent avec eux à l'hôtel des Trois-Rois, et ne craignirent pas de se joindre au souper joyeux par lequel ils célébrèrent l'heure de leur liberté.

A dix heures, le ministre de Sa Majesté Impériale et Royale déposait entre les mains de M. le bourguemaître en régence les effets des prisonniers d'État[2]; à onze heures, M. Bacher en faisait l'inventaire[3]. A deux heures de la nuit, M. le baron de Degelmann partait pour Laufenbourg[4].

C'est ainsi que se termina cette journée mémorable, consacrée par un acte politique dont l'histoire conservera le

---

[1] On appelait ainsi les quatre villes d'Allemagne qui sont sur le Rhin au-dessus de Basle, dans le voisinage de la Forêt-Noire, savoir : Rheinfeld, Waldshut, Seckingen et Laufenbourg.
[2] Rapport fait à M. le bourguemaître Bourcard.
[3] *Ibid.*
[4] *Ibid.*

souvenir comme une nouvelle preuve de l'instabilité des choses humaines.

Le nom de Marie-Thérèse-Charlotte fut pendant quelque temps, à Basle, l'objet de tous les entretiens. On adressait des félicitations aux négociateurs, des vers au prince de Gavre ; les arts s'associaient à ces sentiments : un portrait de la Princesse parut[1], publié par Ch. de Méchel, graveur distingué. L'événement qui venait de s'accomplir intéressait tous les cœurs. La République de Basle en marqua elle-même la date dans ses annales, et prit, par l'organe de ses mandataires, la décision suivante :

« *Arrêté du petit Conseil de la République de Basle du 30 décembre* 1795.

» Ouï le rapport fait de l'échange opéré samedi dernier de la Princesse française, fille du très-béni (*hochselig*) roi Louis XVI, contre les députés et ministres français détenus en Autriche, le Conseil a décrété :

» Les remercîments les plus obligeants de Nos Seigneuries à Son Excellence le bourguemaître en régence Bourcard, des nombreux soins et prudentes mesures qu'il a pris à cette occasion ; de même à M. le baillif Legrand, le remercîment et l'agrément de LL. SS., pour ses peines et services. »

Cependant la cour d'Autriche, qui déjà ne pouvait s'expliquer les obstacles apportés à la solution d'une affaire qu'elle avait hâtée non-seulement de ses vœux, mais de l'accomplissement empressé de tous ses engagements, apprit avec un déplaisir marqué que mesdames de Tourzel n'accompagnaient pas la jeune Marie-Thérèse[2].

---

[1] Celui de l'archiduc Charles fut gravé comme pendant, tant le mariage désiré par l'Autriche et par madame de Tourzel était dans ce moment regardé comme décidé.

[2] Elle se plaignit de ce retard et de ce changement.

M. Bacher se borna à répondre, le 11 nivôse an IV (1ᵉʳ janvier 1796, v. st.), au nom de son gouvernement :

« Le retard du départ de la fille du dernier Roi des Français a été néces-

L'Empereur, qui n'avait point renoncé au désir de faire épouser à la fille de Marie-Antoinette son cousin l'archiduc Charles, crut voir une opposition à cette idée dans le choix qui avait été fait de madame de Soucy ; sa défiance s'accrut au contact de quelques esprits ombrageux de sa cour, et le renvoi de madame de Soucy fut décidé.

Après s'être arrêtée deux jours au château de l'archiduchesse Élisabeth, sa tante, à Inspruck, Madame Royale arriva à Vienne le 9 janvier. L'Empereur la reçut avec un empressement affectueux : il lui forma une maison semblable à celle des archiduchesses. Le prince de Gavre fut nommé grand maître de cette maison, et madame la comtesse de Chanclot grande maîtresse. Séparée ainsi de son auguste élève, madame de Soucy apprit bientôt que les raisons politiques qui tenaient à l'état de guerre des deux nations ne permettaient à aucun Français de rester au service de Madame.

Ce prétexte cachait une disgrâce que madame de Soucy ressentit avec une vive douleur. Elle demanda une audience particulière à l'Empereur. « Ma cousine est fort affectionnée à madame votre mère, lui dit Sa Majesté ; elle ne m'a pas laissé non plus ignorer votre dévouement à sa personne. Je suis fâché, madame, de me voir forcé de vous séparer de ma cousine ; mais la position de guerre entre les deux nations nécessite cette mesure. » Apercevant alors un papier à la main

saire, et le Directoire exécutif de la République française n'eût rien tant désiré que d'épargner aux prisonniers d'État français, détenus dans les États héréditaires de la maison d'Autriche, la prolongation d'une captivité qu'ils ont si peu méritée.

» Le changement survenu dans la nomination de madame de Tourzel pour accompagner la fille du dernier Roi des Français à Basle, qui a été remplacée par madame de Soucy, ci-devant sous-gouvernante à Versailles, est motivé sur ce qu'il ne s'agissait que de lui donner pour compagne une personne qui lui fût agréable et qui eût sa confiance. Elle a désiré et demandé elle-même madame de Soucy, qui l'a élevée ; et comme ce n'était que pour sa satisfaction seule que le gouvernement français avait désigné madame de Tourzel pour se rendre avec elle à Vienne, cet objet se trouve rempli*. » Cette réponse ne satisfit pas l'Autriche.

* Correspondance relative à l'échange.

de madame de Soucy : « Ce papier est-il pour moi, madame ? — Non, Sire, c'est ma lettre d'adieu à Madame, répondit en pleurant madame de Soucy. — Confiez-la-moi, madame ; je vais la remettre moi-même à ma cousine. »

Avec la sévérité de l'étiquette allemande, cette lettre passa cependant par les mains de madame de Chanclot. Madame, fort chagrine elle-même d'être séparée de sa gouvernante, lui fit remettre cette réponse, écrite en entier de sa main :

« J'ai reçu votre lettre, madame, par madame de Chanclot ; j'en suis très-touchée. Je parlerai de vous à l'Empereur ; il est bon ; mais vous savez que je vous ai toujours dit, pendant notre route, que je craignais que la position de guerre entre les deux nations nous séparât. Cela est arrivé ainsi pour les autres Français. Je vous prie de consoler M. Hue, ce fidèle serviteur de mon père ; je suis sûre que l'Empereur ne l'abandonnera pas. Je suis sûre aussi de votre courage. Faites un heureux voyage ; je ferai des vœux pour vous. Dites mille choses de ma part à votre mère. Je vous remercie du sacrifice que vous avez fait de quitter votre famille et votre patrie pour me suivre, je ne l'oublierai jamais. Adieu ; comptez toujours sur l'affection de

» MARIE-THÉRÈSE-CHARLOTTE. »

L'Empereur permit à M. Hue de rester à Vienne. Pour ôter au renvoi de madame de Soucy l'idée blessante d'une exclusion personnelle, il avait décidé que tous les autres Français venus avec la Princesse seraient compris dans la même mesure. « En conséquence de ces dispositions, le cuisinier Meunier et le garçon servant Marin Baron furent expédiés par la voie de la diligence le 20 janvier. La marquise de Soucy, de son côté, se mit en route avec son fils et sa femme de chambre, le 23 du même mois, et il fut pourvu à ce qui pouvait convenir à la commodité de son voyage [1]. » Comme Meunier et Baron, elle

---

[1] Lettre du baron de Degelmann, du 1er février 1796. — Lettre de M. Bacher, ne portant d'autre date que celle de *vendredi matin*.

revint par Basle. Son retour inattendu et son séjour dans cette ville donnèrent lieu à quelques bruits malveillants [1]. Enfin, après avoir accompli un devoir qui lui avait attiré plus d'une calomnie, elle arriva à temps à Paris pour avoir la douloureuse consolation de fermer les yeux à sa mère.

Peu de jours après son arrivée, madame de Soucy fut mise en arrestation pendant quelques mois. Venue de Paris, elle avait paru suspecte à Vienne; venue de Vienne, elle fut suspecte à Paris. Son cœur ne changea point. Le dévouement ne serait pas le dévouement, s'il ne pouvait compromettre qu'une fois.

Le plus bel éloge de la marquise de Soucy, c'est sans doute l'amitié dont l'honorèrent Madame Élisabeth et la Reine Marie-Clotilde, ces saintes sœurs des rois Louis XVI, Louis XVIII et Charles X.

« Quand Madame fut partie, rapporte madame de Tourzel, on me conseilla de faire des démarches pour obtenir le jugement du jury d'accusation, et de m'adresser au ministre de l'intérieur... Je saisis avec empressement cette occasion d'apprendre de M. Benezech quelques détails sur le départ de Madame, et j'allai chez lui avec Pauline. Il nous parla de cette princesse avec le plus profond respect, et en homme touché de ses malheurs, et du courage avec lequel elle les supportait. Il était étonné de l'attachement qu'elle conservait pour la France, et de l'impression de douleur qu'elle éprouvait en la quittant; il était encore attendri en parlant de la sensibilité avec laquelle elle remerciait les personnes qui l'avaient soignée au Temple, et de cette indulgente bonté qui n'avait conservé aucun ressentiment de tout ce qu'elle avait souffert pendant sa captivité. Elle lui laissa le sentiment d'une profonde estime; et comment s'en défendre quand on voyait une princesse aussi jeune capable d'aussi grands efforts sur elle-même? Elle les avait puisés dans des principes qui fortifièrent le grand caractère que le ciel lui avait donné en partage. »

[1] Voyez ci-après, page 454, l'article du *Strasburgischer Welbote*.

La France venait de rendre à l'Autriche tout ce qui restait du sang de cette Marie-Antoinette, la plus brillante de ses archiduchesses. L'Autriche donna à Madame la position la plus heureuse, dans la cour la plus puissante, auprès du prince le plus distingué; mais, tout en se montrant sensible aux attentions de la famille impériale, la jeune Princesse ne dissimula point qu'il y avait pour elle quelque chose au-dessus des offres gracieuses qui lui étaient faites : elle avait un cousin, proscrit comme elle, et n'ayant sur la terre étrangère qu'un asile qui pouvait lui être ôté le lendemain; elle avait une famille sur laquelle semblait peser la fatalité des Stuarts : sa sympathie pour le malheur, aussi bien que sa soumission filiale, avaient décidé des sentiments de son cœur. Son inclination la portait déjà du côté où il y avait des chagrins à partager et des larmes à essuyer; aussi les attraits de la prospérité ne la retinrent pas longtemps à Vienne : elle demanda sa part d'un exil qui devait durer longtemps, et recommencer pour ne plus finir.

L'Empereur avait trop présumé des soins qu'il avait pris lui-même pour amener le mariage qu'il désirait. Le renvoi de madame de Soucy avait été un acte de sévérité inutile : le pouvoir se trompe souvent quand il emploie envers les âmes élevées et les caractères forts les combinaisons de l'habileté politique; il réussit presque toujours quand il consent à être tout simplement bienveillant et généreux.

Quelques cadeaux de l'Empereur couronnèrent la négociation de Basle[1]. Les actes de munificence furent reçus avec une

---

[1] Le baron de Thugut, ministre d'État de S. M. I., écrivit à M. de Degelmann :

« Très-honoré baron,

» Par les messageries de ce soir, on a expédié à Basle, sous votre adresse, un paquet contenant :

» Une tabatière émaillée en or, garnie de brillants et ornée du chiffre de S. M. en brillants ;

» Une bague en brillants ;

» Une médaille en or attachée à une chaîne d'or.

» La première est destinée à M. le bourguemaître Bourcard, à Basle ; la

vive reconnaissance, et attirèrent au donateur, aussi bien qu'aux donataires, plus de félicitations, de vœux et d'hommages, que ne leur en eussent acquis les résultats de la plus habile politique.

Les lettres les plus courtoises s'échangèrent à ce sujet. Les journaux publièrent les récompenses; ils en révélèrent la valeur matérielle, ils divulguèrent les noms de ceux qui les avaient obtenues; et, procédant déjà par insinuation, ils indiquaient les noms de ceux qui semblaient devoir en obtenir[1].

seconde à M. Reber; la troisième à M. l'aide-major Kolb, comme présent et marque d'approbation de Sa Majesté pour leurs soins. En particulier, vous aurez à faire connaître à S. E. M. Bourcard que Sa Majesté s'est servie avec plaisir de cette occasion pour lui témoigner sa gratitude pour les sentiments qu'il a montrés en maintes occasions, et dont Votre Excellence a souvent eu à se louer.

» J'ai l'honneur, etc. « Baron DE THUGUT.

» Vienne, le 3 février 1796.

« A M. le baron de Degelmann. »

[1] *Traduction d'un article publié dans le* Courrier *du monde de Strasbourg* (Strasburgischer Welbote), *n° 138.*

« *Dienstags den 1ten marz 1796. — Primidi den 11ten ventos 4*

» Lettre de Suisse, du 25 février (6 ventôse).

» Depuis quelques jours, la citoyenne Soucy est de retour de Vienne à Basle pour retourner en France. La cour impériale lui a fait de riches présents, mais lui a montré peu de confiance, en la traitant comme si elle était l'espion du gouvernement français. Avant-hier, on a vu arriver de beaux présents de la cour destinés à quelques Baslois qui ont rendu quelques services à l'occasion de l'échange. Le bourguemaître Bourcard, qui a pris toutes les mesures nécessaires, a reçu en cadeau une belle tabatière garnie en diamants du prix de quatre cents louis; le négociant Reber une bague d'environ deux cents louis; Kolb, officier de service, qui conduisit la Princesse jusqu'à la frontière allemande avec un petit détachement, une chaîne en or du prix de cinquante louis. Tout le monde se demande ce que le gouvernement français donnera en cadeau à M. Legrand, bailif de Richen, homme intègre et éclairé, qui a reçu les Français échangés, et les a tenus en dépôt jusqu'à l'arrivée de la fille de Louis à Basle. »

Cette lettre est très-vraisemblablement de M. Ochs, premier secrétaire d'État de Basle, correspondant du *Strasburgischer Welbote*. Il a été ensuite grand tribun de Basle, puis enfin directeur de la République helvétique, sous Napoléon. M. Legrand, dont il fait l'éloge, était son ami, et devint son collègue au Directoire.

B.

Mais il y eut un présent qui échappa aux regards profanes de la presse et du monde : c'est celui que Gomin avait reçu de Madame au moment de quitter Huningue. Ce présent-là ne consistait ni en or ni en diamants, mais il était au-dessus de tous les autres, il venait du cœur et il allait au cœur. Aussi personne n'en parla jamais. C'était un papier plié en quatre, qui contenait sur ses deux premières pages la narration du voyage de Paris à Huningue, que nous avons rapporté page 430. Quelques lignes, adressées personnellement à Gomin, se trouvaient sur la troisième page. Ce témoignage d'une si haute et si sainte affection, le bon serviteur ne l'avait pas divulgué : il l'avait gardé comme un trésor sacré, qu'il ouvrait en secret d'un doigt pieux, et qu'il contemplait d'un œil humide. Ce papier ne l'a jamais quitté : plié comme il l'avait reçu, toute sa vie il le porta sur son cœur. C'est à cette place qu'on le trouva, le 17 janvier 1841, quand ce noble cœur cessa de battre. Il contenait ces lignes :

« Ce voyage, malgré mon chagrin, m'a paru agréable par
» la présence d'un être sensible, dont la bonté dès longtemps
» m'était connue, mais qui en a fait les dernières preuves en
» ce voyage, par la manière dont il s'est comporté à mon
» égard, par sa manière active de me servir, quoique assuré-
» ment il ne dût pas y être accoutumé. On ne peut l'attribuer
» qu'à son zèle. Il y a longtemps que je le connais, cette der-
» nière preuve ne m'était pas nécessaire pour qu'il eût toute
» mon estime ; mais il l'a encore davantage depuis ces derniers
» moments. Je ne peux dire davantage, mon cœur sent forte-
» ment tout ce qu'il doit sentir ; mais je n'ai pas de parole pour
» l'exprimer. Je finis cependant par le conjurer de ne pas trop
» s'affliger, d'avoir du courage ; je ne lui demande pas de
» penser à moi, je suis sûre qu'il le fera, et je lui réponds d'en
» faire autant de mon côté. »

Ces dernières paroles de la fille de Louis XVI à Gomin sont en même temps ses adieux au Temple, cette demeure à la fois cruelle et chère, qui lui rappelait tout ce qu'elle avait souffert, tout ce qu'elle avait perdu, et, en même temps que la dureté et l'inhumanité des uns, le dévouement ou le touchant intérêt des autres.

Ici l'histoire de la prison du Temple s'arrête ; la captivité cède la fille de Louis XVI à l'exil.

LIVRE VINGT ET UNIÈME.

DÉMOLITION DE LA TOUR DU TEMPLE.

Le Temple après le départ de Marie-Thérèse. — Le public admis au Temple. — Inscriptions, blasphèmes, prières. — Le gouvernement révolutionnaire veut vendre le Temple. — Arrêté du premier Consul pour en maintenir la propriété à l'État. — La démolition de la tour du Temple est résolue. — Pèlerinages au Temple. — Décret de l'Empereur qui affecte le palais du Temple comme habitation au ministre des cultes. — La Restauration établit au Temple un couvent. — Conclusion.

Après avoir achevé le récit de la captivité du Temple, il nous reste, pour fermer cette histoire, à redire la fin du Temple lui-même, lieu consacré comme ces amphithéâtres antiques où le sang des martyrs avait coulé. Le grand sacrifice qui s'y était accompli avait appelé l'intérêt sur cette sombre demeure ; la prison était devenue un sanctuaire ; si la mort et l'exil l'avaient rendue vide, elle était remplie par les souvenirs de ceux qui l'avaient habitée. Les hautes vertus sont comme ces baumes pénétrants qui laissent leur parfum dans les vases qui les ont contenus.

Quelques personnes parvinrent, peu de temps après le départ de Marie-Thérèse, à visiter la tour du Temple. Des yeux avides recherchaient les traces que les prisonniers pouvaient y avoir laissées de leur passage.

Dans l'appartement de Louis XVI apparaissaient plusieurs inscriptions, mais aucune n'avait été tracée par sa main ; dans celui des Princesses, rien de la main de la Reine, sinon un *memento* maternel que nous transcrirons plus bas ; rien de la main de Madame Élisabeth. Ces trois martyrs, trouvant encore quelques cœurs pour s'épancher, n'avaient point dit leurs émotions à la nature froide et inanimée. Marie-Thérèse et son frère, condamnés à la solitude, avaient cherché à rendre les murs de leur prison confidents de leurs intimes pensées. Dans la chambre du Dauphin, la main de l'enfant avait laissé deux souvenirs, une fleur dessinée sur la boiserie, vers l'encoignure où avait été le poêle, et plus loin, sur un autre panneau, ces mots tracés avec un crayon ou un charbon mal taillé :

Maman, je vous pr

Le moyen ou la force lui avaient-ils manqué pour compléter sa phrase ? La main brutale de Simon l'avait-elle interrompu ?

Quant à sa sœur, plus d'une pensée écrite par elle se trouvait dans ces lieux déserts. Sur le papier de l'antichambre, qui représentait, comme nous l'avons dit, des pierres disposées les unes sur les autres et figurées par des carrés grossièrement ombrés, on trouvait les inscriptions suivantes gravées avec une pointe d'aiguille ou des ciseaux :

Marie-Thérèse-Charlotte est la plus
malheureuse personne du monde.

Elle ne peut obtenir de savoir des nouvelles
de sa mère, pas même d'être réunie à elle
quoiqu'elle l'ait demandé mille fois.

Vive ma bonne mère que j'aime bien
et dont je ne peux savoir des nouvelles.

Plus loin on lisait cette phrase, qui avait trait aux lectures de la jeune Princesse :

Je désire Zaïre, Alzire, Aménaïde.

En pénétrant dans sa chambre, on surprenait les effusions d'une pensée plus intime et plus recueillie. Le conventionnel Rovère rapporte que, prisonnier au Temple peu de temps après le départ de Madame, il parcourait l'appartement qu'elle avait habité, cherchant s'il n'y découvrirait pas quelques traces de son séjour. Il aperçoit deux lignes crayonnées sur la muraille : il approche et lit :

O mon père, veillez sur moi du haut du ciel !

La seconde, tracée plus tard et un peu au-dessous de la première, contient les mots suivants :

*O mon Dieu, pardonnez à ceux
qui ont fait mourir mes parents !*

Rovère était du nombre de ceux-là. En lisant ces mots, il éprouva un frémissement, comme si le doigt de Dieu l'avait touché. « Le remords, dit-il lui-même, me poussa hors de l'appartement. »

Une inscription qu'on rencontrait au Temple vous saisissait par sa simplicité même. Dans l'embrasure de sa chambre à coucher, la Reine avait écrit au crayon :

27 mars 1793, quatre pieds, dix pouces, trois lignes.

Et plus bas :

Trois pieds, deux pouces.

C'était la taille de ses enfants. Elle ne devait pas les voir grandir.

Voici maintenant les inscriptions étrangères aux mains de la famille royale qu'on trouvait dans la tour du Temple.

La porte de la chambre du conseil présentait celle-ci :

« *Liberté, égalité.* »

La fraternité était absente. Sur le panneau inférieur, un portrait grotesque, qu'on disait être celui de *Mathey*, la pipe à la bouche, attirait l'attention.

Sur les murailles de l'escalier quelques noms étaient gravés au couteau, à la pointe du sabre ou de la baïonnette.

Dans l'appartement du Roi, qui avait été ensuite, comme nous l'avons dit, celui du Dauphin, indépendamment du mot isolé de *Maman, je vous pr....,* tracé par une main débile, on trouvait :

Dans l'antichambre, sur la porte de la chambre à coucher, de vieilles injures au crayon noir, parmi lesquelles le mot de *tyran* s'apercevait légèrement encore, avaient été effacées : mais, par-dessus, revivait, écrit en grosses lettres au crayon rouge, et d'une main plus récente, ce nom de *tyran,* que la royale victime avait toujours regardé comme le plus cruel des outrages, sans doute parce qu'il en était le plus injuste.

LE TIRAN.

Au-dessous de ce mot, le dessin d'une guillotine en fonction, tracée également au crayon rouge, avec cette explication :

Le Tiran crachant dans le sac.

Quelques coups de canif et de couteau avaient lacéré cette image et cette inscription, et ces caractères rouges, emblème de la barbarie révolutionnaire, étaient suivis de cette simple phrase, emblème de la civilisation chrétienne :

Celui que vous injuriez ici a demandé
grâce pour vous sur son échafaud.

Dans la tourelle attenante à la chambre du Roi, et dernier asile de ses prières, on lisait sur le côté intérieur de la porte :

Sa vertu fut moins brillante,
mais elle fut plus solide que son trône.

Sur le pan de la croisée, à gauche, se trouvait ce quatrain écrit en lignes verticales :

Quand Desèze à Tronchet, à Lamoignon s'unit,
Pour prendre de Louis la trop juste défense,
C'est la vertu, la raison et l'esprit,
Qui combattent pour l'innocence.

Dans l'appartement de la Reine, on lisait sur les panneaux de la porte de sa chambre ces lignes, tirées de l'*Imitation de Jésus-Christ* :

« *La gloire que le monde donne et reçoit passe en un moment; et elle est toujours suivie de tristesse.*

» *La gloire des bons est dans le fond de leur cœur, et non dans la bouche des hommes.*

» *La joye des justes est de Dieu et en Dieu; leur joye est dans la vérité.* »

(*Imit.*, liv. II, chap. vi.)

Dans l'embrasure de la fenêtre où Madame Royale se tenait presque toujours pendant sa captivité solitaire, on découvrait à droite, en regardant de bien près, ces mots :

Madame Veto partant pour la justice;

puis une femme sur une charrette, et un peu plus loin une guillotine ; mais ces caractères et cette image avaient été presque entièrement effacés par le lavage. En face, un autre petit tableau ; mais de celui-là on ne voyait plus rien absolument, si ce n'était cette inscription, restée rebelle à la peine qu'on avait prise pour la faire disparaître :

L'Autrichienne à la danse.

Auprès des souillures de ce crayon ignoble resplendissaient en gros caractères, bien lisibles, ces mots :

« *Mère de douleurs, priez pour nous !* »

Et plus bas :

« *Regina martyrum, ora pro nobis !* »

La chambre qu'avait occupée Madame Élisabeth, du temps que la Reine était encore au Temple, présentait ces deux inscriptions :

« *Per agoniam et passionem tuam,*
» *Libera nos !* » —
« *Per mortem et sepulturam tuam,*
» *Libera nos !* » —

Tel était l'aspect qu'offrait alors la tour du Temple, consacrée par la double majesté du malheur et de la vertu : ainsi la prison devenait un sanctuaire, et les cris de la haine cédaient la place aux litanies.

Les visites du Temple furent peu de temps tolérées. Bientôt les nouvelles phases de la révolution envoyèrent dans cette prison de nouveaux captifs ; la tyrannie révolutionnaire ne laissait point chômer les geôles. C'est ainsi qu'après le coup d'État du 18 fructidor, les membres des conseils destinés à la déportation passèrent dans cette triste demeure les dernières nuits qui précédèrent leur départ ; plusieurs représentants, qui avaient eu le malheur de voter la mort de Louis XVI, lurent alors sur la muraille la prière que Marie-Thérèse, la dernière habitante de ces lieux, avait écrite pour ceux qui avaient fait périr ses parents. Ils en furent émus : ce pardon que la fille, la sœur et la nièce des martyrs leur laissait pour adieu, était en même temps un avis que Dieu leur envoyait pour les exciter à réfléchir sur eux-mêmes.

Le Temple demeura donc ce que la journée du 10 août l'avait fait, une maison d'arrêt et une caserne. Un peu plus tard on résolut de le mettre en vente. Un souvenir qui ressemblait à un remords poussait le gouvernement révolutionnaire à l'anéantissement de cette prison.

Le temps avait marché. Le Directoire n'existait plus.

Celui que cette histoire a rencontré presque adolescent sur la terrasse des Tuileries, s'indignant à l'aspect de la royauté livrée aux outrages de la populace, celui qu'elle a entrevu jeune homme foudroyant Toulon, et plus tard ébranlant Paris au bruit du canon de vendémiaire, s'était fait homme en jetant de bataille en bataille ce nom prodigieux que tous les grands échos du monde, depuis le Tibre jusqu'aux Pyramides, renvoyaient retentissant de gloire à la France.

Napoléon était assis au faîte de la puissance. A son avènement au Consulat, il avait empêché l'aliénation de la maison du Temple, et n'avait pas voulu qu'elle devînt une propriété privée[1] ; mais, l'œil ouvert sur le passé et sur l'avenir, l'Em-

---

[1] « Egalité. — Liberté.
» MINISTÈRE DE LA POLICE GÉNÉRALE.
» Extrait du registre des délibérations des Consuls de la République.
» Paris, le 9 thermidor l'an VIII de la République une et indivisible.
» Les Consuls de la République,
» Vu l'article 84 de la loi du 28 germinal an VI, qui autorise le gouvernement à mettre à la disposition du ministre de la guerre les propriétés

pereur repoussait les souvenirs qui humiliaient l'ancienne souveraineté, et il évitait ceux qui gênaient la nouvelle. Cette tour nationales non soumissionnées pour y établir les casernes de gendarmerie ;

» Considérant que la maison du Temple st nécessaire au casernement des brigades de gendarmerie nationale établies à Paris ;

» Arrête ce qui suit :

» ARTICLE Ier.

» Il est sursis à la vente de la maison du Temple jusqu'à ce qu'il en ait été autrement ordonné.

» ARTICLE II.

» Cette maison continuera d'être employée au casernement des brigades de gendarmerie de Paris.

» ARTICLE III.

» Les ministres de la guerre, des finances et de la police générale sont chargés, chacun en ce qui le concerne, de l'exécution du présent arrêté.

» Le premier Consul,

» BONAPARTE.

» Par le premier Consul,

» Le secrétaire d'État,

» HUGUES MARET.

» Pour copie conforme,

» Le ministre de la police générale,

» FOUCHÉ. »

« *Le ministre des finances au citoyen préfet du département de la Seine.*

» Paris, le 13 thermidor an VIII de la République française une et indivisible.

» Je vous envoie, citoyen préfet, une ampliation, signée de moi, d'un arrêté des Consuls du 9 thermidor présent mois, qui ordonne la suspension de la vente de la maison nationale du Temple, et porte que cette maison continuera d'être employée au casernement des brigades de gendarmerie à Paris. Veuillez bien vous conformer à ses dispositions.

» Je vous salue,

» GAUDIN.

» NOTA. — Cette maison est affichée pour être vendue presque à l'instant. Il est instant de donner les ordres nécessaires pour empêcher la vente. »

« Liberté. — Égalité.

» *Le ministre de l'intérieur au citoyen Dubois, préfet de police du département de la Seine.*

» Paris, le 26 thermidor an VIII de la République française une et indivisible.

» J'ai reçu, Citoyen, votre lettre du 9 thermidor, relativement à la vente de la maison nationale du Temple.

» J'ai communiqué, tant au ministre des finances qu'à celui de la guerre,

LIVRE XXI. — DÉMOLITION DE LA TOUR.

du Temple, témoin de la tyrannie populaire la plus atroce et de l'agonie royale la plus touchante, l'inquiétait doublement. Comment laisser sous l'œil du peuple une prison où le peuple avait tenu un roi captif? comment offrir aux émotions publiques un monument qui ravivait la pensée de la dynastie ancienne?

Il fut donc décidé que pas une pierre ne resterait debout de cette sainte tour[1], pas une de ces pierres qui avaient gardé une voix pour se plaindre, *lapides clamabunt!*

Le Temple redevint solitaire et silencieux. Presque toutes

vos observations sur les inconvénients de l'aliénation de cet édifice, ainsi que vos vues sur sa destination.

» Je vous salue,
» L. BONAPARTE. »

[1] Le 3 juin 1808, l'ordre suivant fut adressé à Fauconnier, concierge de la maison d'arrêt du Temple :

« Paris, le 3 juin 1808.

» Le sénateur, ministre de la police générale de l'Empire, ordonne au concierge de la maison du Temple de remettre les prisonniers confiés à sa garde à M. Pâques, inspecteur général du ministère, qui est chargé de les faire transporter dans le donjon de Vincennes ; après cette remise, il se transportera à Vincennes pour y recevoir lesdits prisonniers, dont il continuera de rester chargé dans cette nouvelle prison.

» FOUCHÉ. »

Les prisonniers remis à M. Pâques étaient au nombre de dix-sept. Voici les noms de ces derniers habitants du Temple :

David, prêtre.
Lavillate, propriétaire.
Garrez de Mézières, ancien officier.
Begon de la Rouzière, propriétaire.
Collin, dit Cupidon, domestique.
Vaudricourt, rentier.
De Rousse de Puyvert, rentier.
Polignac (Armand), vivant de son bien.
Polignac (Jules), vivant de son bien.
Bournisac, propriétaire.
Laneuville, prêtre.
Chassuart ou Chassour, distillateur.
Daniaud-Duperrat, négociant.
Couchery, employé.
Anerweck, cultivateur.
Montmayeux, professeur de mathématiques.
Tilly-Blaru, ex-propriétaire à Saint-Domingue.

les personnes employées à la surveillance et au service des détenus les avaient suivis à Vincennes. Les autres avaient été congédiées. Les meubles furent disséminés dans les prisons ou dans les hospices, ou rentrèrent au Garde-Meuble. Les appartements furent entièrement dégarnis; la tour, condamnée à périr, semblait subir elle-même la toilette des criminels promis au bourreau; ses murailles, mises à nu, n'attendaient plus que le marteau des destructeurs.

Les matériaux à provenir de la démolition furent mis en adjudication. Cette annonce attira au Temple un nombre immense de familles qui, sous prétexte de songer à une acquisition, accomplissaient un pèlerinage.

Le vendredi 7 octobre 1808, M. Robert Morel, propriétaire, demeurant à Paris, rue Traversière-Saint-Honoré, n° 37, se rendit adjudicataire de la tour du Temple moyennant la somme de 33,100 francs.

Témoin des pieuses sympathies qui amenaient chaque jour une foule de visiteurs dans les appartements qu'avait occupés la famille royale, l'acquéreur avait espéré qu'il trouverait une défaite extrêmement avantageuse de tous les matériaux qui, comme les cheminées, les portes, les chambranles, les lambris, les croisées, etc., pouvaient être conservés en entier et être placés ailleurs.

De plus, il avait pensé qu'une fois maître des lieux, il pourrait lever un tribut facile sur la curiosité publique; il fit imprimer et vendit des cartes d'entrée à la tour.

Ce trafic dura peu de jours. Instruit de ce qui se passait, le ministre de la police générale lui fit défendre *de laisser pénétrer dans la tour qui que ce fût et sous tel prétexte que ce pût être, fût-ce même des dignitaires*. Le colonel de la gendarmerie résidant au Temple fut chargé de surveiller l'exécution de cet ordre.

M. Morel s'aperçut alors qu'il s'était trop hâté dans sa double combinaison; l'interdiction des billets d'admission lui faisait pressentir les nouvelles entraves qui devaient l'arrêter

LIVRE XXI. — DÉMOLITION DE LA TOUR. 467

dans ses projets. Il était évident, en effet, que le gouvernement, qui voulait anéantir les souvenirs que retraçait le Temple, ne se prêterait pas à des spéculations qui feraient revivre ces souvenirs.

Le calculateur désappointé se vit trompé dans les brillantes espérances que son entreprise lui avait fait concevoir; les pierres qu'il avait acquises n'étaient plus que des pierres auxquelles il était défendu d'assigner une valeur morale.

Vers la fin de 1808, les démolitions commencèrent; la toiture, les charpentes, les portes et cloisons en menuiserie, les voûtes d'arêtes, les croisées, les carreaux et les parquets, furent d'abord enlevés; ces objets furent provisoirement déposés dans les cours et dans le jardin; achetés sur place, ils eussent été payés fort cher; vendus sur le marché, ils n'avaient guère que leur valeur intrinsèque. Mais que faire? Les ouvriers employés à l'œuvre de destruction étaient les seules personnes qui pussent entrer au Temple; des marbres de cheminées et quelques décors avaient été vendus à prix d'or par leur entremise; mais les portes impitoyablement fermées portaient un préjudice énorme à l'entrepreneur[1].

---

[1] Il réclama une indemnité. Sa requête, ambiguë et contournée, explique sa position essentiellement fausse et difficile dans cette affaire :

« *A Monsieur le Conseiller d'État, préfet du département de la Seine.*

» Monsieur le Conseiller d'État,

» Le sieur Robert Morel a l'honneur de vous exposer que, le 7 octobre 1808, il s'est rendu adjudicataire des matériaux à provenir de la démolition de la tour du Temple, par les motifs qu'il va vous déduire.

» Aussitôt qu'il fut instruit du projet d'anéantissement de cet édifice, il se rendit sur les lieux pour en faire la visite et les calculs approximatifs de la valeur des matériaux; il n'y aperçut pour l'adjudicataire, même en prenant l'objet au prix de l'estimation de l'architecte des Domaines, aucune spéculation avantageuse à faire.

» Cependant l'exposant, animé plutôt par l'intérêt du gouvernement, qu'il eut toujours à cœur, que par son intérêt particulier, cédant ensuite, il ne peut vous le dissimuler, au désir d'être l'instrument de la destruction d'un édifice qui marquait dans les monuments de l'antiquité par les différentes destinations que divers siècles lui avaient attribuées, fit plusieurs démarches

Les documents relatifs à ces faits rendent eux-mêmes témoignage de la pieuse vénération qui s'attacha à la tour du Temple lorsque, pendant les jours qui précédèrent la destruction, le donjon fut ouvert aux visiteurs qui s'y pressèrent en foule.

dont le résultat fut qu'il pouvait se rendre adjudicataire à un prix bien supérieur à l'estimation, sans nuire à ses intérêts personnels.

» En effet, il avait la parole de plusieurs entrepreneurs qu'ils se rendraient sur les lieux avant l'exploitation commencée, pour traiter sur place de tout ce qui pourrait être à leur convenance ; d'autres personnes proposaient d'acquérir les constructions, garnitures et décors de différentes pièces entières. C'est d'après ces données, qui lui assuraient un débit prompt et avantageux, qu'il se détermina à s'en rendre adjudicataire.

» L'intérêt du gouvernement assuré par le prix, bien supérieur à l'estimation, auquel il avait porté cette démolition, tout devait être permis à l'exposant pour assurer le sien.

» Il est notoire qu'un objet adjugé devient à l'instant même la propriété de l'adjudicataire, et qu'il reste le maître d'employer tous les moyens licites de faire et d'employer tous les ressorts de son industrie pour en tirer le parti le plus avantageux possible.

» Cependant l'exposant avait à peine fait ses dispositions préliminaires pour commencer ses travaux, c'est-à-dire sept jours après l'adjudication, qu'un ordre de S. E. le ministre de la police générale, transmis à M. le préfet de police, lui est signifié par son inspecteur général.

» Cet ordre portait défense expresse de laisser pénétrer dans la tour qui que ce fût et sous tel prétexte que ce pût être, fût-ce même des dignitaires. Il fut non-seulement signifié à l'acquéreur, mais même au colonel de la gendarmerie résidant au Temple pour en surveiller l'exécution.

» Cet ordre, qui ne laissait plus entrevoir à l'exposant qu'une perte certaine de 15 à 20,000 francs, n'en a pas moins été ponctuellement exécuté.

» La démolition s'opère ; rien ne se vend ; les matériaux de toutes espèces, tels que portes, chambranles, lambris de hauteur d'appui, alcôves, parquets, croisées, volets, etc., la plus grande partie décorant et garnissant les appartements du petit Temple, ainsi que la tour, sont déposés dans l'enceinte qui l'environne, exposés aux pluies, à la gelée, et par conséquent dépérissent journellement. Il est notoire que ces divers objets n'ont de valeur réelle qu'autant qu'ils sont vendus sur place. Et comment pourraient-ils l'être, même les pierres et les moellons ? Le bruit s'était bientôt répandu dans le public que l'entrée de la tour était interdite ; il en a écarté tout le monde et notamment les entrepreneurs.

» Mais s'il est impossible de se refuser à la vérité bien frappante qu'il résulte de cet ordre du gouvernement une perte considérable pour l'exposant, il devient également indispensable de lui accorder une indemnité proportionnée à sa perte.

A ces causes, l'exposant, plein de confiance dans les principes de justice qui vous animent, vous prie, monsieur le Conseiller d'État, de vouloir bien

Nous n'avons pas tout dit à ce sujet. Des pères, des mères, des jeunes gens, entraient dans cette demeure le cœur navré, les yeux remplis de larmes; chacun rappelait les détails de cette longue agonie, de cette royale passion; chacun expliquait comment arrivèrent au comble les misères de cette race royale.

prendre en considération la position fâcheuse où il se trouve, et d'ordonner qu'une expertise contradictoire fixe l'indemnité démontrée bien légitime à laquelle il a droit de prétendre par les motifs qu'il vient d'avoir l'honneur de vous déduire.

» Salut et respect,
» Morel.

» Paris, ce 23 janvier 1809. »

« Renvoyé au directeur des Domaines nationaux de l'intérieur de Paris (M. Éparvier), pour qu'il transmette des renseignements et son avis.

» Frochot.

» Paris, le 31 janvier 1809. »

Le préfet du département de la Seine, après avoir demandé au directeur des Domaines nationaux de l'intérieur de Paris des renseignements et son avis sur cette réclamation, écrivit au ministre de la police la lettre suivante :

4ᵉ Division. — 1ᵉʳ bureau.

Indemnité réclamée par le sieur Morel, adjudicataire de la démolition de la tour du Temple.

« 30 mai 1809. »

» Le conseiller d'État, préfet, à Son Excellence le comte de l'Empire, ministre de la police générale de l'Empire.

» Le sieur Morel, adjudicataire par procès-verbal du 7 octobre 1808 de la démolition de la tour du Temple, moyennant la somme de 33,100 fr., m'a présenté une pétition à l'effet d'obtenir une indemnité proportionnée aux pertes qu'il dit avoir éprouvées dans cette opération.

» Sa réclamation est fondée sur ce que, sept jours après l'adjudication, un ordre émané de Votre Excellence par l'intermédiaire de M. le conseiller d'État, préfet de police, lui a intimé la défense expresse de laisser pénétrer dans l'intérieur de la tour qui que ce fût, et sous quelque prétexte que ce pût être, et que cette mesure, en l'obligeant de transporter la totalité de ses matériaux hors de l'enceinte de la tour, l'a privé du bénéfice que la majeure partie de ces matériaux lui eût infailliblement procuré, s'il avait eu la liberté de les vendre sur place.

» Je prie Votre Excellence de vouloir bien me faire connaître si la mesure dont le sieur Morel excipe a effectivement eu lieu, et si, comme il l'annonce, elle n'a pu recevoir son exécution sans influer sur le produit de la vente des matériaux.

» Dans le cas de l'affirmative, l'adjudicataire serait peut-être fondé à ré-

On disait les injures, les outrages, les violences, les tortures; on évoquait les bourreaux successifs qui venaient chaque jour, qui épiaient, qui chantaient, qui juraient; les inquisiteurs qui fouillaient dans les appartements, dans les meubles, dans les poches, dans les paroles, dans les consciences.

On revoyait Louis XVI relevant par la grandeur chrétienne l'humiliation de la grandeur royale; Marie-Antoinette redressant

clamer une indemnité; mais, d'après les motifs qui donnent ouverture à sa réclamation, cette indemnité ne paraîtrait pas devoir être à la charge de l'administration des Domaines.

» Je vous prie, Monseigneur, de vouloir bien me faire connaître ce que Votre Excellence aura décidé à cet égard.

» J'ai l'honneur, Monseigneur, de saluer Votre Excellence avec respect,

» FROCHOT. »

Le ministre répondit:

2ᵉ division. — N° 2,233, série II.

« Paris, le 17 juin 1809.

» J'ai reçu, Monsieur, la lettre que vous m'avez adressée le 30 mai dernier, relativement à l'indemnité que réclame le sieur Morel, adjudicataire de la démolition de la tour du Temple.

» Il est vrai que j'ai fait défendre de laisser pénétrer personne dans la tour qui avait servi précédemment de maison d'arrêt. Cette mesure a eu pour objet de faire cesser l'affluence des personnes qui s'y portaient pour y voir les appartements, et qui se permettaient à cette occasion des réflexions souvent très-déplacées. Elles y étaient admises avec des cartes que le sieur Morel avait fait imprimer à cet effet, et qu'il vendait. Sous ce point de vue, les ordres que j'ai donnés ont pu lui être préjudiciables, puisqu'ils l'ont privé du profit qu'il retirait de la vente de ses cartes. Mais son adjudication ne lui donnait pas le droit de faire de la tour du Temple un objet de curiosité, et lui imposant, au contraire, l'obligation de la démolir, la mesure que j'ai ordonnée n'a pu que lui faciliter l'exécution de son marché, puisqu'elle éloignait les curieux qui pouvaient gêner les ouvriers dans leurs travaux; elle ne peut, sous aucun prétexte, donner au sieur Morel le droit de réclamer une indemnité.

» J'ai l'honneur de vous saluer.

» Le sénateur, ministre de la police générale,

» FOUCHÉ.

» A M. le conseiller d'État, préfet du département de la Seine. »

Le lecteur aura remarqué les termes de cette lettre, qui, malgré ses ambages, laisse apercevoir plus de choses qu'elle n'en veut montrer.

par la fierté de son âme sa majesté insultée ; et ces deux enfants, leur espérance et leur orgueil, *entrés en pleurant dans la carrière du jour*, comme dit Euripide ; enfin cette sœur, Élisabeth, touchant modèle d'affection et de dévouement sans bornes !

On montrait la fontaine où avait été traîné le cadavre de madame de Lamballe, la fenêtre où avait apparu la tête sanglante de cette jeune et malheureuse femme, coupable d'être aimée de la Reine. On montrait la tourelle témoin de la dernière prière, la salle de la séparation douloureuse, le lit du dernier sommeil.

On disait : C'est là qu'est mort, vieux de souffrance à dix ans, cet enfant si aimable et si beau, les délices de la France devenues le jouet du savetier Simon !

Ces murailles dont la vie s'était retirée servaient d'enseignement au monde. Comme un chirurgien qui, armé du scalpel, demande à la mort tous les indices qu'elle peut lui transmettre, le visiteur interrogeait ce cadavre de pierre.

On se sentait comme purifié en touchant à ces murailles sacrées, emportant un fragment de cet édifice qui avait recélé tant de vertus et de sacrifices.

Les travaux de démolition ne furent terminés qu'en 1811. A cette époque le palais du Temple fut restauré et modifié pour recevoir le ministère des cultes [1]. La pensée impériale

---

[1] *Extrait des minutes de la secrétairerie d'État.*

« Au palais impérial de Saint-Cloud, le 3 août 1811.

» Napoléon, Empereur des Français, Roi d'Italie, protecteur de la Confédération du Rhin, médiateur de la Confédération suisse, etc., etc. ;

» Nous avons décrété et décrétons ce qui suit :

» ARTICLE 1er.

» Le palais du Temple, à Paris, sera restauré, mis en état et meublé, pour servir à l'habitation du ministre des cultes et à l'établissement de ses bureaux.

» ARTICLE II.

» Un jardin, dépendant de l'hôtel du ministre des cultes, sera ouvert sur l'emplacement de la tour.

avait cru ne pouvoir placer dans un tel lieu qu'une administration consacrée aux intérêts de la religion. Les événements changèrent la face des choses. Une congrégation religieuse, instituée en 1815 par Louis XVIII, et ayant pour supérieure

» ARTICLE III.

» Les réparations et mise en état du bâtiment et la plantation du jardin seront à la charge du ministère de l'intérieur, et devront être terminées cette année, de manière que le ministère des cultes puisse y être établi avant le 1er janvier 1812.

» Les dépenses de l'ameublement seront supportées par le ministre des cultes.

» ARTICLE IV.

» Le ministre de l'intérieur fera faire sur-le-champ le devis des réparation et mise en état du palais et jardin.

» ARTICLE V.

» Nos ministres de l'intérieur et des cultes sont chargés de l'exécution du présent décret.

» NAPOLÉON.

» Par l'Empereur : le ministre secrétaire d'État,

» Le comte DARU.

» Pour ampliation,

» Le ministre de l'intérieur, comte de l'Empire,

» MONTALIVET.

» Pour copie conforme,

» Le chef du premier bureau du secrétariat,

» VERNEUR. »

« Le ministre de l'intérieur à M. le préfet de la Seine.

» Paris, le 4 décembre 1811.

» Monsieur le comte,

» J'ai l'honneur de vous faire passer ci-inclus une ampliation du décret impérial du 3 août dernier, qui affecte le palais dit du Temple à l'habitation de S. E. le ministre des cultes, et à l'établissement de ses bureaux.

» Vous verrez, Monsieur le comte, par l'art. II de ce décret, que les jardins et dépendances du ministère des cultes doivent être formés sur l'emplacement qu'occupait la tour du Temple, et que, par conséquent, la vente de cet emplacement, indiquée au 6 de ce mois, ne peut avoir lieu.

» Je vous invite, en conséquence, à prendre de suite les mesures nécessaires pour empêcher cette vente, qui, aux termes du décret de S. M., n'aurait pas dû être affichée.

» MONTALIVET. »

Louise-Adélaïde de Condé, ancienne abbesse de Remiremont, transforma en couvent le château du Temple. Un saule pleureur, des arbustes, des fleurs, furent plantés sur l'emplacement de la prison de Louis XVI et de sa famille ; une barrière de bois en marqua l'enceinte jusqu'en 1848[1]. Des fleurs et des prières ! telle fut la fin de la tour du Temple.

Tous ceux qui ont été enfermés dans cette tour sont morts à cette heure.

La tour elle-même a disparu.

La Princesse qui avait survécu dans cette prison à son père, à sa mère, à sa tante, à son frère, a eu depuis encore bien des larmes et bien des prières à répandre avant d'aller les rejoindre.

Elle a vu un autre frère périr sous le poignard ; elle a vu un vieillard, qui était son père, laisser tomber sa couronne ; elle a vu un enfant, qui était son fils, découronné par l'émeute victorieuse.

Trois fois bannie de France, elle a vu trois fois la chute du trône.

Enfant sous les verrous, Marie-Thérèse priait, pleurait, espérait. Après tant de désastres et de révolutions, son rôle et sa mission ne furent pas changés : jusqu'au dernier jour elle a prié, pleuré, espéré. Survivant à tant de ruines, ruine elle-même, elle a gardé, comme toute âme pure, confiance dans la justice de Dieu ; elle a attendu sans impatience les réparations certaines de la postérité et de l'éternité.

Et cependant, après avoir assisté à tous les malheurs de sa patrie, elle a assisté, dans ses dernières années, à un spectacle plus effroyable encore : elle a entendu glorifier les meurtriers de son père. Elle a vu des poëtes et des historiens passer de la pitié des victimes à la louange des assassins ; elle a vu des hommages publics décernés à l'homme qui avait usé la guillotine, qui avait rempli de têtes humaines le panier

---

[1] Une rue, ouverte à cette époque, divise en deux parties le jardin du Temple, et empiète sur l'emplacement même de la tour.

du bourreau, et qui, les mains souillées de sang, offrait à l'Être suprême une gerbe de fleurs!

L'histoire indignée n'acceptera ni ce bouquet ironique ni cette honteuse réhabilitation, elle les jettera ensemble à terre et les foulera sous ses pieds. La date de 1793 pèsera éternellement sur le cœur de la France. On ne fera jamais une mémoire sacrée d'un souvenir sanglant et exécrable.

Daigne cette sainte que le ciel a reçue[1], et que l'histoire retrouve au lit de mort, comme au Temple, avec une prière pour la France, me pardonner d'avoir humblement rapporté les détails que j'ai pu recueillir d'elle-même sur les afflictions de sa famille et sur les siennes!

J'ai essayé de ranimer quelques épisodes que la rouille du temps n'avait point encore entièrement effacés. Je bénirais Dieu si ma tâche sur la terre avait été de réveiller ces souvenirs dans les âmes.

J'ignore les desseins de Dieu sur l'avenir de mon cher pays; j'espère qu'il le protégera toujours et qu'il conservera dans le cœur de nos enfants l'amour de la patrie, ce feu sacré des grandes âmes; mais lors même qu'il aura anéanti les dernières parcelles de la royauté française et précipité les siècles sur les siècles, les héroïques souvenirs de la tour du Temple resteront debout.

Il y eut là quelque chose d'une grandeur morale que l'antiquité n'a pas connue.

La tragédie grecque a-t-elle rien de comparable à ce drame de nos annales? Qu'est-ce qu'Agamemnon vulgairement égorgé, auprès de ce Roi de France solennellement couché sous le couteau de la Convention? Astyanax précipité des tours d'Ilion peut-il être comparé au fils des grands Rois lentement abruti par un misérable? La veuve de Priam se crevant les yeux, qu'est-elle auprès de la veuve de Louis XVI raccommodant sa robe blanche pour monter à l'échafaud?

[1] Marie-Thérèse-Charlotte de France, duchesse d'Angoulême, est morte à Frohsdorf, près de Vienne, le 19 octobre 1851.

Le cri de douleur étouffé en 1793 dans cette tour se prolongera à travers les âges ; et, sans qu'elles aient besoin d'un Homère, ces grandes victimes de l'athéisme moderne, ce Roi, cette Reine, cet enfant, disparus avec nos autels dans la tempête, revivront en un deuil éternel dans la pensée des hommes, angéliques martyrs que nul poëte ne peut louer, ayant été eux-mêmes leurs sublimes panégyristes dans les testaments de leur piété, de leur pardon et de leur amour.

FIN DU TOME SECOND.

DOCUMENTS
ET
PIÈCES JUSTIFICATIVES.

I

« Le mardi vingt-neuf janvier mil sept cent quatre-vingt-treize, au quartier général de Willingen en Souabe, et dans l'église des Révérends Pères Récollets, à dix heures du matin, en présence de Leurs Altesses Sérénissimes Monseigneur le prince de Condé, Monseigneur le duc de Bourbon, Monseigneur le duc d'Enghien, et d'une partie de la noblesse française rassemblée sous les ordres de Monseigneur le prince de Condé, a été célébré un service pour le repos de l'âme de notre très-honoré souverain et seigneur Louis seize, Roi de France et de Navarre, et, à la fin dudit service, Monseigneur le prince de Condé a dit :

« Messieurs, c'est dans l'amertume de nos cœurs que nous venons
» de rendre le dernier des hommages que nous prescrivaient le res-
» pect profond et l'attachement sans bornes dont nous étions péné-
» trés pour l'infortuné Louis seize. Si notre inaltérable et constante
» fidélité n'a pu le sauver des horreurs de son sort, au moins elle
» l'a suivi jusqu'à la tombe, où le plus atroce des crimes vient de
» précipiter le plus malheureux des rois. Une longue douleur n'épui-
» sera jamais la source de nos larmes, et le comble des maux pour
» toute âme honnête et sensible est d'avoir à pleurer à la fois la
» perte de son Roi et les crimes de sa patrie.
» Mais vous savez, Messieurs, qu'il est de principe que le Roi ne
» meurt pas en France. Puisse le ciel préserver de tous les dangers qui
» l'entourent cet enfant précieux, intéressant, qui, né pour le bon-
» heur, ne connaît encore de la vie que le malheur d'être né ! Quel
» que soit le sort qui l'attende, il ne peut être qu'agréable à Dieu

» que ce soit au pied de ces autels (comme c'est l'usage en France)
» que nous nous livrions au premier élan de notre antique amour
» pour nos Rois, et des vœux ardents que nous formons pour notre
» légitime souverain. Le Roi est mort, Messieurs... le Roi est mort.
» vive le Roi ! »

» Ce cri a été répété par toute la noblesse, et ces paroles de Monseigneur le prince de Condé, grand maître de France, ainsi que le cri de Vive le Roi ! répété par tous les assistants, étant le premier acte conservatoire de la couronne de France sur la tête de Louis dix-sept, et le seul que puisse faire en ce moment l'unique rassemblement existant, quant à présent, de Français libres et attachés à la royauté et à la maison régnante, il a été du tout dressé le présent procès-verbal pour servir de témoignage en des temps plus heureux ; et ledit procès-verbal, signé ainsi qu'il suit, sera clos, cacheté des cachets des signataires, et déposé en un dépôt public de ladite ville de Willingen. Ainsi fait audit quartier général, jour et an que dessus.

» Ont signé :

» Charles-Léon de Bouthillier, maréchal de camp, major général de l'armée de S. A. S. ;

» Louis, baron de Fumel, maréchal de camp, maréchal général des logis de la cavalerie de l'armée de S. A. S. ;

» Edme de Bascle, marquis d'Argenteuil, maréchal de camp, le plus ancien des officiers généraux employés à l'armée de S. A. S. ;

» Louis-Antoine-Henry de Bourbon ;

» Louis-Henry-Joseph de Bourbon ;

» Louis-Joseph de Bourbon, tant en mon nom qu'au nom de la noblesse rassemblée sous mes ordres, individuellement nommée sur le contrôle de l'armée, qui doit faire foi à cet égard. »

(Archives de l'Empire, Armoire de fer.)

II[1]

Mémoire de madame Marie-Antoinette.

Par Sainte Foy dite Breton couturier.

Du 27 janvier 1793.

Fait un pierrot grand deuille de fleurés.	24	
Fournie les rubans.	6	
Fournie les busques et bouton.	4	10 s.
Le 30. Une robe de meme fleurés grand deuille.	24	
Fournie les rubans.	6	
Fournie les busque.	2	10
Deux jupon de tafetas dHitaly noire.	12	
Fournie les rubans.	2	
Le 28 mars refaitte un pierrot et le jupon de fleurés.	15	
Fournie les rubans.	6	
Fournie les busque et bouton.	4	10
Fournie une aune de fleurés pour les manches à 9^{lt}.	9^{lt}	
Le 3 avrille faitte un pierrot de fleurés grand deuille.	24	
Fournie les rubans.	6	
Fournie les busque et bouton.	4	
Un jupon de tafetas dHitaly noire.	6	
23 mai un pierrot de fleurés grand deuille.	15	
Fournie deux aune un quare de fleurés pour ce pierrot — à 9^{lt} laune fait.	20^{lt}	5
Plus une aune et 1 mis de florence pour corsage et doublure des manches à 6^{lt} 10 s. fr.	9^{lt}	15
Fournie les busque et bouton.	4	10
	205^{lt}	10

Bon pour cent quarante-neuf livres dix sols.

C. (*Coru.*)

Mémoires des fournitures d'étoffe de soye faites pour le service Marie-Antoinette,

Par Le Normand, marchand à Paris.

Livré à mademoiselle Bertin :

Mars.	6 aunes fleuret noir large à 9^{lt}.	54^{lt}
	2 voile noir a. . . . . 3.	6

[1] Nous avons cru devoir conserver à ces pièces leur orthographe.

28. Livré à madame Chaumet :
21 aunes double florence noir à 6 10. . . . . 136 10
Livré à madame Le Breton :
11 aunes fleuret noir large à 10. 110
5 aunes 1/2 tafétat noir première qualité à 12. 66
2 aunes 1/2 florence noire à 6 10. . . . . . . 16 5
                                              ─────────
                                              388 15

Memoire de madame Elisabeht.

Pare Sainte Foy dite Breton couturier.

Du 27 janvier 1793...

Une redingotte chemise de florence noire hoittés.	30	
Fournie la hoitte.	5	
Fournie du bougrand pour le collet.	2	10 s.
Fournie les rubans et bouton.	6	
Fournie les ballene.	6	10
Un pierrot de fleurés grand deuille.	24	
Fournie les rubans et bouton.	6	
Fournie les ballene.	6	10
Le 29 déshoitté la robe de florence noire. . . .	15	
Faitte deux jupon de tafetas dHithaly noire. . .	12	
Fournie les rubans.	2	
Le 4 avrille refaitte un pierrot et remis des manches neuf.	15	
Fournie une aune de fleurés pour manche à 9^{tt}, f.	9	
Plus une aune de florence pour doublure à 6^{tt} 10 s.	6	10
Fournie les rubans pour le jupon et pierrot. . .	6	
Fournie les ballene.	6	10
Le 13 une redingotte chemise de florence noire. . . .	30	
Fournie du bougrand pour le collet.	2	10
Fournie les rubans.	6	
Fournie les ballene.	6	10
Fournie les bouton.	1	4
Total.	204^{tt}	14

Bon pour cent quarante livres dix sols.

C.

Barbier et Tétard, marchands de toutes sortes d'étoffes de soies d'or et d'argent, à la Barbe-d'Or, rue des Bourdonnais, au coin du cul-de-sac, vis-à-vis la rue de la Limace, à Paris.

Du 26 mars 1793.

Fourni à la fille d'Antoinette :

1 aune 1/2 fleuret noir.	11#	»	16#	10 s.
1 — 1/2 florence noir.	6	10	19	15
5 avril. 1 — » fleuret noir.	»	»	11	»
» — 1/2 florence noir.	6	10	3	5
23. 2 — » florence noir.	6	10	13	5
	Total.		63	10 s.

Certifié véritable et conforme à mon livret le présent mémoire montant à soixante et trois livres dix sols. Paris, le 4 avril 1793.

BARBIER ET Cie.

Barbier et Tétard, marchands de toutes sortes d'étoffes de soie d'or et d'argent, à la Barbe-d'Or, rue des Bourdonnais, au coin du cul-de-sac, vis-à-vis de la rue de la Limace, à Paris.

Du 4 avril 1793.

Fourni à Élisabeth Capet :

22 aunes florence noir.	6	10 s.	143#	»
10 — fleuret noir.	11	»	110	»
6 aunes 1/2 taffetas noir.	11	»	71	10
	Total.		324	10

Certifié véritable et conforme à mon livret le présent mémoire montant à trois cent vingt-quatre livres dix sols. Paris, le 4 avril 1793.

BARBIER ET Cie.

(*Archives de l'Empire*, carton E, n° 6207.)

III

Rapport fait par l'administration de police au conseil général de la Commune dans sa séance du 29 avril 1793.

« L'administration ne s'est pas bornée à faire apposer les scellés chez les membres du conseil qui étaient inculpés, elle a décerné des mandats d'amener contre la citoyenne Sérant, ci-devant dame d'atours d'Élisabeth; Jean Lebrun, son domestique; Jean-Baptiste Diane, tailleur, et Claude Bosquet, aussi tailleur... Le résultat des interrogatoires a été que la citoyenne Sérant, qui prétend encore exercer les fonctions de dame d'atours d'Élisabeth, faisait des envois pour les objets que lui demandait le conseil du Temple; qu'elle faisait porter ordinairement ces objets par son domestique, qui les remettait au conseil du Temple, et qui quelquefois les remettait à Élisabeth elle-même; qu'elle n'a fait parvenir au Temple qu'un petit mot, il y a quinze jours, pour savoir si Élisabeth voulait un pierrot blanc. Le domestique de ladite Sérant a déclaré n'avoir jamais porté au Temple que des effets pour les vêtements des détenus, et des mémoires de ses fournitures, qu'il laissait à Cayeux, chargé de les régler; qu'il était monté une fois à la tour, et ce de l'agrément des commissaires de service... Sur la communication qui nous a été faite d'un chapeau trouvé dans une cassette chez Élisabeth, l'administration a mandé l'exécuteur des jugements criminels du département, et le chapelier Dulong. Le premier nous a déclaré que Louis, arrivé au lieu de son supplice, n'a ôté que son chapeau et son habit; qu'il a été enterré avec le reste de ses vêtements; que l'habit et le chapeau, aussitôt après l'exécution, ont été mis en morceaux et partagés entre les spectateurs. Le chapelier Dulong n'avait vendu aucun chapeau à Louis Capet. »

Cette lecture achevée, la discussion s'est ouverte sur le sort réservé aux six membres inculpés; la discussion a été ajournée. Il a été arrêté seulement, sur le réquisitoire du substitut du procureur de la Commune (Hébert), qu'attendu qu'il était notoire que la dame Sérant reconnaissant encore la royauté, puisqu'elle conservait encore un titre qui aurait dû disparaître avec elle (celui de dame d'atours), elle sera dénoncée à l'accusateur public du tribunal révolutionnaire, à la diligence du procureur de la Commune. Le soin de la mettre en état d'arrestation a été renvoyé à la police.

IV

Memoire des ouvrages faite et fournit par le citoyen Wolf, cordonnier pour Marie Antoinette, les enfans et sa sécouer Élisabeth 1793.

Du 15 abrile deux paire desouliers paugevre pour le fils de Marie Antoinette. . . . . 16#

ET PIÈCES JUSTIFICATIVES. 483

Du 29 abrile trois paire desouliers noire à la fille de Marie
   Antoinette. . . . . 36#
Et trois paire de souliers noire à Madame Élisabeth. . . . . 36#
Du 2 juin deux paire de souliers paugevre pour le fils de
   Marie Antoinette. . . . . 16#
                           Totale. . . . . . 104#

*Memoire des ouvrages faite et fournit à Marie Antoinette et les
enfants autemble par le sieur Wolf, cordonnier 1793.*

Du 8 juillet trois paire desouliers ras St Cire noire a Madame Elisa-
   bette. . . . . 36#
Et trois paire desouliers ras St Cire noire a Mademoiss la
   fille de Marie Antoinette. . . . . 36#
Du 15 juillet trois paires desouliers ras St Cire noire a Marie
   Antoinette. . . . . 42#
Avoire fait des voyages a Paris. . . . . 12#
                           Totale. . . . . . 126#

*Mémoire pour la famille de Capet par ordre des membres du Con-
seil de la comune de service au Temple. Fait par Bosquet, tailleur
à Paris.*

               Pour la veuve Capet :

1793. May. Avoir racomodé 2 redingotes et refaites. . . 24# »
      Redoublé les corsages en entier. . . . . 12 »
      Avoir racomodé 2 juppes et mis des ceintures. . . 4 »

               Pour sa fille :

12. 9 aunes bazin pour 2 redingote à 18#. . . . . . 162 »
    Doublure en toille de cotton. . . . . 20 »
    Façon. . . . . 30 »
    8 aunes bazin pour 2 juppes à 18#. . . . . 144 »
    Façon. . . . . 8 »
    Rubans. . . . . 4 »

              Pour Madame Élisabeth :

23 aunes bazin pour 2 redingotes et juppes à 18#. 414 »
Doublure et corsage. . . . . 20 »
Façon du tout. . . . . 38 »
Rubans. . . . . 4 »

Pour le fils de Louis Capet :

2 aunes 3/4 drap paignon noir pour 2 habits et 2 culottes à 52ʰ	143 »
1 aune 1/4 pekin noir rayé pour 2 gilets à 18ʰ	22 10 s.
7 aunes 1/2 croize de soie pour doubler les habit et gilets dos double a 8ʰ	60 »
Doublures des culottes	14 »
Poches	6 »
Boutons de soie	24 »
2 aunes croisé de soye pour racomoder les doublures de 2 habits complets	16 »
Racomodage	8 »
May 26. 6 aunes bazin blanc raye pour 2 redingotes à 18ʰ	108 »
Dos manches poches	14 »
Facon	20 »
Total	1319 10 s.

(*Archives de l'Empire*, carton E, n° 6208.)

V

COMITÉS RÉVOLUTIONNAIRES.

Extrait de la loi du 7 fructidor, l'an deuxième, relative aux comités révolutionnaires.

Il y aura un comité révolutionnaire dans chaque chef-lieu de district.

Il y en a un également dans chaque commune qui, sans être chef-lieu de district, contiendra une population de 8,000 individus et au-dessus.

Chaque comité révolutionnaire sera composé de douze membres.

Les membres des comités révolutionnaires seront renouvelés par moitié tous les trois mois, et ne pourront être réélus qu'après le même intervalle.

Pour le premier renouvellement, le sort déterminera les six membres qui devront sortir.

Pour être membre d'un comité révolutionnaire, il faudra savoir lire et écrire et être âgé de vingt-cinq ans.

Les parents et alliés, jusqu'au quatrième degré inclusivement, ne pourront être membres du même comité révolutionnaire.

Ne pourront être membres des comités révolutionnaires ceux qui, ayant fait faillite, ne se sont pas complétement libérés avec leurs créanciers.

Il y a incompatibilité entre les fonctions de membre d'un comité révolutionnaire et toute autre fonction civile ou militaire. Les individus salariés par la République pour quelque fonction que ce soit ne pourront être membres de ces comités.

Les membres des comités révolutionnaires pourront, au nombre de trois, décerner des mandats d'amener et faire procéder provisoirement à l'apposition des scellés : mais les mandats d'arrêt seront toujours signés de sept membres.

Les comités révolutionnaires sont tenus d'interroger dans les vingt-quatre heures les citoyens contre lesquels ils auront délivré des mandats d'amener.

Ils sont tenus d'avoir un registre sur lequel seront inscrites, par ordre de dates, leurs différentes opérations, et sur lequel sera constatée la présence des membres qui auront concouru. Le registre, tenu sur papier libre, sera coté et paraphé sur chaque feuillet par le président du tribunal du district.

Les comités révolutionnaires feront remettre aux détenus, sur papier libre et sans frais, dans les trois jours de la détention, copies tant du mandat d'arrêt que des motifs de l'arrestation. Les comités révolutionnaires seront tenus d'adresser au Comité de sûreté générale de la Convention nationale, dans les vingt-quatre heures de l'arrestation, les motifs de leurs mandats d'arrêt, ainsi que les pièces et renseignements qu'ils se seront procurés sur le compte des individus arrêtés.

L'exécution de la loi du 21 messidor, relative aux laboureurs, manouvriers, moissonneurs, etc., est confiée aux comités révolutionnaires établis par le présent décret : en conséquence, ils procéderont séparément, et sans le concours d'aucun autre comité, à l'exécution de ladite loi, chacun dans l'arrondissement qui leur est déterminé.

Il y a dans la commune de Paris douze comités révolutionnaires ; l'arrondissement de chacun de ces comités comprend quatre sections, savoir :

Premier comité, tient ses séances dans le local actuel des Tuileries.

Sections.	Citoyens.	Sections.	Citoyens.
Les Champs-Élysées.	Marais. Levasseur. Marchand.	La République.	Petit. Beros. Peteslard.
Les Piques.	Bothelin. Dutocq. Raimbaud l'aîné.	Les Tuileries.	Prevel. Guidamour. Maubert.

Deuxième comité, tient ses séances sur la section Le Peletier.

Faubourg Montmartre.	Ducrocq. Cantin. Provost.	Mont Blanc.	Buffé. Le Peletier. Desmazaux.
La Montagne.	Blondel. Scrive. Louve.	Le Peletier.	Surreau. Barrois. Jourdan.

Troisième comité, tient ses séances sur la section de Brutus.

Contrat social.	Moutin. Regnier. Giraud.	Poissonnière.	Pellet. Lacoste. . . . . .
Brutus.	Détant. Lambert. Lemaître.	Guillaume Tell.	Pique. Cornu. . . . . .

Quatrième comité, tient ses séances dans le local où se tenait la section de la Halle au blé.

Les Gardes françaises.	Houssemain. Buisson l'aîné. Arson.	La Halle au blé.	Marsillac. Lefebvre. Leguay.
Les Marchés.	Marlin. Sougeron. Sevret.	Muséum.	Billet. Charpentier fils. Moreau.

Cinquième comité, tient ses séances sur la section de Bonne-Nouvelle.

Bonne-Nouvelle.	Andruette. Ravizon. Ollivier.	Bon-Conseil.	Gaultier. Lesurcle. Yardin.
Faubourg du Nord.	Lesueur. Delormel. Fouquet.	Bondi.	Guillou. Paris. Brazier.

Sixième comité, tient ses séances sur la section des Gravilliers.

	Marvillier. Petit. Philippes.	Le Temple.	Colom. Pretrel. Avril.
	Golvin. Lequin. Petrel.	Amis de la Patrie.	Demeures. Denevers. Lamarlière.

Septième comité, tient ses séances sur la section de l'Homme armé.

Sections.	Citoyens.	Sections.	Citoyens.
La Réunion.	Millet. Buffaut. Poupart.	Droits de l'Homme.	Vivien. Godard. Desgrouards.
L'Homme armé.	Le Duc. Grenon. Couturier.	Les Arcis.	Lebel. Houet père. Maillet.

Huitième comité, tient ses séances rue Amelot, porte Amelot.

Quinze-Vingts.	Coutier père. Lottin fils. Humblet.	Popincourt.	Dulac. Bailly. Douin.
Indivisibilité.	Sallambier. Auro. Thermillier.		Louis Infret. Tinard. Mercier.

Neuvième comité, tient ses séances sur la section de la Fidélité.

La Fraternité.	Quenet. Fauconnier. Leger.	L'Arsenal.	Toulouze. Lefebvre. Jacquin.
La Fidélité.	Meissonnier. Bouquet. Fabie.	La Cité.	Garnier. Thirel. Roussel.

Dixième comité, tient ses séances sur la section de la Fontaine de Grenelle.

L'Unité.	Choquet. Pierrelot. Roux.	Bonnet rouge.	Beau. Huette. Bourest.
Fontaine de Grenelle.	Guidou. Leviel. Ozagnan.	Les Invalides.	Perrault. Bouet. Gavau.

Onzième comité, tient ses séances sur la section de Marat.

Chaslier.	Simon. Rouverel. Perinet fils.	Marat.	Guespréau. Dupré. Rongevin.
Mutius Scævola.	Gastebois. Rançon. Bourgouin.	Révolutionnaire.	Duhautpas. Julliot le jeune. Desrois.

Douzième comité, tient ses séances sur la section du Panthéon français.

Les Sans-culottes.	Cochet. Eynaud. Paillette.	Finistère.	Rolland Huguet. Gabriel Thoin. Gerin jeune.
Observatoire.	Giroust. Joubert. Jacquet.	Panthéon.	Colas. Journault. Fessard.

VI

Intérieur du Comité de salut public et de sûreté générale.

« L'histoire romaine nous représente le Triumvirat rassemblé dans une petite île, et avec le stylet marquant les citoyens dont le nom devait être sur la liste des proscriptions. La Convention nationale de France offrit pendant dix-huit mois un spectacle bien plus révoltant. Son Comité de salut public s'était installé dans les petits appartements du Roi, au palais des Tuileries. De nombreux corps de garde, tant du côté du jardin que du côté de la cour des Princes, annonçaient le séjour du despotisme le plus ombrageux. Il était permis à peine de fixer un moment les yeux sur les fenêtres de ce comité, comme jadis sur celles de la Bastille. Une foule de bureaux occupaient la seconde enceinte, et la plupart des esclaves qui en faisaient le service en tremblant, portaient sur leur physionomie l'empreinte de l'effroi ou de la basse adulation. Jour et nuit, des canons, mèche allumée, placés aux portes extérieures, ne laissaient aucun doute sur le caractère des tyrans qui s'environnaient ainsi d'une ceinture d'airain. Des familiers au regard sinistre, qui ressemblaient aux muets de la cour ottomane, veillaient aux entrées immédiates, et exécutaient de point en point les instructions secrètes qu'on leur avait données.

Pour parvenir aux antichambres, il fallait errer à tâtons dans un long corridor, éclairé d'une faible lampe à chaque extrémité. Toutes les avenues du Comité de salut public étaient sombres, tristes, sévères, et faisaient contraste avec les salons où s'assemblaient les décemvirs. Celui qui obtenait la faveur d'être admis en leur présence était ébloui de ce changement subit. Les moelleux tapis des Gobelins en recouvraient le parquet. Le marbre, les bronzes dorés et les glaces brillaient de toutes parts; de belles pendules, de fastueuses girandoles garnissaient les cheminées. Dans ces antres, de riches fauteuils, de voluptueux canapés servaient à l'usage de ces républicains qui affichaient en public les mœurs et le langage des Lacédémoniens. Dans de petits cabinets, on entrevoyait des buffets toujours bien garnis de ce qu'il y avait de plus recherché en comestibles, afin que les membres du Comité trouvassent à satisfaire leur appétit sans être obligés de sortir.

Autour d'une grande table ovale, recouverte d'un tapis vert et chargée de monceaux d'arrêts de mort en blanc, se rangeaient les décemvirs, pour balancer dans leurs mains impures les destinées de la France et de l'Europe.

Le Comité était permanent : Billaud, Collot, ou Barère, rarement Robespierre, étaient toujours là à monter la garde, c'est-à-dire, il y avait toujours un membre pour répondre à tout, et ne pas laisser le crime un seul instant oisif. Les décemvirs ne se rassemblaient tous que sur les dix heures du soir. Ils arrivaient là, non pas précisément ivres, mais poussés de vin et de bonne chère, échauffés par les liqueurs : c'était leur état habituel et conforme aux mesures qu'ils prenaient pour l'ordinaire.

C'est dans ces moments qu'ils intimaient leurs ordres secrets aux scélérats en chef qui avaient leur confiance. C'est là que le général Rossignol alla prendre le plan de l'embrasement de la Vendée ; c'est là que Carrier organisa les noyades de Nantes. C'est là aussi que les décemvirs se moquaient du genre humain ; c'est là qu'un Couthon disait en riant, avant de partir pour Lyon : « Je n'ai plus que la tête » et le tronc, eh bien, c'est pourtant moi qui vais donner le premier » coup de marteau à la seconde ville de l'Empire français, pour la » démolir. »

C'est là qu'on organisait les conspirations des prisons, et qu'on rédigeait ce plan de dépopulation réalisé pendant quinze mois. Une carte de la France était sans cesse déployée sous les yeux des décemvirs, ainsi qu'un tableau de la population de chaque commune ; là on décimait les villes et les hameaux. Il nous faut tant de têtes dans tel département.

C'est là directement que tous les comités révolutionnaires de France correspondaient, et renvoyaient ou apportaient leurs feuilles d'expéditions. Les membres de ces comités venaient humblement prendre le mot d'ordre, ou bien donner des renseignements précieux.

C'est là aussi que les autres députés de la Convention venaient briguer, mendier des missions dans les départements. Poultier avoue que ses collègues faisaient souvent antichambre, et se tenaient respectueusement sur le passage de Robespierre, pour obtenir de lui en passant un coup d'œil de faveur, et pour demander de l'emploi. Ainsi donc, de l'aveu même des conventionnels, eux-mêmes sollicitèrent la grâce d'être envoyés pour ensanglanter les diverses parties de la République, au nom du Comité. Ils allaient recevoir l'accolade et se faire recevoir proconsuls, bourreaux. Toutes les calamités de la France, tous les crimes de la Révolution, sortaient du salon du Comité de salut public.

Si les murailles avaient des oreilles et pouvaient parler, que d'horribles blasphèmes contre l'humanité elles ont entendus ! Qu'il eût été curieux de voir Barère et Collot, d'un trait de plume, massacrer la population d'une province entière ! Les décemvirs ressemblaient à une compagnie de bouchers, propriétaires d'un troupeau de vingt-cinq millions de têtes. Tordons, écorchons, mangeons, se disaient-ils entre eux, le peuple saisi de terreur se laissera faire.

» Le peuple est ici-bas pour nos menus plaisirs. »

Quand Robespierre assistait aux délibérations, elles prenaient une teinte plus rembrunie ; on riait moins, on y faisait le mal moins gaiement.

Comme ces membres du Comité de salut public se moquaient de ceux de la Convention qui faisaient antichambre à leur porte et mendiaient l'insigne faveur d'obtenir une courte audience ! Toute la représentation nationale était comprise dans l'antre décemviral. Guerre et finances, toutes les lois, toutes les mesures émanaient de là. La Convention n'était que la place publique où on les proclamait. Les sept cent quarante membres de l'Assemblée nationale n'étaient que des colporteurs à qui on venait, chaque décade, intimer et distribuer des décrets pour être publiés et mis à exécution.

Outre les canons dont il se faisait investir, le Comité de salut public avait dans les caves et souterrains du château des Tuileries une artillerie non moins redoutable : nous entendons parler d'une typographie complète, où l'on imprimait, la nuit plus encore que le jour, les rapports, les arrêtés et les décrets révolutionnaires avec lesquels **on foudroyait** toute la France.

Les autres issues, les couloirs, les salles, étaient le plus souvent encombrés par des monceaux de paquets et d'objets de tout genre capturés dans diverses expéditions ; ce qui faisait ressembler le Comité de salut public et de sûreté générale à un *mont-de-piété*, ou plutôt à une caverne de brigands, remplie de butin que la bande se partageait avec ses agents couchés sur des matelas épars çà et là.

Pour compléter l'illusion, les membres du Comité, ainsi que la plupart de leurs commis, affectaient un costume sale, et des cheveux noirs et gras. Barère lui-même avait le plus souvent la crinière attachée avec une ficelle. Robespierre seul gardait un maintien plus réservé et une mise plus propre.

Cette absence de toilette n'empêchait pas les filles de l'Opéra de venir solliciter elles-mêmes, car le Comité se mêlait de tout. Pour jouer une pièce nouvelle, sur tous les théâtres, il fallait avoir l'agrément de Barère. Un jour qu'il se refusait à la représentation d'un drame lyrique, poussé au pied du mur par les raisons convaincantes de l'auteur, il termina la scène par dire : « Que voulez-vous, j'en conviens, mais Robespierre ne le veut pas. »

Le Comité de sûreté générale était plus bruyant, attirait plus de monde. Assiégé jour et nuit par des familles en larmes, il les repoussait toutes avec la dureté et l'impolitesse des tyrans subalternes. On savait qu'il ne s'y faisait rien avant d'avoir été demander l'agrément du Comité de salut public. On ignore tout ce qui s'y passait : que de sacrifices d'argent et même de vertu s'y faisaient pour racheter des victimes ! C'était un trafic atroce, infâme tout à la fois.

Le Comité de sûreté générale était le centre où venaient aboutir tous les comités révolutionnaires de France. Un membre du Comité de sûreté générale dit assez haut pour être entendu : « F....., citoyens, vous n'y allez pas rondement : quoi ! en quinze jours, rien que cinquante-quatre arrestations ! Que foutimassez-vous donc ? » Il ajouta : « Si les autres comités révolutionnaires se conduisaient tous avec cette mollesse, les aristocrates auraient beau jeu..... » Richelieu, dans un des plus beaux jours de sa tyrannie, ne fit pas trembler la France entière comme un seul des membres de ce comité.

Environnés de figures patibulaires, hérissés de baïonnettes, il fallait franchir cinq ou six guichets pour parvenir à la porte du cabinet redoutable qui ouvrait à volonté ou fermait les millions de nouvelles bastilles. Des architectes n'étaient occupés qu'à présenter des plans et devis pour de nouvelles maisons d'arrêt. Quels souvenirs tout cela rappelle !

Après le 9 thermidor, car avant on ne se serait pas permis pareille témérité, un bon citoyen s'avisa de demander à Lavicomterie, membre du Comité de sûreté générale : « Comment se fait-il que vous vous soyez envoyés réciproquement à la guillotine, et que vous y ayez entraîné des milliers d'individus ? — Ma foi, répondit Lavicomterie avec ingénuité, Robespierre avait un tel empire sur ses collègues, que moi, en mon particulier, j'hésitais pour me rendre aux assemblées qui réunissaient le Comité de salut public et de sûreté générale : plusieurs fois même je me suis absenté, dans la crainte de me trouver avec Robespierre. Un jour, nous fûmes convoqués pour entendre un rapport, sans nous dire sur quelle matière. Nous voilà tous réunis, le Comité de salut public, de sûreté générale et de législation. Saint-Just tire de sa poche des papiers; quelle est notre surprise d'entendre le rapport contre Danton, Camille et autres, pour les mettre en arrestation ! Le discours était si séduisant, Saint-Just le débita avec tant d'âme !..... Après la lecture on demanda s'il y avait quelques membres qui voulussent parler. (Non ! non !) L'on mit aux voix, elles furent unanimes : il fut arrêté qu'ils seraient tous mis en arrestation. » Hélas ! c'est ainsi que ces tyrans lâches ont envoyé à la mort des milliers de victimes. « Mais à la bonne heure, lui répliqua le bon citoyen, vous pouviez vous guillotiner les uns les autres ; mais encore une fois, pourquoi détruire la moitié de la population et incarcérer l'autre ? » Lavicomterie ne répliqua que d'une manière évasive ; pourtant il ajouta : « Bon patriote, c'est à moi que vous avez l'obligation de n'avoir pas été arrêté, car plus de trente fois l'on a proposé de lancer un mandat d'arrêt contre vous. — Mais pourquoi ? — Parce que vous aviez changé vos principes, parce que vous n'avez pas craint de parler mal des Montagnards et des Jacobins. »

Qu'on juge du reste par cet échantillon ! Nos arrière-neveux refuseront de croire que vingt-cinq millions d'hommes se laissèrent dépouiller, incarcérer, guillotiner par une poignée de misérables réunis en comité de salut public et de sûreté générale. »

Louis Prudhomme, *Histoire générale et impartiale des erreurs, des fautes et des crimes commis pendant la Révolution française.* Tome V, page 107 à 117.

VII

Mémoires des médicaments fournis au Temple pendant le mois de may, pour Marie Antoinette, ses enfants et sa sœure, par le citoyen Robert apothicaire authorisé par la Commune et par les ordonnances du citoyen docteur Thierry.

Pour Marie-Antoinette :

1793. Mai 1er. Un bouillon medecinale fait au bain marie composé de veau, poulet et plantes diverses . . . . . . 5″

2. 3. 4. 5. 6. 7. 8. 9. 10. Chaque jour le même bouillon réitéré . . . . 45″

    Plus une boëtte de gomme pectorale 3

11. 12. 13. 14. 15. 16. 17. 18. 19. 20. Chaque jours le bouillon cy dessus réitéré 50

Pour le fils de Marie Antoinette :

Mai 12. Douze onces de miel de Narbonne. 3   12
13.   Deux bouteilles de petit lait clarifié 2
14.   Deux bouteilles idem. 2
15. 16. Bouteilles idem. 4
17.   Une médecine composée de follicules manne choisis, coriandre, et sel de Glauber. . . , 3

	La même médecine de précaution.......	3	
	Une bouteille de petit lait.........	1	
	Quatre onces de bayes de genièvre.....	1	4
18.	Une bouteille de petit lait.........	1	
	Une livre de miel de Narbonne.......	4	16

$$128^{\text{lt}}\ 12\,\text{s.}$$

Pour le fils de Marie Antoinette :

May 19. 20. 21. 22. 23. 24. 25. 26. 27. 28. Chaque jours une bouteille de petit lait......	10	
29. La médecine du 17 réitérée..........	3	
Idem la même médecine de precaution...	3	
30. 31. Le petit lait réitéré............	2	
Un cornet de baye de Genièvre.......	1	4
Une boette de parfums............	2	

Pour Marie Thérèse Charlotte,
fille de Marie Antoinette :

Mai 1er. Un bouillon médicinal fait au bain marie, composé avec sucs de plantes, sel de Glauber, etc................	4	»
2. 3. 4. 5. 6. 7. 8. 9. 10. 11. Chaque jours le même bouillon réitéré..............	40	
12. 13. 14. 15. 16. 17. 18. 19. 20. 21. Chaque jours le bouillon idem...............	40	
22. 23. 24. 25. Le bouillon réitéré.........	16	
Plus douze onces d'eau de roses.......	3	
26. 27. 28. 29. 30. 31. Chaque jours le bouillon idem.	24	

Pour Élisabeth sœure de Marie Antoinette :

May 25. Quatre grands rouleaux de sparadrap de diapalme...................	20

$$296^{\text{lt}}\ 16\,\text{s.}$$

Memoire des medicaments fournis au Temple pendant le courant du mois de juin, pour Marie Antoinette, ses enfants et sa sœure, par le citoyen Robert apothicaire authorisé par la Commune et par ordonnance du citoyen docteur Thiery.

Pour le fils de Marie Antoinette :

1793. Juin 1er. Une bouteille de petit lait clarifié......	4lt
2. 3. 4. 5. Chaque jour le petit lait réitéré..........	4

Plus fournis un thermometre pour les bains. 4
6. 7. 8. 9. 10. 11. 12. Chaque jours une bouteille de petit
 lait. 7
13. Un bouillon médicinal fait au bain marie, composé
  avec cuisses et reins de grenouilles, avec addition
  de sucs de plantes, et terre folliée minérale. . . . 5
14. 15. 16. 17. 18. 19. 20. Chaque jours le bouillon réitéré. 35
21. 22. 23. 24. 25. 26. 27. 28. 29. 30. Chaque jours le bouillon idem. 50

Pour Marie Thérèse Charlotte :
fille de Marie Antoinette :

Juin 1er. Un bouillon médicinal fait au bain marie (composé
  avec sucs de plantes sel de Glauber etc. 4
2. 3. 4. 5. 6. 7. 8. Chaque jours le bouillon réitéré . . . 28
  Plus douze onces d'eau de roses 3
9. 10. 11. 12. 13. Chaque jours le bouillon 20
14. 15. 16. 17. 18. 19. 20. Chaque jours le bouillon réitéré. 28

189″

Mémoire des médicaments fournis au Temple pendant le mois de juillet pour Marie Antoinette, ses enfants et sa sœure par le citoyen Robert apothicaire, authorisé par la Commune et par ordonnances du citoyen docteur Thiery.

Pour Marie Antoinette, sa fille et Elisabethe :
1793, l'an IIe de la République.

Juillet 12. Une chopine d'eau de fleurs d'oranges double distillée au
 bain marie. 12
 Trois flacons de sel volatil de vinaigre camphré. 18
 Un cornet de genievre. . . . . » 12

Pour le fils de Marie Antoinette :

Juillet 1. Un bouillon medicinal fait au bain marie avec
 veau, cuisses et reins de grenouilles suc de
 plantes et terre folliée. 5
2. Le bouillon réitéré. 5
 Douze onces de miel de Narbonne. 4 16
3. 4. 5. 6. 7. 8. 9. 10. 11. 12. Chaque jours le bouillon
 ci-dessus réitéré 50
23. 24. 25. Le bouillon idem 15

26.	Un lavement composé avec carralline de Corse, suc de citron et huile d'olive.	1	10
	Plus fournis une seringue, avec son canon d'yvoir	14	
27.	Un lavement	1	10
28.	Le lavement idem	1	10
	Plus 4 onces de sirop vermifuge	1	4
29. 30. 31.	Chaque jour le lavement.	4	10
	Plus 4 onces de sirop vermifuge.	1	4

Pour la citoyene Tison :

Juillet 4.	Une potion calmante.	2	
5.	La potion idem.	2	
	Plus deux pintes de petit lait avec le sirop de violettes.	4	
6.	Un rouleau d'orgeat	2	10
	Deux pintes de petit lait réitérée.	4	
	La potion double réitérée	4	
7.	Une pinte de petit lait.	2	
	La potion double réitéré	4	
8 et 9.	Chaque jours le petit lait.	4	
	Plus deux potions	4	
		218#	6 s.

(*Archives de l'Empire*, série E, n° 6207.)

VIII

COMMISSION DE POLICE ADMINISTRATIVE DE PARIS.

Liberté, Égalité.

Paris, le quatorze frimaire an 4ᵉ de la République française une et indivisible (5 décembre 1795).

La commission, vu l'autorisation du ministre de l'intérieur en date du 13 frimaire présent mois, en conséquence d'une lettre à elle adressée le même jour par les deux commissaires préposés à la garde du Temple;

Ladite autorisation portant que la commission de police administrative nommera d'office un juge de paix pour faire, en présence desdits commissaires, la levée des scellés apposés sur une commode étant dans la salle basse de la tour du Temple, et de suite dresser inventaire des effets qui se trouveront dans ladite commode.

La commission en conséquence nomme d'office le citoyen Baron, juge de paix de la section du Mail, pour, en présence des commissaires préposés à la garde du Temple, procéder à la levée des scellés apposés sur la commode désignée ci-dessus, et dresser inventaire et description des effets contenus en ladite commode.

Nomme, pour assister à la levée desdits scellés et audit inventaire, le citoyen Hannocque Guérin, l'un de ses membres, lequel en fera dresser procès-verbal, dont expédition, ainsi que dudit inventaire, seront envoyés au ministre de l'intérieur. Les commissaires administrateurs : *Signé :* HOUDEYER, HANNOCQUE GUÉRIN et PASTÉ.

L'an quatre de la République française une et indivisible, le quatorze frimaire, une heure de relevée environ, vu la nomination et autorisation spéciales de l'autre part, et aux fins y portées, nous Nicolas Baron, juge de paix de la section du Mail, ci-devant Guillaume Tell, à Paris, assisté du citoyen Claude-Guillaume-Hannocque Guérin, commissaire administrateur de la police de Paris, nous sommes transportés rue du Temple, à la principale porte d'entrée de la maison dite du Temple, où étant, avons fait prévenir les commissaires préposés à la garde de la tour de ladite maison, et est intervenu le citoyen Gomin, l'un d'eux, auquel avons donné à connaître du motif de notre transport par la lecture desdites nomination et autorisation, lequel nous a introduit dans la salle basse de la tour dite du Conseil, d'où s'étaient préalablement retirées les personnes qui l'occupent, pour passer dans une autre pièce de ladite tour. Arrivés dans ladite salle, ledit citoyen Gomin et le citoyen Lasne, son collègue, nous ont représenté les scellés apposés sur les bouts d'une bande de papier blanc appliquée sur les trois tiroirs d'une commode plaquée en bois de rose, entourée d'un cercle de bronze et à dessus de marbre blanc veiné, étant dans l'embrasure de l'une des croisées; lesdits scellés en cire molle rouge avec deux cachets à chaque extrémité de ladite bande, lesquels nous ont paru sains et entiers, l'un ayant pour légende : *Commune de Paris, l'an premier de la République;* et au milieu : *Surveillance du Temple,* entouré de deux palmes ou feuillages, traversé d'une pique surmontée du bonnet de la liberté, et l'autre est un cachet particulier plus petit que le premier, sans légende, paraissant porter pour chiffre les lettres entrelacées J. M., avec deux branches de laurier, et surmonté aussi du bonnet de la liberté.

Avons ensuite levé lesdits scellés, et, ouverture faite de ladite commode avec la clef à nous représentée par lesdits citoyens Gomin et Lasne, avons fait l'inventaire et description des objets qui y étaient enfermés sous lesdits scellés, ainsi qu'il suit :

Premièrement, une robe et un jupon de raz de Saint-Cyr noir;
Un autre jupon de taffetas noir;
Un mantelet de taffetas noir, garni de crêpe;
Une ceinture de crêpe noir;
Un morceau d'environ une aune de voile noir;
Une redingote en bazin blanc;
Deux robes en chemise de percale;
Deux pierrots et leurs jupons en percale;
Sept jupons de bazin blanc, de différentes rayures
Vingt chemises en partie élimées, à usage de femme, dont quinze garnies de petite dentelle dite mignonette;
Huit corsets, dont deux de taffetas blanc, et six en toile, en partie garnis de leurs baleines;
Dix linges piqués et six petites pièces en dépendant, aussi de toile;
Quinze fichus de linon, dont un brodé;
Six autres fichus de cou dont quatre de batiste et deux de mousseline;
Une cravate de gaze garnie de petite blonde à ses extrémités;
Quinze fichus simples, en batiste, dont douze garnis de petite dentelle;
Vingt et un petits frottoirs, dont seize en futaine et cinq de mousseline;
Trente-quatre autres frottoirs plus grands en toile;
Six paires de poches en bazin, dont quatre rayées et deux unies;
Trois paires de bas, dont deux de soie noire et une de coton;
Une paire de bas d'enfant, en fil;
Une paire de gants de soie noire;
Trois gants de peau de mouton, couleur chamois;
Cinq serretêtes de batiste;
Quinze mouchoirs de poche en batiste;
Un bonnet de linon monté avec une coiffe de crêpe noir;
Un éventail de baleine garni en taffetas noir;
Deux pelotes de bazin blanc, remplies de son;
Trente-neuf serviettes de toile;
Un petit carton blanc à bordure bleue, contenant un étui en papier collé en rouge, renfermant dix épingles de différentes grandeurs en acier avec tête à facette;
Une paire de manchettes petits bonshommes à deux rangs de dentelle;
Un morceau de dentelle d'environ une aune;

Trois bouts de petite dentelle basse, d'environ trois quarts chacun ;
Une petite cravate de batiste garnie en dentelle ;
Trois petits paquets d'effilé vieux ;
Deux paires de manchettes de linon en bouts de manches ;
Quatre garnitures de jupon en mousseline brodée ;
Un petit tour de gorge de gaze, garni de blonde.

Et ne s'étant plus rien trouvé à inventorier ni décrire, les objets ci-dessus comprenant tous ceux renfermés dans ladite commode y ont été replacés de suite et laissés en la garde et possession desdits citoyens Gomin et Lasne, qui le reconnaissent et s'en chargent pour les représenter quand et à qui il appartiendra, et tous gardiens desdits scellés en demeurent déchargés.

De tout ce que dessus avons fait et dressé le présent procès-verbal pour servir et valoir ce que de raison, assisté comme dit est, dudit citoyen Guérin, et en présence desdits citoyens Gomin et Lasne, après avoir vacqué, sans interruption, jusqu'à quatre heures et demie de relevée.

Lecture faite, lesdits citoyens Guérin, Gomin et Lasne, commissaires préposés à la garde du Temple, ont signé avec nous, et nous nous sommes retirés avec ledit citoyen Guérin. Ainsi signé à la minute : HANNOCQUE GUÉRIN, GOMIN, LASNE et BARON, juge de paix.

Au-dessous est écrit : Pour copie conforme : *Signé* BARON, juge de paix.

Pour copie conforme :
Les commissaires du bureau central,
HANNOCQUE GUÉRIN.

Je soussigné François Darque, gardien des meubles effets étant dans la tour du Temple, au lieux et place du citoyen Lasne, reconnais que dans les meubles effets qui ont été lesses à ma garde, suivant le procet verballe dû citoyen Nagus, commissaire du domaine, en date du dix-sept germinal an 4, ceux de garde robbe, provenant de la ci devant rene, y sont comprie edétailliers conforme à la copie que je reconnais, et mancharge, fait ent la tour du Temple, le viengts germinal l'an 4e de la République française une et indivisible.

DARQUE.

(*Archives de l'Empire*, série E, n° 6206.)

IX

Mémoire de blanchissage du linge de M. Louis Charles fils comencé du 5 juens 1793 par moi citoijenne Clouet.

Blenchie	1 dras....................................		10 s.
	12 chemises...............................	4ʰ	16
	3 jactons..................................	2	5
	6 per de bas de fille......................	1	4
	2 per de bas de soie et racomodée......	1	6
	8 serviette.................................	1	12
	6 linge de garderobe.....................		15
	4 mouchoire de batiste...................		12
	3 bendaut.................................		9
	1 boné de coton..........................		3
	Pour une voiture.........................	1	12

Du 15 juen.

2 dras.......................................	1	
12 chemise.................................	4	16
3 jacton....................................	2	5
4 mouchoire de batiste...................		12
12 serviette.................................	2	8
3 per de bas de fille et racomodée......	1	
3 bendot...................................		9
6 linge de garderobe......................		15
Pour une voiture..........................	1	12

Du 25 juen.

3 jacton....................................	2	5
13 chemise.................................	5	4
8 linge de garderobe......................	1	
3 serviette..................................		12
4 bendaut..................................		12
1 bone de de coton.......................		3
6 per de bas de fille.......................	1	4
6 mouchoire de batiste...................		18
Pour une voiture..........................	1	12
Total.....	43ʰ	11 s.

Mémoire de blenchisage du linge et racomodage de Charles Capet Elisabette Terresse Capet Tison Simon et sa femme commence du 13ᵉ jour du 1ᵉʳ mois de la 2ᵉ anée de la République française par la citoijenne Clouët.

13 vendémiaire an II (4 octobre 1793).

Linge de Charles Capet.

1 jacton		15 s.
3 chemise	1	4
1 serviette		3
1 mouchoire de batiste		3
1 linge de garderobe		2
1 serteste		3
2 per de bas de fille		6
2 bone de coton		6
2 suspensoire		6
2 tablie bleu		10

Linge de Simon et sa femme.

2 chemise d'home		12
2 chemise defemme		12
1 jupon bleu		10
3 per de bas		9
1 boné de coton		3
8 mouchoire de couleur	1	4
4 bonéron		16
1 per de dras	1	
1 boné piqué		2
2 cravatte		8
1 fichue de mousline double		4
1 piese d'estomac		2

Linge délisabette.

9 chemise	4	10
1 per de grand ridot de toile de coton	4	10
3 serviette		12
8 mouchoire de batiste	1	4
9 linge de garderobe	1	2
1 tablie		5
1 frotoire de batiste		2
Une redingote de basin	1	
Un pierot de mousline et jupon garny	3	

Un jupon de mousline garny de mousline brodé	1	10
1 corsest		4
1 jupon de basin		12
15 petit linge et 5 bende	1	5
1 colie de toile		2
2 fichue de linon		16
2 fichue de batiste		16
3 béguens et racomodé		18
3 per de choson		9
1 per de bas de soie et racomodé	1	
1 paignoire de baptiste		15

Linge de Tesresse Capet.

9 chemise et racomodé		6
9 serviette		8
4 linge de garderobe		10
1 surtout de chaise		5
1 tablie		5
1 per de poche		4
1 jupon de basin		12
1 corset et racomodé		15
2 per de choson		6
1 redingotte et le jupon de basin	2	
1 robe de percale	2	
3 mouchoire de batiste		9
3 fichue de linon	1	4
2 fichue de batiste		16
2 beguen		12

Linge de Tison.

2 chemise		12
4 mouchoire		12
1 jilet de veloure de coton	1	5
1 bone de coton		3
1 serteste		2
1 per de bas de fille		3
1 cole		3
Pour deux voiture	4	

Linge de Charles Capet du 23e jour du 1er mois de la 2 ané de la République.

3 chemise	1	4
1 jacton		15

1 serviette............................	4
3 mouchoire de batiste.................	9
1 linge de garderobe...................	2
1 serteste.............................	3
3 per de bas...........................	9
1 bone de coton........................	3
2 tablie...............................	10

Linge de Simon et sa femme.

2 chemise d'home.
3 chemise defemme.
    Etc. etc. etc.

Certifié véritable par moi econome du Temple,

Coru.

(*Archives de l'Empire*, série E, n° 6207.)

X

LOUIS XVII.

En ces temps-là, du ciel les portes d'or s'ouvrirent ;
Du Saint des saints ému les feux se découvrirent :
Tous les cieux un moment brillèrent dévoilés ;
Et les élus voyaient, lumineuses phalanges,
Venir une jeune âme entre deux jeunes anges
    Sous les portiques étoilés.

C'était un bel enfant qui fuyait de la terre ; —
Son œil doux du malheur portait le signe austère ;
Ses blonds cheveux flottaient sur ses traits pâlissants ;
Et les vierges du ciel, avec des chants de fête,
Aux palmes du martyre unissaient sur sa tête
    La couronne des innocents.

On entendit des voix qui disaient dans la nue :
« — Jeune ange, Dieu sourit à ta gloire ingénue ;
» Viens, rentre dans ses bras pour ne plus en sortir ;
» Et vous, qui du Très-Haut racontez les louanges,
    » Séraphins, prophètes, archanges,
» Courbez-vous, c'est un Roi ; chantez, c'est un Martyr !

» — Où donc ai-je régné? demandait la jeune ombre;
» Je suis un prisonnier, je ne suis point un roi;
» Hier je m'endormis au fond d'une tour sombre.
» Où donc ai-je régné? Seigneur, dites-le-moi.
» Hélas! mon père est mort d'une mort bien amère;
» Ses bourreaux, ô mon Dieu, m'ont abreuvé de fiel;
» Je suis un orphelin; je viens chercher ma mère,
 » Qu'en mes rêves j'ai vue au ciel! »

Les anges répondaient : « — Ton Sauveur te réclame.
» Viens, Dieu d'un monde impie a rappelé ton âme;
» Fuis la terre insensée où l'on brise la Croix,
» Où jusque dans la mort descend le Régicide,
 » Où le meurtre, d'horreurs avide,
» Fouille dans les tombeaux pour y chercher des rois!

» — Quoi! de ma longue vie ai-je achevé le reste? »
Disait-il; « tous mes maux, les ai-je enfin soufferts?
» Est-il vrai qu'un geôlier, de ce rêve céleste,
» Ne viendra pas demain m'éveiller dans mes fers?
» Captif, de mes tourments cherchant la fin prochaine,
» J'ai prié; Dieu veut-il enfin me secourir?
» Oh! n'est-ce pas un songe? A-t-il brisé ma chaîne?
 » Ai-je eu le bonheur de mourir?

» Car vous ne savez point quelle était ma misère!
» Chaque jour dans ma vie amenait des malheurs;
» Et lorsque je pleurais je n'avais pas ma mère
» Pour chanter à mes cris, pour sourire à mes pleurs?
» D'un châtiment sans fin languissante victime,
» De ma tige arraché comme un tendre arbrisseau,
» J'étais proscrit bien jeune! et j'ignorais quel crime
 » J'avais commis dans mon berceau.

» Et pourtant, écoutez! bien loin dans ma mémoire
» J'ai d'heureux souvenirs avant ces temps d'effroi;
» J'entendais en dormant des bruits confus de gloire,
» Et des peuples joyeux veillaient autour de moi.
» Un jour tout disparut dans un sombre mystère;
» Je vis fuir l'avenir à mes destins promis;
» Je n'étais qu'un enfant, faible et seul sur la terre,
 » Hélas! et j'eus des ennemis!

» Ils m'ont jeté vivant sous des murs funéraires ;
» Mes yeux voués aux pleurs n'ont plus vu le soleil ;
» Mais vous que je retrouve, anges du ciel, mes frères,
» Vous m'avez visité souvent dans mon sommeil.
» Mes jours se sont flétris dans leurs mains meurtrières,
» Seigneur, mais les méchants sont toujours malheureux ;
» Oh ! ne soyez pas sourd comme eux à mes prières,
 » Car je viens vous prier pour eux ! »

Et les anges chantaient : « — L'arche à toi se dévoile,
» Suis-nous : sur ton beau front nous mettrons une étoile !
» Prends les ailes d'azur des chérubins vermeils,
» Tu viendras avec nous bercer l'enfant qui pleure,
 » Ou, dans leur brûlante demeure,
» D'un souffle lumineux rajeunir les soleils. »

Soudain le chœur cessa, les élus écoutèrent :
Il baissa son regard par les larmes terni ;
Au fond des cieux muets les mondes s'arrêtèrent,
Et l'éternelle voix parla dans l'infini :

« O Roi ! je t'ai gardé loin des grandeurs humaines.
» Tu t'es réfugié du trône dans les chaînes.
 » Va, mon fils, bénis tes revers.
» Tu n'as point su des Rois l'esclavage suprême,
» Ton front du moins n'est pas meurtri du diadème,
 » Si tes bras sont meurtris de fers.

» Enfant, tu t'es courbé sous le poids de la vie.
» Et la terre, pourtant, d'espérance et d'envie
 » Avait entouré ton berceau !
» Viens, ton Seigneur lui-même eut ses douleurs divines,
» Et mon fils, comme toi, Roi couronné d'épines,
 » Porta le sceptre de roseau ! »

Victor Hugo.

XI

Nous sommes heureux de donner ici *in extenso*, sur les comptes du Temple pendant les cinq ou six premiers mois de la captivité de la famille royale, un document inédit que possède la Bibliothèque impériale du Louvre, et que S. Exc. le maréchal ministre de la Maison de l'Empereur et des beaux-arts a bien voulu nous autoriser à publier.

NOTICE SUR LES COMPTES DU TEMPLE,

DONNÉE A LA MUNICIPALITÉ DE PARIS DU 2 DÉCEMBRE, PAR LE CITOYEN VERDIER, DE LA MUNICIPALITÉ DU 10 AOUT, ET NOMMÉ PAR ELLE POUR VÉRIFIER ET CALCULER LES COMPTES DES EMPLOYÉS ET FOURNISSEURS AU TEMPLE, POUR LOUIS CAPET ET SA FAMILLE.

Je, soussigné, fais la déclaration suivante à la Commune de Paris du deux décembre de l'an premier de la République française, pour me conformer à son arrêté du 18 du même mois, et pour répondre aux calomnies qu'il plaît à de faux patriotes de répandre contre les gens de bien, braves républicains, qui consacrent leur temps, leurs veilles et leur fortune pour le salut de la patrie.

Le 29 septembre dernier, le conseil général nomma les citoyens Verdier et Rosinet pour se concerter avec le citoyen Pétion, afin de faire rentrer dans la caisse de la Commune les 500,000 livres consacrées pour la nourriture et les dépenses du ci-devant Roi, *pour lesquelles il ne se trouvait plus de fournisseurs*. Aussitôt ces deux citoyens firent les démarches nécessaires, et ils trouvèrent de grands obstacles dans les deux ministres des contributions et de l'intérieur, qui se renvoyaient le droit d'ordonnancer cette somme, et déclaraient n'en être point chargés. Le citoyen Roland déclara particulièrement que quand il serait chargé d'ordonnancer cette somme, il ne ferait rien délivrer que sur les arrêtés définitifs des mémoires par la Commune.

Pour lever ces premiers obstacles, les deux commissaires se sont présentés tous les jours au comité des finances de la Convention nationale; et d'après leurs conférences avec eux, et sur le rapport des deux députés Cambon et Guyton de Morvaux, fut rendu, le 4 octobre, à la Convention, le décret qui mit les 500,000 livres à la disposition du ministre de l'intérieur, pour ladite somme être ordonnée pour les payements des fournisseurs, sur les ordonnances de la Commune, et qui lui ordonnait de présenter le plan des dépenses faites et à faire pour la subsistance du ci-devant Roi.

Dès le même jour 4 octobre, Verdier fit son rapport au conseil général de la Commune, et le conseil arrêta que lui et Rosinet continueraient leurs opérations et prépareraient les comptes des fournisseurs du Temple; que Roché leur serait adjoint pour l'examen des comptes des travaux; qu'ils se concerteraient avec l'administration des travaux publics; qu'ils se concerteraient aussi avec le conseil séant au Temple dans l'examen des comptes de bouche et autres fournitures; et que leur examen fait, ils se présenteraient au conseil général pour être arrêté et donné des mandats, pour faire acquitter les dépenses par le ministre de l'intérieur.

Dès le 8 du même mois d'octobre, les vigilants commissaires des comptes présentèrent au conseil général un aperçu d'une dette de 93,000 livres pour les travaux déjà faits; d'une autre de 4701 livres pour la table des commissaires de service, des commissaires qui y étaient chargés de commissions et de l'état-major. Le conseil ordonnança un à-compte de 34,701 livres, en attendant l'apurement des comptes, et chargea ses commissaires d'établir au Temple un ordre nécessaire de dépense utile en chaque partie, et de présenter au conseil général un état de toutes les dépenses à faire, conformément au second paragraphe du décret cité du 4 octobre. Le ministre Roland ne voulut point donner d'à-compte : moyennant quoi il fut impossible d'établir des réformes et des économies avant d'avoir vérifié, calculé et apprécié environ trois cents mémoires présentés par les fournisseurs de toute espèce; et Verdier et Roché se donnèrent tout entiers à ce travail.

L'objet le plus pressé fut les travaux pour la sûreté du dépôt mis sous la responsabilité de la Commune. Ils étaient très-peu avancés, et leurs progrès sont dus à la vigilance d'une commission établie le 29 septembre pour les suivre, et de celle des comptes chargée de les faire payer. Des menaces d'insurrection de la part des ouvriers, qui n'étaient point payés, rendaient encore les soins des deux commissions plus urgents. Elles les donnèrent; mais c'est à Roché à en rendre un compte détaillé; c'est lui qui s'en est principalement chargé, avec l'administration des travaux publics et l'architecte de la ville. Verdier a été principalement chargé des autres objets par ses collègues. L'objet qui parut le plus pressant à celui-ci fut le payement de vingt-trois employés au Temple qui n'avaient encore rien reçu, et dont plusieurs étaient dans une véritable indigence; il en dressa promptement son rapport, ainsi que ceux des différentes fournitures, malgré les obstacles que les travaux, les circonstances, les localités et les explications des fournisseurs faisaient naître et renaître chaque jour. En vain il demandait la parole au conseil général avec ses collègues, les affaires dont le conseil général était surchargé les repoussaient sans cesse.

Enfin le 24 octobre les deux guichetiers obtinrent la parole sur leur pétition de traitement. Verdier présenta le rapport qu'il en avait fait avec le conseil séant au Temple, et leur traitement, proposé à 3,000 livres annuellement, fut arrêté à 6,000.

Ce ne fut que le 2 novembre suivant que Verdier put obtenir la parole pour continuer la fixation des traitements des employés au Temple, et il suivit son rapport les 2, 3, 4, 5 et 6 de ce mois. Le traitement de Cléry, valet de chambre de Louis Capet et de son fils, fut arrêté à 500 livres par mois; celui de Tison et de son épouse, employés dans la tour auprès des Dames, à 6,000 livres par an; celui de Mathey et de Fontaine, inspecteurs de surveillance, à 2,000 livres pour chacun; celui de Baron, frotteur et gardien des meubles, à 1,200 livres; ceux de Mancel, Gourlet et Quesnel, servant aux gros ouvrages, à 1,000 livres pour chacun. Il plut alors aux membres du conseil d'observer que le rapporteur favorisait les riches pour fouler les pauvres, et de faire la motion que, sous le régime de l'égalité, tous les employés du Temple devaient avoir un égal traitement. Le rapport fut alors interrompu. Le conseil rapporta ses arrêtés, dont ceux qui concernaient le traitement des guichetiers étaient les seuls au secrétariat, et il nomma une commission pour fixer les traitements des employés, avec la commission des comptes.

Il n'a plus été possible à Verdier de continuer le rapport sur le traitement de Vincent Tiranon, scieur et distributeur de bois à brûler; de la citoyenne Rokenstrok, femme de charge; de Gagnié, chef de la cuisine; de Remy Sellier, chef de l'office; de Meunier, rôtisseur; de Nibet, pâtissier; de Mauduit, garde de l'argenterie; de Guillot, garçon d'office; de Masson, aide d'office; de Penoult, garçon d'office; de Marchand, Chrétien et Turgy, garçons servants; d'Adrien, laveur, et de Fontaine, tourne-broche.

Le 4 novembre, Verdier a fait ordonnancer la somme de 2,526 livres dues par Louis Capet au citoyen Pétion, maire, et au citoyen Hue, ci-devant valet de chambre du ci-devant Roi.

La commission nommée le 6 novembre pour fixer les traitements des employés du Temple a paru le 7; elle a commencé un travail, elle n'a plus reparu; et quelques démarches qu'aient faites Verdier et ses collègues, il ne leur a pas été possible de faire déterminer ces traitements.

Le 9 du même mois, sur la dénonciation de la section des Arcis à la Commune de la prétendue orgie faite au Temple le 22 octobre précédent, le conseil général a cassé toutes ses commissions au Temple. Les commissaires, ralentis dans leurs travaux, les ont pourtant continués, et Verdier n'a cessé de demander la parole pour ses différents rapports, et il l'a obtenue, le 18, pour celui de quatre-vingts mémoires des fournitures faites immédiatement à la famille ci-devant royale. Le conseil général a ordonnancé ceux de Guiot, Effling, Wolf et Bourbon, cordonniers; d'Estoffe, mercier; de Méquignon, libraire; de Mouchinot, papetier; des citoyennes Heslobigh et Le Tellier, couturières; des citoyens Th....., veuve d'Arras, Henrion, Hélie et David, blanchisseuses; de la citoyenne Lebrun, lingère; et des citoyennes Thirion, Salentin et Pion, commissionnaires. Le même arrêté porte que lesdits commissaires appelleront avec eux telles personnes qu'ils jugeront à propos, pour taxer les autres mémoires, et que tous seront reconnus par Louis Capet.

Le 26 novembre suivant, Verdier a obtenu, après bien des instances, la parole pour son rapport sur les fournitures de bouche, et le conseil a nommé pour commissaires Delaunay, Caron, Marinot et Duval d'Estaing, afin de les ordonnancer.

Verdier n'a pu obtenir les deux derniers arrêtés des 18 et 28 novembre que le 29, tant à cause des affaires multipliées dont le secrétariat est chargé, que d'une faute commise dans la rédaction du premier, assez long. Il n'a pas moins travaillé avec ses collègues à leur exécution. Ils ont présenté les mémoires de linge et de vêtement à Louis Capet et à Marie-Antoinette, pour les reconnaître, et ils les ont reconnus verbalement, après les avoir examinés, et ont promis de les reconnaître par écrit sur les bordereaux qui en seront présentés par Cléry et Tison.

Le 2 décembre, que le conseil de la Commune a été renouvelé, Verdier, Roché et Launay se sont présentés le soir au Temple, pour faire leur déclaration aux nouveaux commissaires de service du travail qu'ils avaient à continuer pour l'exécution des susdits arrêtés jusqu'au 30 novembre, pour le remettre à la Commune; et, sur l'invitation des nouveaux commissaires, ils ont procédé, le 3 et jours suivants toute la journée, à la taxation des mémoires de bouche.

Le 6 décembre, ils ont été occupés le matin et le soir, avec le nouveau conseil séant au Temple, à la fixation des traitements des employés au Temple. Les quatre commissaires sortants ont invité Verdier à se trouver le 8 au conseil pour y faire son rapport sur cet objet, en se chargeant d'obtenir la parole; il s'y est rendu le 7 et le 8, mais inutilement : on ne l'a pas demandée pour lui, et lui-même n'a pu l'obtenir.

Le 7 décembre, Verdier s'est présenté au conseil séant au Temple pour expertiser les vêtements de Louis Capet et de sa famille, avec les citoyens Pecoult et Aleff, experts et commissaires de l'ancien conseil général. On les a fait apporter par Cléry et Tison, et les expertises ont été faites.

Les jours suivants, Verdier s'est occupé de la suite de la taxe des mémoires de bouche avec les commissaires taxateurs nommés le 28 novembre.

Le décembre, le conseil du Temple, alors à la tour, a mandé Verdier et ses collègues pour y rendre compte de leurs opérations; ils l'ont fait avec plaisir, et ont annoncé la nécessité de continuer leur expertise, et on les y a invités.

En conséquence, le lendemain, il s'est présenté avec ses deux experts pour celle du linge; on le leur a refusé. On a jugé à propos d'inscrire sur le registre que les commissaires demandaient à continuer leurs opérations d'après leurs pouvoirs, ce qui était contraire à leur vraie demande, de terminer leur expertise, la dernière de leurs opérations. En conséquence, ils ont protesté contre cette assertion, qui leur a paru être une continuation des mauvais procédés que les commissaires des comptes ont éprouvés, depuis le 3 décembre, de la part de quelques-uns des nouveaux commissaires.

Ils se sont retirés dans le petit bureau qui leur avait été octroyé dès le commencement de leurs opérations, non pour *y dîner sans forme de procès*, comme on l'a dit au conseil de la Commune, mais pour y dresser un procès-verbal des obstacles opposés au zèle des commissaires des comptes, qui retardent le payement des fournisseurs et employés, et qui multiplient les frais d'expertise.

Les commissaires des comptes, chargés de proposer les moyens d'économiser et même de les commencer, observent à la Commune qu'ils ont quitté leurs propres affaires pour remplir le double but dont ils ont été chargés, et non pour y aller prendre un dîner et un souper, comme on le leur a reproché en public bien indignement, qu'ils y ont été employés presque sans cesse depuis le 5 octobre dernier; qu'ils y ont travaillé jour et nuit pendant plusieurs jours de suite à différentes reprises; que se concertant avec la commission des travaux, ils les ont accélérés, et fait construire et meubler les trois appartements de la tour avec beaucoup plus d'économie qu'on n'en employait avant eux; qu'ils ont préparé l'économie future en faisant placer la cuisine dans la tour, pour fournir les tables des commissaires et de la famille ci-devant royale; qu'avec cette réforme, la dépense de la cuisine et de l'office a diminué d'environ moitié par leur surveillance; que leur taxation des mémoires de la bouche sera au moins de mille écus, et leur expertise des linges et vêtements d'environ autant. Que les nouveaux commissaires mettent à côté leurs économies; on le désire, mais du moins il demeurera certain qu'elles ne seront que l'application des moyens que leur ont fournis les commissions des comptes et des travaux, que quelques-uns veulent déprimer, sans les avoir entendues ni connaître leurs travaux.

L'indécence avec laquelle on a mis les travaux des commissaires au rang des anciens abus qui se propagent au Temple, les force à y répondre un mot. Oui, sur les avanies qu'il a plu à quelques-uns des nouveaux commissaires de leur faire à leur table, les 3 et 4 décembre, ils se sont fait servir dans leur bureau. Ils l'ont dû faire, puisque la Commune leur avait toujours offert la table, par ses arrêtés et l'usage, pour les arrêter à des travaux importants qui les chargeaient d'une grande responsabilité, et dont le nouveau conseil général ne les a pas encore déchargés. Ils l'ont dû faire pour économiser le temps qu'il leur aurait fallu perdre pour aller dîner chez eux à une lieue loin. D'ailleurs, l'honnêteté de leur demander une explication aurait épargné au conseil du Temple les interrogatoires méprisants qu'il a fait subir sur leur compte. Ils auront appris qu'en donnant des bons aux citoyens Guichard et Revole, ils leur ont dit que si le nouveau conseil général, aussi injuste que quelques-uns de ses membres, n'y satisfaisait pas, ils y satisferaient eux-mêmes.

Enfin on observa à la Commune que, d'après ses arrêtés et les ordres de la Convention et du ministre, les commissaires des comptes du Temple leur doivent rapport de leurs travaux; ils le leur communiqueront, et ils espèrent qu'ils voudront bien y jeter les yeux et leur accorder une approbation qui les dédommagera de l'improbation des malveillants.

État des dépenses faites au Temple depuis le 13 août jusqu'au 30 novembre de l'an Ier *de la République française, avec l'aperçu de celles qui pourront être à faire par la suite, présenté à la Convention nationale, d'après son décret du 4 octobre, par Verdier, commissaire nommé par le conseil général du 10 août pour la vérification des comptes de cette maison.*

La commission nommée par le conseil général de la Commune de Paris, les 4 et 8 octobre, pour l'examen des comptes du Temple et des économies à faire dans cette maison, a rangé les dépenses faites et à faire sous cinq classes : les traitements des employés, les dépenses de la bouche des détenus, celles de leur entretien, celles du conseil séant au Temple et celles des travaux. Il ne lui a pas été possible d'en faire un compte aussi juste qu'elle l'aurait désiré, à cause du désordre introduit et entretenu dans cette maison par les travaux qu'il a été nécessaire d'y faire; par l'indépendance réciproque des petits départements qui s'y trouvent; par la multiplicité des fournisseurs sur les mêmes objets; par la succession continuelle des commissaires de service chargés de la surveillance générale, et par la multiplicité des commissions qu'il a fallu leur adjoindre. La plupart de ces inconvénients ayant cessé, la régie et les comptes s'y pourront faire avec plus de facilité.

I. *Traitement des personnes employées habituellement au Temple.*

Lorsque les commissaires des comptes sont allés au Temple, ils y ont trouvé vingt-quatre personnes employées, dont treize pour la bouche et l'office. Il ne leur a pas été possible de faire déterminer leurs traitements par l'ancien conseil général, mais leur rapport du commencement de novembre a servi de base au nouveau conseil pour les déterminer le 25 décembre. Ces employés sont les suivants:

Employés à la tour.

1º Deux guichetiers. Les commissaires avaient proposé de fixer leur traitement annuel à mille écus pour chacun. Les guichetiers demandaient 5,000 livres, et le conseil général leur en accorda 6,000. Le ministère de ces deux guichetiers était nécessaire dans les premiers temps que les détenus étaient dans les petits appartements qui se communiquaient, pour en ouvrir et fermer la première porte; mais depuis qu'ils ont été transférés dans les deux appartements séparés, au second et au troisième étage, et que la commission des travaux a fait placer dans l'escalier sept guichets ou portes gardées par des sentinelles, le ministère des guichetiers est devenu inutile, et le nouveau conseil les a renvoyés en décembre.

2º Cléry, valet de chambre de Louis Capet et de son fils, est auprès d'eux pour les servir, et ne peut les quitter sans être accompagné d'un commissaire de service. Les commissaires des comptes avaient proposé de fixer son traitement à 6,000 livres, l'ancien conseil y avait adhéré, mais il a rapporté ensuite son arrêté, comme les suivants traitements qu'il avait déterminés.

3º Tison et son épouse sont auprès des dames pour les servir, avec les mêmes conditions que le valet de chambre de Louis. Les commissaires avaient proposé leur traitement à 7,000 livres et le conseil l'avait arrêté à 6,000.

Employés au palais.

4º Mathey et Fontaine, inspecteurs de surveillance, étaient au bureau des commissaires de service pour exécuter leurs ordres. Les commissaires des comptes et de service ont proposé leur traitement à 3,000 livres, et l'ancien conseil l'avait fixé à 2,000; mais leurs fonctions ayant été séparées par le nouveau conseil, lorsqu'en décembre il est entré dans l'appartement de la tour au rez-de-chaussée, elles sont devenues plus étendues et plus gênantes, et leur ont fait mériter un traitement plus fort.

Mathey a suivi le conseil dans la tour, pour exécuter ses ordres immédiats, faire distribuer et surveiller les cartes, etc., et on a mis sous lui un porte-clefs.

Fontaine est demeuré dans l'ancien appartement du conseil, situé dans la première cour, pour surveiller les dehors de la tour, reconnaître ceux qui entrent et sortent sans cartes, introduire à la tour ceux qui y ont besoin, etc.

5° Baron, frotteur et gardien des meubles des appartements du palais, a pour fonctions de les nettoyer et conserver par des soins journaliers, de nettoyer les appartements de la tour, etc. Les commissaires des comptes et des déménagements du Temple avaient proposé son traitement à 1,500 livres, et l'ancien conseil l'avait fixé à 1,200.

6° Mancel, Gourlet et Quesnel sont d'anciens serviteurs du Temple réservés pour les gros ouvrages, faire les commissions, etc. Gourlet a été autorisé, le 18 octobre, à monter au besoin à la tour pour y soulager le valet de chambre. Les commissaires des comptes et leurs collègues avaient proposé le traitement de chacun à 800 livres, et le conseil l'avait fixé à 1,000.

7° Tiranon, scieur de bois, est chargé de couper et distribuer les bois de chauffage dans les salles et les corps de garde. Les commissaires des comptes et ceux de service avaient proposé son traitement à 50 sous par jour.

8° La citoyenne Rokenstrok, femme de charge au Temple, y a été continuée pour avoir soin du linge appartenant aux créanciers du ci-devant d'Artois, mais qu'on emploie actuellement pour toutes les personnes qui se trouvent au Temple. Les commissaires des comptes avaient proposé son traitement à 800 livres.

9° Il s'y trouvait encore un perruquier sans appointements; mais comme des commissaires qui l'employaient oubliaient souvent de le payer, le nouveau conseil lui a fait attribuer un traitement pour leur rendre ses services gratuitement.

Employés pour la bouche.

10° Garnier, ancien officier de cuisine de la tour, est chef de la cuisine de Louis, et y fait en même temps les fonctions des anciens contrôleurs, essaye les mets portés aux détenus. Les commissaires des comptes et ceux de service avaient proposé son traitement à 4,000 livres.

11° Remy Sellier, chef de l'office, a un ministère analogue à celui du chef de cuisine pour sa partie. Il est en outre chargé présentement de la distribution du pain, des vins et liqueurs. Les commissaires avaient jugé qu'il devait avoir un traitement à peu près égal à celui de son collègue, mais ils prévoyaient que son ministère pouvait être supprimé.

12° Ces deux chefs, qui s'étaient associé les autres officiers, pensaient qu'on devait donner 9 livres par jour au rôtisseur, au pâtissier, au garde de l'argenterie et à l'aide d'office, aussi employés à la Cour auparavant; mais les commissaires avaient jugé qu'on pouvait payer chacun à raison de cent louis.

13° Les mêmes chefs demandaient 5 livres par jour pour le garçon de cuisine et pour celui de l'office, aussi employés auparavant à la Cour; mais les commissaires des comptes et de service ont estimé qu'on pouvait les payer à raison de 1,300 livres.

14° Les mêmes chefs ne requéraient que 3 livres par jour pour le laveur, par la raison qu'il avait des accessoires qu'on ne pouvait lui enlever; les commissaires ont pensé qu'il pouvait être payé à raison de 800 livres.

15° Les mêmes chefs demandaient 40 sous par jour pour le tournebroche.

16° Enfin ils demandaient 4 livres par jour pour chacun des trois garçons servants. Les commissaires les bornaient à 1,200 livres.

Tous ces traitements, tels qu'ils ont été proposés par les commissaires des comptes, d'accord presque sur tous avec les commissaires de service, formaient une dépense annuelle de 6,000 livres pour les guichetiers, de 13,000 pour les trois serviteurs immédiats de la tour, 11,600 pour les employés au palais, 25,800 pour les employés pour la bouche; en tout, 50,400 livres[1], sans compter le traitement des guichetiers supprimés. Mais, d'après les observations du chef de cuisine, on pourra supprimer cinq officiers de bouche, lorsque la cuisine sera transportée dans la tour, pour servir les tables des détenus et des commissaires de service.

II. *Dépenses de la bouche des détenus depuis le 13 août jusqu'au 30 novembre.*

L'étiquette et les formules observées pour la table de Louis à sa cour l'ont suivi au Temple; mais la dépense y a été bien légère en

---

[1] Au lieu de 56,400 (erreur que nous reproduisons avec notre scrupuleuse exactitude de copiste, mais que nous devons signaler).

comparaison de ce qu'elle était à Versailles et même aux Tuileries, puisqu'il n'y a qu'une table fournie et servie seulement par treize officiers [1]. Pour juger des profusions et des économies, il faut en considérer le service sous quatre époques : la première, du 13 août au 2 de septembre; la seconde, pour le reste de septembre; et les deux autres, en octobre et en novembre. Dans la première, la table était dirigée par deux contrôleurs de la bouche et du gobelet, qui ont été remerciés, et il y a eu pendant quelques jours des personnes de plus à la tour; dans la seconde, elle n'a été dirigée que par les deux chefs de la cuisine et de l'office; et dans les deux autres, les commissaires de service y ont concouru avec ces deux chefs.

Les bordereaux de la dépense de bouche, dans la première époque, la font monter à *onze mille deux cent trente-sept livres onze sous neuf deniers;* mais les mémoires en ont été réduits par les commissaires à 10,400 livres pour environ vingt-cinq jours, ce qui l'aurait porté à environ 13,000 livres, si le mois eût été complet.

Pendant les vingt-trois derniers jours de septembre, la dépense n'a été que de huit mille huit cent dix-huit livres, suivant les bordereaux, et de huit mille cent deux livres d'après les réductions des commissaires.

Celle d'octobre a été, sur les bordereaux, de neuf mille deux cent quatre-vingt-quinze livres six sous; mais elle a été réduite par les commissaires à huit mille deux cent quarante-cinq livres.

Enfin celle de novembre, portée à huit mille neuf cent quatre-vingt-douze livres quatre sous six deniers sur les bordereaux, a été réduite par les commissaires à huit mille quatre cent trente-cinq livres.

Il peut y avoir quelques légers mémoires, présentés après coup, qui n'entrent point dans cet état, mais ce ne peut être que bien peu de chose. Il résulte du moins de cet exposé que les commissaires ont diminué, du consentement même de la plupart des principaux fournisseurs, trois mille quatre cents livres sur les mémoires de bouche, qui par leur nature et leur variabilité étaient irréductibles [2] en justice, et que leur vigilance a fait diminuer la dépense de bouche au Temple de plus de cent livres par mois, pendant le temps qu'ils y ont travaillé, quoique leur autorité fût insuffisante pour remédier aux abus qui s'y sont introduits avec l'étiquette de la ci-devant Cour royale.

---

[1] Cent trente mémoires qui ont été présentés aux commissaires des comptes, ont été ordonnancés par une nouvelle commission qui leur a été jointe, d'après un arrêté de l'ancien Conseil du 28 novembre.

[2] Cette lacune existe dans le manuscrit.

Mais il a paru aux commissaires des comptes plus important de préparer les économies pour l'avenir que de réduire les profusions faites. D'accord avec la commission des travaux, ils ont cru que le moyen d'économiser était de reporter la cuisine du palais à la tour, pour qu'elle fournît à la fois la table de la famille ci-devant royale et celle des commissaires de l'état-major. Ils ont pensé unanimement que par cette réforme seule la première table ne serait pas moins bien servie, et que la seconde le serait beaucoup mieux, sans qu'il en coûtât davantage, c'est-à-dire qu'on supprimerait ainsi le traiteur et le limonadier, qui coûtaient environ 3,000 livres par mois.

Les lieux étaient préparés pour cette réforme par les soins des deux commissions, lorsqu'elles ont cessé au commencement de décembre, et cette réforme a été adoptée par le nouveau conseil au commencement de janvier 1793.

Mais ce changement ne suffit pas pour mettre fin aux profusions; il est absolument nécessaire que l'administration, quelle qu'elle soit, mette fin à cette multiplicité de fournisseurs pour le même genre de denrées, dont les uns les font payer un quart et même un tiers plus cher que les autres, et qu'elle ne se servit pour chaque genre que d'un fournisseur avec lequel elle conviendrait d'un prix fixe. Peut-être même pourrait-on couper court à tous ces abus en faisant un forfait avec le chef de cuisine sur un plan de service convenu. Les commissaires ont proposé ce projet au chef de cuisine, et il a paru vouloir s'y prêter. Cette forme de service préviendrait bien des embarras, en établissant des économies fixes.

III. *Fournitures faites immédiatement à la famille ci-devant royale, sur les demandes de Louis Capet.*

Lorsque Louis est arrivé au Temple, il n'y a point trouvé les commodités qu'on s'empressait auparavant d'accumuler auprès de lui. Les effets à son usage journalier avaient été mis sous les scellés au château des Tuileries, et sa famille n'y est entrée qu'avec les vêtements qu'elle portait. Dans ce dénûment, Louis a donné des ordres pour se procurer des vêtements, du linge et autres effets nécessaires, et ses valets de chambre ont transmis ses ordres aux anciens fournisseurs par ses anciens commissionnaires. Les commissaires de la Commune se sont prêtés à ses besoins et à ses désirs, et il a été fourni de tout ce qu'il a demandé. En conséquence, ses serviteurs nous ont présenté quatre-vingts mémoires des fournitures qui lui ont été faites depuis le 10 août jusqu'au 30 octobre. Il ne nous a pas été difficile d'y reconnaître les mêmes abus que pour la bouche, continués par des fournisseurs de l'ancien régime royal.

Non-seulement il en est qui paraissent au premier coup d'œil évidemment exagérés, mais encore la multiplicité des fournisseurs, pour des vêtements et des linges de même sorte, ont décelé l'avidité de quelques-uns, par des prix bien différents.

Les exagérations de bien des mémoires ont frappé même le ci-devant Roi et la ci-devant Reine, qui nous en ont parlé, en nous invitant à les réduire à leur juste valeur, et nous nous en sommes occupés avec gens connaisseurs.

Nous avons commencé par faire payer au citoyen Pétion deux mille livres qu'il avait avancées à Louis, et à Hue, son premier valet de chambre, cinq cent vingt-six livres, et le valet de chambre actuel a administré l'emploi de ces deux sommes pour le ci-devant Roi.

Les deux serviteurs actuels nous ont présenté les soixante-dix-huit mémoires de vêtements, linge de corps, étoffes et autres effets fournis à Louis, son épouse, son fils, sa fille, et à sa sœur, depuis le 10 août jusqu'à la fin d'octobre.

Ils forment un total de vingt-neuf mille cinq cent cinq livres quatorze sous un denier, suivant le prix que les fournisseurs ont mis à leurs marchandises. Mais le plus grand nombre de ces mémoires, et les plus considérables, sont réductibles par une diminution de plus de mille écus ou quatre mille livres. Nous en avons fait les observations au conseil général de la Commune, dans notre rapport du 18 novembre, et le conseil ordonnança le payement des fournitures les moins considérables qui ne paraissaient pas réductibles, en arrêtant que les commissaires s'adjoindraient des experts pour taxer les autres. Différentes circonstances ont empêché la première commission des comptes de pouvoir commencer cette expertise; mais le début des experts justifie ce qu'on vient d'avancer. Sur neuf mémoires montant à la somme de 3,182 livres, ils ont fait une diminution de 722 livres, en portant les fournitures et façons au plus haut prix.

Pendant les deux premiers mois et demi, il a été fait encore quelques légères fournitures, dont les valets de chambre ne nous ont remis les mémoires qu'en décembre, avec ceux des fournitures de novembre. Le nouveau conseil nous a obligé de les remettre, dans l'état où on nous les avait donnés, à la nouvelle commission des comptes qu'il a nommée. Nous observerons seulement que nous en avons fait voir aux experts, et qu'ils les ont jugés susceptibles de pareilles réductions que les premiers.

Je finirai cet article en observant qu'il ne faudrait pas présenter les dépenses à faire, pour ces objets, par celles qui ont été faites; les premiers besoins nés des circonstances ont été remplis, l'entretien doit être maintenant bien moins considérable.

IV. *Dépenses du conseil séant au Temple.*

Les dépenses du conseil séant au Temple consistent en soins journaliers pour la nourriture des commissaires de service, pour la consommation de bois et lumière, de cire et de suif, dans les salles et corps de garde, pour l'illumination des cours; pour l'emploi des papiers, cartes d'entrée; pour blanchissages et autres objets peu conséquents.

La table des commissaires a été fournie par un traiteur et un limonadier de l'extérieur du Temple. Sous l'ancien conseil général, le traiteur fournissait, à raison de 4 livres par tête, pour le déjeuner, le dîner et le souper. Le nouveau conseil a porté cette dépense à 6 livres.

Jusqu'au dernier novembre, le conseil séant au Temple recevait à sa table les huit commissaires de service, ceux des commissions qui s'y trouvaient en exercice, les quatre officiers de l'état-major, des commissaires envoyés au besoin par le département et par la Convention nationale. Le traiteur fournissait aussi souvent, par ordre du conseil, des aliments à des ouvriers et autres personnes nécessaires alors; et il en a coûté environ dix mille livres pour le traiteur et quinze cents livres pour le limonadier.

Des gens malintentionnés ont parlé d'orgies faites au Temple par les commissaires de service, par des fournisseurs, et même par des membres de la Convention nationale. Mais les commissaires des comptes protestent que ce sont des calomnies, et qu'ils ont vu peu d'abus en cette partie.

Les commissaires du nouveau conseil provisoire ont voulu borner la table à seize personnes du conseil et de l'état-major du Temple; mais la nécessité, qui les a obligés d'y admettre, dans les circonstances, ceux de leurs collègues et des membres de la Convention qui y sont envoyés, leur a démontré leurs fausses vues dans cette prétendue réforme, et l'augmentation pour les frais de leur table. Elle a coûté à peu près autant en décembre que dans les mois précédents, quoique le nombre des économies y fût bien plus grand. Mais, comme nous l'avons observé, il est à croire que le service des deux tables, qui a commencé en janvier d'être fait par la même cuisine, supprimera tout à fait cette dépense, si la cuisine est bien surveillée.

L'illumination des cours a fait un objet plus considérable que la table en août et septembre, mais les commissions établies au Temple en octobre y ont mis une grande réforme économique.

Je ne puis donner un détail plus précis sur les dépenses ordonnées immédiatement par le conseil séant au Temple. C'est Roché, mon collègue, qui en a ordonnancé le payement : c'est à lui à fournir les explications nécessaires.

V. *Dépenses des travaux faits au Temple.*

Les travaux jugés nécessaires au Temple pour la garde et la sûreté de la famille ci-devant royale, consistent en appartements construits et meublés dans la tour, pour eux et pour le conseil; en la confection d'un fossé autour de la tour, et son recomblement; en constructions de murs fort élevés, et de différents corps de garde, etc.

Ces travaux étaient peu avancés au commencement d'octobre, que le conseil de la commune a nommé deux commissions pour les hâter, les surveiller et les faire payer; et la fin de novembre a vu finir les travaux qu'on a crus nécessaires, jusqu'à ce que la Convention ait décidé sur le sort des prisonniers.

Ces dépenses montent à près de 200,000 livres, et la plus grande partie a été ordonnancée et même payée. C'est Roché, mon collègue, qui a fait principalement ces comptes, avec l'administration des travaux publics et l'architecte de la Commune; c'est à lui d'en fournir l'état.

Pour suivre ces travaux, Paloi, qui en avait été le premier chargé, a cru devoir faire abattre des maisons voisines; les propriétaires ont réclamé de grosses indemnités, pour l'appréciation desquelles le conseil général a nommé une commission particulière. Elle n'a point communiqué avec les autres. L'administration des travaux publics en peut rendre compte à la Convention [1].

Résumé.

Il résulte de ce qui vient d'être exposé, que les plus grandes dépenses faites au Temple, depuis le 13 août jusqu'au 1er novembre, sont celles que les circonstances ont indiquées pour la garde et la sûreté des prisonniers; les autres n'ont pas été considérables. Celles de bouche ont monté à environ 36 mille livres; celle de l'entretien de la famille ci-devant royale doit être d'environ 32 à 33 mille livres; celles du conseil séant au Temple, de 20 et quelques mille livres. Les commissaires avaient évalué les traitements

[1] Il y a encore au Temple un autre objet d'administration, c'est la garde, l'entretien et l'inspection des appartements de la première cour, et du grand nombre de meubles précieux qui s'y trouvent. Cet objet a été soumis à l'inspection de trois commissaires particuliers nommés au mois d'août par l'ancien conseil général, sous le titre de *Commission des déménagements*.

des employés à 50,400 livres par an [1]. La confusion née des circonstances en a nécessairement occasionné d'inutiles, avec quelques profusions et prodigalités. L'ancien conseil de la Commune y a fait mettre tout l'ordre, les économies et les réformes possibles par ses commissaires de service et des autres commissions; mais ceux-ci ont été sans cesse trop gênés et contrecarrés dans leurs opérations pour avoir pu faire toutes les réformes nécessaires. Ils sont du moins parvenus à y préparer l'ordre et l'économie par les travaux, l'apurement des comptes et la simplification du service.

Mais quelque simplicité et facilité qui s'y trouvent maintenant, il n'est pas possible que des commissaires qui se succèdent au Temple toutes les quarante-huit heures, et qui y sont presque entièrement occupés de la garde des prisonniers et de la police des personnes qui se trouvent au Temple ou qui s'y introduisent, puissent bien surveiller les différentes parties. On ne peut y établir l'ordre et l'économie nécessaires sans l'établissement d'un ou de plusieurs administrateurs permanents, qui ne se contentent pas de viser des fournitures ordonnées par différentes personnes et apportées par une foule de fournisseurs, mais qui en vérifient le besoin, en ordonnent les achats, en règlent les prix, en distribuent l'emploi, mettent l'harmonie nécessaire dans les fonctions des employés, et surveillent toutes les opérations dans tous les départements.

A Paris, ce 4 janvier 1793.

Adresse à la Convention nationale, présentée par Verdier, commissaire du conseil général du 10 août, sur les comptes du Temple.

CITOYENS,

En vous présentant les résultats du travail que vous avez ordonné, par votre décret du 4 octobre dernier, sur les dépenses faites au Temple pour la subsistance et la garde de la famille ci-devant royale, et qui est un des plus grands travaux dont les commissaires de la Commune du 10 août aient été chargés, je dois vous indiquer les opérations que nous y avons faites, tant pour vous faire connaître les abus que vous avez à réformer dans cette maison, que pour réclamer votre justice et votre protection contre une de ces cabales qui éloignent de l'administration les gens de bien, laborieux et à talent; et mes représentations intéressent le public, s'il est vrai que les vices, qui sont les aliments des monarchies, soient les poisons des républiques, comme les vertus sont les aliments des républiques et le poison des monarchies.

[1] Reproduction de l'erreur signalée page 513.

L'envoi subit de Louis au Temple, le 18 août 1792[1], établit nécessairement du trouble et de la confusion dans cette maison; ils furent en augmentant, au point qu'à la fin de septembre, l'on représenta au conseil général de la Commune, 1° que les travaux commencés et délaissés par Paloi se faisaient très-mal, faute d'ordre et de payement des ouvriers, qui souvent s'ameutaient et laissaient l'ouvrage; 2° que les mêmes causes faisaient qu'il *ne se trouvait plus de fournisseurs pour la nourriture et les dépenses* du ci-devant Roi. Pour remédier à ces désordres, le 29 septembre, le conseil général nomma deux commissions, l'une de six commissaires, pour suivre les travaux avec l'architecte et les entrepreneurs; l'autre de deux commissaires, pour se concerter avec le citoyen Pétion, afin de faire rentrer dans la caisse de la Commune les 500,000 livres décrétées par l'Assemblée nationale pour la subsistance de Louis.

Je fus nommé pour cette dernière commission, avec le citoyen Rosinet; le citoyen Pétion nous donna des renseignements sur les difficultés que faisaient à la délivrance de cette somme les deux ministres des contributions et de l'intérieur. N'ayant pu les lever auprès de ces deux ministres, nous nous adressâmes au comité de finances de la Convention nationale; nous lui donnâmes les renseignements nécessaires, et, sur le rapport du citoyen Cambon, la Convention rendit, le 4 octobre, un décret qui, 1° mit les 500,000 livres à la disposition du ministre de l'intérieur, pour délivrer les ordonnances de payement des fournitures arrêtées par le conseil général de la Commune; et 2° chargea le même ministre de présenter incessamment à la Convention le compte des dépenses faites jusqu'à ce jour, et un aperçu des dépenses à faire, tant pour la sûreté et disposition du local, que pour la subsistance et l'entretien de Louis XVI et de sa famille.

Dès le soir du même jour 4 octobre, je fis avec Rosinet au conseil général le rapport de nos premières opérations; et pour l'exécution du décret, le conseil nous nomma pour continuer nos opérations et préparer les comptes des fournisseurs du Temple, et il nous adjoignit Roché pour l'examen des comptes des travaux, en nous enjoignant de nous concerter avec l'administration des travaux publics et avec le conseil séant au Temple.

Le 8 du même mois, nous fîmes au conseil général un rapport de l'aperçu des dépenses faites jusqu'au 30 septembre, montant à 97,281 livres pour les dépenses des bâtiments et autres. Le conseil

[1] Le lecteur aura remarqué l'erreur de cette date : tout le monde sait que c'est le 13 et non le 18 août que la famille royale fut conduite au Temple.

arrêta qu'il serait demandé par provision au ministre la somme de 30,000 livres, pour être répartie à compte entre les fournisseurs; que les administrateurs des finances de la Commune feraient les démarches nécessaires pour faire rentrer dans leur caisse la somme de 25,000 livres par eux déjà payée en avance, pour les travaux du Temple, et que ses commissaires au Temple établiraient un ordre de dépense en chaque partie, avec un état des dépenses à faire, conformément au deuxième paragraphe du décret de la Convention nationale.

L'on a réclamé du ministre de l'intérieur les à-comptes demandés par la Commune, mais le ministre déclara ne vouloir ordonnancer que des mémoires définitifs; et c'est la première cause qui a retardé les payements des fournisseurs, parce que l'apurement définitif de leurs mémoires était l'objet d'un travail immense, et qu'on n'a pu en faire solder qu'un petit nombre au milieu d'octobre.

Il a fallu nous procurer un nombre prodigieux de mémoires de personnes que nous ne connaissions pas, et dont nous n'avons vu plusieurs que par des renseignements; encore ne nous en a-t-il été remis des premiers temps qu'en décembre; les mettre en ordre, les confronter, pour éviter les doubles emplois que l'on a découverts; les vérifier sur une quantité immense de bons rendus journellement par les commissaires de service, surtout depuis notre arrivée au Temple, lesquels titres étaient mal en ordre et dont un grand nombre manquaient, ce qui a entraîné une foule d'explications et même de discussions avec le conseil du Temple, les chefs de chaque département et même avec la famille des détenus; les calculer, ce qui a fait découvrir beaucoup d'erreurs, qui la plupart étaient au préjudice de la nation; et, ce qui était le plus difficile, il fallait les taxer, la plupart étant susceptibles de réductions dont grand nombre étaient considérables, et pour comble d'embarras, il nous fallait, suivant nos pouvoirs, arrêter quelque chose, avoir l'agrément du conseil séant au Temple, et la réunion de quatre à cinq des membres très-occupés était un grand ouvrage. Enfin, pour tous ces objets, il a fallu voir beaucoup de fournisseurs et discuter avec eux.

Pour remplir ces tâches, nous ne nous trouvâmes bientôt que deux, par la retraite de Rosinet, employé par un ministre : Roché pour les bâtiments, et moi pour le reste; nous n'y fûmes pourtant pas bornés. Les relations de nos opérations avec celle des travaux nous faisaient journellement appeler par celle-ci, pour décider des motifs d'économie dans la clôture des détenus, ainsi que dans la construction et l'ameublement de leurs appartements. Le conseil séant au Temple même nous appelait journellement aux décisions, souvent délicates et périlleuses, que les circonstances présentaient, de manière que si je n'eusse pas travaillé la nuit au Temple et chez moi, je n'aurais jamais pu remplir ma tâche.

L'objet le plus pressant était de déterminer les traitements de vingt-trois employés au Temple, dont un grand nombre étaient sans pain et sans vêtements; c'est aussi celui que je tâchai de déterminer le premier, d'après bien des renseignements qu'il nous a fallu prendre sur la nature, l'époque et l'autorisation de leurs services. Les rapports faits sur cet objet, il s'agissait d'obtenir la parole pour faire déterminer ces traitements par le conseil, et ce ne fut qu'avec une peine extrême que je pus attirer l'attention du conseil général, occupé de mille affaires qu'il croyait plus importantes et plus urgentes. Le 24 octobre, je parvins à faire déterminer le traitement des deux guichetiers.

Je ne pus avoir la parole que le 2 novembre. Il fallut rester à la tribune tout le soir pendant cinq séances, pour faire arrêter onze traitements, et au dernier, un membre s'étant avisé de dire que, sous le régime de l'égalité, tous les traitements devaient être égaux, les arrêtés furent rapportés. Une nouvelle commission de quatre membres fut arrêtée pour fixer ces traitements avec nous. Cette commission parut deux fois au Temple sans rien faire, et tout mon travail devint inutile.

Sur ces entrefaites, il plut à la section des Arcis et à quelques autres de faire une dénonciation à la Commune d'une prétendue orgie faite au Temple le 22 octobre précédent. Le conseil supprima, à cette occasion, toutes les commissions du Temple, et il les remplaça par une autre de six commissaires, chargés de notre besogne. La nouvelle commission travailla, et présenta un projet de règlement, mais qui n'a point été suivi. Nous n'en continuâmes pas moins nos opérations et nous sollicitâmes la parole avec instance. Je fis un éclat pour l'obtenir, en mettant mon écharpe sur le bureau et donnant ma démission. Je l'obtins pour le lendemain 18 novembre sur les mémoires des fournisseurs de vêtements et linges faits immédiatement à Louis et à sa famille. Le conseil ordonnança une partie de leurs mémoires et ordonna l'expertise des autres, mais je n'ai pu retirer cet arrêté du secrétariat qu'à la fin du mois.

Je sollicitai la parole les jours suivants, et je fus éconduit avec scandale par le président, qui dit que je faisais le siége de la tribune pour des *comptes bleus*. Enfin le 26, jour où on me l'avait refusée, on ordonna que toutes les commissions du Temple présenteraient leurs comptes. Je me prévalus de cet arrêté, et le 28 du même mois, je présentai les comptes de la bouche. Le conseil nomma une nouvelle commission de quatre membres pour les ordonnancer, et ordonna que mon rapport serait envoyé à la Convention nationale.

Je commençai aussitôt à faire ordonnancer tous ces mémoires, d'après les deux arrêtés précédents; mais le conseil général fut renouvelé le 2 décembre. Nous en installâmes le même jour les commissaires de service, en leur notifiant ces arrêtés, et leur déclarant que notre intention était de terminer nos opérations aux mémoires fournis jusqu'au dernier novembre.

Dès le lendemain, Foulon, qui se trouva de service, nous fit contrecarrer dans nos opérations, et nous fit écarter de la table du Temple, où, suivant les pouvoirs de la Commune, étaient admis tous les commissaires des commissions, avec ceux du département et de la Convention nationale. Cependant le conseil du Temple favorisa nos opérations, y contribua lui-même avec nous, et nous promit de nous faire obtenir du conseil la parole pour les faire ratifier; mais en vain nous nous y présentâmes le 8 et le 9.

Les fournisseurs nous présentèrent alors les mémoires de leurs fournitures faites en novembre, et, après bien des difficultés, nous commençâmes l'expertise des vêtements. Sur neuf mémoires, montant à 31 [1   ], les experts avaient fait une réduction de 722 livres; et les jours suivants, nous nous occupâmes à faire ordonnancer les mémoires de bouche par Launai et Caron, les seuls des quatre commissaires du 28 septembre qui se soient présentés pour ce travail, quoique les deux autres s'en fussent chargés.

Le 13, je me représentai au conseil du Temple avec les deux experts, pour continuer l'expertise commencée le 7. Caigneux, alors de service, nous fit refuser les échantillons nécessaires, et nous fûmes obligés de discontinuer nos opérations.

Le 17, Caigneux et Foulon s'avisèrent de nous dénoncer au conseil général comme des parasites qui n'allaient au Temple que pour dîner[2]. Le conseil nomma quatre commissaires pour recevoir de nous notre travail et arrêter les comptes. La nouvelle commission nous manda; je me rendis auprès d'eux. Je leur offris tous les renseignements nécessaires; je leur remis mon rapport sur les traitements; je m'engageai à leur remettre les papiers en ordre le vendredi 28 décembre, à dix heures du matin; et sur mon rapport, la nouvelle commission à fait déterminer les traitements, le 26 décembre, au conseil général.

---

[1] Lacune existant dans le manuscrit.
[2] Cette inculpation est d'autant plus plate, que les dîners, que nous gagnions par neuf à dix heures de travail, n'étaient fixés qu'à trente sous, et que ces messieurs, plus délicats, les ont fait porter à cinquante. De sorte que la nation paye maintenant autant pour les seizes convives actuels, que pour les vingt à vingt-quatre que nous y étions sous l'ancien Conseil.

Pour remplir cet engagement, j'ajournai tous mes collègues au jeudi 27, pour terminer notre besogne, mais je ne trouvai personne. Le concierge m'apprit que Roché, mon collègue, avait emporté tous les papiers. Ne pouvant travailler, je me retirai, et sur mon chemin je trouvai Launai, qui m'assura que Foulon lui avait dit que la nouvelle commission n'avait plus lieu, par la démission et la maladie de ses trois collègues, et qu'il ne se rendrait au Temple qu'à trois heures le lendemain, jour indiqué, à dix heures.

Je m'y rendis à deux heures, et j'y travaillai avec trois de mes collègues qui s'y trouvèrent, mais lorsque je voulus me retirer, vers neuf heures, Caigneux vint, avec deux commissaires de service, jouer une scène scandaleuse, sans doute concertée par la ruse de Foulon : il me reprocha de ne m'être pas trouvé à dix heures, m'accusa d'emporter les papiers, quoique je n'en emportasse aucun. Ses injures m'ayant obligé de lui dire que je ne lui remettrais point les papiers, mais au conseil, le lendemain, Mercier, l'un des commissaires, a qui je n'avais pas dit un mot, s'élança pour me frapper, sans forme de procès, comme un des patriotes de septembre.

Le lendemain, dimanche 30, je me rendis au Temple pour terminer nos opérations avec trois de mes collègues que j'y trouvai. Le conseil séant au Temple me cita, sur une nouvelle dénonciation calomnieuse de Caigneux, mais il me permit d'inscrire sur le registre ma réponse, qui fut le développement de la scène scandaleuse de la veille; et ma soumission de rendre les papiers au conseil ou à des commissaires qui ne fussent point assez malhonnêtes pour nous calomnier, nous injurier et nous frapper.

Les fournisseurs de bouche, ennuyés des retards de leurs payements, nous avaient sommés de répondre, dimanche au soir, à une pétition qu'ils devaient faire pour être payés. Nous promîmes tous de nous y trouver, mais je m'y trouvai seul. J'y fis mon rapport de 130 *numéros* de leurs mémoires ordonnancés par la commission du 28 novembre. Foulon renouvela contre moi sa dénonciation du 17 décembre, qu'il développa par une longue suite de verbiages dans lesquels il ne se trouvait pas une phrase de vraie; il fut soutenu par quelques-uns de ses collègues, qui ne savaient rien de nos opérations. Le conseil, qui les a laissés parler avec beaucoup de complaisance, n'a pas souffert que je répondisse à leurs calomnies et mensonges, et a arrêté que je remettrais sur-le-champ tous les mémoires à deux des commissaires nommés ce même soir pour le service du Temple.

Je les leur ai remis, en effet, la même nuit et les deux jours suivants, dans le meilleur ordre, et ils m'ont reçu avec beaucoup de politesse; mais le procès-verbal qui doit faire ma décharge, ils l'avaient concerté sans doute avec mes calomniateurs. Ils ont eu soin de distinguer les cent mémoires de vêtements [¹   ] que je leur ai remis vus et vérifiés, [¹   ] ordonnancés et expertisés; mais ils n'ont pas voulu y exprimer que les 130 de bouche, que je leur ai présentés avec les ordonnances de la commission du 28 novembre, fussent arrêtés. L'un d'eux a recommencé les accusations injurieuses de ses collègues, en disant que je m'étais opposé au payement des fournisseurs; et ils m'ont éconduit en disant qu'ils déclareraient que je leur ai remis les mémoires de bonne foi, c'est-à-dire qu'ils les ont reçus avec la mauvaise foi de gens disposés à s'en servir pour démontrer leurs inculpations mensongères.

Les vues de cette cabale sont évidentes. Pour se parer de mon immense travail, ils ont voulu persuader aux fournisseurs que je m'étais opposé à leur payement. Cette inculpation est sérieuse devant des gens à qui nous avons cru devoir faire de fortes réductions. Déjà, sur leurs calomnies, quelques-uns d'entre eux étaient venus chez moi me menacer de soulever contre moi leurs confrères des halles. Le reste, citoyens, je vous le laisse à deviner.

Et comment ai-je mérité ces inculpations? Parce que de 17 commissaires, nommés par l'ancien conseil général pour les comptes du Temple, je suis le seul, avec Roché, qui ai soutenu l'ouvrage et l'ai fait consommer par des commissaires nommés pour les ordonnancer et par deux experts que j'ai fait appeler; et comme j'ai démontré beaucoup de zèle pour les réductions, il leur a été facile de me faire voir mal des fournisseurs et des employés au Temple.

Et en effet, citoyens, pour terminer ce travail contre tous les obstacles que chaque jour a fait naître, il m'a fallu m'y donner tous les jours chez moi, et au Temple, où j'ai couché quinze à vingt fois. J'ai été employé, de plus, par la Commune à d'autres comptes, à des levées de scellés, etc.; de sorte que, depuis trois mois, il m'a fallu, pour travailler aux affaires publiques, laisser de côté mes affaires particulières, dont les principales sont très-importantes et très-urgentes.

Me laisserez-vous, citoyens, en butte à la calomnie, pour prix de mon zèle dans un travail immense, pénible, dégoûtant et obscur, mais très-utile? Non, je ne le puis croire, et je vous prie avec confiance de vouloir bien l'examiner, et de me faire obtenir une décharge et une justification complète, dans un procès-verbal qui exprime l'état où je l'ai laissé à mes successeurs, et, particulièrement, que les 130 mémoires de bouche que je leur ai livrés ont été ordonnancés.

A Paris, ce 4 janvier 1793.

¹ Lacunes dans le manuscrit.

COMMUNE DE PARIS.

Extrait des registres des délibérations du conseil du Temple, date du 23 octobre, l'an Ier de la République.

Le conseil délibérant a arrêté que, pour réformer tous les abus qui pourraient résulter des différentes demandes faites par la famille détenue, il ne sera fait, à compter de ce jour, droit aux demandes du dernier Louis que lorsqu'elles seront faites par le citoyen Cléry; de même celles faites par le citoyen Tison pour les femmes et les enfants.

Arrête en outre que le présent arrêté sera communiqué aux prisonniers et aux citoyens Cléry et Tison.

Pour copie conforme à l'original,

Signés : C. JAMS, président,
et NICOUD, secrétaire.

XII

Documents concernant le cœur de Louis XVII.

Dans une note communiquée à M. Eckard, et publiée dans ses *Mémoires historiques sur Louis XVII*, M. Pelletan rend compte ainsi lui-même de la manière dont il aurait enlevé le cœur de l'Enfant Roi, pendant l'autopsie :

« Je fus chargé spécialement des opérations de l'ouverture et de la dissection, ainsi que de celle de restaurer le corps. Tandis que je m'occupais de ce dernier soin, mes confrères, le commissaire civil, et l'un des gardiens de la tour, qui avaient été présents à l'ouverture, s'éloignèrent de la table et se retirèrent dans l'embrasure de la croisée pour causer entre eux. Je conçus alors le dessein de m'emparer du cœur de l'enfant; j'entourai de son ce viscère, je l'enveloppai de linge, et je le mis dans ma poche, sans être aperçu. Rien ne me donnait lieu de craindre d'être fouillé en sortant de la prison.

» Rentré chez moi, je mis ce cœur dans un bocal rempli d'esprit-de-vin, et je le cachai derrière le rayon le plus élevé de ma bibliothèque. Dix ans environ s'écoulèrent, pendant lesquels l'esprit-de-vin, renouvelé plusieurs fois, s'évapora entièrement. Le cœur étant desséché et susceptible d'être conservé sans aucune précaution, je le plaçai dans un tiroir de mon secrétaire, avec d'autres pièces anatomiques.

» Longtemps après, montrant ce cœur et les autres pièces à M..., mon élève particulier, demeurant chez moi, et à qui j'accordais toute ma confiance, j'eus l'imprudence de lui révéler mon secret.

» Ouvrant sans cesse mon tiroir, j'avais souvent l'occasion de jeter les yeux sur ce cœur que rien n'enveloppait, lorsqu'un jour je m'aperçus qu'il manquait parmi les pièces anatomiques : je ne pus douter qu'il ne m'eût été soustrait par mon élève, qui, seul, possédait mon secret, et qui, seul, avait l'entrée libre de mon cabinet.

» Cet élève m'avait quitté depuis peu pour se marier, et je continuais à le recevoir chez moi : néanmoins, je n'osai réclamer de lui une restitution, dans la persuasion où j'étais qu'il nierait le fait, et même que, poussé à bout, il anéantirait l'objet de ma réclamation.

» Au moment que tout annonçait le retour de nos rois, mon élève succomba à la phthisie pulmonaire qui le consumait depuis longtemps. Alors, le père de sa veuve se présenta chez moi ; il m'avoua que son gendre lui avait déclaré en mourant, et plein de repentir, la soustraction qu'il avait faite chez moi du cœur de Louis XVII : il m'annonça que, sa fille étant dans l'intention de me le restituer, elle me l'apporterait le lendemain.

» A peine ce monsieur fut-il sorti de chez moi, que je me transportai chez lui, où je trouvai la veuve de mon élève au milieu de sa famille. Cette dame me remit à l'instant le cœur renfermé dans une bourse : je le reconnus parfaitement, l'ayant touché et examiné avec attention plus de mille fois.

» Ainsi, je possède le cœur de Louis XVII. »

Une communication faite par M. Pelletan à M. Antoine (de Saint-Gervais), qui avait publié une *Vie du jeune Louis XVII*, communication dans laquelle M. Pelletan insistait sur les soins personnels qu'il avait donnés au jeune Prince, sans parler de M. Dumangin, et faisait encore mention de la soustraction du cœur de l'enfant, amena en 1817, entre ces deux médecins, un échange de lettres. M. Dumangin disait dans la sienne :

« Vous avez cru, monsieur, pouvoir accuser, sans inconvénient, de distraction, moi et MM. Jeanroy et Lassus, dans le moment où vous dites avoir soustrait une partie précieuse du jeune Roi. Qu'aviez-vous donc à redouter de ma part et de celle de nos confrères ? Rien. Vous m'aviez à la vérité proposé d'autres adjoints ; et sur mon observation que, d'après les qualités personnelles et les rapports qu'avaient eus M. Lassus avec Mesdames de France, et M. Jeanroy dans la maison de Lorraine, leurs signatures seraient d'un tout autre poids, vous aviez agréé ce choix. Ce qui vous aurait pu déterminer n'était-il pas plutôt l'œil des gardiens, retirés dans un coin de la chambre? Votre conduite, en elle-même louable, vous rend coupable, j'ose le dire, de la faute grave d'avoir négligé des témoignages qui laissent exister un doute sur un point de fait de cette importance. »

M. Pelletan répondit en ces termes aux observations de M. Dumangin :

« Nous procédâmes tous quatre à l'ouverture du corps, dont je fis seul l'opération. Je n'ai certainement pas voulu vous inculper ou vous accuser de distraction en disant que, m'occupant seul de réparer le corps, vous vous retirâtes dans l'embrasure d'une fenêtre, et que je profitai du moment pour m'emparer de quelques restes précieux.

» Vous ne vous aperçûtes pas de mon larcin, parce que je le cachai bien à tous. Vous savez qu'il pouvait y aller de ma vie, s'il eût été découvert. Vous me demandez cependant si je ne pouvais pas me fier à vous? Non, monsieur, à personne. J'en fis part seulement à M. Lassus, mon ami depuis vingt-cinq ans, et qui avait accompagné Mesdames en Italie : nul autre ne l'a su. Voilà, monsieur, ce que vous dites qui me rend coupable. »

M. Antoine, qui, chargé en 1817, comme il le dit lui-même, par le roi Louis XVIII, de rechercher les personnes encore existantes qui s'étaient fait connaître avantageusement par leur conduite envers le jeune prisonnier de la tour du Temple, était entré naturellement en rapport avec MM. Pelletan et Dumangin, et avait provoqué involontairement une polémique entre ces deux médecins célèbres, en publiant le témoignage du premier, résume ainsi, dans une note remise à M. Hue, alors le premier valet de chambre de Louis XVIII, l'état de la question après ces explications réciproques :

« Nous avons profité de la circonstance qui nous a appelé auprès de M. Dumangin, pour approfondir un fait que divers historiens de Louis XVII ont rapporté d'après nous, qui en avons parlé le premier dans la vie de ce jeune prince, publiée en 1815.

» Quoique M. Dumangin continue d'avoir pour M. Pelletan les sentiments d'estime et de juste considération qu'il mérite par son talent, nous savons aussi néanmoins qu'il a eu quelques motifs d'être piqué contre lui. Ils ont coopéré ensemble à l'ouverture du corps de Louis XVII : en pressant donc M. Dumangin de nous dire avec franchise quel degré de foi l'on doit ajouter à cette soustraction du cœur dont M. Pelletan se fait un mérite personnel, nous étions sûr d'obtenir un témoignage qui ne serait point dicté par une confiance aveugle ni par une servile complaisance.

» M. Dumangin atteste qu'à la fin de l'opération il a vu M. Pelletan envelopper soigneusement quelque chose qu'il mit dans sa poche. Il n'a nullement songé à ce que ça pouvait être, et il présume que ce chirurgien a pu juger convenable de faire alors un mystère de ce pieux larcin, non-seulement de peur de se compromettre, mais encore de compromettre celui qu'il en eût rendu le confident.

» Aujourd'hui, quoique rien ne puisse prouver physiquement que ce soit réellement le cœur de Louis XVII que M. Pelletan ait en sa possession, qu'il ne peut en donner d'autre garantie que sa parole, M. Dumangin, se rappelant ce qui s'est passé lors de l'ouverture du corps, dit que, dans son âme et conscience, il est moralement convaincu de la vérité du fait.

» Nous croyons devoir faire connaître cette particularité, qui ne sera peut-être pas sans quelque intérêt aux yeux de notre auguste monarque, dans un moment où Sa Majesté reporte ses regards sur son jeune prédécesseur. »

Les deux pièces suivantes constatent la pensée qu'avait eue un moment le Roi Louis XVIII, après cette enquête, de faire transporter à Saint-Denis le cœur conservé par M. Pelletan.

MINISTÈRE DE L'INTÉRIEUR.

A M. le garde des sceaux, ministre de la justice.

Paris, le 3 septembre 1817.

MONSEIGNEUR,

J'ai reçu les pièces que Votre Grandeur m'a fait l'honneur de me communiquer et relatives à la conservation du cœur de S. M. Louis XVII et à l'endroit où le corps de ce jeune Prince a été inhumé.

L'intention du Roi étant que le cœur de ce Prince et celui de S. A. R. le Dauphin, fils aîné du Roi Louis XVI, qui se trouve dans les mains du maire du 12e arrondissement[1], soient transportés à

---

[1] L'explication de ceci se trouve dans l'acte suivant :

Rapport au Roi.

SIRE,

Il vient d'être fait remise au maire du 12e arrondissement de Paris, par un sieur Thévenin, qui en était dépositaire, du cœur de S. A. R. Mr le Dauphin, fils aîné de S. M. Louis XVI.

Mr le préfet de la Seine, en me donnant cet avis, me transmet les rensei-

Saint-Denis sans pompe et néanmoins avec les cérémonies convenables, je viens de faire, conformément à l'ordre que S. M. m'en a donné, l'envoi de toutes les pièces à M. le grand maître des cérémonies.

Je transmets à Votre Grandeur les deux bordereaux joints à sa lettre du 20 août ; ils sont revêtus de la décharge qu'elle désire.

Le ministre secrétaire d'État au département de l'intérieur.

(*Archives de l'Empire*, série E, n° 6209.)

MINISTÈRE DE L'INTÉRIEUR.

État des pièces constatant que le cœur de S. M. Louis XVII a été réellement conservé et existe encore aujourd'hui.

1° Procès-verbal de l'audition des témoins, d'où il résulte que le cœur conservé chez le sieur Pelletan est effectivement le cœur de S. M. Louis XVII ;

2° Certificat du sieur Pelletan, où il reconnaît avoir reçu de la dame veuve Tillos le cœur par lui conservé de ce jeune Prince ;

3° Un arrêté du Comité de sûreté générale, en date du 5 juin 1795 (17 prairial an III), qui autorise le sieur Pelletan à succéder au

guements suivants, qu'il assure avoir été recueillis avec le plus grand soin par M⁺ le maire.

En brumaire an II (octobre 1793), lors de la spoliation des tombeaux de la famille des Bourbons au Val-de-Grâce, un sieur Legoy, secrétaire du comité de l'Observatoire, assistant à cet enlèvement, recueillit un cœur qui, suivant l'indication gravée sur la double enveloppe de plomb et de vermeil dont il était recouvert, était celui de S. A. R. Mʳ le Dauphin Louis-Joseph-Xavier-François, fils aîné de S. M. Louis XVI, né à Versailles le 22 octobre 1781, et mort à Meudon le 4 juin 1789.

Dans la crainte d'être inquiété, à raison de ce dépôt, comme fonctionnaire public, le sieur Legoy le remit à son père.

Au décès de ce dernier, arrivé le 1ᵉʳ août 1811, ce dépôt resta entre les mains de sa veuve.

Enfin, d'après l'intention plusieurs fois manifestée et jamais réalisée de la part de la dame Legoy de confier ce dépôt au sieur Guichard son voisin, la femme Moleure, femme de confiance de cette dame et gouvernante du sieur Thévenin, détermina sa maîtresse, peu de temps avant son décès, à le remettre audit sieur Thévenin, dernier détenteur.

Ces faits paraissent ne devoir laisser aucun doute sur l'origine et la sincérité de ce dépôt.

J'ai l'honneur de prier V. M. de vouloir bien me donner ses ordres à ce sujet.

NOTA. — Ce rapport a été copié sur un brouillon qui n'est ni daté ni signé.

(*Archives de l'Empire*, série E, n° 6209.)

sieur Desault dans le traitement de la maladie dont S. M. Louis XVII était attaquée ;

4° L'acte d'envoi du susdit arrêté, en date du même jour, adressé au sieur Pelletan par le secrétaire général du Comité ;

5° Un arrêté du Comité de sûreté générale, en date du 8 juin (20 prairial), qui autorise les médecins du jeune Roi à lui choisir une garde-malade ;

6° La lettre par laquelle le secrétaire général a fait, le même jour, envoi de la précédente pièce au sieur Pelletan ;

7° L'ordre donné par le Comité de sûreté générale, le même jour, à quatre heures et demie de relevée, pour qu'il soit procédé à l'ouverture du corps ;

8° Le procès-verbal dressé le lendemain 9 juin (21 prairial), constatant l'état du corps, et signé tant par les médecins chargés de traiter le jeune Prince que par ceux qui ont été appelés à l'ouverture du corps.

Reçu les huit pièces contenues au bordereau ci-dessus, que m'a envoyé M. le ministre secrétaire d'État de l'intérieur par sa lettre du 3 septembre 1817, conformément à l'ordre qu'il en avait reçu du Roi.

Paris, le 4 septembre 1817.

Le grand maître des cérémonies,
Signé : Le marquis DE DREUX-BRÉZÉ.

(*Archives de l'Empire*, série E, n° 6209.)

Malgré l'intention constatée par ces deux pièces, le cœur dont il est ici question ne fût pas déposé à Saint-Denis. Les premiers doutes revinrent et prévalurent, confirmés surtout par les énergiques dénégations de Lasne, qui avait assisté à l'autopsie, et qui n'avait pas, disait-il, quitté un seul instant des yeux l'opérateur.

Le cœur conservé par M. Pelletan fut renfermé dans un vase de cristal sur lequel étaient gravées les lettres L. C., monogramme de Louis-Charles ; dix-sept étoiles, aussi gravées sur le couvercle, formaient une couronne surmontée d'une fleur de lis dorée. Ce vase demeura en dépôt à l'archevêché de Paris, d'où il disparut lors du pillage de cet édifice le 29 juillet 1830. M. Gabriel Pelletan fit rechercher le cœur, qui est aujourd'hui en sa possession.

XIII

Memoire des racomodages blenchisages et fourniture deharde des détenus autemple pour le mois pluviose len 3ᵉ une et indivisible par la citoijenne Clouët.

(Janvier et février 1795.)

Linge detheresse Capet.

1 tablie		8 s.
21 chemise dont 4 racomodé	19	15
12 serviette dont une racomodé	3	10
1 per de poche		6
8 linge piqué	4	
5 linge de garderobe	1	
1 corset		6
3 perde bas de coton		15
2 per de bas de soie et racomodé	5	10
2 per de choson et racomodé		12
8 beguens	3	
2 bone de linons monté et faveur	5	
10 mouchoire de batiste et racomodé	4	10
8 fichue de batiste dont un racomodé	3	14
10 fichue delinon	6	
2 jupon de basin et racomodé	2	15
1 robe et jupon de bazin relargie	12	
4 robe de percal rélargie	44	
Fourny pour doublure 2 one équard de toile a 16ʰ lone fait	36	
Fournij 22 one lenquens pour deux pierot et leur jupon a 18ʰ lone	396	
Fason des deux pierot et leur jupon .... (*sic*)	040	
Fournij 2 one de toile blondine pour les corsages et les menche des deux pierot	28	
Fournij les bore des jupons des pierot	10	
Fournij trois dousenne de bouton	9	

Linge de Charles Capet.

3 chemise et racomodé	4	5
4 mouchoire de batiste	1	
1 cravatte et 2 bone de coton		15
	642ʰ	01 s.

Suite de l'autre part. 642# 01 s.

Linge de Tison :

5 chemise................	3	15
3 bone et 3 bendau........	1	4
5 per debas...............	1	5
6 mouchoire...............	1	4
1 serviette...............		5
	649#	15 s.

Je sertifie veritable le montant a six cens quarante neuf livre quens s.

CLOUET.

Nous soussignés certifions que les ouvrages et fourniture portés au présent mémoire, montant à la somme de six cent quarante neuf livres quinze sols, ont été faits pour l'usage des détenus.

Au Temple, le dix neuf germinal de l'an 3e de la République française, une et indivisible.

GOMIN, chargé de la garde des enfants de Capet.
RAMBERT, com. civil.

Certifié véritable par moi économe de la maison du Temple à la somme de six cent quarante neuf livre quinze sols.

LIENARD.

19 germinal an III (8 avril 1795)

(Archives de l'Empire, série E, n° 6207.)

XIV

Memoires des ouvrages faits et fournis par moi Diacre, tailleur rue Denis n° 58, par ordre du commissaire du Temple, pour la fille de Capet; ce 30 brumaire, l'an troisième de la République.

(20 novembre 1794.)

Savoir :

Fourni 5 aunes de toile a 20# l'aune............	100#	»
Fourni 9 aunes de rubans a 6 s. l'aune.........	2	14
16 busques a 10 s. pieces...................	8	
8 aunes de lacets a 5 s. l'aune..............	2	»
Façons de 4 corsets à 18# l'aune............	72	»
Total........	184#	14 s.

Je certiffie le contenu du compte ci dessus véritable, montant à cent quatre vingt quatre livres quatorze sols.

Diacre.

Recu les quatre corsets mentionnés cy dessus, pour le service de la fille de Capet; ce trente brumaire de l'an 3e de la République française, une et indivisible.

> Laurent, chargé de la garde des enfants de Capet.
> Gomin, chargé de la garde des enfants de Capet.

Certifié véritable par moi économe du Temple à la somme de cent quatre vingt quatre livres quatorze sols comme c'est des ouvrages que je n'aie aucune connaissance je me suis informé des prix aux ouvriers du memes état et mon dit que cetait le prix courant par ce moyen je declare qu'il ni a pas lieu a reduction.

Lienard.

(*Archives de l'Empire*, série E, n° 62007.)

FIN DES DOCUMENTS ET PIÈCES JUSTIFICATIVES DU TOME SECOND.

TABLE DU TOME SECOND.

LIVRE	XI. LOUIS XVII SÉPARÉ DE SA MÈRE (21 janvier — 3 juillet 1793).	1
—	XII. SIMON, INSTITUTEUR DE LOUIS XVII. — MORT DE MARIE-ANTOINETTE (3 juillet 1793 — 19 janvier 1794).	65
—	XIII. L'ŒUVRE DE SIMON S'ACHÈVE (17 octobre 1793 — 19 janvier 1794).	149
—	XIV. SOLITUDE DE LOUIS XVII. — MORT DE MADAME ÉLISABETH (30 nivôse — 9 thermidor an II [19 janvier — 27 juillet 1794]).	177
—	XV. LAURENT NOMMÉ GARDIEN DES ENFANTS DE LOUIS XVI (10 thermidor an II [28 juillet 1794]).	216
—	XVI. GOMIN ADJOINT A LAURENT (18 brumaire an III — 9 germinal an III [8 novembre 1794 — 29 mars 1795]).	240
—	XVII. LASNE ADJOINT A GOMIN (11 germinal an III [mardi 31 mars 1795]).	287
—	XVIII. DERNIERS JOURS, AGONIE ET MORT (15 floréal an III — 22 prairial an III [4 mai 1795 — 10 juin 1795]).	304
—	XIX. LE CIMETIÈRE DE SAINTE-MARGUERITE (vendredi 10 mars 1837).	342
—	XX. MARIE-THÉRÈSE SORT DU TEMPLE.	368
—	XXI. DÉMOLITION DE LA TOUR DU TEMPLE.	457
DOCUMENTS ET PIÈCES JUSTIFICATIVES.		477

PLACEMENT DES GRAVURES.

Portrait de Marie-Thérèse-Charlotte.	Au frontispice.
Plan du cimetière et de l'église Sainte-Marguerite.	363

PLACEMENT DES AUTOGRAPHES.

Fac-simile des bons de l'armée royale.	307
Acte de décès de Louis XVII.	337

FIN DE LA TABLE ET DES PLACEMENTS DES GRAVURES ET AUTOGRAPHES
DU TOME SECOND.

www.ingramcontent.com/pod-product-compliance
Lightning Source LLC
Chambersburg PA
CBHW071401230426
43669CB00010B/1416